JN410196

이병화 저

민법개론
(民法槪論)

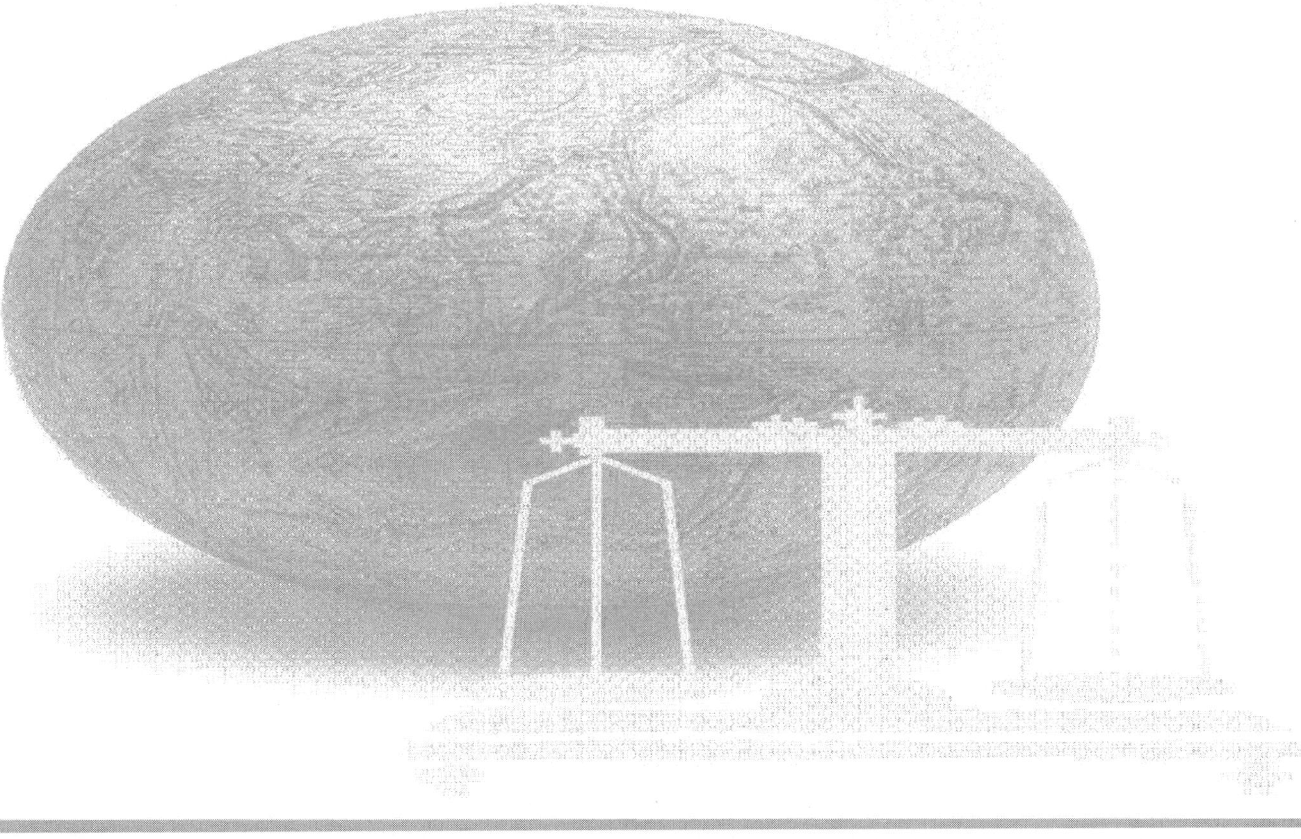

Eureka · Digerati · BoBos
에듀컨텐츠

EduContents

Book&Brain

민법개론(民法槪論)

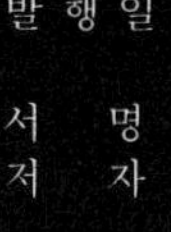

발 행 일	초판1쇄 • 2008년 3월 5일 3쇄 • 2012년 3월 5일
서 명	민법개론(民法槪論)
저 자	이 병 화 著
발 행 처	에듀컨텐츠휴피아
발 행 인	李 相 烈
출판등록	제22-682호 (2002년 1월 9일)
주 소	서울 송파구 문정동 11-8
전 화	(02) 443-6366
팩 스	(02) 443-6376
e-mail	huepia@daum.net
만든사람들	기획 • **백연주** / 책임편집 • **이외자** / 디자인 • **최소영** / 영업 • **이강민**
정 가	17,000원
ISBN	978-90045-53-9 (03360)

서 문

사람의 사회생활은 크게 두 가지 영역으로 구분해볼 수 있는데, 하나는 국가를 조직하고 유지하는 국민으로서의 공적 생활이고, 다른 하나는 한 인간으로서의 사적 생활이다. 민법은 인간이면 누구에게나 적용되는 일반사법으로서 실생활에서 필수적으로 알아야 할 가장 중요하고도 기본이 되는 법 분야 중 하나이다. 따라서 민법에 관한 교재는 시중에 매우 다양하게 출간되어 있을 뿐만 아니라 그 분량도 매우 방대하다. 더욱이 각종 국가고시와 자격시험의 필수과목 및 선택과목으로 선정되어 있어 민법에 대한 관심도는 다른 법 과목에 비해 상당히 높다고 말할 수 있다. 그러나 민법의 내용 자체가 워낙 복잡하고 방대하므로 법학의 전공생들에게도 부담스런 분야이며, 특히 법학의 비전공생들에게는 교양수준으로 민법을 체계화하여 가르치는 데에 많은 어려움이 따른다. 거의 대부분의 민법교재는 방대한 분량 때문에 민법총칙, 물권법, 채권법(총칙·각칙), 친족법, 상속법의 각 영역별로 별권의 책으로 구성되어 있는 실정이다. 따라서 법학에 대한 기본적인 지식이나 법의식이 부족한 상태에서 교양과목으로서 혹은 공무원시험 대비용 과목으로서 보다 포괄적이고도 이해하기 쉽게 접근한 개론서는 좀처럼 찾아보기 어렵다. 또한 법조문의 나열 정도가 아니라 주요학설의 분석이나 관련 판례 및 사례를 적재적소에 제시해주어 민법에 관한 이해도를 높이는데 유용하게 쓰일 교재를 찾기란 그리 쉬운 일은 아니라고 생각한다.

이와 같은 현실적 어려움을 고려하여 본서에서는 방대한 민법의 내용을 보다 쉽게 제시하고 체계화하기 위하여 민법 전반에 걸친 내용을 골고루 다루고자 하며, 법규자체의 내용은 물론 관련된 판례 및 사례를 적절히 제시하여 이해의 폭을 넓히고자 한다. 본서의 구체적인 내용을 살펴보면 다음과 같다. 《제1편 민법총칙》에서는 제1장 민법일반론(민법의 의의, 민법의 법원, 민법전의 구성, 민법의 기본원리, 민법의 해석, 민법의 효력), 제2장 권리(법률관계와 권리·의무, 권리의 종류, 권리의 충돌과 경합, 권리의 행사와 의무의 이행, 권리의 보호), 제3장 권리의 주체(권리의 주체와 권리능력, 자연인, 법인), 제4장 권리의 객체(민법의 규정, 물건), 제5장 권리의 변동(권리변동의 의의, 법률행위, 기간, 소멸시효)의 순으로 연구하고자 한다. 《제2편 물권법》에서는 제1장 총칙(물권의 의의, 물권법정주의, 물권의 효력, 물권의 공시방법), 제2장 점유권, 제3장 소유권(소유권의 한계, 소유권의 취득, 공동소유), 제4장 지상권, 제5장 지역권, 제6장 전세권, 제7장 유치권, 제8장 질권, 제9장 저당권의 순으로 연구하고자 한다. 《제3편 채권법》에서는 제1장 총칙(채권의 목적, 채권의 효력, 수인의 채권자 및 채무자, 채권의 양도, 채무의 인수, 채권의 소멸), 제2장 계약(총칙, 증여, 교환, 소비대차, 사용대차, 임대차, 고용, 도급, 현상광고, 위임, 임치, 조합, 종신정기금, 화해), 제3장 사무관리, 제4장 부당이득, 제5장 불법행위의 순으로 연구하고자 한다.

《제4편 친족법》에서는 제1장 가족법일반론(가족법의 의의, 가족법의 법원), 제2장 약혼제도(약혼의 의의, 약혼의 성립, 약혼의 효과, 약혼의 해제), 제3장 혼인제도(혼인의 의의, 혼인의 성립, 혼인의 무효와 취소, 혼인의 효과, 사실혼), 제4장 이혼제도(이혼의 의의, 협의상 이혼, 재판상 이혼, 이혼의 효과), 제5장 친자제도(친생자, 인공수정자, 양자)의 순으로 연구하고자 한다. 《제5편 상속법》에서는 제1장 상속제도(상속제도의 변천, 상속의 개시, 상속회복청구권, 상속의 순위, 대습상속, 상속인의 자격, 상속의 일반적 효과, 상속분, 상속의 승인과 포기), 제2장 유언제도(유언의 의의, 유언의 법적 성질, 유언능력 및 유언증인자격, 유언의 방식, 유언의 효력, 유언의 집행), 제3장 유류분제도(유류분의 의의, 유류분의 법적 성질)의 순으로 연구하고자 한다.

요컨대 본서의 연구방법은 민법의 각 영역별로 관련된 학설 및 판례를 다양하게 제시함으로써 이론과 조문 및 실제와 사례의 조화를 통하여 민법 전반에 걸친 내용을 이해하기 쉽도록 구성하고자 한다. 따라서 민법의 내용을 개괄적으로 섭렵하면서도 실제로 활용할 수 있는 능력을 기르고 논쟁사안을 중심으로 상세히 학습할 수 있도록 하며, 민법의 기초이론을 습득함은 물론 민법에 관한 전체적인 흐름을 올바르게 이해함으로써 실생활에 자연스럽게 적용할 수 있는 능력을 기르는데 기여하고자 한다. 그러나 이러한 저자의 기대에도 불구하고, 본서의 내용상 및 형식상 너무나 부족한 면이 많으므로 부끄러운 마음을 감출 수 없는 것이 솔직한 심정이다.

2008년 2월

저자 李 秉 和

목 차

제1편

민법총칙(民法總則)

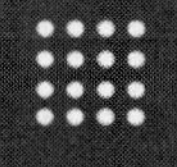

제1장 민법일반론

제1절 민법의 의의

1. 사법(私法)으로서의 민법

사람의 사회생활은 크게 두 가지 영역으로 나누어진다. 하나는 국가를 조직하고 유지하는 국민으로서의 생활로서 이를 규율하는 것이 공법(公法)이며, 다른 하나는 한 인간으로서의 생활로서 이를 규율하는 것이 사법(私法)이다. 민법은 바로 사법의 하나이다.

공법과 사법의 구별기준에 관해서는 종래부터 ① 이익설(보호대상: 공익(공법), 사익(사법)) ② 성질설(법률관계: 명령복종관계(공법), 평등관계(사법)) ③ 주체설(국가상호간·국가와 개인간의 법률관계(공법), 개인상호간의 법률관계(사법)) ④ 생활관계설(국민으로서의 생활관계(공법), 인간으로서의 생활관계(사법)) 등이 주장되어 왔다.

그러나 공법과 사법을 어느 하나의 기준만으로 구별짓는 것은 곤란하다. 따라서 공법이든 사법이든 각각의 법률에서 그 규율목적과 대상을 정하고 있으므로 구체적인 사안에 따라 어느 법률의 적용을 받을 것인가를 확정하면 될 것이다. 다만 일반적으로 헌법·행정법·형법·형사소송법·민사소송법·국제법 등은 공법에 속하고, 민법·상법은 사법에 속한다고 본다.

2. 일반사법(一般私法)으로서의 민법

민법은 사법 중에서도 일반사법이다. 즉 민법은 인간이면 누구에게나 일반적으로 적용된다. 반면에 특별사법으로는 상법을 대표적으로 들 수 있다. 다시 말해서 상법은 영리를 목적으로 활동하는 상인을 그 적용대상으로 하는 점에서 일반사법인 민법과 구별된다.

3. 실체법(實體法)으로서의 민법

민법은 권리와 의무의 변동(발생·변경·소멸)에 관하여 직접적인 규정으로 이루어진 실체법이다. 이에 반해 의무의 위반 등이 있는 경우에 일정한 절차를 거쳐 그 의무이행을 강제하기 위한 절차를 규율하는 절차법이 있는데, 민사소송법이 대표적인 예이다. 그 외에도 가사에 관한 소송을 규율하는 가사소송법도 절차법에 속한다.

4. 실질적 의의의 민법·형식적 의의의 민법

실질적 의의의 민법은 민법전(民法典)뿐만 아니라 민법부속법률(비송사건절차법, 부동산등기법, 호적법, 공탁법, 유실물법 등), 민사특별법(집합건물의 소유 및 관리에 관한 법률, 공장저당법, 가등기담보 등에 관한 법률, 주택임대차보호법 등), 그 밖에 공법관계 법령에도 산재되어 있다.

형식적 의의의 민법은 1958년에 제정되어 1960년 1월 1일부터 시행되고 있는 현행 민법전을 말한다.

제2절 민법의 법원

민법이 어떠한 모습으로 어디에 존재하고 또 그 범위는 어디까지인가에 관한 것이 민법의 법원(法源) 혹은 민법의 연원(淵源)이다. 민법 제1조(법원)는 「민사에 관하여 법률에 규정이 없으면 관습법에 의하고 관습법이 없으면 조리에 의한다」라고 규정하고 있다. 즉 민사에 관한 법원은 법률·관습법·조리의 세 가지이다. 이 때 법률(法律)은 국회의 의결을 통해 제정·공포되는 형식적 의미의 법률뿐만 아니라 명령·자치법규(조례·규칙)·조약 등 성문법(제정법) 전반을 포함한다. 또한 성문법(成文法) 이외의 불문법(不文法)도 법원으로 인정하되, 성문법에 규정이 없는 경우에 한하여 보충적으로 적용된다(보충적 효력설). 불문법 중 관습법과 조리가 적용되며, 관습법에 정함이 없는 경우에 조리가 보충적으로 적용된다.

관습법(慣習法)은 통설적 견해에 의하면 사회구성원 사이에 일정한 행위가 장기간 반복되어 행하여지는 관행(관습)이 존재하고, 그 관행을 법규범이라고 인식하는 사회구성원의 법적 확신이 있을 때에 성립하는 것으로 본다. 민법상 관습법으로 인정되는 것으로는 다음의 예를 들 수 있다.

① 명인방법(明認方法): 수목의 집단이나 미분리의 과실을 토지와 독립하여 거래하고자 할 때, 그 공시방법으로서 표찰 등으로 현재의 소유자가 누구인지를 나타내는 방법이다.

② 분묘기지권(墳墓基地權): 타인의 토지에 분묘를 설치한 자는 일정한 경우에 그 분묘기지에 대하여 지상권에 유사한 분묘기지권을 취득한다.

③ 사실혼(事實婚): 사실혼이란 사실상 혼인생활을 하고 있지만 혼인신고를 하지 않아 법률상 혼인으로서 인정되지 않는 부부관계를 말한다. 사실혼에는 대체로 혼인에 준하는 효과를 부여하지만, 혼인신고를 전제로 하여 발생되는 효과(중혼・호적변동・친족관계・상속권 등)는 인정되지 않는다.

조리(條理)란 사물의 도리, 법의 일반원리, 경험칙, 사회통념 등을 말한다. 조리가 민법의 법원이 되는가에 관하여 학설(긍정설・부정설)이 나뉘어져 있지만, 민법 제1조를 근거로 하여 조리도 민법의 법원이라고 보는 설이 타당하다고 본다.

▶ 관련판례

1) [1] 사회의 거듭된 관행으로 생성한 어떤 사회생활규범이 법적 규범으로 승인되기에 이르렀다고 하기 위하여는 그 사회생활규범은 헌법을 최상위 규범으로 하는 전체 법질서에 반하지 아니하는 것으로서 정당성과 합리성이 있다고 인정될 수 있는 것이어야 하고, 그렇지 아니한 사회생활규범은 비록 그것이 사회의 거듭된 관행으로 생성된 것이라고 할지라도 이를 법적 규범으로 삼아 관습법으로서의 효력을 인정할 수 없는바, 제정 민법이 시행되기 전에 존재하던 관습 중 "상속회복청구권은 상속이 개시된 날부터 20년이 경과하면 소멸한다."는 내용의 관습은 이를 적용하게 되면 20년의 경과 후에 상속권침해가 있을 때에는 침해행위와 동시에 진정상속인은 권리를 잃고 구제를 받을 수 없는 결과가 되므로 소유권은 원래 소멸시효의 적용을 받지 않는다는 권리의 속성에 반할 뿐 아니라 진정상속인으로 하여금 참칭상속인에 의한 재산권침해를 사실상 방어할 수 없게 만드는 결과로 되어 불합리하

고, 헌법을 최상위 규범으로 하는 법질서 전체의 이념에도 부합하지 아니하여 정당성이 없으므로, 위 관습에 법적 규범인 관습법으로서의 효력을 인정할 수 없다.
[2] 헌법재판소의 위헌결정의 효력은 위헌제청을 한 당해 사건, 위헌결정이 있기 전에 이와 동종의 위헌 여부에 관하여 헌법재판소에 위헌여부심판제청을 하였거나 법원에 위헌여부심판제청신청을 한 경우만이 아니라 따로 위헌제청신청은 하지 아니하였지만 당해 법률 또는 법률의 조항이 재판의 전제가 되어 법원에 계속 중인 사건과 위헌결정 이후에 위와 같은 이유로 제소된 일반 사건에도 미친다[**대법원 2003. 7. 24. 2001 다 48781**].

2) [1] 관습법이란 사회의 거듭된 관행으로 생성한 사회생활규범이 사회의 법적 확신과 인식에 의하여 법적 규범으로 승인·강행되기에 이른 것을 말하고, 그러한 관습법은 법원으로서 법령에 저촉되지 아니하는 한 법칙으로서의 효력이 있는 것이고, 또 사회의 거듭된 관행으로 생성한 어떤 사회생활규범이 법적 규범으로 승인되기에 이르렀다고 하기 위하여는 헌법을 최상위 규범으로 하는 전체 법질서에 반하지 아니하는 것으로서 정당성과 합리성이 있다고 인정될 수 있는 것이어야 하고, 그렇지 아니한 사회생활규범은 비록 그것이 사회의 거듭된 관행으로 생성된 것이라고 할지라도 이를 법적 규범으로 삼아 관습법으로서의 효력을 인정할 수 없다.
[2] 사회의 거듭된 관행으로 생성된 사회생활규범이 관습법으로 승인되었다고 하더라도 사회 구성원들이 그러한 관행의 법적 구속력에 대하여 확신을 갖지 않게 되었다거나, 사회를 지배하는 기본적 이념이나 사회질서의 변화로 인하여 그러한 관습법을 적용하여야 할 시점에 있어서의 전체 법질서에 부합하지 않게 되었다면 그러한 관습법은 법적 규범으로서의 효력이 부정될 수밖에 없다.
[3] 종원의 자격을 성년 남자로만 제한하고 여성에게는 종원의 자격을 부여하지 않는 종래 관습에 대하여 우리 사회 구성원들이 가지고 있던 법적 확신은 상당 부분 흔들리거나 약화되어 있고, 무엇보다도 헌법을 최상위 규범으로 하는 우리의 전체 법질서는 개인의 존엄과 양성의 평등을 기초로 한 가족생활을 보장하고, 가족 내의 실질적인 권리와 의무에 있어서 남녀의 차별을 두지 아니하며, 정치·경제·사회·문화 등 모든 영역에서 여성에 대한 차별을 철폐하고 남녀평등을 실현하는 방향으로 변화되어 왔으며, 앞으로도 이러한 남녀평등의 원칙은 더욱 강화될 것인바, 종중은 공동선조의 분묘수호와 봉제사 및 종원 상호간의 친목을 목적으로 형성되는 종족단체로서 공동선조의 사망과 동시에 그 후손에 의하여 자연발생적으로 성립하는 것임에도, 공동선조의 후손 중 성년 남자만을 종중의 구성원으로 하고 여성은 종중의 구성원이 될 수 없다는 종래의 관습은, 공동선조의 분묘수호와 봉제사 등 종중의 활동에 참여할 기회를 출생에서 비롯되는 성별만에 의하여 생래적으로 부여하거나 원천적으로 박탈하는 것으로서, 위와 같이 변화된 우리

의 전체 법질서에 부합하지 아니하여 정당성과 합리성이 있다고 할 수 없으므로, 종중 구성원의 자격을 성년 남자만으로 제한하는 종래의 관습법은 이제 더 이상 법적 효력을 가질 수 없게 되었다.

[4] 종중이란 공동선조의 분묘수호와 제사 및 종원 상호간의 친목 등을 목적으로 하여 구성되는 자연발생적인 종족집단이므로, 종중의 이러한 목적과 본질에 비추어 볼 때 공동선조와 성과 본을 같이 하는 후손은 성별의 구별 없이 성년이 되면 당연히 그 구성원이 된다고 보는 것이 조리에 합당하다.

[5] 종중 구성원의 자격에 관한 대법원의 견해의 변경은 관습상의 제도로서 대법원판례에 의하여 법률관계가 규율되어 왔던 종중제도의 근간을 바꾸는 것인바, 대법원이 이 판결에서 종중 구성원의 자격에 관하여 '공동선조와 성과 본을 같이 하는 후손은 성별의 구별 없이 성년이 되면 당연히 그 구성원이 된다.'고 견해를 변경하는 것은 그동안 종중 구성원에 대한 우리 사회 일반의 인식 변화와 아울러 전체 법질서의 변화로 인하여 성년 남자만을 종중의 구성원으로 하는 종래의 관습법이 더 이상 우리 법질서가 지향하는 남녀평등의 이념에 부합하지 않게 됨으로써 그 법적 효력을 부정하게 된 데에 따른 것일 뿐만 아니라, 위와 같이 변경된 견해를 소급하여 적용한다면, 최근에 이르기까지 수십 년 동안 유지되어 왔던 종래 대법원판례를 신뢰하여 형성된 수많은 법률관계의 효력을 일시에 좌우하게 되고, 이는 법적 안정성과 신의성실의 원칙에 기초한 당사자의 신뢰보호를 내용으로 하는 법치주의의 원리에도 반하게 되는 것이므로, 위와 같이 변경된 대법원의 견해는 이 판결 선고 이후의 종중 구성원의 자격과 이와 관련하여 새로이 성립되는 법률관계에 대하여만 적용된다고 함이 상당하다.

[6] 대법원이 '공동선조와 성과 본을 같이 하는 후손은 성별의 구별 없이 성년이 되면 당연히 그 구성원이 된다.'고 종중 구성원의 자격에 관한 종래의 견해를 변경하는 것은 결국 종래 관습법의 효력을 배제하여 당해 사건을 재판하도록 하려는 데에 그 취지가 있고, 원고들이 자신들의 권리를 구제받기 위하여 종래 관습법의 효력을 다투면서 자신들이 피고 종회의 회원(종원) 자격이 있음을 주장하고 있는 이 사건에 대하여도 위와 같이 변경된 견해가 적용되지 않는다면, 이는 구체적인 사건에 있어서 당사자의 권리구제를 목적으로 하는 사법작용의 본질에 어긋날 뿐만 아니라 현저히 정의에 반하게 되므로, 원고들이 피고 종회의 회원(종원) 지위의 확인을 구하는 이 사건 청구에 한하여는 위와 같이 변경된 견해가 소급하여 적용되어야 할 것이다[**대법원 2005. 7. 21. 2002 다 1178**].

제3절 민법전의 구성

민법전의 편별방식에는 두 가지가 있다. 하나는 인스티투치온식(Institutionen System)으로서 편별의 순서를 사람・물건・소송의 3편으로 나누며, 프랑스민법이 이 방식을 취한다. 다른 하나는 판덱텐식(Pandekten System)으로서 편별의 순서를 총칙・물권・채권・친족・상속으로 나누며, 독일민법・일본민법・한국민법이 이 방식을 취한다.

우리 민법은 1118개 조문으로 이루어진 우리나라 최대의 법률이다. 우선 민법 제1편 총칙은 통칙・인・법인・물건・법률행위・기간・소멸시효의 7개 장, 184개 조문으로 구성되어 있다. 이러한 총칙은 체계상 민법 전편에 적용되는 통칙으로서 위치하고 있으나 실제로는 그렇지 못하다. 즉 통칙・주소・부재와 실종・물건・기간에 관한 규정 등은 민법 전반에 걸치는 통칙으로서 적용되지만, 그 밖의 규정은 그렇지 못하다. 따라서 총칙은 주로 재산법에 대한 통칙으로서 적용되므로 이 점에서 총칙 규정의 한계가 있다.

민법전 제2편 물권과 제3편 채권에 관한 규정을 재산법(財産法)이라 하고, 제4편 친족과 제5편 상속에 관한 규정을 가족법(家族法) 혹은 신분법(身分法)이라고 한다. 재산법은 소유권과 계약을 중심으로 편성되어 있으며, 특히 계약에서는 사적 자치가 허용된다. 이에 비해 가족법은 사람의 가족생활에 대한 규범으로서 대부분 강행규정으로 되어 있다.

제4절 민법의 기본원리

19세기 이후 제정된 근대 민법전은 공동체보다 각 개인을 우선시키는 자유민주적 이념 하에 마련된 것이며 우리 민법도 이를 계승하였다. 따라서 근대 민법전의 3대 원칙인 ① 소유권존중의 원칙 ② 사적 자치의 원칙 ③ 과실책임의 원칙은 우리 민법에서도 그대로 이어진다. 여기서 특히 궁극적으로는 사적 자치의 원칙이 최고원리라고 말할 수 있다. 사적 자치의 원칙이란 개인이 법질서의 한계 내에서 자기의 의사에 기하여 법률관계를 형성할 수 있다는 원칙으로, 인간은 이성을 갖춘 존재로서 합리적인 판단능력을 가지고 있으므로 자신의 이해관계에 관해서는 그의 자유로운 의사에 맡기는 것이 가장 합리적이라는 판단에 기초한 것이다. 이러한 사적 자치의 원칙으로부터 인격의 보호, 계약의 자유, 소유권의 존중, 과실책임, 인격의 평등이라는 원리가 파생된다고 본다.

한편 민법의 기본을 이루는 것이 개인을 중심으로 하여 그의 권리를 보장하는 것이긴 하지만, 개인도 사회의 일원이므로 개인의 권리 또한 다른 사람의 권리와 조화를 이루어야 한다는 요청이 바로 사회적 형평의 원칙이다. 가령 민법 제2조가 민법의 최고원리로서 신의성실의 원칙을 규정하고 있는 것이 바로 이러한 이념의 표현이라고 할 수 있다. 즉 사유재산권은 보장되지만 소유권의 사용・수익・처분은 법률의 범위 내에서 허용되는 것이고, 사적 자치는 인정되지만 법률 내지 사회질서에 의해 계약의 자유가 제한되는 경우가 적지 않으며, 과실책임을 원칙으로 하지만 법률에 의해 무과실책임이 도입되는 것 등은 그 일환이라고 말할 수 있다.

제5절 민법의 해석

개인간에 민사분쟁이 발생한 경우에 법원은 민법을 재판규범으로 삼음으로써 그 해결을 꾀하게 되는데, 이를 민법의 적용이라 한다. 또한 이를 위해서는 그 전제로서 민법의 의미와 내용을 명확히 밝히는 작업이 요청되는데, 이를 민법의 해석이라 한다. 즉 추상적인 민법규정의 취지와 의미를 밝혀 이를 명확히 하는 것이 민법해석의 목적이다. 결국 민법규정의 목적을 토대로 하여 법적 안정성의 틀을 유지하면서 구체적 사건에 따라 타당한 결론을 끌어내는 구체적인 타당성도 실현하는 해석방법이 그 목표 내지 표준이 되어야 할 것이다.

민법상의 법률용어 가운데 몇 가지를 살펴보면 다음과 같다.

① 준용(準用): 준용이란 필요한 변경을 가하여 적용한다는 의미로서 그대로 적용한다는 의미는 아니다.

② 선의(善意)・악의(惡意): 선의는 어떤 사정을 알지 못하는 것이고, 악의는 이를 알고 있는 것이다. 민법상 당사자가 선의인지 악의인

지에 따라 법률상의 효과가 상이한 경우가 많다.

③ 추정(推定)·간주(看做): 추정은 그 사실 내지 법률관계의 존재를 다투는 자가 입증책임을 지고 반증(反證)에 따라 번복될 수 있는 데 반해, 간주는 그것이 사실에 부합하는지 여하를 불문하고 당사자가 그 반대의 사실(반증)을 입증하더라도 그것만으로는 번복되지 않는다는 점에서 차이가 있다.

④ 대항하지 못한다: 당사자간에 발생한 법률관계를 제3자에 대하여 주장하지 못한다는 것으로서, 주로 선의의 제3자를 보호하여 거래의 안전을 도모하고자 하는 경우에 채택된다.

제6절 민법의 효력

민법의 효력은 크게 ① 때(時)에 관한 효력 ② 사람(人)에 관한 효력 ③ 곳(場所)에 관한 효력으로 나누어볼 수 있다.

① 때(時)에 관한 효력: 법률은 그 효력이 생긴 때부터 그 이후에 발생한 사실에 대해서만 적용되는 것이 원칙이다. 이를 법률불소급의 원칙이라고 하는데, 이는 법률의 효력을 소급시킴으로써 일어나는 사회생활의 혼란을 방지하고, 구법 하에서 발생한 권리(기득권)를 가능한 한 존중하려는 취지에서 비롯된 원칙이다. 다만 과거의 사실에 대하여 신법을 적용하더라도 그것에 관계되는 사람에게 유리하거나 또는 기득권의 침해가 없는 경우에는 특히 사회정책적인 필요에 의해 예외적으로 소급효를 인정할 수 있다. 그러나 소급입법에 의해 형벌을 과하거나 재산권을 박탈하는 것은 헌법상 허용되지 않는다(헌법 제13조).

② 사람(人)에 관한 효력: 민법은 우리 국민에게 적용되며, 국내에 있든 국외에 있든 적용된다. 이를 속인주의(屬人主義)라고 한다. 한편 민법은 우리 영토 내에 있는 외국인에 대하여도 적용되는데, 이를 속지주의(屬地主義)라고 한다.

③ 곳(場所)에 관한 효력: 민법은 대한민국의 영토 전체에 적용된다. 북한지역도 대한민국의 영토에 포함되므로(헌법 제3조), 여기에도 민법이 적용된다. 다만 현실적으로 그 적용이 정지되고 있는 상태일 뿐이다.

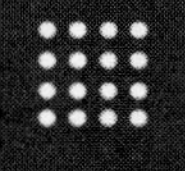

제2장 권 리

제1절 법률관계와 권리·의무

인간의 생활관계를 규율하는 사회규범에는 법·도덕·종교·관습 등이 있으며, 그 가운데 법에 의하여 규율되는 생활관계를 법률관계(法律關係)라고 한다. 이는 법의 힘에 의해 그 내용을 강제적으로 실현할 수 있다는 점에서 강제력을 갖지 못하는 다른 사회규범과 구별된다. 구체적으로 어떠한 생활관계를 법의 규율대상으로 할 것인지는 대부분 입법을 통해 결정된다.

법률관계와 구별되는 것으로 호의관계(好意關係)가 있다. 가령 출퇴근하면서 자동차에 동승하는 것을 약속하거나, 옆집의 아이를 그의 부모가 외출 중에 놀보아주겠다고 약속하는 경우 등이 그 예이나. 이러한 호의행위는 급부자에게 법적 의무가 없음에도 불구하고 무상으로 급부를 하는데 특징이 있으며, 그 급부를 이행하지 않는다고 하여 상대방에게 급부청구권이 인정되지 않고, 따라서 그것을 강제적으로 실현시킬 수 없다는 점에서 법률관계와 구별된다. 다만 어느 것을 법률관계로 보아야 할 것인지 혹은 호의관계로 보아야 할 것인지는 당사자의 의사와 거래의 관행 등을 고려하여 구체적인 사안에 따라 신중하게 결정하여야 한다. 한편 무상으로 급부를 한다고 해서 그것이 항상 호의관계로 되는 것은 아니다. 예컨대 증여나 사용대차는 무상이면서도 계약으로 인정되기 때문이다.

법률관계는 법에 의해 옹호되는 것(권리)과 구속되는 것(의무)으로 구성되어 있다. 역사적으로 볼 때 법률관계는 의무본위(義務本位)에서 권리본위(權利本位)로 발전되어왔다. 즉 법은 원래 당위를 내용으로 하며 명령과 금지의 형식을 취하므로 처음에는 의무본위로 규율되었으나, 그 후 근대에 이르러 개인의 자유와 인격이 중시되면서 의무보다는 권리의 관념이 강하게 부각되어 권리본위로 변화하게 된 것이다.

권리의 본질에 관한 종래의 전통적인 학설로는 다음과 같은 것이 있다.

① 의사설(意思說): 권리는 법에 의하여 주어진 의사의 힘 또는 의사의 지배라는 견해이다. 이에 대하여는 의사무능력자(유아・정신병자 등)도 권리를 가진다는 비판이 있다.

② 이익설(利益說): 권리를 법에 의해 보호되는 이익이라고 보는 견해이다. 이에 대하여는 친권처럼 권리자에게 이익이 없는 경우도 있다는 비판이 있다.

③ 권리법력설(權利法力說): 일정한 이익을 향유하기 위하여 법이 인정한 힘이 권리라는 견해이다. 의사능력이 없는 자도 권리의 주체가 될 수 있고, 이익 그 자체를 권리로 보는 것이 아니라 이익을 향유하는 수단으로서의 법적 힘을 권리로 파악한다.

일반적으로 권리란 '일정한 생활상의 이익에 대한 법률상의 힘'이라고 정의할 수 있다. 한편 의무란 '의무자의 의사와는 관계없이 반드시 따라야 할 법률상의 구속'을 말한다. 반면에 법률이 특정인 또는 일반인에게 어떤 행위를 명함으로써 다른 특정인 또는 일반인이 그 법률규범의 반사적 효과로서 이익을 받게 되는 것을 권리반사 또는 반사적 효과라고 한다. 예컨대 전염병 예방주사를 강제하는 법률에 의해 일반인이 전염병 예방의 효과를 보는 것, 교통법규에 의해 일반인이 교통안전의 효과를 받는 것, 일정한 거리를 두어 주유소를 설치해야 함에 따라 기존의 주유소가 이익을 받는 것 등이 그러하다. 본래 권리는 일정한 물건 또는 사람에 대하여 직접 그 영향을 미치는 것을 내용으로 하는데 비해, 권리반사의 경우는 관련법규에 의해 다른 사람이 반사적 이익을 얻는 것에 지나지 않으므로 예방주사를 맞을 것을 청구하거나, 교통법규의 준수를 청구하거나, 주유소의 철거를 청구할 수 있는 권리가 주어지는 것은 아니라는 점에서 권리와 구별된다.

▶ 관련판례

차량의 운행자가 아무런 대가를 받지 아니하고 동승자의 편의와 이익을 위하여 동승을 허락하고 동승자도 그 자신의 편의와 이익을 위하여 그 제공을 받은 경우 그 운행 목적, 동승자와 운행자의 인적관계, 그가 차에 동승한 경위, 특히 동승을 요구한 목적과 적극성 등 여러 사정에 비추어 가해자에게 일반 교통사고와 동일한 책임을 지우는 것이 신의칙이나 형평의 원칙으로 보아 매우 불합리하다고 인정될 때에는 그 배상액을 경감할 수 있으나, 사고 차량에 단순히 호의로 동승하였다는 사실만 가지고 바로 이를 배상액 경감사유로 삼을 수 있는 것은 아니다[**대법원 1996. 3. 22. 95 다 24302**].

제2절 권리의 종류

권리는 크게 공법상 인정되는 권리인 공권(公權)과 사법상 인정되는 권리인 사권(私權)으로 구분된다. 이 가운데 사권, 특히 민법상의 권리는 재산법상의 권리와 가족법(신분법)상의 권리로 나눌 수 있으며, 전자에는 물권과 채권이 속하고, 후자에는 친족권과 상속권이 속한다.

첫째, 내용에 의한 분류(권리의 내용이 되는 '생활이익'을 기준으로 한 분류)는 다음과 같다.

① 재산권: 경제적 가치 있는 이익을 누리는 것을 목적으로 하는 권리이다(예: 물권・채권・무체재산권(지적재산권) 등).
② 인격권: 권리의 주체와 분리할 수 없는 인격적 이익을 누리는 것을 내용으로 하는 권리이다(예: 생명・신체・정신・명예・신용・정조・성명・초상・사생활의 자유와 보호에 대한 권리 등).
③ 가족권(신분권): 가족간의 신분에 따르는 생활이익을 내용으로 하는 권리이다(예: 친족권・상속권 등).
④ 사원권(社員權): 사단(社團)의 구성원(사원)이 그의 지위에 기하여 사단에 대하여 가지는 권리・의무를 총칭한다(예: 이익배당청구권・소수사원권 등).

둘째, 작용(효력)에 의한 분류(권리에 주어진 '법률상의 힘'의 정도에 따른 분류)는 다음과 같다.

① 지배권(支配權): 타인의 행위를 필요로 하지 않고 일정한 객체를 직접 지배할 수 있는 권리이다(예: 물권・무체재산권・인격권 등).
② 청구권(請求權): 특정인이 다른 특정인에 대하여 일정한 행위, 즉 작위(作爲) 또는 부작위(不作爲)를 요구하는 권리이다(예: 채권・부양청구권・상속회복청구권 등).
③ 형성권(形成權): 권리자의 일방적 의사표시만으로 권리의 변동을

가져오는 권리이다(예: 취소권 · 계약해지권 · 약혼해제권 · 상속포기권 · 입양취소권 등).

④ **항변권**(抗辯權): 청구권의 행사에 대하여 일정한 사유에 의해 그 급부를 거절할 수 있는 권리이다(예: 동시이행항변권 · 보증인의 최고검색항변권 등).

제3절 권리의 충돌과 경합

동일한 객체에 대하여 수개의 권리가 존재하는 경우에는 그 객체가 그 권리를 모두 만족시킬 수 없는 경우가 있는데, 이를 권리의 충돌이라 한다. 이때에는 그 수개의 권리간에 순위가 있어서 어떤 권리가 다른 권리에 우선하여 만족을 얻게 된다.

① **물권 상호간**: a) 소유권과 제한물권(예: 지상권 · 전세권 등) 사이에서는 제한물권의 성질상 그것이 언제나 소유권에 우선한다. 즉 전세기간 동안에는 소유자는 그 목적물을 사용할 수 없다. b) 같은 종류의 물권 상호간에서는 먼저 성립한 권리가 후에 성립한 권리에 우선한다. 즉 동일물 위에 앞의 물권과 동일한 내용을 갖는 물권은 그 후에 다시 성립할 수 없고(예: 소유권), 성립하는 경우(예: 저당권)에도 앞의 물권의 우선순위를 해치지 않는 범위 내에서만 그 효력이 부여될 뿐이다.

② **물권과 채권간**: 동일물에 대하여 물권과 채권이 병존하는 경우에는 그 성립시기를 불문하고 항상 물권이 우선한다. 물권은 물건에 대한 직접의 지배권인데 반해, 채권은 채무자의 행위를 통해 간접적으로 지배를 미치는 성질상의 차이 때문이다.

③ **채권 상호간**: 채권 상호간에는 **채권자평등의 원칙**에 의해 동일 채무자에 대한 수개의 채권은 그 발생원인 · 발생시기 · 채권액을 불문하고 평등하게 다루어진다. 다만 이러한 원칙이 그대로 나타나는 것은 파산의 경우이며 그 외에 경매에서 배당에 참가한 채권자 상호간에도 나타난다. 그 밖의 경우에는 채권자 상호간에 순위가 없으므로 채무자는 채권자 중 누구에게 이행하든 자유이다. 이에 따라 먼저 급부를 받은 자가 만족을 얻고 다른 채권자는 그 나머지로부터 변제를 받을 수 있을 뿐인데, 이를 **선행주의**(先行主義)라고 한다.

하나의 생활사실이 수개의 법규가 정하는 요건을 충족하여 그 결과 수개의 권리가 발생하는 경우가 있다. 이 때 그 수개의 권리가 동일한 목적을 가지고 또한 그 행사로 인해 같은 결과를 가져오는 경우가 있는데, 이를 권리의 경합이라 한다. 가령 해제권과 취소권이 병존하는 경우와 같이 형성권에서도 문제가 되기도 하지만, 주로 청구권의 경합이 문제로 된다. 예컨대 임대차기간이 만료된 후에 임차인이 임차물을 반환하지 않을 때에는 임대인은 소유권에 기한 반환청구권과 임대차계약에 따른 채권에 기한 반환청구권을 갖게 된다. 즉 반환청구권의 경합이 있게 되는데, 양 청구권은 목적물의 반환이라는 동일한 것을 목적으로 하기 때문에 어느 한 쪽의 청구권을 행사함으로써 만족을 얻게 되면 다른 쪽의 청구권은 자동적으로 소멸하게 된다.

권리의 경합과 구별되는 것으로 법규의 경합(법조의 경합)이 있다. 이는 하나의 생활사실이 수개의 법규가 정하는 요건을 충족하지만, 그 중의 한 법규가 다른 법규를 배제하고 우선 적용되는 경우로서 일반법과 특별법의 관계에서 나타난다. 예컨대 공무원이 그 직무집행에 따른 고의나 과실로 위법하게 타인에게 손해를 입힌 경우에는 사용자인 국가 또는 공공단체의 책임에 관하여 민법 제756조(사용자의 배상책임)와 국가배상법 제2조(배상책임)가 경합하게 된다. 다만 이 경우 후자가 전자에 대한 특별규정이므로 후자(국가배상법)에 의한 손해배상정구권만이 인정된다.

제4절 권리의 행사와 의무의 이행

권리의 내용을 구체적으로 실현하는 것을 권리의 행사라고 한다. 권리의 행사는 권리의 내용에 따라 그 행사방법도 각기 다르며, 권리자 자신이 행하는 것이 원칙이다. 그러나 가령 친권과 같이 행사상의 일신전속권(一身專屬權)이 아닌 권리는 타인으로 하여금 행사하게 할 수 있다.

1. 권리행사의 자유: 권리의 행사 여부는 권리자의 자유에 맡겨져 있으며, 권리를 행사할 의무가 권리 속에 포함되어 있지는 않다. 다만 예외적으로 친권과 같이 타인의 이익을 위하여 인정되는 권리에서는 그 권리를 행사하여야 할 의무가 있다.

2. 권리행사의 한계: 민법 제2조(신의성실)는 「① 권리의 행사와 의무의 이행은 신의에 좇아 성실히 하여야 한다. ② 권리는 남용하지 못한다」라고 규정하고 있다.

① 권리의 사회성: 개인의 권리는 존중되어야 하지만, 개인도 사회의 일원인 이상 권리의 행사가 타인 나아가 사회의 이익에 반하여서는 아니된다. 따라서 민법 제2조도 신의성실(信義誠實)의 원칙(제1항)과 권리남용금지(權利濫用禁止)의 원칙(제2항)을 정하고 있다. 이처럼 신의칙(信義則)과 권리남용금지를 각각의 연혁적 이유에서 별개의 항으로 규정하면서도 이들 원칙이 민법의 최고원리라는 점에서 같은 조문 속에 함께 두고 있다. 통설과 판례의 대체적인 경향은 권리의 행사가 신의성실에 반하는 경우에는 권리남용이 된다고 하여 권리남용금지를 신의칙의 효과로 보고 있다.

② 신의성실의 원칙: 통설적 견해에 의하면 근대 민법에서의 권리의 행사는 본질적으로 절대 자유이었으나, 그로 인한 사회적 폐단을 경험한 오늘날에는 권리란 개인의 이익뿐만 아니라 사회 전체의 이익을 위해 존재하는 것이라는 권리의 사회성·공공성을 깨닫게 되었고, 민법 제2조의 신의칙은 바로 이에 근거한 것이라고 본다. 따라서 이러한 입장에는 공공복리를 민법의 최고원리로 삼는 것이 그 바탕에 있다고 여겨진다.

신의칙이 적용되기 위해서는 당사자 사이에 법적인 특별결합관계가 존재하여야 한다. 즉 계약 등의 채권관계 기타 일정한 사회적 접촉을 가지는 사람 사이에서만 적용되는 것이다. 신의칙의 기능을 살펴보면 우선 신의칙은 권리와 의무의 내용을 구체적으로 정하는 기능을 가진다(권리·의무내용의 구체화). 또한 신의칙은 개별사안에 대하여 법률을 형식적·획일적으로 적용함으로써 발생하는 부작용을 줄이는데 동원되어 구체적 타당성을 실현시키는 기능을 가진다(구체적 타당성의 실현). 그리고 신의칙은 일종의 조리(條理)로서 법률이나 관습법에 정함이 없는 경우에 보충적으로 법창조적 기능을 가진다(법률의 흠결의 보충). 권리의 행사가 신의칙에 위반되는 때에는 권리남용이 되는 것이 보통이므로 일반적으로 권리행사로서의 효과가 생기지 않는다.

신의칙의 파생원칙으로는 ㉠ 모순행위금지의 원칙(자신의 선행행위와 모순되는 후행행위는 허용되지 않는다는 원칙으로 영미법에서 인정되는 금반언(禁反言; estoppel)의 법리도 이 원칙과 유사한 것이다) ㉡ 실효의 원칙(권리실효(權利失效)의 법리는 독일의 판례와 학설에 의해 발전되어온 이론으로 권리자의 권리행사의 가능성, 상당한 기간에 걸친 권리의 불행사, 권리자가 더 이상 권리행사를 하지 않을 것으로 믿을 만한 의무자의 정당한 기대를 요건으로 하고 있다) ㉢ 사정변경(事情變更)의 원칙(채권을 발생시키는 법률행위 성립 후 당시 환경이 된 사정에 당사자 쌍방이 예견 못하고 또 예견할 수 없었던 변경이 발생한 결과 본래의 급부가 신의형평의 원칙상 당사자에 현저히 부당하게 된 경우, 당사자가 그 급부의 내용을 적당히 변경할 것을 상대방에게 제의할 수 있고, 상대방이 이를 거절하는 때에는 당해 계약을 해제할 수 있는 규범을 말한다) 등을 들 수 있다.

③ 권리남용금지의 원칙: 민법 제2조 제2항은 '권리는 남용하지 못한다'고 규정하고 있을 뿐이고, 그 요건이나 효과에 대해서는 구체적으로 정하고 있지 않다. 일반적으로 권리남용이 되려면 우선 권리가 존재하고, 그 권리가 권리자에 의하여 적극적이든 소극적이든 행사되었을 것을 전제로 한다. 판례는 일관된 입장을 보이고 있지는 않으나, 대체로 객관적 요건에 비중을 두면서 주관적 요건이 있는 경우에는 상대적으로 그 성립을 더 인정하는 것으로 보인다. 이 때 객관적 요건이란 권리행사자의 이익과 그로 인해 침해되는 상대방의 이익과의 현저한 불균형을 말하는데, 어느 경우에 이에 해당하는지는 구체적인 사안에 따라 여러 사정을 종합하여 판단해야 하고, 결국 사회질서가 그 기준이 될 것이다. 권리남용으로 인정되면 그 권리행사는 위법한 것으로 되어 권리를 행사한 것으로 인정되지 않는다. 다만 예외적으로 친권의 남용과 같이 법률에 규정(제924조)이 있는 때에 한하여 그 권리(친권) 자체가 박탈되는 경우가 있다.

3. 의무의 이행: 의무의 이행이란 의무자가 그가 부담하는 의무의 내용을 실현하는 것을 말하는데, 의무의 이행은 신의에 좇아 성실히 하여야 한다. 의무의 이행이 신의칙에 위반하는 때에는 의무를 이행한 것이 되지 못한다. 따라서 의무불이행으로서 채무불이행 기타의 위법행위를 구성하게 된다. 어떤 경우에 의무의 이행이 신의칙에 위반되는지는 각종 의무에 따라 개별적으로 판단하는 수밖에 없다.

▶ 관련판례

1) 갑남이 처 을녀를 상대로 한 이혼심판을 청구하여 승소 확정되자, 다시 병녀와 결혼하여 혼인신고를 하였으나, 그 후 위 이혼심판은 을녀의 허위 주소신고에 기한 부적법 공시송달을 이유로 한 재심청구에 의하여 그 취소심판이 확정되었다면, 갑남과 병녀 사이의 혼인은 민법 제810조가 금하는 중혼에 해당하고, 을녀가 실제로는 혼인생활을 계속할 의사가 없다든가, 위 이혼심판을 믿고 혼인한 선의의 제3자인 병녀나 그 자녀들의 이익이 크게 침해된다는 등의 사유만으로는 중혼의 취소를 구하는 심판청구가 권리남용이라고 할 수 없다[**대법원 1991. 5. 28. 89 므 211**].

2) 혼인이 일단 성립되면 그것이 위법한 중혼이라 하더라도 당연히 무효가 되는 것은 아니고 법원의 판결에 의하여 취소될 때에 비로소 그 효력이 소멸될 뿐이므로, 아직 그 혼인취소의 확정판결이 없는 한 법률상의 부부라 할 것이어서 재판상 이혼의 청구도 가능하다.…중혼관계에 있어 전혼의 배우자(A)가 사망한 상대방(B)과 이미 사실상 이혼상태에 있었다든가 혹은 그 혼인사실을 뒤늦게 공관장에게 신고하였다는 사정만을 가지고, 전혼의 배우자(A)가 생존한 중혼의 일방 당사자(C)를 상대로 제기한 혼인취소청구가 오로지 피청구인(C)을 괴롭히기 위한 소송으로서 민법상 권리남용(權利濫用)에 해당하거나 신의칙(信義則)에 반하여 위법한 것이라고는 말할 수 없다. 다시 말해서 중혼자가 사망한 후에라도 그 사망에 의하여 중혼으로 인해 형성된 신분관계가 소멸하는 것은 아니므로, 전혼의 배우자는 생존한 중혼의 일방 당사자를 상대로 중혼의 취소를 구할 이익이 있다[**대법원 1991. 12. 10. 91 므 344·535**].

3) [1] 토지소유자가 토지 상공에 송전선이 설치되어 있는 사정을 알면서 그 토지를 취득한 후 13년이 경과하여 그 송전선의 철거를 구한 사안에서, 한국전력공사가 그 토지 상공에 당초에 그 송전선을 설치함에 있어서 적법하게 그 상공의 공간 사용권을 취득하거나 그에 따른 손실을 보상하지 아니하여 그 송전선의 설치는 설치 당시부터 불법 점유라고 볼 수 있으며, 그 설치 후에도 적법한 사용권을 취득하려고 노력하였다거나 그 사용에 대한 손실을 보상한 사실이 전혀 없고, 그 토지가 현재의 지목은 도시계획상 일반주거지역에 속하고 주변 토지들의 토지이용 상황이 아파트나 빌라 등이 들어 서 있는 사실에 비추어 그 토지도 아파트, 빌라 등의 공동주택의 부지로 이용될 가능성이 농후한 점 및 한국전력공사로서는 지금이라도 전기사업법 등의 규정에 따른 적법한 수용이나 사용 절차에 의하여 그 토지 상공의 사용권을 취득할 수 있는 점 등에 비추어, 토지소유자의 송전선 철거청구가 권리남용에 해당하지 않는다.

[2] 토지소유자가 송전선이 설치된 토지를 농지로만 이용하여 왔다고 하더라

도, 그 소유권을 행사함에 있어 아무런 장애를 받지 않았다고 할 수 없고 그 송전선의 가설로 인하여 그 토지 상공에 대한 구분지상권에 상응하는 임료 상당의 손해를 입었다고 한 원심판결을 수긍한다[**대법원** 1996. 5. 14. 94 다 54283].

4) 외국에 이민을 가 있어 주택에 입주하지 않으면 안 될 급박한 사정이 없는 딸이 고령과 지병으로 고통을 겪고 있는 상태에서 달리 마땅한 거처도 없는 아버지와 그를 부양하면서 동거하고 있는 남동생을 상대로 자기 소유 주택의 명도 및 퇴거를 청구하는 행위가 인륜에 반하는 행위로서 권리남용에 해당한다[**대법원** 1998. 6. 12. 96 다 52670].

5) 사용자로부터 해고된 근로자가 퇴직금 등을 수령하면서 아무런 이의의 유보나 조건을 제기하지 않았다면 해고의 효력을 인정하지 아니하고 이를 다투고 있었다고 볼 수 있는 객관적인 사정이 있다거나 그 외에 상당한 이유가 있는 상황 하에서 이를 수령하는 등의 특별한 사정이 없는 한 그 해고의 효력을 인정하였다고 할 것이고, 따라서 그로부터 오랜 기간이 지난 후에 그 해고의 효력을 다투는 소를 제기하는 것은 신의칙이나 금반언의 원칙에 위배되어 허용될 수 없다[**대법원** 2000. 4. 25. 99 다 34475].

6) 신의성실의 원칙은 법률관계의 당사자는 상대방의 이익을 배려하여 형평에 어긋나거나, 신뢰를 저버리는 내용 또는 방법으로 권리를 행사하거나 의무를 이행하여서는 아니된다는 추상적 규범으로서, 신의성실의 원칙에 위배된다는 이유로 그 권리의 행사를 부정하기 위하여는 상대방에게 신의를 공여하였다거나, 객관적으로 보아 상대방이 신의를 가짐이 정당한 상태에 있어야 하고, 이러한 상대방의 신의에 반하여 권리를 행사하는 것이 정의관념에 비추어 용인될 수 없는 정도의 상태에 이르러야 하며, 또한 특별한 사정이 없는 한, 법령에 위반되어 무효임을 알고서도 그 법률행위를 한 자가 강행법규 위반을 이유로 무효를 주장한다 하여 신의칙 또는 금반언의 원칙에 반하거나 권리남용에 해당한다고 볼 수는 없다[**대법원** 2002. 3. 15. 2001 다 67126].

7) 실권 또는 실효의 법리는 신의성실의 원칙에 바탕을 둔 파생적인 원리로서 이는 본래 권리행사의 기회가 있음에도 불구하고 권리자가 장기간에 걸쳐 그 권리를 행사하지 아니하였기 때문에 의무자인 상대방이 이미 그의 권리를 행사하지 아니할 것으로 믿을 만한 정당한 사유가 있게 됨으로써 새삼스럽게 그 권리를 행사하는 것이 신의성실의 원칙에 위반되는 결과가 될 때 그 권리행사를 허용하지 않는 것을 의미한다[**대법원** 2004. 3. 26. 2001 다 72081].

제5절 권리의 보호

권리가 침해된 때에는 그에 대한 구제가 필요한데, 이것이 바로 권리의 보호이다. 이는 국가구제에 의하는 것이 원칙이고, 사력구제는 예외적인 경우에 한하여 인정된다.

① 국가구제(國家救濟): 권리가 침해된 경우에 권리자는 법률이 정하는 절차에 따라 법원에 그 구제(재판 · 조정 등)를 구하여야 한다. 만일 조정(調停)이 성립되면 재판상 화해(和解)와 동일한 효력이 있으며, 조정이 성립되지 않으면 소송으로 넘어가게 된다. 조정은 재판에 비해 간편하고 당사자간에 대립을 남기지 않는 장점이 있는 반면에 재판에서와 같은 확실성이 없다는 단점도 있다.

② 사력구제(私力救濟): 권리침해에 대하여 국가구제를 구하는 것이 불가능하거나 또는 곤란한 경우에는 예외적으로 개인의 실력에 의한 구제가 허용되는데, 민법상 인정되는 것으로는 정당방위 · 긴급피난 · 점유자의 자력구제의 세 가지가 있다. ㉠ 정당방위란 타인의 불법행위에 대하여 자기 또는 제3자의 이익을 방위하기 위하여 부득이 타인(제3자를 포함)에게 가해행위를 한 자는 위법성이 조각되어 불법행위책임을 지지 않는다(제761조 제1항). 가령 자기의 생명을 지키기 위하여 강도를 상해하거나, 강도의 위험을 피하기 위하여 타인의 상점을 부수고 피신하는 경우 등을 들 수 있다. ㉡ 긴급피난이란 급박한 위난을 피하기 위하여 부득이 타인에게 가해행위를 하는 것으로서 역시 위법성이 조각되어 불법행위로 되지 않는다. 가령 개가 물려고 덤벼들 때 이웃 상점의 유리창을 부수고 피신하는 경우가 이에 해당한다. 정당방위는 불법행위, 즉 위법한 침해에 대한 반격이지만, 긴급피난은 위법하지 않은 침해에 대한 피난이라는 점에서 차이가 난다. ㉢ 점유자의 자력구제란 점유자에 한하여 인정되는 것으로서 권리자가 스스로 자기의 청구권을 실현하는 것을 말한다. 이는 과거의 침해에 대한 회복이라는 점에서, 현재의 침해에 대한 방어인 정당방위 · 긴급피난과 다르다.

제3장 권리의 주체

제1절 권리의 주체와 권리능력

권리의 주체가 될 수 있는 지위 또는 자격을 가리켜 권리능력(權利能力)이라 하고, 이를 인격(人格)이라고도 한다. 한편 권리능력에 대응하여 의무의 주체가 될 수 있는 지위를 의무능력(義務能力)이라고 한다. 민법상 권리의 주체로는 사람인 자연인(自然人)과 일정한 단체, 즉 사단 또는 재단으로서 법인격을 취득한 법인(法人)이 있다.

제2절 자연인

1. 능력(能力)

① 권리능력: 민법 제3조(권리능력의 존속기간)는 「사람은 생존한 동안 권리와 의무의 주체가 된다」라고 규정하고 있다. 즉 모든 사람은 평등하게 생존한 동안인 출생한 때부터 사망한 때까지 권리능력을 가진다.

㉠ 권리능력의 발생(출생): 사람이 권리능력을 취득하게 되는 것은 출생한 때부터이다. 출생의 시기에 관하여는 진통설・일부노출설・전부노출설・독립호흡설 등의 학설이 주장되고 있다. 형법에서는 영아살해죄를 처벌하므로 진통설이 통설인데 반해, 민법에서는 태아가 모체로부터 전부 노출한 때에 출생한 것으로 보는 전부노출설이 통설이다. 출생은 호적법에 정한 바에 따라 1개월 이내에 신고하여야 하고,

이를 해태한 경우에는 과태료의 제재를 받는다. 출생신고는 보고적 신고로서 그 신고에 의하여 비로소 권리능력을 취득하는 것은 아니다. 즉 신고가 없어도 이미 출생한 자는 출생과 동시에 당연히 권리능력을 취득한다.

㉡ 태아의 권리능력: 사람은 출생한 때부터 권리능력을 가진다는 점을 관철한다면, 출생 전의 태아는 어느 경우에도 권리능력을 갖지 못하게 되는데 만일 이렇게 되면 태아에게 불리한 경우가 생긴다. 따라서 각국의 민법은 태아의 보호를 위한 규정을 마련하고 있다. 즉 태아의 보호를 위한 입법주의로는 일반적 보호주의와 개별적 보호주의가 있다. 전자는 태아의 이익이 문제되는 경우에는 모두 출생한 것으로 보는 입장이고(스위스민법), 후자는 특히 중요하다고 생각되는 법률관계를 열거하여 이에 한정해서만 출생한 것으로 보는 입장이다(독일민법 · 프랑스민법 · 일본민법 · 한국민법). 우리 민법은 개별적 보호주의를 채택하고 있으며, 가령 불법행위에 의한 손해배상청구 · 재산상속 · 유증 · 인지의 경우에 민법상 태아가 이미 출생한 것으로 보아 권리능력을 인정한다. 이 때 태아가 이미 '출생한 것으로 본다'는 의미에 관하여는 정지조건설과 해제조건설의 견해대립이 있다. 우선 정지조건설(停止條件說)은 태아로 있는 동안에는 권리능력을 인정받지 못하고, 살아서 출생하는 것을 조건으로 하여 권리능력의 취득효과가 문제된 사실이 발생한 시기까지 소급해서 생긴다고 보는 견해로서 주로 판례가 취하는 입장이다. 이 견해에 의하면 태아인 동안에는 권리능력이 없기 때문에 법정대리인도 있을 수 없다고 본다. 반면에 해제조건설(解除條件說)은 문제된 사실이 생긴 때부터 이미 태아는 권리능력을 갖지만, 사산된 경우에는 소급하여 권리능력을 상실한다고 보는 견해로서 주로 학설(다수설)이 취하는 입장이다. 이 견해에 의하면 태아인 동안에도 권리능력이 있기 때문에 법정대리인이 있을 수 있다고 본다.

㉢ 권리능력의 범위: 사람은 생존한 동안 성별 · 연령 · 직업 · 계급 등을 묻지 않고 평등하게 권리능력을 갖는 것이 원칙이다. 하지만 권리의 성질상 어느 특정인만이 권리를 가지는 경우가 있다. 또한 외국인의 권리능력에 관해서는 원칙적으로 내국인과 같은 권리능력을 인정하는 평등주의를 선언하면서도, 국가정책상 외국인의 권리능력을 제한하는 수가 있다. 특히 외국인은 한국선박 · 한국항공기의 소유권을 절대로 취득할 수 없다. 한편 상호주의에 의한 제한을 받는 경우도 있

다. 가령 외국인이 대한민국 내의 일반토지를 취득하는 계약을 체결한 경우에는 계약체결일로부터 60일 이내에 시장 등에게 신고하여야 하며(외국인토지법 제4조 제1항), 대한민국 국민 또는 법인에 대하여 자국 내의 토지의 취득 또는 양도를 금지·제한하는 국가의 개인 또는 법인에 대하여는 대한민국 내의 토지의 취득 또는 양도를 금지·제한할 수 있다고 하여 상호주의에 의한 제한을 가하고 있다(동법 제3조). 그 외에도 특허권·실용신안권·디자인권·상표권·저작권 등 이른바 지적재산권의 취득, 그리고 국가나 공공단체를 상대로 하는 손해배상청구(국가배상청구)에 관해서도 상호주의를 취한다(국가배상법 제7조). 더욱이 외국인이 어업권을 취득할 때에는 관할시장 등의 면허나 허가를 얻어야 한다(수산업법 제5조).

㉣ 권리능력의 소멸(사망): 자연인은 사망으로 인해 권리능력을 상실한다. 통설은 사람의 호흡과 심장의 기능이 영구적으로 정지한 때에 사망한 것으로 본다(심장사설). 한편 뇌 전체의 기능이 정지된 때(뇌사)에는 의학적으로 사망으로 보지만(뇌사설), 이 때 인위적으로 장기의 기능은 유지하게 할 수 있어 장기이식이 가능하므로 최근 들어 유력하게 주장되기도 한다. 사망은 호적법에 의해 동거하는 친족 등 일정한 자가 사망의 사실을 안 날로부터 1개월 이내에 진단서 또는 검안서를 첨부하여 신고해야 한다. 사망신고도 출생신고와 같이 보고적 신고에 불과하므로 사망신고가 되었더라도 반증을 통해 사망시기 등을 정정할 수 있다. 다만 사망의 유무 및 시기에 대한 증명 내지 확정이 극히 곤란할 때를 대비하여 동시사망의 추정·인정사망·실종선고의 세 가지 제도를 두고 있다.

첫째, 동시사망(同時死亡)의 추정(推定)에 관한 민법 제30조에 의하면 「2인 이상이 동일한 위난(危難)으로 사망한 경우에는 동시에 사망한 것으로 추정한다」라고 규정하고 있다. 2인 이상이 동일한 위난으로 사망한 경우, 가령 추락한 항공기나 침몰한 선박에 동승한 경우, 화재로 소실된 호텔에 함께 투숙한 경우, 동반자살 등의 경우에 누가 먼저 사망하였고 또 나중에 사망하였느냐에 따라 상속분에 중대한 영향을 미친다. 예컨대 모(D), 처(B), 미혼의 자(C)가 있는 피상속인(A)이 C와 동승했던 항공기 사고로 A와 C가 사망하였다고 가정하자. a) A가 먼저 사망한 경우: B와 C가 공동상속을 하지만, C가 곧 사망하였으므로 B가 C의 상속분을 상속함으로써 결과적으로 B의 단독상속이 된다. b) C가 먼저 사망한 경우: C가 사망한 후 이어서 A가 사망하였으므로 B와 D가 공동상속을 한다. c) A와 C가 동시사망한 것으로 추정되는 경우: 동시사망자 상호간에는 상속이 생기지 않으므로 C는 A의 상속인이 되지 못하고 B와 D가 공동상속을 한다. 만일 민법 제30조의 동시사망의 추정규정이 없다면, B 또는 D는 자기에게 유리하게 A가 먼저 사망하거나 C가 먼저 사망한 것으로 주장하여 상속을 받게 될 것이고, 그에 대해 상대방은 반대의 사실을 입증해야 번복시킬 수 있는데 사실상 그 입증이 어려우므로 민법상 동시사망의 추정규정을 두게 된 것이다.

둘째, 인정사망(認定死亡)이란 수난・화재 기타 사변으로 인하여 사망한 자가 있는 경우에 이를 조사한 관공서는 지체없이 사망지의 시・읍・면의 장에게 사망의 보고를 하여야 하고, 이 보고에 기해 사망한 것으로 인정하여 호적에 기재하는 것을 말한다. 인정사망을 인정하는 이유는 시체의 확인은 없지만 고도의 사망확률이 있음에도 불구하고 실종선고의 절차를 밟게 하는 것은 적당하지 않기 때문이다.

셋째, 실종선고(失踪宣告)란 부재자의 생사불명의 상태가 일정기간 계속된 경우에 가정법원의 선고에 의해 사망한 것으로 간주하는 제도를 말한다. 상세한 내용은 후술한다.

▶ 관련판례

1) 의용 민법이나 구관습 하에 태아에게는 일반적으로 권리능력이 인정되지 아니하고 손해배상청구권 또는 상속 등 특별한 경우에 한하여 제한된 권리능력을 인정하였을 따름이므로 증여에 관하여는 태아의 수증능력이 인정되지 아니하였고, 또 태아인 동안에는 법정대리인이 있을 수 없으므로 법정대리인에 의한 수증행위도 할 수 없다[**대법원** 1982. 2. 9. 81 다 534].

2) 민법 제30조에 의하면, 2인 이상이 동일한 위난으로 사망한 경우에는 동시에 사망한 것으로 추정하도록 규정하고 있는바, 이 추정은 법률상 추정으로서 이를 번복하기 위하여는 동일한 위난으로 사망하였다는 전제사실에 대하여 법원의 확신을 흔들리게 하는 반증을 제출하거나 또는 각자 다른 시각에 사망하였다는 점에 대하여 법원에 확신을 줄 수 있는 본증을 제출하여야 하는데, 이 경우 사망의 선후에 의하여 관계인들의 법적 지위에 중대한 영향을 미치는 점을 감안할 때 충분하고도 명백한 입증이 없는 한 위 추정은 깨어지지 아니한다고 보아야 한다[**대법원** 1998. 8. 21. 98 다 8974].

② 의사능력: 의사능력(意思能力)이란 당사자가 한 의사의 표시가 어떠한 효과를 가져오는지에 대하여 이해 내지는 판단할 수 있는 능력(지능)을 말한다. 즉 사람이 개개의 행위를 함에 있어서 그 행위의 의미나 결과를 정상적으로 판단할 수 있는 능력을 말하는데, 민법은 어느 경우에 의사능력을 갖춘 것인지에 관하여 규정하고 있지 않다. 다만 의사무능력자(예: 유아・정신병자・만취자 등)가 한 의사표시에 대해서는 법적 효과를 부여할 수 없으며 무효(無效)이고, 의사무능력자뿐만 아니라 상대방도 무효를 주장할 수 있다고 보는 것이 통설적 견해이다. 다만 상속과 같이 개인의 의사와 관계없이 권리・의무를 취득할 수 있는 경우에는 의사능력이 전혀 문제되지 않는다고 본다.

③ 행위능력: 행위능력(行爲能力)이란 자신의 의사에 따라서 단독으로 유효한 법률행위를 할 수 있는 능력을 말한다. 그런데 민법은 재산적 행위에 관해서는 일정한 기준을 획일적・객관적으로 정하여 이 기준에 해당될 경우에는 일률적으로 의사능력이 없는 것으로 보아 일일이 그 유무에 대한 입증을 할 필요가 없게 하는 동시에 그 상대방으로 하여금 미리 이를 알 수 있도록 하는 행위무능력자제도(行爲無能力者制度)를 두고 있다. 즉 일정한 행위무능력자(미성년자・한정치산자・금치산자)를 정한 뒤, 그들이 한 행위에 대해서는 행위무능력자라는 사실만으로 그 행위를 취소(取消)할 수 있게 한 것이다. 따라서 행위무능력자로서는 유리하다고 생각되면 취소하지 않으면 되는 것이고, 일단 취소하게 되면 소급하여 그 법률행위가 무효로 됨으로써 결국 행위무능력자를 보호하게 된다. 이러한 민법총칙편의 행위무능력자제도는 재산상의 법률행위에 한하여 적용되는 것이 원칙이며, 가족법상의 법률행위에는 그 적용이 없다고 할 것이다.

㉠ 미성년자(未成年者): 민법상 만20세로 성년이 되며(제4조), 성년에 달하지 않은 자(만20세 미만자)가 미성년자이다. 미성년자가 혼인을 한 때에는 성년자로 본다(성년의제). 이는 혼인생활에 독립성을 부여하여 부부관계에 제3자가 관여하는 것을 막고 부부의 평등을 관철시키기 위한 것이다. 이 때 혼인은 법률혼만을 의미하고 사실혼은 제외된다는 것이 통설적 견해이다. 다만 성년의제는 민법의 영역에서만 적용되고 그 밖의 법률(예: 공직선거법)에서는 적용되지 않는다. 만일 성년의제를 받은 자가 아직 미성년으로 있는 동안에 혼인의 취소나 이혼 등으로 인해 혼인이 해소된 경우에 다시 미성년으로 복귀하느냐에 관

하여 다수설은 무능력자로의 복귀에 따른 거래의 안전문제 혹은 혼인중에 출생한 자녀의 친권문제 등을 고려하여 성년의제의 효과는 소멸되지 않는 것으로 해석한다.

민법 제5조(미성년자의 능력)에 의하면 「① 미성년자가 법률행위를 함에는 법정대리인의 동의를 얻어야 한다. 그러나 권리만을 얻거나 의무만을 면하는 행위는 그러하지 아니하다. ② 전항의 규정에 위반한 행위는 취소할 수 있다」라고 규정하고 있다. 즉 미성년자가 법률행위를 함에는 법정대리인의 동의를 얻어야 하며, 미성년자가 법정대리인의 동의 없이 법률행위를 한 경우 그 법률행위는 일단 유효하지만, 그 효과를 원하지 않는 때에는 이를 취소할 수 있고, 이 경우 그 법률행위는 소급하여 무효가 된다. 다만 예외로서 a) 권리만을 얻거나 의무만을 면하는 행위 b) 처분을 허락한 재산의 처분행위 c) 영업의 허락을 받은 경우의 그 영업에 관한 행위 d) 기타(대리행위 · 유언 · 근로계약의 체결 및 임금청구 등)의 경우에는 법정대리인의 동의 없이 미성년자가 단독으로 유효하게 법률행위를 할 수 있다. 이때에 미성년자가 의사능력이 있어야 함은 물론이다.

미성년자의 법정대리인은 친권자이고, 친권자가 없는 때에는 후견인이 법정대리인이 된다. 친권자(親權者)는 친권을 행사하는 부 또는 모를 말하며, 친권은 부모가 혼인중인 때에는 부모가 공동으로 이를 행사하고, 부모의 의견이 일치하지 아니하는 경우에는 당사자의 청구에 의하여 가정법원이 이를 정한다. 부모의 일방이 친권을 행사할 수 없는 때에는 다른 일방이 이를 행사한다. 혼인외의 자가 인지된 경우와 부모가 이혼한 때에는 부모의 협의로 친권자를 정해야 하고, 협의할 수 없거나 협의가 이루어지지 아니하는 경우에는 당사자가 가정법원에 그 지정을 청구하여야 한다. 가정법원은 혼인의 취소, 재판상 이혼, 인지청구의 소의 경우에는 직권으로 친권자를 정한다(제909조). 한편 미성년자에 대하여 친권자가 없거나 친권자가 법률행위의 대리권 및 재산관리권을 행사할 수 없는 때에는 그 후견인(後見人)을 두어야 한다. 후견인은 1인으로 하고, 피후견인의 법정대리인이 된다. 후견인이 되는 자는 a) 최후로 친권을 행사하는 자가 유언으로 지정한 자(지정후견인)이며, b) 그 지정이 없는 때에는 미성년자의 직계혈족 · 3촌 이내의 방계혈족의 순위로 되고(법정후견인), c) 그러한 자도 없는 경우에는 미성년자의 친족 기타 이해관계인의 청구에 의하여 가정법원이 선임한 자가 후견인이 된다(선임후견인).

미성년자의 법정대리인은 동의권 · 대리권 · 취소권을 가진다. 그러나 친권자와 그 자녀 사이에 이해상반행위(利害相反行爲)가 있는 경우(예: 친권자가 자기의 채무에 관해 미성년자를 대리하여 보증계약을 체결하거나 연대채무의 약정을 하고 미성년자의 재산을 담보로 제공하는 경우 등)에는 친권자는 법원에 그 자녀의 특별대리인의 선임을 청구하여야 한다(제921조). 만일 이에 위반하는 행위를 하면 무권대리(無權代理)가 된다. 또한 무상으로 자녀에게 재산을 수여한 제3자가 친권자의 관리에 반대하는 의사를 표시한 때에는 친권자는 그 재산을 관리하지 못한다.

㉡ 한정치산자(限定治産者): 민법 제9조(한정치산의 선고)에 의하면 「심신(心神)이 박약(薄弱)하거나 재산의 낭비로 자기나 가족의 생활을 궁박하게 할 염려가 있는 자에 대하여는 법원은 본인, 배우자, 4촌 이내의 친족, 후견인 또는 검사의 청구에 의하여 한정치산을 선고하여야 한다」라고 규정하고 있다. 즉 한정치산자는 심신박약자 또는 낭비자로서 가정법원의 한정치산선고를 받은 자를 말한다. 이 때 심신박약이란 금치산선고의 요건인 심신상실의 상태까지는 이르지 않았으나 판단력이 불완전한 것을 말한다. 또한 낭비의 정도는 그의 지위와 자산 등을 고려하여 결정해야 하며 그 목적을 묻지 않는다. 따라서 가령 자선 등 교회에 헌금을 하는 경우도 이에 해당될 수 있다. 한정치산선고의 요건이 갖추어지면 가정법원은 반드시 한정치산을 선고해야 하며, 한정치산의 선고가 있게 되면 이를 공고하고 호적부에 공시해야 한다. 미성년자의 행위능력에 관한 규정은 한정치산자에 준용된다.

한정치산자에게는 반드시 후견인을 두어야 하며, 한정치산선고가 있는 때에는 한정치산자의 직계혈족·3촌 이내의 방계혈족의 순위로 후견인이 된다(법정후견인). 기혼자가 한정치산선고를 받은 때에는 그 배우자가 후견인으로 확정된다. 한정치산자의 후견인은 동의권·대리권·취소권을 가진다. 한정치산의 원인이 소멸한 때에는 일정한 자(한정치산선고를 청구할 수 있는 자)의 청구에 의해 법원은 한정치산선고를 취소하여야 한다. 한정치산선고의 취소는 소급효가 없고, 그 취소가 있는 때부터 장래에 향하여 능력자로 된다. 한편 선고가 취소되더라도 그 후 다시 한정치산의 원인이 있게 되면 청구에 의해 다시 한정치산선고가 내려질 수 있다.

㉢ 금치산자(禁治産者): 심신상실의 상태에 있는 자에 대하여 가정법원이 일정한 자의 청구에 의해 금치산선고를 하는 경우에 그 선고를

받은 자를 금치산자라 한다. 이 때 심신상실(心神喪失)이란 자기의 행위의 결과에 대하여 판단할 능력이 없는 것, 즉 의사능력이 없는 상태를 말한다. 그리고 상태(常態)란 계속적으로 심신상실이어야 하는 것은 아니고, 때로는 의사능력을 가지더라도 거의 대부분 심신상실에 있는 경우를 말한다. 금치산선고는 본인, 배우자, 4촌 이내의 친족, 후견인 또는 검사의 청구에 의하여 가정법원이 선고한다.

금치산자의 법정대리인으로 반드시 후견인을 두어야 하며, 금치산자의 법률행위는 후견인의 동의 없이 한 경우는 물론이고 설사 그 동의를 얻고서 한 경우에도 언제든지 취소할 수 있다. 그러나 일정한 가족법상의 행위, 즉 약혼・혼인・협의이혼・인지・입양・파양의 경우에는 후견인의 동의를 얻어서 할 수 있고, 유언의 경우는 만17세에 달한 금치산자가 의사능력을 회복한 때에 한하여 단독으로 할 수 있다. 이 경우 의사가 심신회복의 상태를 유언서에 부기하고 서명날인하여야 한다. 금치산자의 법정대리인(후견인)은 가족법상의 행위를 제외한 그 밖의 경우에는 동의권을 갖지 못하며, 대리권・취소권만을 가진다.

무능력자가 한 법률행위는 무능력자 본인 또는 그의 법정대리인이 이를 취소할 수 있으므로 무능력자와 거래한 상대방의 지위는 불안해질 수밖에 없다. 따라서 민법은 다음 세 가지의 특칙을 정함으로써 무능력자의 상대방보호를 위한 제도를 갖추고 있다.

㉠ 상대방의 최고권(催告權): 민법 제15조(무능력자의 상대방의 최고권)에 의하면 「① 무능력자의 상대방은 무능력자가 능력자가 된 후에 이에 대하여 1월 이상의 기간을 정하여 그 취소할 수 있는 행위의 추인여부의 확답을 최고할 수 있다. 능력자로 된 자가 그 기간 내에 확답을 발하지 아니한 때에는 그 행위를 추인한 것으로 본다. ② 무능력자가 아직 능력자가 되지 못한 때에는 그 법정대리인에 대하여 전항의 최고를 할 수 있고 법정대리인이 그 기간 내에 확답을 발하지 아니한 때에는 그 행위를 추인한 것으로 본다. ③ 특별한 절차를 요하는 행위에 관하여는 그 기간 내에 그 절차를 밟은 확답을 발하지 아니하면 취소한 것으로 본다」라고 규정하고 있다. 즉 상대방은 무능력자 측에 대하여 문제의 행위를 취소할 것인지 여부의 확답을 물을 수 있고 이것이 바로 최고이다. 이에 대하여 무능력자 측에서 취소 또는 추인을 한다면, 그에 따라 취소 또는 추인으로서의 효과가 발생한다. 무능력자는 그가 능력자로 된 후에만 최고의 상대방이 될 수 있고, 아직 능력자가 되지

못한 때에는 그의 법정대리인이 최고의 상대방이 된다.

㉡ 상대방의 철회권(撤回權)과 거절권(拒絶權): 민법 제16조(무능력자의 상대방의 철회권과 거절권)에 의하면 「① 무능력자의 계약은 추인 있을 때까지 상대방이 그 의사표시를 철회할 수 있다. 그러나 상대방이 계약당시에 무능력자임을 알았을 때에는 그러하지 아니하다. ② 무능력자의 단독행위는 추인 있을 때까지 상대방이 거절할 수 있다. ③ 전2항의 철회나 거절의 의사표시는 무능력자에 대하여도 할 수 있다」라고 규정하고 있다. 전술한 상대방의 최고권은 1개월 이상의 기간이 소요되고 또 그 효력의 확정이 무능력자 측에 달려 있어 상대방의 보호에는 미흡한 면이 있으며, 상대방이 적극적으로 그 행위의 효과를 원하지 않는 경우에는 전혀 유용하지 못하다. 따라서 민법은 무능력자의 상대방이 일정한 요건에 의해 그 효과를 부인하는 제도를 마련하였는데, 이것이 상대방의 철회권과 거절권이다. 이러한 철회나 거절의 의사표시는 법정대리인만이 아니라 무능력자에 대하여도 할 수 있으며, 철회나 거절의 의사표시가 있게 되면 그 계약이나 단독행위는 확정적으로 무효가 된다.

㉢ 무능력자의 사술(詐術): 민법 제17조(무능력자의 사술)에 의하면 「① 무능력자가 사술로써 능력자로 믿게 한 때에는 그 행위를 취소하지 못한다. ② 미성년자나 한정치산자가 사술로써 법정대리인의 동의 있는 것으로 믿게 한 때에도 전항과 같다」라고 규정하고 있다. 이 때 사술이란 판례는 적극적인 기망수단을 쓴 것을 말한다고 보는데 비해, 통설적 견해는 통상의 지능을 갖는 사람이 기망당할 수 있는 정도면 족하다고 해석한다. 무능력자의 사술에 관해서는 그 상대방에게 입증책임이 있다.

▶ 관련판례

1) 본조에 이른바 "무능력자가 사술로써 능력자로 믿게 한 때"에 있어서의 사술을 쓴 것이라 함은 적극적으로 사기수단을 쓴 것을 말하는 것이고 단순히 자기가 능력자라 사언함은 사술을 쓴 것이라고 할 수 없다. 미성년자와 계약을 체결한 상대방이 미성년자의 취소권을 배제하기 위하여 본조 소정의 미성년자가 사술을 썼다고 주장하는 때에는 그 주장자인 상대방 측에 그에 대한 입증책임이 있다[**대법원 1971. 12. 14. 71 다 2045**].

2) 미성년자는 원칙적으로 법정대리인에 의하여서만 소송행위를 할 수 있으나, 미성년자 자신의 노무제공에 따른 임금의 청구는 근로기준법 제54조의 규

정에 의하여 미성년자가 독자적으로 할 수 있다[**대법원** 1981. 8. 25. 80 다 3149].

3) 표의자가 법률행위 당시 심신상실이나 심신미약상태에 있어 금치산 또는 한정치산선고를 받을 만한 상태에 있었다고 하여도 그 당시 법원으로부터 금치산 또는 한정치산선고를 받은 사실이 없는 이상 그 후 금치산 또는 한정치산선고가 있어 그의 법정대리인이 된 자는 금치산자 또는 한정치산자의 행위능력 규정을 들어 그 선고 이전의 법률행위를 취소할 수 없다[**대법원** 1992. 10. 13. 92 다 6433].

2. 주소(住所)

민법 제18조(주소)에 의하면 「① 생활의 근거되는 곳을 주소로 한다. ② 주소는 동시에 두 곳 이상 있을 수 있다」라고 규정하고 있다. 주소를 정하는 표준으로는 다음 세 가지가 있다. ① 형식적 표준(예: 본적지)에 따라 획일적으로 정하는 형식주의와 생활의 실질관계에 따라 정하는 실질주의 ② 정주(定住)의 사실과 그 의사를 요구하는 주관주의(의사주의)와 정주하고 있는 객관적 사실만으로 이를 정하는 객관주의 ③ 주소는 하나만 있을 수 있다는 단일주의와 복수가 있을 수 있다는 복수주의가 있다. 따라서 우리 민법은 실질주의·객관주의·복수주의를 정하고 있다.

주소와 구별되는 개념 가운데 ① 주민등록지(住民登錄地)란 30일 이상 거주할 목적으로 일정한 장소에 주소 또는 거소를 가진 자가 주민등록법의 규정에 의하여 등록한 장소로서 반드시 주소와 일치하지는 않으나, 주소로 인정될 수 있는 중요한 자료가 되며 반증이 없는 한 주소로 추정된다. ② 거소(居所)란 사람과 장소의 밀접한 정도가 주소만 못한 곳으로 주소가 있는 경우에는 따로 거소가 문제되지 않는다. 다만 주소가 없는 경우 또는 주소는 있지만 이를 알 수 없는 경우에는 거소를 주소로 보며, 외국에는 주소가 있지만 국내에는 주소가 없는 경우에는 법률관계의 불편을 고려하여 국내에 있는 거소를 주소로 본다. ③ 현재지(現在地)란 거소보다 밀접한 정도가 못한 곳으로 가령 여행 중에 투숙한 호텔을 들 수 있다. 현재지는 거소를 판단하는데 하나의 자료가 될 수 있을 뿐이다. ④ 가주소(假住所)란 거래의 편의를 위하여 당사자가 설정한 곳으로, 당사자가 어떤 거래에 관하여 일정한 장소를 선정하여 가주소로 삼는 경우에는 그 거래관계에 한하여 가주소를 주소로 본다(제21조). 예컨대 부산에 주소를 둔 상인이 거래차 서울에 와서 그가 묵고 있는 호텔방을 그 거래에 관해 가주소로 정하였다면, 그 거래에 한하여 그 호텔방이 주소로 간주된다.

▶ **관련판례**

1) [1] 국세기본법 제8조 제1항에 의하면 세법이 규정하는 서류는 그 명의인의 주소·거소·영업소 또는 사무소에 송달하도록 규정되어 있는바, 여기서 주소라 함은 원칙적으로 생활의 근거가 되는 곳을 가리키지만 민법 제21조 소정의 가주소 또는 그 명의인의 의사에 따라 전입신고된 주민등록지도 특별한 사정이 없는 한 이에 포함된다.
[2] 납세고지서의 명의인이 다른 곳으로 이사하였지만 주민등록을 옮기지 아니한 채 주민등록지로 배달되는 우편물을 새로운 거주자가 수령하여 자신에게 전달하도록 한 경우, 그 새로운 거주자에게 우편물 수령권한을 위임한 것으로 보아 그에게 한 납세고지서의 송달은 적법하다[**대법원** 1998. 4. 10. 98 두 1161].

3. 부재(不在)와 실종(失踪)

① 부재자제도(不在者制度): 민법 제22조(부재자의 재산의 관리)에 의하면 「① 종래의 주소나 거소를 떠난 자가 재산관리인을 정하지 아니한 때에는 법원은 이해관계인이나 검사의 청구에 의하여 재산관리에 관하여 필요한 처분을 명하여야 한다. 본인의 부재중 재산관리인의 권한이 소멸한 때에도 같다. ② 본인이 그 후에 재산관리인을 정한 때에는 법원은 본인, 재산관리인, 이해관계인 또는 검사의 청구에 의하여 전항의 명령을 취소하여야 한다」라고 규정하고 있다.

민법이 정하는 부재자제도의 취지는 부재자의 재산이 관리되지 못하고 방치되는 경우에 이를 관리하자는 것이므로, 민법상 부재자는 재산이 있는데 이를 관리할 사람이 없고 또 부재자 본인이 당분간 돌아올 가망이 없는 경우에 한하는 것으로 보아야 한다. 이 때 부재자의 요건으로 생사불명일 것을 요하지 않으며, 설혹 생사불명일 경우에도 실종선고를 받을 때까지는 부재자가 된다. 그리고 부재자는 성질상 자연인에 한하며 법인은 이에 해당되지 않는다. 법원이 선임한 재산관리인은 관리할 재산목록을 작성해야 하며, 법원은 그 선임한 재산관리인에 대하여 부재자의 재산을 보존하기 위하여 필요한 처분을 명할 수 있다. 이 때 비용은 부재자의 재산으로써 지급한다.

② 실종선고제도(失踪宣告制度): 민법 제27조(실종의 선고)에 의하면 「① 부재자의 생사가 5년간 분명하지 아니한 때에는 법원은 이해관계인이나 검사의 청구에 의하여 실종선고를 하여야 한다. ② 전지(戰地)에 임한 자, 침몰한 선박 중에 있던 자, 추락한 항공기 중에 있던 자 기타 사망의 원인이 될 위난을 당한 자의 생사가 전쟁종지후 또는 선박의 침몰, 항공기의 추락 기타 위난이 종료한 후 1년간 분명하지 아니한 때에도 제1항과 같다」라고 규정하고 있다. 즉 부재자의 생사가 일정기간 분명하지 아니한 때에 일정한 절차에 따라 법원이 그 부재자에 대해 실종선고를 하여 그를 사망한 것으로 간주하는 제도가 바로 실종선고제도이다. 따라서 생사가 분명하지 않다는 것은 생존의 증명도 사망의 증명도 할 수 없는 상태를 말하며, 생존해 있는 부재자에 대해서는 실종선고를 할 수 없고 또한 사망한 자에 대해서도 실종선고를 할 수 없다.

실종선고를 받은 자는 실종기간(예: 보통실종의 경우 5년, 특별실종의 경우 1년)이 만료한 때에 사망한 것으로 본다. 예컨대 A가 1980년 1월 1일에 항공기실종을 당했고, 그 배우자가 1990년에 실종선고를 청구하여 1991년에 A에게 실종선고가 내려진 경우, A는 1981년 1월 1일 오후 12시에 사망한 것으로 된다. 따라서 사망시기는 실종선고가 있은 때로부터 필연적으로 소급하게 된다. 실종선고를 받은 경우에 실종자는 그가 사망한 것으로 간주되는 시기(실종기간 만료시)까지는 생존한 것으로 간주되므로(통설), 그 때까지는 생존자로서의 권리의무를 가진다.

실종선고가 있으면 실종자는 사망한 것으로 간주되므로 실종자의 생존 기타의 반증이 있더라도 그것만으로는 사망으로서의 의제를 뒤집지 못한다. 이를 전복시키기 위해서는 이전에 행해진 실종선고를 취소해야 한다. 민법 제29조(실종선고의 취소)에 의하면 「① 실종자의 생존한 사실 또는 전조의 규정과 상이한 때에 사망한 사실의 증명이 있으면 법원은 본인, 이해관계인 또는 검사의 청구에 의하여 실종선고를 취소하여야 한다. 그러나 실종선고후 그 취소전에 선의로 한 행위의 효력에 영향을 미치지 아니한다. ② 실종선고의 취소가 있을 때에 실종의 선고를 직접원인으로 하여 재산을 취득한 자가 선의(善意)인 경우에는 그 받은 이익이 현존하는 한도에서 반환할 의무가 있고, 악의(惡意)인 경우에는 그 받은 이익에 이자를 붙여서 반환하고 손해가 있으면 이를 배상하여야 한다」라고 규정하고 있다. 즉 실종선고를 취소하면 처음부터 실종선고가 없었던 것으로 되어 실종선고로 인해 생긴 법률관계는 소급적으로 무효가 된다(통설). 다만 실종선고에 기초하여 생긴 법률관계를 그 취소에 의해 일률적으로 소급하여 무효로 하면, 실종선고를 신뢰하여 법률관계를 맺은 선의의 자에게 불측의 피해를 줄 수 있다.

따라서 민법은 실종선고 취소시 원상회복과 관련하여 다음 두 가지 예외를 인정하고 있다. ㉠ 실종선고후 그 취소전에 선의로 한 행위의 효력에는 실종선고의 취소가 있더라도 영향을 미치지 아니한다고 명시하고 있다. 이 때 문제되는 것은 신분행위에 있어서 가령 잔존배우자가 재혼한 경우이다. 이 경우 당사자 쌍방의 선의를 요한다는 것이 통설적 견해이다. 그래서 당사자 쌍방이 선의이면 후혼이 유효하고 전혼은 부활하지 않는다고 본다. 그러나 재혼한 당사자의 일방이 악의인 경우에는 전혼은 부활하고 후혼은 중혼이 되어, 전혼에는 이혼원인이 생기고(제840조 제1호: 배우자에 부정한 행위가 있었을 때), 후혼은 혼인취소사유에 해당하여 법원에 그 취소를 청구할 수 있는 것으로 해석된다. ㉡ 실종선고를 직접원인으로 하여 재산을 취득한 자의 경우는 선의일 때와 악의일 때를 구분하여 그 재산취득자의 반환범위를 달리 규정하고 있다. 이 때 실종선고를 직접원인으로 하여 재산을 취득한 자란 예컨대 상속인·수증자·생명보험수익자 등을 가리키며, 이들로부터 재산을 취득한 전득자(轉得者)는 이에 포함되지 않는다. 우선 선의인 경우에는 그 받은 이익이 현존하는 한노에서 반환할 의무가 있다. 현존이익이란 그 재산이 그대로 있으면 그것이, 그 재산을 팔고 다른 물건을 사거나 금전을 예금한 경우에는 그 변형물이 이에 해당한다. 그러나 취득한 재산을 기초로 하여 재산을 증가시킨 경우에 그 증가분은 반환할 필요가 없으며, 재산을 소비하여 남아있는 것이 없는 때에도 반환을 요하지 않는다. 다음으로 악의인 경우에는 이익의 현존 여부를 묻지 않고 그 받은 당시의 이익 전부와 반환할 때까지의 법정이자를 붙여서 반환하며, 손해가 있으면 이를 배상하도록 하고 있다.

▶ 관련판례

1) 실종선고를 받은 자는 실종기간이 만료한 때에 사망한 것으로 간주되는 것이므로, 실종선고로 인하여 실종기간 만료시를 기준으로 하여 상속이 개시된 이상 설사 이후 실종선고가 취소되어야 할 사유가 생겼다고 하더라도 실제로 실종선고가 취소되지 아니하는 한, 임의로 실종기간이 만료하여 사망한 때로 간주되는 시점과는 달리 사망시점을 정하여 이미 개시된 상속을 부정하고 이

와 다른 상속관계를 인정할 수는 없다[**대법원** 1994. 9. 27. 94 다 21542].

2) [1] 부재자 재산관리인의 부재자 소유 부동산에 대한 매매계약에 관하여 부재자 재산관리인이 권한을 초과하여서 체결한 것으로 법원의 허가를 받지 아니하여 무효라는 이유로 소유권이전등기절차의 이행 청구가 기각되어 확정되었다고 하더라도, 패소판결의 확정 후에 위 권한초과행위에 대하여 법원의 허가를 받게 되면 다시 위 매매계약에 기한 소유권이전등기청구의 소를 제기할 수 있다.
[2] 법원의 선임에 의한 부재자 재산관리인이 권한을 초과하여서 체결한 부동산 매매계약에 관하여 허가신청절차를 이행할 것을 약정하는 것은 관리권한행위에 해당한다고 할 것이고, 이러한 약정을 이행하지 아니하는 경우 매수인으로서는 재산관리인을 상대로 하여 그 이행을 소구할 수 있다.
[3] 재산관리인이 부재자를 대리하여 부재자 소유의 부동산을 매매하고 매수인에게 이에 대한 허가신청절차를 이행하기로 약정하고서도 그 이행을 하지 아니하여 매수인으로부터 허가신청절차의 이행을 소구당한 경우, 재산관리인의 지위는 형식상으로는 소송상 당사자이지만 그 허가신청절차의 이행으로 개시된 절차에서 만일 법원이 허가결정을 하면 재산관리인이 부재자를 대리하여서 한 매매계약이 유효하게 됨으로써 실질적으로 부재자에게 그 효과가 귀속되는 것이므로 법원에 대하여 허가신청절차를 이행하기로 한 약정에 터잡아 그 이행을 소구당한 부재자 재산관리인이 소송계속 중 해임되어 관리권을 상실하는 경우 소송절차는 중단되고 새로 선임된 재산관리인이 소송을 수계한다고 봄이 상당하다[**대법원** 2002. 1. 11. 2001 다 41971].

제3절 법인

1. 법인제도(法人制度)

법인제도란 구성원과는 독립된 주체로서 단체 자체를 인정하고 여기에 권리와 의무의 주체로서의 지위를 부여하는 것을 말한다. 이는 법에 의해 비로소 창출(의인화)되었다는 점에서 자연인(自然人)에 대비하여 법인(法人)이라 부른다. 법인으로 될 수 있는 단체에는 사단(社團)과 재단(財團)의 두 가지가 있다. 사단은 그 구성원인 사원을 중심으로 하여 결합된 단체인데 비해, 재단은 일정한 목적(예: 장학사업·사회사업 등)을 위해 출연된 재산의 집합에 대하여 독립된 법인격을 부여한 단체이다. 따라서 사단은 단체의사에 의해 자율적으로 활동하는데 비해, 재단은 설립자의 의사에 의해 타율적으로 운영되는 점에서 다르다. 이처럼 사단 또는 재단에 법인격을 부여하는 목적은 법률관계 처리의 편의와 책임의 분리를 위한 것이라고 말할 수 있다.

민법의 적용을 받는 법인은 영리를 목적으로 하지 않는 **비영리법인**(非營利法人)으로서 사단법인과 재단법인이며, 주무관청의 허가를 얻어 설립등기를 한 때에 비로소 법인격을 취득하게 된다. **영리법인**(營利法人)에 대하여는 상법 또는 특별법이 우선적으로 적용되고, 이에 정함이 없는 경우에는 민법의 법인에 관한 규정이 보충적으로 적용된다(상법 제1조). 따라서 구성원이 없는 재단법인은 성질상 반드시 비영리법인이며, 민법 제39조 제1항도 「영리를 목적으로 하는 사단은 상사회사 설립의 조건에 좇아 이를 법인으로 할 수 있다」라고 명시하고 있다. 한편 공익법인(公益法人)에 관하여는 '공익법인의 설립·운영에 관한 법률'이 적용되고, 학교법인에 관하여는 '사립학교법'이 적용되며, 의료법인에 관하여는 '의료법'이 적용된다. 각종 협동조합·노동조합·정당·은행·각종 공사 등에 관하여는 그 법적 규율을 위해 각각 특별법이 제정되어 있다.

2. 법인의 설립

민법 제31조(법인성립의 준칙)에 의하면 「법인은 법률의 규정에 의함이 아니면 성립하지 못한다」라고 규정하고 있다. 법인성립의 입법주의로는 ① **특허주의**(특별한 법률의 제정을 통해 성립하는 것, 예: 각종 국책은행·공사 등) ② **허가주의**(일정한 조직을 갖추고 행정관청의 허가를 얻도록 한 것, 예: 학교법인·의료법인 등) ③ **인가주의**(일정한 조직을 갖추고 행정관청의 인가를 얻도록 한 것, 예: 변호사회·상공회의소·각종의 조합 등) ④ **준칙주의**(법률이 정한 일정한 조직을 갖춤으로써 성립하는 것, 예: 상법상의 회사) ⑤ **강제주의**(법인의 설립을 국가가 강제하는 것, 예: 변호사회·변리사회·공인회계사회·약사회·수의사회·대한상공회의소 등)를 들 수 있다.

민법 제32조(비영리법인의 설립과 허가)에 의하면 「학술, 종교, 자선, 기예, 사교 기타 영리 아닌 사업을 목적으로 하는 사단 또는 재단은 주무관청의 허가를 얻어 이를 법인으로 할 수 있다」라고 규정하고 있다. 본래 허가(許可)란 학문상 법령에 의하여 일반적으로 금지되어 있는 행위를 해제하여 적법하게 그 행위를 할 수 있도록 하는 행정

처분을 말한다. 실정법에서는 면허·허가·등록 등의 용어를 쓰고 있지만, 실정법상의 용어가 반드시 학문상의 허가를 의미한다고는 할 수 없다. 학문상의 허가는 단순히 일반적 금지를 해제하는데 그칠 뿐이고 허가처분으로 인하여 특정한 권리 또는 능력이 부여되는 것이 아니다. 한편 **인가**(認可)란 학문상 일반적으로 공기관의 동의에 의하여 법률상 행위의 효력이 완성되는 경우 그 동의를 말한다. 이런 의미에서 **보충행위**라고도 하는데, 실정법상으로는 허가·인가·승인 등의 용어가 혼용되고 있다. 인가는 법률행위의 효력발생요건으로서 이 인가를 얻지 않고 행한 행위는 원칙적으로 무효이며, 허가에 있어서와 같이 당연히 행정상의 강제집행이나 처벌의 대상이 되지 않는 것이 통례이다.

법인은 그 주된 사무소의 소재지에서 **설립등기**를 함으로써 성립한다. 또한 사단법인의 설립자는 목적·명칭·사무소의 소재지·자산에 관한 규정·이사의 임면에 관한 규정·사원자격의 득실에 관한 규정·존립시기나 해산사유를 정하는 때에는 그 시기 또는 사유를 기재한 정관(定款)을 작성하여 기명날인하여야 한다(**정관의 필요적 기재사항**). 반면에 재단법인의 경우는 이 가운데 '사원자격의 득실에 관한 규정'과 '법인의 존립시기나 해산사유'를 정관의 필요적 기재사항에서 제외한다. 이는 재단법인의 경우 사원이 없으며, 또한 설립자의 의사를 고려하여 재단법인의 영속성을 기하기 위함이다. 사단법인의 정관은 정수에 관하여 정관에 다른 규정이 없는 한 **총사원 3분의 2 이상의 동의**가 있는 때에 한하여 이를 변경할 수 있으며, 재단법인은 그 목적을 달성할 수 없는 경우에 설립자나 이사가 주무관청의 허가를 얻어 설립의 취지를 참작하여 그 목적 기타 정관의 규정을 변경할 수 있다. 정관의 변경은 주무관청의 허가를 얻지 아니하면 그 효력이 없다.

재단법인에 있어서 **출연재산**(出捐財産)의 귀속시기에 관하여 살펴보면 ① 생전처분으로 재단법인을 설립하는 때에는 출연재산은 법인이 성립된 때로부터 법인의 재산이 되며, ② 유언으로 재단법인을 설립하는 때에는 출연재산은 유언의 효력이 발생한 때로부터 법인에 귀속한 것으로 본다. 법인의 주소는 그 주된 사무소의 소재지에 있는 것으로 하며, 법인의 사무는 주무관청이 검사·감독한다.

3. 법인의 능력

법인도 권리의 주체이므로 자연인과 마찬가지로 권리능력·행위능력·불법행위능력을 가진다. 그러나 그 성질은 같지 않으며, 자연인의 능력이 의사표시 내지 판단능력을 중심으로 하는데 비해, 법인의 능력은 법기술적인 측면을 중심으로 전개된다.

① 법인의 권리능력: 민법 제34조(법인의 권리능력)에 의하면 「법인은 법률의 규정에 좇아 정관으로 정한 목적의 범위 내에서 권리와 의무의 주체가 된다」라고 규정하고 있다. 즉 법인의 권리능력은 '법률의 규정'과 '정관상 목적'에 의해 제한을 받게 된다. 그 외에도 성질상 제한을 받는 경우가 있는데, 가령 자연인을 전제로 하는 권리, 즉 생명권·상속권·친권·정조권·육체상의 자유권 등은 법인이 가질 수 없다. 그러나 재산권·명예권·성명권·신용권·정신적 자유권 등은 법인이 가질 수 있으며, 유증을 받을 수도 있다. 또 법인은 파산관재인·청산인·유언집행인 등이 될 수 있으나, 후견인은 될 수 없다. 그리고 이사는 성질상 자연인이어야 하며, 법인은 이사가 될 수 없다.

② 법인의 행위능력: 법인의 행위는 현실적으로 자연인을 통하여 할 수밖에 없는데, 이 때 자연인은 대표기관이다. 즉 대표기관의 행위는 자연인으로서의 행위가 아니라 법인의 행위로 간주된다. 이사·임시이사·특별대리인·직무대행자·청산인이 그 대표기관이 된다. 대표기관은 법인을 대표하여 법인의 행위를 하며, 이에 관해서는 대리에 관한 규정이 준용된다. 따라서 대표행위에서도 대리행위와 마찬가지로 법인을 위하여 하는 것임을 표시하여야 한다(예: 'A법인의 대표이사 B'라고 표시). 법인은 권리능력의 범위에서 행위능력을 가진다고 보는 것이 통설적 견해이다.

③ 법인의 불법행위능력: 민법 제35조(법인의 불법행위능력)에 의하면 「① 법인은 이사 기타 대표자가 그 직무에 관하여 타인에게 가한 손해를 배상할 책임이 있다. 이사 기타 대표자는 이로 인하여 자기의 손해배상책임을 면하지 못한다. ② 법인의 목적범위 외의 행위로 인하여 타인에게 손해를 가한 때에는 그 사항의 의결에 찬성하거나 그 의결을 집행한 사원, 이사 및 기타 대표자가 연대하여 배상하여야 한다」라고 규정하고 있다. 이 때 직무에 관한 행위란 설사 그것이 대표자 개인의 사리를 도모하기 위한 것이었거나 혹은 법령의 규정에 위배된 것이었다 하더라도, 행위의 외형을 기준으로 객관적으로 직무와 관

련성이 있는지를 가지고 판단하여야 한다는 것이 통설 및 판례이다. 물론 대표기관 자신에게 불법행위의 요건이 충족되어야 한다. 즉 대표기관 개인에게 책임능력이 있어야 하고, 고의 또는 과실이 있어야 하며, 가해행위가 위법하여야 하고, 피해자가 손해를 입어야 한다. 대표기관의 직무 외의 행위에 대해서는 법인의 불법행위가 성립하지 않는다. 이 경우에는 그 사항의 의결에 찬성하거나 또는 그 의결을 집행한 사원·이사 기타 대표자가 공동불법행위의 성립 여부를 묻지 않고서 언제나 연대하여 배상책임을 지는 것으로 하는 특칙을 두고 있다.

4. 법인의 기관

법인은 독립된 권리주체이기는 하지만 자연인처럼 그 자체가 활동할 수는 없다. 따라서 법인이 독립된 인격체로서 사회적으로 활동하기 위해서는 법인의 의사를 결정하여 외부에 이를 대표하며 또 내부에서 그 사무를 처리하는 일정한 조직을 필요로 하는데, 이러한 조직을 이루는 것이 법인의 기관(機關)이다. 민법은 법인의 기관으로 사원총회(의사결정기관)·이사(의사집행기관)·감사(감독기관)의 세 가지를 인정하는데, 법인의 종류에 따라 일정하지는 않다. 즉 사원총회(社員總會)는 사단법인에만 있고, 사원이 없는 재단법인에는 없다. 이사(理事)는 어느 법인이든 반드시 있어야 하는 필요기관이지만, 감사(監事)는 어느 법인이든 임의기관으로 되어 있다. 한편 주식회사에서는 이사회(理事會)가 법정기관으로 되어 있지만, 민법은 이를 따로 정하고 있지 않다.

① 이사: 이사는 대외적으로 법인을 대표하고 대내적으로 법인의 사무를 집행하는 기관으로서 사단법인이든 재단법인이든 반드시 이사를 두어야 한다. 즉 이사는 법인의 상설적 필요기관이다. 이사가 수인인 경우에는 정관에 다른 규정이 없으면 법인의 사무집행은 이사의 과반수로써 결정한다. 이사는 법인의 사무에 관하여 각자 법인을 대표하지만, 정관에 규정한 취지에 위반할 수 없고 특히 사단법인은 총회의 의결에 의하여야 한다. 이사의 대표권에 대한 제한은 등기하지 않으면 제삼자에게 대항하지 못한다. 이사는 선량한 관리자의 주의로 그 직무를 행해야 하는 한편, 이사는 정관 또는 총회의 결의로 금지하지 아니한 사항에 한하여 타인으로 하여금 특정한 행위를 대리하게 할 수 있다. 이사가 없거나 결원이 있는 경우에 이로 인하여 손해가 생길 염려 있는 때에는 법원은 이해관계인이나 검사의 청구에 의하여 임시이사를 선임

하여야 한다. 법인과 이사의 이익이 상반하는 사항에 관하여는 이사는 대표권이 없으며, 이 경우에는 특별대리인을 선임하여야 한다. 만일 이사가 그 임무를 해태한 때에는 그 이사는 법인에 대하여 연대하여 손해배상의 책임이 있다.

② 감사: 사단법인 또는 재단법인은 정관 또는 총회의 결의에 의해 1인 또는 수인의 감사를 둘 수 있다. 주식회사에서는 감사가 필요적 상설기관이지만, 민법상의 법인에서는 임의기관으로 되어 있다. 감사의 직무는 ㉠ 법인의 재산상황을 감사하는 일 ㉡ 이사의 업무집행의 상황을 감사하는 일 ㉢ 재산상황 또는 업무집행에 관하여 부정, 불비한 것이 있음을 발견한 때에는 이를 총회 또는 주무관청에 보고하는 일 ㉣ 전호의 보고를 하기 위하여 필요한 때에는 총회를 소집하는 일이다.

③ 사원총회: 사단법인에는 의사결정기관으로 사원총회가 있다. 사원총회는 전 사원으로 구성되는 의결기관이며, 반드시 두어야 하는 필요기관으로서 정관에 의해서도 폐지할 수 없다. 반면에 재단법인에는 사원이 없으므로 사원총회가 있을 수 없고, 법인의 최고의사는 설립행위, 즉 정관에 의해 정해지는 점에서 차이가 있다. 사단법인의 사무는 정관으로 이사 또는 기타 임원에게 위임한 사항 외에는 총회의 결의에 의하여야 한다. 사단법인의 이사는 매년 1회 이상 통상총회를 소집하여야 하는 한편, 사난법인의 이사는 필요하다고 인정한 때에는 임시총회를 소집할 수 있다. 총사원의 5분의 1 이상으로부터 회의의 목적사항을 제시하여 청구한 때에는 이사는 임시총회를 소집하여야 한다. 이 정수는 정관으로 증감할 수 있다. 전항의 청구있는 후 2주간내에 이사가 총회소집의 절차를 밟지 아니한 때에는 청구한 사원은 법원의 허가를 얻어 이를 소집할 수 있다. 총회의 소집은 1주간전에 그 회의의 목적사항을 기재한 통지를 발하고 기타 정관에 정한 방법에 의하여야 한다. 총회는 원칙적으로 통지한 사항에 관하여서만 결의할 수 있다. 그러나 정관에 다른 규정이 있는 때에는 그 규정에 의한다. 각 사원의 결의권은 평등으로 하며, 사원은 서면이나 대리인으로 결의권을 행사할 수 있다. 사단법인과 어느 사원과의 관계사항을 의결하는 경우에는 그 사원은 결의권이 없다. 총회의 결의는 민법 또는 정관에 다른 규정이 없으면 사원 과반수의 출석과 출석사원의 결의권의 과반수로써 한다. 총회의 의사에 관하여는 의사록을 작성하여야 하며, 의사록에는 의사의 경과, 요령 및 결과를 기재하고 의장 및 출석한 이사가 기명날인하여야 하고, 이사는 의사록을 주된 사무소에 비치하여야 한다.

5. 법인의 소멸

법인의 소멸(消滅)이란 법인이 권리능력을 상실하는 것을 말하며, 자연인의 사망에 해당하는 것이다. 그런데 법인에는 자연인에서와 같은 상속제도가 없으므로 법인의 소멸은 일정한 절차를 거쳐 단계적으로 이루어진다. 즉 우선 해산(解散)에 의하여 법인의 본래의 활동을 정지하고, 이어서 재산을 정리하는 청산(淸算)의 단계로 들어간다. 법인이 소멸하는 시점은 청산이 종료한 때이다.

① 법인의 해산: 법인은 존립기간의 만료, 법인의 목적의 달성 또는 달성의 불능 기타 정관에 정한 해산사유의 발생, 파산 또는 설립허가의 취소로 해산한다. 즉 법인은 채무를 완제하지 못하게 된 경우 이사가 지체없이 파산신청을 하여야 하며, 법인이 목적 이외의 사업을 하거나 설립허가의 조건에 위반하거나 기타 공익을 해하는 행위를 한 때에는 주무관청은 그 허가를 취소할 수 있다. 또한 사단법인은 사원이 없게 되거나 총회의 결의로도 해산하는데, 정관에 다른 규정이 없는 한 총사원 4분의 3 이상의 동의가 없으면 해산을 결의하지 못한다. 해산한 법인의 재산은 정관으로 지정한 자에게 귀속하며, 정관으로 귀속권리자를 지정하지 아니하거나 이를 지정하는 방법을 정하지 아니한 때에는 이사 또는 청산인은 주무관청의 허가를 얻어 그 법인의 목적에 유사한 목적을 위하여 그 재산을 처분할 수 있다. 그러나 사단법인에 있어서는 총회의 결의가 있어야 한다. 이 때 처분되지 아니한 재산은 국고에 귀속한다.

② 법인의 청산: 청산이란 해산한 법인이 잔무를 처리하고 재산을 정리하여 완전히 소멸할 때까지의 절차를 말한다. 청산이 종료된 때에 법인은 소멸한다. 청산절차에는 두 가지가 있다. 첫째, 파산으로 해산하는 경우로서 민법이 아닌 '채무자 회생 및 파산에 관한 법률'이 정하는 파산절차에 따라 청산을 하게 되는 것을 말한다. 둘째, 기타의 원인으로 해산하는 경우로서 민법이 정하는 절차에 따라 청산을 하게 되는 것을 말한다. 이러한 청산절차는 제3자의 이해관계에 중대한 영향을 미치기 때문에 양자는 모두 강행규정이며, 정관에서 달리 정하더라도 그것은 무효이다.

해산한 법인은 청산의 목적범위 내에서만 권리가 있고 의무를 부담한다. 법인이 해산한 때에는 파산의 경우를 제하고는 이사가 청산인이 된다. 그러나 정관 또는 총회의 결의로 달리 정한 바가 있으면 그에 의한다. 만일 청산인이 될 자가 없거나 청산인의 결원으로 인하여 손해가 생길 염려있는 때에는 법원은 직권 또는 이해관계인이나 검사의 청구에 의하여 청산인을 선임할 수 있다. 반면에 중요한 사유가 있는 때에는 법원은 직권 또는 이해관계인이나 검사의 청구에 의하여 청산인을 해임할 수도 있다. 청산인은 파산의 경우를 제하고는 그 취임후 3주간내에 해산의 사유 및 년월일, 청산인의 성명 및 주소와 청산인의 대표권을 제한한 때에는 그 제한을 주된 사무소 및 분사무소 소재지에서 등기(해산등기)하여야 하고 또한 주무관청에 신고(해산신고)하여야 한다.

청산인의 직무는 ㉠ 현존사무의 종결 ㉡ 채권의 추심 및 채무의 변제 ㉢ 잔여재산의 인도이며, 이러한 직무를 행하기 위하여 필요한 모든 행위를 할 수 있다. 청산인은 취임한 날로부터 2월내에 3회 이상의 공고로 채권자에 대하여 일정한 기간내에 그 채권을 신고할 것을 최고하여야 하며, 그 기간은 2월 이상이어야 한다. 그 공고에는 채권자가 기간내에 신고하지 아니하면 청산으로부터 제외될 것을 표시하여야 한다. 또한 청산인은 알고 있는 채권자에 대하여는 각각 그 채권신고를 최고하여야 하며, 알고 있는 채권자를 청산으로부터 제외하지 못한다. 청산중의 법인은 변제기에 이르지 아니한 채권에 대하여도 변제할 수 있다. 청산으로부터 제외된 채권자는 법인의 채무를 완제한 후 귀속권리자에게 인도하지 아니한 재산에 대하여서만 변제를 청구할 수 있다. 청산중 법인의 재산이 그 채무를 완제하기에 부족한 것이 분명하게 된 때에는 청산인은 지체없이 파산선고를 신청하고 이를 공고하여야 한다. 청산인은 파산관재인에게 그 사무를 인계함으로써 그 임무가 종료하며, 청산이 종결한 때에는 청산인은 3주간내에 이를 등기하고 주무관청에 신고하여야 한다. 법인의 해산 및 청산은 법원이 검사·감독한다.

▶ 관련판례

1) 소속교단의 규약에 가입과 징계에 관한 규정이 있을 뿐이고 탈퇴에 관한 규정이 없더라도, 일반적으로 교회는 교인전원의 총의에 의하는 경우 소속교단의 변경이 가능하다. 재단법인의 기본재산에 관한 사항은 정관의 기재사항으로서 기본재산의 변경은 정관의 변경을 초래하기 때문에 주무장관의 허가를 받아야 하고, 따라서 기존의 기본재산을 처분하는 행위는 물론 새로이 기본재산으로 편입하는 행위도 주무장관의 허가가 있어야 유효하고, 또 일단 주무장관의 허가를 얻어 기본재산에 편입하여 정관 기재사항의 일부가 된 경우에는

비록 그것이 명의신탁관계에 있었던 것이라 하더라도 이것을 처분(반환)하는 것은 정관의 변경을 초래하는 점에 있어서는 다를 바 없으므로 주무장관의 허가 없이 이를 이전등기 할 수는 없다[**대법원** 1991. 5. 28. 90 다 8558].

2) 사찰을 창립하여 주지로서 불사를 집행하던 자가 사찰의 창건시에 사찰을 대한불교 일승종으로 등록하여 사찰이 대한불교 일승종 소속의 사찰이었다면, 주지가 적어도 신도들의 의사와 관계없이 주지 한 사람의 의사만에 의하여 소속 종단을 함부로 변경할 수는 없다고 할 것이므로, 사찰은 여전히 대한불교 일승종 소속의 사찰이라고 하여야 한다[**대법원** 1997. 11. 28. 97 다 6810].

3) [1] 종중의 종원에 관한 세보가 발간되었다면 그 세보의 기재가 잘못 되었다는 등의 특별한 사정이 없는 한 그 세보에 의하여 종중회의의 소집통지 대상이 되는 종원의 범위를 확정함이 상당하다.
[2] 종중총회는 특별한 사정이 없는 한 족보에 의하여 소집통지 대상이 되는 종중원의 범위를 확정한 후 국내에 거주하여 소재가 분명하여 연락통지가 가능한 모든 종중원에게 개별적으로 소집통지를 함으로써 각자가 회의와 토의와 의결에 참가할 수 있는 기회를 주어야 하고, 일부 종중원에게 소집통지를 결여한 채 개최된 종중총회의 결의는 효력이 없으나, 그 소집통지의 방법은 반드시 직접 서면으로 하여야만 하는 것은 아니고 구두 또는 전화로 하여도 되고 다른 종중원이나 세대주를 통하여 하여도 무방하다.
[3] 종중총회의 결의방법에 있어 종중규약에 다른 규정이 없는 이상 종원은 서면이나 대리인으로 결의권을 행사할 수 있으므로 일부 종원이 총회에 직접 출석하지 아니하고 다른 출석 종원에 대한 위임장 제출방식에 의하여 종중의 대표자 선임 등에 관한 결의권을 행사하는 것도 허용된다[**대법원** 2000. 2. 25. 99 다 20155].

4) [1] 법인의 권리능력은 법인의 설립근거가 된 법률과 정관상의 목적에 의하여 제한되나 그 목적 범위 내의 행위라 함은 법률이나 정관에 명시된 목적 자체에 국한되는 것이 아니라 그 목적을 수행하는 데 있어 직접, 간접으로 필요한 행위는 모두 포함된다.
[2] 정리계획에 의하여 행해지는 출자전환은 법률이나 정관에 명시된 건설공제조합의 목적이나 건설산업기본법 제56조에서 정하고 있는 사업 자체는 아니라고 하더라도 그 목적 및 사업을 수행하는 데 있어서 직접, 간접으로 필요한 것이라고 하지 않을 수 없으므로, 출자전환 방식의 권리변경을 내용으로 하는 정리계획이 법률의 규정에 합치되지 않는다고 할 수 없다[**대법원** 2001. 9. 21. 2000 그 98].

5) [1] 주택조합과 같은 비법인사단의 대표자가 직무에 관하여 타인에게 손해를 가한 경우 그 사단은 민법 제35조 제1항의 유추적용에 의하여 그 손해를

배상할 책임이 있으며, 비법인사단의 대표자의 행위가 대표자 개인의 사리를 도모하기 위한 것이었거나 혹은 법령의 규정에 위배된 것이었다 하더라도 외관상, 객관적으로 직무에 관한 행위라고 인정할 수 있는 것이라면 민법 제35조 제1항의 직무에 관한 행위에 해당한다.
[2] 비법인사단의 경우 대표자의 행위가 직무에 관한 행위에 해당하지 아니함을 피해자 자신이 알았거나 또는 중대한 과실로 인하여 알지 못한 경우에는 비법인사단에게 손해배상책임을 물을 수 없다고 할 것이고, 여기서 중대한 과실이라 함은 거래의 상대방이 조금만 주의를 기울였더라면 대표자의 행위가 그 직무권한 내에서 적법하게 행하여진 것이 아니라는 사정을 알 수 있었음에도 만연히 이를 직무권한 내의 행위라고 믿음으로써 일반인에게 요구되는 주의의무에 현저히 위반하는 것으로 거의 고의에 가까운 정도의 주의를 결여하고, 공평의 관점에서 상대방을 구태여 보호할 필요가 없다고 봄이 상당하다고 인정되는 상태를 말한다[**대법원 2003. 7. 25. 2002 다 27088**].

EduContents
B&B
Book&Brain

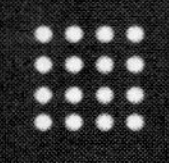

제4장 권리의 객체

제1절 민법의 규정

민법상 권리의 객체(客體)는 권리의 목적(目的)이라고 표현하기도 한다. 권리의 객체는 권리의 종류에 따라 각기 다른데, 예컨대 물권은 물건을, 채권은 채무자의 일정한 급부행위를, 상속권은 피상속인의 모든 권리의무로서 상속재산을, 지적재산권은 저작·발명 등 권리자의 무형의 정신적 산물을 그 객체로 한다.

민법은 권리의 객체에 관하여 일반규정을 두지 않고, 물건(物件)에 관해서만 규정하고 있다. 즉 민법 제98조(물건의 정의)에 의하면 「본법에서 물건이라 함은 유체물 및 전기 기타 관리할 수 있는 자연력을 말한다」라고 규정하고 있다. 일반적으로 물건에는 유체물(有體物)과 무체물(無體物)이 있다. 유체물은 형체가 있는 물질이고(고체·액체·기체), 무체물은 형체가 없는 물질이다(전기·열·빛·음향·향기·에너지 등). 민법상 물건이 되기 위해서는 유체물이든 무체물이든 '관리할 수 있는 것'이어야 한다. 이는 배타적 지배를 할 수 있는 것을 의미한다. 가령 해·달·별·공기 등은 유체물이지만, 배타적 지배를 할 수 있는 것이 아니므로 물건이 되지 못한다. 다만 공기를 산소통에 넣어 관리할 수 있다면 물건이 된다. 또한 물건은 사람이 아닌 외계의 일부이어야 한다. 가령 인위적으로 인체에 부착시킨 의치·의안·의수·의족 등은 신체에 부착되어 있는 한 신체의 일부가 된다. 그러나 인체의 일부이지만 분리된 것, 가령 모발·치아·혈액·장기 등은 사회관념상 독립된 물건으로 취급해도 사회질서에 반하지 않는 경우에는 물건으로 인정된다. 그리고 물건은 배타적 지배와의 관계상 독립성을 가져야 한다. 독립성의 유무는 물리적으로 결정되는 것이 아니라 사회통념에 따라 정해진다(예: 아파트·오피스텔과 같은 집합건물의 구분소유).

제2절 물건

1. 물건의 분류

물건의 분류 가운데 강학상(講學上)의 분류를 몇 가지 살펴보면 다음과 같다.

① 융통물(融通物)

㉠ 가분물(可分物)·불가분물(不可分物): 물건의 성질 또는 가격을 현저하게 손상하지 않고서도 분할할 수 있는 물건이 가분물(예: 금전·곡물·토지 등), 그렇지 못한 물건이 불가분물(예: 소·말·건물·자동차 등)

㉡ 소비물(消費物)·비소비물(非消費物): 물건의 성질상 그 용도에 따라 1회 사용하면 다시 동일 용도로 사용할 수 없는 물건(예: 음식물·연료 등)이나 금전 등과 같이 1회 사용하면 그 주체에 변경이 생겨 종전의 사용자가 다시 사용할 수 없는 물건이 소비물, 1회 사용하더라도 다시 동일 용도에 사용할 수 있는 물건이 비소비물(예: 책·토지·건물 등)

㉢ 대체물(代替物)·부대체물(不代替物): 일반거래관념상 물건의 개성이 중시되지 않고 동종·동질·동량의 물건으로 바꾸어도 급부의 동일성이 바뀌지 않는 물건이 대체물(예: 금전·신간서적·술·곡물 등), 물건의 개성이 중시되어 대체성이 없는 물건이 부대체물(예: 그림·골동품·토지·건물 등)

㉣ 특정물(特定物)·불특정물(不特定物): 구체적인 거래에서 당사자가 특정의 물건을 지정하고 다른 물건으로 바꿀 것을 허용하지 않는 물건이 특정물, 이에 대해 동종·동질·동량의 것이면 어느 것이라도 무방하다는 물건이 불특정물

② 불융통물(不融通物)

㉠ 공용물(公用物): 공용물이란 국가나 공공단체의 소유에 속하며 공적 목적을 위하여 국가나 공공단체 자신의 사용에 제공되는 물건이다(예: 관공서의 건물·국공립학교의 건물 등).

㉡ 공공용물(公共用物): 공공용물이란 일반공중의 공동사용에 제공

되는 물건이다(예: 도로・하천・공원・항만 등)

㉢ 금제물(禁制物): 금제물이란 법령에 의해 거래가 금지되는 물건으로, 거래뿐만 아니라 소유・소지까지 금지되는 것(예: 아편・아편흡식기구・음란한 문서・위조(변조)한 통화 등)과 소유는 허용되지만 거래가 금지・제한되는 것(예: 국보・지정문화재 등)이 있다.

③ 단일물(單一物)・합성물(合成物)・집합물(集合物)

㉠ 단일물: 단일물이란 형태상 단일한 일체를 이루고 각 구성부분이 개성을 잃고 있는 물건을 말한다(예: 책・소 등).

㉡ 합성물: 합성물이란 각 구성부분이 개성을 잃지 않으면서 그들이 결합하여 하나의 형태를 이루는 물건을 말한다(예: 건물・자동차・선박 등).

㉢ 집합물: 집합물이란 다수의 물건(단일물・합성물)들이 집합하여 경제적으로 단일한 가치를 가지고 거래에서도 일체로 취급되는 물건을 말한다(예: 상점에 있는 상품 전체・도서관의 장서・공장의 시설이나 기계의 전부 등).

2. 부동산과 동산

민법 제99조(부동산, 동산)에 의하면 「① 토지 및 그 정착물은 부동산이다. ② 부동산 이외의 물건은 동산이다」라고 규정하고 있다.

부동산(不動産)과 동산(動産)을 구별해보면 다음과 같다.

㉠ 부동산은 등기(登記)를, 동산은 점유(占有)를 각각의 공시방법(公示方法)으로 한다.

㉡ 부동산의 등기에 대해서는 공신력(公信力)이 인정되지 않지만, 동산의 점유에 대해서는 공신력이 인정된다.

㉢ 부동산의 취득시효는 20년(10년)이고, 동산의 취득시효는 10년(5년)이다. 즉 부동산의 경우 a) 20년간 소유의 의사로 평온・공연하게 부동산을 점유하는 자는 등기함으로써 그 소유권을 취득하며, b) 부동산의 소유자로 등기한 자가 10년간 소유의 의사로 평온・공연하게 선의이며 과실없이 그 부동산을 점유한 때에는 소유권을 취득한다. 한편 동산의 경우 a) 10년간 소유의 의사로 평온・공연하게 동산을 점유한 자는 그 소유권을 취득하며, b) 동산의 점유가 선의이며 과실

없이 개시된 경우에는 5년을 경과함으로써 그 소유권을 취득한다.

㉣ 무주물(無主物)이 부동산이면 국유(國有)가 되지만, 동산이면 선점(先占)의 대상이 된다.

㉤ 첨부(添附)의 경우 부동산과 동산에 따라 그 적용여부와 효과를 달리한다. 이 때 첨부란 부합·혼화·가공을 총칭하는 개념으로, 어떤 물건에 다른 물건을 결합시키거나 노력을 가하여 한 개의 물건이 만들어졌을 때 이를 분리하게 되면 성질이 파괴되거나 과다한 비용을 요하는 경우에 어느 한 쪽에 소유권을 인정하는 제도를 말한다. 가령 동산과 부동산이 부합한 때에는 원칙적으로 부동산의 소유자가 전체의 소유자가 되고, 동산의 소유자는 소유권을 잃는다. 그러나 동산의 소유자가 권원에 의하여(예: 부동산의 임차인 등의 승낙을 얻어) 부동산에 부속시킨 경우 그 부속시킨 것이 독립성을 가지는 때에는 각자의 소유에 속한다.

㉥ 지상권·지역권·전세권·저당권은 부동산에 대하여만 성립된다.

㉦ 부동산의 경우는 민사소송법상 재판관할에 관한 특별규정이 있다. 즉 부동산에 관한 소를 제기하는 경우에는 부동산이 있는 곳의 법원에 제기할 수 있다.

㉧ 부동산에 대한 강제집행은 부동산소재지의 법원이 이를 행하지만, 동산에 대한 강제집행은 집행관이 그 물건을 점유하는 압류에 의한다.

민법상 부동산은 토지 및 그 정착물을 말한다. ㉠ 토지(土地)란 인위적으로 구획된 일정범위의 지면에 정당한 이익 있는 범위 내에서의 그 상·하(공중·지하)를 포함한다. 가령 지표면상의 자연석·지하의 토사 및 암석·지하수·온천수·동굴 등은 원칙적으로 토지소유권의 범위에 속한다. 바다와 토지의 경계는 만조수위선을 기준으로 하며, 하천은 국유에 속한다. 따라서 관리청의 허가를 얻어 하천구역을 점용할 수는 있어도 이를 소유하지는 못한다. 또한 바다 또는 하천에 인접한 토지가 태풍·해일·홍수 등에 의한 제방의 유실·하천의 범람·지표의 유실 또는 지반의 침하 등으로 침수되어 바다의 일부가 되거나 또는 하천의 바닥이 되는 일이 있는데, 이를 토지의 포락(浦落)이라고 한다. 포락된 토지가 원상으로 되돌아오지 않으면 그 토지에 대한 소유권은 영구적으로 소멸한다. ㉡ 토지의 정착물(定着物)이란 토지에 고정적으로 부착되어 용이하게 이동할 수 없는 물건으로,

가령 건물·수목·교량·도로의 포장 등이 그 예이다. 그러나 판잣집·가식(假植)의 수목·토지나 건물에 충분히 정착되어 있지 않은 기계 등은 정착물이 아니므로 동산으로 취급된다. 토지의 정착물은 그것이 토지와 독립된 부동산으로 취급될 수 있는지와 관련하여 세 가지 유형이 있다. 즉 a) 토지와는 언제나 독립된 것으로 다루어지는 것으로서, 건물이 이에 속한다(독립정착물). b) 토지의 구성부분으로 취급되어 항상 토지와 일체로 처분되는 것으로서, 도로의 포장·교량·담 등이 이에 속한다(종속정착물). c) 토지의 일부로서 토지와 함께 처분될 수도 있지만, 일정한 공시를 갖추는 것을 전제로 토지와는 독립된 부동산으로 다루어질 수도 있는 양면성을 가지는 것으로서, 입목에 관한 법률에 의한 입목(즉 입목(立木)이란 입목등기부에 소유권보존등기를 한 수목을 말한다)·수목·미분리의 과실·농작물 등이 이에 속한다(반독립정착물).

민법상 동산은 부동산 이외의 물건을 말한다. 즉 토지에 정착되지 않은 물건(예: 가식의 수목)도 동산이고, 전기 기타 관리할 수 있는 자연력도 동산이다. 선박·자동차·항공기·건설기계 등도 동산이지만, 특별법(상법·자동차저당법·항공기저당법·건설기계저당법 등)에 의해 부동산에 준하는 취급을 받으며, 등기·등록의 공시방법이 마련되어 있다. 한편 금전(金錢)은 특수한 동산으로서, 물건으로서의 동산이 가지는 개성을 갖고 있지 않으며 가치 그 자체이므로 동산에 적용되는 규정 가운데 금전에는 적용이 없는 경우가 적지 않다.

3. 주물과 종물

민법(특히 물권법)은 명확성과 거래의 안전을 위하여 단일물을 원칙으로 한다. 그런데 각각 독립된 두 개의 물건 사이에 한편이 다른 편의 효용을 돕는 경우가 있다. 가령 배와 노, 자물쇠와 열쇠, 말과 안장, 주택과 창고 등의 관계가 그러하다. 여기서 전자를 주물(主物)이라 하고, 후자를 종물(從物)이라 한다. 물건의 소유자가 그 물건의 상용에 공하기 위하여 자기소유인 다른 물건을 이에 부속하게 한 때에는 그 부속물은 종물이며, 종물은 주물의 처분에 따른다. 즉 종물이 되기 위해서는 다음 네 가지 요건을 갖추어야 한다. ㉠ 종물은 주물의 상용(常用)에 이바지하는 것이어야 한다. ㉡ 종물은 주물에 부속(附屬)된 것이어야 한다. ㉢ 종물은 주물로부터 독립된 물건이어야 한다. ㉣ 주물과 종물은 모두 동일한 소유자에 속하는 것이어야 한다.

4. 원물과 과실

물건으로부터 생기는 수익을 과실(果實)이라 하고, 과실을 생기게 하는 물건을 원물(元物)이라 한다. 민법은 과실의 범위로 천연과실과 법정과실의 두 가지를 인정한다. 우선 천연과실이란 물건의 용법에 의하여 수취하는 산출물을 말한다. 이 때 '물건의 용법에 의하여'라 함은 원물의 경제적 용도에 따른다는 의미이며, '산출물'은 과수의 열매·곡물·우유·양모·가축의 새끼 등과 같이 자연적으로 생산되는 물건에 한하지 않고, 광물·석재·토사 등과 같이 인공적으로 수취되는 것이라도 원물이 곧바로 소모되지 않고 경제적 견지에서 원물의 수익이라고 인정될 수 있는 것도 포함한다. 천연과실은 그 원물로부터 분리하는 때에 이를 수취할 권리자에게 속한다. 한편 법정과실이란 물건의 사용대가로 받는 금전 기타의 물건을 말하는데, 가령 건물사용의 대가인 차임(借賃)·토지사용의 대가인 지료(地料)·금전사용의 대가인 이자(利子) 등이 이에 속한다. 법정과실은 수취할 권리의 존속기간일수의 비율로 취득한다. 따라서 법정과실의 계산이 주·월·년으로 정해진 경우에도 그 권리의 존속기간의 일수(日數) 비율로 분배된다. 다만 본 규정은 강행규정이 아니므로 당사자가 이와 다른 특약을 맺은 때에는 그에 따른다.

▶ 관련판례

1) 원판결 이유에 의하면, 원심은 본건 답 70평에 권원없는 조인복이가 모판을 만들어 심은 모는 독립한 물건으로서의 존재가치가 없어 거래의 대상이 되지 않으므로 부동산의 부합물로서 경작권자인 피고인의 소유라 할 것인데, 피고인이 위 모판을 파헤칠 때에 그 모판에서 성장하고 있었던 모는 길이가 4,5 센티미터에 불과하여 이로써 독립한 물건으로 취급할 수 없었다 할 것이고, 피고인이 위 모판을 파헤쳤다고 하더라도 이를 가리켜 타인의 재물을 손괴하였다고는 볼 수 없다고 판시하였다. 그러나 남의 땅에다 권한없이 경작한 자라 할지라도 그가 재배한 농작물의 소유권은 그 경작자에게 있다는 것이 대법원 판례이고, 본건 못자리도 농작물에 해당한다 할 것이다[**대법원** 1969. 2. 18. 68 도 906].

2) 해변에 있는 토지들이 태풍으로 인하여 제방이 유실된 이후 계속하여 간조시는 사장이고 만조시는 해면하에 있게 되어 그 소유자들이 재력으로는 감히 복구 할 수 없을 정도이고, 경제적 가치로 보아 제방축조를 할 수 없는 것이라면, 이는 해면을 조성하여 토지의 소유권이 소멸된다 할 것이다[**대법원** 1971. 3. 9. 70 다 2756].

3) 갑이 원물인 한우, 꽃사슴 등을 매수하여 매매대금 전부를 지급하고 인도를 받아 을에게 위탁하여 사육하도록 하였고 이로부터 가축이 생산되어 증식된 것이라면 특별한 사정이 없는 한 그 가축은 갑의 소유라 할 것이고 이와 같이 그 소유자가 갑임이 밝혀진 이상 을에 대한 채무명의에 기하여 그 가축에 대하여 한 가압류집행은 불허되어야 함이 마땅하고, 을 명의로 축산업사업자등록이 되어 있다거나 을과 갑 소유의 토지상에 걸쳐 그 가축의 축사가 있다는 등 사정을 들어 대외적으로는 그 가축의 소유자가 을이라고 보아야 하는 것은 아니라 할 것이다[**대법원** 1994. 12. 2. 93 다 62577].

4) 돼지를 양도담보의 목적물로 하여 소유권을 양도하되 점유개정의 방법으로 양도담보설정자가 계속하여 점유·관리하면서 무상으로 사용·수익하기로 약정한 경우, 양도담보 목적물로서 원물인 돼지가 출산한 새끼 돼지는 천연과실에 해당하고 그 천연과실의 수취권은 원물인 돼지의 사용·수익권을 가지는 양도담보설정자에게 귀속되므로, 다른 특별한 약정이 없는 한 천연과실인 새끼 돼지에 대하여는 양도담보의 효력이 미치지 않는다[**대법원** 1996. 9. 10. 96 다 25463].

5) 종물은 주물의 상용에 이바지하는 관계에 있어야 하고, 주물의 상용에 이바지한다 함은 주물 그 자체의 경제적 효용을 다하게 하는 것을 말하는 것으로서 주물의 소유자나 이용자의 상용에 공여되고 있더라도 주물 그 자체의 효용과 직접 관계가 없는 물건은 종물이 아니다(신·구폐수처리시설이 그 기능면에서는 전체적으로 결합하여 유기적으로 작용함으로써 하나의 폐수처리장을 형성하고 있지만, 신폐수처리시설이 구폐수처리시설 그 자체의 경제적 효용을 다하게 하는 시설이라고 할 수 없으므로 종물이 아니라고 한 사례)[**대법원** 1997. 10. 10. 97 다 3750].

6) 국립공원의 입장료는 수익자 부담의 원칙에 따라 국립공원에 입장하는 자에게 국립공원의 유지·관리비의 일부를 징수하는 것이며, 공원의 관리와 공원안에 있는 문화재의 관리·보수를 위한 비용에만 사용하여야 하는 것이므로 민법상 과실이라고 볼 여지가 없으므로, 국립공원의 입장료를 국가 내지 국립공원관리공단의 수입으로 하도록 한 규정이 국립공원내 토지의 소유자의 재산권을 침해하는 것이라 할 수 없다[**헌법재판소** 2001. 6. 28. 2000 헌바 44].

7) [1] 독립된 부동산으로서의 건물이라고 하기 위하여는 최소한의 기둥과 지붕 그리고 주벽이 이루어지면 된다.
[2] 신축 건물이 경락대금 납부 당시 이미 지하 1층부터 지하 3층까지 기둥, 주벽 및 천장 슬라브 공사가 완료된 상태이었을 뿐만 아니라 지하 1층의 일부 점포가 일반에 분양되기까지 하였다면, 비록 토지가 경락될 당시 신축 건물의 지상층 부분이 골조공사만 이루어진 채 벽이나 지붕 등이 설치된 바가 없다 하더라도, 지하층 부분만으로도 구분소유권의 대상이 될 수 있는 구조라는 점에서 신축 건물은 경락 당시 미완성 상태이기는 하지만 독립된 건물로서의 요건을 갖추었다[**대법원** 2003. 5. 30. 2002 **다** 21592·21608].

제5장 권리의 변동

제1절 권리변동의 의의

권리의 발생·변경·소멸을 다루는 것이 권리의 변동이다. 이를 권리주체의 관점에서 파악하면 권리의 취득·변경·상실이 된다.

① 권리의 취득: 우선 원시취득(原始取得)은 타인의 권리에 기초함이 없이 원시적으로 취득하는 것으로 전에 없었던 권리가 새로 발생하는 것을 말한다(예: 건물의 신축·취득시효·선의취득·선점·유실물습득·매장물발견·첨부 등). 반면에 승계취득(承繼取得)은 타인의 권리를 취득하는 것으로 취득자는 그 타인이 가지고 있었던 권리 이상의 것을 취득하지 못한다(예: 매매·상속·지상권·전세권·저당권·회사합병 등).

② 권리의 변경: 권리가 그 동일성을 잃지 않으면서 주체·내용·작용에 변경이 생기는 것을 말한다.

③ 권리의 상실: 권리의 상실에는 목적물이 멸실되는 경우처럼 권리가 절대적으로 소멸하는 경우와 권리가 구 권리자로부터 신 권리자에게 이전되는 것처럼 상대적으로 소멸하는 경우가 있다.

대체로 민법의 규정은 일정한 요건(要件)이 충족되면 일정한 효과(效果)를 발생하는 방식을 취한다. 따라서 법률효과(法律效果)가 발생하는데 필요충분조건을 다 갖춘 것이 법률요건(法律要件)이다. 한편 법률요건을 완성하기 위해 구성되는 개개의 사실을 법률사실(法律事實)이라고 한다. 법률사실은 크게 사람의 정신작용에 기초하는 사실(용태(容態))과 그렇지 않은 사실(사건(事件))의 두 가지로 나누어진다. 법률사실의 분류를 구체적으로 살펴보면 다음과 같다.

<table>
<tr><td rowspan="7">법률사실</td><td rowspan="6">용태</td><td rowspan="5">외부적 용태(행위)</td><td rowspan="4">적법행위</td><td rowspan="2">법률행위</td><td>계약: 매매・임대차 등</td></tr>
<tr><td>단독행위: 유언・취소・동의 등</td></tr>
<tr><td rowspan="2">준법률행위</td><td>표현행위: 의사통지・관념통지・감정표시</td></tr>
<tr><td>사실행위: 가공・선점・유실물습득・매장물발견</td></tr>
<tr><td colspan="3">위법행위: 채무불이행・불법행위</td></tr>
<tr><td colspan="4">내부적 용태(의식): 선의・악의・반대의사・소유의사</td></tr>
<tr><td colspan="5">사건: 사람의 생사・건물의 멸실・부합・부당이득・시간의 경과</td></tr>
</table>

제2절 법률행위

1. 법률행위일반론

민법은 총칙편 제5장에서 '법률행위'의 제목으로 '총칙・의사표시・대리・무효와 취소・조건과 기한'에 관하여 규정하고 있다. 통설은 법률행위를 '의사표시를 요소로 하는 법률요건'이라고 정의한다. 사적자치(私的自治)는 개인이 법질서의 한계 내에서 자기의 의사에 기하여 법률관계를 자유로이 형성할 수 있다는 원칙으로서, 이는 개인의 의사표시, 즉 법률행위를 수단으로 하여 실현된다. 여기서 법률행위자유의 원칙이 도출되며, 법률행위의 자유는 계약의 자유・유언의 자유・단체설립의 자유를 포함한다. 법률행위가 효과를 발생하려면 먼저 법률행위로서 성립하여야 하고, 그 성립된 법률행위가 유효한 것이어야 한다. 이 때 법률행위의 성립요건은 법률행위의 효과를 주장하는 자가 입증하여야 하고, 효력요건의 부존재는 그 무효를 주장하는 자가 입증하여야 한다.

① 성립요건(成立要件): 법률행위의 성립에 일반적으로 요구되는 요건으로는 당사자・목적・의사표시의 세 가지가 필요하다는 것이 통설이다.

② 효력요건(效力要件): 일반적 효력요건으로는 ㉠ 당사자의 권리

능력 · 의사능력 · 행위능력 ㉡ 법률행위 내용의 확정성 · 가능성 · 적법성 · 사회적 타당성 ㉢ 의사와 표시의 일치를 들 수 있다.

법률행위의 종류를 살펴보면 다음과 같다.

① 재산행위 · 신분행위: 법률행위에 의해 발생되는 효과가 재산상의 법률관계에 관한 것인지 또는 신분상의 법률관계에 관한 것인지에 따른 분류이다. 매매 · 임대차 · 소유권양도 · 채권양도 등은 재산행위(財産行爲)이고, 약혼 · 혼인 · 입양 · 인지 · 유언 등은 신분행위(身分行爲)이다.

② 출연행위 · 비출연행위: 재산행위에는 출연행위(出捐行爲)와 비출연행위(非出捐行爲)의 두 가지가 있다. 전자는 자기의 재산을 감소시키고 타인의 재산을 증가시키는 행위이고(매매 · 임대차 등), 후자는 타인의 재산을 증가시키는 바 없이 행위자만이 재산을 감소하거나 또는 직접 재산의 증감을 일어나지 않게 하는 행위이다(소유권의 포기 · 대리권의 수여 등). 민법은 출연(出捐)을 출재(出財)라고도 부른다. 한편 자기의 출연과 대가적으로 상대방의 출연이 있는 것이 유상행위(有償行爲)이고(매매 · 임대차 등), 그러한 대가관계가 없는 것이 무상행위(無償行爲)이다(증여 · 사용대차 등).

③ 단독행위 · 계약 · 합동행위: 단독행위(單獨行爲)란 하나의 의사표시만으로 성립하는 법률행위로서 ㉠ 상대방 있는 단독행위(예: 동의 · 채무면제 · 상계 · 추인 · 취소 · 해제 · 해지 등)와 ㉡ 상대방 없는 단독행위(예: 유언 · 재단법인의 설립행위 · 권리의 포기 등)의 두 가지가 있다. 계약(契約)은 두 개의 대립되는 의사표시(청약과 승낙)의 합치에 의해 성립하는 법률행위로서 채권계약 · 물권계약 · 가족법상 계약이 있으나, 좁은 의미의 계약은 채권계약만을 말한다. 합동행위(合同行爲)는 둘 이상의 의사표시가 계약처럼 상호 대립되는 것이 아니라 공동목적을 위해 평행적 · 구심적이라는 점에 그 특징이 있다(예: 사단법인의 설립행위).

④ 요식행위 · 불요식행위: 요식행위(要式行爲)란 일정한 방식(서면 · 신고 등)을 갖춘 때에 법률행위가 성립하는 경우로서 법인의 설립행위 · 혼인 · 인지 · 입양 · 유언 등이 그러하다. 본래 법률행위의 자유는 방식의 자유를 포함하기 때문에 불요식행위(不要式行爲)가 원칙이다. 다만 법률은 행위자로 하여금 신중하게 행위를 하게 하거나 혹은 법률관계를 명확히 하기 위하여 일정한 방식을 요구하는 것이다.

⑤ 채권행위 · 물권행위 · 준물권행위: 채권행위(債權行爲)란 채

권・채무를 발생시키는 법률행위이다(증여・매매 등). 물권행위(物權行爲)란 직접 물권의 변동을 가져오는 법률행위를 말한다(저당권・유치권 설정 등). 준물권행위(準物權行爲)란 물권 이외의 권리의 변동을 직접 가져오는 법률행위를 말한다(채권양도・무체재산권의 양도・채무면제 등).

2. 법률행위의 해석

법률행위의 해석(解釋)은 법률행위의 내용을 확정하는 작업이다. 즉 법률행위의 해석은 법률행위의 성립과 유효 여부를 판단하는데 선행되는 작업이다. 따라서 법률행위는 당사자의 의사대로 법률효과를 주는 것을 본질로 하므로 법률행위 해석의 목표는 당사자의 의사를 밝히는 데 있다. 법률행위의 해석방법으로는 자연적 해석・규범적 해석・보충적 해석의 세 가지가 인정된다. 즉 법률행위의 해석순서는 우선 자연적 해석, 즉 어떤 일정한 표시에 관하여 당사자가 사실상 일치하여 이해한 경우에는 그 의미대로 효력을 인정하는 해석을 하여야 하고, 그 일치 여부가 확정되지 않는 때에는 표시행위의 객관적・규범적 의미를 밝히는 규범적 해석을 하여야 하며, 해석의 결과 법률행위의 흠결이 발견되면 마지막으로 이를 보충하는 보충적 해석을 하여야 한다. 법률행위 해석의 표준으로는 ① 당사자가 의도한 목적 ② 거래관행(관습) ③ 신의성실의 원칙 등을 들 수 있다.

3. 법률행위의 내용(목적)

법률행위의 내용(목적)이란 당사자가 법률행위에 의해 그 효과를 발생시키려는 것을 말한다. 법률행위의 내용이 그 효과를 발생하기 위해서는 내용의 확정성・가능성・적법성・사회적 타당성의 네 가지 요건(유효요건)을 갖추어야 한다.

① 내용의 확정성(確定性)

법률행위의 해석을 거쳐 그 내용을 확정할 수 있어야만 한다. 만일 해석에 의해서도 그 내용을 확정할 수 없는 법률행위는 무효이다.

② 내용의 가능성(可能性)

법률행위의 내용은 그 실현이 가능한 것이어야 한다. 내용의 실현이 불가능한 법률행위는 무효이다. 법률행위 내용의 가능·불능의 여부는 사회관념에 의해 정해진다. 즉 물리적으로 절대 불가능한 것은 물론이며, 비록 물리적으로는 가능하더라도 사회관념상 불가능한 경우에는 불능에 속한다(예: 한강에 가라앉은 반지를 찾아주기로 하는 약정).

③ 내용의 적법성(適法性)

민법 제105조(임의규정)에 의하면 「법률행위의 당사자가 법령 중의 선량한 풍속 기타 사회질서에 관계없는 규정과 다른 의사표시를 한 때에는 그 의사에 의한다」라고 규정함으로써 간접적으로 사적자치를 정하고 있다. 여기서 '법령 중의 선량한 풍속 기타 사회질서에 관계없는 규정'이 임의규정(임의법규)이고, 그것과 관계있는 규정이 강행규정(강행법규)이다. 강행규정은 법률이 사회질서 유지의 차원에서 강제적으로 그 내용을 정한 것이므로 사적자치가 허용되지 않으며 그것에 위반하는 내용의 법률행위는 무효가 된다. 이 때 강행규정의 위반에는 직접적 위반은 물론 간접적 위반으로서 탈법행위(脫法行爲)도 포함된다. 결국 법률행위의 내용이 유효하려면 적법하여야 한다고 할 때, 그 법은 바로 강행규정을 의미한다. 그런데 강행규정과 임의규정을 구별하는 표준에 관하여 일반원칙은 없으며, 각 규정마다 그 성질·입법목적 등을 고려하여 개별적으로 정하는 수밖에 없다.

행정법규 중에는 국가가 일정한 행위를 금지 내지 제한하는 내용의 소위 단속법규(團束法規)를 정하고 있는 경우가 많다. 이것도 개인의 의사에 의해 배제할 수 없다는 점에서는 강행규정으로서의 성격을 가진다. 문제는 개인이 그 단속법규에서 정하고 있는 금지 내지 제한을 위반하여 다른 개인과 거래를 하였을 경우에 그 효력 여하이다. 여기서 단속법규를 효력규정과 단속규정으로 다시 나누는 것이 보통이다. 전자는 그 규정에 위반하는 행위의 사법상의 효과가 부정되는 것이고, 후자는 그에 위반하여도 벌칙의 적용이 있을 뿐 행위 자체의 사법상의 효과에는 영향이 없는 것을 말한다. 어느 것이 효력규정인지 혹은 단속규정인지를 구별하는 표준에 관해 일반원칙은 없다. 다만 행정법규 중에서 일정한 행위를 하는데 허가 등을 요하는 것은 대부분 단속규정이며, 그에 위반하여 한 거래행위는 원칙적으로 무효가 되지 않는다. 가령 허가 없이 음식물을 판매하거나(식품위생법), 숙박업을 하거나(공중위생법), 총포화약류를 판매하는 것(총포도검화약류단속법) 등이 그러하다. 반면에 법률이 특히 엄격한 표준을 정하여 일정한 자격을 갖춘 자에게만 허용하는 것은 효력규정이고, 따라서 그 자격을 대여하는 계약은 무효이다. 가령 광업권의 대차를 예로 들 수 있다(그러나 이 경우에도 광물의 매각과 같이 대여받은 자가 이미 제3자와 거래를 맺은 경우에는 거래의 안전상 이를 유효한 것으로 해석하는 것이 통설이다).

④ 내용의 사회적 타당성(社會的 妥當性)

☞ **【민법 제103조: 반사회질서의 법률행위】**
선량한 풍속 기타 사회질서에 위반한 사항을 내용으로 하는 법률행위는 무효로 한다.

민법 제103조에서 말하는 '선량한 풍속'은 사회의 일반적 도덕·윤리관념 즉 모든 국민에게 지킬 것이 요구되는 최소한도의 도덕률을 말하며, '사회질서'는 국가나 사회의 공공질서 혹은 일반적 이익을 말한다. 다시 말해서 민법은 선량한 풍속을 사회질서의 일종으로 들고 있으며 사회질서가 상위개념이고 제103조의 중심개념을 이루고 있다. 다만 사회질서나 윤리관은 시간과 장소에 따라 매우 다양하므로 사회질서에 위반하는 법률행위의 내용을 구체적으로 제시하는 것은 상당히 곤란하다고 본다. 종래부터 판례에 나타난 사회질서 위반의 내용을 구분해보면 다음과 같다.

① 정의의 관념에 반하는 행위(예: 범죄 기타의 부정행위를 권유·가담하는 계약, 밀수입을 위한 출자행위, 부동산 이중매매)
② 윤리적 질서에 반하는 행위(예: 부자간의 손해배상청구행위, 첩계약)
③ 개인의 자유를 심히 제한하는 행위(예: 인신매매, 매춘행위, 일생 이혼하지 않는다는 계약, 영업의 자유를 현저히 제한하는 계약)
④ 생존의 기초가 되는 재산의 처분행위(예: 사찰이 그 존립에 필요불가결한 재산인 임야를 증여하는 행위)
⑤ 지나치게 사행적인 행위(예: 도박계약)

이와 같은 선량한 풍속 기타 사회질서에 위반한 법률행위는 무효(無效)이므로 그 법률행위에 의해 발생시키려고 했던 법률효과의 발생이 부정된다. 한편 사회질서에 위반하는 법률행위에 의거하여 당사자 사이에서 이미 이행이 행해진 경우에는 민법 제746조가 규정하는 불법원인급여(不法原因給與)로서 그 반환청구가 부정된다. 즉 제746조는 「불법의 원인으로 인하여 재산을 급여하거나 노무를 제공한 때에는 그 이익의 반환을 청구하지 못한다. 그러나 그 불법원인이 수익자에게만 있는 때에는 그러하지 아니하다」라고 규정함으로써 사회적 타당성이 없는 행위에 대하여는 국가가 힘을 써서 도와주지 않는다는 의미에서 불법원인급여의 법리에 의한 급부물반환청구를 부정하고 있는 것이며, 이는 반사회질서의 법률행위의 결과에 대해서도 법적 보호를 해주지 않는다는 뜻으로 해석된다.

▶ **관련판례**

1) 부동산의 이중매매가 반사회적 법률행위로서 무효가 되기 위하여는 매도인의 배임행위와 매수인이 매도인의 배임행위에 적극 가담한 행위로 이루어진 매매로서, 그 적극 가담하는 행위는 매수인이 다른 사람에게 매매목적물이 매도된 것을 안다는 것만으로는 부족하고, 적어도 그 매도사실을 알고도 매도를 요청하여 매매계약에 이른 정도가 되어야 한다[**대법원** 1994. 3. 11. 93 다 55289].

2) 부동산의 이중매매가 반사회적 법률행위에 해당하는 경우에는 이중매매계약은 절대적으로 무효이므로, 당해 부동산을 제2매수인으로부터 다시 취득한 제3자는 설사 제2매수인이 당해 부동산의 소유권을 유효하게 취득한 것으로 믿었더라도 이중매매계약이 유효하다고 주장할 수 없다[**대법원** 1996. 10. 25. 96 다 29151].

3) 민법 제103조에 의하여 무효로 되는 반사회질서 행위는 법률행위의 목적인 권리의무의 내용이 선량한 풍속 기타 사회질서에 위반되는 경우뿐만 아니라, 그 내용 자체는 반사회질서적인 것이 아니라고 하여도 법률적으로 이를 강제하거나 법률행위에 반사회질서적인 조건 또는 금전적인 대가가 결부됨으로써 반사회질서적 성질을 띠게 되는 경우 및 표시되거나 상대방에게 알려진 법률행위의 동기가 반사회질서적인 경우를 포함한다. 행정기관에 진정서를 제출하여 상대방을 궁지에 빠뜨린 다음 이를 취하하는 조건으로 거액의 급부를 제공받기로 약정한 경우, 민법 제103조 소정의 반사회질서의 법률행위에 해당한다[**대법원** 2000. 2. 11. 99 다 56833].

4) 매매계약체결 당시에 정당한 대가를 지급하고 목적물을 매수하는 계약을

체결하였다면, 비록 그 후 목적물이 범죄행위로 취득된 것을 알게 되었다고 하더라도, 계약의 이행을 구하는 것 자체가 선량한 풍속 기타 사회질서에 위반하는 것으로 볼 만한 특별한 사정이 없는 한, 그러한 사유만으로 당초의 매매계약에 기하여 목적물에 대한 소유권이전등기를 구하는 것이 민법 제103조의 공서양속에 반하는 행위라고 단정할 수 없다[**대법원** 2001. 11. 9. 2001다 44987].

☞【민법 제104조: 불공정한 법률행위】

당사자의 궁박(窮迫), 경솔(輕率) 또는 무경험(無經驗)으로 인하여 현저하게 공정을 잃은 법률행위는 무효로 한다.

민법 제104조에서 말하는 **불공정한 법률행위** 또는 **폭리행위**는 자기의 급부에 비하여 현저하게 균형을 잃은 반대급부를 하게 되어 부당한 재산적 이익을 얻는 행위를 말한다. 제104조가 금하는 폭리행위가 성립되려면 객관적 요건으로서 급부와 반대급부와의 사이에 현저한 불균형이 있어야 하고 주관적 요건으로서 피해자의 '궁박, 경솔 또는 무경험'을 이용했어야 한다. 이 때 세 가지 요건을 모두 갖추어야 하는 것은 아니며 그 중 어느 하나만 갖추면 충분하다. **궁박**이란 벗어날 길이 없는 어려운 상태를 말하는 것으로서 반드시 경제적인 것일 필요는 없으며 궁박의 상태가 계속적이든 혹은 일시적이든 상관이 없다. **경솔**은 의사를 결정할 때에 그 행위의 결과나 장래에 관하여 보통인이 기울이는 고려를 하지 않는 심리상태를 말한다. **무경험**은 일반적인 생활체험이 불충분하다는 의미이다.

폭리자는 피해자에게 이러한 사정이 있었음을 알고서 이를 이용하려는 의사, 즉 **악의**(惡意)를 가지고 있어야 한다. 이와 같은 불공정한 법률행위는 **무효**이므로 가령 무효로 된 채권행위를 아직 이행하지 않고 있다면, 채권의 효력이 발생하지 않으며 이행할 필요가 없게 된다. 그러나 무효인 폭리행위에 의거하여 당사자 사이에 이미 이행이 행해졌다면, 앞서 살펴본 사회질서 위반의 경우와는 달리 불법원인이 폭리자 쪽에만 있으므로 민법 제746조 단서의 적용이 있게 되어 피해자는 급부한 것의 반환을 청구할 수 있게 된다. 이 때 폭리행위의 무효를 주장하려면 그 주장자가 궁박, 경솔 또는 무경험의 상태에 있었다는 사실, 상대방이 이 사실을 알고 있었다는 사실 그리고 급부와 반대급부와의 사이에 현저한 불공정 내지 불균형이 있음을 입증해야 한다.

▶ **관련판례**

1) 농촌에서 농사만을 짓고 사고를 처음 당하는 무경험한 유족이 가장을 잃어 정신적으로 경황이 없는 궁박한 상태 하에서 본건 사고로 인한 손해배상금으로 얼마를 받을 수 있는 것인지도 잘 모르면서 경솔하게도 사고 후 1주일밖에 되지 않은 때에 그 받을 수 있는 금액의 8분의 1도 안되는 금액을 합의금으로 정하여 가해자나 사용자에 대하여 민·형사상 더 이상 문제삼지 않기로 하는 내용의 합의는 경솔·무경험과 궁박한 상태 하에서 이루어진 현저하게 공정을 잃은 법률행위로서 무효이다[**대법원** 1979. 4. 10. 78 다 2457].

2) 무학문맹으로 나이어린 외손녀 하나만을 데리고 가옥 일부를 임대한 수입으로 생계를 이어오며 고혈압으로 보행이 자유롭지 못하고 동맥경화성 정신증 증세로 때로는 정신이 혼미하게도 되지만 빈한하여 치료조차 제대로 받지 못하고 있던 67세의 노파가 인근에 거주하여 위의 사정을 잘 알고 있는 사람에게 다른 생활대책도 강구함이 없이 유일한 생활근거인 가옥을 매도한 계약이 시가와 매매가액 사이에 현저한 차이가 있다면 위 매매계약은 민법 제104조 소정의 불공정한 법률행위라고 인정될 수 있다고 할 것이다[**대법원** 1979. 4. 10. 79 다 275].

3) 민법 제104조가 규정하는 현저히 공정을 잃은 법률행위라 함은 자기의 급부에 비하여 현저하게 균형을 잃은 반대급부를 하게 하여 부당한 재산적 이익을 얻는 행위를 의미하는 것이므로, 증여계약과 같이 아무런 대가관계 없이 당사자 일방이 상대방에게 일방적인 급부를 하는 법률행위는 그 공정성 여부를 논의할 수 있는 성질의 법률행위가 아니다[**대법원** 2000. 2. 11. 99 다 56833].

4) 공사도급계약을 체결하기로 하면서 예정 도급인이 이를 어길 경우 예정 공사금액의 10% 상당액을 위약금으로 지급하고, 다시 이 위약금 지급의무를 어길 경우 연 18% 상당의 지연손해금을 가산하여 지급하기로 위약금 약정을 한 경우, 그 위약금 약정이 공서양속에 반하거나 불공정한 법률행위에 해당하지 않는다. 손해배상 예정액이 부당하게 과다한 경우에는 법원은 당사자의 주장이 없더라도 직권으로 이를 감액할 수 있고, 지연손해금의 과다 여부는 그 대상 채무를 달리할 경우에는 별도로 판단할 수 있다[**대법원** 2000. 7. 28. 99 다 38637].

5) 대리인에 의하여 법률행위가 이루어진 경우 그 법률행위가 민법 제104조의 불공정한 법률행위에 해당하는지 여부를 판단함에 있어서 경솔과 무경험은 대리인을 기준으로 하여 판단하고, 궁박은 본인의 입장에서 판단하여야 한다[**대법원** 2002. 10. 22. 2002 다 38927].

4. 의사표시

(1) 의사표시의 구성요소

의사표시(意思表示)는 일반적으로 ① 의사적 요소(㉠ 행위의사 ㉡ 표시의사 ㉢ 효과의사)와 ② 행위적 요소(표시행위)라는 두 가지 요소로 되어 있다(의사표시의 구성요소). 우선 ① 의사적 요소(意思的 要素) 가운데 ㉠ 행위의사(行爲意思)란 어떤 행위를 한다는 인식, 즉 의식 있는 거동을 말한다. 행위의사가 결여되면 행위가 아니므로, 가령 의식불명·최면상태·항거할 수 없는 강제상태 하에서 한 행위는 행위의사가 결여된 상태이다. ㉡ 표시의사(表示意思)란 행위자가 표시행위를 한다고 하는 인식을 말한다. 이 경우 표시의사가 의사표시의 구성요소인가에 관하여 논의되는데, 가령 계약청약서를 저녁초대장으로 잘못 알고 서명한 경우에 의사표시로서 성립한 것이냐의 문제와 관련된다. 이에 대해서는 표시의사를 의사표시의 구성요소로 보지 않는 부정설(다수설)과 표시의사를 의사표시의 구성요소로 보는 긍정설(소수설)이 대립되어 있다. ㉢ 효과의사(效果意思)란 다수설(표시상의 효과의사설)에 의하면 표시상의 효과의사 즉 표시행위로부터 추단되는 효과의사와 내심적 효과의사 즉 표의자가 가지고 있었던 실제의 의사를 구별하여 표시상의 효과의사가 의사표시의 구성요소라고 본다. 이에 반해 소수설에 의하면 존재하는 효과의사는 내심적 효과의사 뿐이고 표시상의 효과의사는 존재하지 않는다고 본다.

한편 ② 행위적 요소(行爲的 要素)로서 표시행위(表示行爲)란 표시의 의미를 갖는 모든 방법을 말하며, 가령 언어·문자·거동·침묵 등이 표시행위가 될 수 있다. 즉 표시행위의 방식으로는 ㉠ 명시적 의사표시와 ㉡ 묵시적 의사표시(ⓐ 거동에 의한 표시 ⓑ 추단된 의사표시(포함적 의사표시) ⓒ 침묵)의 두 가지 방식이 있다. 이 때 ㉠ 명시적 의사표시(明示的 意思表示)란 표의자의 효과의사가 언어나 문자 등에 의하여 분명히 표현된 경우이다. ㉡ 묵시적 의사표시(默示的 意思表示)란 법률행위의 제반사정에 비추어 의사표시가 있었다고 인정되는 경우이다. ⓐ 거동(擧動)에 의한 표시는 표의자가 자기의 의사를 거동에 의해 표시하는 것으로서, 가령 청약에 대한 승낙의 뜻으로 고개를 끄덕이는 경우 등이다. ⓑ 추단(推斷)된 의사표시(포함적 의사표시)란 표의자의 일정한 행위에 의하여 일정한 의사표시가 추단되는 경우로서, 가령 매도인이 청약과 함께 보내온 상품을 뜯어 사용하는 경우에는 매수의 승낙이 있는 것으로 볼 수 있다. ⓒ 침묵도 경우에 따라서는 표시수단으로 될 수 있다. 그러나 침묵은 원칙적으로 '불표시'이므로, 당사자의 약정이나 거래관행상 일정한 의사표시로 평가될 수 있는 특별한 사정이 있는 때에만 침묵은 표시기호로 인정될 수 있다. 따라서 침묵자가 침묵의 의미를 인식하지 못하고 침묵한 경우는 의사표시가 되지 못하며, 침묵자가 침묵의 의미를 인식하지 못한 데에 과실이 있는 경우에는 침묵에 의한 의사표시를 취소할 수 있는 대신 침묵자는 계약체결상의 과실책임을 져야 한다.

상대방 있는 의사표시는 그 통지가 상대방에 도달한 때로부터 그 효력이 생긴다(도달주의의 원칙). 통설과 판례에 의하면 도달(到達)이란 사회관념상 채무자가 통지의 내용을 알 수 있는 객관적 상태에 놓여졌다고 인정되는 상태를 지칭한다고 해석되므로, 채무자가 이를 현실적으로 수령하였다거나 그 통지의 내용을 알았을 것까지는 필요로 하지 않는다고 본다. 표의자가 그 통지를 발한 후 사망하거나 행위능력을 상실하여도 의사표시의 효력에 영향을 미치지 아니한다. 만일 표의자가 과실 없이 상대방을 알지 못하거나 상대방의 소재를 알지 못하는 경우에는 의사표시는 민사소송법 공시송달의 규정에 의하여 송달할 수 있다. 공시송달(公示送達)은 법원사무관 등이 송달할 서류를 보관하고 그 사유를 법원게시장에 게시하여야 하며, 법원은 그 사유를 신문에 공고할 것을 명할 수 있다. 게시한 날로부터 2주간이 경과한 때로부터 도달로 간주한다.

(2) 의사와 표시의 불일치

의사표시에서 의사(意思)와 표시(表示)가 불일치(不一致)하는 유형으로는 ① 진의 아닌 의사표시(비진의표시・단독허위표시・심리유보) ② 통정허위표시(허위표시) ③ 착오의 세 가지가 있다.

① 진의 아닌 의사표시(비진의표시・단독허위표시・심리유보)란 표시행위가 자신의 진의와는 다르다는 것을 표의자 스스로 알면서 이를 상대방에게 하는 의사표시를 말한다. 이러한 비진의표시(非眞意表示)는 원칙적으로 의사표시의 효력에 영향을 미치지 아니하므로 표시한 대로 그 효과가 발생한다. 가령 사직할 의사가 없으면서 고용주에 대한 자신의 신임의 정도를 알아보기 위해 사직서를 제출하거나, 임대인이 차임을 인상할 의도로 명도를 청구하는 경우에는 사직으로서

혹은 명도청구로서의 효과가 발생한다. 다만 상대방이 진의 아님을 알았거나 알 수 있었을 때에는 비진의표시는 무효가 된다. 이 때 상대방의 악의·과실의 유무는 비진의표시의 무효주장자가 진다. 이처럼 당사자 사이에서는 무효의 효과가 발생하지만, 선의의 제3자에게는 대항하지 못하므로 제3자와의 관계에서는 그 의사표시가 무효임을 주장하지 못한다.

② 통정허위표시(通情虛僞表示) 혹은 허위표시란 표의자가 진의 아님을 알면서 의사표시를 하는 것에 대하여 상대방과의 합의가 있는 경우를 말한다. 이처럼 상대방과 통정한 허위표시는 무효이지만, 선의의 제3자에게 대항하지 못한다. 이 때 선의(善意)의 결정표준시점은 법률상 이해관계가 생길 때이며, 선의의 제3자로부터 권리를 취득한 악의의 제3자는 선의자의 지위를 승계하므로 유효하게 권리를 취득한다. 가령 가장매수인(假裝買受人)이 목적물을 선의의 제3자에게 처분한 경우에 제3자는 그 목적물의 소유권을 취득한다.

③ 착오(錯誤)란 표의자가 표시상의 효과의사와 내심적 효과의사의 불일치를 모르고서 한 의사표시 혹은 진의와 표시의 불일치를 표의자가 모르고서 한 의사표시를 말한다. 법률행위의 내용의 중요부분에 착오가 있는 때에는 취소할 수 있으나, 만일 그 착오가 표의자의 중대한 과실로 인한 때에는 취소하지 못한다. 착오로 인한 취소는 선의의 제3자에게 대항하지 못한다. 착오의 유형으로는 ㉠ 표시상의 착오 ㉡ 내용상의 착오 ㉢ 동기의 착오를 들 수 있다. ㉠ 표시상(表示上)의 착오란 오기(誤記)와 같이 표시행위 자체를 잘못하여 의사와 표시의 불일치가 생긴 경우로서 착오에 의한 취소사유가 된다. ㉡ 내용상(內容上)의 착오란 가령 달러와 파운드가 동일한 것으로 오해하여 100파운드의 의사로 100달러로 쓰는 것과 같이, 표의자가 표시행위 자체에는 착오가 없으나 표시행위가 가지는 내용적 의미에 착오가 있는 경우로서 역시 착오에 의한 취소사유에 해당한다. ㉢ 동기(動機)의 착오란 표의자가 의사표시를 하게 된 동기에 착오가 있는 경우로서 가령 고속철도가 새로 부설된다고 믿고서 토지를 고가로 매수하였으나 철도가 부설되지 않은 경우, 공원구역이 해제될 것을 전제로 토지를 매수하였으나 해제되지 않은 경우 등을 예로 들 수 있다. 그러나 이처럼 표시되지 않은 표의자의 주관적이고도 다양한 동기가 실제의 사실과 다르다고 하여 취소를 허용하면, 상대방에게 지나치게 불리한 결과를 가져올 수 있으며 또한 그러한 동기는 표의자 자신의 판단에 따라 결정된 것이므로 그 위험을 취소를 통해 상대방에게 전가

하는 것은 사적자치의 기본정신에도 어긋난다는 데 문제가 있다. 따라서 동기의 착오에 대한 취소를 인정할 것인가에 관하여 학설 및 판례가 나뉘어져 있다. 판례는 표의자 스스로 동기에 착오를 일으켜 계약을 체결한 사안에서 당사자 사이에 그 동기를 계약의 내용으로 삼은 때에 한해 착오를 이유로 취소할 수 있다고 본다.

(3) 하자 있는 의사표시(사기·강박에 의한 의사표시)

의사표시가 유효하려면 그것이 표의자의 자유로운 의사에 의해 결정된 것이어야 한다. 그런데 타인으로부터 부당한 간섭을 받아 의사표시를 하는 수가 있는데, 바로 사기·강박에 의한 의사표시가 그것이다. 이를 하자(瑕疵) 있는 의사표시라고도 한다. 사기나 강박에 의한 의사표시는 취소할 수 있으나, 상대방 있는 의사표시에 관하여 제3자가 사기나 강박을 행한 경우에는 상대방이 그 사실을 알았거나 알 수 있었을 경우에 한하여 그 의사표시를 취소할 수 있다. 사기·강박에 의한 의사표시의 취소는 선의의 제3자에게 대항하지 못한다.

① 사기(詐欺)에 의한 의사표시란 표의자가 타인(상대방·제3자)의 기망행위로 인해 착오에 빠지고 그러한 상태에서 한 의사표시로서, 사기자의 고의·기망행위(사기)·사기의 위법성·인과관계를 요건으로 한다.

② 강박(强迫)에 의한 의사표시란 표의자가 타인(상대방·제3자)의 강박행위에 의하여 공포심을 가지게 되고 그 해악을 피하기 위해 마음에 없이 한 진의 아닌 의사표시로서, 강박자의 고의·강박행위·강박의 위법성·인과관계를 요건으로 한다.

▶ 관련판례

1) [1] 비진의 의사표시에 있어서의 진의란 특정한 내용의 의사표시를 하고자 하는 표의자의 생각을 말하는 것이지 표의자가 진정으로 마음속에서 바라는 사항을 뜻하는 것은 아니므로, 표의자가 의사표시의 내용을 진정으로 마음속에서 바라지는 아니하였다고 하더라도 당시의 상황에서는 그것을 최선이라고 판단하여 그 의사표시를 하였을 경우에는 이를 내심의 효과의사가 결여된 비진의 의사표시라고 할 수 없다.
[2] 전쟁기념사업회의 직원들이 회사의 조직정비 방침에 따라 강임 동의서를 제출한 사안에서, 전쟁기념사업회는 국방부장관의 상위직을 축소하라는 조직 및 인원정비 지시를 따르지 않을 수 없고, 그 인사규정상 직제와 정원의 개

폐 또는 예산의 감소 등에 의하여 폐직 또는 감원이 되었을 때에는 임용권자인 회장이 직권에 의하여 직원을 면직시킬 수 있는 터라, 그 직원들이 강임이라는 사실 자체를 진정 마음속으로 원하는 바는 아니지만 누군가는 감원대상자로 선정되지 않을 수 없는 상황에서 객관적으로 타당한 심사기준에 의하여 자신이 감원대상자로 선정될 경우에는 직권면직을 당하기보다는 강임되는 것이 더 좋다고 판단하여 강임 동의의 의사표시를 하였다고 할 것이므로, 이를 두고 강임 동의의 내심의 효과의사가 결여된 비진의 의사표시라고 할 수 없다[**대법원** 1996. 12. 20. 95 누 16059].

2) [1] 동기의 착오가 법률행위의 내용의 중요 부분의 착오에 해당함을 이유로 표의자가 법률행위를 취소하려면 그 동기를 당해 의사표시의 내용으로 삼을 것을 상대방에게 표시하고 의사표시의 해석상 법률행위의 내용으로 되어 있다고 인정되면 충분하고 당사자들 사이에 별도로 그 동기를 의사표시의 내용으로 삼기로 하는 합의까지 이루어질 필요는 없지만, 그 법률행위의 내용의 착오는 보통 일반인이 표의자의 입장에 섰더라면 그와 같은 의사표시를 하지 아니하였으리라고 여겨질 정도로 그 착오가 중요한 부분에 관한 것이어야 한다.
[2] 동기의 착오가 표의자의 중대한 과실로 인한 때에는 취소하지 못하는데, 여기서 '중대한 과실'이라 함은 표의자의 직업, 행위의 종류, 목적 등에 비추어 보통 요구되는 주의를 현저히 결여하는 것을 의미한다.
[3] 하나의 법률행위의 일부분에만 취소사유가 있다고 하더라도 그 법률행위가 가분적이거나 그 목적물의 일부가 특정될 수 있다면, 그 나머지 부분이라도 이를 유지하려는 당사자의 가정적 의사가 인정되는 경우 그 일부만의 취소도 가능하다 할 것이고, 그 일부의 취소는 법률행위의 일부에 관하여 효력이 생긴다[**대법원** 1998. 2. 10. 97 다 44737].

3) 임대차는 임차인으로 하여금 목적물을 사용·수익하게 하는 것이 계약의 기본 내용이므로, 채권자가 주택임대차보호법상의 대항력을 취득하는 방법으로 기존 채권을 우선변제 받을 목적으로 주택임대차계약의 형식을 빌려 기존 채권을 임대차보증금으로 하기로 하고 주택의 인도와 주민등록을 마침으로써 주택임대차로서의 대항력을 취득한 것처럼 외관을 만들었을 뿐 실제 주택을 주거용으로 사용·수익할 목적을 갖지 아니한 계약은 주택임대차계약으로서는 통정허위표시에 해당되어 무효라고 할 것이므로 이에 주택임대차보호법이 정하고 있는 대항력을 부여할 수는 없다[**대법원** 2002. 3. 12. 2000 다 24184].

4) 공사도급계약과 관련하여 체결되는 이행(계약)보증보험계약이나 지급계약보증보험에 있어 그 보험사고에 해당하는 수급인의 채무불이행이 있는지 여부는 그 보험계약의 대상으로 약정된 도급공사의 공사금액, 공사내용 및 공사기간과 지급된 선급금 등을 기준으로 판정하여야 하므로, 이러한 보증보험

계약에 있어 공사계약 체결일이나 실제 착공일, 공사기간도 공사대금 등과 함께 그 계약상 중요한 사항으로서 수급인 측에서 이를 허위로 고지함으로 말미암아 보험자가 그 실제 공사의 진행상황을 알지 못한 채 보증보험계약을 체결한 경우에는 이는 법률행위의 중요한 부분에 관한 착오로 인한 것으로서 민법의 일반원칙에 따라 보험자가 그 보험계약을 취소할 수 있다[**대법원** 2002. 7. 26. 2001 다 36450].

5) [1] 국가기관이 헌법상 보장된 국민의 기본권을 침해하는 위헌적인 공권력을 행사한 결과 국민이 그 공권력의 행사에 외포되어 자유롭지 못한 의사표시를 하였다고 하더라도 그 의사표시의 효력은 의사표시의 하자에 관한 민법의 일반원리에 의하여 판단되어야 할 것이고, 그 강박행위의 주체가 국가공권력이고 그 공권력 행사의 내용이 기본권을 침해하는 것이라고 하여 그 강박에 의한 의사표시가 항상 반사회성을 띠게 되어 당연히 무효로 된다고는 볼 수 없다.
[2] 강박에 의한 법률행위가 하자 있는 의사표시로서 취소되는 것에 그치지 않고 나아가 무효로 되기 위하여는, 강박의 정도가 단순한 불법적 해악의 고지로 상대방으로 하여금 공포를 느끼도록 하는 정도가 아니고, 의사표시자로 하여금 의사결정을 스스로 할 수 있는 여지를 완전히 박탈한 상태에서 의사표시가 이루어져 단지 법률행위의 외형만이 만들어진 것에 불과한 정도이어야 한다[**대법원** 2002. 12. 10. 2002 다 56031].

6) [1] 송달받을 사람의 동거인에게 송달할 서류가 교부되고 그 동거인이 사리를 분별할 지능이 있는 이상 송달받을 사람이 그 서류의 내용을 실제로 알지 못한 경우에도 송달의 효력은 있다 할 것인바, 이 경우 사리를 분별할 지능이 있다고 하려면, 사법제도 일반이나 소송행위의 효력까지 이해할 수 있는 능력이 있어야 한다고 할 수는 없을 것이지만 적어도 송달의 취지를 이해하고 그가 영수한 서류를 송달받을 사람에게 교부하는 것을 기대할 수 있는 정도의 능력은 있어야 한다고 보아야 한다.
[2] 약 8세 3개월인 초등학교 2학년 남자어린이에게 이행권고결정등본을 보충송달한 경우, 남자어린이의 연령, 교육정도, 이행권고결정등본이 가지는 소송법적 의미와 중요성 등에 비추어 볼 때, 그 소송서류를 송달하는 집행관이 남자어린이에게 송달하는 서류의 중요성을 주지시키고 부모에게 이를 교부할 것을 당부하는 등 필요한 조치를 취하였다는 등의 특별한 사정이 없는 한, 그 정도 연령의 어린이의 대부분이 이를 송달받을 사람에게 교부할 것으로 기대할 수는 없다고 보이므로 이행권고결정등본 등을 수령한 남자어린이에게 소송서류의 영수와 관련한 사리를 분별할 지능이 있다고 보기 어렵다[**대법원** 2005. 12. 5. 2005 마 1039].

7) [1] 부동산 거래에 있어 거래 상대방이 일정한 사정에 관한 고지를 받았

더라면 그 거래를 하지 않았을 것임이 경험칙상 명백한 경우에는 신의성실의 원칙상 사전에 상대방에게 그와 같은 사정을 고지할 의무가 있으며, 그와 같은 고지의무의 대상이 되는 것은 직접적인 법령의 규정뿐 아니라 널리 계약상, 관습상 또는 조리상의 일반원칙에 의하여도 인정될 수 있다.
[2] 같은 취지에서 원심이 그 판시와 같은 사정을 종합하여 이 사건 아파트 단지 인근에 이 사건 쓰레기 매립장이 건설예정인 사실이 신의칙상 피고가 분양계약자들에게 고지하여야 할 대상이라고 본 것은 정당하다.
[3] 이 사건 폐기물처리시설 설치계획승인처분이 행정소송절차를 통해 무효가 되었다고 할지라도 그 승인처분의 하자가 이 사건 쓰레기 매립장에 대한 도시계획결정에도 그대로 승계되었다거나 나아가 이 사건 쓰레기 매립장 건설계획이 백지화되었다고 볼 수 없고, 오히려 원심이 인정한 사실에 의하면 남양주시는 위 무효판결 이후에도 이 사건 쓰레기 매립장의 규모만을 다소 축소하여 절차적 하자를 치유한 후 다시 동일 지역에 쓰레기 매립장 건설공사를 시행하고 있다는 것인바, 위 무효판결 이전에 건설중이었던 쓰레기 매립장과 현재 공사중인 쓰레기 매립장이 별개의 시설물이라고 볼 수 없다.
[4] 고지의무 위반은 부작위에 의한 기망행위에 해당하므로 원고들로서는 기망을 이유로 분양계약을 취소하고 분양대금의 반환을 구할 수도 있고 분양계약의 취소를 원하지 않을 경우 그로 인한 손해배상만을 청구할 수도 있다[**대법원 2006. 10. 12. 2004 다 48515**].

8) 진의 아닌 의사표시가 대리인에 의하여 이루어지고 그 대리인의 진의가 본인의 이익이나 의사에 반하여 자기 또는 제3자의 이익을 위한 배임적인 것임을 그 상대방이 알았거나 알 수 있었을 경우에는 민법 제107조 제1항 단서의 유추해석상 그 대리인의 행위에 대하여 본인은 책임을 지지 아니하므로, 금융기관의 임·직원이 예금 명목으로 돈을 교부받을 때의 진의가 예금주와 예금계약을 맺으려는 것이 아니라 그 돈을 사적인 용도로 사용하거나 비정상적인 방법으로 운용하는 데 있었던 경우에 예금주가 그 임·직원의 예금에 관한 비진의 내지 배임적 의사를 알았거나 알 수 있었다면 금융기관은 그러한 예금에 대하여 예금계약에 기한 반환책임을 지지 아니한다[**대법원 2007. 4. 12. 2004 다 51542**].

5. 대리

법률행위가 성립한 후에 그 효과는 그 의사표시를 한 표의자에게 발생하는 것이 보통이다. 그런데 표의자가 아닌 다른 자에게 법률효과가 귀속되는 제도가 바로 대리(代理)이다. 즉 대리에서는 의사표시를 한 자와 법률효과를 받는 자가 분리되는 법현상이 일어나며, 본인·대리인·상대방의 삼면관계가 형성되고, 대리권(본인·대리인)→대리행위(대리인·상대방)→대리효과(상대방·본인)가 발생한다. 이때 대리권(代理權)은 타인(대리인)이 본인의 이름으로 의사표시를 하거나 또는 제3자의 의사표시를 수령함으로써 직접 본인에게 그 효과를 귀속시킬 수 있는 법률상의 지위 또는 자격을 말한다. 대리인이 그 권한 내에서 한 의사표시가 직접 본인에게 그 효력이 생기려면 "본인을 위한 것임을 표시"하여야 하는데, 이를 현명주의(顯名主義)라고 한다. 이것을 요구하는 이유는 상대방의 보호에 있다. 대리인은 자기의 결정에 따라 의사표시를 하는 것이고 본인의 의사표시를 대행하거나 전달하는 것이 아니므로, 대리행위에서 의사의 흠결이나 사기·강박 또는 어느 사정에 대한 지(知)·부지(不知) 등이 문제되는 때에는 본인이 아닌 대리인을 표준으로 하여 결정하여야 한다. 그러나 대리행위의 하자로부터 생기는 효과(무효·취소)는 본인에게 귀속한다. 다만 특정한 법률행위를 위임한 경우에 대리인이 본인의 지시에 좇아 그 행위를 한 때에는 본인은 자기가 안 사정 또는 과실로 인하여 알지 못한 사정에 관하여 대리인의 부지를 주장하지 못한다. 이는 대리인이 선의라고 해도 악의의 본인을 보호할 필요가 없기 때문이다. 대리인이 한 의사표시의 효과는 모두 직접 본인에게 생긴다. 즉 대리행위에서 발생하는 권리·의무가 일단 대리인에게 귀속하였다가 내부적으로 본인에게 이전하는 것이 아니라 곧바로 본인에게 귀속한다. 이처럼 대리행위의 효과가 본인에게 귀속하므로 본인은 최소한 권리능력을 가져야 한다. 본인에게 권리능력이 없는 경우에는 그 대리행위는 불능을 목적으로 하는 법률행위로서 무효이다. 한편 본인은 스스로 의사표시를 하는 것이 아니므로 대리행위에 즈음하여 의사능력 또는 행위능력을 가져야 할 필요는 없다. 따라서 민법규정에 의하면 대리인은 행위능력자임을 요하지 않는다고 명시하고 있다(제117조). 다만 임의대리에서 본인이 수권행위를 함에는 행위능력을 요하며, 무능력자인 본인이 한 수권행위는 취소할 수 있다. 대리권의 범위에 있어서 권한을 정하지 아니한 대리인은 보존행위, 대리의 목적인 물건이나 권리의 성질을 변하지 아니하는 범위에서 그 이용 또는 개량하는 행위만을 할 수 있다. 보존행위란 대리행위의 목적인 재산의 현상을 유지하는 행위를 말하며, 이용행위란 대리의 목적인 재산의 성질을 변경하지 않는 한도에서 수익을 도모하는 행위를 말한다. 개량행위란 대리의 목적인 재산의 성질을 변경하지 않는 범위에서 그의 경제적 가치를 증가시키는 행위를 말한다.

복대리(復代理)란 대리인이 그의 권한 내의 행위를 하게 하기 위하여 대리인의 권한으로, 즉 그의 이름으로 선임한 본인의 대리인이다. 예컨대 A가 B에게 주택의 매각에 관해 대리권을 주었는데, B가 그의 권한으로 C를 A의 대리인으로 선임하여 위의 일을 맡기는 것이다. 여기서 대리인이 복대리인을 선임할 수 있는 권한을 복임권(復任權)이라 하고, 그 선임행위를 복임행위(復任行爲)라고 한다. 따라서 복대리인은 대리인이고, 또한 본인의 대리인이다. 즉 복대리인은 대리인의 보조자가 아니고 대리인의 대리인도 아니다. 복대리인은 대리인이 자신의 권한 및 이름으로 선임한 자이며, 대리인이 복대리인을 선임하더라도 대리인의 대리권은 소멸하지 않고 존속한다. 그러므로 동일한 법률행위에 관하여 본인·대리인·복대리인의 삼자의 행위가 경합할 수 있다. 요컨대 복대리인은 그 권한 내에서 본인을 대리하며, 복대리인은 본인이나 제3자에 대하여 대리인과 동일한 권리의무가 있다.

민법 제124조(자기계약, 쌍방대리)에 의하면 「대리인은 본인의 허락이 없으면 본인을 위하여 자기와 법률행위를 하거나 동일한 법률행위에 관하여 당사자쌍방을 대리하지 못한다. 그러나 채무의 이행은 할 수 있다」라고 규정하고 있다. 자기계약(自己契約)이란 대리인이 한편으로는 타인(본인)을 대리하고 또 한편으로는 자기 자신의 자격으로 본인 혼자서 본인·대리인 사이의 계약을 맺는 것을 말한다. 즉 동일인이 본인의 자격과 상대방의 대리인의 자격을 겸하는 것(가령 갑의 대리인 을이 본인인 갑과 자기 사이의 계약, 즉 갑·을 사이의 계약을 맺는 것)을 말한다. 자기계약은 쌍방대리와 함께 금지되어 있는데, 이는 본인의 이익을 해할 염려가 있기 때문이다. 따라서 채무의 이행과 같이 본인의 이익을 해할 염려가 없는 경우는 금지되지 않는다. 한편 쌍방대리(雙方代理)란 동일인이 하나의 법률행위에 있어 당사자 쌍방을 대리하여 대리행위를 하는 것을 말한다. 즉 갑의 대리인 을이 병의 대리인도 겸하여 을 혼자서 갑·병 사이의 계약을 체결하는 경우이다.

무권대리(無權代理)란 대리권 없이 행하여진 대리행위로서, 원칙적으로는 그 행위의 효과가 본인에게 발생하지 않을 뿐만 아니라 대리인도 대리의사를 가지고 한 것이기 때문에 대리인에게도 그 효과가 발생하지 않게 된다. 그러나 대리권은 관념적인 것으로서 그 존재나 범위를 제3자가 쉽게 알 수 없으므로 대리인과 거래하는 제3자의 지위는 현저하게 불안해진다. 따라서 민법은 본인의 이익을 침해하지 않으면서 한편으론 대리제도에 따르는 상대방의 위험을 최소화하는 차원에서 무권대리를 규율한다. 즉 광의의 무권대리는 크게 두 가지로 구분된다. ① 대리인에게 대리권이 있는 것으로 믿을 만한 외관이 있고, 그 외관형성에 관해 본인에게도 책임을 물을 만한 사정이 있는 경우에는 본인에게 그 무권대리행위의 효과가 발생하도록 한다(표현대리). ② 이에 해당하지 않는 무권대리의 경우에도 본인이 추인(追認)을 하면 그 효과를 받을 수 있도록 하고, 추인을 하지 않은 때에는 무권대리인 자신이 상대방에게 일정한 책임을 지도록 하는 것이다(협의의 무권대리).

표현대리의 세 가지 유형으로는 ㉠ 대리권수여의 표시에 의한 표현대리(제125조) ㉡ 권한을 넘은 표현대리(제126조) ㉢ 대리권소멸 후의 표현대리(제129조)를 들 수 있다. ㉠ 민법 제125조(대리권수여의 표시에 의한 표현대리)에 의하면 「제3자에 대하여 타인에게 대리권을 수여함을 표시한 자는 그 대리권의 범위 내에서 행한 그 타인과 그 제3자간의 법률행위에 대하여 책임이 있다. 그러나 제3자가 대리권 없음을 알았거나 알 수 있었을 때에는 그러하지 아니하다」라고 규정하고 있다. 예컨대 대리권수여의 표시방법으로는 a) 묵시적 표시(부동산처분에 관한 소요서류를 구비하여 타인에게 교부하고 상대방을 특정하지 않은 경우) b) 명의대여(대리권을 가지고 있다고 믿을 만한 직함을 사용자가 그의 피용자로 하여금 대외적으로 사용하게 한 경우) 등을 들 수 있으며, 표시는 광고의 방식에 의하여 불특정 다수인에게도 할 수 있다. ㉡ 민법 제126조(권한을 넘은 표현대리)에 의하면 「대리인이 그 권한 외의 법률행위를 한 경우에 제3자가 그 권한이 있다고 믿을 만한 정당한 이유가 있는 때에는 본인은 그 행위에 대하여 책임이 있다」라고 규정하고 있다. 즉 권한을 넘은 표현대리란 표현대리인이 기본대리권을 가지고 있는데 그 기본대리권의 범위를 넘어서 법률행위를 하는 것을 말한다(통설). 또한 대리인이 본인인 것처럼 가장하여 월권행위를 한 경우에 그 법률행위의 효력에 관하여 통설은 일반적으로 제126조의 적용 내지 유추적용을 인정하고 있다. ㉢ 민법 제129조(대리권소멸 후의 표현대리)에 의하면 「대리권의 소멸은 선의의 제3자에게 대항하지 못한다. 그러나 제3자가 과실로 인하여 그 사실을 알지 못한 때에는 그러하지 아니하다」라고 규정하고 있다. 따라서 처음부터 대리권이 없었던 자가 한 대리행위에 대하여는 본조가 적용되지 않는다. 이 때 상대방의 선의·무과실은 대리인이 이전에 대리권을 가지고 있었음에 기하여 상대방이 지금도 그 대리권이 존속하는 것으로 믿고 그와 같이 믿는데 과실이 없음을 말한다(통설).

협의의 무권대리란 광의의 무권대리 중에서 표현대리에 해당하지 않는 경우를 말한다. 민법 제130조(무권대리)에 의하면 「대리권 없는 자가 타인의 대리인으로 한 계약은 본인이 이를 추인하지 아니하면 본인에 대하여 효력이 없다」라고 규정하고 있다. 추인 또는 거절의 의사표시는 상대방에 대하여 하지 않으면 그 상대방에게 대항하지 못하며, 추인은 다른 의사표시가 없는 한 계약시에 소급하여 그 효력이 생긴다. 그러나 제3자의 권리를 해하지는 못한다. 또한 민법 제135조(무권대리인의 상대방에 대한 책임)에 의하면 「① 타인의 대리인으로 계약을 한 자가 그 대리권을 증명하지 못하고 또 본인의 추인을 얻지 못한 때에는 상대방의 선택에 좇아 계약의 이행 또는 손해배상의 책임이 있다. ② 상대방이 대리권 없음을 알았거나 알 수 있었을 때 또는 대리인으로 계약한 자가 행위능력이 없는 때에는 전항의 규정을 적용하지 아니한다」라고 규정하고 있다. 이 경우 대리인으로서 대리행위를 한 자가 의사표시 당시에 객관적으로 대리권이 결여되어 있으면 족하고, 대리권의 결여에 대한 대리인의 과실이 있어야 하는 것은 아니다(무과실책임).

▶ 관련판례

1) 무권대리행위의 추인은 무권대리인에 의하여 행하여진 불확정한 행위에 관하여 그 행위의 효과를 자기에게 직접 발생케 하는 것을 목적으로 하는 의사표시이며, 무권대리인 또는 상대방의 동의나 승락을 요하지 않는 단독행위로서 추인은 의사표시의 전부에 대하여 행하여져야 하고, 그 일부에 대하여 추인을 하거나 그 내용을 변경하여 추인을 하였을 경우에는 상대방의 동의를 얻지 못하는 한 무효이다[**대법원 1982. 1. 26. 81 다카 549**].

2) 부부간에 서로 일상가사대리권이 있다고 하더라도, 일반적으로 처가 남편이 부담하는 사업상의 채무를 남편과 연대하여 부담하기 위하여 남편에게 채권자와의 채무부담약정에 관한 대리권을 수여한다는 것은 극히 이례적인 일이라 할 것이고, 채무자가 남편으로서 처의 도장을 쉽사리 입수할 수 있었으며 채권자도 이러한 사정을 쉽게 알 수 있었던 점에 비추어 보면, 채무자가 채권자를 자신의 집 부근으로 오게 한 후 처로부터 위임을 받았다고 하여 처 명의의 채무부담약정을 한 사실만으로는 채권자가 남편에게 처를 대리하여

채무부담약정을 할 대리권이 있다고 믿은 점을 정당화할 수 있는 객관적인 사정이 있다고 할 수 없다고 하여 민법 제126조의 표현대리의 성립을 인정한 원심판결을 표현대리에 관한 법리오해라는 이유로 파기한다[**대법원** 1997. 4. 8. 96 다 54942].

3) 진의 아닌 의사표시가 대리인에 의하여 이루어지고 그 대리인의 진의가 본인의 이익이나 의사에 반하여 자기 또는 제3자의 이익을 위한 배임적인 것임을 그 상대방이 알았거나 알 수 있었을 경우에는, 민법 제107조 제1항 단서의 유추해석상 그 대리인의 행위는 본인의 대리행위로 성립할 수 없으므로 본인은 대리인의 행위에 대하여 아무런 책임이 없으며, 이 때에 그 상대방이 대리인의 표시의사가 진의 아님을 알았거나 알 수 있었는가의 여부는 표의자인 대리인과 상대방 사이에 있었던 의사표시의 형성 과정과 그 내용 및 그로 인하여 나타나는 효과 등을 객관적인 사정에 비추어 합리적으로 판단하여야 한다[**대법원** 1997. 12. 26. 97 다 39421].

4) 민법 제125조가 규정하는 대리권 수여의 표시에 의한 표현대리는 본인과 대리행위를 한 자 사이의 기본적인 법률관계의 성질이나 그 효력의 유무와는 관계가 없이 어떤 자가 본인을 대리하여 제3자와 법률행위를 함에 있어 본인이 그 자에게 대리권을 수여하였다는 표시를 제3자에게 한 경우에 성립하는 것이고, 이때 서류를 교부하는 방법으로 민법 제125조 소정의 대리권 수여의 표시가 있었다고 하기 위하여는 본인을 대리한다고 하는 자가 제출하거나 소지하고 있는 서류의 내용과 그러한 서류가 작성되어 교부된 경위나 형태 및 대리행위라고 주장하는 행위의 종류와 성질 등을 종합하여 판단하여야 할 것이다[**대법원** 2001. 8. 21. 2001 다 31264].

5) [1] 공공용지의 취득 및 손실보상에 관한 특례법에 의한 협의취득은 토지수용법상의 수용과 달리 사법상의 매매에 해당하고 그 효력은 당사자에게만 미치므로, 무권리자로부터 협의취득이 이루어졌다고 하더라도 진정한 권리자는 권리를 상실하지 아니한다.
[2] 무권리자가 타인의 권리를 자기의 이름으로 또는 자기의 권리로 처분한 경우에, 권리자는 후일 이를 추인함으로써 그 처분행위를 인정할 수 있고, 특별한 사정이 없는 한 이로써 권리자 본인에게 위 처분행위의 효력이 발생함은 사적자치의 원칙에 비추어 당연하고, 이 경우 추인은 명시적으로 뿐만 아니라 묵시적인 방법으로도 가능하며 그 의사표시는 무권대리인이나 그 상대방 어느 쪽에 하여도 무방하다[**대법원** 2001. 11. 9. 2001 다 44291].

6) [1] 민법 제126조의 표현대리는 대리인이 본인을 위한다는 의사를 명시 혹은 묵시적으로 표시하거나 대리의사를 가지고 권한 외의 행위를 하는 경우에 성립하고, 사술을 써서 위와 같은 대리행위의 표시를 하지 아니하고 단지

본인의 성명을 모용하여 자기가 마치 본인인 것처럼 기망하여 본인 명의로 직접 법률행위를 한 경우에는 특별한 사정이 없는 한 위 법조 소정의 표현대리는 성립될 수 없다.
[2] 처가 제3자를 남편으로 가장시켜 관련 서류를 위조하여 남편 소유의 부동산을 담보로 금원을 대출받은 경우, 남편에 대한 민법 제126조 소정의 표현대리책임을 부정한다[**대법원** 2002. 6. 28. 2001 **다** 49814].

7) [1] 민법 제450조에 의한 채권양도통지는 양도인이 직접 하지 아니하고 사자를 통하여 하거나 대리인으로 하여금 하게 하여도 무방하고, 채권의 양수인도 양도인으로부터 채권양도통지 권한을 위임받아 대리인으로서 그 통지를 할 수 있다.
[2] 채권양도통지 권한을 위임받은 양수인이 양도인을 대리하여 채권양도통지를 함에 있어서는 민법 제114조 제1항의 규정에 따라 양도인 본인과 대리인을 표시하여야 하는 것이므로, 양수인이 서면으로 채권양도통지를 함에 있어 대리관계의 현명을 하지 아니한 채 양수인 명의로 된 채권양도통지서를 채무자에게 발송하여 도달되었다 하더라도 이는 효력이 없다고 할 것이다.
[3] 대리에 있어 본인을 위한 것임을 표시하는 이른바 현명은 반드시 명시적으로만 할 필요는 없고 묵시적으로도 할 수 있는 것이고, 채권양도통지를 함에 있어 현명을 하지 아니한 경우라도 채권양도통지를 둘러싼 여러 사정에 비추어 양수인이 대리인으로서 통지한 것임을 상대방이 알았거나 알 수 있었을 때에는 민법 제115조 단서의 규정에 의하여 유효하다.
[4] 채권양도통지서 자체에 양수받은 채권의 내용이 기재되어 있고, 채권양도양수계약서가 위 통지서에 첨부되어 있으며, 채무자로서는 양수인에게 채권양도통지 권한이 위임되었는지 여부를 용이하게 알 수 있었다는 사정 등을 종합하여 무현명에 의한 채권양도통지를 민법 제115조 단서에 의해 유효하다고 본 사례[**대법원** 2004. 2. 13. 2003 **다** 43490].

6. 무효와 취소

무효(無效)란 법률행위가 성립한 때부터 법률상 당연히 그 효력이 없는 것으로 확정된 것을 말한다. 민법상 무효로 되는 법률행위로는 예컨대 의사무능력자의 법률행위, 원시적 불능의 법률행위, 강행법규에 위반하는 법률행위, 반사회질서의 법률행위, 불공정한 법률행위, 상대방이 안 비진의표시, 허위표시 등을 들 수 있다. 법률행위의 일부분이 무효인 때에는 그 전부를 무효로 한다. 그러나 그 무효부분이 없더라도 법률행위를 하였을 것이라고 인정될 때에는 나머지 부분은 무효가 되지 아니한다. 만일 무효인 법률행위가 다른 법률행위의 요건을 구비하고 당사자가 그 무효를 알았더라면 다른 법률행위를 하는 것을 의욕하였으리라고 인정될 때에는 다른 법률행위로서 효력을 가진다. 무효인 법률행위는 추인하여도 그 효력이 생기지 아니한다. 그러나 당사자가 그 무효임을 알고 추인한 때에는 새로운 법률행위로 본다.

취소(取消)란 일단 유효하게 성립한 법률행위의 효력을 행위시에 소급하여 무효로 하는 특정인(취소권자)의 의사표시를 말한다. 즉 취소할 수 있는 법률행위는 취소가 있을 때에 비로소 소급하여 무효가 되는 것이므로 취소하기까지는 그 법률행위는 그대로 유효한 것이며, 또한 취소권자가 취소권을 포기(추인)하거나 행사기간의 경과로 취소권이 소멸하면 그 법률행위는 유효한 것으로 확정된다. 추인 후에는 취소하지 못하며, 추인은 취소의 원인이 종료한 후에 하지 아니하면 효력이 없다. 취소권은 추인할 수 있는 날로부터 3년 내에, 법률행위를 한 날로부터 10년 내에 행사하여야 한다. 민법상 취소할 수 있는 법률행위로는 예컨대 무능력자의 법률행위, 사기·강박에 의한 의사표시, 착오에 의한 법률행위 등을 들 수 있다.

무효와 취소의 차이점으로는 다음 네 가지를 들 수 있다. ① 법률행위의 효력: 무효는 누구의 주장을 기다릴 필요 없이 처음부터 당연히 효력이 발생하지 않는데 비해, 취소는 일정한 취소권자가 취소를 한 때에 비로소 소급하여 무효인 것으로 되는 것이며, 취소를 하지 않은 때에는 그 법률행위의 효력발생에는 아무런 영향이 없다. ② 추인의 가부: 무효인 법률행위는 추인하여도 그 효력이 생기지 않는 것이 원칙인 데 비해, 취소할 수 있는 법률행위를 추인하면 그 이후에는 더 이상 취소할 수 없고 유효한 법률행위로 확정된다. ③ 권리행사기간: 무효는 아무리 시간이 경과하더라도 무효일 뿐이고 유효한 것으로 치유되지 못하지만, 취소는 일정한 기간 내에 취소권자가 취소권을 행사하지 않으면 취소권 자체가 소멸하여 그 이후에는 유효한 법률행위로 확정된다. ④ 부당이득반환의 범위: 법률행위를 취소하면 처음부터 무효가 되므로 취소한 때에는 결과적으로 무효와 같게 된다. 따라서 그 법률행위에 의해 급부가 있은 때에는 부당이득반환의무가 발생하게 되는데, 다만 무능력을 이유로 한 취소의 경우에는 현존이익의 범위 내에서 반환책임을 진다는 특칙이 있다.

▶ **관련판례**

1) 한정치산자가 '횡령혐의로 고소한 바 있으나 쌍방 원만히 합의하였을 뿐만 아니라 피고소인이 범행에 대하여 깊이 반성하고 있으므로 고소 취소한다'는 내용의 고소취소장을 작성하여 제출할 때에도 아직 한정치산선고를 취소받기 전이므로 여전히 한정치산자로서 독립하여 추인할 수 있는 행위능력을 가지고 있지 못하였을 뿐더러, 고소 취소는 어디까지나 수사기관 또는 법원에 대하여 고소를 철회하는 의사표시에 지나지 아니하고 또 고소취소장에 기재된 문면의 내용상으로도 고소인이 매수인에 대하여 가지는 매매의 취소권을 포기한 것으로 보기 어렵다[**대법원 1997. 6. 27. 97 다 3828**].

2) [1] 민법 제146조 전단은 "취소권은 추인할 수 있는 날로부터 3년 내에 행사하여야 한다."고 규정하는 한편, 민법 제144조 제1항에서는 "추인은 취소의 원인이 종료한 후에 하지 아니하면 효력이 없다."고 규정하고 있는바, 위 각 규정의 취지와 추인은 취소권의 포기를 내용으로 하는 의사표시인 점에 비추어 보면, 민법 제146조 전단에서 취소권의 제척기간의 기산점으로 삼고 있는「추인할 수 있는 날」이란 취소의 원인이 종료되어 취소권행사에 관한 장애가 없어져서 취소권자가 취소의 대상인 법률행위를 추인할 수도 있고 취소할 수도 있는 상태가 된 때를 가리킨다고 보아야 한다.
[2] 계엄사령부 합동조사본부 수사관들의 강박에 의하여 부동산에 관한 증여계약이 이루어진 후 증여를 원인으로 한 소유권이전등기를 하기로 제소전화해를 하여 그 화해조서에 기하여 소유권이전등기가 경료된 경우, 비상계엄령의 해제로 강박 상태에서 벗어난 후 위 증여계약을 취소한다 하더라도, 위 제소전화해조서의 기판력이 존속하는 동안에는, 재산권을 원상회복하는 실효를 거둘 수 없어 강박에 의하여 이루어진 부동산에 관한 증여계약을 취소하는 데 법률상 장애가 존속되고 있다고 보아야 하고, 따라서 제소전화해조서를 취소하는 준재심사건 판결이 확정되어 위 제소전화해조서의 기판력이 소멸된 때부터 민법 제146조 전단에 규정한 3년의 취소기간이 진행된다고 봄이 상당하다[**대법원 1998. 11. 27. 98 다 7421**].

3) 강행법규에 위반한 자가 스스로 그 약정의 무효를 주장하는 것이 신의칙에 위반되는 권리의 행사라는 이유로 그 주장을 배척한다면, 이는 오히려 강행법규에 의하여 배제하려는 결과를 실현시키는 셈이 되어 입법 취지를 완전히 몰각하게 되므로 달리 특별한 사정이 없는 한 위와 같은 주장은 신의칙에 반하는 것이라고 할 수 없고, 한편 신의성실의 원칙에 위배된다는 이유로 그 권리의 행사를 부정하기 위해서는 상대방에게 신의를 공여하였다거나 객관적으로 보아 상대방이 신의를 가짐이 정당한 상태에 있어야 하며, 이러한 상대방의 신의에 반하여 권리를 행사하는 것이 정의관념에 비추어 용인될 수 없는 정도의 상태에 이르러야 한다. 민법 제137조는 임의규정으로서 의사자치

의 원칙이 지배하는 영역에서 적용된다고 할 것이므로, 법률행위의 일부가 강행법규인 효력규정에 위반되어 무효가 되는 경우 그 부분의 무효가 나머지 부분의 유효·무효에 영향을 미치는가의 여부를 판단함에 있어서는 개별 법령이 일부무효의 효력에 관한 규정을 두고 있는 경우에는 그에 따라야 하고, 그러한 규정이 없다면 원칙적으로 민법 제137조가 적용될 것이나 당해 효력규정 및 그 효력규정을 둔 법의 입법 취지를 고려하여 볼 때 나머지 부분을 무효로 한다면 당해 효력규정 및 그 법의 취지에 명백히 반하는 결과가 초래되는 경우에는 나머지 부분까지 무효가 된다고 할 수는 없다[**대법원** 2004. 6. 11. 2003 다 1601].

4) 미성년자가 신용카드발행인과 사이에 신용카드 이용계약을 체결하여 신용카드거래를 하다가 신용카드 이용계약을 취소하는 경우 미성년자는 그 행위로 인하여 받은 이익이 현존하는 한도에서 상환할 책임이 있는바, 신용카드 이용계약이 취소됨에도 불구하고 신용카드회원과 해당 가맹점 사이에 체결된 개별적인 매매계약은 특별한 사정이 없는 한 신용카드 이용계약취소와 무관하게 유효하게 존속한다 할 것이고, 신용카드발행인이 가맹점들에 대하여 그 신용카드사용대금을 지급한 것은 신용카드 이용계약과는 별개로 신용카드발행인과 가맹점 사이에 체결된 가맹점 계약에 따른 것으로서 유효하므로, 신용카드발행인의 가맹점에 대한 신용카드이용대금의 지급으로써 신용카드회원은 자신의 가맹점에 대한 매매대금 지급채무를 법률상 원인 없이 면제받는 이익을 얻었으며, 이러한 이익은 금전상의 이득으로서 특별한 사정이 없는 한 현존하는 것으로 추정된다[**대법원** 2005. 4. 15. 2003 다 60297].

7. 조건과 기한

(1) 조건

조건(條件)이란 법률행위의 효력의 발생 또는 소멸을 '장래의 불확실한 사실'에 의존케 하는 법률행위의 부관(附款)을 말한다. 예컨대 a) 운전면허를 취득하면 자동차를 사주겠다고 약정하는 경우, 증여계약은 성립하지만 그 계약의 효력으로서 자동차의 인도를 청구하려면 그 조건인 운전면허를 취득해야만 한다. 이는 법률행위의 효력의 발생에 관한 조건이 된다. b) 토지를 매수하면서 공장부지 및 도로부지에 편입되지 아니한 부분은 원가로 매도인에게 반환한다고 약정을 한 경우, 일단은 그 토지 전체에 대해 매매계약이 성립하지만 나중에 공장부지 및 도로부지에 편입되지 아니한 부분이 확정된 때에는 그 토지 부분에 대하여는 매매계약의 효력이 발생하지 않고 매도인의 소유로 환원된다. 이는 법률행위의 효력의 소멸에 관한 조건이 된다. 이처럼 조건은 법률행위의 효력의 발생 또는 소멸에 관한 것이며, 법률행위의 성립에 관한 것은 아니다. 또한 조건이 되는 사실은 장래 발생할 것인지의 여부가 불확실한 것이어야 하므로, 장래 반드시 실현되는 사실이거나 과거의 사실은 조건이 되지 못한다. 또한 조건이 선량한 풍속 기타 사회질서에 위반한 것인 때에는 그 법률행위는 무효로 한다.

민법이 정하는 조건의 종류로서 가장 기본적인 것은 정지조건과 해제조건이다. ① 정지조건(停止條件)이란 법률행위의 효력의 발생을 조건에 의존케 하는 것으로, 가령 장래 불하받을 것을 조건으로 하는 귀속재산의 매매, 대지화를 조건으로 하는 농지의 매매, 상환완료를 조건으로 하는 농지매매, 주무관청의 처분허가를 조건으로 하는 사찰재산의 처분, 동산 할부매매에서 소유권유보부 매매 등은 정지조건의 예이다. ② 해제조건(解除條件)이란 법률행위의 효력의 소멸을 조건에 의존케 하는 것으로, 가령 매수한 토지 중 나중에 공장 및 도로부지에 편입되지 않은 부분은 매도인에게 원가로 반환하기로 한 약정, 건축허가를 받지 못할 때에는 토지매매계약을 무효로 하기로 한 약정 등은 해제조건의 예이다.

법률행위에 조건을 붙이면 그 효력의 발생이나 존속(소멸)이 불안한 상태에 놓여지게 된다. 따라서 법률행위의 효력이 확정적으로 발생하거나 그 존속이 안정되어야 하는 법률행위에는 조건을 붙일 수 없다. 이를 조건에 친하지 않는 법률행위(조건을 붙일 수 없는 법률행위)라고 한다. 가령 ① 혼인·이혼·입양·인지·상속의 포기 등 신분상의 행위 ② 단독행위 ③ 객관적 획일성이 요구되는 어음·수표행위 ④ 근로계약 등이 이에 속한다. 다만 조건을 붙이더라도 사회질서에 반하지 않거나 상대방에게 불이익을 주지 않는 경우에는 예외적으로 조건을 붙일 수 있다. 가령 ① 유언은 신분행위이지만 유언자의 사후의 재산처리를 목적으로 하는 것이므로 조건을 붙이는 것이 허용된다. ② 단독행위에 관해서도 상대방이 동의를 하거나 상대방에게 불이익을 주지 않는 경우에는 조건을 붙일 수 있다. 그리고 상대방에게 이익만을 주는 채무면제나 유증에 관해서도 조건을 붙일 수 있다. 만일 조건을 붙일 수 없는 법률행위에 조건을 붙인 경우에는 법률에서 따로 정하고 있지 않은 한 법률행위 전체가 무효가 된다.

(2) 기한

기한(期限)이란 법률행위의 당사자가 그 효력의 발생·소멸 또는 채무의 이행을 '장래에 발생하는 것이 확실한 사실'에 의존케 하는 법률행위의 부관을 말한다. 장래의 사실이라는 점에서는 조건과 같으나, 그 사실이 확실하게 발생하는 것이라는 점에서 그것이 불확실한 조건과 다르다. 기한은 법률행위의 내용으로서 당사자가 임의로 정한 것이므로, 법정기한(시효기간·제척기간·출소기간 등)은 여기서 말하는 기한이 아니다. 법률행위에 시기를 붙이면 그 효과가 즉시 발생하지 않고 그 기한이 도래한 때로부터 생기기 때문에 그 효과가 즉시 발생할 것이 요구되는 경우, 즉 혼인·이혼·입양·파양 등의 신분행위에는 시기를 붙이지 못한다. 또 상속의 승인·포기에 기한을 붙이는 것은 피상속인·채무자·공동상속인의 지위에 중대한 영향을 미치므로 허용되지 않는다(기한을 붙일 수 없는 법률행위).

기한의 내용이 되는 사실이 실현되는 것을 기한의 도래라고 한다. 불확정한 사실이 발생한 때를 이행기한으로 정한 경우, 그 사실이 발생한 때는 물론 그 사실의 발생이 불가능하게 된 때에도 기한의 성질상 도래한 것으로 보아야 한다. 한편 기한의 이익을 포기하거나 상실한 때에도 그 때에 기한이 도래한 것으로 된다. 이 때 기한의 이익이란 기한이 도래하지 않음으로써 그동안 당사자가 받는 이익을 말한다. 당사자 중 누가 기한의 이익을 가지는가는 각 경우에 따라 다르다. 가령 무상임치에서는 임치기간의 약정이 있어도 임치인은 그 기간까지 임치를 하거나 아니면 언제든지 계약을 해지할 수 있어 기한의 이익은 임치인(채권자)만이 가지는 것으로 된다. 무이자 소비대차의 경우에는 변제기 이전에는 채무자가 변제할 책임이 없으므로 채무자만이 기한의 이익을 가진다. 이에 반해 이자부 소비대차의 경우에는 채권자에게는 변제기까지의 이자를 받는 것이 확보된 점에서, 채무자는 변제기 이전에는 채무를 변제할 책임이 없다는 점에서 쌍방이 기한의 이익을 가진다. 그러나 보통은 채무자가 기한의 이익을 가지는 경우가 많기 때문에 기한은 채무자의 이익을 위한 것으로 추정한다. 따라서 기한의 이익이 채권자에게 있다는 것은 채권자가 이를 입증하여야 한다. 한편 기한의 이익을 가지는 자는 그 이익을 포기할 수 있다. 예컨대 무이자 소비대차에서 차주는 기한 전에 언제든지 반환할 수 있고, 무상임치에서 임치인은 기한 전에 그 반환을 청구할 수 있다. 다만 그로 인해 상대방의 이익을 해한 경우에는 이를 전보하여야 한다.

▶ **관련판례**

1) [1] 조건은 법률행위의 효력의 발생 또는 소멸을 장래의 불확실한 사실의 성부에 의존케 하는 법률행위의 부관으로서 당해 법률행위를 구성하는 의사표시의 일체적인 내용을 이루는 것이므로, 의사표시의 일반원칙에 따라 조건을 붙이고자 하는 의사 즉 조건의사와 그 표시가 필요하며, 조건의사가 있더라도 그것이 외부에 표시되지 않으면 법률행위의 동기에 불과할 뿐이고 그것만으로는 법률행위의 부관으로서의 조건이 되는 것은 아니다.
[2] 갑이 을에게 병의 횡령금 중 일부를 지급하기로 한 약정은 갑이 병의 오빠로서 병이 을에 대하여 부담하는 부당이득반환 또는 손해배상 채무 중 일부를 대신 변제한다는 취지이고, 그러한 약정을 하는 갑의 내심에는 병이 처벌받지 않기를 바라는 동기 이외에 병이 실제로 처벌을 받는 경우에는 위 약정 자체가 무효라는 조건의사까지 있었을지도 모르지만, 그것만으로는 병의 선처를 조건으로 한 조건부 약정이 이루어졌다고 단정할 수 없고, 각서의 기재 내용과 그 작성 당시의 상황 및 상대방인 을의 의사 등 제반 사정에 비추어 보면 위 약정 자체의 효력이 을의 정식 고소나 병의 처벌이라는 사실의 발생만으로 당연히 소멸된다는 의미의 조건이 쌍방의 합의에 따라 위 약정에 붙어 있다고는 볼 수 없으며, 오히려 위 각서 중 '변제하고 선처를 받기로 한다.'라는 문구는 갑과 병이 위 약정을 예정대로 이행하면 병이 선처를 받을 수 있도록 을이 협조한다는 취지에 불과한 것으로 보인다[**대법원 2003. 5. 13. 2003 다 10797**].

2) 이 사건 각 매매계약에서 잔금지급기일을 "사업승인 후 1개월 이내"로 정한 것은 불확정기한에 해당하고, 이처럼 당사자가 불확정한 사실이 발생한 때를 이행기로 정한 경우에는 그 사실이 발생한 때는 물론 그 사실의 발생이 불가능하게 된 때에도 이행기는 도래한 것으로 보아야 하는바, 피고가 이 사건 사업에 관한 일체의 권리를 청광실업에게 양도하고, 정리회사의 정리계획에서도 이 사건 사업을 장래 사업계획에서 제외한 이상, 피고가 이 사건 사업승인을 얻을 수 없다는 사실이 확정되었다고 할 것이므로, 이로써 이 사건 각 매매계약에 잔금지급채무의 이행기가 도래하였다고 보아야 할 것이고, 이는 원고들의 소유권이전등기의무와 동시이행관계에 있다고 할 것이다[**대법원 2006. 9. 28. 2006 다 24353**].

제3절 기간

기간(期間)이란 어느 시점에서 어느 시점까지의 계속된 시간을 말한다. 법률사실로서의 시간은 사건에 속한다. 가령 기간에는 "불법행위를 한 날로부터 10년을 경과한 때"처럼 장래를 향하여 계속되는 것과 "전세권의 존속기간 만료 전 6월부터 1월까지"처럼 과거를 향하여 소급하는 기간 등이 있다. 기간은 당사자의 의사(임차기간 등)나 법률의 규정(실종기간·시효기간·제척기간 등) 또는 법원의 명령에 의해 정해진다. 기간을 일·주·월·년으로 정한 때에는 기간의 초일은 산입하지 않지만, 그 기간이 오전 영시로부터 시작하는 때에는 그러하지 아니하며, 연령계산에는 출생일을 산입한다. 기간을 일·주·월·년으로 정한 때에는 기간 말일의 종료로 기간이 만료한다.

a) 기간을 시·분·초로 정한 때에는 즉시로 기산한다. 가령 4월 1일 오전 9시부터 10시간은 4월 1일 오후 7시이다.

b) 기간을 주·월·년의 처음부터 기산하는 때에는 가령 10월 1일 오전 0시부터 3개월 후의 말일은 12월 31일 오후 12시이다.

c) 기간을 주·월·년의 도중에서부터 기산하는 때에는 최후의 주·월·년에서 그 기산일에 해당한 날의 전일로 기간이 만료한다. 가령 2월 28일 오후 3시부터 1개월 후의 말일은 3월 1일이 기산일이 되고 그로부터 1개월 후인 4월 1일의 전일의 만료, 즉 3월 31일 오후 12시가 된다.

d) 월·년으로 정한 경우에 최종의 월에 해당일이 없는 때에는 그 월의 말일로 기간이 만료한다. 가령 1월 30일 오후 3시부터 1개월 후의 말일은 2월 31일이 되지만, 2월에는 31일이 없으므로 2월말이 된다.

e) 기간의 말일이 공휴일에 해당하는 때에는 그 익일(다음날)로 만료한다. 그러나 기간의 초일이 공휴일인 경우에는 그 적용이 없으며, 공휴일이 기간 도중에 있는 때에도 마찬가지이다.

기간의 역산(逆算)이란 가령 "총회의 소집은 1주간 전" 또는 "소멸시효의 기간만료 전 6월 내" 등과 같이 소급하여 기간을 계산해야 하는 경우를 말한다. 만일 사원총회일이 3월 15일이라고 한다면, 14일이 기산점이 되어 그날로부터 역으로 7일간이 되는 3월 8일이 말일이 되고, 그날의 오전 0시에 기간이 만료한다. 따라서 늦어도 3월 7일 이전에 총회의 소집통지가 발송되어야 한다.

▶ **관련판례**

1) 공무원임용령 제6조 제1항 본문의 규정에 의하면 공무원의 임용시기에 관하여 공무원은 임용장 또는 임용통지서에 기재된 일자에 임용된 것으로 본다고 되어 있고 이는 임용장 또는 임용통지서에 기재된 일자에 임용의 효과가 발생함을 말하는 것이므로, 임용중 면직의 경우에는 면직발령장 또는 면직통지서에 기재된 일자에 면직의 효과가 발생하여 그날 영시(00:00)부터 공무원의 신분을 상실한다[**대법원** 1985. 12. 24. 85 누 531].

2) 지체상금이라 함은 일반적으로 채권자가 계약상의 채무를 이행받는 자체보다도 그 채무를 일정한 시기까지는 이행받아야만 할 필요성, 즉 이행시기가 더 중요하여 채무자로 하여금 이행기를 준수케 하고 지체되는 일이 있더라도 가능한 한 조속한 기간내에 이행을 완료하도록 강제할 필요성이 있는 경우에 그 위약벌로 정하는 것이 일반거래의 관행이므로 그 액수는 지체기간의 장단에 정비례함이 성질상 당연하다 할 것이고 당사자가 지체기간의 장단에 관계없이 일정액을 지체상금으로 정한다는 것은 특단의 사정이 없는 한 경험칙에 반한다[**대법원** 1986. 2. 25. 85 다카 2025·2026].

3) 입법관행 및 자구해석상 "이전"이라 함은 기산점이 되는 일시를 포함하는 표현이고, 또, 민법 제159조는 기간을 "일"로 정한 때에는 기간말일의 종료로 기간이 만료한다고 규정하여 기간의 말일에 관하여 초일의 경우와 마찬가지로 연장적 계산법을 채택하고 있으므로 어떤 행위를 하여야 하는 종기 또는 유효기간이 만료되는 시점을 "시행일" 또는 "공고일"이라고 하여 "일"로 정하였다면 그 기간의 만료점은 그날 오후 12시가 된다 할 것이고, 따라서, 위 고시 제91-21호 부칙 제2조를 위 법리에 따라 해석하면 수입승인을 받은 자가 위 고시의 시행일인 1991. 5. 13. 24:00까지 신용장개설을 하지 아니하면 그날 24:00에 수입승인의 효력이 상실된다는 취지로 풀이된다[**대법원** 1993. 11. 23. 93 도 662].

제4절 소멸시효

일정한 사실상태가 오랫동안 계속되는 경우에 그 사실상태가 진실한 권리관계에 부합되느냐 않느냐를 불문하고 그 사실상태를 그대로 존중하여 권리관계로 인정하려는 제도를 시효제도(時效制度)라고 한다. 민법은 일정한 사실상태가 일정기간 계속됨으로써 권리의 취득을 인정하는 취득시효(取得時效)와 반대로 권리의 소멸을 인정하는 소멸시효(消滅時效)를 각각 규정하고 있다.

시효제도의 존재이유로는 ① 사회질서의 유지 ② 입증의 곤란성 제거 ③ 권리불행사에 대한 징벌('권리 위에 잠자는 자는 보호받을 가치가 없다') 등을 들 수 있다. 다시 말해서 첫째, 일정한 사실상태가 오랫동안 계속되면 사회는 이것을 진실한 권리관계에 부합하는 것으로 믿게 되고 그것을 기초로 하여 다수의 새로운 법률관계가 맺어지며 사회질서가 이루어지는데, 이 때 그 사실상태가 정당하지 못하다고 하여 정당한 권리관계로 되돌아가게 한다면 거래의 안정이 위협되고 사회질서가 문란하게 된다는 것이다. 둘째, 장기간 동안 사실상태가 계속되고 있고 그 누구도 그것이 진실한 권리관계와 다르다는 것을 다투지 않은 채 경과한 때에는 정당한 권리관계에 관한 증거가 없어지기 쉬우므로 증거보전의 곤란을 구제하고 민사소송제도의 적정과 소송경제의 이념에 비추어 사실상태를 그대로 정당한 권리관계로 보자는 것이다. 셋째, 오랜 기간 동안 자기의 권리를 주장하지 않은 자는 이른바 '권리 위에 잠자고 있었던 자'로서 시효제도에 의한 희생을 감수해야 하며 법률의 보호를 받을 가치가 없다고 보는 것이다. 구체적인 소멸시효의 기간은 예컨대 국가·지방자치단체에 대한 조세채권 및 상행위로 인한 채권의 경우에 5년이며, 보험금채권의 경우는 2년이다.

본래 소멸시효가 완성하기 위해서는 권리의 불행사라는 사실상태가 일정한 시효기간 동안 계속되어야 한다. 그런데 소멸시효의 기초가 되는 권리의 불행사라는 사실상태와 부딪치는 사실이 생기면 소멸시효의 진행은 도중에 끊기고 이미 경과한 시효기간의 효력은 소멸하고 만다. 이와 같이 소멸시효의 진행을 방해하는 것이 이른바 소멸시효의 중단(中斷)이다. 소멸시효가 중단되면 그 때부터 소멸시효는 새로이 다시 진행하게 된다. 시효의 중단사유 가운데 청구나 압류·가압류·가처분은 권리자가 자기의 권리를 주장하는 것을 말하고, 승인은 의무자가 상대방의 권리를 인정하는 것을 말한다. 이 때 청구란 권리를 행사하는 것 즉 권리자가 시효완성으로 이익을 얻게 될 자에 대하여 그의 권리내용을 주장하는 것으로 재판상의 청구이든 재판외의 청구이든 불문한다. 한편 소멸시효의 정지(停止)란 시효기간이 거의 완성할 무렵에 권리자가 중단행위를 하는 것이 불가능하거나 또는 대단히 곤란한 사정이 있는 경우에 그 시효기간의 진행을 일시적으로 멈추게 하고 그러한 사정이 없어졌을 때에 다시 나머지 기간을 진행시키는 것을 말한다. 시효의 정지는 시효의 중단과 더불어 권리자를 보호하려는 제도이지만, 정지의 경우는 정지사유가 그친 뒤에 일정한 유예기간이 경과하면 시효는 완성되며 이미 경과한 기간이 없던 것으로 되지 않는다는 점에서 중단과 다르다.

주된 권리의 소멸시효가 완성한 때에는 종속된 권리에 그 효력이 미친다. 민법상 소멸시효의 이익은 미리 포기하지 못하도록 명시하고 있다. 이 때 소멸시효의 이익의 포기란 소멸시효로 인하여 생기는 이익을 받지 않겠다는 의사를 표시하는 단독행위를 말한다. 예컨대 소유권이전등기청구권의 소멸시효기간이 지났음에도 불구하고 그 후에 등기의무자가 소유권이전등기를 해주기로 약정한 바가 있다면, 다른 특단의 사정이 없는 한 이는 시효이익을 포기한 것으로 본다. 만일 소멸시효가 완성되기 전에 미리 그 이익을 포기할 수 있다면, 권리자가 의무자의 궁박을 이용하여 미리 시효이익을 포기하게 하는 특약을 강요할 염려가 있으므로 소멸시효가 완성된 후에 시효이익을 포기할 수 있도록 규정한 것이다. 이러한 포기의 의사표시는 상대방 있는 단독행위로서 재판상·재판외, 명시적·묵시적으로 할 수 있다. 또한 소멸시효는 법률행위에 의하여 이를 배제·연장·가중할 수 없으나, 이를 단축·경감할 수는 있다. 그밖에 민법상 규정된 소멸시효에 관한 주요조문을 살펴보면 다음과 같다.

☞ 민법규정

제162조 (채권, 재산권의 소멸시효) ①채권은 10년간 행사하지 아니하면 소멸시효가 완성한다.
②채권 및 소유권 이외의 재산권은 20년간 행사하지 아니하면 소멸시효가 완성한다.
제163조 (3년의 단기소멸시효) 다음 각호의 채권은 3년간 행사하지 아니하면

소멸시효가 완성한다.
1. 이자, 부양료, 급료, 사용료 기타 1년 이내의 기간으로 정한 금전 또는 물건의 지급을 목적으로 한 채권
2. 의사, 조산사, 간호사 및 약사의 치료, 근로 및 조제에 관한 채권
3. 도급받은 자, 기사 기타 공사의 설계 또는 감독에 종사하는 자의 공사에 관한 채권
4. 변호사, 변리사, 공증인, 공인회계사 및 법무사에 대한 직무상 보관한 서류의 반환을 청구하는 채권
5. 변호사, 변리사, 공증인, 공인회계사 및 법무사의 직무에 관한 채권
6. 생산자 및 상인이 판매한 생산물 및 상품의 대가
7. 수공업자 및 제조자의 업무에 관한 채권

제164조 (1년의 단기소멸시효) 다음 각호의 채권은 1년간 행사하지 아니하면 소멸시효가 완성한다.
1. 여관, 음식점, 대석, 오락장의 숙박료, 음식료, 대석료, 입장료, 소비물의 대가 및 체당금의 채권
2. 의복, 침구, 장구 기타 동산의 사용료의 채권
3. 노역인, 연예인의 임금 및 그에 공급한 물건의 대금채권
4. 학생 및 수업자의 교육, 의식 및 유숙에 관한 교주, 숙주, 교사의 채권

제165조 (판결 등에 의하여 확정된 채권의 소멸시효) ①판결에 의하여 확정된 채권은 단기의 소멸시효에 해당한 것이라도 그 소멸시효는 10년으로 한다.
②파산절차에 의하여 확정된 채권 및 재판상의 화해, 조정 기타 판결과 동일한 효력이 있는 것에 의하여 확정된 채권도 전항과 같다.
③전2항의 규정은 판결확정당시에 변제기가 도래하지 아니한 채권에 적용하지 아니한다.

제168조 (소멸시효의 중단사유) 소멸시효는 다음 각호의 사유로 인하여 중단된다.
1. 청구 2. 압류 또는 가압류, 가처분 3. 승인

제169조 (시효중단의 효력) 시효의 중단은 당사자 및 그 승계인간에만 효력이 있다.

제178조 (중단 후에 시효진행) ①시효가 중단된 때에는 중단까지에 경과한 시효기간은 이를 산입하지 아니하고 중단사유가 종료한 때로부터 새로이 진행한다.
②재판상의 청구로 인하여 중단한 시효는 전항의 규정에 의하여 재판이 확정된 때로부터 새로이 진행한다.

제179조 (무능력자와 시효정지) 소멸시효의 기간만료전 6월내에 무능력자의 법정대리인이 없는 때에는 그가 능력자가 되거나 법정대리인이 취임한 때로부터 6월내에는 시효가 완성하지 아니한다.

제180조 (재산관리자에 대한 무능력자의 권리, 부부간의 권리와 시효정지)

①재산을 관리하는 부, 모 또는 후견인에 대한 무능력자의 권리는 그가 능력자가 되거나 후임의 법정대리인이 취임한 때로부터 6월내에는 소멸시효가 완성하지 아니한다.
②부부의 일방의 타방에 대한 권리는 혼인관계의 종료한 때로부터 6월내에는 소멸시효가 완성하지 아니한다.
제181조 (상속재산에 관한 권리와 시효정지) 상속재산에 속한 권리나 상속재산에 대한 권리는 상속인의 확정, 관리인의 선임 또는 파산선고가 있는 때로부터 6월내에는 소멸시효가 완성하지 아니한다.
제182조 (천재 기타 사변과 시효정지) 천재 기타 사변으로 인하여 소멸시효를 중단할 수 없을 때에는 그 사유가 종료한 때로부터 1월내에는 시효가 완성하지 아니한다.

▶ 관련판례

1) 농업협동조합법에 의하여 설립된 조합이 영위하는 사업의 목적은 조합원을 위하여 차별 없는 최대의 봉사를 함에 있을 뿐 영리를 목적으로 하는 것이 아니므로, 동 조합이 그 사업의 일환으로 조합원이 생산하는 물자의 판매사업을 한다 하여도 동 조합을 상인이라 할 수는 없고, 따라서 그 물자의 판매대금 채권은 3년의 단기소멸시효가 적용되는 민법 제163조 제6호 소정의 '상인이 판매한 상품의 대가'에 해당하지 아니한다[**대법원** 2000. 2. 11. 99 다 53292].

2) 민법 제163조 제2호 소정의 '의사의 치료에 관한 채권'에 있어서는 특약이 없는 한 그 개개의 진료가 종료될 때마다 각각의 당해 진료에 필요한 비용의 이행기가 도래하여 그에 대한 소멸시효가 진행된다고 해석함이 상당하고, 장기간 입원 치료를 받는 경우라 하더라도 다른 특약이 없는 한 입원 치료 중에 환자에 대하여 치료비를 청구함에 아무런 장애가 없으므로 퇴원시부터 소멸시효가 진행된다고 볼 수는 없다[**대법원** 2001. 11. 9. 2001 다 52568].

3) [1] 피보험자가 무보험자동차에 의한 교통사고로 인하여 상해를 입었을 때에 그 손해에 대하여 배상할 의무자가 있는 경우 보험자가 약관에 정한 바에 따라 피보험자에게 그 손해를 보상하는 것을 내용으로 하는 무보험자동차에 의한 상해담보특약(이하 '무보험자동차특약보험'이라고 한다)은 상해보험으로서의 성질과 함께 손해보험으로서의 성질도 갖고 있는 손해보험형 상해보험이므로, 하나의 사고에 관하여 여러 개의 무보험자동차특약보험계약이 체결되고 그 보험금액의 총액이 피보험자가 입은 손해액을 초과하는 때에는 손해보험에 관한 상법 제672조 제1항이 준용되어 보험자는 각자의 보험금액

의 한도에서 연대책임을 지고, 이 경우 각 보험자 사이에서는 각자의 보험금액의 비율에 따른 보상책임을 진다.
[2] 복수의 무보험자동차특약보험이 상법 제672조 제1항이 준용되는 중복보험에 해당함을 전제로 보험자가 다른 보험자에 대하여 그 부담비율에 따른 구상권을 행사하는 경우, 각각의 보험계약은 상행위에 속하고, 보험자와 다른 보험자는 상인이므로 중복보험에 따른 구상관계는 가급적 신속하게 해결할 필요가 있는 점 등에 비추어, 그 구상금채권은 상법 제64조가 적용되어 5년의 소멸시효에 걸린다[**대법원** 2006. 11. 10. 2005 다 35516].

4) 민법 시행 전의 재산상속에 관한 관습법에 의하면, 호주가 사망하여 그 장남이 호주상속을 하고 차남 이하 중자가 여러 명 있는 경우에 그 장남은 호주상속과 동시에 일단 전 호주의 유산 전부를 승계한 다음 그 약 1/2을 자기가 취득하고 나머지는 차남 이하의 중자들에게 원칙적으로 평등하게 분여할 의무가 있고 이에 대응하여 차남 이하의 중자는 호주인 장남에 대하여 분재를 청구할 권리가 있는 바, 위와 같은 관습법상의 분재청구권은 일반적인 민사채권과 같이 권리자가 분가한 날부터 10년이 경과하면 소멸시효가 완성된다[**대법원** 2007. 1. 25. 2005 다 26284].

제2편

물권법(物權法)

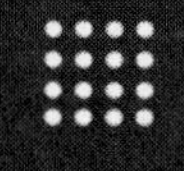

제1장 총 칙

제1절 물권의 의의

물권(物權)이란 특정의 물건에 대한 직접적·배타적 지배를 내용으로 하는 전형적인 지배권이다. 이 때 직접 지배한다는 것은 타인의 행위를 기다리지 않고서 직접 물건으로부터 일정한 이익을 얻는 것을 말한다. 또한 물건을 지배한다는 것은 두 가지 방향으로 나타나는데, 하나는 물건의 사용가치를 얻는 것이고, 다른 하나는 물건의 교환가치를 얻는 것이다. 그리고 하나의 물건에 대하여 어떤 자의 지배가 성립하면, 동일한 물적 이익에 관하여는 다른 자의 지배를 인정할 수 없게 되는데, 이를 물권의 배타성(排他性) 또는 독점성(獨占性)이라고 한다. 이른바 일물일권주의(一物一權主義)란 하나의 물건 위에는 앞의 물권과 동일한 내용을 갖는 물권은 다시 성립할 수 없다는 원칙을 말한다. 따라서 소유권과 제한물권처럼 서로 내용이 다른 물권의 경우는 하나의 물건 위에 같이 성립할 수 있다. 물권은 물건에 대하여 직접 지배를 미치는 권리이고 특정한 상대방에 대해서만 주장할 수 있는 것이 아니라 모든 자에게 주장할 수 있으므로 절대성(絶對性)을 가진다.

제2절 물권법정주의

물권법정주의(物權法定主義) 혹은 물권한정주의(物權限定主義)란 물권의 종류와 내용은 민법 기타의 법률이나 관습법에 의하여 인정되는 것 이외에는 임의로 창설할 수 없다는 원칙을 말한다. 즉 물권법에서는 채권법과 같이 계약자유의 원칙이 인정되지 않으며 물권법의 규정은 대부분이 강행법규이다. 민법상의 물권에는 점유권·소유권·지상권 · 지역권 · 전세권 · 유치권 · 질권 · 저당권의 8종이 있다. 소유권(所有權)은 어떤 물건에 관하여 전면적으로 지배하는 권리인데 반해, **제한물권**(制限物權)은 소유권의 목적인 물건을 일정하게 제한된 면에서 지배할 수 있도록 법률상 인정된 권리를 말한다. 제한물권은 용익물권과 담보물권으로 나눌 수 있는데, 목적물의 사용가치만을 지배하는 물권인 **용익물권**(用益物權)에는 지상권 · 지역권 · 전세권이 속하며, 목적물의 교환가치를 지배함으로써 채권의 이행을 확보 · 담보하는 물권인 **담보물권**(擔保物權)에는 유치권 · 질권 · 저당권이 속한다.

<table>
<tr><td rowspan="4">물 권</td><td colspan="3">⇒ 점유권①</td></tr>
<tr><td rowspan="3">⇒ 본 권</td><td colspan="2">⇒ 소유권②</td></tr>
<tr><td rowspan="2">⇒ 제한물권</td><td>⇒ 용익물권: 지상권③ · 지역권④ · 전세권⑤</td></tr>
<tr><td>⇒ 담보물권: 유치권⑥ · 질권⑦ · 저당권⑧</td></tr>
</table>

제3절 물권의 효력

물권의 효력으로는 우선적 효력과 물권적 청구권을 들 수 있다.

① 우선적 효력(優先的 效力) 가운데 ㉠ 물권 상호간의 우선적 효력을 보면 시간적으로 먼저 성립한 물권이 나중에 성립한 물권에 우선하는 것이 원칙이며, 다만 점유권의 경우는 물건에 대한 사실상 지배의 취득 · 상실로 발생 · 소멸하는 권리이므로 본권과 같은 배타성이 없어 우선적 효력이 인정되지 않는다. 따라서 점유권은 본권과 병존할 수 있고 또한 동일한 물건 위에 수개의 점유권이 우선관계 없이 병존(예: 직접점유 · 간접점유)할 수 있다. 민법 제194조(간접점유)에 의하면 「지상권, 전세권, 질권, 사용대차, 임대차, 임치 기타의 관계로 타인으로 하여금 물건을 점유하게 한 자는 간접으로 점유권이 있다」라고 규정하고 있다. 한편 민법 제191조 제1항(혼동으로 인한 물권의 소멸)에 의하면 「동일한 물건에 대한 소유권과 다른 물권이 동일한 사람에게 귀속한 때에는 다른 물권은 소멸한다. 그러나 그 물권이 제3자의 권리의 목적이 된 때에는 소멸하지 아니한다」라고 규정하고 있다. ㉡ 채권에 우선하는 효력을 보면 어느 물건을 목적으로 물권과 채권이

성립하는 경우에는 그 성립시기를 불문하고 항상 물권이 우선한다. 그러나 채권에 대한 물권의 우선적 효력에는 다음과 같은 예외가 있다. 즉 a) 부동산물권의 변동에 관한 청구권(채권)을 가등기한 때에는 그 시점을 기준으로 물권과의 우열이 정해진다(단, 후에 본등기를 하는 것을 전제로 한다). b) 부동산임차권은 채권이지만 그 등기를 한 때에는 그 후에 성립하는 물권에 우선(대항)하는 효력을 가진다. 특히 주택임차권의 경우에는 주택의 인도와 주민등록을 마치면 그러한 효력이 인정된다. c) 법률이 특별한 이유로 일정한 채권에 대하여 저당권 등의 물권에 우선하는 효력을 인정하는 경우가 있다. 근로기준법상의 임금우선특권, 주택임대차보호법상의 보증금 중 일정액 등이 그러하다.

② 물권적 청구권(物權的 請求權)이란 물권의 내용의 실현이 침해를 받거나 또는 받을 염려가 있는 경우에 물권자가 그 침해자에 대하여 그 침해의 배제 또는 예방을 청구할 수 있는 권리를 말한다(목적물반환청구권 · 목적물방해제거청구권 · 목적물방해예방청구권). 가령 물건을 도난당한 자가 그 반환을 청구하거나, 토지에 무단으로 건물을 지은 자에게 그 철거를 청구하거나, 토지를 심굴하여 건물붕괴의 위험을 초래하는 자에게 그 공사의 중지를 청구하는 것 등을 예로 들 수 있다.

제4절 물권의 공시방법

물권은 특정의 물건에 대한 배타적 지배를 내용으로 하는 권리인데, 이는 누가 어느 물건에 대해 어떤 물권을 가지고 있음을 외부에 공적으로 표시하는 공시방법(公示方法)을 통해 비로소 실현된다. 부동산물권의 공시방법은 등기(登記)이다. 토지에 대해서는 토지등기부에, 건물에 대해서는 건물등기부에 각각 부동산물권의 귀속과 변동과정이 기재된다. 이러한 등기절차를 규율하는 법규가 부동산등기법이다. 이처럼 부동산에 관한 법률행위로 인한 물권의 득실변경은 등기하여야 그 효력이 생기지만, 상속 · 공용징수 · 판결 · 경매 기타 법률의 규정에 의한 부동산에 관한 물권의 취득은 등기를 요하지 아니한다. 다만 이 경우에도 등기를 하지 아니하면 이를 처분하지 못한다. 한편 동산물권의 공시방법은 점유(占有)이며, 점유를 이전하는 것을 인도(引渡)라고 하는데, 이에는 현실인도 · 간이인도 · 점유개정 · 목적물반환청구권의 양도와 같은 네 가지 유형이 있다. 이 가운데 현실인도를 제외한 나머지 세 가지는 의사표시만으로 인도가 이루어진다.

① 현실인도(現實引渡): 동산에 관한 물권의 양도는 그 동산을 인도하여야 효력이 생긴다. 즉 인도란 물건을 타인에게 이전시키는 사실행위를 말하며, 현실인도란 가령 판매한 책을 사는 사람에게 주는 것을 말한다.

② 간이인도(簡易引渡): 간이인도란 점유권의 양수인이 이미 물건을 직접 점유하고 있을 때에 현실인도 없이 점유이전의 의사표시에 의해 인도가 끝나는 것으로 보는 제도를 말한다. 따라서 양수인이 이미 그 동산을 점유한 때에는 당사자의 의사표시만으로 그 효력이 생긴다. 가령 을이 갑으로부터 빌린 자전거를 갑으로부터 소유권을 취득하는 경우에는 실제로 물건의 인도를 일체 행하지 않고, 갑과 을의 의사표시만으로 물건의 인도가 된 것으로 보는 간편한 점유이전의 방법을 간이인도라고 한다.

③ 점유개정(占有改正): 점유개정이란 동산에 관한 물권을 양도하는 경우에 당사자의 계약으로 양도인이 그 동산의 점유를 계속하면서도 현실인도 없이 양수인이 인도 받은 것으로 보는 제도를 말한다. 이 때 점유개정에 의해 양수인에게 이전되는 점유는 간접점유이다. 가령 만년필을 갑에게 판매한 을이 계속 그 만년필을 갑으로부터 빌리는 경우에는 일단 만년필을 갑에게 이전한 후에 다시 갑으로부터 인도를 받는다는 것은 번거로우므로 실제로 물건의 수수를 일체 행하지 않고, 갑과 을의 의사표시만으로 인도가 이루어진 것으로 보는 간편한 인도방법을 점유개정이라 한다.

④ 목적물반환청구권(目的物返還請求權)의 양도: 목적물반환청구권이란 물권적 청구권 중에서 목적물에 대한 지배, 즉 점유가 전부 침탈당하고 있는 경우에 그 반환을 청구할 수 있는 권리를 말한다. 가령 타인에게 자기의 카메라를 빼앗겼다든지, 임차인이 퇴거한 후 타인이 마음대로 그 빈집에 들어와 거주하고 있는 것과 같이 타인이 정당한 이유 없이 소유물에 대한 점유를 빼앗음으로써 자기가 이용할 것을 방해받고 있는 경우에 그 방해자에 대하여 카메라를 반환하라든지, 집을 비워달라고 청구할 수 있는 권리를 목적물반환청구권이라 한다. 이 때 제3자가 점유하고 있는 동산에 관한 물권을 양도하는 경우에는 양도인이 그 제3자에 대한 반환청구권을 양수인에게 양도함으로써 동산을 인도한 것으로 본다.

동산 중에서 자동차 · 항공기 · 건설기계 등은 각각 특별법(자동차저당법・항공기저당법・건설기계저당법)에 의해 등록(登錄)이라는 공시방법을 가지며 부동산등기에 준하는 효력을 가진다. 그리고 일정한 수목의 집단인 입목(立木)에 관하여는 '입목에 관한 법률'에 의해 소유권보존등기를 할 수 있어 등기의 공시방법을 가진다. 수목의 집단, 미분리의 과실 등에 관하여는 관습법상 인정된 명인방법(明認方法)이라는 공시방법이 있다. 공시(公示)의 원칙이란 물권의 변동이 있으려면 공시방법이 수반되어야 한다는 원칙을 말한다. 한편 공신(公信)의 원칙이란 공시방법을 신뢰한 제3자를 보호하기 위하여 공시된 대로 권리가 존재하는 것으로 다루려는 원칙을 말한다. 그런데 가령 물권변동에서 서류를 위조하여 부동산에 대해 등기를 하고 이를 토대로 타인에게 그 부동산을 매각하는 경우와 같이, 공신의 원칙을 인정하면 거래의 안전은 보호되지만 반면에 진정한 권리자의 권리가 침해되는 경우가 발생한다. 따라서 우리 민법은 부동산물권의 경우에는 공신의 원칙을 인정하지 않고, 동산물권의 경우에만 공신의 원칙을 인정한다. 예컨대 선의취득(善意取得)의 제도가 바로 그것이다(민법 제249조(선의취득): 평온・공연하게 동산을 양수한 자가 선의이며 과실 없이 그 동산을 점유한 경우에는 양도인이 정당한 소유자가 아닌 때에도 즉시 그 동산의 소유권을 취득한다).

▶ 관련판례

1) [1] 집합건물인 상가건물의 지하주차장이 그 건물을 신축함에 있어서 건축법규에 따른 부속주차장으로 설치되기는 하였으나, 분양계약상의 특약에 의하여 그 건물을 분양받은 구분소유자들의 동의 아래 공용부분에서 제외되어 따로 분양되었고, 그 구조상으로나 이용상으로도 상가건물의 지상 및 지하실의 점포, 기관실 등과는 독립된 것으로서, 이와 분리하여 구분소유의 대상이 될 수 있다.
[2] 미등기건물을 등기할 때에는 소유권을 원시취득한 자 앞으로 소유권보존등기를 한 다음 이를 양수한 자 앞으로 이전등기를 함이 원칙이라 할 것이나, 원시취득자와 승계취득자 사이의 합치된 의사에 따라 그 주차장에 관하여 승계취득자 앞으로 직접 소유권보존등기를 경료하게 되었다면, 그 소유권보존등기는 실체적 권리관계에 부합되어 적법한 등기로서의 효력을 가진다[**대법원 1995. 12. 26. 94 다 44675**].

2) 부동산에 대한 소유권과 임차권이 동일인에게 귀속하게 되는 경우 임차권은 혼동에 의하여 소멸하는 것이 원칙이지만, 그 임차권이 대항요건을 갖추고 있고 또한 그 대항요건을 갖춘 후에 저당권이 설정된 때에는 혼동으로 인한

물권소멸 원칙의 예외 규정인 민법 제191조 제1항 단서를 준용하여 임차권은 소멸하지 않는다[**대법원** 2001. 5. 15. 2000 다 12693].

3) 전 소유자가 사망한 이후에 그 명의로 신청되어 경료된 소유권이전등기는, 그 등기원인이 이미 존재하고 있으나 아직 등기신청을 하지 않고 있는 동안에 등기의무자에 대하여 상속이 개시된 경우에 피상속인이 살아 있다면 그가 신청하였을 등기를 상속인이 신청한 경우 또는 등기신청을 등기공무원이 접수한 후 등기를 완료하기 전에 본인이나 그 대리인이 사망한 경우와 같은 특별한 사정이 인정되는 경우를 제외하고는, 원인무효의 등기라고 볼 것이어서 그 등기의 추정력을 인정할 여지가 없다[**대법원** 2004. 9. 3. 2003 다 3157].

4) 금전채무를 담보하기 위하여 채무자가 그 소유의 동산을 채권자에게 양도하되 점유개정의 방법으로 인도하고 채무자가 이를 계속 점유하기로 약정한 경우 특별한 사정이 없는 한 그 동산의 소유권은 신탁적으로 이전되는 것에 불과하여, 채권자와 채무자 사이의 대내적 관계에서는 채무자가 소유권을 보유하나 대외적인 관계에서의 채무자는 동산의 소유권을 이미 채권자에게 양도한 무권리자가 되는 것이어서 다시 다른 채권자와 사이에 양도담보설정계약을 체결하고 점유개정의 방법으로 인도하더라도 선의취득이 인정되지 않는 한 나중에 설정계약을 체결한 채권자로서는 양도담보권을 취득할 수 없는데, 현실의 인도가 아닌 점유개정의 방법으로는 선의취득이 인정되지 아니하므로 결국 뒤의 채권자는 적법하게 양도담보권을 취득할 수 없다[**대법원** 2005. 2. 18. 2004 다 37430].

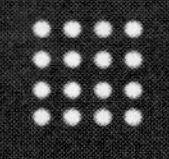

제2장 점유권

점유권(占有權)이란 물건에 대한 사실상의 지배권을 말한다. 즉 점유가 있으면 그것을 정당화할 권리가 있느냐 없느냐를 불문하고 그 점유라는 사실을 기초로 하여 곧 점유권이라는 물권이 인정된다. 이와 같이 민법상 점유는 물건에 대한 '사실상의 지배'만으로 성립하며 이 때 사실상의 지배란 사회관념상 물건이 어떤 사람의 지배 안에 있다고 할 수 있는 객관적인 관계를 말한다. 따라서 점유자가 물건에 대한 사실상의 지배를 상실한 때에는 점유권이 소멸한다. 점유권은 상속인에게 이전하며, 점유권의 양도는 점유물의 인도로 그 효력이 생긴다.

타인의 지시를 받아 물건에 대한 사실상의 지배를 하는 자는 점유보조자(占有補助者)이며, 이 경우 그 타인(점유주)만을 점유자로 인정한다. 가령 공장주의 지시에 따라 공장의 종업원이 공장의 기계를 다루는 경우를 예로 들 수 있다. 점유보조자를 점유자로 인정하지 않는 이유는 그에게 점유권을 주어 보호할 만한 이익이 적을 뿐만 아니라 이를 보호할 경우에 점유질서의 혼란을 가져오기 때문이다. 따라서 민법 제195조(점유보조자)에 의하면 「가사상, 영업상 기타 유사한 관계에 의하여 타인의 지시를 받아 물건에 대한 사실상의 지배를 하는 때에는 그 타인만을 점유자로 한다」라고 규정하고 있다.

점유는 소유의 의사로 선의(善意)·평온(平穩)·공연(公然)하게 하는 것으로 추정되며, 점유자가 점유물에 대하여 행사하는 권리는 적법하게 보유하는 것으로 추정된다. 선의점유(善意占有)는 본권이 없음에도 있는 것으로 믿고 하는 점유이고, 악의점유(惡意占有)는 본권이 없음을 알면서 또는 본권의 유무에 대해 의심을 가지면서 하는 점유이다. 또한 폭력에 의하지 않은 점유가 평온한 점유이고, 남몰래 하지 않은 점유가 공연한 점유이다. 선의의 점유자는 점유물의 과실(果實)을 취득하는데 반해, 악의의 점유자는 수취한 과실(果實)을 반환하여야 하며, 소비하였거나 과실(過失)로 인하여 훼손 또는 수취하지 못한 경우에는 그 과실(果實)의 대가를 보상하여야 한다.

점유를 침해당한 경우에는 물권적 청구권으로서 점유물반환청구권·

점유물방해제거청구권·점유물방해예방청구권을 행사할 수 있다. 민법 제203조(점유자의 상환청구권)에 의하면 「① 점유자가 점유물을 반환할 때에는 회복자에 대하여 점유물을 보존하기 위하여 지출한 금액 기타 필요비의 상환을 청구할 수 있다. 그러나 점유자가 과실을 취득한 경우에는 통상의 필요비는 청구하지 못한다. ② 점유자가 점유물을 개량하기 위하여 지출한 금액 기타 유익비에 관하여는 그 가액의 증가가 현존한 경우에 한하여 회복자의 선택에 좇아 그 지출금액이나 증가액의 상환을 청구할 수 있다. ③ 전항의 경우에 법원은 회복자의 청구에 의하여 상당한 상환기간을 허여할 수 있다」라고 규정하고 있다. 점유자가 점유의 방해를 받은 때에는 그 방해의 제거 및 손해의 배상을 청구할 수 있으나, 그 청구권은 방해가 종료한 날로부터 1년내에 행사하여야 하며, 공사로 인하여 점유의 방해를 받은 경우에는 공사착수 후 1년을 경과하거나 그 공사가 완성한 때에는 방해의 제거를 청구하지 못한다. 이러한 청구권은 간접점유자도 행사할 수 있다. 즉 점유자가 점유의 침탈을 당한 경우에 간접점유자는 그 물건을 점유자에게 반환할 것을 청구할 수 있고, 점유자가 그 물건의 반환을 받을 수 없거나 이를 원하지 아니하는 때에는 자기에게 반환할 것을 청구할 수 있다.

종국적으로는 점유를 침해당한 경우에 법원의 재판을 통해 그 내용을 실현하는 것이 원칙이지만(국가구제), 일정한 경우에는 예외적으로 개인의 실력으로써 자신의 권리를 스스로 보호하는 자력구제가 허용되기도 한다. 민법 제209조(자력구제)에 의하면 「① 점유자는 그 점유를 부정히 침탈 또는 방해하는 행위에 대하여 자력으로써 이를 방위할 수 있다. ② 점유물이 침탈되었을 경우에 부동산일 때에는 점유자는 침탈 후 직시 가해자를 배제하여 이를 탈환할 수 있고, 동산일 때에는 점유자는 현장에서 또는 추적하여 가해자로부터 이를 탈환할 수 있다」라고 명시하고 있다.

▶ 관련판례

1) 자연발생적으로 형성된 도로에 대해 도로법 등에 의한 도로설정행위가 없더라도 국가나 지방자치단체가 사실상 필요한 공사를 하여 도로로서의 형태를 갖춘 다음 계속 일반 공중의 통행에 공용한 때에는 이때부터 그 도로는 국가 또는 지방자치단체의 사실상 지배하에 있는 것으로 보아 사실상 지배주체로서 점유를 인정할 수 있다[**대법원 1995. 11. 28. 95 다 18451**].

2) 물건에 대한 점유란 사회관념상 어떤 사람의 사실적 지배에 있다고 보여지

는 객관적 관계를 말하는 것으로서 사실상의 지배가 있다고 하기 위하여는 반드시 물건을 물리적·현실적으로 지배하는 것만을 의미하는 것이 아니고, 물건과 사람과의 시간적·공간적 관계와 본권관계, 타인지배의 배제가능성 등을 고려하여 사회관념에 따라 합목적적으로 판단하여야 할 것이며, 특히 임야에 대한 점유의 이전이나 점유의 계속은 반드시 물리적이고 현실적인 지배를 요한다고 볼 것은 아니고 관리나 이용의 이전이 있으면 인도가 있었다고 보아야 하고, 임야에 대한 소유권을 양도하는 경우라면 그에 대한 점유의 지배권도 넘겨지는 것이 거래에 있어서 통상적인 형태라고 할 것이다(당해 토지와 주위의 다른 토지들을 매수한 후 합병하여 하나의 토지로 만들었고 주위에 겹담장을 축조하여 사용한 경우, 당해 토지를 계속 점유하여 온 것으로 본 사례)[**대법원 1997. 4. 25. 97 다 4838**].

3) 인접 대지의 경계를 침범하여 건물을 소유하고 있던 점유자가 그 대지 부분에 대한 취득시효가 완성되었으나 이를 자신의 소유로 알고 원소유자에 대하여 취득시효완성을 이유로 그 권리를 주장하거나 이전등기청구권을 행사하지 아니하다가 취득시효완성 사실을 모르고 있던 원소유자가 그 대지 부분에 건물을 신축한 후에 취득시효완성을 원인으로 소유권이전등기를 경료한 경우, 원소유자가 건물을 신축함으로써 점유자의 그 대지 부분에 대한 점유의 상태가 변경된 뒤에야 점유자가 그 대지 부분에 관한 소유권이전등기를 경료하였으므로, 점유자로서는 그 지상에 위 건물이 존재한 상태로 대지의 소유권을 취득하였다고 할 것이어서 원소유자에 대하여 위 건물의 철거를 구할 수 없다[**대법원 1999. 7. 9. 97 다 53632**].

4) 토지를 매수·취득하여 점유를 개시함에 있어서 매수인이 인접 토지와의 경계선을 정확하게 확인하여 보지 아니하여 착오로 인접 토지의 일부를 그가 매수·취득한 토지에 속하는 것으로 믿고서 점유하고 있다면 인접 토지의 일부에 대한 점유는 소유의 의사에 기한 것이므로, 자신 소유의 대지 위에 건물을 건축하면서 인접 토지와의 경계선을 정확하게 확인해 보지 아니한 탓에 착오로 건물이 인접 토지의 일부를 침범하게 되었다고 하더라도 그것이 착오에 기인한 것인 이상 그것만으로 그 인접 토지의 점유를 소유의 의사에 기한 것이 아니라고 단정할 수는 없다고 할 것이나, 일반적으로 자신 소유의 대지 위에 새로 건물을 건축하고자 하는 사람은 건물이 자리잡을 부지 부분의 위치와 면적을 도면 등에 의하여 미리 확인한 다음 건축에 나아가는 것이 보통이라고 할 것이므로, 그 침범 면적이 통상 있을 수 있는 시공상의 착오 정도를 넘어 상당한 정도에까지 이르는 경우에는 당해 건물의 건축주는 자신의 건물이 인접 토지를 침범하여 건축된다는 사실을 건축 당시에 알고 있었다고 보는 것이 상당하다고 할 것이고, 따라서 그 침범으로 인한 인접 토지의 점유는 권원의 성질상 소유의 의사가 있는 점유라고 할 수 없다[**대법원 2001. 5. 29. 2001 다 5913**].

5) 유익비상환청구에 관하여 민법 제203조 제2항은 점유자가 점유물을 개량하기 위하여 지출한 금액 기타 유익비에 관하여는 그 가액의 증가가 현존한 경우에 한하여 회복자의 선택에 좇아 그 지출금액이나 증가액의 상환을 청구할 수 있다고 규정하고 있고, 민법 제626조 제2항은 임차인이 유익비를 지출한 경우에는 임대인은 임대차종료시에 그 가액의 증가가 현존한 때에 한하여 임차인의 지출한 금액이나 그 증가액을 상환하여야 한다고 규정하고 있으므로, 유익비의 상환범위는 점유자 또는 임차인이 유익비로 지출한 비용과 현존하는 증가액 중 회복자 또는 임대인이 선택하는 바에 따라 정하여진다고 할 것이고, 따라서 유익비상환의무자인 회복자 또는 임대인의 선택권을 위하여 그 유익비는 실제로 지출한 비용과 현존하는 증가액을 모두 산정하여야 할 것이다[**대법원 2002. 11. 22. 2001 다 40381**].

6) 구 산림법(2001. 5. 24. 법률 제6477호로 개정되기 전의 것) 제90조 제11항, 제12항이 산림의 형질변경허가를 받지 아니하거나 신고를 하지 아니하고 산림을 형질변경한 자에 대하여 원상회복에 필요한 조치를 명할 수 있고, 원상회복명령을 받은 자가 이를 이행하지 아니한 때에는 행정대집행법을 준용하여 원상회복을 할 수 있도록 규정하고 있는 점에 비추어, 원상회복명령에 따른 복구의무는 타인이 대신하여 행할 수 있는 의무로서 일신전속적인 성질을 가진 것으로 보기 어려운 점, 같은 법 제4조가 법에 의하여 행한 처분·신청·신고 기타의 행위는 토지소유자 및 점유자의 승계인 등에 대하여도 그 효력이 있다고 규정하고 있는 것은 산림의 보호·육성을 통하여 국토의 보전 등을 도모하려는 법의 목적을 감안하여 법에 의한 처분 등으로 인한 권리와 아울러 그 의무까지 승계시키려는 취지인 점 등에 비추어 보면, 산림을 무단형질변경한 자가 사망한 경우 당해 토지의 소유권 또는 점유권을 승계한 상속인은 그 복구의무를 부담한다고 봄이 상당하고, 따라서 관할 행정청은 그 상속인에 대하여 복구명령을 할 수 있다고 보아야 한다[**대법원 2005. 8. 19. 2003 두 9817·9824**].

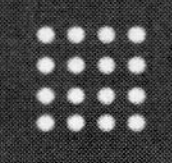

제3장 소유권

제1절 소유권의 한계

소유권(所有權)이란 법률의 범위 내에서 목적물을 전면적으로 지배하고 사용·수익·처분할 수 있는 권리를 말한다. 소유권은 가장 전형적인 물권으로서 법적으로는 모든 물권의 모체가 될 뿐만 아니라 재산권 전체의 지주가 된다. 따라서 소유자는 그 소유에 속한 물건을 점유한 자에 대하여 반환을 청구할 수 있으며(소유물반환청구권), 소유권을 방해하는 자에 대하여 방해의 제거를 청구할 수 있고(소유물방해제거청구권), 소유권을 방해할 염려가 있는 행위를 하는 자에 대하여 그 예방이나 손해배상의 담보를 청구할 수 있다(소유물방해예방청구권).

민법상 서로 인접하는 부동산소유권 사이에서 각자의 이용을 다하게 하기 위하여 소유권의 내용을 조절하는 규정들이 있는데 이를 상린관계(相隣關係)라고 한다. 만일 서로 인접한 부동산의 소유자가 각자의 소유권을 무제한으로 주장한다면, 그들의 부동산의 완전한 이용은 바랄 수 없게 된다. 그러므로 각 소유자가 가지는 권리를 어느 정도 제한하거나 혹은 소유자에게 협력할 의무를 부담케 하려는 것이 바로 상린관계의 규정이며, 그러한 상린관계로부터 발생하는 권리를 상린권(相隣權)이라 한다. 상린관계의 주요한 내용은 다음과 같다.

① 건물의 구분소유자간의 상린관계: 소유권의 객체는 개개의 독립한 물건이므로 건물도 1동(棟)이 한 개의 물건이 되는 것이 원칙이다. 그러나 예외적으로 1동의 건물을 수 개로 구분하여 수인이 각각 그 부분을 소유하는 것이 인정된다. 이것을 '건물의 구분소유(區分所有)'라고 한다. 이 경우에 건물과 그 부속물 중 공용하는 부분(낭하·벽·공동화장실 등)은 그 구분소유자들의 공유(共有)로 추정되며, 그 보존비 기타의 비용은 각자의 소유부분의 가액(價額)에 비례하여 부

담한다.

② 인지(隣地)사용청구권: 토지소유자는 경계나 그 근방에서 담 또는 건물을 축조하거나 수선하기 위하여 필요한 범위 내에서 이웃 토지의 사용을 청구할 수 있다. 그러나 이웃사람의 승낙이 없으면 그 주거에 들어가지 못하며, 만일 이웃사람이 손해를 받은 때에는 보상을 청구할 수 있다.

③ 생활방해의 금지와 인용: 생활방해(生活妨害)라 함은 매연·열·기체·액체·음향·진동 기타 이와 유사한 것으로 이웃 토지의 사용을 방해하거나 이웃 거주자의 생활에 고통을 주는 것을 말한다. 생활방해는 원칙적으로 금지되지만, 생활방해가 토지의 통상의 용도에 따르는 적당한 것일 때에는 이웃 거주자가 이를 인용(忍容)해야 한다.

④ 수도 등 시설권: 토지소유자는 타인의 토지를 통과하지 않으면 필요한 수도, 소수관(疏水管), 가스관, 전선 등을 시설할 수 없거나 과다한 비용을 요하는 경우에는 타인의 토지를 통과하여 이를 시설할 수 있다. 그러나 이로 인한 손해가 가장 적은 장소와 방법을 선택하여 이를 시설할 것이며 타토지(他土地)의 소유자의 청구에 의하여 손해를 보상해야 한다. 만일 시설을 한 후에 사정의 변경이 있는 때에는 타토지의 소유자는 그 시설의 변경을 청구할 수 있으며, 이 때 시설변경의 비용은 토지소유자가 부담한다.

⑤ 주위토지통행권: 어느 토지와 공로(公路) 사이에 그 토지의 용도에 필요한 통로가 없는 경우에 그 토지소유자는 주위의 토지를 통행 또는 통로로 하지 않으면 공로에 출입할 수 없거나 과다한 비용을 요하는 때에는 그 주위의 토지를 통행할 수 있고 필요한 경우에는 통로를 개설할 수 있다. 그러나 이로 인한 손해가 가장 적은 장소와 방법을 선택해야 하며, 통행권자는 통행지소유자의 손해를 보상해야 한다.

⑥ 물에 관한 상린관계: 토지소유자는 이웃 토지로부터 자연히 흘러오는 물, 즉 자연유수(自然流水)를 막지 못한다. 이를 승수의무(承水義務)라고 한다. 고지(高地) 소유자는 이웃 저지(低地)로 자연히 흘러내리는 이웃 저지에서 필요한 물을 자기의 정당한 사용범위를 넘어서 이를 막지 못한다. 한편 인공적 배수를 위하여 타인의 토지를 사용하는 것은 원칙적으로 금지된다. 가령 토지소유자는 처마물이 이웃에 직접 낙하하지 않도록 적당한 시설을 해야 한다. 그리고 고지소유자는 침수지를 건조하기 위하여 또는 가용이나 농·공업용의 여수(餘

水)를 소통하기 위하여 공로(公路), 공류(公流) 또는 하수도에 달하기까지 저지에 물을 통과하게 할 수 있다(여수소통권). 이 때 저지의 손해가 가장 적은 장소와 방법을 선택하여야 하며 손해를 보상하여야 한다. 또한 토지소유자는 과다한 비용이나 노력을 요하지 않고서는 가용이나 토지이용에 필요한 물을 얻기 곤란한 때에는 이웃토지소유자에게 보상하고 여수의 급여를 청구할 수 있다(여수급여청구권).

⑦ 경계표·담의 설치권: 인접하여 토지를 소유하는 자는 공동의 비용으로 통상의 경계표나 담을 설치할 수 있다. 그 비용은 특별한 관습이 없는 한 쌍방이 절반으로 하고, 측량비용은 토지의 면적에 비례하여 분담한다. 또한 인지소유자는 자기의 비용으로 담의 재료를 통상보다 양호한 것으로 할 수 있으며, 그 높이를 통상보다 높게 하거나 방화벽 기타 특수시설을 할 수 있다.

⑧ 수지(樹枝)·목근(木根)의 제거권: 인접지의 수목의 가지가 경계를 넘은 때에는 그 소유자에 대하여 가지의 제거를 청구할 수 있다. 이 때 소유자가 이 청구에 응하지 않을 때에는 청구자가 직접 이를 제거할 수 있다. 인접지의 수목의 뿌리가 경계를 넘은 때에는 그 제거의 청구 없이 상린자가 임의로 이를 제거할 수 있다. 이 때 제거된 수목의 가지나 뿌리는 제거자의 소유에 속한다.

⑨ 건축의 제한: 건물을 축조함에는 특별한 관습이 없으면 경계로부터 '반 미터' 이상의 거리를 두어야 한다. 이에 반하는 경우에 인접지 소유자는 건물의 변경이나 철거를 청구할 수 있다. 그러나 건축에 착수한 후 1년을 경과하거나 건물이 완성된 후에는 손해배상만을 청구할 수 있다.

⑩ 차면시설의무: 경계로부터 2미터 이내의 거리에서 이웃 주택의 내부를 관망할 수 있는 창이나 마루를 설치하는 경우에는 적당한 차면시설을 해야 한다.

⑪ 지하시설 등에 대한 제한: 우물을 파거나 용수(用水)·하수(下水) 또는 오물 등을 저치(貯置)할 지하시설을 하는 때에는 경계로부터 2미터 이상의 거리를 두어야 하며, 저수지·구거(溝渠) 또는 지하실공사에는 경계로부터 그 깊이의 반 이상의 거리를 두어야 한다. 이러한 공사를 함에는 토사가 붕괴하거나 하수 또는 오액(汚液)이 이웃에 흐르지 않도록 적당한 조치를 해야 한다.

▶ 관련판례

1) 종합병원의 시체실 설치는 불요불가결한 것이므로 인접지 거주자인 원고가 불쾌감 등 고통을 받게 된다 할지라도 사회통념상 일반적으로 수인하여야 할 정도의 것이면 이를 수인하여야 한다[**대법원** 1974. 12. 24. 68 다 1489].

2) 지하시설을 하는 경우에 있어서 경계로부터 두어야 할 거리에 관한 사항 등을 규정한 민법 제244조는 강행규정이라고는 볼 수 없으므로 이와 다른 내용의 당사자간의 특약을 무효라고 할 수 없다[**대법원** 1982. 10. 26. 80 다 1634].

3) 주위토지통행권은 주위토지 소유자의 토지에 대한 독점적인 사용권을 제한하는 권리로서 인접한 토지소유자 간의 이해를 조정하는데 목적이 있으므로, 통행에 지장을 주지 아니하는 범위 내에서 주위토지 소유자의 손해가 가장 적은 장소와 방법을 선택하여야 하며, 통로의 위치나 범위는 일률적으로 정할 수 없고, 당해 토지의 지목과 그에 따른 이용의 필요성 등 구체적 사정에 따라 달라지는 것이다[**대법원** 1995. 2. 10. 94 다 45869·45876(반소)].

4) 인접 대지 위에 건축 중인 아파트가 24층까지 완공되는 경우, 그로 인해 대학교의 교육 및 연구활동이 방해받게 된다면, 그 방해가 사회통념상 일반적으로 수인할 정도를 넘어선다고 인정되는 한 그것이 민법 제217조 제1항(생활방해금지)에 해당하는지 여부를 떠나 그 소유권에 기하여 그 방해의 제거나 예방을 청구할 수 있다[**대법원** 1995. 9. 15. 95 다 23378].

5) 인접 대지에 건물이 건축됨으로 인하여 입는 환경 등 생활이익의 침해를 이유로 건축공사의 금지를 청구하는 경우, 그 침해가 사회통념상 일반적으로 수인할 정도를 넘어서는지의 여부는 피해의 성질 및 정도, 피해이익의 공공성, 가해행위의 태양, 가해행위의 공공성, 가해자의 방지조치 또는 손해회피의 가능성, 인·허가관계 등 공법상 기준에의 적합여부, 지역성, 토지이용의 선후관계 등 모든 사정을 종합적으로 고려하여 판단하여야 한다[**대법원** 1997. 7. 22. 96 다 56153].

6) 주위토지통행권은 어느 토지와 공로 사이에 그 토지의 용도에 필요한 통로가 없어서 주위의 토지를 통행하거나 통로를 개설하지 않고서는 공로에 출입할 수 없는 경우 또는 통로가 있더라도 당해 토지의 이용에 부적합하여 실제로 통로로서의 충분한 기능을 하지 못하는 경우에 인정되는 것이므로, 일단 주위토지통행권이 발생하였다고 하더라도 나중에 그 토지에 접하는 공로가 개설됨으로써 주위토지통행권을 인정할 필요성이 없어진 때에는 그 통행권은 소멸한다[**대법원** 1998. 3. 10. 97 다 47118].

7) 저당권은 경매절차에 있어서 실현되는 저당부동산의 교환가치로부터 다른 채권자에 우선하여 피담보채권의 변제를 받는 것을 내용으로 하는 물권으로, 부동산의 점유를 저당권자에게 이전하지 않고 설정되고, 저당권자는 원칙적으로 저당부동산의 소유자가 행하는 저당부동산의 사용 또는 수익에 관하여 간섭할 수 없고, 다만 저당부동산에 대한 점유가 저당부동산의 본래의 용법에 따른 사용·수익의 범위를 초과하여 그 교환가치를 감소시키거나, 점유자에게 저당권의 실현을 방해하기 위하여 점유를 개시하였다는 점이 인정되는 등, 그 점유로 인하여 정상적인 점유가 있는 경우의 경락가격과 비교하여 그 가격이 하락하거나 경매절차가 진행되지 않는 등 저당권의 실현이 곤란하게 될 사정이 있는 경우에는 저당권의 침해가 인정될 수 있다[**대법원** 2005. 4. 29. 2005 다 3243].

제2절 소유권의 취득

소유권의 취득원인으로서 가장 중요한 것은 법률행위이지만 그 외에도 특수한 소유권취득원인이 있다. 우선 취득시효(取得時效)에 의한 소유권취득에 관해서 살펴보면 부동산의 경우는 20년간 소유의 의사로 평온·공연하게 부동산을 점유한 자가 등기함으로써 그 소유권을 취득하는 한편 동산의 경우는 10년간 소유의 의사로 평온·공연하게 동산을 점유한 자가 그 소유권을 취득하게 된다. 또한 평온·공연하게 동산을 양수한 자가 선의이며 과실 없이 그 동산을 점유한 경우에는 양도인이 정당한 소유자가 아닌 때에도 즉시 그 동산의 소유권을 취득하도록 하는 이른바 선의취득(善意取得)을 인정하고 있다. 이러한 선의취득은 게르만법의 '사람은 자기가 신뢰를 준 곳에서 그것을 찾아야 한다'는 법언에 그 연혁을 두고 있으며, 점유를 떠난 소유권에의 강력한 보호와 아울러 거래의 안전을 기하는 제도로서 동산의 경우에만 인정된다. 이 때 그 동산이 도품(盜品)이나 유실물(遺失物)인 때에는 피해자 또는 유실자는 도난 또는 유실한 날로부터 2년내에 그 물건의 반환을 청구할 수 있다. 그러나 도품이나 유실물이 금전인 때에는 그 반환을 청구할 수 없다. 만일 양수인이 도품 또는 유실물을 경매나 공개시장에서 또는 동 종류의 물건을 판매하는 상인에게서 선의로 매수한 때에는 피해자 또는 유실자는 양수인이 지급한 대가를 변상하고 그 물건의 반환을 청구할 수 있다.

다음으로 무주물선점・유실물습득・매장물발견에 관하여 살펴보면 다음과 같다.

㉠ 무주물선점(無主物先占)의 경우, 즉 무주의 동산을 소유의 의사로써 점유한 자는 그 소유권을 취득한다. 선점의 객체는 동산에 한하며 무주의 부동산은 언제나 국유가 된다. 또한 동산이라도 문화재는 언제나 국유가 된다. 야생의 동물은 무주물이며 사육하는 야생동물이 다시 야생상태로 돌아가면 무주물이 된다.

㉡ 유실물습득(遺失物拾得)의 경우, 즉 유실물을 습득한 자가 이를 경찰관서에 제출하면 유실물법의 규정에 따라 이를 공고하고, 공고 후 1년내에 소유자가 나타나지 않으면 습득자가 그 소유권을 취득한다. 만일 유실물의 소유자가 나타나면 습득자와 소유자간에는 사무관리(事務管理)가 있게 되며, 특히 유실물법은 습득자에게 유실물 가액의 100분의 5 내지 100분의 20의 범위 내에서 보상금을 지급할 것을 규정하고 있다. 문화재는 습득의 객체가 되지 않는다.

㉢ 매장물발견(埋藏物發見)의 경우, 즉 매장물을 발견한 자가 이를 경찰관서에 제출하면 역시 유실물법에 의하여 공고하고 1년내에 소유자가 알려지지 않으면 발견자가 그 소유권을 취득한다. 그러나 타인의 물건 속에서 발견한 때에는 그 물건의 소유자와 절반하여 취득한다. 보상금은 유실물에 있어서와 같으며, 문화재는 국유가 된다.

민법상 첨부(添附)란 부합・혼화・가공을 총칭하는 개념으로 소유자가 각기 다른 두 개 이상의 물건이 결합하여 사회통념상 분리하는 것이 불가능하게 된 때(부합・혼화) 또는 물건과 이에 가하여진 노력이 결합하여 사회관념상 분리하는 것이 불가능하게 된 때(가공) 이를 원상에 회복시키는 것이 물리적으로 가능하다 하더라도 사회경제상 대단히 불리하므로 복구를 허용하지 않고 그것을 하나의 물건으로 어느 누구의 소유에 귀속시키려는 제도를 말한다. 즉 어떤 물건에 다른 물건을 결합시키거나 노력을 가하여 한 개의 물건이 만들어졌을 때 이를 분리하게 되면 성질이 파괴되거나 과다한 비용을 요하는 경우에 어느 한 쪽에 소유권을 인정하는 제도이다. 첨부로 인하여 손해를 받은 자는 부당이득에 관한 규정에 의하여 보상을 청구할 수 있다.

㉠ 부합(附合)이란 소유자를 달리하는 수 개의 물건이 결합하여 한 개의 물건으로 되는 것을 말한다. 가령 갑의 반지에 을의 보석을 박는 것과 같이 별개의 사람의 소유에 속하는 두 개 이상의 물건이 어떠한 이유로 결합하여 사회경제적으로 보아 분리하는 것이 불가능하

거나 혹은 과다한 비용을 지출하지 않고서는 분리할 수 없게 되는 상태 또는 그 행위를 말한다. 민법 제256조(부동산에의 부합)에 의하면 「부동산의 소유자는 그 부동산에 부합한 물건의 소유권을 취득한다. 그러나 타인의 권원에 의하여 부속된 것은 그러하지 아니하다」라고 규정하고 있다. 이 때 권원(權原)이란 타인의 부동산에 지상물을 부속시킬 권능을 그 내용으로 포함하는 부동산 이용권을 말하며, 지상권·전세권·임차권·공사수급인의 권리 등을 들 수 있다. 또한 부속(附屬)이란 동산이 부동산의 본체적 구성부분으로 되지 아니할 정도로 부착된 것을 말하며, 독립성을 요한다는 의미이다. 결국 제256조에 의하여 부속시킨 자의 소유가 되려면 권원과 독립성이라는 두 가지 요건이 요구된다. 민법 제257조(동산간의 부합)에 의하면 「동산과 동산이 부합하여 훼손하지 아니하면 분리할 수 없거나 그 분리에 과다한 비용을 요할 경우에는 그 합성물의 소유권은 주된 동산의 소유자에게 속한다. 부합한 동산의 주종을 구별할 수 없는 때에는 동산의 소유자는 부합 당시의 가액의 비율로 합성물을 공유한다」라고 규정하고 있다.

㉡ 혼화(混和)란 각각 다른 소유자에게 속하는 동산이 혼화하여 식별할 수 없게 된 것을 말하는데, 이에는 고정종류물(곡물·금전)의 혼합과 유동종류물(술·기름)의 융화가 있다. 혼화는 일종의 동산의 부합의 성질을 가진다. 따라서 혼화에 관하여는 동산간의 부합에 관한 민법규정이 준용된다.

㉢ 가공(加工)이란 타인의 동산에 공작(인간의 노력)을 가하여 새로운 물건을 만들어내는 것을 말한다. 이처럼 물건과 노동력의 합체에 의해 소유권이 취득될 수 있다. 가령 갑 소유의 가죽을 을이 자기의 것이라고 잘못 생각하여 구두를 만든 것과 같이 타인의 동산에 노동력을 가하여 새로운 물건을 만들어내는 것이 가공이다. 민법 제259조(가공)에 의하면 「① 타인의 동산에 가공한 때에는 그 물건의 소유권은 원재료의 소유자에게 속한다. 그러나 가공으로 인한 가액의 증가가 원재료의 가액보다 현저히 다액인 때에는 가공자의 소유로 한다. ② 가공자가 재료의 일부를 제공하였을 때에는 그 가액은 전항의 증가액에 가산한다」라고 규정하고 있다.

▶ 관련판례

1) 부동산 소유자가 행방불명되어 현재 그 생사 여부를 알 수 없다는 점만으로는 그 부동산이 바로 무주(無主)의 부동산으로 된다고는 볼 수 없으므로, 국가가 그 부동산 소유자의 사망사실 및 상속인이 전혀 없다는 점에 대한 입증 없이 단순히 국유재산법 제8조의 규정에 따라 무주부동산으로 공고하여 국유재산으로 지정하였다고 해서 그 소유권을 취득하였다고 할 수는 없다[**대법원** 1997. 11. 28. 97 다 23860].

2) 타인의 토지상에 권원 없이 식재한 수목의 소유권은 토지소유자에게 귀속하고 권원에 의하여 식재한 경우에는 그 소유권이 식재한 자에게 있으므로, 권원 없이 식재한 감나무에서 감을 수확한 것은 절도죄에 해당한다[**대법원** 1998. 4. 24. 97 도 3425].

3) 취득시효는 당해 부동산을 오랫동안 계속하여 점유한다는 사실상태를 일정한 경우에 권리관계로 높이려고 하는 데에 그 존재이유가 있는 점에 비추어 보면, 시효취득의 목적물은 타인의 부동산임을 요하지 않고 자기 소유의 부동산이라도 시효취득의 목적물이 될 수 있다고 할 것이고, 취득시효를 규정한 민법 제245조가 '타인의 물건인 점'을 규정에서 빼놓은 것도 같은 취지에서라고 할 것이다[**대법원** 2001. 7. 13. 2001 다 17572].

4) [1] 건물이 증축된 경우에 증축부분이 기존건물에 부합된 것으로 볼 것인가 아닌가 하는 점은 증축부분이 기존건물에 부착된 물리적 구조뿐만 아니라 그 용도와 기능의 면에서 기존건물과 독립한 경제적 효용을 가지고 거래상 별개의 소유권 객체가 될 수 있는지의 여부 및 증축하여 이를 소유하는 자의 의사 등을 종합하여 판단하여야 한다.
[2] 기존건물 및 이에 접한 신축건물 사이의 경계벽체를 철거하고 전체를 하나의 상가건물로 사용한 경우, 제반 사정에 비추어 신축건물이 기존건물에 부합되어 1개의 건물이 되었다고 볼 수 없다.
[3] 건물의 증축부분이 기존건물에 부합하여 기존건물과 분리하여서는 별개의 독립건물로서 효용을 가지지 못하는 이상, 기존건물에 대한 경매절차에서 경매목적물로 평가되지 아니하였다 하더라도, 경락인은 부합된 증축부분의 소유권을 취득한다.
[4] 법원의 석명권 행사는 당사자의 진술에 모순, 흠결이 있거나 애매하여 그 진술의 취지를 알 수 없을 때 이를 보완하여 명료하게 하거나 입증책임이 있는 당사자에게 입증을 촉구하는 것을 내용으로 하는 것이지, 당사자가 주장하지도 않은 법률효과에 관한 요건사실이나 공격방어의 방법을 시사하여 그 제출을 권유함과 같은 행위는 변론주의의 원칙에 위배되어 허용되지 아니한다[**대법원** 2002. 5. 10. 99 다 24256].

5) 부동산점유취득시효는 20년의 시효기간이 완성한 것만으로 점유자가 곧바로 소유권을 취득하는 것은 아니고 민법 제245조에 따라 점유자 명의로 등기를 함으로써 소유권을 취득하게 되며, 이는 원시취득에 해당하므로 특별한 사정이 없는 한 원소유자의 소유권에 가하여진 각종 제한에 의하여 영향을 받지 아니하는 완전한 내용의 소유권을 취득하게 되고, 이와 같은 소유권취득의 반사적 효과로서 그 부동산에 관하여 취득시효의 기간이 진행 중에 체결되어 소유권이전등기청구권가등기에 의하여 보전된 매매예약상의 매수인의 지위는 소멸된다고 할 것이지만, 시효기간이 완성되었다고 하더라도 점유자 앞으로 등기를 마치지 아니한 이상 전 소유권에 붙어 있는 위와 같은 부담은 소멸되지 아니한다[**대법원 2004. 9. 24. 2004 다 31463**].

제3절 공동소유

하나의 물건을 2인 이상이 소유하는 것을 공동소유(共同所有)라고 하는데, 민법은 그 유형으로 공유·합유·총유의 세 가지를 인정한다.

㉠ 공유(共有): 물건이 지분에 의하여 수인의 소유로 된 때에는 공유로 하며, 공유자의 지분은 균등한 것으로 추정한다. 공유자는 그 지분을 처분할 수 있고, 공유물 전부를 지분의 비율로 사용·수익할 수 있다. 그러나 공유자는 다른 공유자의 동의 없이 공유물을 처분하거나 변경하지 못한다. 공유물의 관리에 관한 사항은 공유자의 지분의 과반수로써 결정하지만, 보존행위는 각자가 할 수 있다. 공유자는 그 지분의 비율로 공유물의 관리비용 기타 의무를 부담하며, 만일 공유자가 1년 이상 그 의무이행을 지체한 때에는 다른 공유자는 상당한 가액으로 지분을 매수할 수 있다. 공유자가 그 지분을 포기하거나 상속인 없이 사망한 때에는 그 지분은 다른 공유자에게 각 지분의 비율로 귀속한다. 공유자는 공유물의 분할을 청구할 수 있지만, 5년내의 기간으로 분할하지 아니할 것을 약정할 수도 있다. 분할의 방법에 관하여 협의가 성립되지 아니한 때에는 공유자는 법원에 그 분할을 청구할 수 있고, 현물로 분할할 수 없거나 분할로 인하여 현저히 그 가액이 감손될 염려가 있는 때에는 법원은 물건의 경매를 명할 수 있다. 공유자는 다른 공유자가 분할로 인하여 취득한 물건에 대하여 그 지분의 비율로 매도인과 동일한 담보책임이 있다.

㉡ 합유(合有): 법률의 규정 또는 계약에 의하여 수인의 조합체로

서 물건을 소유하는 때에는 합유로 한다. 합유자의 권리는 합유물 전부에 미친다. 합유물을 처분 또는 변경함에는 합유자 전원의 동의가 있어야 하지만, 보존행위는 각자가 할 수 있다. 합유자는 전원의 동의 없이 합유물에 대한 지분을 처분하지 못하며, 합유물의 분할을 청구하지 못한다. 합유는 조합체의 해산 또는 합유물의 양도로 인하여 종료한다.

ⓒ 총유(總有): 법인이 아닌 사단의 사원이 집합체로서 물건을 소유할 때에는 총유로 한다. 총유물의 관리 및 처분은 사원총회의 결의에 의하며, 각 사원은 정관 기타의 규약에 좇아 총유물을 사용·수익할 수 있다. 총유물에 관한 사원의 권리의무는 사원의 지위를 취득상실함으로써 취득상실된다.

	공 유	합 유	총 유
인적 결합형태	공동소유자 사이에 아무런 인적 결합관계가 없는 형태 (예) 하나의 토지를 여러 사람이 매수하는 경우	조합체 (예) 공장을 함께 경영할 목적으로 여러 사람이 공동으로 토지를 매수하는 경우	권리능력 없는 사단 (예) 문중 또는 교회가 토지를 매수하는 경우
지분의 처분	각 공유자가 목적물에 대하여 가지는 소유의 비율이 지분(持分)인데, 이것은 보통의 소유권과 같다. 따라서 각 공유자는 원칙적으로 그 지분을 자유롭게 처분할 수 있다.	공동목적 하에 결합되어 있기 때문에, 조합원 이외의 제3자가 들어올 결과를 초래하는 지분의 처분 등은 매우 제한된다.	사단 자체가 목적물에 대한 처분권한을 가지는 점에서, 각 공동소유자(사원)는 공유에서와 같은 지분을 갖지 못한다. 한편 총유물에 관한 사원의 권리(사용수익권)는 이를 양도하거나 상속의 목적으로 하지 못한다.
분할청구	각 공유자는 언제든지 분할을 청구하여 공유관계를 종료시킬 수 있다.	조합체가 존속하는 한 합유물의 분할은 청구할 수 없다. 합유물을 분할하려면 조합체를 해산, 공유관계로 전환시켜야만 한다.	분할청구를 할 수 없다.
처분 및 변경	공유자 전원의 동의가 있어야 한다.	합유자 전원의 동의가 있어야 한다.	사원총회의 결의가 있어야 한다.
사 용	지분의 비율로 사용한다.	조합계약 기타 규약의 정함에 따른다.	정관 기타 규약의 정함에 따른다.
부동산의 경우 등기방식	공유자 전원의 명의로 등기하되, 그 지분을 기재한다.	합유자 전원의 명의로 등기하되, 합유의 취지를 기재한다.	권리능력 없는 사단 자체의 명의로 등기를 한다.

▶ **관련판례**

1) 여러 명이 각기 공유지분 비율에 따라 특정 부분을 독점적으로 소유하고 있는 토지 중 공유자 1인이 독점적으로 소유하고 있는 부분에 대하여 취득시효가 완성된 경우, 공유자 사이에 그와 같은 구분소유적 공유관계가 형성되어 있다 하더라도 이로써 제3자인 시효취득자에게 대항할 수는 없는 법리이므로, 그 토지 부분과 무관한 다른 공유자들도 그 토지 부분에 관한 각각의 공유지분에 대하여 취득시효완성을 원인으로 한 소유권이전등기절차를 이행할 의무가 있다[**대법원** 1997. 6.13. 97 **다** 1730].

2) 합유지분 포기가 적법하다면 그 포기된 합유지분은 나머지 잔존 합유지분권자들에게 균분으로 귀속하게 되지만 그와 같은 물권변동은 합유지분권의 포기라고 하는 법률행위에 의한 것이므로 등기하여야 효력이 있고 지분을 포기한 합유지분권자로부터 잔존 합유지분권자들에게 합유지분권 이전등기가 이루어지지 아니하는 한 지분을 포기한 지분권자는 제3자에 대하여 여전히 합유지분권자로서의 지위를 가지고 있다고 보아야 한다. 합유물에 관하여 경료된 원인무효의 소유권이전등기의 말소를 구하는 소송은 합유물에 관한 보존행위로서 합유자 각자가 할 수 있다[**대법원** 1997. 9. 9. 96 **다** 16896].

3) 재판에 의한 공유물분할은 각 공유자의 지분에 따른 합리적인 분할을 할 수 있는 한 현물분할을 하는 것이 원칙이나, 대금분할에 있어 '현물로 분할할 수 없다'는 요건은 이를 물리적으로 엄격하게 해석할 것은 아니고, 공유물의 성질, 위치나 면적, 이용상황, 분할 후의 사용가치 등에 비추어 보아 현물분할을 하는 것이 곤란하거나 부적당한 경우를 포함한다 할 것이고, '현물로 분할을 하게 되면 현저히 그 가액이 감손될 염려가 있는 경우'라는 것도 공유자의 한 사람이라도 현물분할에 의하여 단독으로 소유하게 될 부분의 가액이 분할 전의 소유지분 가액보다 현저하게 감손될 염려가 있는 경우도 포함한다[**대법원** 2001. 3. 9. 98 **다** 51169].

4) 교회는 일반적으로 권리능력 없는 사단이라 할 것이므로, 그 재산의 귀속형태는 총유로 봄이 상당하고, 따라서 교회재산의 관리와 처분은 그 교회의 정관 기타 규약에 의하되 그것이 없는 경우에는 그 소속교회 교인들 총회의 과반수 결의에 의하여야 하므로, 토지나 건축물을 소유한 교회가 재개발조합의 설립 및 사업시행에 대하여 동의를 하는 경우에도 정관 기타 규약이 없으면 교인들 총회의 과반수 결의에 의하여야 한다[**대법원** 2001. 6. 15. 99 **두** 5566].

5) [1] 토지의 공유자는 각자의 지분 비율에 따라 토지 전체를 사용·수익할 수 있지만, 그 구체적인 사용·수익 방법에 관하여 공유자들 사이에 지분 과반

수의 합의가 없는 이상, 1인이 특정 부분을 배타적으로 점유·사용할 수 없는 것이므로, 공유자 중의 일부가 특정 부분을 배타적으로 점유·사용하고 있다면, 그들은 비록 그 특정 부분의 면적이 자신들의 지분 비율에 상당하는 면적 범위 내라고 할지라도, 다른 공유자들 중 지분은 있으나 사용·수익은 전혀 하지 않고 있는 자에 대하여는 그 자의 지분에 상응하는 부당이득을 하고 있다고 보아야 할 것인바, 이는 모든 공유자는 공유물 전부를 지분의 비율로 사용·수익할 권리가 있기 때문이다.
[2] 여러 사람이 공동으로 법률상 원인 없이 타인의 재산을 사용한 경우의 부당이득 반환채무는 특별한 사정이 없는 한 불가분적 이득의 반환으로서 불가분채무이고, 불가분채무는 각 채무자가 채무 전부를 이행할 의무가 있으며, 1인의 채무이행으로 다른 채무자도 그 의무를 면하게 된다[**대법원 2001. 12. 11. 2000 다 13948**].

6) [1] 계약을 체결하는 행위자가 타인의 이름으로 법률행위를 한 경우에 행위자 또는 명의인 가운데 누구를 계약의 당사자로 볼 것인가에 관하여는, 우선 행위자와 상대방의 의사가 일치한 경우에는 그 일치한 의사대로 행위자 또는 명의인을 계약의 당사자로 확정하여야 할 것이고, 행위자와 상대방의 의사가 일치하지 않는 경우에는 그 계약의 성질·내용·목적·체결경위 등 그 계약 체결 전후의 구체적인 제반 사정을 토대로 상대방이 합리적인 사람이라면 행위자와 명의자 중 누구를 계약당사자로 이해할 것인가에 의하여 당사자를 결정하여야 한다.
[2] 어떤 사람이 타인을 통하여 부동산을 매수함에 있어 매수인 명의 및 소유권이전등기 명의를 그 타인 명의로 하기로 하였다면 이와 같은 매수인 및 등기 명의의 신탁관계는 그들 사이의 내부적인 관계에 불과한 것이므로 특별한 사정이 없는 한 대외적으로는 그 타인을 매매 당사자로 보아야 한다.
[3] 어떤 사람이 타인을 통하여 부동산을 매수함에 있어 매수인 명의 및 소유권이전등기 명의를 타인 명의로 하기로 약정하였고 매도인도 그 사실을 알고 있어서 그 약정이 부동산 실권리자 명의 등기에 관한 법률 제4조의 규정에 의하여 무효로 되고 이에 따라 매매계약도 무효로 되는 경우에, 매매계약상의 매수인의 지위가 당연히 명의신탁자에게 귀속되는 것은 아니지만, 그 무효사실이 밝혀진 후에 계약상대방인 매도인이 계약명의자인 명의수탁자 대신 명의신탁자가 그 계약의 매수인으로 되는 것에 대하여 동의 내지 승낙을 함으로써 부동산을 명의신탁자에게 양도할 의사를 표시하였다면, 명의신탁약정이 무효로 됨으로써 매수인의 지위를 상실한 명의수탁자의 의사에 관계없이 매도인과 명의신탁자 사이에는 종전의 매매계약과 같은 내용의 양도약정이 따로 체결된 것으로 봄이 상당하고, 따라서 이 경우 명의신탁자는 당초의 매수인이 아니라고 하더라도 매도인에 대하여 별도의 양도약정을 원인으로 하는 소유권이전등기청구를 할 수 있다[**대법원 2003. 9. 5. 2001 다 32120**].

7) [1] 공유자 사이에 공유물을 사용·수익할 구체적인 방법을 정하는 것은 공유물의 관리에 관한 사항으로서 공유자의 지분의 과반수로써 결정하여야 할 것이고, 과반수 지분의 공유자는 다른 공유자와 사이에 미리 공유물의 관리방법에 관한 협의가 없었다 하더라도 공유물의 관리에 관한 사항을 단독으로 결정할 수 있으므로, 과반수 지분의 공유자가 그 공유물의 특정 부분을 배타적으로 사용·수익하기로 정하는 것은 공유물의 관리방법으로서 적법하다고 할 것이므로, 과반수 지분의 공유자로부터 사용·수익을 허락받은 점유자에 대하여 소수 지분의 공유자는 그 점유자가 사용·수익하는 건물의 철거나 퇴거 등 점유배제를 구할 수 없다.
[2] 과반수 지분의 공유자는 공유자와 사이에 미리 공유물의 관리방법에 관하여 협의가 없었다 하더라도 공유물의 관리에 관한 사항을 단독으로 결정할 수 있으므로 과반수 지분의 공유자는 그 공유물의 관리방법으로서 그 공유토지의 특정된 한 부분을 배타적으로 사용·수익할 수 있으나, 그로 말미암아 지분은 있으되 그 특정 부분의 사용·수익을 전혀 하지 못하여 손해를 입고 있는 소수지분권자에 대하여 그 지분에 상응하는 임료 상당의 부당이득을 하고 있다 할 것이므로 이를 반환할 의무가 있다 할 것이나, 그 과반수 지분의 공유자로부터 다시 그 특정 부분의 사용·수익을 허락받은 제3자의 점유는 다수지분권자의 공유물관리권에 터잡은 적법한 점유이므로 그 제3자는 소수지분권자에 대하여도 그 점유로 인하여 법률상 원인 없이 이득을 얻고 있다고는 볼 수 없다[**대법원** 2005. 5. 12. 2005 **다** 1827].

民法概論

제4장 지상권

지상권(地上權)이란 타인의 토지에서 건물 기타의 공작물이나 수목을 소유하기 위하여 그 토지를 사용할 수 있는 용익물권을 말한다. 지상권의 취득은 크게 법률행위·법률의 규정·관습법에 의한다.

① 법률행위에 의한 취득: 지상권은 토지소유자와 지상권을 취득하려는 자 사이의 지상권설정계약과 그 등기에 의하여 성립한다. 지상권의 등기에는 지상권설정의 목적과 범위를 기재하고, 등기원인에 존속기간·지료와 그 지급시기의 약정이 있는 때에는 이를 기재하여야 한다. 한편 설정계약 이외에 유언과 지상권의 양도에 의해서도 지상권을 승계취득할 수 있고, 이 경우에도 그 등기를 하여야 그 효력이 발생한다.

② 법률의 규정에 의한 취득: 지상권은 상속·공용징수·판결·경매 등 법률행위가 아닌 그 밖의 사유로 취득될 수 있으며, 이 경우 그 등기 없이도 지상권을 취득한다. 점유취득시효에 의해 지상권을 취득할 수도 있는데, 이 때 예외적으로 등기를 하여야 지상권을 취득한다. 한편 법률의 규정에 의해 지상권을 취득하는 중요한 사유로 법정지상권이 있다. 즉 우리 법제는 토지와 건물을 독립된 부동산으로 다루므로 토지와 건물의 소유자가 다를 수 있다. 만일 토지에 대한 사용권이 없이 타인의 토지에 건물을 지은 경우에는 그 건물은 토지소유권을 침해하는 것이 되어 토지소유자는 토지소유권에 기해 그 건물의 철거를 청구할 수 있게 된다. 그래서 토지사용권을 가지기 위해 임차권이나 지상권을 설정하게 된다. 그런데 가령 토지에 대한 임차권이나 지상권을 설정할 수 없는 상태에서 토지와 건물의 소유자가 다르게 되는 경우에까지 건물을 철거하여야 하는 것은 건물소유자에게 가혹하고 또 그에게 잘못이 있는 것도 아니므로, 법률은 위와 같은 경우에 한해서는 건물소유자가 토지에 대해 지상권을 취득하는 것으로 간주하는데, 이것이 법정지상권의 제도이다.

③ 관습법에 의한 지상권의 성립: 관습법에 의해 지상권과 유사한 물권이 인정되는 것으로서 관습법상 법정지상권과 분묘기지권이 있

다. 이 때 관습법상 법정지상권이란 일찍이 조선고등법원판결에서 "한국에 있어서의 관습"이라고 하여 인정한 것을 효시로 대법원에서 이를 받아들인 이래로 이에 관한 다수의 판례법리가 형성되어 있다. 즉 판례는 토지와 건물이 동일인의 소유에 속하였는데, 그 건물 또는 토지가 법률행위 또는 그 외의 원인에 의해 소유자가 달라지고, 당사자간에 그 건물을 철거한다는 특약이 없는 때에는 당연히 건물소유자는 토지소유자에 대하여 이른바 관습에 의한 법정지상권을 취득한다고 본다.

민법은 계약으로 지상권의 존속기간을 정하는 경우에 최단기간만을 제한하고 있다. 즉 석조(石造)・석회조(石灰造)・연와조(煉瓦造)와 같이 견고한 건물이나 수목의 소유를 목적으로 하는 때에는 30년, 그 이외의 건물의 소유를 목적으로 하는 때에는 15년, 건물 이외의 공작물(工作物)의 소유를 목적으로 하는 때에는 5년이 최단존속기간이다. 따라서 이들 기간보다 짧은 기간을 약정한 때에는 최단존속기간까지 연장된다. 존속기간을 약정하지 않은 지상권의 경우에도 위의 최단존속기간으로 한다. 한편 민법은 최장기간에 관해서는 아무런 제한을 두고 있지 않다. 따라서 설정계약에서 최단존속기간보다 긴 기간을 정하는 것은 무방하다. 그리고 민법 제283조(지상권자의 갱신청구권・매수청구권)에 의하면 「① 지상권이 소멸한 경우에 건물 기타 공작물이나 수목이 현존한 때에는 지상권자는 계약의 갱신을 청구할 수 있다. ② 지상권설정자가 계약의 갱신을 원하지 아니하는 때에는 지상권자는 상당한 가액으로 전항의 공작물이나 수목의 매수를 청구할 수 있다」라고 규정하고 있다. 이 때 계약의 갱신이란 소멸하려고 하는 지상권을 다시 존속시키기로 하는 당사자 사이의 합의를 말한다. 종래의 지상권이 그대로 유지되는 점에서 지상권이 소멸한 후 새로 지상권을 설정하는 경우와는 다르다. 갱신의 합의는 반드시 기간만료 후에 하여야 하는 것은 아니고 또한 지상권의 소멸원인이 무엇이든 관계없이 갱신의 합의를 할 수 있다.

지료(地料)가 토지에 관한 조세 기타 부담의 증감이나 지가(地價)의 변동으로 인하여 상당하지 아니하게 된 때에는 당사자는 그 증감을 청구할 수 있다(지료증감청구권). 만일 지상권자가 2년 이상의 지료를 지급하지 아니한 때에는 지상권설정자는 지상권의 소멸을 청구할 수 있다(지상권소멸청구권). 지하 또는 지상의 공간은 상하의 범위를 정하여 건물 기타 공작물을 소유하기 위한 지상권의 목적으로 할 수 있다. 이 경우 설정행위로써 지상권의 행사를 위하여 토지의 사용을 제한할 수 있다(구분지상권). 즉 구분지상권(區分地上權)은 토지의 지하 또는 공간을 계층적으로 구분한 부분에 설정하는 지상권으로서 지하 또는 지상의 공간을 상하의 범위로 정하여 건물 기타 공작물 등을 소유할 것을 목적으로 하는 지상권을 말한다. 육교·고가도로·지하철 등 토지이용의 입체화라는 새로운 요구를 제도적으로 반영할 필요성에서 입법화되었다.

▶ **관련판례**

1) 분묘기지권(墳墓基地權)이 성립하기 위하여는 봉분 등 외부에서 분묘의 존재를 인식할 수 있는 형태를 갖추고 있어야 하고, 평장되어 있거나 암장되어 있어 객관적으로 인식할 수 있는 외형을 갖추고 있지 아니한 경우에는 분묘기지권이 인정되지 아니한다[**대법원** 1991. 10. 25. 91 다 18040].

2) 민법 제287조가 토지소유자에게 지상권소멸청구권을 부여하고 있는 이유는 지상권은 성질상 그 존속기간 동안은 당연히 존속하는 것을 원칙으로 하는 것이나, 지상권자가 2년 이상의 지료를 연체하는 때에는 토지소유자로 하여금 지상권의 소멸을 청구할 수 있도록 함으로써 토지소유자의 이익을 보호하려는 취지에서 나온 것이라고 할 것이므로, 지상권자가 그 권리의 목적이 된 토지의 특정한 소유자에 대하여 2년분 이상의 지료를 지불하지 아니한 경우에 그 특정의 소유자는 선택에 따라 지상권의 소멸을 청구할 수 있으나, 지상권자의 지료 지급 연체가 토지소유권의 양도 전후에 걸쳐 이루어진 경우 토지양수인에 대한 연체기간이 2년이 되지 않는다면 양수인은 지상권소멸청구를 할 수 없다[**대법원** 2001. 3. 13. 99 다 17142].

3) 민법상 지상권의 존속기간은 최단기만이 규정되어 있을 뿐 최장기에 관하여는 아무런 제한이 없으며, 존속기간이 영구인 지상권을 인정할 실제의 필요성도 있고, 이러한 지상권을 인정한다고 하더라도 지상권의 제한이 없는 토지의 소유권을 회복할 방법이 있을 뿐만 아니라, 특히 구분지상권의 경우에는 존속기간이 영구라고 할지라도 대지의 소유권을 전면적으로 제한하지 아니한다는 점 등에 비추어 보면, 지상권의 존속기간을 영구로 약정하는 것도 허용된다[**대법원** 2001. 5. 29. 99 다 66410].

4) 지료증감청구권에 관한 민법 제286조의 규정에 비추어 볼 때, 특정 기간에 대한 지료가 법원에 의하여 결정되었다면 당해 당사자 사이에서는 그 후 위 민법규정에 의한 지료증감의 효과가 새로 발생하는 등의 특별한 사정이

없는 한 그 후의 기간에 대한 지료 역시 종전 기간에 대한 지료와 같은 액수로 결정된 것이라고 보아야 한다[**대법원** 2003. 12. 26. 2002 다 61934].

5) 지상권자는 지상권을 유보한 채 지상물 소유권만을 양도할 수도 있고 지상물 소유권을 유보한 채 지상권만을 양도할 수도 있는 것이어서 지상권자와 그 지상물의 소유권자가 반드시 일치하여야 하는 것은 아니며, 또한 지상권 설정시에 그 지상권이 미치는 토지의 범위와 그 설정 당시 매매되는 지상물의 범위를 다르게 하는 것도 가능하다[**대법원** 2006. 6. 15. 2006 다 6126·6133].

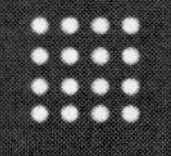

제5장 지역권

지역권(地役權)이란 일정한 목적을 위하여 타인의 토지를 자기 토지의 편익에 이용할 수 있는 용익물권을 말한다. 예컨대 자기의 토지의 편익을 위하여 타인의 토지를 통행하거나 혹은 타인의 토지로부터 물을 끌어오거나 혹은 타인의 토지에 전망을 방해하는 공작물을 건조하지 못하게 하는 것 등이다. 이 때 편익을 제공하는 토지를 승역지(承役地)라고 하고, 편익을 제공받는 토지를 요역지(要役地)라고 한다. 지역권의 내용으로서 '토지의 편익에 이용한다'는 것은 1차적으로 요역지의 사용가치를 증가시키는 것을 말하며, 이를 통해 그 소유자가 편익을 받는 관계를 의미한다. 즉 그 편익은 소유자에 직접 관계된 것이 아니라 토지 그 자체에 관계된 것이다. 그렇다고 해서 지역권은 승역지 소유자의 이용을 전적으로 배척하는 것은 아니며 요역지 소유자와의 공동이용을 꾀하는 것이 원칙이다. 예컨대 인수지역권(引水地役權)은 승역지 소유자에게도 용수케 하며 공작물의 공동사용도 가능하다. 민법 제300조(공작물의 공동사용)에 의하면 「① 승역지의 소유자는 지역권의 행사를 방해하지 아니하는 범위 내에서 지역권자가 지역권의 행사를 위하여 승역지에 설치한 공작물을 사용할 수 있다. ② 전항의 경우에 승역지의 소유자는 수익 정도의 비율로 공작물의 설치, 보존의 비용을 분담하여야 한다」라고 규정하고 있다.

지역권은 요역지소유권에 부종하여 이전하며, 지역권은 요역지와 분리하여 양도하거나 다른 권리의 목적으로 하지 못한다(부종성). 토지공유자의 1인은 지분에 관하여 그 토지를 위한 지역권 또는 그 토지가 부담한 지역권을 소멸하게 하지 못한다(공유관계). 공유자의 1인이 지역권을 취득한 때에는 다른 공유자도 이를 취득하며, 요역지가 수인의 공유인 경우에 그 1인에 의한 지역권 소멸시효의 중단·정지는 다른 공유자를 위하여 효력이 있다(불가분성). 민법 제297조(용수지역권)에 의하면 「① 용수승역지의 수량이 요역지 및 승역지의 수요에 부족한 때에는 그 수요 정도에 의하여 먼저 가용에 공급하고 다른 용도에 공급하여야 한다. 그러나 설정행위에 다른 약정이 있는 때에는 그 약정에 의한다. ② 승역지에 수 개의 용수지역권이 설정된 때에는 후순위의 지역권자는 선순위의 지역권자의 용수를 방해하지 못한다」라고 규정하고 있다.

▶ 관련판례

1) 도로법 제5조의 적용을 받는 도로는 적어도 도로법에 의한 노선인정과 도로구역결정 또는 이에 준하는 도시계획법 소정절차를 거친 도로를 말하므로 이러한 절차를 거친 바 없는 도로에 대하여 도로법 제5조를 적용할 여지가 없다. 지역권은 일정한 목적을 위하여 타인의 토지를 자기의 토지의 편익에 이용하는 용익물권으로서 요역지와 승역지 사이의 권리관계에 터잡은 것이므로 어느 토지에 대하여 통행지역권을 주장하려면 그 토지의 통행으로 편익을 얻는 요역지가 있음을 주장 입증하여야 한다[**대법원** 1992. 12. 8. 92 **다** 22725].

2) [1] 종전부터 자연발생적으로 또는 도로예정지로 편입되어 사실상 일반공중의 통행로로 사용되어 온 토지의 소유자가 그 독점적이고 배타적인 사용수익권을 포기한 것으로 볼 경우에도, 일반공중의 통행을 방해하지 않는 범위 내에서는 토지소유자로서 그 토지를 처분하거나 사용수익할 권능을 상실하지 않는다고 할 것이므로, 그 토지를 불법점유하고 있는 제3자에 대하여 물권적 청구권을 행사하여 토지의 반환 내지 방해의 제거, 예방을 청구할 수 있다고 할 것이나, 특별한 사정이 없는 한 토지소유자는 그 이후에도 토지를 독점적, 배타적으로 사용수익할 수는 없고, 따라서 제3자가 그 토지를 불법점유하였다 하더라도 이로 인하여 토지소유자에게 어떠한 손실이 생긴다고 할 수 없어 그 점유로 인한 부당이득의 반환을 청구할 수는 없다.
[2] 지역권은 계속되고 표현된 것에 한하여 민법 제245조의 규정을 준용하도록 되어 있으므로, 통행지역권은 요역지의 소유자가 승역지 위에 도로를 설치하여 승역지를 사용하는 객관적 상태가 민법 제245조에 규정된 기간 계속된 경우에 한하여 그 시효취득을 인정할 수 있다[**대법원** 2001. 4. 13. 2001 **다** 8493].

제6장 전세권

전세권(傳貰權)이란 전세금을 지급하고 농경지를 제외한 타인의 부동산을 점유하여 그 부동산의 용도에 좇아 사용·수익하며, 그 부동산 전부에 대하여 후순위(後順位) 권리자 기타 채권자보다 전세금의 우선변제를 받을 수 있는 용익물권을 말한다. 이는 채권적 전세, 즉 임대차의 특수한 경우로서 민법의 임대차에 관한 규정이 적용되는 전세와는 구별된다. 물권법상 약정에 의한 전세권의 존속기간은 그 목적물이 토지이든 건물이든 10년을 넘지 못하며, 약정기간이 10년을 넘는 때에는 이를 10년으로 단축한다(최장존속기간의 제한). 한편 건물에 대한 전세권의 존속기간을 1년 미만으로 정한 때에는 이를 1년으로 한다. 토지전세권의 경우에는 그 적용이 없고 건물전세권에 한해서만 1년의 존속기간이 최소한 보장되는 것이다. 이에 비해 주택임대차보호법상 임대차기간은 1989년에 개정되면서 종전의 1년에서 2년으로 연장되었으므로 건물의 전세권과 임대차 사이에 불균형이 발생하게 되었다.

민법 제305조(건물의 전세권과 법정지상권)에 의하면 「① 대지와 건물이 동일한 소유자에 속한 경우에 건물에 전세권을 설정한 때에는 그 대지소유권의 특별승계인은 전세권설정자에 대하여 지상권을 설정한 것으로 본다. 그러나 지료는 당사자의 청구에 의하여 법원이 이를 정한다. ② 전항의 경우에 대지소유자는 타인에게 그 대지를 임대하거나 이를 목적으로 한 지상권 또는 전세권을 설정하지 못한다」라고 규정하고 있다. 즉 대지소유권에 변동이 없으나 건물이 경매됨으로써 건물과 대지의 소유자가 각각 다르게 된 경우에는 관습법상의 법정지상권이 성립한다. 대지와 건물이 동일한 소유자에게 속했다가 건물에 전세권을 설정한 후 대지만이 처분되었을 때 대지소유권의 특별승계인은 건물소유자인 전세권설정자에게 법정지상권을 설정한 것으로 보며 전세권자가 취득하는 것은 아니다. 건물전세권자는 전세권설정자가 취득한 법정지상권의 효력을 주장하면 되기 때문이다.

전세권자는 전세권을 타인에게 양도 또는 담보로 제공할 수 있고, 그 존속기간 내에서 그 목적물을 타인에게 전전세(轉傳貰) 또는 임대할 수 있다. 그러나 설정행위로 이를 금지한 때에는 그러하지 아니하다. 전전세권이 설정되었더라도 원전세권은 소멸되지 않는다. 즉 전세권자는 전세권자의 지위만 보유할 뿐 부동산을 사용·수익하지는 못하며, 사용·수익은 전전세권자가 하게 된다. 전세권이 소멸하면 전전세권도 소멸한다. 따라서 전전세권이 존속하는 동안에는 전세권자는 전전세권의 기초가 되는 전세권을 소멸시키는 행위를 하지 못한다. 전세권의 목적물을 전전세 또는 임대한 경우에는 전세권자는 전전세 또는 임대하지 아니하였으면 면할 수 있는 불가항력으로 인한 손해에 대하여 그 책임을 부담한다.

전세권자는 목적물의 현상을 유지하고 그 통상의 관리에 속한 수선을 하여야 한다. 전세권자가 목적물을 개량하기 위하여 지출한 금액 기타 유익비에 관하여는 그 가액의 증가가 현존한 경우에 한하여 소유자의 선택에 좇아 그 지출액이나 증가액의 상환을 청구할 수 있다(전세권자의 상환청구권). 한편 전세권자가 전세권설정계약 또는 그 목적물의 성질에 의하여 정하여진 용법으로 이를 사용·수익하지 아니한 경우에는 전세권설정자는 전세권의 소멸을 청구할 수 있으며, 이 경우 전세권설정자는 전세권자에 대하여 원상회복 또는 손해배상을 청구할 수 있다(전세권의 소멸청구). 전세금이 목적 부동산에 관한 조세·공과금 기타 부담의 증감이나 경제사정의 변동으로 인하여 상당하지 아니하게 된 때에는 당사자는 장래에 대하여 그 증감을 청구할 수 있다. 그러나 증액의 경우에는 대통령령이 정하는 기준에 따른 비율을 초과하지 못한다(전세금 증감청구권). 전세권의 존속기간을 약정하지 아니한 때에는 각 당사자는 언제든지 상대방에 대하여 전세권의 소멸을 통고할 수 있고, 상대방이 이 통고를 받은 날로부터 6월이 경과하면 전세권은 소멸한다(전세권의 소멸통고). 전세권의 목적물의 전부 또는 일부가 불가항력으로 인하여 멸실된 때에는 그 멸실된 부분의 전세권은 소멸한다. 일부멸실의 경우에 전세권자가 그 잔존부분으로 전세권의 목적을 달성할 수 없는 때에는 전세권설정자에 대하여 전세권 전부의 소멸을 통고하고 전세금의 반환을 청구할 수 있다(불가항력으로 인한 멸실). 전세권의 목적물의 전부 또는 일부가 전세권자에 책임있는 사유로 인하여 멸실된 때에는 전세권자는 손해를 배상할 책임이 있다(전세권자의 손해배상책임). 전세권이 그 존속기간의 만료로 인하여 소멸한 때에는 전세권자는 그 목적물을 원상에 회복하여야 하며 그 목적물에 부속시킨 물건은 수거할 수 있다. 또한 그 부속물건이 전세권설정자의 동의를 얻어 부속시킨 것인 때에는 전세권자는 전세권설정자에 대하여 그 부속물건의 매수를 청구할 수 있다(원상회복의무・매수청구권). 전세권이 소멸한 때에는 전세권설정자는 전세권자로부터 그 목적물의 인도 및 전세권설정등기의 말소등기에 필요한 서류의 교부를 받는 동시에 전세금을 반환하여야 한다(전세권의 소멸과 동시이행). 전세권설정자가 전세금의 반환을 지체한 때에는 전세권자는 민사집행법의 정한 바에 의하여 전세권의 목적물의 경매를 청구할 수 있다(전세권자의 경매청구권).

▶ **관련판례**

1) 전세권이 성립한 후 목적물의 소유권이 이전되는 경우에 있어서 전세권관계가 전세권자와 전세권설정자인 종전 소유자와 사이에 계속 존속되는 것인지 아니면 전세권자와 목적물의 소유권을 취득한 신 소유자와 사이에 동일한 내용으로 존속되는지에 관하여 민법에 명시적인 규정은 없으나, 전세목적물의 소유권이 이전된 경우 민법이 전세권 관계로부터 생기는 상환청구, 소멸청구, 갱신청구, 전세금증감청구, 원상회복, 매수청구 등의 법률관계의 당사자로 규정하고 있는 전세권설정자 또는 소유자는 모두 목적물의 소유권을 취득한 신 소유자로 새길 수밖에 없다고 할 것이므로, 전세권은 전세권자와 목적물의 소유권을 취득한 신 소유자 사이에서 계속 동일한 내용으로 존속하게 된다고 보아야 할 것이고, 따라서 목적물의 신 소유자는 구 소유자와 전세권자 사이에 성립한 전세권의 내용에 따른 권리의무의 직접적인 당사자가 되어 전세권이 소멸하는 때에 전세권자에 대하여 전세권설정자의 지위에서 전세금반환의무를 부담하게 되고, 구 소유자는 전세권설정자의 지위를 상실하여 전세금반환의무를 면하게 된다고 보아야 하고, 전세권이 전세금 채권을 담보하는 담보물권적 성질을 가지고 있다고 하여도 전세권은 전세금이 존재하지 않으면 독립하여 존재할 수 없는 용익물권으로서 전세금은 전세권과 분리될 수 없는 요소이므로 전세권 관계로 생기는 위와 같은 법률관계가 신 소유자에게 이전되었다고 보는 이상, 전세금 채권 관계만이 따로 분리되어 전 소유자와 사이에 남아 있다고 할 수는 없을 것이고, 당연히 신 소유자에게 이전되었다고 보는 것이 옳다[**대법원 2000. 6. 9. 99 다 15122**].

2) 건물의 일부에 대하여 전세권이 설정되어 있는 경우 그 전세권자는 민법 제303조 제1항의 규정에 의하여 그 건물 전부에 대하여 후순위권리자 기타 채권자보다 전세금의 우선변제를 받을 권리가 있고, 민법 제318조의 규정에 의하여 전세권설정자가 전세금의 반환을 지체한 때에는 전세권의 목적물의 경매를 청구할 수 있는 것이나, 전세권의 목적물이 아닌 나머지 건물부분에

대하여는 우선변제권은 별론으로 하고 경매신청권은 없으므로, 위와 같은 경우 전세권자는 전세권의 목적이 된 부분을 초과하여 건물 전부의 경매를 청구할 수 없다고 할 것이고, 그 전세권의 목적이 된 부분이 구조상 또는 이용상 독립성이 없어 독립한 소유권의 객체로 분할할 수 없고 따라서 그 부분만의 경매신청이 불가능하다고 하여 달리 볼 것은 아니다[**대법원** 2001. 7. 2. 2001 마 212].

3) 전세권은 전세금을 지급하고 타인의 부동산을 그 용도에 따라 사용·수익하는 권리로서 전세금의 지급이 없으면 전세권은 성립하지 아니하는 등으로 전세금은 전세권과 분리될 수 없는 요소일 뿐 아니라, 전세권에 있어서는 그 설정행위에서 금지하지 아니하는 한 전세권자는 전세권 자체를 처분하여 전세금으로 지출한 자본을 회수할 수 있도록 되어 있으므로 전세권이 존속하는 동안은 전세권을 존속시키기로 하면서 전세금반환채권만을 전세권과 분리하여 확정적으로 양도하는 것은 허용되지 않는 것이며, 다만 전세권 존속 중에는 장래에 그 전세권이 소멸하는 경우에 전세금 반환채권이 발생하는 것을 조건으로 그 장래의 조건부 채권을 양도할 수 있을 뿐이라 할 것이다[**대법원** 2002. 8. 23. 2001 다 69122].

제7장 유치권

유치권(留置權)이란 타인의 물건(동산·부동산) 또는 유가증권을 점유한 자가 그 물건이나 유가증권에 관하여 생긴 채권을 가지는 경우에 그 채권의 변제를 받을 때까지 그 물건 또는 유가증권을 유치할 수 있는 담보물권을 말한다. 예컨대 시계를 수선한 자는 그 수선료를 지급받을 때까지는 시계의 인도를 거절할 수 있고, 임차인이 임차물에 관하여 지출한 필요비의 상환을 받을 때까지는 임차물을 그대로 가지고 있을 수 있으며, 유가증권의 수치인은 그의 보수를 받을 때까지는 임치물인 유가증권을 유치할 수 있다. 이 때 유치(留置)란 목적물의 점유를 계속하고 인도를 거절하는 것으로서 이는 유치권에 의하여 담보되는 채권의 전부변제를 받을 때까지 가능하다. 유치권자는 채권의 변제를 받기 위하여 유치물을 경매할 수 있다. 또한 유치권자는 유치물의 과실을 수취하여 다른 채권보다 먼저 그 채권의 변제에 충당할 수 있다. 과실은 먼저 채권의 이자에 충당하고, 그 잉여가 있으면 원본에 충당한다. 과실이 금전이 아닌 때에는 경매하여야 한다.

유치권자는 선량한 관리자의 주의로 유치물을 점유하여야 하며, 채무자의 승낙없이 유치물의 사용·대여·담보제공을 하지 못한다. 그러나 유치물의 보존에 필요한 사용은 채무자의 승낙 없이도 허용된다(유치권자의 선관의무). 유치권자가 유치물에 관하여 필요비를 지출한 때에는 소유자에게 그 상환을 청구할 수 있으며, 유치권자가 유치물에 관하여 유익비를 지출한 때에는 그 가액의 증가가 현존한 경우에 한하여 소유자의 선택에 좇아 그 지출한 금액이나 증가액의 상환을 청구할 수 있다(유치권자의 상환청구권). 채무자는 상당한 담보를 제공하고 유치권의 소멸을 청구할 수 있고, 유치권은 점유의 상실로 인하여 소멸한다.

▶ **관련판례**

1) 주택건물의 신축공사를 한 수급인이 그 건물을 점유하고 있고 또 그 건물

에 관하여 생긴 공사금 채권이 있다면, 수급인은 그 채권을 변제받을 때까지 건물을 유치할 권리가 있다고 할 것이고, 이러한 유치권은 수급인이 점유를 상실하거나 피담보채무가 변제되는 등 특단의 사정이 없는 한 소멸되지 않는다[**대법원** 1995. 9. 15. 95 다 16202·16219].

2) 민법 제327조에 의하여 제공하는 담보가 상당한가의 여부는 그 담보의 가치가 채권의 담보로서 상당한가, 태양에 있어 유치물에 의하였던 담보력을 저하시키지는 아니한가 하는 점을 종합하여 판단하여야 할 것인바, 유치물의 가격이 채권액에 비하여 과다한 경우에는 채권액 상당의 가치가 있는 담보를 제공하면 족하다고 할 것이고, 한편 당해 유치물에 관하여 이해관계를 가지고 있는 자인 채무자나 유치물의 소유자는 상당한 담보가 제공되어 있는 이상 유치권 소멸 청구의 의사표시를 할 수 있다[**대법원** 2001. 12. 11. 2001 다 59866].

제8장 질 권

질권(質權)이란 채권자가 그의 채권의 담보로서 채무자 또는 제3자로부터 받은 물건 또는 재산권을 점유하고 채무의 변제가 있을 때까지 유치함으로써 채무의 변제를 간접적으로 강제하는 동시에 채무의 변제가 없는 때에는 그 목적물로부터 우선적으로 변제를 받을 수 있는 담보물권을 말한다. 질권은 그 목적물에 따라서 동산을 목적으로 하는 동산질권과 채권 기타의 재산권을 목적으로 하는 권리질권이 있다. 우리 민법은 부동산을 목적으로 하는 부동산질권은 인정하지 않는다.

우선 동산질권(動産質權)을 살펴보면 동산질권자는 채권의 담보로 채무자 또는 제3자가 제공한 동산을 점유하고, 그 동산에 대하여 다른 채권자보다 자기채권의 우선변제를 받을 권리가 있다. 질권의 설정은 질권자에게 목적물을 인도함으로써 그 효력이 생기며, 질권은 양도할 수 없는 물건을 목적으로 하지 못한다. 수 개의 채권을 담보하기 위하여 동일한 동산에 수 개의 질권을 설정한 때에는 그 순위는 설정의 선후에 의한다. 질권은 원본, 이자, 위약금, 질권실행의 비용, 질물보존의 비용 및 채무불이행 또는 질물의 하자로 인한 손해배상의 채권을 담보한다. 질권자는 채권의 변제를 받을 때까지 질물을 유치할 수 있으며, 또한 질권자는 그 권리의 범위 내에서 자기의 책임으로 질물을 전질(轉質)할 수 있다. 이 경우에는 전질을 하지 아니하였으면 면할 수 있는 불가항력으로 인한 손해에 대하여도 책임을 부담한다. 즉 전질(轉質)이란 질권자가 자신의 채권자에 대한 담보로 질물위에 다시 질권을 설정하는 것을 말하는데, 전질은 질권자가 목적물이 질물임을 밝히고 이를 다시 입질(入質)하는 것을 전제로 한다. 따라서 질권자가 자신의 물건처럼 하여 입질한 때에는 전질이 아니며, 전질의 제도가 질권자로 하여금 채무자에게 금융을 줌으로써 질물에 고정시킨 자금을 다시 유통시키는 기능을 한다. 결국 전질도 질권의 설정이므로 질권자와 전질권자 사이에 질권설정의 합의와 목적물의 인도가 있어야 하고, 전질은 원질권에 기초하는 것이므로 질권자는 그 권리의 범위 내에서만 전질할 수 있다. 질권자는 채권의 변제를 받기 위하여 질물을 경매할 수 있으며, 정당한 이유 있는 때에는 질권자는 감정자의 평가에 의하여 질물로 직접변제에 충당할 것을 법원에 청구할 수 있다. 다만 이 경우에는 질권자는 미리 채무자 및 질권설정자에게 통지하여야 한다. 질권자는 질물에 의하여 변제를 받지 못한 부분의 채권에 한하여 채무자의 다른 재산으로부터 변제를 받을 수 있다. 한편 질권설정자는 채무변제기전의 계약으로 질권자에게 변제에 갈음하여 질물의 소유권을 취득하게 하거나 법률에 정한 방법에 의하지 아니하고 질물을 처분할 것을 약정하지 못한다(유질(流質)계약의 금지). 민법 제342조(물상대위(物上代位))에 의하면 「질권은 질물의 멸실, 훼손 또는 공용징수로 인하여 질권설정자가 받을 금전 기타 물건에 대하여도 이를 행사할 수 있다. 이 경우에는 그 지급 또는 인도 전에 압류하여야 한다」라고 규정하고 있다. 본래 담보물권은 용익물권과는 달리 목적물 그 자체보다는 그것이 가지는 교환가치를 취득하는 것을 목적으로 하는 것이므로, 목적물의 가치가 금전 기타의 형태로 변한 때에는 그 가치변형물 위에 그 효력이 미친다고 보는 것이 타당하다. 따라서 민법 제342조는 동산질권에 관해 물상대위(物上代位)라는 이름으로 일정한 요건 하에 인정하면서, 권리질권과 저당권에 이를 준용한다. 같은 담보물권이지만 목적물을 유치하는 데만 목적을 두는 유치권에서는 물상대위가 인정되지 않는다. 물상대위는 담보물의 멸실・훼손・공용징수에 한정되어 인정되며, 설정자가 받을 금전 기타 물건에 대해 그 지급 또는 인도 전에 이를 압류하여야 한다.

다음으로 권리질권(權利質權)을 살펴보면 채권을 질권의 목적으로 하는 경우에 채권증서가 있는 때에는 질권의 설정은 그 증서를 질권자에게 교부함으로써 그 효력이 생긴다. 지시채권을 질권의 목적으로 한 질권의 설정은 증서에 배서하여 질권자에게 교부함으로써 그 효력이 생긴다. 무기명채권을 목적으로 한 질권의 설정은 증서를 질권자에게 교부함으로써 그 효력이 생긴다. 질권설정자는 질권자의 동의 없이 질권의 목적된 권리를 소멸하게 하거나 질권자의 이익을 해하는 변경을 할 수 없다. 질권자는 질권의 목적이 된 채권을 직접 청구할 수 있으며, 채권의 목적물이 금전인 때에는 질권자는 자기채권의 한도에서 직접 청구할 수 있다. 그밖에 권리질권에는 동산질권에 관한 규정을 준용한다.

▶ **관련판례**

1) 물상보증은 채무자 아닌 사람이 채무자를 위하여 담보물권을 설정하는 행위이고 채무자를 대신해서 채무를 이행하는 사무의 처리를 위탁받는 것이 아니므로, 물상보증인이 변제 등에 의하여 채무자를 면책시키는 것은 위임사무의 처리가 아니고 법적 의미에서는 의무 없이 채무자를 위하여 사무를 관리한 것에 유사하다. 따라서 물상보증인의 채무자에 대한 구상권은 그들 사이의 물상보증위탁계약의 법적 성질과 관계없이 민법에 의하여 인정된 별개의 독립한 권리이고, 그 소멸시효에 있어서는 민법상 일반채권에 관한 규정이 적용된다[**대법원** 2001. 4. 24. 2001 다 6237].

2) 질권의 목적이 된 채권이 금전채권인 때에는 질권자는 자기채권의 한도에서 질권의 목적이 된 채권을 직접 청구할 수 있고, 채권질권의 효력은 질권의 목적이 된 채권의 지연손해금 등과 같은 부대채권에도 미치므로 채권질권자는 질권의 목적이 된 채권과 그에 대한 지연손해금채권을 피담보채권의 범위에 속하는 자기채권액에 대한 부분에 한하여 직접 추심하여 자기채권의 변제에 충당할 수 있다[**대법원** 2005. 2. 25. 2003 다 40668].

3) 질권의 목적인 채권의 양도행위는 민법 제352조 소정의 질권자의 이익을 해하는 변경에 해당되지 않으므로 질권자의 동의를 요하지 아니한다. 신탁재산에 관한 조세, 공과(公課), 기타 신탁사무를 처리하기 위한 비용은 신탁재산의 명의자이자 관리자인 수탁자가 제3자에 대하여 부담하게 되는바, 수탁자로서는 위와 같은 채무를 신탁재산으로 변제할 수도 있고, 자신의 고유재산에 속하는 금전으로 변제할 수도 있는데, 신탁사무가 정당하게 행해진 한 위와 같은 비용은 실질적으로 신탁재산의 채무이기 때문에 자신의 고유재산으로써 이를 변제한 수탁자는 신탁재산으로부터 보상을 받을 수 있어야 할 것이므로, 신탁법 제42조에서 규정하고 있는 수탁자의 비용상환청구권은 수탁자가 신탁사무의 처리에 있어서 정당하게 부담하게 되는 비용 또는 과실 없이 입게 된 손해에 관하여 신탁재산 또는 수익자에 대하여 보상을 청구할 수 있는 권리라고 할 것인바, 수탁자가 재임 중에는 신탁재산의 관리인이 수탁자 자신이어서 신탁재산에 대하여 비용상환청구권 강제집행과 같은 방법으로 행사할 수는 없고(수탁자의 임무가 종료한 후에는 신수탁자를 상대로 보상청구권을 행사하여 신탁재산에 대하여 강제집행을 할 수 있다.), 같은 조 제1항에서 규정하고 있는 바와 같이 신탁재산을 매각하여 그 매각대금으로 다른 권리자에 우선하여 비용상환청구권의 변제에 충당할 수 있을 뿐이지만, 수탁자의 신탁재산에 대한 비용상환청구권은 수탁자가 개인적으로 갖는 권리로서 독립성을 인정할 수 있으므로 양도될 수도 있고 권리질의 목적도 될 수 있다[**대법원** 2005. 12. 22. 2003 다 55059].

民法概論

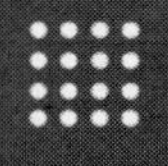

제9장 저당권

저당권(抵當權)이란 채무자 또는 제3자가 점유를 이전하지 아니하고 채무의 담보로 제공한 부동산(토지·건물) 또는 부동산물권(지상권·전세권)에 대하여 다른 채권자보다 자기 채권의 우선변제를 받을 수 있는 담보물권을 말한다. 따라서 목적물을 저당권설정자의 수중에 남겨두어 계속 이용하게 하는 점에서 질권과 근본적으로 차이가 나며, 가령 생산설비를 생산에 이용하면서 한편으로는 담보화하는 것이 가능하다는 점에서 자본주의 경제조직에 있어서 융자의 매개자로서 질권보다 훨씬 우월적인 지위를 차지하고 있다. 저당권은 담보할 채권자의 채권의 존재 및 저당권을 설정할 수 있는 목적물일 것을 전제로 하여 당사자간의 저당권설정계약과 목적물(부동산)에 대한 등기에 의해 성립한다.

저당권자의 우선순위(優先順位)를 살펴보면 우선 저당부동산에 대하여 경매가 진행되어 배당이 실시되는 경우, 저당권과 다른 권리간의 순위의 우열은 관계법률에 의해 정해진다. 예컨대 저당부동산에 대해 조세채권의 법정기일 전에 저당권·전세권이 설정되어 있는 경우, 그 배당의 우선순위는 다음과 같이 정해진다.

1) 제1순위: ① 보증금 중 일정액(주택임대차보호법 제8조 제1항·국세기본법 제35조 제1항 제4호) ② 최종 3개월분 임금·최종 3년간의 퇴직금·재해보상금(근로기준법 제37조 제2항·국세기본법 제35조 제1항 제5호). 이들 상호간에는 같은 순위로 채권액에 비례하여 배당한다.

2) 제2순위: 저당목적물 자체에 부과된 국세·지방세·가산금

3) 제3순위: ① 국세 및 지방세의 법정기일 전에 설정된 저당권·전세권으로 담보되는 채권 ② 그 법정기일 전에 주택임차권의 대항요건과 임대차계약증서상에 확정일자를 갖춘 임차보증금채권. 이들 상호간에는 등기일자의 선후, 등기일자와 대항력의 선후에 의해 그 우열이 정해진다.

4) 제4순위: 근로기준법 제37조 제2항의 임금 등을 제외한 임금
5) 제5순위: 국세와 지방세
6) 제6순위: 공과금(의료보험료 · 연금보험료)
7) 제7순위: 일반채권자의 채권

저당권의 효력은 저당부동산에 부합된 물건과 종물에 미치며, 저당부동산에 대한 압류가 있은 후에 저당권설정자가 그 부동산으로부터 수취한 과실 또는 수취할 수 있는 과실에 미친다. 민법 제360조(피담보채권의 범위)에 의하면 「저당권은 원본, 이자, 위약금, 채무불이행으로 인한 손해배상 및 저당권의 실행비용을 담보한다. 그러나 지연배상에 대하여는 원본의 이행기일을 경과한 후의 1년분에 한하여 저당권을 행사할 수 있다」라고 규정하고 있다. 한편 저당권은 그 담보한 채권과 분리하여 타인에게 양도하거나 다른 채권의 담보로 하지 못한다. 저당권설정자의 책임 있는 사유로 인하여 저당물의 가액이 현저히 감소된 때에는 저당권자는 저당권설정자에 대하여 그 원상회복 또는 상당한 담보제공을 청구할 수 있다. 또한 저당권자는 그 채권의 변제를 받기 위하여 저당물의 경매를 청구할 수 있고, 저당부동산에 대하여 소유권 · 지상권 · 전세권을 취득한 제3자는 저당권자에게 그 부동산으로 담보된 채권을 변제하고 저당권의 소멸을 청구할 수 있다. 토지를 목적으로 저당권을 설정한 후 그 설정자가 그 토지에 건물을 축조한 때에는 저당권자는 토지와 함께 그 건물에 대하여도 경매를 청구할 수 있다. 그러나 그 건물의 경매대가에 대하여는 우선변제를 받을 권리가 없다. 저당물의 경매로 인하여 토지와 그 지상건물이 다른 소유자에게 속한 경우에는 토지소유자는 건물소유자에 대하여 지상권을 설정한 것으로 본다(법정지상권). 저당권으로 담보한 채권이 시효의 완성 기타 사유로 인하여 소멸한 때에는 저당권도 소멸한다(부종성).

민법 제357조(근저당(根抵當))에 의하면 「① 저당권은 그 담보할 채무의 최고액만을 정하고 채무의 확정을 장래에 보류하여 이를 설정할 수 있다. 이 경우에는 그 확정될 때까지의 채무의 소멸 또는 이전은 저당권에 영향을 미치지 아니한다. ② 전항의 경우에는 채무의 이자는 최고액 중에 산입한 것으로 본다」라고 규정하고 있다. 즉 특수한 저당권 가운데 근저당권(根抵當權)은 당사자 사이의 계속적인 거래관계로부터 발생하는 불특정채권을 어느 시기에 계산하여 잔존하는

채무를 일정한 한도액 범위 내에서 담보하는 저당권을 말한다. 현대의 채권채무관계는 계속적 거래가 예상되는 경우가 많이 있는데, 그 거래에서 채권이 발생할 때마다 일일이 저당권을 설정해야 한다면 매우 불편하고 번잡하다. 여기서 하나의 저당권으로 다수의 불특정채권을 일괄하여 담보하는 것이 요청되는데, 이것이 바로 근저당권이다. 근저당권은 다음 세 가지 점에서 보통의 저당권과 차이가 있다. 예컨대 A와 B은행이 6개월의 기간과 1억원을 한도로 하여 당좌대월계약을 맺고, B은행이 그 채권을 담보하기 위해 근저당권을 설정하였다고 하자. a) 근저당권은 장래 증감변동하는 불특정의 채권을 담보하는 점에서 장래의 특정의 채권을 담보하는 저당권과 다르다(즉 위의 예에서 6개월 후의 당좌대월금액이 얼마가 될지는 특정되어 있지 않다). b) 보통의 저당권에서는 피담보채권이 소멸하면 저당권도 소멸하지만, 근저당권에서는 6개월의 기간 동안에 채무가 없게 되더라도 저당권은 결산기까지 그대로 존속하고, 기간 내에 채무가 다시 발생하면 그 채권을 담보한다. 즉 근저당권에서는 피담보채무가 확정될 때까지의 채무의 소멸 또는 이전은 근저당권에 영향을 미치지 않는다. 다시 말해서 채무의 성립과 소멸에서 부종성이 완화되어 있다. c) 보통의 저당권에서는 제360조에 의해 피담보채권의 범위가 정해지는데, 근저당권에서는 채권최고액을 한도로 하여 일정시점에 확정된 채권을 담보한다. 후순위저당권자 등 제3자와의 이해는 채권최고액에 의해 조절되고, 따라서 제360조 단서에서 정하는 지연배상은 1년분까지만 담보된다는 제한도 받지 않는다.

▶ 관련판례

1) 부동산의 소유자 겸 채무자가 채권자인 저당권자에게 당해 저당권설정등기에 의하여 담보되는 채무를 모두 변제함으로써 저당권이 소멸된 경우 그 저당권설정등기 또한 효력을 상실하여 말소되어야 할 것이나, 그 부동산의 소유자가 새로운 제3의 채권자로부터 금원을 차용함에 있어 그 제3자와 사이에 새로운 차용금 채무를 담보하기 위하여 잔존하는 종전 채권자 명의의 저당권설정등기를 이용하여 이에 터잡아 새로운 제3의 채권자에게 저당권 이전의 부기등기를 경료하기로 하는 내용의 저당권등기 유용의 합의를 하고 실제로 그 부기등기를 경료하였다면, 그 저당권이전등기를 경료받은 새로운 제3의 채권자로서는 언제든지 부동산의 소유자에 대하여 그 등기 유용의 합의를 주장하여 저당권설정등기의 말소청구에 대항할 수 있다고 할 것이고, 다만 그 저당권 이전의 부기등기 이전에 등기부상 이해관계를 가지게 된 자에 대

하여는 위 등기 유용의 합의 사실을 들어 위 저당권설정등기 및 그 저당권 이전의 부기등기의 유효를 주장할 수는 없다[**대법원 1998. 3. 24. 97 다 56242**].

2) [1] 법률상 1개의 부동산으로 등기된 기존 건물이 증축되어 증축 부분이 구분소유의 객체가 될 수 있는 구조상 및 이용상의 독립성을 갖추었다고 하더라도 이로써 곧바로 그 증축 부분이 법률상 기존 건물과 별개인 구분건물로 되는 것은 아니고, 구분건물이 되기 위하여는 증축 부분의 소유자의 구분소유의사가 객관적으로 표시된 구분행위가 있어야 한다.
[2] 기존 건물에 관하여 증축 후의 현존 건물의 현황에 맞추어 증축으로 인한 건물표시변경등기가 경료된 경우에는 특별한 사정이 없는 한 그 소유자는 증축 부분을 구분건물로 하지 않고 증축 후의 현존 건물 전체를 1개의 건물로 하려는 의사였다고 봄이 상당하고, 이 경우 증축 부분이 기존 건물의 구성 부분이거나 이에 부합된 것으로서 기존 건물과 증축 후의 현존 건물 사이에 동일성이 인정된다면, 위 건물표시변경등기는 증축 후의 현존 건물을 표상하는 유효한 등기라고 할 것이고, 또한 기존 건물에 대하여 이미 설정되어 있던 저당권의 효력은 법률에 특별한 규정이나 설정행위 등에 다른 약정이 없는 한 증축 부분에도 미친다고 할 것이므로 기존 건물에 설정된 저당권의 효력을 증축 부분에 미치게 하는 취지의 저당권변경등기를 할 수 없는 것이고, 설사 그러한 등기가 경료되었다고 하더라도 아무런 효력이 없으며, 한편 증축 부분이 기존 건물의 구성 부분이거나 이에 부합된 것이 아닌 별개의 건물이고 이를 구분건물로 할 의사였다면 구분건물로서 등기를 하여야 할 것이지 건물표시변경등기를 할 수는 없는 것이므로, 그 건물표시변경등기가 경료된 후 기존 건물에 설정된 저당권의 효력을 증축 부분에 미치게 하는 취지의 저당권변경등기를 하였다고 하더라도 그 저당권의 효력이 별개의 건물인 증축 부분에 미칠 수는 없다[**대법원 1999. 7. 27. 98 다 32540**].

3) [1] 민법 제365조가 토지를 목적으로 한 저당권을 설정한 후 그 저당권설정자가 그 토지에 건물을 축조한 때에는 저당권자가 토지와 건물을 일괄하여 경매를 청구할 수 있도록 규정한 취지는, 저당권은 담보물의 교환가치의 취득을 목적으로 할 뿐 담보물의 이용을 제한하지 아니하여 저당권설정자로서는 저당권설정 후에도 그 지상에 건물을 신축할 수 있는데, 후에 그 저당권의 실행으로 토지가 제3자에게 경락될 경우에 건물을 철거하여야 한다면 사회경제적으로 현저한 불이익이 생기게 되어 이를 방지할 필요가 있으므로 이러한 이해관계를 조절하고, 저당권자에게도 저당토지상의 건물의 존재로 인하여 생기게 되는 경매의 어려움을 해소하여 저당권의 실행을 쉽게 할 수 있도록 한 데에 있다.
[2] 민법 제365조에 기한 일괄경매청구권은 토지의 저당권자가 토지에 대하여 경매를 신청한 후에도 그 토지상의 건물에 대하여 토지에 관한 경매기일

공고시까지는 일괄경매의 추가신청을 할 수 있고, 이 경우에 집행법원은 두 개의 경매사건을 병합하여 일괄경매절차를 진행함이 상당하다[**대법원** 2001. 6. 13. 2001 마 1632].

4) [1] 근저당권이라 함은 그 담보할 채권의 최고액만을 정하고 채무의 확정을 장래에 유보하여 설정하는 저당권을 말하고, 이 경우 그 피담보채무가 확정될 때까지의 채무의 소멸 또는 이전은 근저당권에 영향을 미치지 아니하므로, 근저당부동산에 대하여 소유권을 취득한 제3자는 피담보채무가 확정된 이후에 그 확정된 피담보채무를 채권최고액의 범위 내에서 변제하고 근저당권의 소멸을 청구할 수 있다고 할 것인바, 피담보채무는 근저당권설정계약에서 근저당권의 존속기간을 정하거나 근저당권으로 담보되는 기본적인 거래계약에서 결산기를 정한 경우에는 원칙적으로 존속기간이나 결산기가 도래한 때에 확정되지만, 이 경우에도 근저당권에 의하여 담보되는 채권이 전부 소멸하고 채무자가 채권자로부터 새로이 금원을 차용하는 등 거래를 계속할 의사가 없는 경우에는, 그 존속기간 또는 결산기가 경과하기 전이라 하더라도 근저당권설정자는 계약을 해제하고 근저당권설정등기의 말소를 구할 수 있고, 존속기간이나 결산기의 정함이 없는 때에는 근저당권설정자가 근저당권자를 상대로 언제든지 해지의 의사표시를 함으로써 피담보채무를 확정시킬 수 있으며, 이러한 계약의 해제 또는 해지에 관한 권한은 근저당부동산의 소유권을 취득한 제3자도 원용할 수 있다고 할 것이다.
[2] 근저당부동산을 매수하고 소유권이전등기를 경료한 제3자가 근저당권자에게 피담보채무의 일부를 대위변제하면서 피담보채무의 소멸을 이유로 근저당권의 말소를 요구한 경우, 그 의사표시에는 근저당부동산의 소유권을 취득한 제3자로서 근저당권설정계약을 해지하고 피담보채무를 확정시키고자 하는 의사표시가 포함되어 있다고 볼 수 있으므로 근저당권의 피담보채무는 그 설정계약에서 정한 바에 따라 확정된다[**대법원** 2001. 11. 9. 2001 다 47528].

5) 공유로 등기된 토지의 소유관계가 구분소유적 공유관계에 있는 경우에는 공유자 중 1인이 소유하고 있는 건물과 그 대지는 다른 공유자와의 내부관계에 있어서는 그 공유자의 단독소유로 되었다 할 것이므로 건물을 소유하고 있는 공유자가 그 건물 또는 토지지분에 대하여 저당권을 설정하였다가 그 후 저당권의 실행으로 소유자가 달라지게 되면 건물 소유자는 그 건물의 소유를 위한 법정지상권을 취득하게 되며, 이는 구분소유적 공유관계에 있는 토지의 공유자들이 그 토지 위에 각자 독자적으로 별개의 건물을 소유하면서 그 토지 전체에 대하여 저당권을 설정하였다가 그 저당권의 실행으로 토지와 건물의 소유자가 달라지게 된 경우에도 마찬가지라 할 것이다. 민법 제366조의 법정지상권은 저당권 설정 당시 동일인의 소유에 속하던 토지와 건물이 경매로 인하여 양자의 소유자가 다르게 된 때에 건물의 소유자를 위하여 발생하는 것으로서, 토지에 관하여 저당권이 설정될 당시 토지 소유자에 의하

여 그 지상에 건물을 건축 중이었던 경우 그것이 사회관념상 독립된 건물로 볼 수 있는 정도에 이르지 않았다 하더라도 건물의 규모·종류가 외형상 예상할 수 있는 정도까지 건축이 진전되어 있었고, 그 후 경매절차에서 매수인이 매각대금을 다 낸 때까지 최소한의 기둥과 지붕 그리고 주벽이 이루어지는 등 독립된 부동산으로서 건물의 요건을 갖추면 법정지상권이 성립하며, 그 건물이 미등기라 하더라도 법정지상권의 성립에는 아무런 지장이 없는 것이다[**대법원 2004. 6. 11. 2004 다 13533**].

民法槪論

제3편

채권법(債權法)

제1장 총 칙

제1절 채권의 목적

당사자간의 채권·채무관계를 규율하는 법규를 총칭하여 채권법이라고 한다. 물권법과 더불어 민법 중 재산법에 속하는데, 특정한 두 당사자간에 권리·의무, 즉 채권·채무가 발생하는 원인으로는 크게 두 가지가 있다. 하나는 당사자의 합의, 즉 계약에 의해 발생하는 것이고(예컨대 매매계약이 성립하면 매도인은 권리이전의무를 지고, 매수인은 대금지급의무를 진다), 다른 하나는 법률(민법)에서 일정한 경우에 채권·채무의 발생을 정하는 것이다(예컨대 사무관리·부당이득·불법행위). 이 경우 채무자가 채권자에게 그의 채무를 제대로 이행하면 채권은 만족을 받아 소멸하게 되어 별 문제가 없지만, 채무자가 그의 채무를 이행하지 않는 때에는 채권자가 채무자에게 그 이행을 청구할 수 있도록 하고, 이 청구에 법적 효력을 부여하는 법규가 채권법이다. 물권은 특정인이 특정의 물건에 대해 직접 지배를 하여 만족을 얻는 지배권인데 비해, 채권은 특정인(채권자)이 다른 특정인(채무자)에 대해 그의 채무를 이행할 것을 청구하는 모습으로 권리행사가 이루어지는 점에서 차이가 있다.

형식적 의미에서 채권법은 민법 제3편 채권을 말하는데, 이는 총칙·계약·사무관리·부당이득·불법행위의 5개 장·394개 조문으로 구성되어 있다. 그 가운데 제1장 총칙은 채권의 목적, 채권의 효력, 수인의 채권자 및 채무자, 채권의 양도, 채무의 인수, 채권의 소멸, 지시채권, 무기명채권의 8개 절·154개 조문으로 구성되어 있다. 물권법에서 총칙의 규정이 7개 조문에 그치는 것에 비하면 채권총칙의 규정은 그 다양성과 복잡성 때문에 상당히 많은 편이다. 우선 채권의 목적을 살펴보면 다음과 같다. 채권은 채권자가 채무자에게 채무의 이행을 청구하는 것을 본체로 하는 권리이므로 채권의 목적은 궁극적으로 채무자의 행위(강학상 '급부'라고 한다)로 귀결된다. 그리고 그것은 매우 다양하지만, 총칙에서는 채권발생원인에 공통되는 것으로 통칙을 규정한다. 즉 특정물을 인도하는 것(특정물채권), 종류물을 인도하는 것(종류채권), 금전을 지급하는 것(금전채권), 이자를 지급하는 것(이자채권), 수개의 행위 중에서 선택하는 것(선택채권) 등에 관하여 그 이행의 내용과 방법에 관한 기준을 정한다. 이것은 주로 채권의 목적(급부)의 특정 내지 확정을 위한 것으로서 당사자의 의사를 보충하는 임의규정으로 마련된 것이다.

채권의 목적은 금전으로 가액을 산정할 수 없는 것이라도 가능하며, 특정물채권의 경우, 즉 특정물의 인도가 채권의 목적인 때에는 채무자는 그 물건을 인도하기까지 선량한 관리자의 주의로 보존하여야 한다. 종류채권의 경우, 즉 채권의 목적을 종류로만 지정한 경우에 법률행위의 성질이나 당사자의 의사에 의하여 품질을 정할 수 없는 때에는 채무자는 중등품질의 물건으로 이행하여야 한다. 금전채권의 경우, 즉 채권의 목적이 어느 종류의 통화로 지급할 것인 경우에 그 통화가 변제기에 강제통용력을 잃은 때에는 채무자는 다른 통화로 변제하여야 한다. 외화채권의 경우, 즉 채권의 목적이 다른 나라 통화로 지급할 것인 경우에는 채무자는 자기가 선택한 그 나라의 각 종류의 통화로 변제할 수 있으며, 그 통화가 변제기에 강제통용력을 잃은 때에는 그 나라의 다른 통화로 변제하여야 한다. 이 경우 채무자는 지급할 때에 있어서의 이행지의 환금시가에 의하여 우리나라 통화로 변제할 수 있다. 이자있는 채권의 이율은 다른 법률의 규정이나 당사자의 약정이 없으면 연 5분(分)으로 한다(법정이율). 선택채권의 경우, 즉 채권의 목적이 수 개의 행위 중에서 선택에 좇아 확정될 경우에 다른 법률의 규정이나 당사자의 약정이 없으면 선택권은 채무자에게 있다. 선택권행사의 기간이 있는 경우에 선택권자가 그 기간 내에 선택권을 행사하지 아니하는 때에는 상대방은 상당한 기간을 정하여 그 선택을 최고할 수 있고, 선택권자가 그 기간 내에 선택하지 아니하면 선택권은 상대방에게 있다. 선택의 효력은 그 채권이 발생한 때에 소급하지만, 제3자의 권리를 해하지는 못한다(선택의 소급효).

▶ 관련판례

1) 채권액이 외국통화로 지정된 금전채권인 외화채권을 채무자가 우리나라 통

화로 변제함에 있어서는 민법 제378조가 그 환산시기에 관하여 외화채권에 관한 같은 법 제376조, 제377조 제2항의 "변제기"라는 표현과는 다르게 "지급할 때"라고 규정한 취지에서 새겨 볼 때 그 환산시기는 이행기가 아니라 현실로 이행하는 때, 즉 현실이행시의 외국환시세에 의해 환산한 우리나라 통화로 변제하여야 한다고 풀이함이 상당하므로 채권자가 위와 같은 외화채권을 대용급부의 권리를 행사하여 우리나라 통화로 환산하여 청구하는 경우에도 법원이 채무자에게 그 이행을 명함에 있어서는 채무자가 현실로 이행할 때에 가장 가까운 사실심 변론종결 당시의 외국환 시세를 우리나라 통화로 환산하는 기준시로 삼아야 한다[**대법원** 1991. 3. 12. 90 다 2147].

2) 제한종류채권에 있어 급부목적물의 특정은 원칙적으로 종류채권의 급부목적물의 특정에 관하여 민법 제375조 제2항이 적용되므로, 채무자가 이행에 필요한 행위를 완료하거나 채권자의 동의를 얻어 이행할 물건을 지정한 때에는 그 물건이 채권의 목적물이 되는 것이나, 당사자 사이에 지정권의 부여 및 지정의 방법에 관한 합의가 없고, 채무자가 이행에 필요한 행위를 하지 아니하거나 지정권자로 된 채무자가 이행할 물건을 지정하지 아니하는 경우에는 선택채권의 선택권 이전에 관한 민법 제381조를 준용하여 채권의 기한이 도래한 후 채권자가 상당한 기간을 정하여 지정권이 있는 채무자에게 그 지정을 최고하여도 채무자가 이행할 물건을 지정하지 아니하면 지정권이 채권자에게 이전한다[**대법원** 2003. 3. 28. 2000 다 24856].

제2절 채권의 효력

채권은 채무자가 급부를 함으로써 그 내용이 실현된다. 그래서 급부의 실현을 위해 채권에 여러 효력이 부여된다. 총칙에서는 먼저 채무자가 채무를 이행하지 않는 채무불이행의 유형으로서 이행지체를 정하고, 그 효과로서 강제이행과 손해배상청구권을 부여한다. 그리고 급부결과(변제)를 실현하는데 채권자의 수령 등 협력이 필요한 채무에서 채무자가 변제의 제공을 하였는데 채권자가 이를 수령하지 않는 등 협력을 하지 않는 경우인 채권자지체에 관해 규정하고, 채권자의 강제집행의 대상이 되는 채무자의 일반재산을 보전하는 제도로 채권자대위권과 채권자취소권을 정한다.

① 채무불이행(債務不履行)이란 채무자가 채무의 내용에 좇은 급부

를 하지 않는 것을 말한다. 즉 주관적으로 채무자가 채무를 이행하지 못한 것에 대한 고의 또는 과실(귀책사유)이 있어야 하고, 객관적으로 그 채무의 불이행이 위법한 것이어야 한다. 이 때 채무불이행이 성립하려면 채무자의 과실이 요구되는데, 민법 제391조(이행보조자의 고의・과실)에 의하면 「채무자의 법정대리인이 채무자를 위하여 이행하거나 채무자가 타인을 사용하여 이행하는 경우에는 법정대리인 또는 피용자의 고의나 과실은 채무자의 고의나 과실로 본다」라고 규정함으로써 채무자 이외의 이행보조자의 고의・과실을 채무자의 고의・과실로 간주하고 있다. 채무불이행으로 인한 손해배상은 통상의 손해를 그 한도로 하며(민법 제393조), 다른 의사표시가 없으면 손해는 금전으로 배상한다(민법 제394조). 민법 제396조(과실상계)에 의하면 「채무불이행에 관하여 채권자에게 과실이 있는 때에는 법원은 손해배상의 책임 및 그 금액을 정함에 이를 참작하여야 한다」라고 규정하고 있다. 또한 당사자는 채무불이행에 관한 손해배상액을 예정할 수 있으며, 손해배상의 예정액이 부당히 과다한 경우에는 법원은 적당히 감액할 수 있다. 채무불이행의 유형으로는 이행지체와 이행불능의 두 가지를 들 수 있다.

㉠ 이행지체(履行遲滯)란 채무가 이행기에 있고 또 그 이행이 가능함에도 불구하고 채무자가 그의 귀책사유로 채무의 내용에 좇은 이행을 하지 않는 것을 말한다. 따라서 이를 채무자지체(債務者遲滯)라고도 한다. 채무이행의 확정한 기한이 있는 경우에는 채무자는 기한이 도래한 때로부터 지체책임이 있는 한편, 채무이행의 불확정한 기한이 있는 경우에는 채무자는 기한이 도래함을 안 때로부터 지체책임이 있다. 채무이행의 기한이 없는 경우에는 채무자는 이행청구를 받은 때로부터 지체책임이 있다. 민법 제388조(기한의 이익의 상실)에 의하면 「채무자는 다음 각호의 경우에는 기한의 이익을 주장하지 못한다. 1. 채무자가 담보를 손상, 감소 또는 멸실하게 한 때 2. 채무자가 담보제공의 의무를 이행하지 아니한 때」라고 규정하고 있다. 즉 채권자가 채무자를 신뢰하여 이행을 유예하였으나, 그 후의 사정으로 채무자의 신용이 없어지는 사유가 발생한 경우에 채무자는 기한의 이익을 상실하여 즉시 변제하여야 한다.

㉡ 이행불능(履行不能)이란 채권이 성립한 후에 채무자의 귀책사유로 그 이행이 불가능하게 된 경우를 말한다. 가령 건물에 대하여 매매계약을 체결한 경우에 그 건물이 계약체결 전에 이미 소실된 경우가 원시적 불능(原始的 不能)이고, 계약체결 후에 소실된 경우가 후발적

불능(後發的 不能)이다. 이 가운데 법률행위가 무효로 되는 것은 원시적 불능에 한하며, 후발적 불능의 경우에는 매매계약은 유효하고, 다만 그 불능에 채무자의 귀책사유가 있는지의 여부에 따라 채무불이행책임 내지는 쌍무계약에서의 위험부담의 문제로 처리된다.

② 불완전이행(不完全履行)은 채무자가 이행을 하기는 하였으나 그것이 채무의 내용에 좇은 것이 아닌 불완전한 경우를 말한다. 이행지체나 이행불능은 채무자의 이행이 전혀 이루어지지 않은 점에서 소극적 채권침해라고 할 수 있는 반면에, 불완전이행은 일단 이행이 이루어졌으나 그것이 완전하지 않은 점에서 적극적 채권침해라고 할 수 있다. 민법은 채무불이행의 유형으로 이행지체와 이행불능을 예정하고 있지만, 통설에 의하면 민법 제390조를 근거로 하여 불완전이행을 독립된 채무불이행의 유형으로 인정하고 있다.

③ 채권자지체(債權者遲滯)란 채무자가 이행을 지체하는 이행지체(채무자지체)에 대응하는 것으로서, 채무자가 채무내용에 좇은 이행(변제)의 제공을 하였으나 채권자가 수령 등 이행의 완료에 필요한 협력을 하지 않은 경우, 채권자가 그 수령 등의 지체에 따른 일정한 책임(불이익)을 지는 제도이다. 채권자지체의 요건으로는 다음 세 가지를 들 수 있다. a) 채권자의 협력이 있어야만 변제의 결과를 가져올 수 있는 채무이어야 한다. b) 채무의 내용에 좇은 이행의 제공이 있어야 한다. c) 채권자가 이행을 받을 수 없거나(수령불능) 또는 받지 아니하였어야 한다(수령거절). 채권자지체의 성립에 관하여는 이를 주장하는 채무자가 증명하여야 한다. 즉 채무자는 이행의 제공 및 채권자의 지체(불수령) 사실에 대해 입증책임을 부담한다. 민법 제400조(채권자지체)에 의하면 「채권자가 이행을 받을 수 없거나 받지 아니한 때에는 이행의 제공있는 때로부터 지체책임이 있다」라고 규정하고 있으며, 채권자지체 중에는 채무자는 고의 또는 중대한 과실이 없으면 불이행으로 인한 모든 책임이 없다. 또한 채권자지체 중에는 이자있는 채권이라도 채무자는 이자를 지급할 의무가 없으며, 채권자지체로 인하여 그 목적물의 보관 또는 변제의 비용이 증가된 때에는 그 증가액은 채권자의 부담으로 한다.

④ 채권자대위권(債權者代位權)이란 채권자가 자기의 채권을 보전하기 위하여 채권자의 이름으로 채무자의 제3자에 대한 권리를 행사할

수 있는 권리를 말한다. 채권자대위권의 요건으로서 채권자 측의 요건으로는 a) 채권자가 자기의 채권을 보전할 필요가 있어야 하고 b) 채권에 관한 이행기가 도래하여야 하며, 채무자 측의 요건으로는 c) 채무자의 제3자에 대한 권리가 일신에 전속한 것이 아니어야 하고 d) 채무자가 스스로 그의 권리를 행사하지 않고 있어야 한다. 채권자대위권의 요건이 구비되면 채권자는 자기의 이름으로 채무자의 권리를 행사할 수 있다. 다만 채권자대위권의 행사는 채권의 보전에 필요한 범위에 한정되어야 한다. 따라서 채무자의 재산을 관리하는 행위는 허용되지만, 권리의 포기 등과 같은 처분행위는 허용되지 않는다. 채권자대위권의 행사에 채무자의 동의는 필요 없지만, 그 행사 후에는 그 사실을 채무자에게 통지하여야 한다. 이는 채무자의 이익을 보호하기 위한 것이다. 채권자대위권은 채권자가 채무자의 권리를 행사하는 것이므로 그 행사의 효과는 직접 채무자에게 귀속한다. 가령 변제의 수령을 요하는 채무에서 제3채무자가 채권자에게 변제하더라도 그것은 채무자에게 변제한 것과 같은 효과가 발생한다. 민법 제404조(채권자대위권)에 의하면 「① 채권자는 자기의 채권을 보전하기 위하여 채무자의 권리를 행사할 수 있다. 그러나 일신에 전속한 권리는 그러하지 아니하다. ② 채권자는 그 채권의 기한이 도래하기 전에는 법원의 허가 없이 전항의 권리를 행사하지 못한다. 그러나 보전행위는 그러하지 아니하다」라고 규정하고 있다.

⑤ 채권자취소권(債權者取消權)이란 채무자가 채권자를 해하는 법률행위, 즉 법률행위의 결과 무자력이 되어 채권의 만족을 줄 수 없는 경우에 채권자가 그 취소 및 원상회복을 법원에 청구할 수 있는 권리를 말한다. 채권자대위권과 더불어 채무자의 책임재산의 보전을 위해 채권자에게 부여된 권리이다. 채권자취소권을 행사할 수 있기 위해서는 채무자가 채권자를 해하는 사해행위를 하여야 하고(객관적 요건), 채무자 및 수익자 또는 전득자가 채권자를 해함을 알았어야 한다(주관적 요건). '채권자를 해한다'는 것은 채무자의 법률행위로 인해 그의 일반재산이 감소하여 채권의 공동담보에 부족이 생기고 채권자에게 완전한 변제를 할 수 없게 되는 것을 말한다. 또한 채무자의 무자력은 사해행위 시점을 기준으로 판단하여야 한다. 따라서 행위 당시에 무자력이 아닌 이상 후에 무자력으로 되었더라도 사해행위로 되는 것은 아니다. 한편 행위시에 무자력인 경우에도 채무자가 후에 자력을 회복한 때에는 취소권을 인정할 필요가 없으므로 무자력은 채권자취소소송

중, 즉 사실심의 변론종결시까지 유지되어야만 한다. 통설과 판례는 사해행위 취소판결의 효력은 소송당사자인 채권자와 그 상대방인 수익자 또는 전득자의 상대적인 관계에서만 미칠 뿐이고, 그 소송에 참가하지 않은 채무자 또는 채무자와 수익자 사이의 법률관계에는 미치지 않는다고 하여 상대적 효력만을 인정한다. 민법 제406조(채권자취소권)에 의하면 「① 채무자가 채권자를 해함을 알고 재산권을 목적으로 한 법률행위를 한 때에는 채권자는 그 취소 및 원상회복을 법원에 청구할 수 있다. 그러나 그 행위로 인하여 이익을 받은 자나 전득한 자가 그 행위 또는 전득 당시에 채권자를 해함을 알지 못한 경우에는 그러하지 아니하다. ② 전항의 소는 채권자가 취소원인을 안 날로부터 1년, 법률행위 있은 날로부터 5년내에 제기하여야 한다」라고 규정하고 있다.

▶ 관련판례

1) 공중접객업인 숙박업을 경영하는 자가 투숙객과 체결하는 숙박계약은 숙박업자가 고객에게 숙박을 할 수 있는 객실을 제공하여 고객으로 하여금 이를 사용할 수 있도록 하고 고객으로부터 그 대가를 받는 일종의 일시사용을 위한 임대차계약으로서, 여관의 객실 및 관련시설, 공간은 오로지 숙박업자의 지배 아래 놓여 있는 것이므로 숙박업자는 통상의 임대차와 같이 단순히 여관의 객실 및 관련시설을 제공하여 고객으로 하여금 이를 사용수익하게 할 의무를 부담하는 것에서 한 걸음 더 나아가 고객에게 위험이 없는 안전하고 편안한 객실 및 관련시설을 제공함으로써 고객의 안전을 배려하여야 할 보호의무를 부담하며 이러한 의무는 숙박계약의 특수성을 고려하여 신의칙상 인정되는 부수적인 의무로서 숙박업자가 이를 위반하여 고객의 생명, 신체를 침해하여 손해를 입힌 경우 불완전이행으로 인한 채무불이행책임을 부담한다[**대법원** 1994. 1. 28. 93 다 43590].

2) 매수인이 당초 약정된 잔금 지급기일까지 잔금을 지급하지 못하여 그 지급 독촉을 받아 오다가, 매도인과의 사이에 그 잔금의 지급기일을 연기받는 한편 그 기일의 준수를 다짐하면서 만일 그 연기된 날까지 잔금을 지급하지 아니하면 매매계약을 해제하여 무효로 함과 아울러 매도인에게 이미 지급한 계약금 및 중도금에 대한 반환청구권을 포기 내지 상실키로 하는 약정을 한 경우, 그 포기 약정을 손해배상액의 예정으로 보아 그 예정액이 부당히 과다하다는 이유로 이를 감액한 원심판결을 수긍한다[**대법원** 1995. 12. 12. 95 다 40076].

3) 채무불이행으로 인한 손해배상을 규정하고 있는 민법 제394조는 다른 의사표시가 없는 한 손해는 금전으로 배상하여야 한다고 규정하고 있는바, 위 법

조 소정의 금전이라 함은 우리나라의 통화를 가리키는 것이어서 채무불이행으로 인한 손해배상을 구하는 채권은 당사자가 외국통화로 지급하기로 약정하였다는 등의 특별한 사정이 없는 한 채권액이 외국통화로 지정된 외화채권이라고 할 수 없다[**대법원** 1997. 5. 9. 96 다 48688].

4) [1] 연대보증인에게 부동산의 매도행위 당시 사해의 의사가 있었는지 여부는 연대보증인이 자신의 자산상태가 채권자에 대한 연대보증채무를 담보하는데 부족이 생기게 되리라는 것을 인식하였는가 하는 점에 의하여 판단하여야 하고, 연대보증인이 주채무자의 자산상태가 채무를 담보하는 데 부족이 생기게 되리라는 것까지 인식하였어야만 사해의 의사를 인정할 수 있는 것은 아니다.
[2] 채무자가 자기의 유일한 재산인 부동산을 매각하여 소비하기 쉬운 금전으로 바꾸는 행위는 특별한 사정이 없는 한 항상 채권자에 대하여 사해행위가 된다고 볼 것이므로 채무자의 사해의 의사는 추정되는 것이고, 이를 매수한 자가 악의가 없었다는 입증책임은 수익자에게 있다[**대법원** 1998. 4. 14. 97 다 54420].

5) [1] 채무불이행으로 인한 손해배상 예정액의 청구와 채무불이행으로 인한 손해배상액의 청구는 그 청구원인을 달리 하는 별개의 청구이므로 손해배상 예정액의 청구 가운데 채무불이행으로 인한 손해배상액의 청구가 포함되어 있다고 볼 수 없고, 채무불이행으로 인한 손해배상액의 청구에 있어서 손해의 발생 사실과 그 손해를 금전적으로 평가한 배상액에 관하여는 손해배상을 구하는 채권자가 주장·입증하여야 하는 것이므로, 채권자가 손해배상책임의 발생원인 사실에 관하여는 주장·입증을 하였더라도 손해의 발생 사실에 관한 주장·입증을 하지 아니하였다면 변론주의의 원칙상 법원은 당사자가 주장하지 아니한 손해의 발생 사실을 기초로 하여 손해액을 산정할 수는 없다.
[2] 금전채무 불이행에 관한 특칙을 규정한 민법 제397조는 그 이행지체가 있으면 지연이자 부분만큼의 손해가 있는 것으로 의제하려는 데에 그 취지가 있는 것이므로 지연이자를 청구하는 채권자는 그 만큼의 손해가 있었다는 것을 증명할 필요가 없는 것이나, 그렇다고 하더라도 채권자가 금전채무의 불이행을 원인으로 손해배상을 구할 때에 지연이자 상당의 손해가 발생하였다는 취지의 주장은 하여야 하는 것이지 주장조차 하지 아니하여 그 손해를 청구하고 있다고 볼 수 없는 경우까지 지연이자 부분만큼의 손해를 인용해 줄 수는 없는 것이다[**대법원** 2000. 2. 11. 99 다 49644].

6) [1] 채권자취소의 소는 채권자가 취소원인을 안 날로부터 1년 내에 제기하여야 하는 것인바, 여기에서 취소원인을 안다고 하기 위하여서는 단순히 채무자의 법률행위가 있었다는 사실을 아는 것만으로는 부족하고, 그 법률행위가 채권자를 해하는 행위라는 것 즉, 그에 의하여 채권의 공동담보에 부족이 생

기거나 이미 부족상태에 있는 공동담보가 한층 더 부족하게 되어 채권을 완전하게 만족시킬 수 없게 된다는 것까지 알아야 한다.
[2] 채권자가 채무자 소유의 부동산에 대한 가압류신청시 첨부한 등기부등본에 수익자 명의의 근저당권설정등기가 경료되어 있었다는 사실만으로는 채권자가 가압류신청 당시 취소원인을 알았다고 인정할 수 없다[**대법원** 2000. 6. 13. 2000 다 15265].

7) '전세금 또는 융자금으로 공사대금을 지불한다'는 공사도급계약의 규정은 건물을 임대하거나 이를 담보로 융자를 받아야만 공사대금을 지급한다는 이른바 공사대금 지급의 기한을 정한 것이라고 볼 수 없고 나아가 건축주나 수급인에게 건물의 임대나 이를 담보로 한 은행 융자를 받음에 관하여 어떠한 권리를 부여하거나 의무를 부과하는 내용이라고 볼 수도 없는 것이므로, 수급인이 그 부동산을 가압류함으로써 일정한 범위 내에서 건물의 임대나 이를 담보로 한 은행 융자가 사실상 어렵게 되었다고 하더라도, 수급인이 자신의 채권을 보전하기 위한 필요에서 한 위 가압류를 들어 공사대금 채무의 지체에 관한 건축주의 책임을 부정할 수는 없다[**대법원** 2001. 1. 30. 2000 다 60685].

8) [1] 채권자취소권도 채권자가 채무자를 대위하여 행사하는 것이 가능하다.
[2] 민법 제404조 소정의 채권자대위권은 채권자가 자신의 채권을 보전하기 위하여 채무자의 권리를 자신의 이름으로 행사할 수 있는 권리라 할 것이므로, 채권자가 채무자의 채권자취소권을 대위행사하는 경우, 제소기간은 대위의 목적으로 되는 권리의 재권자인 채무자를 기준으로 하여 그 준수 여부를 가려야 할 것이고, 따라서 채권자취소권을 대위행사하는 채권자가 취소원인을 안 지 1년이 지났다 하더라도 채무자가 취소원인을 안 날로부터 1년, 법률행위가 있은 날로부터 5년 내라면 채권자취소의 소를 제기할 수 있다[**대법원** 2001. 12. 27. 2000 다 73049].

9) [1] 민법 제391조에서의 이행보조자로서의 피용자라 함은 일반적으로 채무자의 의사관여 아래 그 채무의 이행행위에 속하는 활동을 하는 사람이면 족하고, 반드시 채무자의 지시 또는 감독을 받는 관계에 있어야 하는 것은 아니므로 채무자에 대하여 종속적인가 독립적인 지위에 있는가는 문제되지 않는다.
[2] 임대인이 임차인과의 임대차계약상의 약정에 따라 제3자에게 도급을 주어 임대차목적 시설물을 수선한 경우에는 그 수급인도 임대인에 대하여 종속적인지 여부를 불문하고 이행보조자로서의 피용자라고 보아야 할 것이고, 이러한 수급인이 시설물 수선 공사 등을 하던 중 수급인의 과실로 인하여 화재가 발생한 경우에는 임대인은 민법 제391조에 따라 위 화재발생에 귀책사유가 있다 할 것이어서 임차인에 대한 채무불이행상의 손해배상책임이 있다[**대법원** 2002. 7. 12. 2001 다 44338].

10) [1] 건물의 규모와 구조로 볼 때 그 건물 중 임차한 부분과 그 밖의 부분이 상호 유지·존립함에 있어서 구조상 불가분의 일체를 이루는 관계에 있고, 그 임차 부분에서 화재가 발생하여 건물의 방화 구조상 건물의 다른 부분에까지 연소되어 피해가 발생한 경우라면, 임차인은 임차 부분에 한하지 않고 그 건물의 유지·존립과 불가분의 일체관계가 있는 다른 부분이 소실되어 임대인이 입게 된 손해도 배상할 의무가 있다.
[2] 불법행위 등으로 인하여 건물이 훼손된 경우, 수리가 가능하다면 그 수리비가 통상의 손해이며, 훼손 당시 그 건물이 이미 내용연수가 다 된 낡은 건물이어서 원상으로 회복시키는 데 소요되는 수리비가 건물의 교환가치를 초과하는 경우에는 형평의 원칙상 그 손해액은 그 건물의 교환가치 범위 내로 제한되어야 할 것이고, 또한 수리로 인하여 훼손 전보다 건물의 교환가치가 증가하는 경우에는 그 수리비에서 교환가치 증가분을 공제한 금액이 그 손해이다[**대법원 2004. 2. 27. 2002 다 39456**].

11) [1] 견인차 운전자가 사고 지점에 도착하였을 때는 이미 다른 견인차에 의하여 선행 교통사고가 수습되어 사고 차량들이 갓길로 치워져 있었으므로 위 사고 지점에 견인차를 정차시켜 놓을 부득이한 사유가 있는 경우에 해당한다고 할 수 없을 뿐만 아니라, 그 정차 지점이 갓길과 2차로를 절반가량씩 차지한 상태로 다른 차량의 진행에 방해를 주고 있는데다가 단순히 경광등과 비상등만을 켜 놓았을 뿐 도로교통법 제61조 및 도로교통법시행규칙 제23조에 규정한 '고장 등 경우의 표지'를 해태하였으므로, 견인차 운전자의 이러한 형태의 갓길 정차는 불법 정차에 해당한다 할 것이고, 또한 견인차 운전자로서는 자동차전용도로를 진행하는 차량들이 긴급사태에 대피하거나 빙판에 미끄러지는 등의 돌발사태로 인하여 급하게 갓길 쪽으로 진입할 수 있고 이러한 경우 갓길에 정차된 위 견인차와 충돌할 수 있다는 것을 충분히 예상할 수 있었다고 할 것이어서 결국, 견인차 운전자의 불법 정차와 그로 인해 발생한 교통사고 사이에 상당인과관계가 있다.
[2] 불법행위로 인하여 노동능력을 상실한 급여소득자의 일실이득은 원칙적으로 노동능력 상실 당시의 임금수익을 기준으로 산정할 것이지만, 장차 그 임금수익이 증가될 것을 상당한 정도로 확실하게 예측할 수 있는 객관적인 자료가 있을 때에는 장차 증가될 임금수익도 일실이득을 산정함에 고려되어야 할 것이고, 이와 같이 장차 증가될 임금수익을 기준으로 산정된 일실이득 상당의 손해는 당해 불법행위에 의하여 사회관념상 통상 생기는 것으로 인정되는 통상손해에 해당하는 것이라고 볼 것이므로 당연히 배상 범위에 포함시켜야 하는 것이고, 피해자의 임금수익이 장차 증가될 것이라는 사정을 가해자가 알았거나 알 수 있었는지의 여부에 따라 그 배상범위가 달라지는 것은 아니다.
[3] 노동능력상실률을 적용하는 방법에 의하여 일실이익을 산정할 경우, 그 노동능력상실률은 단순한 의학적 신체기능장애율이 아니라 피해자의 연령, 교육 정도, 종전 직업의 성질과 직업경력, 기능 숙련 정도, 신체기능장애 정도

및 유사직종이나 타직종의 전업가능성과 그 확률 기타 사회적 · 경제적 조건을 모두 참작하여 경험칙에 따라 정한 수익상실률로서 합리적이고 객관성이 있는 것이어야 하고, 노동능력상실률을 정하기 위한 보조자료의 하나인 의학적 신체기능장애율에 대한 감정인의 감정 결과는 사실인정에 관하여 특별한 지식과 경험을 요하는 경우에 법관이 그 특별한 지식, 경험을 이용하는 데 불과한 것이며, 궁극적으로는 앞서 열거한 피해자의 제 조건과 경험칙에 비추어 규범적으로 결정될 수밖에 없다.
[4] 불법행위로 인한 손해의 발생 또는 확대에 관하여 피해자에게도 과실이 있을 때에는 그와 같은 사유는 가해자의 손해배상의 범위를 정함에 있어 당연히 참작되어야 하고, 양자의 과실비율을 교량함에 있어서는 손해의 공평부담이라는 제도의 취지에 비추어 사고발생에 관련된 제반상황이 충분히 고려되어야 할 것이며, 과실상계사유에 관한 사실인정이나 그 비율을 정하는 것이 사실심의 전권사항이라고 하더라도 그것이 형평의 원칙에 비추어 현저히 불합리하여서는 안 된다[**대법원 2004. 2. 27. 2003 다 6873**].

제3절 수인의 채권자 및 채무자

채권관계는 하나의 급부에 관하여 1인의 채권자와 1인의 채무자가 있는 것이 보통이지만, 채권자 또는 채무자 혹은 그 쌍방이 수인인 경우가 있다. 민법은 다수당사자의 채권관계의 종류로서 분할채권관계·불가분채권관계·연대채무·보증채무의 네 가지를 인정한다.

① 분할채권관계(分割債權關係): 채권의 목적이 성질상 가분인 경우에 채권자나 채무자가 수인인 때에는 각 채권자는 균등한 비율로 권리가 있고(분할채권), 각 채무자는 균등한 비율로 의무를 부담하는 경우(분할채무)이다. 분할채권관계는 다수당사자의 채권관계의 원칙적 형태로서 복수주체만큼의 수 개의 채권관계가 존재한다.

② 불가분채권관계(不可分債權關係): 채권의 목적이 그 성질 또는 당사자의 의사표시에 의하여 불가분인 경우에 수인의 채권자 또는 채무자가 급부 전부에 관하여 채권을 가지거나(불가분채권) 채무를 부담하는 경우(불가분채무)이다. 불가분채권이나 불가분채무가 가분채권 또는 가분채무로 변경된 때에는 각 채권자는 자기부분만의 이행을 청구할 권리가 있고, 각 채무자는 자기부담부분만을 이행할 의무가 있다.

③ 연대채무(連帶債務): 채권의 목적이 성질상 가분인 경우에도 수인의 채무자가 채무 전부를 각자 이행할 의무가 있고, 채무자 1인의 이행으로 다른 채무자도 채무를 면하게 되는 경우로서 채무자 사이에 주종의 구별이 없다. 따라서 채권자는 어느 연대채무자에 대하여 또는 동시나 순차로 모든 연대채무자에 대하여 채무의 전부나 일부의 이행을 청구할 수 있다. 연대채무자의 부담부분은 균등한 것으로 추정한다. 어느 연대채무자에 대한 법률행위의 무효나 취소의 원인은 다른 연대채무자의 채무에 영향을 미치지 아니하며, 어느 연대채무자에 대한 이행청구는 다른 연대채무자에게도 효력이 있다. 또한 어느 연대채무자에 대하여 소멸시효가 완성한 때에는 그 부담부분에 한하여 다른 연대채무자도 의무를 면한다. 한편 어느 연대채무자가 변제 기타 자기의 출재로 공동면책이 된 때에는 다른 연대채무자의 부담부분에 대하여 구상권(求償權)을 행사할 수 있다. 만일 연대채무자 중에 상환할 자력이 없는 자가 있는 때에는 그 채무자의 부담부분은 구상권자 및 다른 자력이 있는 채무자가 그 부담부분에 비례하여 분담한다. 그러나 구상권자에게 과실이 있는 때에는 다른 연대채무자에 대하여 분담을 청구하지 못한다.

④ 보증채무(保證債務): 주채무자가 이행하지 아니하는 채무를 보증인이 이행할 의무를 지는 경우로서 보증채무는 주채무에 종속하는 점에서 연대채무와 결정적인 차이가 있다. 즉 보증인은 주채무자가 이행하지 아니하는 채무를 이행할 의무가 있으며, 보증은 장래의 채무에 대하여도 할 수 있다. 보증채무는 주채무의 이자, 위약금, 손해배상 기타 주채무에 종속한 채무를 포함한다. 만일 보증인의 부담이 주채무의 목적이나 형태보다 중한 때에는 주채무의 한도로 감축한다. 채무자가 보증인을 세울 의무가 있는 경우에는 그 보증인은 행위능력 및 변제자력이 있는 자로 하여야 하며, 보증인이 변제자력이 없게 된 때에는 채권자는 보증인의 변경을 청구할 수 있다. 주채무자가 채권자에 대하여 취소권·해제권·해지권이 있는 동안은 보증인은 채권자에 대하여 채무의 이행을 거절할 수 있다. 민법 제437조(보증인의 최고·검색의 항변)에 의하면 「채권자가 보증인에게 채무의 이행을 청구한 때에는 보증인은 주채무자의 변제자력이 있는 사실 및 그 집행이 용이할 것을 증명하여 먼저 주채무자에게 청구할 것과 그 재산에 대하여 집행할 것을 항변할 수 있다. 그러나 보증인이 주채무자와 연대하여 채무를 부담한 때에는 그러하지 아니하다」라고 규정하고 있다. 이러한 보증인

의 항변에 불구하고, 채권자의 해태로 인하여 채무자로부터 전부나 일부의 변제를 받지 못한 경우에는 채권자가 해태하지 아니하였으면 변제받았을 한도에서 보증인은 그 의무를 면한다. 주채무자에 대한 시효의 중단은 보증인에 대하여도 그 효력이 있다.

▶ **관련판례**

1) 단순한 고용직 이사가 아니라 회사의 대주주로서 이사로 취임한 이래 부사장 등의 직책을 맡아 회사의 경영에 관여해 오던 자가 회사 경영진 내부의 마찰이 있는데다가 다른 회사 경영에 전념하기 위하여 이사직을 사임함과 동시에 다시 감사로 취임하여 재직하면서 주주의 지위는 계속 보유하고 있었다면, 그가 이사직을 사임하였다고 하여 그것만으로 회사와의 신뢰관계가 깨어져 사회통념상 그가 이사재직시 회사를 위하여 체결한 포괄근보증계약을 유지케 함이 바람직하지 못하게 되었다고 보기 어렵고, 또한 그가 보증인이 된 것이 오로지 이사의 지위에 있었기 때문에 부득이 한 것이라고 볼 수도 없으므로, 이와 같은 상황에서 이사의 지위에서 사임하였다는 사유를 내세워 그 보증계약을 일방적으로 해지할 수 없다[**대법원** 1995. 4. 25. 94 다 37073].

2) 보증계약이 성립한 후에 보증인이 알지도 못하는 사이에 주채무의 목적이나 형태가 변경되었다면, 그 변경으로 인하여 주채무의 실질적 동일성이 상실된 경우에는 당초의 주채무는 경개로 인하여 소멸하였다고 보아야 할 것이므로 보증채무도 당연히 소멸하고, 그 변경으로 인하여 주채무의 실질적 동일성이 상실되지 아니하고 동시에 주채무의 부담 내용이 축소·감경된 경우에는 보증인은 그와 같이 축소·감경된 주채무의 내용에 따라 보증책임을 질 것이지만, 그 변경으로 인하여 주채무의 실질적 동일성이 상실되지는 아니하고 주채무의 부담내용이 확장·가중된 경우에는 보증인은 그와 같이 확장·가중된 주채무의 내용에 따른 보증책임은 지지 아니하고, 다만 변경되기 전의 주채무의 내용에 따른 보증책임만을 진다[**대법원** 2000. 1. 21. 97 다 1013].

3) [1] 토지의 공유자는 각자의 지분 비율에 따라 토지 전체를 사용·수익할 수 있지만, 그 구체적인 사용·수익 방법에 관하여 공유자들 사이에 지분 과반수의 합의가 없는 이상, 1인이 특정 부분을 배타적으로 점유·사용할 수 없는 것이므로, 공유자 중의 일부가 특정 부분을 배타적으로 점유·사용하고 있다면, 그들은 비록 그 특정 부분의 면적이 자신들의 지분 비율에 상당하는 면적 범위 내라고 할지라도, 다른 공유자들 중 지분은 있으나 사용·수익은 전혀 하지 않고 있는 자에 대하여는 그 자의 지분에 상응하는 부당이득을 하고 있다고 보아야 할 것인바, 이는 모든 공유자는 공유물 전부를 지분의 비율로 사용·수익할 권리가 있기 때문이다.

[2] 여러 사람이 공동으로 법률상 원인 없이 타인의 재산을 사용한 경우의 부당이득 반환채무는 특별한 사정이 없는 한 불가분적 이득의 반환으로서 불가분채무이고, 불가분채무는 각 채무자가 채무 전부를 이행할 의무가 있으며, 1인의 채무이행으로 다른 채무자도 그 의무를 면하게 된다[**대법원** 2001. 12. 11. 2000 다 13948].

4) 주채무자를 위하여 수인이 연대보증을 한 경우, 어느 연대보증인이 채무를 변제하였음을 내세워 다른 연대보증인에게 구상권을 행사함에 있어서는 그 변제로 인하여 다른 연대보증인도 공동으로 면책되었음을 요건으로 하는 것인데, 각 연대보증인이 주채무자의 채무를 일정한 한도에서 보증하기로 하는 이른바 일부보증을 한 경우에는 달리 특별한 사정이 없는 한, 각 보증인은 보증한 한도 이상의 채무에 대하여는 그 책임이 없음은 물론이지만 주채무의 일부가 변제되었다고 하더라도 그 보증한 한도 내의 주채무가 남아 있다면 그 남아 있는 채무에 대하여는 보증책임을 면할 수 없다고 보아야 하므로, 이와 같은 경우에 연대보증인 중 1인이 변제로써 주채무를 감소시켰다고 하더라도 주채무의 남은 금액이 다른 연대보증인의 책임한도를 초과하고 있다면 그 다른 연대보증인으로서는 그 한도금액 전부에 대한 보증책임이 그대로 남아 있어 위의 채무변제로써 면책된 부분이 전혀 없다고 볼 수밖에 없고, 따라서 이러한 경우에는 채무를 변제한 위 연대보증인이 그 채무의 변제를 내세워 보증책임이 그대로 남아 있는 다른 연대보증인에게 구상권을 행사할 수는 없다[**대법원** 2002. 3. 15. 2001 다 59071].

5) [1] 불법행위에 경합된 당사자들의 과실 정도에 관한 사실인정이나 그 비율을 정하는 것은 그것이 형평의 원칙에 비추어 현저하게 불합리하다고 인정되지 않는 한 사실심의 전권사항에 속한다.
[2] 공동불법행위자는 채권자에 대한 관계에서는 연대책임(부진정연대채무)을 지되, 공동불법행위자들 내부관계에서는 일정한 부담 부분이 있고, 이 부담 부분은 공동불법행위자의 과실의 정도에 따라 정하여지는 것으로서 공동불법행위자 중 1인이 자기의 부담 부분 이상을 변제하여 공동의 면책을 얻게 하였을 때에는 다른 공동불법행위자에게 그 부담 부분의 비율에 따라 구상권을 행사할 수 있고, 그 공동불법행위자의 1인이 동시에 피해자이기도 한 경우에도 다른 공동불법행위자가 당해 불법행위로 인해 손해를 입은 제3자에 대해 손해배상금을 지출한 때에는 그 중 피해자인 공동불법행위자의 부담 부분에 상응하는 금원에 대해 구상금채권을 가질 수 있다.
[3] 공동불법행위자 상호간의 구상금채권을 인정하기 위하여는 우선 각 공동불법행위자들의 가해자로서의 과실 내용 및 비율을 정하여야 할 것이고, 한편 불법행위에 있어 손해액을 정함에 참작하는 피해자의 과실, 즉 과실상계에 있어서의 과실은 가해자의 과실과 달리 사회통념이나 신의성실의 원칙에 따라 공동생활에 있어 요구되는 약한 의미의 부주의를 가리키는 것이므로, 그러한

과실 내용 및 비율을 그대로 공동불법행위자로서의 과실 내용 및 비율로 삼을 수는 없다[대법원 2005. 7. 8. 2005 다 8125].

제4절 채권의 양도

채권양도(債權讓渡)란 채권자(양도인)와 양수인간의 계약으로 채권자의 채권을 양수인에게 이전하는 것을 말한다. 가령 아파트분양신청권·택지분양권의 매매 등을 예로 들 수 있다. 민법 제449조(채권의 양도성)에 의하면 「① 채권은 양도할 수 있다. 그러나 채권의 성질이 양도를 허용하지 아니하는 때에는 그러하지 아니하다. ② 채권은 당사자가 반대의 의사를 표시한 경우에는 양도하지 못한다. 그러나 그 의사표시로써 선의의 제3자에게 대항하지 못한다」라고 규정하고 있다. 채권양도에 의하여 채권은 그 동일성을 유지하면서 양수인에게 이전된다. 따라서 채권에 부종하는 권리(이자채권·위약금채권·보증채권 등)도 원칙적으로 양수인에게 이전된다. 이는 종된 권리의 수반성에 의한 것이므로 종된 권리에 관하여는 따로 양도행위를 할 필요가 없다.

채권양도는 채권의 이전을 내용으로 하는 양도인과 양수인간의 계약으로서 채무자는 계약의 당사자가 아니다. 채무자의 동의는 필요 없고, 채무자의 의사에 반한 양도도 유효하다. 또한 일정한 방식을 필요로 하지 않으며, 채권증서가 있더라고 그 교부는 요건이 아니다. 채권양도는 처분행위이므로 양도인이 처분권한을 가지고 있음을 전제로 한다. 따라서 채권이 압류되거나, 채권자가 파산한 경우에는 그 채권을 양도할 수 없고, 또 조합원 1인이 다른 조합원의 동의 없이 조합채권을 양도한 때에는 그 양도는 무효이다. 채권이 존재하지 않는 경우에도 양도는 무효이며, 양수인이 양도인에게 처분권한이 있는 것으로 믿었더라도 선의취득이 인정되지 않는다.

▶ 관련판례

1) [1] 채권이 이중으로 양도된 경우의 양수인 상호간의 우열은 통지 또는 승낙에 붙여진 확정일자의 선후에 의하여 결정할 것이 아니라, 채권양도에 대한 채무자의 인식, 즉 확정일자 있는 양도통지가 채무자에게 도달한 일시 또는 확정일자 있는 승낙의 일시의 선후에 의하여 결정하여야 할 것이고, 이러한 법리는 채권양수인과 동일 채권에 대하여 가압류명령을 집행한 자 사이의 우

열을 결정하는 경우에 있어서도 마찬가지이므로, 확정일자 있는 채권양도 통지와 가압류결정 정본의 제3채무자(채권양도의 경우는 채무자)에 대한 도달의 선후에 의하여 그 우열을 결정하여야 한다.
[2] 채권양도 통지, 가압류 또는 압류명령 등이 제3채무자에 동시에 송달되어 그들 상호간에 우열이 없는 경우에도 그 채권양수인, 가압류 또는 압류채권자는 모두 제3채무자에 대하여 완전한 대항력을 갖추었다고 할 것이므로, 그 전액에 대하여 채권양수금, 압류전부금 또는 추심금의 이행청구를 하고 적법하게 이를 변제받을 수 있고, 제3채무자로서는 이들 중 누구에게라도 그 채무전액을 변제하면 다른 채권자에 대한 관계에서도 유효하게 면책되는 것이며, 만약 양수채권액과 가압류 또는 압류된 채권액의 합계액이 제3채무자에 대한 채권액을 초과할 때에는 그들 상호간에는 법률상의 지위가 대등하므로 공평의 원칙상 각 채권액에 안분하여 이를 내부적으로 다시 정산할 의무가 있다[**대법원 1994. 4. 26. 93 다 24223**].

2) [1] 갑과 을이 임대차보증금 중 각 일부를 부담하기로 하되 갑이 을로부터 지급받아야 할 채권이 많았기 때문에 그 임대차기간 종료시 임대차보증금 전액을 갑이 반환받기로 하고, 이에 따라 갑과 을, 임대인 병 3자 합의에 의하여 임대차계약서를 작성하면서 그 임대차보증금 전액을 갑이 반환받는다는 의미에서 임차인 명의를 갑 단독으로 한 경우, 그 임대차계약서상의 임차인 명의에 불구하고 갑과 을이 공동임차인으로서 병과 임대차계약을 체결한 것이고, 다만 을이 병에게 지급한 임대차보증금의 반환채권을 갑의 을에 대한 채권의 지급을 담보할 목적으로 갑에게 양도하고 병이 이를 승낙한 것으로 봄이 상당하다고 한 사례.
[2] 채권양도에 있어서 채무자가 양도인에게 이의를 보류하지 아니하고 승낙을 하였다는 사정이 없거나 또는 이의를 보류하지 아니하고 승낙을 하였더라도 양수인이 악의 또는 중과실의 경우에 해당하는 한, 채무자의 승낙 당시까지 양도인에 대하여 생긴 사유로써 양수인에게 대항할 수 있다고 할 것인데, 승낙 당시 이미 상계를 할 수 있는 원인이 있었던 경우에는 아직 상계적상에 있지 아니하였다 하더라도 그 후에 상계적상이 생기면 채무자는 양수인에 대하여 상계로 대항할 수 있다[**대법원 1999. 8. 20. 99 다 18039**].

3) 일반적으로 채권에 대한 가압류가 있더라도 이는 가압류채무자가 제3채무자로부터 현실로 급부를 추심하는 것만을 금지하는 것이므로 가압류채무자는 제3채무자를 상대로 그 이행을 구하는 소송을 제기할 수 있고, 법원은 가압류가 되어 있음을 이유로 이를 배척할 수 없는 것이며, 채권양도는 구 채권자인 양도인과 신 채권자인 양수인 사이에 채권을 그 동일성을 유지하면서 전자로부터 후자에게로 이전시킬 것을 목적으로 하는 계약을 말한다 할 것이고, 채권양도에 의하여 채권은 그 동일성을 잃지 않고 양도인으로부터 양수인에게 이전된다 할 것이며, 가압류된 채권도 이를 양도하는 데 아무런 제한이 없으

나, 다만 가압류된 채권을 양수받은 양수인은 그러한 가압류에 의하여 권리가 제한된 상태의 채권을 양수받는다고 보아야 할 것이다[**대법원** 2000. 4. 11. 99 다 23888].

4) [1] 민법 제450조 제1항 소정의 채권양도의 통지는 양도인이 채무자에 대하여 당해 채권을 양수인에게 양도하였다는 사실을 통지하는 이른바 관념의 통지로서, 채권양도가 있기 전에 미리 하는 사전 통지는 채무자로 하여금 양도의 시기를 확정할 수 없는 불안한 상태에 있게 하는 결과가 되어 원칙적으로 허용될 수 없다.
[2] 채권의 양도를 제3자에게 대항하기 위하여는 통지행위 또는 승낙행위 자체를 확정일자 있는 증서로 하여야 하는 것인데 여기서 확정일자란 증서에 대하여 그 작성한 일자에 관한 완전한 증거가 될 수 있는 것으로 법률상 인정되는 일자를 말하며 당사자가 나중에 변경하는 것이 불가능한 확정된 일자를 가리킨다[**대법원** 2000. 4. 11. 2000 다 2627].

5) [1] 부동산의 매매로 인한 소유권이전등기청구권은 물권의 이전을 목적으로 하는 매매의 효과로서 매도인이 부담하는 재산권이전의무의 한 내용을 이루는 것이고, 매도인이 물권행위의 성립요건을 갖추도록 의무를 부담하는 경우에 발생하는 채권적 청구권으로 그 이행과정에 신뢰관계가 따르므로, 소유권이전등기청구권을 매수인으로부터 양도받은 양수인은 매도인이 그 양도에 대하여 동의하지 않고 있다면 매도인에 대하여 채권양도를 원인으로 하여 소유권이전등기절차의 이행을 청구할 수 없고, 따라서 매매로 인한 소유권이전등기청구권은 특별한 사정이 없는 이상 그 권리의 성질상 양도가 제한되고 그 양도에 채무자의 승낙이나 동의를 요한다고 할 것이므로 통상의 채권양도와 달리 양도인의 채무자에 대한 통지만으로는 채무자에 대한 대항력이 생기지 않으며 반드시 채무자의 동의나 승낙을 받아야 대항력이 생긴다.
[2] 다세대건물에 대한 분양계약상의 매수인의 지위를 양수하지 않은 이상 매수인으로부터 채권으로서의 소유권이전등기청구권을 양도받은 것만으로써는 양수인이 매도인에 대하여 그 다세대건물의 매수인임을 주장할 수 없는 것이고, 이와 같은 매수인의 지위를 양수함에 있어서는 계약의 상대방인 매도인과의 합의(승낙)가 있어야 한다[**대법원** 2005. 3. 10. 2004 다 67653·67660].

제5절 채무의 인수

채무인수(債務引受)란 채무의 동일성을 유지하면서 채무가 종전의 채무자로부터 제3자(인수인)에게 이전되는 것으로서 계약에 의해 이루어진다. 채무인수에 의해 종전의 채무자는 채무를 면하고 인수인이 동일한 채무를 지는 점에서 민법이 정하는 채무인수는 면책적 채무인수(免責的 債務引受)에 관한 것이다. 채무의 이전은 법률의 규정에 의해 생기는 수가 있으나(예: 상속·포괄유증·합병 등), 이러한 것은 채무인수가 아니며 계약에 의한 채무의 이전만이 채무인수에 해당한다. 채무인수에 의해 채무자는 변경되지만 종전의 채무는 그 동일성을 유지하면서 인수인에게 이전된다. 이 점에서 채무자의 변경으로 인해 종전의 채무가 소멸하는 경개와 다르다.

민법 제453조(채권자와의 계약에 의한 채무인수)에 의하면 「① 제3자는 채권자와의 계약으로 채무를 인수하여 채무자의 채무를 면하게 할 수 있다. 그러나 채무의 성질이 인수를 허용하지 아니하는 때에는 그러하지 아니하다. ② 이해관계 없는 제3자는 채무자의 의사에 반하여 채무를 인수하지 못한다」라고 규정하고 있으며, 민법 제454조(채무자와의 계약에 의한 채무인수)에 의하면 「① 제3자가 채무자와의 계약으로 채무를 인수한 경우에는 채권자의 승낙에 의하여 그 효력이 생긴다. ② 채권자의 승낙 또는 거절의 상대방은 채무자나 제3자이다」라고 규정하고 있다. 즉 채무인수는 채권자와 인수인 사이에 계약을 체결한 경우에는 그 성립시에 효력이 생기고, 채무자와 인수인 사이에 계약을 체결한 때에는 채권자의 승낙을 조건으로 하여 그 성립시에 효력이 생긴다. 채무인수가 성립하면 그 자체로써 채무가 인수인에게 이전되므로 채무를 인수하여야 할 의무, 즉 이행의 문제를 남기지 않는다.

▶ 관련판례

1) 채무가 인수되는 경우에 구 채무자의 채무에 관하여 제3자가 제공한 담보는 채무인수로 인하여 소멸하되 다만 그 제3자(물상보증인)가 채무인수에 동의한 경우에 한하여 소멸하지 아니하고 신 채무자를 위하여 존속하게 되는바, 이 경우 물상보증인이 채무인수에 관하여 하는 동의는 채무인수인을 위하여 새로운 담보를 설정하겠다는 의사표시가 아니라 기존의 담보를 채무인수인을

위하여 계속 유지하겠다는 의사표시에 불과하여 그 동의에 의하여 유지되는 담보는 기존의 담보와 동일한 내용을 갖는 것이므로, 근저당권에 관하여 채무인수를 원인으로 채무자를 교체하는 변경등기(부기등기)가 마쳐진 경우 특별한 사정이 없는 한 그 근저당권은 당초 구 채무자가 부담하고 있다가 신 채무자가 인수하게 된 채무만을 담보하는 것이지, 그 후 신 채무자(채무인수인)가 다른 원인으로 부담하게 된 새로운 채무까지 담보하는 것으로 볼 수는 없다 [대법원 2000. 12. 26. 2000 다 56204].

2) 민법 제429조 제1항에 의하면, '보증채무는 주채무의 이자, 위약금, 손해배상 기타 주채무에 종속한 채무를 포함한다.'고 규정되어 있으므로, 부동산 매매계약과 함께 부동산의 매수인이 매매목적물에 관한 근저당권의 피담보채무, 가압류채무, 임대차보증금 반환채무를 인수하는 한편, 그 채무액을 매매대금에서 공제하기로 하는 이행인수계약이 이루어진 경우 그 매매대금채무나 매수인이 인수한 채무를 보증한 자는 매도인이 매수인의 인수채무 불이행으로 말미암아 또는 임의로 인수채무를 대신 변제하여 매수인이 매도인에게 부담하게 되는 손해배상채무 또는 구상채무에 대하여도 보증채무를 부담하게 되며, 나아가 매수인의 인수채무 불이행으로 인한 손해가 계속적으로 발생하거나 매도인이 매수인의 인수채무를 계속적으로 대신 변제하여 나가는 경우도 있을 수 있고, 이러한 경우의 보증은 계속적 보증의 성질도 갖게 된다[대법원 2002. 5. 10. 2000 다 18578].

제6절 채권의 소멸

채권의 소멸(消滅)은 채권이 종국적으로 존재하지 않게 되는 것을 말한다. 채권은 채무자에 대하여 급부를 청구할 수 있는 권리이므로, 채무자의 급부를 통해 채권의 내용이 실현되면 채권은 목적을 달성하여 소멸하게 된다. 이것이 바로 변제이다. 대물변제·공탁·상계도 이에 준하는 것이다. 한편 채권의 목적달성과는 다른 그 밖의 사유에 의해서도 채권은 소멸하는 수가 있는데, 경개·면제·혼동이 그러하다. 민법은 채권에 특유한 소멸원인으로 변제·대물변제·공탁·상계·경개·면제·혼동의 일곱 가지를 규정하고 있다.

1. 채권의 소멸원인

① 변제(辨濟): 변제란 채무의 내용인 급부가 실현됨으로써 채권이

만족을 얻어 소멸하는 것을 말한다. 급부결과가 실현될 때에 변제가 이루어진 것이 된다. 그런데 급부결과는 채무자 단독으로 실현할 수 있는 것도 있지만, 채권자의 수령 등 일정한 협력이 있어야 실현시킬 수 있는 것도 있다. 후자의 경우에 채무자는 채권자의 수령 등 협력이 있으면 곧 변제가 이루어질 수 있는 상태로 이행하는 것으로 되는데, 이것이 바로 **변제제공**(辨濟提供)이다. 민법은 채무자의 지위를 보호한다는 차원에서 변제제공의 방법과 그 효과에 관하여 규정한다. 즉 민법 제460조(변제제공의 방법)에 의하면 「변제는 채무내용에 좇은 현실제공으로 이를 하여야 한다. 그러나 채권자가 미리 변제 받기를 거절하거나 채무의 이행에 채권자의 행위를 요하는 경우에는 변제준비의 완료를 통지하고 그 수령을 최고하면 된다」라고 규정하고 있으며, 민법 제461조(변제제공의 효과)에 의하면 「변제의 제공은 그 때로부터 채무불이행의 책임을 면하게 한다」라고 규정하고 있다. 특정물의 인도가 채권의 목적인 때에는 채무자는 이행기의 현상대로 그 물건을 인도하여야 한다. 변제자는 변제를 받는 자에게 영수증을 청구할 수 있으며, 채무자가 1개 또는 수 개의 채무의 비용 및 이자를 지급할 경우에 변제자가 그 전부를 소멸하게 하지 못한 급여를 한 때에는 비용, 이자, 원본의 순서로 변제에 충당하여야 한다.

② **대물변제**(代物辨濟): 대물변제란 채무자가 채권자의 승낙을 얻어 본래의 채무이행에 갈음하여 다른 급여를 하는 것을 말한다. 가령 1천만원을 차용한 채무자가 채권자의 승낙을 얻어 1천만원의 금전채무에 갈음하여 그의 토지소유권을 채권자 앞으로 이전하는 것을 예로 들 수 있다. 대물변제는 변제와 같은 효력이 있으므로 그 채권은 소멸한다. 한편 **대물변제의 예약**(豫約)은 채권자와 채무자가 본래의 급부에 갈음하여 대물변제를 할 것을 이행기 전에 미리 약정하는 것을 말한다.

③ **공탁**(供託): 공탁은 여러 목적으로 행해지지만, 민법에서 정하는 공탁은 채권의 소멸원인으로서의 **변제공탁**(辨濟供託)을 의미한다. 즉 변제자가 변제의 목적물을 채권자를 위하여 공탁소에 임치하여 채권자의 협력이 없는 경우에도 채무를 면하는 제도로서, 공탁제도의 실익은 채무자가 채권자의 협력 없이 채무를 면하는데 있다. 민법은 변제공탁의 요건과 방법 및 그 효과 등을 정하고 있으며, 그에 관한 절차를 규율하는 법률로서 **공탁법**(供託法)이 있다. 민법 제487조(변제공탁의 요건·효과)에 의하면 「채권자가 변제를 받지 아니하거나 받을 수

없는 때에는 변제자는 채권자를 위하여 변제의 목적물을 공탁하여 그 채무를 면할 수 있다. 변제자가 과실 없이 채권자를 알 수 없는 경우에도 같다」라고 규정하고 있으며, 민법 제488조(공탁의 방법)에 의하면 「① 공탁은 채무이행지의 공탁소에 하여야 한다. ② 공탁소에 관하여 법률에 특별한 규정이 없으면 법원은 변제자의 청구에 의하여 공탁소를 지정하고 공탁물보관자를 선임하여야 한다. ③ 공탁자는 지체 없이 채권자에게 공탁통지를 하여야 한다」라고 규정하고 있다. 또한 민법 제490조(자조매각금(自助賣却金)의 공탁)에 의하면 「변제의 목적물이 공탁에 적당하지 아니하거나 멸실 또는 훼손될 염려가 있거나 공탁에 과다한 비용을 요하는 경우에는 변제자는 법원의 허가를 얻어 그 물건을 경매하거나 시가로 방매(放賣)하여 대금을 공탁할 수 있다」라고 규정하고 있다. 그리고 채권자가 공탁을 승인하거나 공탁소에 대하여 공탁물을 받기를 통고하거나 공탁유효의 판결이 확정되기까지는 변제자는 공탁물을 회수할 수 있으며, 이 경우에는 공탁하지 아니한 것으로 본다. 공탁의 목적물은 채무의 내용에 적합한 것이어야 하고, 일부공탁은 원칙적으로 무효이다.

④ 상계(相計): 상계란 채권자와 채무자가 서로 대립하는 동종의 채권·채무를 가지는 경우에 그 채권과 채무를 대등액에 있어서 소멸케 하는 일방적 의사표시를 말한다. 예컨대 B가 A에 대하여 10만원의 채무를 부담하고 있는 경우에 B도 또한 A에 대하여 7만원의 채권을 취득하고 있을 때에는 양쪽에서 별도로 변제를 하지 않고, B의 A에 대한 의사표시에 의하여 B의 채권 7만원을 소멸시킴과 동시에 A의 채권을 3만원으로 감할 수 있는 것이다. 상계를 하는 쪽의 채권(7만원인 B의 채권)을 자동채권(自動債權)이라 하고, 상계되는 쪽의 채권(10만원인 A의 채권)을 수동채권(受動債權)이라 한다. 양 채권이 상계할 수 있는 사정에 놓여질 때를 가리켜 상계적상(相計適狀)이라 한다. 상계는 상대방에 대한 의사표시로 하며, 이 의사표시에는 조건 또는 기한을 붙이지 못한다. 상계의 의사표시는 각 채무가 상계할 수 있는 때에 대등액에 관하여 소멸한 것으로 보므로 상계의 의사표시가 있으면 상계적상시로 소급하여 효력이 발생한다.

⑤ 경개(更改): 경개란 채무의 요소를 변경함으로써 신채무를 성립시키고 동시에 구채무를 소멸시키는 유상계약(有償契約)을 말한다. 민법 제500조(경개의 요건·효과)에 의하면 「당사자가 채무의 중요한

부분을 변경하는 계약을 한 때에는 구채무는 경개로 인하여 소멸한다」라고 규정하고 있다. 경개계약의 당사자는 경개의 종류에 따라 다르다. 즉 민법 제501조(채무자변경으로 인한 경개)에 의하면 「채무자의 변경으로 인한 경개는 채권자와 신채무자간의 계약으로 이를 할 수 있다. 그러나 구채무자의 의사에 반하여 이를 하지 못한다」라고 규정하고 있는 한편, 민법 제502조(채권자변경으로 인한 경개)에 의하면 「채권자의 변경으로 인한 경개는 확정일자 있는 증서로 하지 아니하면 이로써 제3자에게 대항하지 못한다」라고 규정하고 있다. 가령 채무자변경으로 인한 경개의 경우, 즉 을의 갑에 대한 채무를 소멸시키고 병의 갑에 대한 채무를 성립시키는 경개는 갑·을·병 3인의 계약으로 할 수 있음은 물론이지만, 갑·병만의 계약으로도 할 수 있다. 다만 을의 의사에 반하는 때에는 효력이 생기지 않는다. 경개의 효력으로서 구채무가 소멸되고 신채무가 성립하는 것에는 아무런 문제가 없으나, 주의할 점은 구채무의 소멸과 신채무의 성립 사이에 인과관계가 존재하여야 한다는 것이다. 즉 민법 제504조(구채무불소멸의 경우)에 의하면 「경개로 인한 신채무가 원인의 불법 또는 당사자가 알지 못한 사유로 인하여 성립되지 아니하거나 취소된 때에는 구채무는 소멸되지 아니한다」라고 규정하고 있다. 다시 말해서 구채무가 존재하지 않거나 취소되면 신채무는 성립되지 않고 또 반대로 신채무가 성립되지 않거나 취소되면 구채무는 소멸되지 않는다.

⑥ 면제(免除): 면제란 채권자가 채권을 포기하는 단독행위를 말한다. 채무자의 승낙을 필요로 하지 않으며, 채권자가 단독으로 할 수 있다. 면제를 하려면 채무자에 대하여 채권을 포기하겠다는 의사표시를 하면 어떤 방법이든 무방하다. 민법 제506조(면제의 요건·효과)에 의하면 「채권자가 채무자에게 채무를 면제하는 의사를 표시한 때에는 채권은 소멸한다. 그러나 면제로써 정당한 이익을 가진 제3자에게 대항하지 못한다」라고 규정하고 있다. 따라서 면제는 채권자의 자유이지만, 만약에 당해 채권에 질권이 설정되어 있으면 면제를 할 수 없다. 또한 널리 면제에 의하여 제3자의 권리를 해할 때에는 면제가 허용되지 않는 것으로 해석되고 있다.

⑦ 혼동(混同): 혼동이란 가령 채무자가 채권자를 상속하는 것과 같이 채권자의 지위와 채무자의 지위가 동일한 주체(동일인)에게 귀속하는 것을 말한다. 이런 경우에는 채권을 존속시킬 필요가 없으므로 이

를 소멸시킨다. 민법 제507조(혼동의 요건·효과)에 의하면 「채권과 채무가 동일한 주체에 귀속한 때에는 채권은 소멸한다. 그러나 그 채권이 제3자의 권리의 목적인 때에는 그러하지 아니하다」 라고 규정하고 있다. 가령 채권이 제3자의 권리, 즉 질권의 목적인 때에는 혼동에 의하여 질권의 목적물을 소멸시켜서는 안 되기 때문에 예외로서 채권은 여전히 존속된다.

▶ **관련판례**

1) 피해자의 과실과 가해자의 과실이 경합하여 사고가 발생하였고 그 피해자의 과실이 상대방에 대한 주의의무위반으로 불법행위의 책임요건을 충족하는 것이라면 위 사고로 제3자가 입은 손해에 대하여 피해자 및 가해자는 각자 이를 배상할 책임이 있고 가해자가 그 손해를 배상하였을 때에는 각자의 과실비율에 따른 피해자의 부담부분에 대하여 피해자에게 구상권을 행사할 수 있으므로, 가해자는 이러한 구상권을 가지고 피해자의 가해자에 대한 손해배상청구권과 상계할 수 있다[**대법원** 1991. 5. 14. 91 다 513].

2) [1] 담보권 실행을 위한 경매에서 배당된 배당금이 담보권자가 가지는 수개의 피담보채권 전부를 소멸시키기에 부족한 경우에는 채권자와 채무자 사이에 변제충당에 관한 합의가 있었다고 하더라도 그 합의에 따른 변제충당은 허용될 수 없고, 획일적으로 가장 공평타당한 충당방법인 민법 제477조의 규정에 의한 법정변제충당의 방법에 따라 충당하여야 한다.
[2] 변제자가 주채무자인 경우, 보증인이 있는 채무와 보증인이 없는 채무 사이에 전자가 후자에 비하여 변제이익이 더 많다고 볼 근거는 전혀 없으므로 양자는 변제이익의 점에서 차이가 없다고 보아야 한다[**대법원** 1997. 7. 25. 96 다 52649].

3) 쌍무계약에 있어서 일방 당사자의 자기 채무에 관한 이행의 제공을 엄격하게 요구하면 오히려 불성실한 상대 당사자에게 구실을 주는 것이 될 수도 있으므로 일방 당사자가 하여야 할 제공의 정도는 그 시기와 구체적인 상황에 따라 신의성실의 원칙에 어긋나지 않게 합리적으로 정하여야 하고, 매수인이 계약의 이행에 비협조적인 태도를 취하면서 잔대금의 지급을 미루는 등 소유권이전등기서류를 수령할 준비를 아니한 경우에는 매도인으로서도 그에 상응한 이행의 준비를 하면 족하다 할 것인바, 매도인이 법무사사무소에 소유권이전등기에 필요한 대부분의 서류를 작성하여 주었고 미비된 일부 서류들은 잔금지급시에 교부하기로 하였으며 이들 서류는 매도인이 언제라도 발급받아 교부할 수 있다면 매도인으로서는 비록 일부 미비된 서류가 있다 하더라도 소유권이전등기의무에 대한 충분한 이행의 제공을 마쳤다고 보아야 할 것이고, 잔

대금 지급기일에 이를 지급하지 않고 계약의 효력을 다투는 등 계약의 이행에 비협조적이고 매도인의 소유권이전등기서류를 수령할 준비를 하지 않고 있던 매수인은 이 점을 이유로 잔대금지급을 거절할 수 없다[**대법원** 2001. 1. 12. 2001 다 36511].

4) 채권의 일부에 대하여 대위변제가 있는 때에는 대위자는 민법 제483조 제1항에 의하여 그 변제한 액에 비례하여 채권자의 권리를 행사할 수 있으므로, 수인이 시기를 달리하여 채권의 일부씩을 대위변제하고 근저당권 일부이전의 부기등기를 각 경료한 경우 그들은 각 일부대위자로서 그 변제한 가액에 비례하여 근저당권을 준공유하고 있다고 보아야 하고, 그 근저당권을 실행하여 배당함에 있어서는 다른 특별한 사정이 없는 한 각 변제채권액에 비례하여 안분배당하여야 한다[**대법원** 2001. 1. 19. 2000 다 37319].

5) 민법 제496조의 취지는, 고의의 불법행위에 의한 손해배상채권에 대하여 상계를 허용한다면 고의로 불법행위를 한 자까지도 상계권 행사로 현실적으로 손해배상을 지급할 필요가 없게 되어 보복적 불법행위를 유발하게 될 우려가 있고, 또 고의의 불법행위로 인한 피해자가 가해자의 상계권 행사로 인하여 현실의 변제를 받을 수 없는 결과가 됨은 사회적 정의관념에 맞지 아니하므로 고의에 의한 불법행위의 발생을 방지함과 아울러 고의의 불법행위로 인한 피해자에게 현실의 변제를 받게 하려는 데 있다 할 것인바, 법이 보장하는 상계권은 이처럼 그의 채무가 고의의 불법행위에 기인하는 채무자에게는 적용이 없는 것이고, 나아가 부당이득의 원인이 고의의 불법행위에 기인함으로써 불법행위로 인한 손해배상채권과 부당이득반환채권이 모두 성립하여 양 채권이 경합하는 경우 피해자가 부당이득반환채권만을 청구하고 불법행위로 인한 손해배상채권을 청구하지 아니한 때에도, 그 청구의 실질적 이유, 즉 부당이득의 원인이 고의의 불법행위였다는 점은 불법행위로 인한 손해배상채권을 청구하는 경우와 다를 바 없다 할 것이어서, 고의의 불법행위에 의한 손해배상채권은 현실적으로 만족을 받아야 한다는 상계금지의 취지는 이러한 경우에도 타당하므로, 민법 제496조를 유추적용함이 상당하다[**대법원** 2002. 1. 25. 2001 다 52506].

6) 비용, 이자, 원본에 대한 변제충당에 있어서는 민법 제479조에 그 충당 순서가 법정되어 있고 지정 변제충당에 관한 같은 법 제476조는 준용되지 않으므로 당사자 사이에 특별한 합의가 없는 한 비용, 이자, 원본의 순서로 충당하여야 할 것이고, 채무자는 물론 채권자라고 할지라도 위 법정 순서와 다르게 일방적으로 충당의 순서를 지정할 수는 없다고 할 것이지만, 당사자의 일방적인 지정에 대하여 상대방이 지체없이 이의를 제기하지 아니함으로써 묵시적인 합의가 되었다고 보여지는 경우에는 그 법정충당의 순서와는 달리 충당의 순서를 인정할 수 있는 것이다[**대법원** 2002. 5. 10. 2002 다 12871·12888].

7) [1] 변제공탁에 있어서 채권자에게 반대급부 기타 조건의 이행의무가 없음에도 불구하고 채무자가 이를 조건으로 공탁한 때에는 채권자가 이를 수락하지 않는 한 그 변제공탁은 무효이다.
[2] 변제공탁이 적법한 경우에는 채권자가 공탁물 출급청구를 하였는지의 여부와는 관계없이 그 공탁을 한 때에 변제의 효력이 발생한다[**대법원** 2002. 12. 6. 2001 다 2846].

8) [1] 경개계약은 신채권을 성립시키고 구채권을 소멸시키는 처분행위로서 신채권이 성립되면 그 효과는 완결되고 경개계약 자체의 이행의 문제는 발생할 여지가 없으므로 경개에 의하여 성립된 신채무의 불이행을 이유로 경개계약을 해제할 수는 없다.
[2] 계약자유의 원칙상 경개계약의 성립 후에 그 계약을 합의해제하여 구채권을 부활시키는 것은 적어도 당사자 사이에서는 가능하다[**대법원** 2003. 2. 11. 2002 다 62333].

9) [1] 민법 제470조에 정하여진 채권의 준점유자라 함은, 변제자의 입장에서 볼 때 일반의 거래관념상 채권을 행사할 정당한 권한을 가진 것으로 믿을 만한 외관을 가지는 사람을 말하므로 준점유자가 스스로 채권자라고 하여 채권을 행사하는 경우뿐만 아니라 채권자의 대리인이라고 하면서 채권을 행사하는 때에도 채권의 준점유자에 해당한다.
[2] 예금주의 대리인이라고 주장하는 자가 예금주의 통장과 인감을 소지하고 예금반환청구를 한 경우, 은행이 예금청구서에 나타난 인영과 비밀번호를 신고된 것과 대조 확인하는 외에 주민등록증을 통하여 예금주와 청구인의 호주가 동일인이라는 점까지 확인하여 예금을 지급하였다면 이는 채권의 준점유자에 대한 변제로서 유효하다[**대법원** 2004. 4. 23. 2004 다 5389].

10) 상계는 쌍방이 서로 상대방에 대하여 같은 종류의 급부를 목적으로 하는 채권을 가지고 자동채권의 변제기가 도래하였을 것을 그 요건으로 하는 것인데, 형벌의 일종인 벌금도 일정 금액으로 표시된 추상적 경제가치를 급부목적으로 하는 채권인 점에서는 다른 금전채권들과 본질적으로 다를 것이 없고, 다만 발생의 법적 근거가 공법관계라는 점에서만 차이가 있을 뿐이나 채권 발생의 법적 근거가 무엇인지는 급부의 동종성을 결정하는 데 영향이 없으며, 벌금형이 확정된 이상 벌금채권의 변제기는 도래한 것이므로 달리 이를 금하는 특별한 법률상 근거가 없는 이상 벌금채권은 적어도 상계의 자동채권이 되지 못할 아무런 이유가 없다[**대법원** 2004. 4. 27. 2003 다 37891].

11) 기존의 물품대금 채무를 정산하면서 그 채무액을 감액하여 주고 이를 분할 변제할 수 있도록 그 변제방법과 변제기일을 새로이 약정한 것만으로는 경개계약이 체결되었다 할 수 없고, 기존의 물품대금 채권은 단지 금액이 감액

되고 변제기만 연장된 채 그 동일성을 여전히 유지하고 있다[**대법원** 2004. 4. 27. 2003 다 69119].

12) 채무의 면제는 반드시 명시적인 의사표시만에 의하여야 하는 것은 아니고 채권자의 어떠한 행위 내지 의사표시의 해석에 의하여 그것이 채무의 면제라고 볼 수 있는 경우에도 이를 인정하여야 할 것이기는 하나, 이와 같이 인정하기 위하여는 당해 권리관계의 내용에 따라 이에 관한 채권자의 행위 내지 의사표시의 해석을 엄격히 하여 그 적용 여부를 결정하여야 한다[**대법원** 2007. 2. 15. 2004 다 50426].

13) [1] 채권의 소멸시효가 완성된 경우 이를 원용할 수 있는 자는 시효로 인하여 채무가 소멸되는 결과 직접적인 이익을 받는 자에 한정되고, 그 채무자에 대한 채권자는 자기의 채권을 보전하기 위하여 필요한 한도 내에서 채무자를 대위하여 이를 원용할 수 있을 뿐이므로 채무자에 대하여 무슨 채권이 있는 것도 아닌 자는 소멸시효 주장을 대위 원용할 수 없다.
[2] 공탁금출급청구권은 피공탁자가 공탁소에 대하여 공탁금의 지급, 인도를 구하는 청구권으로서 위 청구권이 시효로 소멸한 경우 공탁자에게 공탁금회수청구권이 인정되지 않는 한 그 공탁금은 국고에 귀속하게 되는 것이어서(공탁사무처리규칙 제55조 참조) 공탁금출급청구권의 종국적인 채무자로서 소멸시효를 원용할 수 있는 자는 국가이다.
[3] 구 토지수용법(2002. 2. 4 법률 제6656호 공익사업을 위한 토지 등의 취득 및 보상에 관한 법률 부칙 제2조로 폐지) 제61조 제2항에 의하여 기업자가 하는 손실보상금의 공탁은 같은 법 제65조에 의해 간접적으로 강제되는 것이고, 이와 같이 그 공탁이 자발적이 아닌 경우에는 민법 제489조의 적용은 배제되어 피공탁자가 공탁자에게 공탁금을 수령하지 아니한다는 의사를 표시하거나 피공탁자의 공탁금출급청구권의 소멸시효가 완성되었다 할지라도 기업자는 그 공탁금을 회수할 수 없는 것이어서, 그러한 공탁자는 진정한 보상금수령권자에 대하여 그가 정당한 공탁금출급청구권자임을 확인하여 줄 의무를 부담한다고 하여도 공탁금출급청구권의 시효소멸로 인하여 직접적인 이익을 받지 아니할 뿐만 아니라 채무자인 국가에 대하여 아무런 채권도 가지지 아니하므로 독자적인 지위에서나 국가를 대위하여 공탁금출급청구권에 대한 소멸시효를 원용할 수 없다[**대법원** 2007. 3. 30. 2005 다 11312].

2. 지시채권

지시채권(指示債權)이란 특정인 또는 그가 지시한 자에게 변제하여야 하는 증권적 채권을 말한다. 어음·수표·창고증권·화물상환증·선하증권·기명주식은 원칙적으로 지시채권이다. 민법은 어음법이나 수표법에서와 같이 증권의 배서교부를 채권양도의 성립조건으로 하고 있다. 즉 민법 제508조(지시채권의 양도방식)에 의하면 「지시채권은 그 증서에 배서하여 양수인에게 교부하는 방식으로 양도할 수 있다」라고 규정하고 있다. 이 때 배서는 증서 또는 그 보충지에 그 뜻을 기재하고, 배서인이 서명 또는 기명날인함으로써 행한다. 누구든지 증서의 적법한 소지인에 대하여 그 반환을 청구하지 못하지만, 소지인이 취득한 때에 양도인이 권리 없음을 알았거나 중대한 과실로 알지 못한 때에는 그 반환을 청구할 수 있다. 증서에 변제장소를 정하지 아니한 때에는 채무자의 현영업소를 변제장소로 하며, 영업소가 없는 때에는 현주소를 변제장소로 한다. 채무자는 배서의 연속여부를 조사할 의무가 있으며, 배서인의 서명 또는 날인의 진위나 소지인의 진위를 조사할 권리는 있으나 의무는 없다. 다만 채무자가 변제하는 때에 소지인이 권리자 아님을 알았거나 중대한 과실로 알지 못한 때에는 그 변제는 무효로 한다.

▶ 관련판례

수표법 제29조 제1항에 의하면 수표는 발행일로부터 10일 이내에 지급제시를 하여야 하고 지급제시기간이 경과하면 수표의 소지인은 수표상의 권리를 상실하도록 되어 있으며, 이 경우 그 수표의 정당한 소지인은 이득상환청구권을 취득하게 되나 이득상환청구권은 지명채권으로서 그 양도방법 역시 지명채권의 양도방법에 의하여야 하므로 지급제시기간을 경과한 수표는 상법 제65조가 예상하는 유가증권이 아니라 할 것이어서 제권판결의 대상이 될 수 없다[**서울지법 동부지원 1997. 10. 29. 97 가단 12045**].

3. 무기명채권

무기명채권(無記名債權)이란 특정의 채권자의 이름을 기재하지 않고 그 증권의 정당한 소지인에게 변제하여야 하는 증권적 채권을 말한다. 무기명사채·상품권·승차권·극장입장권 등이 이에 속한다. 한편 민법 제525조(지명소지인출급채권)에 의하면 「채권자를 지정하고 소지인에게도 변제할 것을 부기한 증서는 무기명채권과 같은 효력이 있다」라고 규정하고 있다. 즉 증서에 특정한 채권자를 지명하는 한편 그 증서의 소지인에 대하여도 변제할 수 있다는 뜻을 기재한 것을 지명소지인출급채권(指名所持人出給債權)이라 하는데, 증서의 소지인이 권리를 행사할 수 있는 점에서 무기명채권과 같은 효력을 가진다. 무기명채권은 양수인에게 그 증서를 교부함으로써 양도의 효력이 생긴다.

▶ 관련판례

1) 양도성예금증서는 시중은행이 발행한 무기명 할인식으로 발행되는 유가증권으로서 그 권리의 이전 및 행사에 증서의 소지를 요하므로, 양도성예금증서가 실제로 발행된 바 없다면 고객이 이를 매입한다는 명목으로 은행 직원에게 그 자금을 제공한 것만으로는 고객과 은행 간에 양도성예금증서에 관한 매매계약은 성립할 수 없다[**대법원 2000. 3. 10. 98 다 29735**].(※ 양도성예금증서(CD/NCD)란 제3자에게 양도가 가능한 정기예금증서로서 무기명채권의 일종임)

2) 양도성예금증서를 취득함에 있어서 통상적인 거래기준으로 판단하여 볼 때 양도인이나 그 양도성예금증서 자체에 의하여 양도인의 실질적 무권리성을 의심하게 할 만한 사정이 있는데도 불구하고 이에 대하여 상당하다고 인정될 만한 조사를 하지 아니하고 만연히 양수한 경우에는 중대한 과실이 있다고 할 것이지만, 한편 양도성예금증서란 원래 단순한 교부만으로써도 양도가 가능하므로 양수인이 할인의 방법으로 이를 취득함에 있어서 그 양도성예금증서가 잘못된 것이라는 의심이 가거나 양도인의 실질적인 무권리성을 의심하게 될 만한 특별한 사정이 없는 이상 위 양도성예금증서의 발행인이나 전 소지인에게 반드시 확인한 다음 취득하여야 할 주의의무가 있다고는 할 수 없고, 또한 양도성예금증서는 단순한 교부만으로써 담보 제공이 될 수 있고 질권의 목적물이 될 수도 있으므로, 위에서 본 법리는 양도성예금증서에 대하여 질권을 설정받는 방법으로 이를 취득하는 경우에도 마찬가지라고 보아야 한다[**대법원 2002. 5. 28. 2001 다 10021**].

제2장 계 약

제1절 총칙

계약(契約)이란 사법상 일정한 법률행위의 발생을 목적으로 하는 두 사람 이상의 당사자의 의사표시의 합치(합의)에 의해 성립하는 법률행위를 말한다. 이 때 당사자의 의사표시의 합치는 보통 청약(請約, offer)과 승낙(承諾, acceptance)으로 이루어진다. 일반적으로 상대방 있는 의사표시는 그 통지가 상대방에게 도달한 때로부터 그 효력을 발생하지만(도달주의), 예외적으로 격지자(隔地者)간의 계약은 승낙의 통지를 발송한 때에 성립한다(발신주의). 계약의 청약은 청약자가 이를 임의로 철회하지 못한다. 승낙의 기간을 정한 계약의 청약은 청약자가 그 기간 내에 승낙의 통지를 받지 못한 때에 그 효력을 잃는다. 한편 승낙의 기간을 정하지 아니한 계약의 청약은 청약자가 상당한 기간 내에 승낙의 통지를 받지 못한 때에 그 효력을 잃는다. 당사자간에 동일한 내용의 청약이 상호교차된 경우, 즉 교차청약의 경우에는 양 청약이 상대방에게 도달한 때에 계약이 성립한다. 승낙자가 청약에 대하여 조건을 붙이거나 변경을 가하여 승낙한 때에는 그 청약의 거절과 동시에 새로 청약한 것으로 본다. 쌍무계약의 당사자일방은 상대방이 그 채무이행을 제공할 때까지 자기의 채무이행을 거절할 수 있다(동시이행항변권). 쌍무계약의 당사자일방의 채무가 당사자쌍방의 책임없는 사유로 이행할 수 없게 된 때에는 채무자는 상대방의 이행을 청구하지 못한다(채무자위험부담주의). 그러나 쌍무계약의 당사자일방의 채무가 채권자의 책임있는 사유로 이행할 수 없게 된 때에는 채무자는 상대방의 이행을 청구할 수 있다.

민법상 전형계약(典型契約)으로는 증여・매매・교환・소비대차・사용대차・임대차・고용・도급・현상광고・위임・임치・조합・종신정기금・화해의 14종을 규정하고 있다. 이들 민법상 규정된 14종의 전형계약은 실제 행해지는 천차만별의 계약 중 전형적인 것을 그 내용의 공통점에 따라 나누어서 만든 것으로서, 이에 관한 규정은 대부분 임의규정(任意規定)이며 반드시 이 가운데 하나를 택하여 계약의 내용으로 삼아야 하는 것은 아니다. 다만 실제로 행해지는 계약의 내용이 불명료하고 불완전한 경우에 이를 명료하고 완전한 것으로 하는 해석의 규준이 되는 작용을 한다.

해제(解除)란 일단 유효하게 성립한 계약을 소급적으로 소멸시키는 일방적인 의사표시를 말한다. 그리고 이러한 일방적 의사표시에 의하여 계약을 해소시키는 권리를 해제권(解除權)이라고 한다. 해제권은 약정해제권과 법정해제권이 있고, 법정해제권은 채무불이행의 일반적인 사유인 이행지체・이행불능・채권자지체(다수설) 등에 의해 발생한다. 수인의 계약당사자가 있을 때에는 그 전원이 해제의 의사표시를 하여야 하며, 상대방이 수인인 경우에는 그 전원에 대하여 의사표시를 하여야 한다. 이를 해제권불가분의 원칙이라고 한다. 해제를 하면 계약은 처음부터 소급하여 효력이 상실되므로(해제의 소급효) 이에 대한 사후처리를 하여야 한다. 당사자는 서로 상대방에 대하여 원상회복의 의무를 부담한다. 한편 해지(解止)란 계속적인 계약을 장래에 향하여 실효(失效)시키는 것을 말한다. 이것은 장래에 향하여 계약을 소멸시키는 점에서 해제의 소급적 효력과 구별된다. 예를 들어 일시적인 계약으로 어떤 매매계약이 해제되면 계약은 처음부터 무효로 되고 원상회복의 의무를 부담하게 된다. 해제는 계약을 소급적으로 무효로 하는 법률행위(단독행위)인데 반해, 계속적 계약인 임대차에 있어서는 이미 경과된 사실관계를 회복한다는 것(원상회복)은 타당하지 않으므로 이미 경과한 사실관계는 그대로 두고 장래에 향하여 계약(법률관계)을 실효케 하는 것이다. 법정해지원인은 채무불이행이나 계속적인 계약의 신뢰관계를 현저히 해할 정도의 채무불이행이 요건이 된다. 즉 현저한 의무위반이 있다고 인정되는 경우에 한하여 발생하는 것이다. 혼인이나 입양 등 신분상의 계약관계를 장래에 향하여 무효로 하는 이혼이나 파양도 그 성질은 해지와 같다.

▶ 관련판례

1) 부동산의 매매계약에 있어 쌍방당사자가 모두 특정의 갑 토지를 계약의 목적물로 삼았으나 그 목적물의 지번 등에 관하여 착오를 일으켜 계약을 체결함에 있어서는 계약서상 그 목적물을 갑 토지와는 별개인 을 토지로 표시하였다 하여도 갑 토지에 관하여 이를 매매의 목적물로 한다는 쌍방당사자의 의사합

치가 있은 이상 위 매매계약은 갑 토지에 관하여 성립한 것으로 보아야 할 것이고 을 토지에 관하여 매매계약이 체결된 것으로 보아서는 안 될 것이며, 만일 을 토지에 관하여 위 매매계약을 원인으로 하여 매수인 명의로 소유권이전등기가 경료되었다면 이는 원인이 없이 경료된 것으로서 무효이다[**대법원** 1993. 10. 26. 93 다 2629·2636].

2) [1] 민법 제527조, 제528조 제1항 및 상법 제52조의 규정에 의하면, 각기 다른 보험회사의 보험에 가입한 피보험차량들이 일으킨 교통사고로 제3의 피해자가 손해를 입어 어느 한 보험회사가 손해 전액을 배상한 경우에 그 보험회사가 함께 손해배상책임을 부담하는 다른 피보험차량의 운행자나 그 보험회사와 사이에 쌍방의 손해분담비율에 관하여 화해계약을 체결하기 위한 청약을 함에 있어서도 그 청약은 원칙적으로 철회하지 못하는 것이나, 청약시 승낙기간을 정한 경우에는 그 승낙기간, 그렇지 아니한 경우에는 상당한 기간이 도과하면 그 청약은 실효되고, 이때의 상당한 기간은 청약이 상대방에게 도달하여 상대방이 그 내용을 받아들일지 여부를 결정하여 회신을 함에 필요한 기간을 가리키는 것으로, 이는 구체적인 경우에 청약과 승낙의 방법, 계약 내용의 중요도, 거래상의 관행 등의 여러 사정을 고려하여 객관적으로 정하여지는 것이다.
[2] 청약이 상시거래관계에 있는 자 사이에 그 영업부류에 속한 계약에 관하여 이루어진 것이어서 상법 제53조가 적용될 수 있는 경우가 아니라면, 청약의 상대방에게 청약을 받아들일 것인지 여부에 관하여 회답할 의무가 있는 것은 아니므로, 청약자가 미리 정한 기간 내에 이의를 하지 아니하면 승낙한 것으로 간주한다는 뜻을 청약시 표시하였다고 하더라도 이는 상대방을 구속하지 아니하고 그 기간은 경우에 따라 단지 승낙기간을 정하는 의미를 가질 수 있을 뿐이다[**대법원** 1999. 1. 29. 98 다48903].

3) 민법 제548조 제1항 단서에서 말하는 제3자란 일반적으로 그 해제된 계약으로부터 생긴 법률효과를 기초로 하여 해제 전에 새로운 이해관계를 가졌을 뿐 아니라 등기, 인도 등으로 완전한 권리를 취득한 자를 말하므로 계약상의 채권을 양수한 자나 그 채권 자체를 압류 또는 전부한 채권자는 여기서 말하는 제3자에 해당하지 아니한다[**대법원** 2000. 4. 11. 99 다 51685].

4) 법정해제권 행사의 경우 당사자 일방이 그 수령한 금전을 반환함에 있어 그 받은 때로부터 법정이자를 부가함을 요하는 것은 민법 제548조 제2항이 규정하는 바로서, 이는 원상회복의 범위에 속하는 것이며 일종의 부당이득반환의 성질을 가지는 것이고 반환의무의 이행지체로 인한 것이 아니므로, 부동산 매매계약이 해제된 경우 매도인의 매매대금 반환의무와 매수인의 소유권이전등기말소등기 절차이행의무가 동시이행의 관계에 있는지 여부와는 관계없이 매도인이 반환하여야 할 매매대금에 대하여는 그 받은 날로부터 민법 소정의

법정이율인 연 5푼의 비율에 의한 법정이자를 부가하여 지급하여야 하고, 이와 같은 법리는 약정된 해제권을 행사하는 경우라 하여 달라지는 것은 아니다 **[대법원 2000. 6. 9. 2000 다 9123]**.

5) 계약의 해제권은 일종의 형성권으로서 당사자의 일방에 의한 계약해제의 의사표시가 있으면 그 효과로서 새로운 법률관계가 발생하고 각 당사자는 그에 구속되는 것이므로, 일방 당사자의 계약위반을 이유로 한 상대방의 계약해제 의사표시에 의하여 계약이 해제되었음에도 상대방이 계약이 존속함을 전제로 계약상 의무의 이행을 구하는 경우 계약을 위반한 당사자도 당해 계약이 상대방의 해제로 소멸되었음을 들어 그 이행을 거절할 수 있다**[대법원 2001. 6. 29. 2001 다 21441·21458]**.

6) 민법 제544조에 의하여 채무불이행을 이유로 계약을 해제하려면, 당해 채무가 계약의 목적 달성에 있어 필요불가결하고 이를 이행하지 아니하면 계약의 목적이 달성되지 아니하여 채권자가 그 계약을 체결하지 아니하였을 것이라고 여겨질 정도의 주된 채무이어야 하고 그렇지 아니한 부수적 채무를 불이행한 데에 지나지 아니한 경우에는 계약을 해제할 수 없다**[대법원 2001. 11. 13. 2001 다 20394·20400]**.

7) 제3자를 위한 계약에 있어서, 제3자가 민법 제539조 제2항에 따라 수익의 의사표시를 함으로써 제3자에게 권리가 확정적으로 귀속된 경우에는, 요약자와 낙약자의 합의에 의하여 제3자의 권리를 변경·소멸시킬 수 있음을 미리 유보하였거나, 제3자의 동의가 있는 경우가 아니면 계약의 당사자인 요약자와 낙약자는 제3자의 권리를 변경·소멸시키지 못하고, 만일 계약의 당사자가 제3자의 권리를 임의로 변경·소멸시키는 행위를 한 경우 이는 제3자에 대하여 효력이 없다**[대법원 2002. 1. 25. 2001 다 30285]**.

8) 이행불능을 이유로 계약을 해제하기 위해서는 그 이행불능이 채무자의 귀책사유에 의한 경우여야만 한다 할 것이므로(민법 제546조), 매도인의 매매목적물에 관한 소유권이전의무가 이행불능이 되었다고 할지라도, 그 이행불능이 매수인의 귀책사유에 의한 경우에는 매수인은 그 이행불능을 이유로 계약을 해제할 수 없다**[대법원 2002. 4. 26. 2000 다 50497]**.

9) 계약이 성립하기 위하여는 당사자의 서로 대립하는 수 개의 의사표시의 객관적 합치가 필요하고 객관적 합치가 있다고 하기 위하여는 당사자의 의사표시에 나타나 있는 사항에 관하여는 모두 일치하고 있어야 하는 한편, 계약 내용의 '중요한 점' 및 계약의 객관적 요소는 아니더라도 특히 당사자가 그것에 중대한 의의를 두고 계약성립의 요건으로 할 의사를 표시한 때에는 이에 관하여 합치가 있어야 계약이 적법·유효하게 성립한다**[대법원 2003. 4. 11.**

2001 다 53059].

10) [1] 쌍무계약의 당사자 일방이 계약상 선이행의무를 부담하고 있는데, 그와 대가관계에 있는 상대방의 채무가 아직 이행기에 이르지 아니하였지만 이행기의 이행이 현저히 불투명하게 된 경우에는 민법 제536조 제2항 및 신의칙에 의하여 그 당사자에게 반대급부의 이행이 확실하여 질 때까지 선이행의무의 이행을 거절할 수 있다.
[2] 토지매수인, 시공회사 및 신탁회사 간에 신탁방식에 의한 오피스텔 신축 및 분양사업에 관한 기본약정을 맺은 후 외환위기로 신탁회사가 사업자금 차입 곤란 등으로 공사선급금 등의 지급 확보책을 제시하지 못한 경우, 시공회사가 이를 이유로 자신의 선이행의무인 토지대금의 대여 및 지급보증 의무의 이행을 거절할 수 있다[**대법원** 2003. 5. 16. 2002 다 2423].

11) [1] 민법 제538조 제1항 소정의 '채권자의 책임 있는 사유'라고 함은 채권자의 어떤 작위나 부작위가 채무자의 이행의 실현을 방해하고 그 작위나 부작위는 채권자가 이를 피할 수 있었다는 점에서 신의칙상 비난받을 수 있는 경우를 의미한다.
[2] 민법 제400조 소정의 채권자지체가 성립하기 위해서는 민법 제460조 소정의 채무자의 변제 제공이 있어야 하고, 변제 제공은 원칙적으로 현실 제공으로 하여야 하며 다만 채권자가 미리 변제받기를 거절하거나 채무의 이행에 채권자의 행위를 요하는 경우에는 구두의 제공으로 하더라도 무방하고, 채권자가 변제를 받지 아니할 의사가 확고한 경우(이른바, 채권자의 영구적 불수령)에는 구두의 제공을 한다는 것조차 무의미하므로 그러한 경우에는 구두의 제공조차 필요 없다고 할 것이지만, 그러한 구두의 제공조차 필요 없는 경우라고 하더라도, 이는 그로써 채무자가 채무불이행책임을 면한다는 것에 불과하고, 민법 제538조 제1항 제2문 소정의 '채권자의 수령지체 중에 당사자 쌍방의 책임 없는 사유로 이행할 수 없게 된 때'에 해당하기 위해서는 현실 제공이나 구두 제공이 필요하다(다만, 그 제공의 정도는 그 시기와 구체적인 상황에 따라 신의성실의 원칙에 어긋나지 않게 합리적으로 정하여야 한다).
[3] 법원의 석명권 행사는 당사자의 주장에 모순된 점이 있거나 불완전, 불명료한 점이 있을 때에 이를 지적하여 정정·보충할 수 있는 기회를 주고 계쟁 사실에 대한 증거의 제출을 촉구하는 것을 그 내용으로 하는 것으로서 당사자가 주장하지도 아니한 법률효과에 관한 요건사실이나 독립된 공격방어 방법을 시사하여 그 제출을 권유함과 같은 행위를 하는 것은 변론주의의 원칙에 위배되는 것으로서 석명권 행사의 한계를 일탈하는 것이다[**대법원** 2004. 3. 12. 2001 다 79013].

제2절 증여

증여(贈與)란 당사자일방(증여자)이 무상으로 재산을 상대방(수증자)에게 수여하는 의사를 표시하고 상대방이 그것을 승낙함으로써 성립되는 계약을 말한다. 증여의 의사가 서면으로 표시되지 않은 경우에는 각 당사자는 이를 해제할 수 있으며(민법 제555조), 증여계약 후에 증여자의 재산상태가 현저히 변경되고 그 이행으로 인하여 생계에 중대한 영향을 미칠 경우에는 증여자는 증여를 해제할 수 있다(민법 제557조). 한편 증여자는 증여의 목적인 물건 또는 권리의 하자나 흠결에 대하여 책임을 지지 아니한다. 그러나 증여자가 그 하자나 흠결을 알고 수증자에게 고지하지 아니한 때에는 그러하지 아니하다(민법 제559조).

▶ 관련판례

1) 민법 제557조에 의한 증여계약의 해제는 증여자의 증여당시의 재산상태와 증여후의 그것을 비교할 때 현저히 변경되어 증여 목적 부동산의 소유권을 수증자에게 이전하게 되면 생계에 중대한 영향을 미치게 될 것이라는 등의 요건이 구비되어야 한다[**대법원** 1991. 4. 12. 90 다 17491].

2) 상대부담 있는 증여에 대하여는 민법 제561조에 의하여 쌍무계약에 관한 규정이 준용되어 부담의무 있는 상대방이 자신의 의무를 이행하지 아니할 때에는 비록 증여계약이 이미 이행되어 있다 하더라도 증여자는 계약을 해제할 수 있고, 그 경우 민법 제555조와 제558조는 적용되지 아니한다[**대법원** 1997. 7. 8. 97 다 2177].

3) 민법 제555조는 "증여의 의사가 서면으로 표시되지 아니한 경우에는 각 당사자는 이를 해제할 수 있다."고 규정하고 있고, 민법 제558조는 "전3조의 규정에 의한 계약의 해제는 이미 이행한 부분에 대하여는 영향을 미치지 아니한다."라고 규정하고 있으므로, 증여의 의사가 서면으로 표시되지 아니한 경우라도 증여자가 생전에 부동산을 증여하고 그의 뜻에 따라 그 소유권이전등기에 필요한 서류를 제공하였다면 증여자가 사망한 후에 그 등기가 경료되었다고 하더라도 증여자의 의사에 따른 증여의 이행으로서의 소유권이전등기가 경료되었다 할 것이므로 증여는 이미 이행되었다 할 것이어서 증여자의 상속인이 서면에 의하지 아니한 증여라는 이유로 증여계약을 해제하였다 하더라도 이에 아무런 영향이 없다[**대법원** 2001. 9. 18. 2001 다 29643].

4) 서면에 의한 증여란 증여계약 당사자 사이에 있어서 증여자가 자기의 재산을 상대방에게 준다는 증여의사가 문서를 통하여 확실히 알 수 있는 정도로 서면에 나타난 증여를 말하는 것으로서, 비록 서면의 문언 자체는 증여계약서로 되어 있지 않더라도 그 서면의 작성에 이르게 된 경위를 아울러 고려할 때 그 서면이 바로 증여의사를 표시한 서면이라고 인정되면 이를 민법 제555조에서 말하는 서면에 해당한다고 보아야 한다[**대법원** 2003. 4. 11. 2003 다 1755].

제3절 매매

매매(賣買)란 당사자일방(매도인)이 재산권을 상대방(매수인)에게 이전할 것을 약정하고 상대방이 그 대금을 지급할 것을 약정함으로써 성립되는 전형적인 유상계약(有償契約)을 말한다. 민법 제565조(해약금)에 의하면 「① 매매의 당사자일방이 계약당시에 금전 기타 물건을 계약금, 보증금 등의 명목으로 상대방에게 교부한 때에는 당사자간에 다른 약정이 없는 한 당사자의 일방이 이행에 착수할 때까지 교부자는 이를 포기하고 수령자는 그 배액을 상환하여 매매계약을 해제할 수 있다」라고 규정하고 있다. 매도인은 매수인에 대하여 매매의 목적이 된 권리를 이전하여야 하며 매수인은 매노인에게 그 대금을 지급하여야 하는데, 이러한 쌍방의무는 특별한 약정이나 관습이 없으면 동시에 이행하여야 한다. 매매계약에 관한 비용은 당사자쌍방이 균분하여 부담한다. 매매의 목적물이 지상권·지역권·전세권·질권·유치권의 목적이 된 경우에 매수인이 이를 알지 못한 때에는 이로 인하여 계약의 목적을 달성할 수 없는 경우에 한하여 매수인은 그 사실을 안 날로부터 1년내에 계약을 해제할 수 있으며, 기타의 경우에는 손해배상만을 청구할 수 있다(민법 제575조). 또한 매매의 목적이 된 부동산에 설정된 저당권 또는 전세권의 행사로 인하여 매수인이 그 소유권을 취득할 수 없거나 취득한 소유권을 잃은 때에는 매수인은 계약을 해제할 수 있으며, 매수인이 손해를 받은 때에는 그 배상을 청구할 수 있다(민법 제576조).

민법 제580조(매도인의 하자담보책임)에 의하면 「① 매매의 목적물에 하자가 있는 때에는 제575조 제1항의 규정을 준용한다. 그러나 매수인이 하자있는 것을 알았거나 과실로 인하여 이를 알지 못한 때에는 그러하지 아니하다. ② 전항의 규정은 경매의 경우에 적용하지 아니한다」 라고 규정하고 있다. 즉 매매계약의 목적물 자체에 흠이 있는 경우에 매도인이 매수인에게 일정한 요건 하에서 져야 하는 책임을 매도인의 하자담보책임이라 하는데, 이에 대한 매수인의 계약해제권이나 손해배상청구권은 매수인이 그 사실을 안 날로부터 6월내에 행사하여야 한다. 매매의 목적물의 인도와 동시에 대금을 지급할 경우에는 그 인도장소에서 지급하여야 한다. 매매계약 있은 후에도 인도하지 아니한 목적물로부터 생긴 과실은 매도인에게 속하며, 매수인은 목적물의 인도를 받은 날로부터 대금의 이자를 지급하여야 한다(민법 제587조).

매도인이 매매계약과 동시에 환매할 권리를 보류한 때에는 그 영수한 대금 및 매수인이 부담한 매매비용을 반환하고 그 목적물을 환매(還買)할 수 있다. 환매기간은 부동산은 5년, 동산은 3년을 넘지 못하며, 약정기간이 이를 넘는 때에는 부동산은 5년, 동산은 3년으로 단축한다. 매매목적물이 부동산인 경우에 매매등기와 동시에 환매권의 보류를 등기한 때에는 제3자에 대하여 그 효력이 있다(환매등기). 매도인은 기간 내에 대금과 매매비용을 매수인에게 제공하지 아니하면 환매할 권리를 잃는다.

▶ 관련판례

1) [1] 매매 당사자 일방이 계약 당시 상대방에게 계약금을 교부한 경우 당사자 사이에 다른 약정이 없는 한 당사자 일방이 계약 이행에 착수할 때까지 계약금 교부자는 이를 포기하고 계약을 해제할 수 있고, 그 상대방은 계약금의 배액을 상환하고 계약을 해제할 수 있음이 계약 일반의 법리인 이상, 특별한 사정이 없는 한 국토이용관리법상의 토지거래허가를 받지 않아 유동적 무효 상태인 매매계약에 있어서도 당사자 사이의 매매계약은 매도인이 계약금의 배액을 상환하고 계약을 해제함으로써 적법하게 해제된다.
[2] 민법 제565조가 해제권 행사의 시기를 '당사자 일방이 이행에 착수할 때까지'로 제한한 것은 당사자의 일방이 이미 이행에 착수한 때에는 그 당사자는 그에 필요한 비용을 지출하였을 것이고, 또 그 당사자는 계약이 이행될 것으로 기대하고 있는데 만일 이러한 단계에서 상대방으로부터 계약이 해제된다면 예측하지 못한 손해를 입게 될 우려가 있으므로 이를 방지함에 있다 할 것이고, 여기서 '당사자 일방이 이행에 착수'하였다고 함은 반드시 계약 내용에 들어맞는 이행의 제공에까지 이르러야 하는 것은 아니지만 객관적으로 외부에서 인식할 수 있을 정도로 채무 이행행위의 일부를 행하거나 또는 이행에 필요한 전제행위를 행하는 것으로서 단순히 이행의 준비를 하는 것만으로는 부족하다[**대법원 1997. 6. 27. 97 다9369**].

2) [1] 매매의 목적물이 거래통념상 기대되는 객관적 성질·성능을 결여하거나, 당사자가 예정 또는 보증한 성질을 결여한 경우에 매도인은 매수인에 대하여 그 하자로 인한 담보책임을 부담한다 할 것이고, 한편 건축을 목적으로 매매된 토지에 대하여 건축허가를 받을 수 없어 건축이 불가능한 경우, 위와 같은 법률적 제한 내지 장애 역시 매매목적물의 하자에 해당한다 할 것이나, 다만 위와 같은 하자의 존부는 매매계약 성립시를 기준으로 판단하여야 할 것이다.
[2] 무효인 약관조항에 의거하여 계약이 체결되었다면 그 후 상대방이 계약의 이행을 지체하는 과정에서 약관작성자로부터 채무의 이행을 독촉받고 종전 약관에 따른 계약내용의 이행 및 약정내용을 재차 확인하는 취지의 각서를 작성하여 교부하였다 하여 무효인 약관의 조항이 유효한 것으로 된다거나, 위 각서의 내용을 새로운 개별약정으로 보아 약관의 유·무효와는 상관없이 위 각서에 따라 채무의 이행 및 원상회복의 범위 등이 정하여진다고 할 수 없다[**대법원** 2000. 1. 18. 98 **다** 18506].

3) [1] 지하주차장에 주차해 둔 차량의 운전석에서 원인불명의 화재가 발생하여 차량이 전소한 경우, 차량의 결함부위 및 내용이 특정되지 아니하였고 차량의 외부에서 발화하여 그 내부로 인화되었을 가능성도 배제할 수 없는 점 등에 비추어 차량의 제조상의 결함(하자)으로 화재가 발생하였다고 추정하기는 어렵다.
[2] 제조물책임이란 제조물에 통상적으로 기대되는 안전성을 결여한 결함으로 인하여 생명·신체나 제조물 그 자체 외의 다른 재산에 손해가 발생한 경우에 제조업자 등에게 지우는 손해배상책임이고, 제조물에 상품적합성이 결여되어 제조물 그 자체에 발생한 손해는 제조물책임의 적용 대상이 아니므로, 하자담보책임으로서 그 배상을 구하여야 한다[**대법원** 2000. 7. 28. 98 **다** 35525].

4) 부동산의 매매계약이 체결된 경우에는 매도인의 소유권이전등기의무, 인도의무와 매수인의 잔대금지급의무는 동시이행의 관계에 있는 것이 원칙이고, 이 경우 매도인은 특별한 사정이 없는 한 제한이나 부담이 없는 완전한 소유권이전등기의무를 지는 것이므로 매매목적 부동산에 가압류등기 등이 되어 있는 경우에는 매도인은 이와 같은 등기도 말소하여 완전한 소유권이전등기를 해주어야 하는 것이고, 따라서 가압류등기 등이 있는 부동산의 매매계약에 있어서는 매도인의 소유권이전등기의무와 아울러 가압류등기의 말소의무도 매수인의 대금지급의무와 동시이행 관계에 있다고 할 것이다[**대법원** 2000. 11. 28. 2000 **다** 8533].

5) [1] 부동산 매매계약에 있어서 매수인이 일정한 면적이 있는 것으로 믿고 매도인도 그 면적이 있는 것을 명시적 또는 묵시적으로 표시하며, 나아가 계약당사자가 면적을 가격을 정하는 여러 요소 중 가장 중요한 요소로 파악하고, 그 객관적 수치를 기준으로 가격을 정하는 경우라면 특정물이 일정한 수

량을 가지고 있다는 데에 주안을 두고, 대금도 그 수량을 기준으로 하여 정한 경우에 속하므로 민법 제574조에 정한 '수량을 지정한 매매'에 해당한다.
[2] 매매계약 당사자가 목적토지의 면적이 공부상의 표시와 같은 것을 전제로 하여 면적을 가격을 정하는 여러 요소 중 가장 중요한 요소로 파악하여 가격을 정하였고, 만약 그 면적이 공부상의 표시와 다르다는 것을 사전에 알았더라면 당연히 그 실제 평수를 기준으로 가격을 정하였으리라는 점이 인정된다면 그 매매는 '수량을 지정한 매매'에 해당되고, 매매계약서에 평당 가격을 기재하지 아니하였다거나 매매계약의 내용에 부수적으로 매도인이 매수인에게 인근 국유지에 대한 점유를 이전해 주고 이축권(이른바 딱지)을 양도하기로 하는 약정이 포함되어 있었다 하더라도 달리 볼 것은 아니다[**대법원** 2001. 4. 10. 2001 다 12256].

6) 국가가 그 소유의 국유림을 사인과 사이에서 그의 사유림과 교환하는 계약을 체결함에 있어서 사인이 그 교환계약에 의하여 취득하는 국유림을 5년 이내에 허가 없이 교환 목적 이외의 용도로 전용하거나 제3자에게 양도하고자 하는 경우 교환 당시의 가격으로 환매할 수 있기로 특약을 한 경우, 이러한 환매특약은 산림법에 정하여진 수의계약에 의한 매각이나 교환을 악용하여 산림의 무분별한 개발과 훼손을 막기 위한 것으로서 산림의 보호육성을 통한 국토의 보전을 위하여 제정된 산림법의 입법 취지에 부합하는 것인 점과 수급자에게 선택의 여지가 없는 독점적인 용역의 제공과 달리 교환계약을 체결하는 사인은 이미 환매특약의 부담을 알면서도 국유림을 취득하기를 원하여 교환계약을 체결한 점 등에 비추어 볼 때, 위 환매특약이 약관의 규제에 관한 법률 제6조 제2항 제1호, 제3호가 정하는 고객에 대하여 부당하게 불리한 조항 또는 약관의 목적을 달성할 수 없을 정도로 본질적 권리를 제한하는 조항이라고 볼 수 없다[**대법원** 2002. 9. 27. 2000 다 27411].

7) 민법 제587조에 의하면, 매매계약 있은 후에도 인도하지 아니한 목적물로부터 생긴 과실은 매도인에게 속하고, 매수인은 목적물의 인도를 받은 날로부터 대금의 이자를 지급하여야 한다고 규정하고 있는바, 이는 매매당사자 사이의 형평을 꾀하기 위하여 매매목적물이 인도되지 아니하더라도 매수인이 대금을 완제한 때에는 그 시점 이후의 과실은 매수인에게 귀속되지만, 매매목적물이 인도되지 아니하고 또한 매수인이 대금을 완제하지 아니한 때에는 매도인의 이행지체가 있더라도 과실은 매도인에게 귀속되는 것이므로 매수인은 인도의무의 지체로 인한 손해배상금의 지급을 구할 수 없다[**대법원** 2004. 4. 23. 2004 다 8210].

제4절 교환

교환(交換)이란 당사자쌍방이 금전 이외의 재산권을 상호 이전할 것을 약정함으로써 성립되는 계약을 말한다. 교환계약은 당사자간에 청약의 의사표시와 그에 대한 승낙의 의사표시의 합치로 성립하는 이른바 낙성계약(諾成契約)으로서 서면의 작성을 필요로 하지 않는다. 이때 청약의 의사표시는 이에 대한 승낙만 있으면 곧 계약이 성립될 수 있을 정도로 구체적이어야 하는 한편 승낙의 의사표시는 특별한 사정이 없는 한 그 방법에 아무런 제한이 없고 반드시 명시적임을 요하지 않는다.

▶ **관련판례**

일반적으로 교환계약을 체결하려는 당사자는 서로 자기가 소유하는 교환 목적물은 고가로 평가하고, 상대방이 소유하는 목적물은 염가로 평가하여, 보다 유리한 조건으로 교환계약을 체결하기를 희망하는 이해상반의 지위에 있고, 각자가 자신의 지식과 경험을 이용하여 최대한으로 자신의 이익을 도모할 것이 예상되기 때문에, 당사자 일방이 알고 있는 정보를 상대방에게 사실대로 고지하여야 할 신의칙상의 주의의무가 인정된다고 볼 만한 특별한 사정이 없는 한, 일방에게 고지하지 아니하거나 혹은 허위로 시가보다 높은 가액을 시가라고 고지하였다 하더라도, 이는 상대방의 의사결정에 불법적인 간섭을 한 것이라고 볼 수 없으므로 불법행위가 성립한다고 볼 수 없다[**대법원** 2001. 7. 13. 99 다 38583].

제5절 소비대차

소비대차(消費貸借)란 당사자일방인 대주(貸主)가 금전 기타의 대체물의 소유권을 상대방인 차주(借主)에게 이전할 것을 약정하고 상대방은 동종·동질·동량의 물건을 반환할 것을 약정함으로써 성립되는 계약을 말한다. 대주가 목적물을 차주에게 인도하기 전에 당사자일방이 파산선고(破産宣告)를 받은 때에는 소비대차는 그 효력을 잃는다. 이자있는 소비대차는 차주가 목적물의 인도를 받은 때로부터 이자를 계산해야 하며, 차주가 그 책임있는 사유로 수령을 지체할 때에는 대주가 이행을 제공한 때로부터 이자를 계산해야 한다. 이자 없는 소비대차의 당사자는 목적물의 인도전에는 언제든지 계약을 해제할 수 있으나, 상대방에게 생긴 손해가 있으면 이를 배상해야 한다. 차주는 약정시기에 차용물과 같은 종류, 품질 및 수량의 물건을 반환해야 하는 한편 반환시기의 약정이 없는 때에는 대주는 상당한 기간을 정하여 반환을 최고(催告)해야 한다. 다만 차주는 언제든지 반환할 수 있다. 만일 차주가 차용물과 같은 종류, 품질 및 수량의 물건을 반환할 수 없는 때에는 그 때의 시가로 상환하여야 한다.

민법 제605조(준소비대차)에 의하면 「당사자쌍방이 소비대차에 의하지 아니하고 금전 기타의 대체물을 지급할 의무가 있는 경우에 당사자가 그 목적물을 소비대차의 목적으로 할 것을 약정한 때에는 소비대차의 효력이 생긴다」라고 규정하고 있다. 즉 소비대차에 의하지 아니하고 매매계약 등에 의하여 발생한 금전 기타 대체물의 지급채무에 관하여 당사자쌍방이 그것을 소비대차로 한다는 합의를 한 경우에 이를 준소비대차계약이라고 한다. 준소비대차의 효력은 소비대차의 효력과 동일하나, 대주의 목적물인도의무가 없다는 점이 다르다. 한편 금전대차의 경우에 차주가 금전에 갈음하여 유가증권 기타 물건의 인도를 받은 때에는 그 인도시의 가액으로써 차용액으로 한다(대물대차).

▶ 관련판례

1) 부동산 매수인이 매도인에게 잔대금 1억원 중 금 5천만원만 지급하고 나머지 금원에 대하여는 매수인이 매도인으로부터 변제기를 정하여 월 2%의 이율로 차용하는 것으로 하되, 만일 매수인이 변제기까지 이를 갚지 못할 때에는 매수인이 매수한 부동산에 대한 소유권이전등기청구권으로 대물변제하기로 약정을 한 경우, 특별한 사정이 없는 한 금원을 차용하기로 한 부분은 준소비대차에 해당하고, 대물변제하기로 한 부분은 대물반환의 예약에 해당하며, 민법 제607조, 제608조는 이와 같은 준소비대차계약에 의하여 차주가 반환할 차용물에 관하여도 그 적용이 있다[**대법원 1997. 3. 11. 96 다 50797**].

2) 준소비대차는 소비대차에 의하지 아니하고 금전 기타의 대체물을 지급할 의무가 있는 경우에 당사자가 그 목적물을 소비대차의 목적물로 할 것을 약정함으로써 당사자 사이에 소비대차의 효력이 생기는 것을 말하는 것으로서 기존 채무의 당사자가 그 채무의 목적물을 소비대차의 목적물로 한다는 합의를 할 것을 요건으로 하므로 준소비대차계약의 당사자는 기초가 되는 기존 채무

의 당사자이어야 한다[**대법원** 2002. 12. 6. 2001 다 2846].

3) 금전 소비대차계약과 함께 이자의 약정을 하는 경우, 양쪽 당사자 사이의 경제력의 차이로 인하여 그 이율이 당시의 경제적·사회적 여건에 비추어 사회통념상 허용되는 한도를 초과하여 현저하게 고율로 정하여졌다면, 그와 같이 허용할 수 있는 한도를 초과하는 부분의 이자 약정은 대주가 그의 우월한 지위를 이용하여 부당한 이득을 얻고 차주에게는 과도한 반대급부 또는 기타의 부당한 부담을 지우는 것이므로 선량한 풍속 기타 사회질서에 위반한 사항을 내용으로 하는 법률행위로서 무효이다[**대법원** 2007. 2. 15. 2004 다 50426].

제6절 사용대차

사용대차(使用貸借)란 당사자일방(대주)이 상대방(차주)에게 무상으로 사용·수익하게 하기 위하여 목적물을 인도할 것을 약정하고 상대방은 이를 사용·수익한 후 그 물건을 반환할 것을 약정함으로써 성립되는 계약을 말한다. 차주는 계약 또는 그 목적물의 성질에 의해 정해진 용법으로 사용·수익해야 하며, 대주의 승낙이 없으면 제3자에게 차용물을 사용·수익하게 하지 못한다. 또한 차주는 차용물의 통상의 필요비를 부담하며 차주가 차용물을 반환하는 때에는 이를 원상회복해야 한다. 차주가 사망하거나 파산선고를 받은 경우 대주는 계약을 해지할 수 있다. 수인이 공동하여 물건을 차용한 때에는 연대하여 그 의무를 부담한다.

▶ 관련판례

1) [1] 집합건물의 구분소유자들이 공용부분 중 일부에 대하여 제3자에게 무상사용권을 부여한 경우, 이는 민법상 사용대차의 성질을 갖는 것으로 보아야 한다.
[2] 사용대차에 있어서 차주의 권리를 양도받은 자는 그 양도에 관한 대주의 승낙이 없으면 대주에게 대항할 수 없다.
[3] 집합건물의 구분소유자는 집합건물의 소유 및 관리에 관한 법률 제16조 제1항에 의하여 공용부분에 대한 보존행위를 단독으로 할 수 있고, 그 보존행위의 내용에는 지분권에 기한 방해배제청구권과 공유물의 반환청구권도 포함된다[**대법원** 1999. 5. 11. 98 다 61746].

2) [1] 민법 제613조 제2항에 의하면, 사용대차에 있어서 그 존속기간을 정하지 아니한 경우에는, 차주는 계약 또는 목적물의 성질에 의한 사용수익이 종료한 때에 목적물을 반환하여야 하나, 현실로 사용수익이 종료하지 아니한 경우라도 사용수익에 충분한 기간이 경과한 때에는 대주는 언제든지 계약을 해지하고 그 차용물의 반환을 청구할 수 있는 것인바, 민법 제613조 제2항 소정의 사용수익에 충분한 기간이 경과하였는지의 여부는 사용대차계약 당시의 사정, 차주의 사용기간 및 이용상황, 대주가 반환을 필요로 하는 사정 등을 종합적으로 고려하여 공평의 입장에서 대주에게 해지권을 인정하는 것이 타당한가의 여부에 의하여 판단하여야 할 것이다.
[2] 무상으로 사용을 계속한 기간이 40년 이상의 장기간에 이르렀고 최초의 사용대차계약 당시의 대주가 이미 사망하여 대주와 차주간의 친분 관계의 기초가 변하였을 뿐더러, 차주 측에서 대주에게 무상사용 허락에 대한 감사의 뜻이나 호의를 표시하기는커녕 오히려 자주점유에 의한 취득시효를 주장하는 민사소송을 제기하여 상고심에 이르기까지 다툼을 계속하는 등의 상황에 이를 정도로 쌍방의 신뢰관계 내지 우호관계가 허물어진 경우, 공평의 견지에서 대주의 상속인에게 사용대차의 해지권을 인정한다[**대법원** 2001. 7. 24. 2001 다 23669].

제7절 임대차

임대차(賃貸借)란 당사자일방(임대인)이 상대방(임차인)에게 목적물(임대물)을 사용・수익하게 할 것을 약정하고 상대방이 이에 대하여 차임(借賃)을 지급할 것을 약정함으로써 성립되는 계약을 말한다. 임대인은 목적물을 임차인에게 인도하고 계약존속 중 그 사용・수익에 필요한 상태를 유지하게 할 의무를 부담한다. 또한 임대인이 임대물의 보존에 필요한 행위를 하는 경우에 임차인은 이를 거절하지 못한다. 그러나 임대인이 임차인의 의사에 반하여 보존행위를 하는 경우에는 임차인이 이로 인하여 임차의 목적을 달성할 수 없으면 계약을 해지할 수 있다. 만일 임차인이 임차물의 보존에 관한 필요비를 지출한 때에는 임대인에 대하여 그 상환을 청구할 수 있다. 임대물에 대한 공과부담의 증감 기타 경제사정의 변동으로 인하여 약정한 차임이 상당하지 아니하게 된 때에는 당사자는 장래에 대한 차임의 증감을 청구할 수 있다(차임증감청구권).

임차인은 임대인의 동의없이 그 권리를 양도하거나 임차물을 전대(轉貸)하지 못하며, 임차인이 이를 위반한 경우 임대인은 계약을 해지할 수 있다. 차임은 동산·건물·대지에 대하여는 매월 말에, 기타 토지에 대하여는 매년 말에 지급하여야 하지만, 수확기가 있는 것에 대하여는 그 수확 후 지체없이 지급하여야 한다. 임차물의 수리를 요하거나 임차물에 대하여 권리를 주장하는 자가 있는 때에는 임차인은 지체없이 임대인에게 이를 통지하여야 한다. 임대차기간의 약정이 없는 때에는 당사자는 언제든지 계약해지의 통고를 할 수 있다. 임대차기간이 만료한 후 임차인이 임차물의 사용·수익을 계속하는 경우에 임대인이 상당한 기간 내에 이의하지 않으면 전임대차와 동일한 조건으로 다시 임대차한 것으로 본다(묵시의 갱신). 그러나 건물 기타 공작물의 임대차에 있어서 임차인의 차임연체액이 2기의 차임액에 달하는 때에는 임대인은 계약을 해지할 수 있다. 석조, 석회조, 연와조 또는 이와 유사한 견고한 건물 기타 공작물의 소유를 목적으로 하는 토지임대차나 식목, 채염을 목적으로 하는 토지임대차의 경우를 제외하고는 임대차의 존속기간은 20년을 넘지 못하며, 당사자의 약정기간이 20년을 넘는 때에는 이를 20년으로 단축한다. 이러한 임대차존속기간은 갱신할 수 있으나, 그 기간은 갱신한 날로부터 10년을 넘지 못한다.

☞ 주택임대차보호법

주택임대차보호법(1981. 3. 5. 법률 제3379호 제정 / 2007. 8. 3. 법률 제8583호 일부개정)은 주거용건물의 임대차에 관하여 민법에 대한 특례를 규정함으로써 국민의 주거생활의 안정을 보장함을 목적으로 한다(제1조, **목적**). 이 법은 주거용건물(주택)의 전부 또는 일부의 임대차에 관하여 적용되며 그 임차주택의 일부가 주거 외의 목적으로 사용되는 경우에도 적용된다(제2조, **적용범위**). 임대차는 그 등기가 없는 경우에도 임차인이 주택의 인도와 주민등록을 마친 때에는 그 익일부터 제3자에 대하여 효력이 생기며, 이 경우 전입신고를 한 때에 주민등록이 된 것으로 본다. 임차주택의 양수인은 임대인의 지위를 승계한 것으로 본다(제3조, **대항력 등**). 제3조 제1항의 대항요건과 임대차계약증서상의 확정일자를 갖춘 임차인은 민사집행법에 의한 경매 또는 국세징수법에 의한 공매시 임차주택의 환가대금에서 후순위권리자 기타 채권자보다 우선하여 보증금을 변제받을 권리가 있다. 이 때 임차인은 임차주택을 양수인에게 인도하지 아니하면 보증금을 수령할 수 없다(제3조의 2, **보증금의 회수**). 임대차가 종료된 후 보증금을 반환받지 못한 임차인은 임차주택의 소재지를 관할하는 지방법원·지방법원지원 또는 시·군법원에 임차권등기명령을 신청할 수 있으며, 임차권등기명령신청을 기각하는 결정에 대하여 임차인은 항고할 수 있다. 임차권등기명령의 집행에 의한 임차권등기가 경료되면 임차인은 제3조 제1항의 규정에 의한 대항력 및 제3조의 2 제2항의 규정에 의한 우선변제권을 취득한다(제3조의 3, **임차권등기명령**). 임차권은 임차주택에 대하여 민사집행법에 의한 경매가 행하여진 경우에는 그 임차주택의 경락에 의하여 소멸한다. 다만 보증금이 전액 변제되지 아니한 대항력이 있는 임차권은 소멸되지 아니하다(제3조의 5, **경매에 의한 임차권의 소멸**).

기간의 정함이 없거나 기간을 2년 미만으로 정한 임대차는 그 기간을 2년으로 본다. 다만 임차인은 2년 미만으로 정한 기간이 유효함을 주장할 수 있다. 임대차가 종료한 경우에도 임차인이 보증금을 반환받을 때까지는 임대차관계는 존속하는 것으로 본다(제4조, **임대차기간 등**). 임대인이 임대차기간 만료전 6월부터 1월까지에 임차인에 대하여 갱신거절의 통지 또는 조건을 변경하지 않고 갱신하지 않는다는 뜻의 통지를 하지 않은 경우에는 그 기간이 만료된 때에 전임대차와 동일한 조건으로 다시 임대차한 것으로 보며(묵시적 갱신), 임차인이 임대차기간 만료전 1월까지 통지하지 않은 경우에도 마찬가지이다. 이 때 임대차의 존속기간은 정함이 없는 것으로 본다. 그러나 2기의 차임액에 달하도록 차임을 연체하거나 기타 임차인으로서의 의무를 현저히 위반한 임차인에 대하여는 이러한 규정을 적용하지 아니한다(제6조, **계약의 갱신**). 앞의 묵시적 갱신의 경우 임차인은 언제든지 임대인에 대하여 계약해지의 통지를 할 수 있으며, 그 해지는 임대인이 그 통지를 받은 날부터 3개월이 경과하면 효력을 발생한다(제6조의 2, **묵시적 갱신의 경우의 계약의 해지**). 약정한 차임 또는 보증금이 임차주택에 관한 조세·공과금 기타 부담의 증감이나 경제사정의 변동으로 인하여 상당하지 아니하게 된 때에는 당사자는 장래에 대하여 그 증감을 청구할 수 있다(제7조, **차임 등의 증감청구권**). 그러나 증액청구는 약정한 차임 등의 20분의 1의 금액을 초과하지 못하며, 임대차계약 또는 약정한 차임 등의 증액이 있은 후 1년 이내에는 하지 못한다(동 시행령 제2조). 보증금의 전부 또는 일부를 월 단위의 차임으로 전환하는 경우에는 그 전환되는 금액에 은행법에 의한 금융기관에서 적용하는 대출금리 및 당해 지역의 경제여건 등을 감안하여 대통령령이 정하는 비율(**연 1할 4푼**, 동 시행령 제2조의 2)을 곱한 월차임의 범위를 초과할 수 없다(제7조의 2, **월차임 전환시 산정률의 제한**).

임차인은 보증금 중 일정액을 다른 담보물권자보다 우선하여 변제받을 권리가 있다. 이 경우 임차인은 주택에 대한 경매신청의 등기전에 제3조 제1항의 요건을 갖추어야 하며, 우선변제를 받을 임차인 및 보증금 중 일정액의 범위와 기준은 주택가액의 2분의 1 범위 안에서 대통령령으로 정한다(제8조, **보증금 중 일정액의 보호**). 동 시행령 제3조에 의하면 우선변제를 받을 **보증금 중 일정액의 범위**는 ① 수도권정비계획법에 의한 수도권 중 과밀억제권역: **1천600만원** ② 광역시(군지역과 인천광역시지역 제외): **1천400만원** ③ 그 밖의

지역: **1천200만원** 이하로 한다. 또한 임차인의 보증금 중 일정액이 **주택가액의 2분의** 1을 초과하는 경우에는 주택가액의 2분의 1에 해당하는 금액에 한하여 우선변제권이 있다. 하나의 주택에 임차인이 2인 이상이고 그 각 보증금 중 일정액의 합산액이 주택가액의 2분의 1을 초과하는 경우에는 그 각 보증금 중 일정액의 합산액에 대한 각 임차인의 보증금 중 일정액의 비율로 그 주택가액의 2분의 1에 해당하는 금액을 분할한 금액을 각 임차인의 보증금 중 일정액으로 본다. 한편 하나의 주택에 임차인이 2인 이상이고 이들이 그 주택에서 가정공동생활을 하는 경우에는 이들을 1인의 임차인으로 보아 이들의 각 보증금을 합산한다. 그리고 동 시행령 제4조에 의하면 **우선변제를 받을 임차인의 범위**는 보증금이 ① 수도권정비계획법에 의한 수도권 중 과밀억제권역: **4천만원** ② 광역시(군지역과 인천광역시지역 제외): **3천500만원** ③ 그 밖의 지역: **3천만원** 이하인 임차인으로 규정하고 있다.

임차인이 상속권자 없이 사망한 경우에 그 주택에서 가정공동생활을 하던 사실상의 혼인관계에 있는 자는 임차인의 권리와 의무를 승계한다. 임차인이 사망한 경우에 사망당시 상속권자가 그 주택에서 가정공동생활을 하고 있지 아니한 때에는 그 주택에서 가정공동생활을 하던 사실상의 혼인관계에 있는 자와 2촌 이내의 친족은 공동으로 임차인의 권리와 의무를 승계한다. 임대차관계에서 생긴 채권·채무는 임차인의 권리의무를 승계한 자에게 귀속한다. 다만 임차인이 사망한 후 1개월 이내에 임대인에 대하여 반대의사를 표시한 때에는 임차인의 권리와 의무를 승계하지 아니한다(제9조, **주택의 임차권의 승계**). 이 법의 규정에 위반된 약정으로서 임차인에게 불리한 것은 그 효력이 없고(제10조, **강행규정**), 일시사용을 위한 임대차임이 명백한 경우에는 적용되지 아니한다(제11조, **일시사용을 위한 임대차**). 이 법은 주택의 등기하지 아니한 전세계약에 관하여 준용하며, 이 경우 "전세금"은 "임대차의 보증금"으로 본다(제12조, **미등기 전세에의 준용**). 임차인이 임대인에 대하여 제기하는 보증금반환청구소송에 관하여 소액사건심판법의 일정규정이 준용된다(제13조, **소액사건심판법의 준용**).

≪우선변제를 받을 임차인 및 보증금 중 일정액의 범위≫ (⇒주택가액의 2분의 1에 해당하는 금액)
① 수도권정비계획법에 의한 수도권 중 과밀억제권역: 4천만원 이하 (⇒1천600만원 이하)
② 광역시(군지역과 인천광역시지역 제외): 3천500만원 이하 (⇒1천400만원 이하)
③ 그 밖의 지역: 3천만원 이하 (⇒1천200만원 이하)

▶ 관련판례

1) 임차인이 전입신고를 올바르게(즉, 임차건물 소재지 지번으로) 하였다면 이로써 그 임대차의 대항력이 생기는 것이므로 설사 담당공무원의 착오로 주

민등록표상에 신거주지 지번이 다소 틀리게(안양동 545의 5가 안양동 545의 2로) 기재되었다 하여 그 대항력에 영향을 미칠 수는 없다[**대법원** 1991. 8. 13. 91 다 18118].

2) 우선변제권이 있는 임차인은 임차주택의 가액으로부터 다른 채권자보다 우선하여 보증금을 변제받음과 동시에 임차목적물을 명도할 수 있는 권리가 있으며, 임차인의 주택명도의무가 보증금반환의무보다 선이행되어야 하는 것은 아니다[**대법원** 1994. 2. 22. 93 다 55241].

3) 임대차계약에 있어서 임대인은 목적물에 파손 또는 장해가 생긴 경우 그것이 임차인이 별 비용을 들이지 아니하고도 손쉽게 고칠 수 있을 정도의 사소한 것이어서 임차인의 사용·수익을 방해할 정도의 것이 아니라면 임대인은 수선의무를 부담하지 않지만, 그것을 수선하지 아니하면 임차인이 계약에 의하여 정해진 목적에 따라 사용·수익할 수 없는 상태로 될 정도의 것이라면 임대인은 그 수선의무를 부담한다. 이러한 임대인의 수선의무는 특약에 의하여 이를 면제하거나 임차인의 부담으로 돌릴 수 있으나, 통상 생길 수 있는 파손의 수선 등 소규모의 수선에 한한다 할 것이고, 대규모의 수선은 이에 포함되지 아니하고 여전히 임대인이 그 수선의무를 부담한다[**대법원** 1994. 12. 9. 94 다 34692, 94 다 34708].

4) 미등기 전세권자가 주소로 연립주택 동호수 등의 표시없이 그 지번만을 신고하여 주민등록되었다면, 유효한 공시방법으로 볼 수 없다[**대법원** 1995. 4. 28. 94 다 27427].

5) 제4조 제1항은 같은 법 제10조의 취지에 비추어 보면 임차인의 보호를 위한 규정이라고 할 것이므로, 위 규정에 위반되는 당사자의 약정을 모두 무효하고 할 것은 아니고 위 규정에 위반하는 약정이라도 임차인에게 불리하지 아니한 것은 유효하다고 풀이함이 상당한 바, 임대차기간을 2년 미만으로 정한 임대차의 임차인이 스스로 그 약정임대차기간이 만료되었음을 이유로 임차보증금의 반환을 구하는 경우에는 그 약정이 임차인에게 불리하다고 할 수 없으므로, 같은 법 제3조 제1항 소정의 대항요건(주택인도와 주민등록 전입신고)과 임대차계약 증서상의 확정일자를 갖춘 임차인으로서는 그 주택에 관한 저당권자의 신청에 의한 임의경매절차에서 2년 미만의 임대차기간이 만료되어 임대차가 종료되었음을 이유로 그 임차보증금에 관하여 우선변제를 청구할 수 있다[**대법원** 1995. 5. 26. 95 다 13258].

6) 신축중인 연립주택 중 1층 소재 주택의 임차인이 주민등록 이전시 잘못된 현관문의 표시대로 '1층 201호'라고 전입신고를 마쳤는데, 준공 후 그 주택이 공부상 '1층 101호'로 등재된 경우, 주택임대차보호법상의 대항력이 없

다[대법원 1995. 8. 11. 95 다 177].

7) [1] 제2조 소정의 주거용 건물에 해당하는지 여부는 임대차목적물의 공부상의 표시만을 기준으로 할 것이 아니라 그 실지용도에 따라서 정하여야 하고, 건물의 일부가 임대차의 목적이 되어 주거용과 비주거용으로 겸용되는 경우에는 구체적인 경우에 따라 그 임대차의 목적, 전체 건물과 임대차목적물의 구조와 형태 및 임차인의 임대차목적물의 이용관계 그리고 임차인이 그 곳에서 일상생활을 영위하는지 여부 등을 아울러 고려하여 합목적적으로 결정하여야 한다. [2] 방 2개와 주방이 딸린 다방이 영업용으로서 비주거용 건물이라고 보여지고, 설사 그 중 방 및 다방의 주방을 주거목적에 사용한다고 하더라도 이는 어디까지나 다방의 영업에 부수적인 것으로서 그러한 주거목적 사용은 비주거용 건물의 일부가 주거목적으로 사용되는 것일 뿐, 주택임대차보호법 제2조 후문에서 말하는 '주거용 건물의 일부가 주거 외의 목적으로 사용되는 경우'에 해당한다고 볼 수 없다[대법원 1996. 3. 12. 95 다 51953].

8) 이 법은 자연인인 서민들의 주거생활의 안정을 보호하려는 취지에서 제정된 것이지 법인을 그 보호대상으로 삼고 있다고는 할 수 없다[대법원 1997. 7. 11. 96 다 7236].

9) 주택임대차보호법 제3조 제1항 소정의 대항력은 임차인이 당해 주택에 거주하면서 이를 직접 점유하는 경우뿐만 아니라 타인의 점유를 매개로 하여 이를 간접점유하는 경우에도 인정될 수 있을 것이나, 그 경우 당해 주택에 실제로 거주하지 아니하는 간접점유자인 임차인은 주민등록의 대상이 되는 '당해 주택에 주소 또는 거소를 가진 자'(주민등록법 제6조 제1항)가 아니어서 그 자의 주민등록은 주민등록법 소정의 적법한 주민등록이라고 할 수 없고, 따라서 간접점유자에 불과한 임차인 자신의 주민등록으로는 대항력의 요건을 적법하게 갖추었다고 할 수 없으며, 임차인과의 점유매개관계에 기하여 당해 주택에 실제로 거주하는 직접점유자가 자신의 주민등록을 마친 경우에 한하여 비로소 그 임차인의 임대차가 제3자에 대하여 적법하게 대항력을 취득할 수 있다[대법원 2001. 1. 19. 2000 다 55645].

10) 주택임대차보호법 제7조에서 "약정한 차임 또는 보증금이 임차주택에 관한 조세·공과금 기타 부담의 증감이나 경제사정의 변동으로 인하여 상당하지 아니하게 된 때에는 당사자는 장래에 대하여 그 증감을 청구할 수 있다. 그러나 증액의 경우에는 대통령령이 정하는 기준에 따른 비율을 초과하지 못한다."고 정하고 있기는 하나, 위 규정은 임대차계약의 존속 중 당사자 일방이 약정한 차임 등의 증감을 청구한 때에 한하여 적용되고, 임대차계약이 종료된 후 재계약을 하거나 또는 임대차계약 종료 전이라도 당사자의 합의로 차임 등이 증액된 경우에는 적용되지 않는다[대법원 2002. 6. 28. 2002 다 23482].

11) 부동산등기부상 건물의 표제부에 '에이(A)동' 이라고 기재되어 있는 연립주택의 임차인이 전입신고를 함에 있어 주소지를 '가동' 으로 신고하였으나 주소지 대지 위에는 2개 동의 연립주택 외에는 다른 건물이 전혀 없고, 그 2개 동도 층당 세대수가 한 동은 4세대씩, 다른 동은 6세대씩으로서 크기가 달라서 외관상 혼동의 여지가 없으며, 실제 건물 외벽에는 '가동', '나동' 으로 표기되어 사회생활상 그렇게 호칭되어 온 경우, 사회통념상 '가동', '나동', '에이동', '비동' 은 표시 순서에 따라 각각 같은 건물을 의미하는 것이었던 이상, 경매가 진행되면서 낙찰인을 포함하여 입찰에 참가하고자 한 사람들로서도 위 임대차를 대항력 있는 임대차로 인식하는 데에 아무런 어려움이 없었다는 이유로 임차인의 주민등록이 임대차의 공시방법으로 유효하다[**대법원** 2003. 6. 10. 2002 **다** 59351].

12) [1] 주택임대차보호법 제3조 제1항에서 주택의 인도와 더불어 대항력의 요건으로 규정하고 있는 주민등록은 거래의 안전을 위하여 임차권의 존재를 제3자가 명백히 인식할 수 있게 하는 공시방법으로서 마련된 것이므로, 주민등록이 어떤 임대차를 공시하는 효력이 있는지 여부는 일반 사회통념상 그 주민등록으로 당해 임대차건물에 임차인이 주소 또는 거소를 가진 자로 등록되어 있다고 인식할 수 있는지 여부에 따라 판단하여야 한다.
[2] 처음에 다가구용 단독주택으로 소유권보존등기가 경료된 건물의 일부를 임차한 임차인은 이를 인도받고 임차 건물의 지번을 정확히 기재하여 전입신고를 하면 주택임대차보호법 소정의 대항력을 적법하게 취득하고, 나중에 다가구용 단독주택이 다세대 주택으로 변경되었다는 사정만으로 임차인이 이미 취득한 대항력을 상실하게 되는 것은 아니다[**대법원** 2007. 2. 8. 2006 **다** 70516].

제8절 고용

고용(雇傭)이란 당사자일방(노무자)이 상대방(사용자)에 대하여 노무를 제공할 것을 약정하고 상대방이 이에 대하여 보수를 지급할 것을 약정함으로써 성립되는 계약을 말한다. 보수는 약정한 시기에 지급하여야 하며, 시기의 약정이 없으면 관습에 의하고, 관습이 없으면 약정한 노무를 종료한 후 지체없이 지급하여야 한다. 사용자는 노무자의 동의없이 그 권리를 제3자에게 양도하지 못하며, 노무자는 사용자의 동의없이 제3자로 하여금 자기에 갈음하여 노무를 제공하게 하지 못한다. 만일 당사자일방이 이에 위반한 때에는 상대방은 계약을 해지할 수 있다. 또한 사용자가 노무자에 대하여 약정하지 아니한 노무의 제공을 요구한 때에는 노무자가 계약을 해지할 수 있는 한편 약정한 노무가 특수한 기능을 요하는 경우에 노무자가 그 기능이 없는 때에는 사용자가 계약을 해지할 수 있다.

고용의 약정기간이 3년을 넘거나 당사자일방 또는 제3자의 종신까지로 된 때에는 각 당사자는 3년을 경과한 후 언제든지 계약해지의 통고를 할 수 있으며, 이 경우 상대방이 해지의 통고를 받은 날로부터 3월이 경과하면 해지의 효력이 생긴다. 반면에 고용기간의 약정이 없는 때에는 당사자는 언제든지 계약해지의 통고를 할 수 있으며, 이 경우 상대방이 해지의 통고를 받은 날로부터 1월이 경과하면 해지의 효력이 생긴다. 고용기간의 약정이 있는 경우에도 부득이한 사유있는 때에는 각 당사자는 계약을 해지할 수 있다. 다만 그 사유가 당사자일방의 과실로 인하여 생긴 때에는 상대방에 대하여 손해를 배상하여야 한다. 고용기간이 만료한 후 노무자가 계속하여 그 노무를 제공하는 경우에 사용자가 상당한 기간 내에 이의를 하지 아니하면 동일한 조건으로 다시 고용한 것으로 본다. 만일 사용자가 파산선고를 받은 경우에는 고용기간의 약정이 있는 때에도 노무자 또는 파산관재인이 계약을 해지할 수 있으며, 이 때 각 당사자는 계약해지로 인한 손해배상을 청구하지 못한다.

▶ 관련판례

1) [1] 노동조합 전임자는 사용자와의 관계에서 근로제공의무가 면제되고 사용자의 임금지급의무도 면제될 뿐 사용자와의 사이에 기본적 노사관계는 유지되고 근로자로서의 신분도 그대로 가지는 것이다.
[2] 민법 제661조 소정의 '부득이한 사유'라 함은 고용계약을 계속하여 존속시켜 그 이행을 강제하는 것이 사회통념상 불가능한 경우를 말하고, 고용은 계속적 계약으로 당사자 사이의 특별한 신뢰관계를 전제로 하므로 고용관계를 계속하여 유지하는 데 필요한 신뢰관계를 파괴하거나 해치는 사실도 부득이한 사유에 포함되며, 따라서 고용계약상 의무의 중대한 위반이 있는 경우에도 부득이한 사유에 포함된다[**대법원 2004. 2. 27. 2003 다 51675**].

2) 사용자는 근로계약에 수반되는 신의칙상의 부수적 의무로서 피용자가 노무를 제공하는 과정에서 생명, 신체, 건강을 해치는 일이 없도록 인적·물적 환경을 정비하는 등 필요한 조치를 강구하여야 할 보호의무를 부담하고, 이러한

보호의무를 위반함으로써 피용자가 손해를 입은 경우 이를 배상할 책임이 있으나, 보호의무 위반을 이유로 사용자에게 손해배상책임을 인정하기 위하여는 특별한 사정이 없는 한 그 사고가 피용자의 업무와 관련성을 가지고 있을 뿐만 아니라 또한 그 사고가 통상 발생할 수 있다고 하는 것이 예측되거나 예측할 수 있는 경우라야 할 것이고, 그 예측가능성은 사고가 발생한 때와 장소, 사고가 발생한 경위 기타 여러 사정을 고려하여 판단하여야 한다(회사 차량으로 배달업무를 담당하던 피용자가 직원들과의 회식을 마친 후 음주상태에서 차량을 운전하여 귀가하다가 전복 사고를 일으켜 차량에 적재되어 있던 인화물질로 발생한 화재로 사망한 사안에서, 그 전복·화재사고와 피용자의 업무 사이에 관련성이 없다는 이유로 사용자의 보호의무 위반으로 인한 손해배상책임을 부정한 사례)[**대법원 2006. 9. 28. 2004 다 44506**].

제9절 도급

도급(都給)이란 당사자일방(수급인)이 어느 일을 완성할 것을 약정하고 상대방(도급인)이 그 일의 결과에 대하여 보수를 지급할 것을 약정함으로써 성립되는 계약을 말한다. 이 때 보수는 그 완성된 목적물의 인도와 동시에 지급하여야 하며, 만일 목적물의 인도를 요하지 않는 경우에는 그 일을 완성한 후 지체 없이 지급하여야 한다. 완성된 목적물 또는 완성전의 성취된 부분에 하자(瑕疵)가 있는 때에는 도급인은 수급인에 대하여 상당한 기간을 정하여 그 하자의 보수를 청구할 수 있으며, 또한 도급인은 하자의 보수에 갈음하여 혹은 보수와 함께 손해배상을 청구할 수 있다(수급인의 담보책임).

도급인이 완성된 목적물의 하자로 인하여 계약의 목적을 달성할 수 없는 때에는 계약을 해제할 수 있다(도급인의 해제권). 그러나 건물 기타 토지의 공작물의 도급에 있어서는 그러한 경우에도 해제는 하지 못하고, 다만 손해배상을 청구할 수 있을 뿐이다. 이러한 하자의 보수, 손해배상의 청구 및 계약의 해제는 목적물의 인도일 혹은 일의 종료일로부터 1년내에 하여야 한다. 토지, 건물 기타 공작물의 수급인은 목적물 또는 지반공사의 하자에 대하여 인도 후 5년간 담보의 책임이 있다. 그러나 목적물이 석조, 석회조, 연와조, 금속 기타 이와 유사한 재료로 조성된 것인 때에는 그 기간을 10년으로 한다. 수급인이 일을 완성하기 전에는 도급인은 손해를 배상하고 계약을 해제할 수 있다. 만일 도급인이 파산선고를 받은 때에는 수급인 또는 파산관재인은 계약을 해제할 수 있다.

▶ **관련판례**

1) [1] 건축 도급계약의 수급인이 설계도면의 기재대로 시공한 경우, 이는 도급인의 지시에 따른 것과 같아서 수급인이 그 설계도면이 부적당함을 알고 도급인에게 고지하지 아니한 것이 아닌 이상, 그로 인하여 목적물에 하자가 생겼다 하더라도 수급인에게 하자담보책임을 지울 수는 없다.
[2] 건축 도급계약시 특별히 갑 회사의 승강기를 설치하기로 약정했으나 수급인이 이를 위반하여 을 회사의 승강기를 설치하였고 그 후 을 회사가 도산한 경우, 다른 개인업체가 을 회사의 승강기 부품을 확보하고 있고 또한 약 2년간의 운행기간 동안 그 승강기가 큰 고장을 일으키지 아니하였다 할지라도, 그 승강기의 내구연한에 이르기까지 그 유지·보수에 필요한 부품이 제대로 공급되리라는 보장이 없게 되었다고 봄이 상당하고, 이는 수급인이 도급인과의 특약을 무시하고 가격이 저렴한 타사 제작의 승강기를 설치한 탓에 생긴 하자로서 승객의 안전과 직결되는 승강기의 설치에 있어서 그와 같은 하자가 중요하지 않다고 단정지을 수는 없다[**대법원 1996. 5. 14. 95 다 24975**].

2) [1] 도급계약에 있어서 완성된 목적물에 하자가 있는 때에는 도급인은 수급인에 대하여 하자의 보수를 청구할 수 있고, 그 하자의 보수에 갈음하여 또는 보수와 함께 손해배상을 청구할 수 있는바, 이들 청구권은 특별한 사정이 없는 한 수급인의 보수지급청구권과 동시이행의 관계에 있다고 할 것이다.
[2] 수급인이 건물을 완공하였음에도 공사잔대금을 지급받지 못하는 때에는 공사잔대금조로 공사관련 채무를 인수하고 부동산소유권을 양도받기로 약정한 경우, 수급인이 부동산의 소유권이전등기를 구하려면 수급인이 건물을 하자 없이 완공하였음에도 불구하고 도급인이 공사잔대금을 지급하지 못한 경우, 하자가 있는 경우라도 우선 하자의 보수를 구하는 때에는 그 하자의 보수에 소요되는 비용이 공사잔대금에 미달하는 경우, 그 하자의 보수에 갈음하는 손해배상을 구하는 때에는 그 손해배상액이 공사잔대금에 미달하는 경우, 그리고 그 하자의 보수와 함께 손해배상을 구하는 때에는 위 비용과 손해배상액의 합계가 공사잔대금에 미달하는 경우로서 도급인에게 소유권이전등기를 명하는 것이 신의칙에 비추어 부당하다고 보이지 않는 경우에 한한다 할 것이고, 그 하자로 인한 손해배상액 등이 위 공사잔대금을 초과하는 경우에는 수급인은 부동산에 관한 소유권이전등기를 구할 수 없다[**대법원 2001. 6. 15. 2001 다 21632·21649**].

3) 공사도급계약에 있어서 당사자 사이에 특약이 있거나 일의 성질상 수급인 자신이 하지 않으면 채무의 본지에 따른 이행이 될 수 없다는 등의 특별한 사

정이 없는 한 반드시 수급인 자신이 직접 일을 완성하여야 하는 것은 아니고, 이행보조자 또는 이행대행자를 사용하더라도 공사도급계약에서 정한 대로 공사를 이행하는 한 계약을 불이행하였다고 볼 수 없다[**대법원** 2002. 4. 12. 2001 다 82545·82552].

제10절 현상광고

현상광고(縣賞廣告)란 광고자가 어느 행위를 한 자에게 일정한 보수를 지급할 의사를 표시하고 이에 응한 자가 그 광고에 정한 행위를 완료함으로써 성립되는 계약을 말한다. 광고에 정한 행위를 완료한 자가 수인인 경우에는 먼저 그 행위를 완료한 자가 보수를 받을 권리가 있으며, 수인이 동시에 완료한 경우에는 각각 균등한 비율로 보수를 받을 권리가 있다. 그러나 보수가 그 성질상 분할할 수 없거나 광고에 1인만이 보수를 받을 것으로 정한 때에는 추첨에 의하여 결정한다.

한편 광고에서 정한 행위를 완료한 자들 가운데 우수한 자에 대하여 보수를 지급하는 이른바 우수현상광고의 경우는 반드시 응모기간을 정해야 한다. 이 때 우수의 판정은 광고 중에 정한 자가 하며, 광고 중에 판정자를 정하지 아니한 때에는 광고자가 판정한다. 이러한 판정에 대하여 응모자는 이의를 하지 못한다. 광고에 지정한 행위의 완료기간을 정한 때에는 그 기간만료전에 광고를 철회하지 못하는 반면에, 광고에 행위의 완료기간을 정하지 아니한 때에는 그 행위를 완료한 자 있기 전에는 그 광고와 동일한 방법으로 광고를 철회할 수 있다.

▶ 관련판례

1) 경찰이 탈옥수 신창원을 수배하면서 '제보로 검거되었을 때에 신고인 또는 제보자에게 현상금을 지급한다'는 내용의 현상광고를 한 경우, 현상광고의 지정행위는 신창원의 거처 또는 소재를 경찰에 신고 내지 제보하는 것이고 신창원이 '검거되었을 때'는 지정행위의 완료에 조건을 붙인 것인데, 제보자가 신창원의 소재를 발견하고 경찰에 이를 신고함으로써 현상광고의 지정행위는 완료되었고, 그에 따라 경찰관 등이 출동하여 신창원이 있던 호프집 안에서 그를 검문하고 나아가 차량에 태워 파출소에까지 데려간 이상 그에 대한 검거는 이루어진 것이므로, 현상광고상의 지정행위 완료에 붙인 조건도 성취되었다[**대법원** 2000. 8. 22. 2000 다 3675].

2) [1] 우수현상광고의 광고자로서 당선자에게 일정한 계약을 체결할 의무가 있는 자가 그 의무를 위반함으로써 계약의 종국적인 체결에 이르지 않게 되어 상대방이 그러한 계약체결의무의 채무불이행을 원인으로 하는 손해배상을 청구한 경우 그 손해배상청구권은 계약이 체결되었을 경우에 취득하게 될 계약상의 이행청구권과 실질적이고 경제적으로 밀접한 관계가 형성되어 있기 때문에, 그 손해배상청구권의 소멸시효기간은 계약이 체결되었을 때 취득하게 될 이행청구권에 적용되는 소멸시효기간에 따른다.
[2] 우수현상광고의 당선자가 광고주에 대하여 우수작으로 판정된 계획설계에 기초하여 기본 및 실시설계계약의 체결을 청구할 수 있는 권리를 가지고 있는 경우, 이러한 청구권에 기하여 계약이 체결되었을 경우에 취득하게 될 계약상의 이행청구권은 "설계에 종사하는 자의 공사에 관한 채권"으로서 이에 관하여는 민법 제163조 제3호 소정의 3년의 단기소멸시효가 적용되므로, 위의 기본 및 실시설계계약의 체결의무의 불이행으로 인한 손해배상청구권의 소멸시효 역시 3년의 단기소멸시효가 적용된다[**대법원** 2005. 1. 14. 2002 다 57119].

제11절 위임

위임(委任)이란 당사자일방(위임인)이 상대방(수임인)에 대하여 사무의 처리를 위탁하고 상대방이 이를 승낙함으로써 성립되는 계약을 말한다. 수임인은 위임의 본지에 따라 선량한 관리자의 주의로써 위임사무를 처리해야 하며, 위임인의 승낙이나 부득이한 사유없이 제3자로 하여금 자기에 갈음하여 위임사무를 처리하게 하지 못한다. 또한 수임인은 위임인의 청구가 있는 때에는 위임사무의 처리상황을 보고하고, 위임이 종료한 때에는 지체없이 그 전말을 보고해야 한다. 그리고 수임인은 위임사무의 처리로 인하여 받은 금전 기타의 물건 및 그 수취한 과실을 위임인에게 인도해야 하며, 수임인이 위임인을 위하여 자기의 명의로 취득한 권리는 위임인에게 이전해야 한다.

수임인은 특별한 약정이 없으면 위임인에 대하여 보수를 청구하지 못한다. 만일 수임인이 보수를 받을 경우에는 위임사무를 완료한 후에 청구해야 하며, 기간으로 보수를 정한 때에는 그 기간이 경과한 후에 청구할 수 있다. 위임사무의 처리에 비용을 요하는 때에는 위임인은 수임인의 청구에 의하여 이를 선급하여야 한다. 위임계약은 각 당사자가 언제든지 해지할 수 있으나, 당사자일방이 부득이한 사유없이 상대방의 불리한 시기에 계약을 해지한 때에는 그 손해를 배상해야 한다. 위임은 당사자일방의 사망 또는 파산으로 인하여 종료하며, 수임인이 금치산선고를 받은 때에도 종료한다. 위임종료의 사유는 이를 상대방에게 통지하거나 상대방이 이를 안 때가 아니면 이로써 상대방에게 대항하지 못한다.

▶ 관련판례

1) [1] 아파트 입주자대표회의와 아파트 관리회사 사이의 법률관계는 민법상의 위임관계와 같으므로 아파트 관리회사로서는 아파트를 안전하고 효율적으로 관리하고 입주자의 권익을 보호하기 위하여 선량한 관리자의 주의로써 관리 업무를 수행하여야 하는바, 아파트 관리회사가 아파트를 관리함에 있어서 공동설비 부분에 대한 전기요금 산정 방식이 변경되어 입주자가 다시 선택할 여지가 있음을 알게 되었으면, 비록 전기요금 산정 방식의 선택에 관한 최종적인 결정은 아파트 입주자대표회의가 책임질 사항이라고 하더라도, 어떤 방식이 입주자들에게 유리한지 검토하여 그 내용을 입주자대표회의에 알려 주는 등 입주자대표회의로 하여금 공동설비 부분에 대한 전기요금 산정 방식의 변경 여부에 관하여 합리적인 선택을 할 수 있도록 조치를 취할 의무가 있다.
[2] 아파트 입주자대표회의와 아파트 관리계약을 체결한 관리회사가 한국전력공사로부터 전기요금 산정 방식에 관하여 두 가지의 방식 중 수요자의 선택에 따라 변경계약을 체결할 수 있다는 내용의 통보를 받고도 이를 입주자대표회의에 보고하지 아니하였을 뿐만 아니라 그 이후에도 기존의 전기공급계약 만기시까지 이를 그대로 방치하여 아파트 입주자에게 불리한 기존의 계약이 동일한 조건으로 자동 갱신된 경우, 아파트 관리회사에게 선량한 관리자로서의 주의의무 위반으로 인한 손해배상책임을 인정한다[**대법원** 1997. 11. 28. 96 다 22365].

2) 구분건물의 수분양자로부터 소유권이전등기신청절차를 위임받은 법무사가 그 절차를 경료하기 전에 건축주로부터 구분건물의 소유권보존등기절차를 이행하고 보관 중이던 등기권리증의 반환을 요구받은 경우, 수분양자가 매수인으로서의 의무이행을 완료한 사실을 알고 있었고 건축주가 등기권리증을 이용하여 구분건물을 담보로 제공하고 금원을 차용하려 한다는 것을 예상할 수 있었다면, 건축주의 요청을 거부하거나 그 취지를 수분양자에게 통지하여 권리보호를 위한 적당한 조치를 취할 기회를 부여할 의무가 있다[**대법원** 2001. 2. 27. 2000 다 39629].

3) 의사가 환자에게 부담하는 진료채무는 질병의 치료와 같은 결과를 반드시 달성해야 할 결과채무가 아니라 환자의 치유를 위하여 선량한 관리자의 주의

의무를 가지고 현재의 의학수준에 비추어 필요하고 적절한 진료조치를 다해야 할 채무, 즉 수단채무라고 보아야 할 것이므로, 위와 같은 주의의무를 다하였는데도 그 진료 결과 질병이 치료되지 아니하였다 하더라도 치료비는 청구할 수 있다. 의사가 환자의 치유를 위하여 선량한 관리자의 주의의무를 가지고 현재의 의학수준에 비추어 필요하고 적절한 진료조치를 다한 이상 이는 진료채무의 본지에 따른 것으로 수술 결과 환자의 질병이 치료되지 아니하고 후유증이 남게 되었다 하더라도 수술에 따른 치료비를 청구할 수 있다 할 것이고, 그 후유증이 의사의 치료상의 과실로 인한 것이라고 볼 수 없는 이상 의사에게 그로 인한 손해전보의 책임이 있다고 볼 수 없으므로 후유증이 나타난 이후에 증세의 회복 내지 악화 예방을 위하여 이루어진 진료에 관한 비용도 청구할 수 있다[**대법원** 2001. 11. 9. 2001 다 52568].

4) 일반적으로 수임인은 위임의 내용에 따라 선량한 관리자의 주의의무를 다하여야 하고, 특히 소송대리를 위임받은 변호사는 그 수임사무를 수행함에 있어 전문적인 법률지식과 경험에 기초하여 성실하게 의뢰인의 권리를 옹호할 의무가 있으며, 구체적인 위임사무의 범위는 변호사와 의뢰인 사이의 위임계약의 내용에 의하여 정하여지는 것이지만, 위임사무의 종료단계에서 패소판결이 있었던 경우에는 의뢰인으로부터 상소에 관하여 특별한 수권이 없는 때에도 그 판결을 점검하여 의뢰인에게 불이익한 계산상의 잘못이 있다면 의뢰인에게 그 판결의 내용과 상소하는 때의 승소가능성 등에 대하여 구체적으로 설명하고 조언하여야 할 의무가 있다[**대법원** 2004. 5. 14. 2004 다 7354].

제12절 임치

임치(任置)란 당사자일방(임치인)이 상대방(수치인)에 대하여 금전이나 유가증권 기타의 물건의 보관을 위탁하고 상대방이 이를 승낙함으로써 성립되는 계약을 말한다. 수치인은 임치인의 동의없이 임치물을 사용하지 못하며, 보수없이 임치를 받은 자는 임치물을 자기재산과 동일한 주의로 보관해야 한다. 임치인은 임치물의 성질 또는 하자로 인하여 생긴 손해를 수치인에게 배상해야 하지만, 수치인이 이미 그 성질 또는 하자를 안 때에는 배상책임을 면한다. 임치기간의 약정이 있는 때에는 수치인은 부득이한 사유없이 그 기간만료전에 계약을 해지하지 못하지만, 임치인은 언제든지 계약을 해지할 수 있다. 임치기간의 약정이 없는 때에는 각 당사자는 언제든지 계약을 해지할 수 있다. 임치물은 그 보관한 장소에서 반환해야 하지만, 수치인이 정당한 사유로 인하여 그 물건을 전치(轉置)한 때에는 현존하는 장소에서 반환할 수 있다.

▶ **관련판례**

1) [1] 선하증권이 발행된 화물의 해상운송에 있어서 운송인 또는 그 선박대리점은 선하증권과 상환하여 화물을 인도함으로써 의무의 이행을 다하는 것이므로, 선하증권상의 통지처에 불과한 화주의 의뢰를 받은 하역회사가 화물을 양하하여 통관을 위해 지정장치장에 입고시켰다면, 화물이 운송인 등의 지배를 떠나 화주에게 인도된 것으로 볼 수는 없고, 운송인 등은 지정장치장 화물관리인을 통하여 화물에 대한 지배를 계속하고 있고 지정장치장 화물관리인의 입장에서도 운송인 등으로부터 점유를 이전받았다고 할 것이므로, 운송인 등과 지정장치장 화물관리인 사이에는 화물에 관하여 묵시적인 임치계약관계가 성립하고, 지정장치장 화물관리인은 운송인 등의 지시에 따라 임치물을 인도할 의무를 지게 된다.
[2] 해상운송화물은 선하증권과 상환으로 그 소지인에게 인도되어야 하고 선하증권 없이 화물이 적법하게 반출될 수 없으므로, 선하증권을 제출하지 못하여 운송인 또는 그 선박대리점으로부터 화물인도지시서를 발급받지 못한 화주에게 화물을 인도하면 그 화물이 무단 반출되어 선하증권 소지인이 화물을 인도받지 못하게 될 수 있음을 예견할 수 있고, 따라서 지정장치장 화물관리인이 화물인도지시서나 운송인의 동의를 받지 않고 화물을 인도하였다면 그로 말미암아 선하증권 소지인이 입은 손해에 대하여 불법행위에 기한 손해배상책임을 진다[**대법원 2006. 12. 21. 2003 다 47362**].

제13절 조합

조합(組合)이란 2인 이상이 상호 출자하여 공동사업을 경영할 것을 약정함으로써 성립되는 계약을 말한다. 이 때 출자(出資)는 금전 기타 재산 또는 노무로 할 수 있으며, 조합원의 출자 기타 조합재산은 조합원의 합유(合有)로 한다. 따라서 조합원 전원의 동의가 없으면 각 조합원은 조합의 청산(淸算) 전에 조합재산의 분할청구 혹은 지분처분을 하지 못한다. 금전을 출자의 목적으로 한 조합원이 출자시기를 지체한 때에는 연체이자를 지급하는 외에 손해를 배상하여야 한다. 조합계약으로 업무집행자를 정하지 아니한 경우에는 조합원의 3분의 2이상의 찬성으로 선임하며, 조합의 업무집행은 조합원의 과반수로써 결정한다.

업무집행자인 조합원은 정당한 사유없이 사임하지 못하며 다른 조합원의 일치가 아니면 해임하지 못한다. 조합의 업무를 집행하는 조합원은 그 업무집행의 대리권 있는 것으로 추정한다. 각 조합원은 언제든지 조합의 업무 및 재산상태를 검사할 수 있다. 당사자가 손익분배의 비율을 정하지 아니한 때에는 각 조합원의 출자가액에 비례하여 이를 정한다. 한편 조합원 중에 변제할 자력이 없는 자가 있는 때에는 그 변제할 수 없는 부분은 다른 조합원이 균분하여 변제할 책임이 있다. 조합계약으로 조합의 존속기간을 정하지 않거나 혹은 조합원의 종신까지 존속할 것을 정한 때에는 각 조합원은 언제든지 탈퇴할 수 있다. 다만 부득이한 사유없이 조합의 불리한 시기에 탈퇴하지 못한다. 그 외에도 조합원은 사망・파산・금치산・제명으로 인하여 탈퇴된다. 조합원의 제명은 정당한 사유있는 때에 한하여 다른 조합원의 일치로써 이를 결정하며, 이러한 제명결정은 제명된 조합원에게 통지하지 않으면 그 조합원에게 대항하지 못한다. 부득이한 사유가 있는 때에는 각 조합원은 조합의 해산을 청구할 수 있다.

▶ **관련판례**

1) 갑과 을이 공장을 동업하기로 하되 갑은 전무라는 직함 하에 내부적인 자금 관리만을 수행하고 을은 사장이라는 직함 하에 사업자등록증상의 대표자 명의를 가지고 대외적으로 어음 거래를 함에 있어서도 자신의 명의로 약속어음을 발행하는 등 실질적으로 회사를 운영한 경우, 갑과 을 사이의 동업조합은 민법상의 조합과 구별되는 일종의 특수한 조합으로서 대외적으로는 을만이 권리를 취득하고 의무를 부담하는 것이어서 민법 제711조 내지 제713조가 적용될 여지가 없고, 따라서 갑은 공장의 근로자들에 대해 임금 및 퇴직금 지급의무를 부담하지 않는다[**대법원** 1997. 9. 26. 96 다 14838·14845].

2) 2인으로 된 조합관계에 있어 그 중 1인이 탈퇴하면 조합관계는 끝난다고 할 것이나 특별한 사정이 없는 한 조합은 해산되지 아니하고, 따라서 청산이 뒤따르지 아니하며 조합원의 합유에 속한 조합재산은 남은 조합원의 단독소유에 속하고, 탈퇴자와 남은 자 사이에는 탈퇴로 인한 계산을 하는데 불과하다[**대법원** 1997. 10. 14. 95 다 22511·22528].

3) 민법 제709조에 의하면 조합계약으로 업무집행자를 정하였거나 또는 선임한 때에는 그 업무집행조합원은 조합의 목적을 달성하는 데 필요한 범위에서 조합을 위하여 모든 행위를 할 대리권이 있는 것으로 추정되지만, 위 규정은 임의규정이라고 할 것이므로 당사자 사이의 약정에 의하여 조합의 업무집행에

관하여 조합원 전원의 동의를 요하도록 하는 등 그 내용을 달리 정할 수 있고, 그와 같은 약정이 있는 경우에는 조합의 업무집행은 조합원 전원의 동의가 있는 때에만 유효하다 할 것이어서, 조합의 구성원이 위와 같은 약정의 존재를 주장·입증하면 조합의 업무집행자가 조합원을 대리할 권한이 있다는 추정은 깨어지고 업무집행자와 사이에 법률행위를 한 상대방이 나머지 조합원에게 그 법률행위의 효력을 주장하기 위하여는 그와 같은 약정에 따른 조합원 전원의 동의가 있었다는 점을 주장·입증할 필요가 있다[**대법원 2002. 1. 25. 99 다 62838**].

제14절 종신정기금

종신정기금(終身定期金)이란 당사자일방(정기금채무자)이 자기나 상대방 또는 제3자의 종신까지 정기로 금전 기타의 물건을 상대방 또는 제3자에게 지급할 것을 약정함으로써 효력이 생기는 계약을 말한다. 이는 유상계약(有償契約) 혹은 무상계약(無償契約)일 수 있으며 유언에 의해서도 성립된다. 종신정기금은 일수로 계산한다. 사망이 정기금채무자의 책임있는 사유로 인한 때에는 법원은 정기금채권자 또는 그 상속인의 청구에 의하여 상당한 기간 채권의 존속을 선고할 수 있다.

▶ 관련판례

원판결은 원고 2의 정기급부금 청구를 배척하는 이유로서 원고는 피고의 불법행위로 인하여 입게 된 상해를 치료하기 위하여 앞으로 계속하여 욕창방지와 관절고정방지를 위한 물리치료비, 신경성방광염예방치료비, 변비관장, 영양향상을 위한 비용 등으로 1년에 금 93,400원씩이 필요하므로, 이 사건 변론종결시부터 향후 30년 동안 원고가 생존할 것을 조건으로 피고에 대하여 매년 위 금 93,400원씩의 지급을 청구한다고 주장하나, 원고가 생존할 것을 조건으로 한 향후 30년 동안 매년 금 93,400원씩의 정기급부금 청구는 그와 같은 판결의 집행단계에서 원고가 생존해 있느냐의 여부를 간편하게 심사하기가 용이하지 못하므로 결국 특정되지 아니한 청구라고 볼 수밖에 없는 것이고, 원고가 현재 건강한 사람이 아니라는 사실, 갑 6호증에 의하더라도, 원고의 나이와 같은 (1935.6.29생) 건강한 남자의 평균 여명이 27년밖에 되지 않는다는 사실 등에 비추어서 원심 증인 염홍무의 증언 및 감정인 최일룡의 감정결과 중 원고가 앞으로 30년 동안 생존할 수 있다는 부분은 믿지 않는 터이고, 그 밖에는 원고의 전 거증에 의하더라도, 원고가 앞으로 생존할 수 있는 기간이 얼마나 될 것인지를 확정할 만한 자료가 없으므로 위 정기급부금 청구는 그 이상의 판단을 할 필요없이 받아들일 수 없다고 판단하였다. 그러나 원고 2가 앞으로 30년간 생존할 수 있느냐의 여부의 점은 원심으로서는 심사확정할 필요가 없는 것이고, 원고가 앞으로 30년 이내에 사망한다면, 그 생존을 조건으로 하는 정기금 청구권은 이로써 소멸하는 것에 지나지 아니하므로, 원심으로서는 다만 원고가 청구하는 정기금의 지급청구권의 발생 요건과 그 필요성을 심리판단하여 그 청구의 필요가 있다면, 이의 지급을 명하여야 할 것이며 그 집행단계에 있어서 원고의 생존 여부의 심사가 용이치 아니하다는 점만 가지고서는 위 정기금청구가 특정되지 아니한 청구라고는 볼 수 없다 할 것이니, 원심은 이 점에서 정기금청구에 관한 법리를 오해한 위법이 있다 할 것이고, 이 점에 관한 상고논지는 이유 있으므로, 원판결 중 이 부분에 관한 점을 파기하기로 한다[**대법원** 1967. 8. 29. 67 **다** 1021].

제15절 화해

화해(和解)란 당사자가 상호 양보하여 당사자간의 분쟁(다툼)을 해결하고 종지할 것을 약정함으로써 성립되는 계약을 말한다. 화해계약은 당사자일방이 양보한 권리가 소멸되고 상대방이 화해로 인하여 그 권리를 취득하는 효력이 있다. 또한 화해계약은 착오(錯誤)를 이유로 하여 취소(取消)하지 못한다. 그러나 화해 당사자의 자격 또는 화해의 목적인 분쟁 이외의 사항에 착오가 있는 때에는 취소할 수 있다.

▶ 관련판례

1) 교통사고에 가해자의 과실이 경합되어 있는데도 오로지 피해자의 과실로 인하여 발생한 것으로 착각하고 치료비를 포함한 합의금으로 실제 입은 손해액보다 훨씬 적은 금원인 금 7,000,000원만을 받고 일체의 손해배상청구권을 포기하기로 합의한 경우, 그 사고가 피해자의 전적인 과실로 인하여 발생하였다는 사실은 쌍방 당사자 사이에 다툼이 없어 양보의 대상이 되지 않았던 사실로서 화해의 목적인 분쟁의 대상이 아니라 그 분쟁의 전제가 되는 사항에 해당하는 것이므로 피해자측은 착오를 이유로 화해계약을 취소할 수 있다[**대법원** 1997. 4. 11. 95 **다** 48414].

2) [1] 도로건설공사의 현장책임자가 공사로 인한 양계장의 피해보상을 요구하는 양계업자와 사이에 민사상의 소를 취하하는 대신 환경분쟁조정위원회의

결정에 승복하기로 합의한 경우, 그 합의는 화해계약에 해당한다.
[2] 민법상의 화해계약을 체결한 경우 당사자는 착오를 이유로 취소하지 못하고, 다만 화해 당사자의 자격 또는 화해의 목적인 분쟁 이외의 사항에 착오가 있는 때에 한하여 이를 취소할 수 있으며, 여기서 '화해의 목적인 분쟁 이외의 사항'이라 함은 분쟁의 대상이 아니라 분쟁의 전제 또는 기초가 된 사항으로서 쌍방 당사자가 예정한 것이어서 상호 양보의 내용으로 되지 않고 다툼이 없는 사실로 양해된 사항을 말한다[**대법원 2004. 6. 25. 2003 다 32797**].

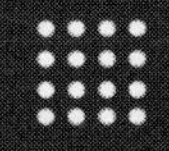

제3장 사무관리

사무관리(事務管理)란 관리자가 법률상 또는 계약상의 의무없이 타인을 위하여 사무를 처리함으로써 관리자와 본인 사이에 발생한 법정채권관계를 말한다. 민법은 사무관리의무를 강제하지 않는 동시에 사무관리자에게 보수청구권도 인정하지 않으면서 본인의 의사를 존중하여 그 의사에 적합하도록 관리하게 하고, 비용상환청구권과 손해배상청구권을 인정하고 있다. 사무관리의 성립요건으로는 ① 타인이 사무를 관리(보존·개량·처분행위)하고 ② 타인을 위하여 관리한다는 의사가 필요하며 ③ 관리자에게는 관리에 대한 법률상 의무가 없고 ④ 관리행위로 본인에게 불리하거나 본인의 의사에 반하지 않아야 한다.

이러한 요건을 충족하게 되면 사무관리는 적법행위로서 유효하고, 관리인에게는 본인에게 불이익을 주는 일이 없도록 하기 위하여 수임인과 같은 의무를 부과시킨다. 관리자가 관리를 개시한 때에는 지체없이 본인에게 통지하여야 하며, 본인은 사무관리자에게 필요비·유익비 전액을 반환하여야 하고, 경우에 따라서는 손해배상의무도 진다. 즉 관리자가 본인을 위하여 필요비 또는 유익비를 지출한 때에는 본인에 대하여 그 상환을 청구할 수 있으며(관리자의 비용상환청구권), 관리자가 사무관리를 함에 있어서 과실없이 손해를 받은 때에는 본인의 현존이익의 한도에서 그 손해의 보상을 청구할 수 있다(관리자의 무과실 손해보상청구권). 한편 관리자가 타인의 생명, 신체, 명예 또는 재산에 대한 급박한 위해를 면하게 하기 위하여 그 사무를 관리한 때에는 고의나 중대한 과실이 없으면 이로 인한 손해를 배상할 책임이 없다.

▶ 관련판례

1) [1] 형사 본안사건에서 무죄가 선고되어 확정되었다면 형사소송법 제332조에 의하여 검사가 압수물을 제출자나 소유자 기타 권리자에게 환부하여야 할 의무는 당연히 발생하는 것이고, 검사가 몰수할 수 있는 물건으로 보고 압수한 물건이 멸실, 손괴 또는 부패의 염려가 있거나 보관하기 불편하여 이를 매각하는 환가처분을 한 경우 그 매각대금은 압수물과 동일시 할 수 있는 것이

므로, 국가는 압수물의 환가처분에 의한 매각대금 전액을 압수물의 소유자 등에게 반환할 의무가 있다.

[2] 몰수할 수 있는 압수물에 대한 수사기관의 환가처분은 그 경제적 가치를 보존하기 위한 형사소송법상의 처분이라고 할지라도 해당 압수물이 그 후의 형사절차에 의하여 몰수되지 아니하는 경우 그 환가처분은 그 물건 소유자를 위한 사무관리에 준하는 행위라 할 것이므로, 검사가 압수물에 대한 환가처분을 하며 소요된 비용은 물건의 소유자에게 상환을 구할 수 있다 할 것이지만, 압수는 물건의 소유자 등의 점유를 배제하고 수사기관 등이 그 점유를 취득하는 강제처분이고, 환가처분 또한 수사기관 등이 그 권한과 책임 하에 본인의 의사 여하를 불문하고 행하는 것이므로, 사무관리자가 본인의 의사에 반하여 관리한 때의 관리비용 상환 범위에 준하여 수사기관 등이 환가처분을 함으로써 압수물 소유자가 지출하지 않아도 되게 된 그 물건의 매각비용의 한도, 즉 현존이익의 한도 내에서 환가처분 비용의 상환을 구할 수 있다[**대법원** 2000. 1. 21. 97 다 58507].

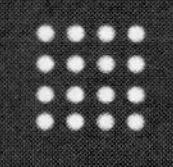

제4장 부당이득

부당이득(不當利得)이란 법률상 원인 없이 부당하게 타인의 재산 또는 노무로 인하여 이익을 얻고 이로 말미암아 타인에게 손해를 가한 자에 대하여 그 이득의 반환을 명하는 제도를 말한다. 부당이득제도는 손실자와 수익자간의 재산적 가치의 이동을 조절하는 것이므로 법률이 특별히 이를 배척하지 않는 한 널리 부당이득에 관한 규정이 적용된다고 보며, 물권적 청구권·계약상의 채무이행청구권·계약종료 후 목적물반환청구권·불법행위에 의한 손해배상청구권·사무관리 등과 경합하여 함께 청구할 수 있다. 부당이득의 일반적 성립요건은 ① 타인의 재산·노무로 인하여 이익을 얻었을 것(수익) ② 그러한 이득으로 말미암아 타인에게 손해를 주었을 것(손실) ③ 이들 수익과 손실 사이에 인과관계가 있을 것 ④ 법률상 원인이 없을 것을 요구한다. 다만 수익의 방법에는 법률행위에 한정되지 않는다. 손실자와 수익자의 법률행위에 의하든 또는 제3자와의 법률행위에 의하든, 사실행위이든 또는 사람의 행위가 아닌 단순한 자연적 사실에 의한 수익이라도 무방하다. 부당이득의 효과에 의해 수익자는 반환의무를 부담하는데, 선의의 수익자의 반환범위는 이익이 현존한 한도에 한하는데 비해, 악의의 수익자의 반환범위는 그 받은 이익에 이자를 붙여 반환하고 손해가 있으면 이를 배상하여야 한다. 수익자가 이익을 받은 후 법률상 원인 없음을 안 때에는 그때부터 악의의 수익자로서 이익반환의 책임이 있다. 만일 수익자가 그 받은 목적물을 반환할 수 없는 때에는 그 가액을 반환하여야 한다.

민법 제742조(비채변제(非債辨濟))에 의하면 「채무 없음을 알고 이를 변제한 때에는 그 반환을 청구하지 못한다」라고 규정함으로써 채무가 없음에도 불구하고 이를 알면서 변제한 경우에는 부당이득의 요건은 충족되지만 부당이득의 반환을 청구할 수 없도록 하고 있다. 또한 민법 제744조(도의관념에 적합한 비채변제)에 의하면 「채무 없는 자가 착오로 인하여 변제한 경우에 그 변제가 도의관념에 적합한 때에는 그 반환을 청구하지 못한다」라고 규정하고 있다. 한편 변제기에 있지 아니한 채무를 변제한 때에도 그 반환을 청구하지 못하지만, 채무자가 착오로 인하여 변제한 때에는 채권자는 이로 인하여 얻은 이익을 반환하여야 한다. 민법 제746조(불법원인급여(不法原因給與))에 의하면 「불법의 원인으로 인하여 재산을 급여하거나 노무를 제공한 때에는 그 이익의 반환을 청구하지 못한다. 그러나 그 불법원인이 수익자에게만 있는 때에는 그러하지 아니하다」라고 규정하고 있다. 이 때 불법(不法)이란 선량한 풍속 기타 사회질서위반의 의미라는 것이 다수설 및 판례의 입장이다.

▶ 관련판례

1) 부당이득제도는 이득자의 재산상 이득이 법률상 원인을 결여하는 경우에 공평·정의의 이념에 근거하여 이득자에게 그 반환의무를 부담시키는 것인바, 채무자가 피해자로부터 횡령한 금전을 그대로 채권자에 대한 채무변제에 사용하는 경우 피해자의 손실과 채권자의 이득 사이에 인과관계가 있음이 명백하고, 한편 채무자가 횡령한 금전으로 자신의 채권자에 대한 채무를 변제하는 경우 채권자가 그 변제를 수령함에 있어 악의 또는 중대한 과실이 있는 경우에는 채권자의 금전 취득은 피해자에 대한 관계에 있어서 법률상 원인을 결여한 것으로 봄이 상당하나, 채권자가 그 변제를 수령함에 있어 단순히 과실이 있는 경우에는 그 변제는 유효하고 채권자의 금전 취득이 피해자에 대한 관계에 있어서 법률상 원인을 결여한 것이라고 할 수 없다[**대법원** 2003. 6. 13. 2003 다 8862].

2) 지입계약의 종료에 따른 지입회사의 지입차량에 대한 소유권이전등록절차 이행의무와 지입차주의 연체된 관리비 등의 지급의무는 서로 동시이행관계에 있다고 봄이 형평의 원칙에 비추어 상당하므로, 지입회사가 동시이행의 항변권을 가지고 지입차량의 소유명의를 보유하고 있는 동안에 지입차주가 지입회사의 화물자동차운송사업 등록명의를 이용하여 지입차량을 계속 운행하여 화물자동차운송사업을 영위하여 왔다면, 지입차주는 특별한 사정이 없는 한 법률상 원인 없이 지입회사의 화물자동차운송사업 등록명의를 이용하여 화물운송사업을 영위함으로써 지입계약에서 약정한 지입료 상당의 이익을 얻고 있었다고 할 것이고, 지입차주가 얻은 위와 같은 이익은 부당이득으로서 지입회사에게 반환하여야 한다[**대법원** 2003. 11. 28. 2003 다 37136].

3) [1] 영리를 목적으로 윤락행위를 하도록 권유·유인·알선 또는 강요하거나 이에 협력하는 것은 선량한 풍속 기타 사회질서에 위반되므로 그러한 행위를 하는 자가 영업상 관계있는 윤락행위를 하는 자에 대하여 가지는 채권은 계약의 형식에 관계없이 무효라고 보아야 한다.

[2] 부당이득의 반환청구가 금지되는 사유로 민법 제746조가 규정하는 불법원인이라 함은 그 원인되는 행위가 선량한 풍속 기타 사회질서에 위반하는 경우를 말하는 것인바, 윤락행위 및 그것을 유인·강요하는 행위는 선량한 풍속 기타 사회질서에 위반되므로, 윤락행위를 할 자를 고용 · 모집하거나 그 직업을 소개·알선한 자가 윤락행위를 할 자를 고용·모집함에 있어 성매매의 유인 · 강요의 수단으로 이용되는 선불금 등 명목으로 제공한 금품이나 그 밖의 재산상 이익 등은 불법원인급여에 해당하여 그 반환을 청구할 수 없다[**대법원** 2004. 9. 3. 2004 다 27488·27495].

民法槪論

제5장 불법행위

불법행위(不法行爲)란 고의 또는 과실로 인한 위법행위로 타인에게 손해를 가하는 행위를 말한다. 즉 법의 기본적 질서에 위배하는 행위로서 법의 본질상 허용할 수 없다고 평가하는 행위이다. 예컨대, 타인의 신체나 생명을 해하는 행위, 타인의 재화를 훔치거나 파괴하는 행위, 타인의 명예·신용·정조 등을 해하는 행위 등으로 재산적 또는 정신적 손해를 가하는 행위를 불법행위라고 한다. 불법행위책임의 주된 내용은 피해자가 가해자에 대하여 행사할 수 있는 손해배상청구권이다. 태아는 손해배상청구권에 관하여는 이미 출생한 것으로 본다. 가해자가 피해자에게 손해배상의무를 이행하지 않는 때에는 피해자는 법원에 가해자를 상대로 손해배상청구소송을 제기할 수 있다. 이 경우 불법행위로 인한 손해배상청구권은 피해자나 그 법정대리인이 그 손해 및 가해자를 안 날로부터 3년간 이를 행사하지 아니하거나 불법행위를 한 날로부터 10년을 경과하면 시효로 인하여 소멸한다. 이 때 고의(故意)란 특정인에게 손해가 발생하리라는 것을 알면서 감히 이를 행하는 심리상태를 말하고, 과실(過失)이란 손해가 발생한다는 것을 알고 있어야 함에도 불구하고 부주의하여 즉 자기에게 부과된 주의의무를 게을리하였기 때문에 그것을 알지 못하고 어떤 행위를 하는 심리상태를 말한다. 민사책임에 있어서는 형사책임에 있어서와는 달리 고의나 과실을 구별할 필요가 없고, 단지 손해배상의 범위를 결정함에 있어서 차이가 있을 뿐이다. 불법행위에 있어서의 과실은 추상적으로 일반인·보통인에게 요구되는 주의를 게을리하는 것을 말하는데, 과연 구체적으로 어떤 경우에 그러한 과실이 있다고 인정되느냐는 어려운 문제이다. 특히 일정한 직업에 종사하는 자에게 그의 직무에 통상 요구되는 정도의 주의 이른바 업무상 주의의무를 어느 정도로 인정하는가는 매우 곤란한 문제이다.

업무상 주의의무(業務上 注意義務)의 예로는 ① 자동차 운전자의 주의의무(가령, 차량운행 전에 차량을 정비하여 운전 도중에 브레이크의 고장으로 인한 사고발생을 미연에 방지해야 할 주의의무, 운전자가 운전석을 떠날 때에는 다른 사람이 자동차를 함부로 조작할 수 없게끔 하는 정도의 조처를 강구해야 할 주의의무 등) ② 의사의 주의의무(가령, 의료행위시 의학수준·의료관행·지역차이·긴급성·의사의 재량·환자의 특이체질 등을 고려하여 진료해야 할 주의의무 등) ③ 위험물 취급자의 주의의무(가령, 최루탄을 사용하는 경찰관들은 시위군중의 위치와 풍향을 고려하여 투척함으로써 최루탄의 파편 등으로 인하여 시위자가 다치는 일이 없도록 해야 할 주의의무 등) ④ 학교사고에 있어서의 학교측의 위험방지의무(가령, 판례는 학생들의 단체훈련·야영훈련·체육시간·수업 중에 발생한 사고에 대하여 교사나 학교측에게 매우 엄격한 주의의무와 책임인정) 등을 들 수 있다. 다만 신뢰의 원칙에 입각하여 자동차 전용도로(가령, 88고속도로나 강변도로 등)를 운행하는 자동차의 운전자로서는 특별한 사정이 없는 한 무단횡단하는 보행자가 나타날 경우를 미리 예상하여 감속 서행할 주의의무는 없다고 본다.

타인의 신체·자유·명예를 해하거나 기타 정신상 고통을 가한 자는 재산 이외의 손해에 대하여도 배상책임이 있으며(재산 이외의 손해배상), 특히 타인의 명예를 훼손한 자에 대하여는 법원은 피해자의 청구에 의하여 손해배상에 갈음하거나 손해배상과 함께 명예회복에 적당한 처분을 명할 수 있다. 타인의 생명을 해한 자는 피해자의 직계존속·직계비속·배우자에 대하여 재산상의 손해가 없는 경우에도 손해배상책임이 있다(생명침해로 인한 위자료). 그러나 미성년자가 타인에게 손해를 가한 경우에 그 행위의 책임을 변식(辨識)할 지능이 없는 때에는 배상책임이 없으며, 심신상실 중에 타인에게 손해를 가한 자도 배상책임이 없다. 이처럼 가해자가 책임무능력자이므로 배상책임을 지지 않는 경우에는 그를 감독할 법정의무 있는 자(친권자·후견인) 또는 감독의무자에 갈음하여 무능력자를 감독하는 자(유치원장·병원장 등)가 그들의 감독의무를 게을리하지 않았음을 증명하지 못하면 책임을 져야 한다(책임무능력자의 감독자책임). 그리고 타인을 사용하여 어떤 사무에 종사하게 한 사용자 또는 사용자에 갈음하여 그 사무를 감독하는 자는 피용자가 사무집행에 관하여 제3자에게 손해를 가한 때에는 그 피용자의 선임 및 사무감독을 게을리하지 않았음을 입증하지 못하면 손해배상책임이 있다(사용자의 배상책임). 공작물(工作物)의 설치 또는 보존의 하자로 인하여 타인에게 손해를 가한 때에는 공작물점유자가 배상책임을 진다. 다만 공작물점유자가 그 손해방지에 필요한 주의를 게을리하지 않은 경우에는 공작물소유자가 손해배상책임을 진다(공작물의 점유자·소유자책임). 동물의 점유자 또는 그에 갈음하여 동물을 보관하는 자는 동물의 종류와 성질에 따른 상당한 주의를 하였음을 증명하지 않는 한 그 동물이 타인에게 가한 손해를 배상할 책임이 있다(동물의 점유자책임). 수인이 공동의 불법행위로 타인에게 손해를 가한 때에는 연대하여 그 손해를 배상할 책임이 있다(공동불법행위자의 책임).

▶ **관련판례**

1) 타인으로부터 상해를 입은 경우에 피해자가 가해자를 모욕하거나 그 감정을 자극할 만한 언동을 함으로써 가해자의 불법행위를 유발, 조성케 한 경우에는 피해자에게 과실이 있다 할 것이므로 손해배상의 책임 및 그 금액을 정함에 이를 참작하여야 한다[**대법원** 1966. 11. 22. 66 다 1811].

2) 군경공무원들이 간첩출현신고를 받은 즉시 출동하였다면 피해자가 간첩의 총탄에 맞아 사망하는 사고를 미연에 방지할 수 있었음이 예견되는 이상, 위 공무원들이 즉시 출동하지 아니한 불법행위와 피해자의 사망 사이에는 인과관계가 있다[**대법원** 1971. 4. 6. 71 다 124].

3) 예비군의 사격교육을 마치고 휴식 중 조교인 군인이 꿩을 발견하고 교육용으로 지급된 총기로 꿩을 향하여 발사한 실탄이 세인(世人)의 생명을 잃게 하였다면 이는 직무행위와 관련된 행위라고 할 것이다[**대법원** 1971. 7. 27. 71 다 1290].

4) 철도 건널목에 일반통행인의 통행을 금하는 차단기를 내린 이상 다른 특별한 사정이 없다면 건널목 간수인으로서는 이로써 일단 그 주의의무를 다한 것으로 볼 것이다[**대법원** 1972. 4. 11. 71 다 2165].

5) 한국전력주식회사가 정전예정시간을 통지한 경우 전기수요자 측에서는 정전시간을 믿고 전기관계수리에 착수할 수 있음이 예상되므로 이 예상을 뒤엎고 송전을 하여 감전사고가 발생하였다면 불법행위의 책임이 있다[**대법원** 1977. 4. 2. 77 다 292].

6) 열차운송인은 열차가 역에 정차하여 승객들의 승하차가 끝나고 다시 출발할 때에는 그 출발 전에 승강문을 닫아야 할 주의의무가 있다 할 것이므로, 이미 열차가 출발한 후에 피해자가 뛰어와서 승차하려다가 추락한 경우에는

손해배상책임이 있다[**대법원** 1978. 12. 26 78 다 2105].

7) 중앙분리대가 설치된 고속도로를 진행 중인 운전사에게 대향차선의 차량이 중앙분리대를 갑자기 넘어오리라는 것을 예상하여 대향차선 차량의 동태까지 살피도록 기대할 수 없고, 다만 대향차선 차량이 중앙분리대를 넘어오기 시작하는 것을 보고 그 때부터 이를 피할 수 있는 조치를 할 여유가 있는 경우에 한하여 책임이 있다[**대법원** 1983. 9. 27. 85 다 2184].

8) 횡단보도상의 신호등이 보행자정지 및 차량진행신호를 보내고 있다 하더라도 자동차운전수는 보행자가 교통신호를 철저히 준수할 것이라는 신뢰만을 가지고 자동차를 운전할 것이 아니라 좌우에서 횡단보도에 진입한 보행자가 있는지 여부를 살펴보고 또한 그의 동태를 잘 살피면서 서행하는 등 보행자의 안전을 위해 어느 때라도 정지할 수 있는 태세를 갖추고 자동차를 운전하여야 할 주의의무가 있다 할 것이다[**대법원** 1987. 9. 29. 86 다카 2617].

9) 학교의 교장이나 교사의 학생에 대한 보호감독의무는 교육법에 따라 학생을 친권자 등 법정 감독의무자에 대신하여 감독을 하여야 하는 의무로서 학교내에서의 학생의 전 생활관계에 미치는 것이 아니고 학교에서의 교육활동 및 이와 밀접불가분의 관계에 있는 생활관계에 한하며, 그 의무 범위내의 생활관계라고 하더라도 사고가 학교생활에서 통상 발생할 수 있다고 하는 것이 예측되거나 또는 예측가능성(사고발생의 구체적 위험성)이 있는 경우에 한한다. 고등학교 2학년 학생이 점심시간에 장난으로 급우가 앉아 있던 의자를 걷어차 급우로 하여금 뒷머리부분을 교실 벽에 부딪쳐 상해를 입게 한 사고에 대하여 교장이나 담임교사 등에게 보호감독의무위반의 책임을 물을 수 없다[**대법원** 1993. 2. 12. 92 다 13646].

10) 관광버스가 국도상에 생긴 웅덩이를 피하기 위하여 중앙선을 침범운행한 과실로 마주오던 트럭과 충돌하여 발생한 교통사고에 대하여 국가의 공동불법행위자로서의 손해배상책임이 인정된다[**대법원** 1993. 6. 25. 93 다 14424].

11) 미성년자가 책임능력이 있어 그 스스로 불법행위책임을 지는 경우에도 그 손해가 당해 미성년자의 감독의무자의 의무위반과 상당인과관계가 있으면 감독의무자는 일반불법행위자로서 손해배상책임이 있고 이 경우에 그러한 감독의무위반사실 및 손해발생과의 상당인과관계의 존재는 이를 주장하는 자가 입증하여야 한다[**대법원** 1994. 2. 8. 93 다 13605].

12) 수사기관 및 형사법정에서 자신이 중앙선을 침범하였음에도 불구하고 상대방이 중앙선을 침범하여 사고가 발생한 것이라고 허위진술을 한 자는 특별한 사정이 없는 한 고의로 위와 같은 허위진술을 한 것으로 추인할 것이고,

상대방이 기소되고 제1심에서 유죄판결을 받음에 있어서 위와 같은 허위진술이 그 기본적 증거가 되었다면 허위진술을 한 자는 위와 같은 허위진술로 인하여 상대방이 입은 손해를 배상할 책임이 있다[**대법원** 1994. 5. 10. 93 다 39072].

13) 신용카드회원규약에 정해진 연대보증인의 책임은 카드 회원이 카드를 정상적인 방법으로 사용함으로써 발생하는 카드 사용대금채무만을 연대보증하는 것이고, 카드 회원이 가맹점과의 공모로 허위의 매출표를 작성하여 은행으로부터 허위의 매출대금을 지급받은 경우에 회원 본인이 부담하는 채무에 대해서까지 연대보증을 하는 것은 아니다[**대법원** 1995. 8. 22. 95 다 12040].

14) 노동능력상실률은 단순한 의학적 신체기능 장해율이 아니라 피해자의 연령, 교육정도, 사고당시의 직업의 성질과 경력, 기능숙련 정도, 신체기능장애 정도 및 유사직종이나 타직종에의 전업 가능성과 그 확률, 기타 사회적·경제적 조건을 모두 참작하여 경험칙에 의하여 합리적이고 객관성 있게 정하여야 한다[**대법원** 1995. 10. 13. 94 다 53426].

15) 예금계약은 예금자가 예금의 의사를 표시하면서 금융기관에 돈을 제공하고 금융기관이 그 의사에 따라 그 돈을 받아 확인을 하면 그로써 성립하며, 금융기관의 직원이 그 받은 돈을 금융기관에 입금하지 아니하고 이를 횡령하였다고 하더라도 예금계약의 성립에는 아무런 지장이 없다[**대법원** 1996. 1. 26. 95 다 26919].

16) 한국도로공사는 고속국도법 제6조 제1항의 규정에 의하여 건설부장관을 대행하여 경부고속도로를 관리하여 오고 있으므로 민법 제758조 제1항이 정하는 공작물의 점유자에 해당한다. 고속도로의 추월선에 각목이 방치되어 사고의 원인이 된 경우, 한국도로공사의 공작물 보존 하자로 인한 책임이 인정된다[**대법원** 1996. 10. 11. 95 다 56552].

17) 소송의뢰인에게 상고제기기간을 잘못 고지하는 바람에 소송의뢰인이 상고제기기간을 도과하여 상고의 기회를 잃게 한 경우, 수임변호사는 이로 인하여 소송의뢰인이 입은 손해를 배상할 책임이 있다[**대법원** 1997. 5. 28. 97 다 1822].

18) 사고로 상해를 입은 피해자가 다른 사고로 인하여 사망한 경우 그 두 사고 사이에 1차 사고가 없었더라면 2차 사고도 발생하지 않았을 것이라고 인정되는 것과 같은 조건적 관계가 존재하는 경우, 1차 사고의 가해자는 2차 사고로 인한 피해자의 사망을 고려함이 없이 피해자가 가동연한에 이를 때까지의 일실수입을 배상하여야 한다[**대법원** 1998. 9. 18. 97 다 47507].

19) 여행업자는 통상 여행 일반은 물론 목적지의 자연적·사회적 조건에 관하여 전문적 지식을 가진 자로서 우월적 지위에서 행선지나 여행시설의 이용 등에 관한 계약 내용을 일방적으로 결정하는 반면 여행자는 그 안전성을 신뢰하고 여행업자가 제시하는 조건에 따라 여행계약을 체결하게 되는 점을 감안할 때, 여행업자는 기획여행계약의 상대방인 여행자에 대하여 기획여행계약상의 부수의무로서, 여행자의 생명·신체·재산 등의 안전을 확보하기 위하여, 여행목적지·여행일정·여행행정·여행서비스기관의 선택 등에 관하여 미리 충분히 조사·검토하여 전문업자로서의 합리적인 판단을 하고, 또한 그 계약 내용의 실시에 관하여 조우할지 모르는 위험을 미리 제거할 수단을 강구하거나 또는 여행자에게 그 뜻을 고지하여 여행자 스스로 그 위험을 수용할지 여부에 관하여 선택의 기회를 주는 등의 합리적 조치를 취할 신의칙상의 주의의무를 진다(기획여행에 참여한 여행자가 여행지에서 놀이시설을 이용하다가 다른 여행자의 과실에 의한 행위로 인하여 상해를 입은 사안에서, 국외여행인솔자의 과실이 있다고 보아 여행업자 및 위 국외여행인솔자의 손해배상책임을 인정한 사례)[**대법원 1998. 11. 24. 98 다 25061**].

20) 교통사고로 오른쪽 하퇴부에 광범위한 압궤상 및 연부조직 손상 등의 상해를 입은 고등학교 1학년 여학생이 사고 후 12개월 동안 병원에서 치료를 받았으나 다리부위에 보기 흉한 흉터가 남았고 목발을 짚고 걸어 다녀야 했으며 치료도 계속하여 받아야 했는데 이로 인하여 사람들과의 접촉을 피하고 심한 우울증에 시달리다가 자신의 상태를 비관, 농약을 마시고 자살한 경우, 교통사고와 사망 사이에 상당인과관계가 있다[**대법원 1999. 7. 13. 99 다 19957**].

21) [1] 사고로 인하여 상해를 입은 피해자가 치료를 받던 중 치료를 하던 의사의 과실 등으로 인한 의료사고로 증상이 악화되거나 새로운 증상이 생겨 손해가 확대된 경우에는, 의사에게 중대한 과실이 있다는 등의 특별한 사정이 없는 한 확대된 손해와 최초의 사고 사이에도 상당인과관계가 있다고 할 것이고, 위와 같은 특별한 사정의 존재에 관한 입증책임은 최초의 사고를 야기한 자에게 있다.
[2] 원래 의료행위에 있어서 주의의무 위반으로 인한 불법행위 또는 채무불이행으로 인한 책임이 있다고 하기 위하여는 의료행위상의 주의의무의 위반과 손해의 발생과의 사이의 인과관계의 존재가 전제되어야 하나, 의료행위가 고도의 전문적 지식을 필요로 하는 분야이고, 그 의료의 과정은 대개의 경우 환자 본인이 그 일부를 알 수 있는 외에 의사만이 알 수 있을 뿐이며, 치료의 결과를 달성하기 위한 의료 기법은 의사의 재량에 달려 있기 때문에 손해 발생의 직접적인 원인이 의료상의 과실로 말미암은 것인지 여부는 전문가인 의사가 아닌 보통인으로서는 도저히 밝혀낼 수 없는 특수성이 있어서 환자측이 의사의 의료행위상의 주의의무 위반과 손해의 발생과 사이의 인과관계를 의학적으로 완벽하게 입증한다는 것은 극히 어려우므로, 환자가 치료 도중에 사망

한 경우에 있어서는 피해자 측에서 일련의 의료행위 과정에 있어서 저질러진 일반인의 상식에 바탕을 둔 의료상의 과실 있는 행위를 입증하고 그 결과와 사이에 일련의 의료행위 외에 다른 원인이 개재될 수 없다는 점, 이를테면 환자에게 의료행위 이전에 그러한 결과의 원인이 될 만한 건강상의 결함이 없었다는 사정을 증명한 경우에 있어서는 의료행위를 한 측이 그 결과가 의료상의 과실로 말미암은 것이 아니라 전혀 다른 원인으로 말미암은 것이라는 입증을 하지 아니하는 이상 의료상 과실과 결과 사이의 인과관계를 추정하여 손해배상책임을 지울 수 있도록 입증책임을 완화하는 것이 손해의 공평·타당한 부담을 그 지도원리로 하는 손해배상제도의 이상에 맞는다고 하지 않을 수 없다.
[3] 진찰 결과 장파열, 복강내출혈 및 비장손상 등의 가능성이 있어 응급개복술의 시행이 필요한 부상자를 그 처의 요청으로 집 근처 병원으로 이송시키던 중 부상자가 복강내출혈 등으로 사망한 경우, 다른 사망원인이나 의사가 즉시 개복수술을 시행하였어도 사망하였을 것이라는 점에 대한 입증이 없는 이상 의사가 수술을 실시하지 아니한 채 만연히 부상자를 다른 병원으로 이송하도록 한 과실로 수술이 지연되어 부상자가 사망하였다고 추정함이 상당하다.
[4] 공동불법행위 책임은 가해자 각 개인의 행위에 대하여 개별적으로 그로 인한 손해를 구하는 것이 아니라 그 가해자들이 공동으로 가한 불법행위에 대하여 그 책임을 추궁하는 것으로, 법원이 피해자의 과실을 들어 과실상계를 함에 있어서는 피해자의 공동불법행위자 각인에 대한 과실비율이 서로 다르더라도 피해자의 과실을 공동불법행위자 각인에 대한 과실로 개별적으로 평가할 것이 아니고 그들 전원에 대한 과실로 전체적으로 평가하여야 한다[**대법원** 2000. 9. 8. 99 다 48245].

제4편

친족법(親族法)

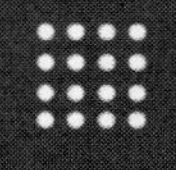

제1장 가족법일반론

제1절 가족법의 의의

가족(家族)은 사회를 존속시키는 기초단위로서 자연적·애정적 바탕위에 결합된 사람들의 조직체를 말한다. 가족관계는 부부관계·친자관계·친족관계 등으로 구성되어 있으며, 가족제도는 각 사회의 조건에 따라 그 구조나 기능이 매우 다양하다. 즉 봉건적 사회제도 하에서는 가장(家長)에게 그 구성원에 대한 전권적인 지배력을 부여하고 계급적 신분관계를 성립시켰으나, 점차 사회경제구조가 변천하고 사회사상이 변화함에 따라 가족중심의 친족집단이 그 기능을 잃게 되면서 가장의 영향력은 약화되었고, 오늘날의 소가족제도 하에서는 부부관계와 혈연에 의한 친자관계가 친족관계에서 주축을 이루게 되었다. 따라서 부부관계는 인격이 평등한 양성간의 관계이며, 친자관계에 있어서의 친권도 지배적인 신분권이 아니라 보호교육의무를 중심으로 인식하게 되었다.

본래 인간의 사회생활은 재화의 생산 및 재생산을 담당하는 경제생활과 종족의 생산 및 재생산을 담당하는 가족적·친족적 공동생활로 구분된다. 따라서 민법도 제2편(물권)과 제3편(채권)을 재산법으로 구성하고 있고, 제4편(친족)과 제5편(상속)을 가족법(신분법)으로 구성하고 있다. 가족법 가운데 친족법은 총칙·호주와 가족·혼인·부모와 자·후견·친족회·부양·호주승계의 8장으로 되어 있고, 상속법은 상속·유언·유류분의 3장으로 되어 있다. 대체로 재산법상의 관계는 합리적·자율적·타산적·의도적 법률관계인데 비해, 가족법상의 관계는 비합리적·강제적·비타산적·숙명적·보수적·전통적 법률관계이다.

가족법상 법률행위의 특징으로는 우선 행위의 외형을 신뢰한 상대방의 보호나 거래의 안전보다는 당사자의 진의(眞意)가 절대적으로 존중된다는 점이다. 즉 의사와 표시가 불일치하는 경우에 가족법상 법률행위는 무효이며, 이러한 무효는 선의의 제3자에 대해서도 대항할 수 있도록 하고 있다. 가족법상 행위에 있어서는 의사주의(意思主義)가 철저하게 지배하므로, 가령 당사자간에 혼인의 합의가 없으면 무효이고(민법 제815조), 또한 당사자간에 입양의 합의가 없으면 무효이다(민법 제883조). 그리고 가족법은 신분적 생활의 안전을 도모하기 위하여 기존의 사실관계를 존중하고자 한다. 가령 사실혼을 보호하는 것은 그 예가 될 것이며, 이 경우에도 신분적 생활사실이 신분적 효과의사와 일치하는 것을 그 당연한 전제로 한다. 그밖에도 가족법상 법률행위는 호적법에 따른 신고를 하는 등 일정한 방식에 따라 공시를 해야 효력을 발생하는 요식성(要式性)을 특징으로 한다. 이와 같이 신분행위에 요식성을 요하는 것은 중요한 신분관계와 그에 따르는 권리·의무의 변동에 관해서는 신중한 고려를 하도록 하는 한편, 진실한 의사의 존재를 확인할 수 있도록 하며, 신분관계의 존재를 제3자에게 공시하도록 하기 위한 것이다.

제2절 가족법의 법원

가족법에서 가장 기본적이고도 중요한 법원(法源)은 민법전의 제4편 친족편과 제5편 상속편이다. 그러나 실질적 의미의 가족법은 이외에도 법원으로서 많은 법령을 들 수 있다. 예컨대 호적법, 가사소송법, 혼인신고특례법, 국적법, 국제사법, 입양특례법, 민사조정법, 비송사건절차법, 주민등록법, 근로기준법, 소년법, 아동복지법, 상속세법 등이다. 그 중에서도 특히 호적법과 가사소송법은 가족법의 중요한 법원으로 기능하고 있다.

호적법(戶籍法)은 개인의 신분관계의 변동을 명확하고 신속하게 신고·기재하도록 하여 개인의 신분관계의 정확을 기할 것을 목적으로 하는 호적에 관한 사항을 규정한 법률로서, 호적에 관한 사무는 시·읍·면의 장이 관장하며, 이에 관하여 그 지역 사무소의 소재지를 관할하는 가정법원장이 감독한다. 시·읍·면의 사무소에 호적부(戶籍簿) 또는 제적부(除籍簿)를 비치하고, 이를 일반에 열람 또는 호적의 등본·초본을 교부하여 호적의 기재사항을 증명하도록 한다.

가사소송법(家事訴訟法)은 인격의 존엄과 남녀의 평등을 기본으로 하고 가정평화와 친족상조의 미풍양속을 유지 향상하기 위하여 가사에 관한 소송과 비송 및 조정에 대한 절차의 특례를 규정함을 목적으로 한다. 가사소송법은 가정법원이 전속 관할하는 가사재판사항을 가사소송사건(家事訴訟事件)과 가사비송사건(家事非訟事件)으로 대별하고, 성질에 따라 가사소송사건을 가류사건(7개 항목), 나류사건(12개 항목), 다류사건(3개 항목)으로 나누고, 가사비송사건을 라류사건(44개 항목), 마류사건(10개 항목)으로 나누고 있다. 이와 같이 엄격히 구별되는 소송(訴訟)과 비송(非訟)은 그 처리절차를 달리하며, 원칙적으로 소송은 민사소송법에 의하고, 비송은 비송사건절차법에 의한다.

民法概論

제2장 약혼제도

제1절 약혼의 의의

약혼(約婚)이란 장차 혼인할 것을 목적으로 하는 당사자간의 계약으로서, 혼약(婚約) 또는 혼인예약(婚姻豫約)이라고도 한다. 그런데 약혼은 앞으로 혼인할 것에 관한 합의에 불과하므로, 실질적인 혼인생활을 하면서 다만 혼인신고만을 하지 않고 있는 사실혼(事實婚)과는 구별된다. 또한 약혼은 장차 혼인을 할 당사자 자신의 합의이므로, 종래부터 관습법상 인정되어 오던 것처럼 혼인할 남녀 양가의 호주나 부모 등 주혼자가 당사자의 의사에 관계없이 혼인할 것을 약정하는 정혼(定婚)과도 구별된다.

제2절 약혼의 성립

1. 실질적 성립요건

① 약혼은 혼인하려는 당사자간의 합의로 성립한다. 따라서 대리행위는 허용되지 않으며, 부모들이 정한 정혼은 법률상 효력을 발생하지 않는다.

② 남자는 만 18세, 여자는 만 16세에 달해야 약혼을 할 수 있다. 이러한 약혼연령(約婚年齡)에 미달한 자의 약혼은 혼인에 관한 규정에 준하여 취소할 수 있다고 보아야 할 것이다. 다만 오늘날 남녀간에 약혼연령의 차이를 두는 것이 합리적인지는 의문의 여지가 있다.

③ 미성년자(未成年者)가 약혼을 하려면 부모의 동의가 있어야 한다. 즉 성년자는 의사능력이 있는 한 자유로이 약혼을 할 수 있으나, 미성

년자는 부모의 동의를 얻어야 하며, 만일 부모 중 일방이 동의권을 행사할 수 없는 때에는 다른 일방의 동의를 얻어야 하고, 부모가 모두 동의권을 행사할 수 없는 때에는 후견인(後見人: 미성년자의 직계혈족, 3촌 이내의 방계혈족)의 동의를 얻어야 하며, 후견인도 없거나 동의할 수 없는 때에는 친족회의 동의를 얻어야 한다. 금치산자(禁治産者)도 부모 또는 후견인의 동의를 얻어 약혼할 수 있으며, 부모 또는 후견인이 없거나 동의할 수 없는 때에는 친족회의 동의를 얻어 약혼할 수 있다. 만일 이와 같은 동의를 얻지 않은 약혼은 혼인에 관한 규정에 준하여 취소할 수 있다고 보아야 할 것이다. 그러나 민법은 한정치산자(限定治産者)에 관하여는 아무런 규정을 두고 있지 않다. 그러므로 학설상 한정치산자의 약혼에 대하여는 미성년자에 관한 규정을 준용해야 한다는 견해가 있다.

④ 이중약혼(二重約婚)이나 배우자 있는 자의 약혼은 원칙적으로 무효이다. 그밖에 혼인장애가 되는 근친관계에 있는 자 사이의 약혼은 무효이다.

2. 형식적 성립요건

민법상 약혼에 관하여는 아무런 체결형식을 규정하지 않는 불요식주의(不要式主義)를 채택하고 있다. 따라서 예물교환이나 의식이 없더라도 유효하며, 약혼당사자들이 구두로만 합의를 해도 약혼이 성립된다. 그러나 이와 같이 법적으로 보호받을 약혼에 대하여 아무런 방식도 요구하지 않는 것은 사기약혼이나 위증 등의 원인이 될 수 있으므로, 실제로는 약혼당사자의 의사표시의 합치를 외부에서 어느 정도 객관적으로 인식할 수 있는 공시성(公示性)을 갖출 필요가 있다. 가령 우리나라에서는 관습적으로 행해오던 사주단자(四柱單子: 신랑의 생년월일과 시(時)를 적은 것)를 교환하거나, 예물을 교환하거나, 양가의 가족이 인사를 교환하는 약혼식을 올리는 경우가 대부분이며, 이는 약혼이 성립되었다는 중요한 입증자료가 될 것이기 때문이다.

제3절 약혼의 효과

① 약혼은 장래 혼인할 것을 목적으로 하는 예약이지만, 어디까지나 혼인은 당사자의 자유로운 의사로 이루어져 하므로 강제이행(强制履行)을 청구하지 못한다. 따라서 약혼을 하였으면서도 당사자의 일방이 혼인을 거부하는 경우에는 혼인의 강제이행이 불가능하므로 상대방은 약혼의 불이행에 대한 손해배상청구(損害賠償請求)를 할 수 있을 뿐이다.

② 제3자가 약혼상의 권리를 침해하였을 경우에는 불법행위(不法行爲)가 성립되어 손해배상을 청구할 수 있다. 예컨대 갑남과 을녀가 약혼을 하고 있는데, 이 사실을 알면서 병남이 을녀에게 접근하여 임신을 시킨 경우에 갑남은 병남에게 그 약혼상의 권리를 침해한 불법행위를 이유로 손해배상을 청구할 수 있는 것이다.

③ 우리 민법상 약혼자간에는 아무런 친족관계가 발생하지 않는다. 또한 약혼중에 출생한 자(子)는 그 부(父)와 모(母)간에 법률혼이 존재하지 않으므로 혼인외(婚姻外)의 출생자가 된다. 그러나 나중에 약혼당사자인 부와 모가 혼인을 하게 되면 준정(準正)이 되어 혼인중(婚姻中)의 출생자로 될 수 있다.

제4절 약혼의 해제

1. 약혼해제의 사유

약혼은 강제이행을 청구할 수 없는 것이므로 정당한 사유가 있는 한 언제든지 해제할 수 있다. 민법 제804조는 약혼당사자의 일방에게 다음 각 호의 사유가 있는 경우 상대방은 약혼을 해제할 수 있도록 규정하고 있다.

① 약혼 후 자격정지 이상의 형(刑)의 선고를 받은 때: 현행 형법상 9종류의 형벌(사형·징역·금고·자격상실·자격정지·벌금·구류·과료·몰수)이 규정되어 있는데, 이 가운데 자격정지 이상의 형벌을 받으

면 약혼을 해제할 수 있다.

② 약혼 후 금치산 또는 한정치산의 선고를 받은 때

③ 성병, 불치의 정신병 기타 불치의 악질(惡疾)이 있는 때

④ 약혼 후 타인과 약혼 또는 혼인을 한 때: 이 경우 "혼인"에는 법률혼은 물론 사실혼도 포함된다고 본다.

⑤ 약혼 후 타인과 간음한 때

⑥ 약혼 후 1년 이상 그 생사가 불명한 때

⑦ 정당한 이유없이 혼인을 거절하거나 그 시기를 지연하는 때: 여기서 "정당한 이유"란 예컨대 대학생이 대학을 졸업하고 혼인을 하겠다는 경우, 급변한 경제상태의 악화로 즉시 혼인하는 것이 곤란한 경우, 건강이 악화되어 당분간 치료를 요하는 경우 등을 들 수 있다.

⑧ 기타 중대한 사유가 있는 때: 여기서 "기타 중대한 사유가 있는 때"라 함은 위에서 열거한 사유 이외에 약혼을 해제하지 않으면 아니될 중대한 사유를 말한다. 현실적으로 어떠한 경우가 이에 해당하는가는 판단하기 곤란한 문제로서, 결국 법원이 개별적인 사건에 따라 당사자의 성격・재산・건강・사회적 지위・가정환경 등을 참작하여 신중히 결정할 수밖에 없다. 예컨대 사기・강박에 의한 약혼, 가족을 부양할 능력이 없을 정도로 재산상태가 악화된 경우, 교통사고로 인해 성적 불구자가 된 경우, 상대방의 불성실, 상대방 또는 그 부모에 의한 모욕・냉대, 건강의 악화로 장기간의 요양을 요하는 경우, 행방불명, 성교불능, 유전성 질환이 있는 경우, 행복한 혼인의 가능성이 전혀 없어진 경우 등을 들 수 있다.

2. 약혼해제의 방법

약혼의 해제는 상대방에 대한 의사표시로 한다. 그러나 상대방이 생사불명・행방불명인 경우와 같이 상대방에 대하여 의사표시를 할 수 없는 경우에는 그 해제의 원인이 있음을 안 때에 해제된 것으로 본다.

3. 약혼해제의 효과

1) 손해배상청구권

약혼을 해제한 때에는 당사자의 일방이 과실있는 상대방에 대하여

이로 인한 손해배상을 청구할 수 있으며, 이 경우에는 가정법원에 우선 조정을 신청해야 한다. 당사자 쌍방에게 과실이 있는 경우에는 과실상계(過失相計: 「채무불이행에 관하여 채권자에게 과실이 있는 때에는 법원은 손해배상의 책임 및 그 금액을 정함에 이를 참작하여야 한다」(민법 제396조))의 규정을 준용하여 법원에서 여러 가지 사정을 참작하여 배상금액을 경감하거나 또는 면제할 수 있다고 본다. 손해배상의 범위에는 재산상의 손해 외에 정신상의 고통도 포함된다. 따라서 가령 약혼피로연의 비용이나 혼인준비에 소요된 여러 가지 비용 등 재산상의 손해배상은 물론 혼인 때문에 직장을 사직한 경우에 포기한 이익 등 모든 신뢰이익, 그리고 정신적 고통에 대한 위자료를 포함하게 된다. 다만 정신상의 고통에 대한 배상청구권은 양도 또는 승계하지 못한다. 그러나 당사자간에 이미 그 배상에 관한 계약이 성립되거나 소송을 제기한 후에는 양도 또는 승계될 수 있다.

2) 예물반환청구권

약혼을 해제한 경우에는 예물 기타 금품 등의 처리문제가 발생한다. 흔히 약혼할 때 교환하는 예물은 혼인의 성립을 예정하고 행한 증여(贈與)이며, 혼인이 성립하지 않으면 주지 않았을 증여이므로, 혼인의 불성립을 해제조건으로 하는 증여라고 말할 수 있다. 따라서 혼인의 불성립이 확정되었을 때에는 약혼자는 서로 교환한 예물의 반환을 부당이득(不當利得)의 원리에 따라 청구할 수 있다고 해석한다. 가령 약혼당사자의 일방에게만 과실이 있어 약혼이 파기된 경우에는 무책당사자는 반환청구권을 가지되 반환의무를 지지 않는 반면에, 유책당사자는 받은 물건에 대한 반환의무를 지되 상대방에게 준 물건의 반환청구를 할 수 없다고 본다. 만약 당사자 쌍방에게 과실이 있는 경우에는 과실상계의 원리에 따라 반환의 범위를 결정해야 할 것이다. 약혼예물은 본래 혼인의 불성립을 해제조건으로 하는 증여이므로 혼인이 성립된 이상 그 해제조건은 성취불능이 된 것이기 때문에, 혼인성립 후 혼인이 해소된 경우에도 예물이나 금품 등의 반환문제는 원칙적으로 발생하지 않는다. 이 경우 혼인은 반드시 법률상의 혼인일 것을 요하지 않으며, 사실혼이라도 무방하다고 본다.

▶ **관련판례**

1) 임신불능은 혼인예약의 해제사유가 아니다[**대법원** 1960. 8. 18. 4292 민상 995].

2) 건전한 성생활을 영위할 수 없는 신병이 있음에도 불구하고, 이를 숨겨 혼례식을 올리기에 이른 행위에는 과실이 있다[**대법원** 1966. 2. 28. 65 므 67].

3) 약혼예물의 수수는 혼인 불성립을 해제조건으로 하는 증여와 유사한 성질의 것이므로 시어머니가 며느리에게 교부한 약혼예물은 그 혼인이 성립되어 상당기간 지속된 이상 며느리의 소유라고 본 조치는 정당하다[**대법원** 1994. 12. 27. 94 므 895].

4) 약혼은 혼인할 것을 목적으로 하는 혼인의 예약이므로 당사자 일방은 자신의 학력, 경력 및 직업과 같은 혼인의사를 결정하는 데 있어 중대한 영향을 미치는 사항에 관하여 이를 상대방에게 사실대로 고지할 신의성실의 원칙상의 의무가 있다[**대법원** 1995. 12. 8. 94 므 1676·1683].

제3장 혼인제도

제1절 혼인의 의의

혼인(婚姻)이란 인간의 종족보존과 성적 본능에 기초하여 부부로서 평생 공동생활을 할 것을 목적으로 하는 사회적으로 승인된 남녀의 결합관계를 말한다. 그러나 그 결합의 형태나 본질은 시대와 장소에 따라 각기 다르며, 혼인제도는 각 시대의 사회적·경제적·문화적·사상적 발전이나 필요성에 따른 여러 단계의 변화를 거친 후 오늘에 이른 것이다. 예컨대 인류역사의 초기에 있어서는 어느 여성이나 모든 남성의 처일 수 있고 반대로 어느 남성이나 모든 여성의 남편일 수 있는 가장 원시적인 형태인 난혼(亂婚)이었을 것으로 추정되며, 또한 일군의 남성과 일군의 여성이 대등한 자격으로 집단적으로 혼인하는 군혼(群婚)의 형태를 취했을 것으로 추정된다. 그리고 가부장적 가족제도 하에서는 일반적으로 일부다처혼(一夫多妻婚)의 형태가 존재하였고, 지금도 회교국가에서는 일부사처혼(一夫四妻婚)까지도 인정하고 있다. 이와는 반대로 특수한 사회적 조건에 기인하여 여자의 인구가 남자의 인구에 비해 현저히 적은 경우에 드물게 나타나는 일처다부혼(一妻多夫婚)의 형태가 있었다. 오늘날 문명국가의 일부일처혼(一夫一妻婚)은 가부장적 가족제도를 거쳐 사유재산제의 발달 및 인격존중의 사상 등과 함께 형성된 것으로서 혼인진화의 최후의 형태라고 말할 수 있다.

제2절 혼인의 성립

혼인이 유효하게 성립되기 위해서는 혼인의 장애사유가 없는 당사자간에 혼인에 대한 합의와 신고가 있어야 한다. 본래 혼인은 사적인 계약관계이지만, 가족관계의 바탕인 부부관계를 성립시키는 중대한 사회적・국가적 문제이므로 국가는 미리 혼인성립에 관한 요건을 정해 놓고, 이에 적합한 남녀간의 결합만을 법률상의 혼인으로 보호하고 있는 것이다.

1. 실질적 성립요건

혼인이 유효하게 성립되기 위해서는 당사자 쌍방에 다음과 같은 실질적 성립요건이 갖추어져야 한다.

① 당사자간에 혼인의사의 합치가 있을 것: 혼인의사(婚姻意思)란 사회통념상 혼인으로 인정되는 생활공동체를 창설하고자 하는 의사로서 정신적・육체적 결합관계인 남녀간의 부부관계를 성립시키려는 의사를 말한다. 따라서 예컨대 남녀간의 결합관계가 아닌 동성혼(同性婚)의 경우, 형편상 일시적으로 동거할 수 없는 경우를 제외하고 처음부터 육체적 관계를 맺지 않겠다는 의사 즉 동거하지 않을 것을 전제로 하는 혼인의 경우, 당사자간에 어떤 방편을 위하여 혼인신고를 하는 이른바 가장혼인(假裝婚姻)의 경우, 앞으로도 혼인신고만은 하지 않겠다는 것을 전제로 하고 동거생활을 하는 경우 등에는 혼인의사가 없다고 보아야 할 것이다. 그리고 혼인의사는 조건부이거나 기한부일 수 없으며, 또한 혼인의사는 자유롭게 결정되어야 하므로 사기나 강박에 의한 합의는 취소할 수 있다고 본다. 이러한 혼인의사는 혼인신고서를 작성할 때와 혼인신고가 수리될 때에 모두 존재할 필요가 있으며, 혼인의사의 성립에는 의사능력이 필요하다. 만일 당사자 쌍방이 혼인의사를 가지고 있음에도 불구하고, 일방이 혼인신고를 게을리하여 다른 일방이 일방적으로 혼인신고를 하거나 혹은 당사자 쌍방이 혼인신고를 게을리하여 제3자가 혼인신고를 하는 경우에는 그 혼인은 유효하다고 본다. 그러나 당사자간에 혼인의사가 없음에도 불구하고, 혼인신고가 되는 경우에는 혼인이 무효가 된다.

② 당사자가 혼인적령에 달하였을 것: 혼인적령(婚姻適齡)이란 당사자가 법률상 유효한 혼인을 하기 위하여 요구되는 최저연령을 말하며, 민법은 남자 만18세・여자 만16세를 혼인적령으로 규정하고 있다. 본래 혼인적령에 관한 규정은 조혼(早婚)을 하는데서 오는 폐단을 방지

하려는 것이 목적이었으나, 오늘날에는 조혼의 예가 극히 드물기 때문에 혼인적령에 관한 입법적 의의는 그다지 크지 않다고 본다. 또한 실제로 혼인적령에 달하지 않은 자의 혼인신고는 수리가 거부될 것이므로 이러한 혼인이 생기는 일은 거의 없을 것이지만, 만일 이 경우에 혼인이 성립되었다고 하더라도 각 당사자 또는 그 법정대리인은 혼인을 취소할 수 있다.

③ 부모 등의 동의를 얻을 것: 민법 제808조에 의하면 『① 미성년자가 혼인을 할 때에는 부모의 동의를 얻어야 하며, 부모 중 일방이 동의권을 행사할 수 없는 때에는 다른 일방의 동의를 얻어야 하고, 부모가 모두 동의권을 행사할 수 없는 때에는 후견인의 동의를 얻어야 한다. ② 금치산자는 부모 또는 후견인의 동의를 얻어 혼인할 수 있다. ③ 제1항 및 제2항의 경우에 부모 또는 후견인이 없거나 또는 동의할 수 없는 때에는 친족회의 동의를 얻어 혼인할 수 있다』라고 규정하고 있다. 다시 말해서 민법은 부모와 자녀가 동일한 가적(家籍)내에 있을 것을 요하지 않으므로 가령 부모가 이혼한 경우라도 모(母)는 동의권을 갖는다고 본다. 조문상 '부모 중 일방이 동의권을 행사할 수 없는 때'란 부모 중 일방이 사망하였거나 실종선고를 받은 경우, 그리고 누구인지 알 수 없는 경우 즉 혼인외의 출생자가 부(父)로부터 인지를 받지 못한 경우와 같이 법률상 친자관계가 알려져 있지 않은 경우, 또한 심신상실(心神喪失)이나 행방불명과 같이 그 의사를 표시할 수 없는 경우 등을 말한다. 그런데 부모가 동의권을 행사함에 있어서 부모의 의견이 일치하지 않는 경우에 관해서는 현행민법에서 아무런 규정을 두고 있지 않으므로 입법론상 문제가 될 수 있다.

④ 일정한 근친자간의 혼인이 아닐 것: 2005년 개정민법 제809조(근친혼 등의 금지)는 「① 8촌 이내의 혈족(친양자의 입양 전의 혈족을 포함한다) 사이에서는 혼인하지 못한다. ② 6촌 이내의 혈족의 배우자, 배우자의 6촌 이내의 혈족, 배우자의 4촌 이내의 혈족의 배우자인 인척이거나 이러한 인척이었던 자 사이에서는 혼인하지 못한다. ③ 6촌 이내의 양부모계의 혈족이었던 자와 4촌 이내의 양부모계의 인척이었던 자 사이에서는 혼인하지 못한다」라고 규정하고 있다. 참고로 개정전 민법 제809조에 의하면 『① 동성동본인 혈족 사이에서는 혼인하지 못한다. ② 남계혈족의 배우자, 부의 혈족 및 기타 8촌 이내의 인척이거나 이러한 인척이었던 자 사이에서는 혼인하지 못한다』라고 규정하

고 있었다. 우선 동성동본(同姓同本)인 혈족(血族) 사이에서는 그 촌수 여하를 불문하고 혼인이 금지되도록 규정하고 있는데, 이 때 동성동본의 혈족이란 성과 본을 같이하는 부계혈족을 뜻한다. 그러나 동조 제1항의 규정에 대하여는 헌법재판소가 1997년 7월 16일 헌법불합치결정[1997. 7. 16. 95 헌가 6 내지 13]을 내림으로써, 사실상 법률의 위헌결정을 한 것이나 다름이 없다. 즉 헌법재판소에 의하면 『민법 제809조 제1항은 금혼규정(禁婚規定)으로서 사회적 타당성 내지 합리성을 상실하고 있으며, 아울러 모든 국민으로 하여금 행복을 추구할 권리를 규정한 헌법 제10조에 어긋나고, 모든 국민의 법 앞의 평등과 불합리한 차별대우의 금지를 규정한 헌법 제11조 제1항에도 어긋나며, 또 혼인과 가족생활은 개인의 존엄과 양성의 평등을 기초로 하여 성립·유지되어야 한다는 헌법 제36조 제1항에도 위반된다』는 취지의 단순위헌의견(재판관 5명)과 『법률조항에 위헌성이 있다 하여 곧바로 위헌결정을 할 것이 아니라 우리 민족의 혼인풍속이나 친족관념에 비추어 현행 근친혼금지규정이나 혼인무효 및 취소에 관한 규정을 새로이 정비할 수 없는지 등을 고려하여 새로운 혼인제도를 결정할 수 있도록 해야 한다』는 취지의 헌법불합치결정의견(재판관 2명)이 나왔으며, 단순위헌의견의 정족수가 모자라서 민법 제809조 제1항에 대하여는 헌법불합치결정을 내리게 되었다. 이러한 결정은 특히 동성동본불혼제도(同姓同本不婚制度)가 우리나라에 있어서 부계혈통주의를 지탱해 온 기둥 가운데 하나라는 점에서 볼 때 그 의의가 매우 크다고 하겠다.

⑤ 중혼이 아닐 것: 중혼(重婚)이란 혼인이 유효하게 성립되어 있음에도 불구하고 다시 다른 혼인을 성립시키는 것을 말한다. 민법 제810조는 『배우자있는 자는 다시 혼인하지 못한다』라고 규정함으로써 중혼을 금지하고 있다. 이는 민법이 일부일처제를 혼인의 기본원리로 선언한 것이며, 특히 이 경우에 중혼이란 법률상의 혼인이 이중으로 성립되는 것만을 의미하므로 예컨대 사실혼관계에 있는 자가 중복해서 혼인신고에 의한 법률혼을 하거나 혹은 반대로 법률혼관계에 있는 자가 중복해서 사실혼관계를 맺는 것은 중혼이 아니다. 실제로 중혼이 생기는 경우는 드물 것이지만, 가령 호적공무원의 과실로 인해 혼인신고를 이중으로 수리한 경우, 호적공무원이 혼인당사자와 결탁하여 부정하게 이중으로 혼인신고를 수리한 경우, 이혼후 재혼하였으나 전혼의 이혼이 무효 혹은 취소된 경우, 실종선고후 재혼하였으나 실종선고가 취소되어 전혼이 부활한 경우, 국내와 국외에서 이중혼인을 한 경

우 등을 예로 들 수 있다. 중혼이 발생한 경우에는 후혼을 취소하거나 또는 이혼에 의해 전혼을 해소시킴으로써 문제를 해결할 수 있다.

2. 형식적 성립요건

민법 제812조에 의하면 『① 혼인은 호적법에 정한 바에 의하여 신고함으로써 그 효력이 생긴다. ② 전항의 신고는 당사자 쌍방과 성년자인 증인 2인의 연서한 서면으로 하여야 한다』라고 규정함으로써 혼인의 형식적 성립요건, 즉 혼인에 있어서의 방식과 관련하여 신고혼주의(申告婚主義)를 채택하고 있다. 다만 법문상 "그 효력이 생긴다"라고 하고 있으나, 이는 "성립한다"라고 해석함으로써, 혼인은 호적법이 정한 바에 따라서 신고함으로써 성립되는 것으로 보아야 한다(통설). 이때 신고는 이미 형성된 신분관계를 보고하는 것을 내용으로 하는 보고적 신고(報告的 申告)가 아니라, 신분관계의 형성을 위한 창설적 신고(創設的 申告)인 것이다. 따라서 아무리 오랫동안 부부관계를 계속하여도 혼인신고를 하지 않는 한 법률상의 혼인으로 인정될 수는 없다. 혼인신고는 당사자 쌍방과 성년자인 증인 2인이 연서하여 본인(당사자)의 본적지(本籍地) 또는 주소지(住所地)나 현재지(現在地)에서 신고하여야 한다. 민법 제812조 제2항은 혼인신고를 "서면으로 하여야 한다"라고 규정하고 있으나, 호적법 제27조에 의하면 "신고는 서면 또는 구술로 이를 할 수 있다"라고 규정하고 있으므로 구술신고도 가능하다고 해석된다. 구술로써 혼인신고를 하는 경우에는 신고인이 시・읍・면의 사무소에 출석하여 신고서에 기재해야 할 사항을 진술하여야 한다. 이때 시・읍・면의 장은 신고인의 진술을 필기하고, 신고의 연월일을 기재하여 이를 신고인에게 읽어 들려주고, 신고인으로 하여금 그 서면에 기명날인하게 하여야 한다. 그러나 대리인에 의한 신고는 허용되지 않는다.

혼인신고특례법(婚姻申告特例法)에 있어서는 일정한 경우에 혼인당사자중 일방이 사망하더라도 다른 일방이 단독으로 혼인신고를 할 수 있도록 규정하고 있다. 즉 전쟁 또는 사변에 있어서 전투에 참가하거나 전투수행을 위한 공무에 종사함으로 인하여 혼인신고를 당사자 쌍방이 하지 못하고 그 중 일방이 사망한 때에는 생존하고 있는 당사자가 사망한 당사자의 최후의 주소지가 속하는 가정법원의 확인을 얻어서 단독으로 혼인신고를 할 수 있도록 규정하고 있으며, 이와 같이 혼인신고를 하였을 때에는 신고의무자의 일방이 사망한 때에 신고가 있는 것으로 본다.

재외한국인의 혼인신고에 관하여 민법 제814조는 『① 외국에 있는 본국민 사이의 혼인은 그 외국에 주재하는 대사, 공사 또는 영사에게 신고할 수 있다. ② 제1항의 신고를 수리한 대사, 공사 또는 영사는 지체없이 그 신고서류를 본국의 본적지를 관할하는 호적관서에 송부하여야 한다』라고 규정하고 있다. 혼인신고는 호적공무원이나 외국에서 혼인신고를 받은 대사·공사·영사 등이 수리함으로써 완료된다. 이들은 혼인신고가 외형상 민법 제807조 내지 제811조에 의한 실질적 요건을 구비하였고 제812조에 의한 형식적 요건을 갖추었으며 기타 법령에 위반함이 없는 때에는 그 신고를 수리해야 한다. 따라서 호적공무원이나 대사·공사·영사 등은 형식적 심사권만을 가지고 있을 뿐이고, 가령 당사자들이 혼인의사를 정말 갖고 있는지 여부를 확인하는 바와 같은 실질적 심사권은 가지고 있지 않다. 즉 혼인신고는 호적공무원이 수리하기만 하면 효력이 발생하고, 수리된 신고가 호적부에 기재되는 때에 비로소 그 효력이 발생하는 것은 아니다.

제3절 혼인의 무효와 취소

1. 혼인의 무효

☞ 민법 제815조【혼인의 무효】

『혼인은 다음 각 호의 어느 하나의 경우에는 무효로 한다.

1. 당사자간에 혼인의 합의가 없는 때
2. 혼인이 제809조 제1항의 규정을 위반한 때
3. 당사자간에 직계인척관계가 있거나 있었던 때
4. 당사자간에 양부모계의 직계혈족관계가 있었던 때』

무효혼(無效婚)이란 일단 외형상 혼인은 성립되었으나 그 효력은 인정받지 못하는 혼인을 말한다. 이에 비해 혼인의 불성립(不成立)이란 처음부터 혼인으로서 성립조차 되지 않은 경우로서, 가령 두 남녀가 비록 동거생활을 하면서도 혼인신고를 하지 않은 경우는 법률혼의 차원에서 볼 때 혼인의 불성립에 해당하며 결코 무효혼이 아니다. 무효혼의 경우에는 이를 당연무효로 볼 것이냐 아니면 재판에 의해 무효화시킴으로써 비로소 무효가 되느냐 하는 것이 문제된다. 해석상 당연무효(當然無效)로 보아야 하며, 따라서 혼인과 관련되는 가사소송법에 의한 무효소송은 확인(確認)의 소(訴)라고 본다. 이와 같은 혼인무효확인의 청구는 가정법원에 대한 소의 제기로 해야 하며, 청구권은 당사자 및 그 법정대리인이나 4촌 이내의 친족이 갖는다. 혼인무효가 판결로 확정된 경우에는 소를 제기한 자가 판결의 확정일로부터 1개월 이내에 판결의 등본 및 확정증명서를 첨부하여 호적의 정정을 신청해야 한다. 무효혼의 경우에는 당사자 사이에서는 물론이고 당사자와 제3자 사이에서도 혼인으로서의 효력을 전혀 발생하지 아니한다. 만일 무효혼을 근거로 하여 상속같은 권리변동이 있었던 경우에는 그와 같은 권리변동 자체가 무효로 된다. 그리고 무효혼의 출생자는 혼인외의 출생자가 된다. 또한 무효혼의 경우에는 약혼해제의 경우와 같이 당사자의 일방이 과실있는 상대방에 대하여 손해배상을 청구할 수 있으며, 손해배상의 범위는 재산상의 손해 이외에 정신상의 고통도 포함된다. 이러한 손해배상청구를 하기 위해서는 가정법원에 우선 조정을 신청해야 한다.

2. 혼인의 취소

☞ 민법 제816조【혼인취소의 사유】

『혼인은 다음 각 호의 어느 하나의 경우에는 법원에 그 취소를 청구할 수 있다.

1. 혼인이 제807조 내지 제809조(제815조의 규정에 의하여 혼인의 무효사유에 해당하는 경우를 제외한다. 이하 제817조 및 제820조에서 같다) 또는 제810조의 규정에 위반한 때
2. 혼인당시 당사자 일방에 부부생활을 계속할 수 없는 악질(惡疾) 기타 중대한 사유있음을 알지 못한 때
3. 사기 또는 강박으로 인하여 혼인의 의사표시를 한 때』

구체적으로 어떠한 사유가 있는 경우에 누가 언제까지 누구를 상대로 하여 혼인의 취소를 청구해야 하는가는 현행법상 각각의 경우에 따라 다르다.

① 혼인적령미달자의 혼인의 경우에는 당사자 또는 그 법정대리인이 취소청구권을 가지며, 소의 상대방은 다른 일방의 배우자이고, 그가 사

망한 경우에는 검사를 상대로 한다.

② 동의없는 혼인의 경우에도 취소청구권자와 소의 상대방은 혼인적령미달자의 혼인의 경우와 같다. 다만 당사자가 동의를 요하지 않는 연령인 20세에 달하였거나 또는 금치산선고의 취소가 있은 후 3개월을 경과하였거나 혼인중에 포태한 때에는 취소를 청구할 수 없다.

③ 친족간의 혼인의 경우에는 무효혼에 해당되는 경우를 제외한 그 외의 경우가 취소혼에 해당된다. 이 때 취소청구권자는 당사자, 그 직계존속 또는 4촌 이내의 방계혈족이며, 소의 상대방은 역시 다른 일방의 배우자이고, 그가 사망한 경우에는 검사를 상대로 한다. 다만 제809조(근친혼금지)의 규정에 위반한 혼인은 그 당사자간에 혼인중 포태한 때에는 취소청구를 하지 못하도록 규정하고 있다.

④ 중혼의 경우에는 나중에 한 후혼을 취소할 수 있으며, 반면에 전혼은 이혼원인이 된다. 취소청구권자는 당사자 및 그 배우자, 직계존속, 4촌 이내의 방계혈족 또는 검사이며, 소의 상대방은 앞의 경우와 같다.

⑤ 악질 기타 중대한 사유가 있는 혼인의 경우에는 취소청구권자에 대하여 명시적인 규정은 없으나, 해석상 중대한 사유가 있는 측의 상대방이 취소청구권을 갖는다고 보아야 하며, 다만 상대방이 사유가 있음을 안 날로부터 6월이 경과한 때에는 그 취소를 청구하지 못한다.

⑥ 사기·강박으로 인한 혼인의 경우에도 취소청구권자에 대하여 명시적인 규정은 없으나, 해석상 사기나 강박을 당한 당사자가 취소청구권을 갖는다고 보아야 하며, 다만 사기를 안 날 또는 강박을 면한 날로부터 3월을 경과한 때에는 그 취소를 청구하지 못한다. 사기(詐欺) 또는 강박(强迫)이란 혼인당사자의 일방 또는 쌍방에게 사기의 경우에는 허위의 사실을 고지함으로써 이들을 착오에 빠뜨리고, 강박의 경우에는 해악을 제시하여 공포심을 일으킴으로써 혼인의사를 결정하도록 하는 것을 말한다. 그런데 가령 어느 정도의 허위사실을 고지하였을 때에 사기에 해당될 것인가 하는 것은 신중히 판단해야 한다.

취소혼의 경우에는 취소권자가 가정법원에 심판을 청구하고 그 선고가 있음으로써 혼인이 취소된다. 그런데 현행 가사소송법은 혼인취소의 경우에 조정전치주의(調停前置主義)를 취하므로, 혼인을 취소하려면 먼저 가정법원에 조정신청을 해야 한다. 혼인취소의 소는 성질상 형성적인 것이므로 확인적인 혼인무효의 소와는 다르다. 또한 취소혼의 경우에는 그 혼인이 취소되더라도 기왕에 소급하지 않으므로 혼인이 성립되기 전의 혼인관계에는 영향을 미치지 않고, 다만 장래에 대해서만 혼인관계가 소멸된다. 따라서 혼인이 취소되더라도 그 혼인에 의하여 출생한 자는 혼인중의 출생자로서의 신분을 계속해서 갖는다. 혼인을 취소한 경우의 손해배상청구권에 관해서는 무효혼의 경우와 같이 재산상·정신상의 손해배상청구권이 인정된다.

▶ **관련판례**

1) 혼례식을 거행하고 사실혼관계에 있었으나 일방이 뇌졸중으로 혼수상태에 빠져있는 사이에 혼인신고가 이루어졌다면 특별한 사정이 없는 한 위 신고에 의한 혼인은 무효이다[**대법원 1996. 6. 28. 94 므 1089**].

2) 법률상의 부부라는 신분관계를 설정할 의사는 있었다고 인정되는 경우라도 그것이 단지 다른 목적을 달성하기 위한 방편에 불과한 것으로서 그들간에 참다운 부부관계의 설정을 바라는 효과의사가 없을 때에는 그 혼인은 민법 제815조 제1호의 규정에 따라 그 효력이 없다고 해석하여야 한다[**대법원 1996. 11. 22. 96 도 2049**].

3) 민법 제824조는 "혼인의 취소의 효력은 기왕에 소급하지 아니한다"고 규정하고 있을 뿐 재산상속 등에 관해 소급효를 인정할 별도의 규정이 없는 바, 혼인중에 부부 일방이 사망하여 상대방이 배우자로서 망인의 재산을 상속받은 후에 그 혼인이 취소되었다는 사정만으로 그 전에 이루어진 상속관계가 소급하여 무효라거나 또는 그 상속재산이 법률상 원인없이 취득한 것이라고는 볼 수 없다[**대법원 1996. 12. 23. 95 다 48308**].

4) 혼인의 합의란 법률혼주의를 채택하고 있는 우리나라 법제 하에서는 법률상 유효한 혼인을 성립하게 하는 합의를 말하는 것이므로, 비록 사실혼관계에 있는 당사자 일방이 혼인신고를 한 경우에도 상대방에게 혼인의사가 결여되었다고 인정되는 한 그 혼인은 무효라 할 것이나, 상대방의 혼인의사가 불분명한 경우에는 혼인의 관행과 신의성실의 원칙에 따라 사실혼관계를 형성시킨 상대방의 행위에 기초하여 그 혼인의사의 존재를 추정할 수 있으므로, 이와 반대되는 사정 즉 혼인의사를 명백히 철회하였다거나 당사자 사이에 사실혼관계를 해소하기로 합의하였다는 등의 사정이 인정되지 아니하는 경우에는 그 혼인을 무효라고 할 수 없다[**대법원 2000. 4. 11. 99 므 1329**].

5) 구 조선호적령(1922. 12. 8. 총독부령 제15호) 시행 이후 처와 혼인식을 거행하고 사실상 동거를 하였다 하더라도 사망당시까지 위 호적령에 의한 혼인신고를 한 바 없다면, 망인은 상속에 관한 구 관습상 기혼자가 아니라 미혼

자로 보아야 할 것이고, 따라서 호주로서 미혼자인 망인이 사망하였다면 상속에 관한 구 관습에 따라 다음 순위가 호주상속과 동시에 망인의 재산을 모두 상속한다[대법원 2000. 6. 9. 99 다 54349].

제4절 혼인의 효과

1. 혼인의 일반적 효과

1) 친족관계의 발생

민법 제777조에 의하면 친족의 범위에 관하여 『친족관계로 인한 법률상 효력은 이 법 또는 다른 법률에 특별한 규정이 없는 한 다음 각 호에 해당하는 자에 미친다. 1. 8촌 이내의 혈족(血族) 2. 4촌 이내의 인척(姻戚) 3. 배우자(配偶者)』라고 규정하고 있다. 따라서 혼인을 한 당사자인 부부는 배우자인 신분을 얻음과 동시에 친족이 된다. 그 외에도 부부의 일방과 상대방의 혈족과의 사이에 서로 인척관계가 발생한다. 즉 부는 처의 4촌 이내의 부계혈족 및 모계혈족과 인척으로서 친족이 되고, 처는 부의 4촌 이내의 부계혈족 및 모계혈족과 인척으로서 친족이 된다.

2) 동거・부양・협조・정조의 의무

부부는 동거하며 서로 부양하고 협조할 의무를 갖는다고 민법은 명시적으로 규정하고 있다. 이에 비해 부부간의 정조의무에 관하여는 민법상 명시적 규정을 두고 있지 않다. 그러나 부부의 정조는 혼인생활공동체를 이루는데 가장 핵심적인 요건이므로, 부부는 당연히 정조의무를 갖는다고 보아야 한다.

부부간의 동거의무(同居義務)란 거소를 같이 하면서 부부로서 공동으로 생활하는 것을 내용으로 한다. 하지만 가령 외형상 장소를 같이 한다고 해도 동거가 아닐 수 있으며, 반대로 동일한 가옥내에 살고 있지 않더라도 동거라고 볼 수 있는 경우도 있다. 부부의 동거장소는 부부의 협의에 따라 정하는 것을 원칙으로 하지만, 협의가 이루어지지 아니하는 경우에는 당사자의 청구에 의하여 가정법원이 이를 정하도록 규정하고 있다. 또한 부부간에 동거의무가 있다고 하더라도 정당한 이유로 일시적으로 동거하지 아니하는 경우에는 서로 인용(忍容)하여야 한다. 이 때 정당한 이유란 부부가 일시적으로 별거하는 것을 합리화시킬 수 있는 이유를 말하는데, 예컨대 직업상 해외근무를 하는 경우나 혹은 질병으로 인해 입원을 하는 경우 등이 이에 해당할 것이다. 만일 부부 중 일방이 정당한 이유없이 동거장소에서 동거할 것을 거부하는 경우에는 상대방은 이에 대하여 동거청구에 관한 조정 및 심판을 가정법원에 청구할 수 있다. 다만 실제로 가정법원이 동거를 명하는 심판을 하는 경우에 직접강제는 물론 간접강제도 할 수 없다고 본다. 결국 정당한 이유없이 배우자중 일방이 동거청구에 응하지 않음으로써 동거의무를 위반한 경우에는 악의의 유기로서 재판상 이혼원인이 되므로 상대방은 재판상 이혼을 청구할 수 있게 된다.

부부간의 부양의무(扶養義務)란 자신의 생활을 낮추는 한이 있더라도 상대방의 생활을 자기의 생활과 동등한 정도로 보장함으로써 부부가 같은 정도로 생활하라는 것을 내용으로 한다. 이에 반해 민법상 친족간의 부양의무는 사회보장의 대체물로서 누구든지 자신의 생활을 희생하면서까지 부양의무를 지라는 것을 내용으로 하지는 않는다. 즉 우선 자신의 사회적인 지위에 맞는 생활을 하고, 여유가 있는 경우에 친족의 궁핍을 방관하지 말고 그의 최저한도의 생활을 보장하라는 것이다. 그러므로 부부간의 부양의무는 친족간의 부양의무보다 더욱 강력한 것으로서, 전자는 제1차적인 생활유지의무(生活維持義務)인데 반해, 후자는 제2차적인 생활부조의무(生活扶助義務)라고 말할 수 있다. 만일 부부 중 일방이 부양의무를 이행하지 않는 경우에는 동거의무를 위반하였을 때와 마찬가지로 가정법원에 부양청구의 조정 및 심판을 청구할 수 있다. 그런데 이 경우에는 본래 부양의무가 재산적 성격을 띠고 있으므로 강제이행이 가능하다고 본다. 그럼에도 불구하고 부부 중 일방이 부양의무를 이행하지 않는 경우에는 역시 악의의 유기로서 재판상 이혼원인이 되며, 또한 그 불이행은 불법행위가 되어 손해배상책임이 생기게 된다.

부부간의 협조의무(協助義務)란 부부가 혼인생활을 계속하기 위하여 각자의 필요한 일을 분담하는 것을 말한다. 이와 같이 법률상 협조의무를 규정하고 있는 것은 부부의 공동생활은 각자의 분업에 기초한 협조를 바탕으로 하여 이루어지기 때문이다. 이러한 협조의무는 부부간의 핵심적인 의무로서 동거의무나 부양의무도 이를 구체적으로 표현한 것이라고 볼 수 있다. 만일 부부 중 일방이 정당한 이유없이 협조의무를 이행하지 않는 경우에는 역시 상대방은 가정법원을 통한 조정 또는 심판에 의해 그 이행을 청구할 수 있다. 그런데 성질상 협조의무는 법적 강제를 할 수 없다고 본다. 또한 협조의무를 불이행함으로써 혼인공동체의 파탄을 일으킨 경우에는 혼인을 계속하기 어려운 중대한 사유가 됨으로써 상대방은 재판상 이혼을 청구할 수 있다고 본다.

3) 성년의제

민법 제826조의 2에 의하면 『미성년자가 혼인을 한 때에는 성년자로 본다』라고 규정함으로써 성년의제제도(成年擬制制度)를 명시하고 있다. 이 제도의 입법취지는 오늘날 핵가족시대에 있어서 부부간에 평등을 기초로 하여 혼인공동생활을 할 수 있도록 하기 위함이다. 즉 배우자중 일방 혹은 쌍방이 미성년자인 경우 혼인 후에도 계속해서 미성년자로 머무를 때에는 제3자의 친권이나 후견에 따르게 되므로 부부간의 혼인생활에 간섭을 받게 되어 그 독립성을 침해받게 되며, 비록 배우자중 일방만이 미성년자이어서 상대방배우자가 그의 후견인이 된다고 하더라도 부부간의 평등이 결여되기 때문이다. 따라서 미성년자라고 하더라도 혼인을 한 후에는 연령상 성년에 달하기 전에 미리 행위능력을 부여하려는 것이다. 혼인을 한 미성년자는 민법상 행위능력을 가지므로 예컨대 타인의 친권이나 후견에서 벗어나게 되고, 혼인 후에는 자기의 출생자에 대하여 친권을 행사할 수 있으며, 또한 타인을 위하여 후견인이 될 수 있고, 소송능력도 갖게 된다. 그러나 민법 이외의 다른 법분야인 공법이나 기타 사회법분야 등에서는 적용이 되지 않는다고 본다. 따라서 가령 국회의원선거법·미성년자보호법·근로기준법 등의 경우에는 미성년자가 혼인을 하였더라도 여전히 미성년자로 취급된다. 그밖에 논의할 문제는 미성년자가 혼인으로 인하여 일단 성년자가 된 후에 혼인이 해소된 경우에는 다시 미성년자로 되돌아가느냐 혹은 계속해서 성년자로 보아야 하느냐의 여부에 관하여 민법은 아무런 규정을 두고 있지 않다는 점이다. 생각컨대 성년자로서의 자격을 부여했다가 다시 박탈하는 경우에 야기되는 현실적인 부작용을 고려해 볼 때 계속해서 성년자로 보는 것이 타당하다고 본다.

4) 부부간의 계약취소권

민법 제828조에 의하면 『부부간의 계약은 혼인중 언제든지 부부의 일방이 이를 취소할 수 있다. 그러나 제3자의 권리를 해하지 못한다』라고 규정함으로써 부부간의 계약취소권을 명시하고 있다. 본래 부부간에 맺은 계약은 부부의 애정이나 일방의 압력에 의한 비진의표시(非眞意表示)인 경우가 많으며, 국가기관은 부득이한 경우가 아니면 가정문제에 관여하지 않는 것이 바람직하므로, 부부간에 합의한 것은 그 이행을 법률상 문제삼지 않으려는 것이 그 입법취지이다. 그러나 현실적으로 계약을 강요당하는 예는 남편보다 처인 경우가 많을 것이며, 계약을 강요당할 정도의 처라면 취소도 할 수 없는 경우가 많을 것이므로, 동조의 입법취지 자체가 과연 타당한지는 의문의 여지가 있다. 부부간의 계약취소권에 관한 규정은 모든 권리발생원인에 대하여 적용되는 것이 아니고, 계약에 대해서만 적용되며, 계약인 한 그 종류와 내용은 묻지 않는다. 또한 이 취소권은 혼인의 효력으로서 부부간에 생기는 것이므로 혼인전의 계약에는 적용되지 않고, 혼인 후에 맺은 계약에 대해서만 적용된다. 즉 혼인 후에 맺은 계약인 한 혼인중 언제든지 취소할 수 있으며, 취소권의 행사방법에 관해서도 법률상 아무런 명시적 규정이 없으므로 배우자일방이 상대방배우자에 대해 구두로 하든 혹은 문서로 하든 취소의 의사표시만 하면 된다. 취소의 효과는 소급적으로 발생하므로 계약이 처음부터 성립하지 않은 것으로 되지만, 이러한 소급효로 인해 제3자의 권리를 해하지는 못한다. 이 때 제3자란 배우자 이외의 자를 발하며, 제3자의 선의·악의는 묻지 않는다.

5) 일상가사대리권

민법 제827조에 의하면 『① 부부는 일상의 가사에 관하여 서로 대리권이 있다. ② 전항의 대리권에 가한 제한은 선의의 제3자에게 대항하지 못한다』라고 규정함으로써 부부간의 일상가사대리권을 명시하고 있다. 이 때 일상가사(日常家事)란 부부가 혼인공동생활을 함에 있어서 통상 필요로 하는 모든 사무를 말하며, 부부의 직업이나 사회적 지위 또는 재산정도와 기타 부부가 현재 생활하고 있는 지방의 일반관습 등 여러 가지를 참작하여 결정하게 된다. 따라서 동일한 일이라도 어느 가정의 경우에는 일상가사행위라고 볼 수 있으나, 다른 가정에서는 그렇게 보지 않을 수도 있다. 다만 학설 및 판례 등을 통하여 그 내용을 파악해 보면 가령 가족의 식료품·의류나 연료의 구입, 가옥의 임차, 세금의 납부, 가족의 보건·오락·교제, 자녀의 양육·교육 등이 이에 속한다. 그런데 민법은 이러한 일상가사대리권에 대하여 제한을 할 수 있도록 규정하고 있다. 즉 부부는 아무리 공동생활을 한다고 하지만, 어떤 경우에는 부부의 일방에게 낭비성이 있다든지 혹은 가사에 대한 경험부족 등으로 인해 상대방배우자에게도 불이익을 주게 될 우려가 있으므로 이러한 제한규정을 둔 것이다. 이 경우 양적·질적으로 그 제한의 범위를 명확히 해야 하므로, 가령 거래의 금액을 한정하거나 또는 일상의 식량구입만을 허용하고 기타는 금지하는 것과 같이 그 제한의 범위를 특정해야 하지만, 가사대리권 전체를 부인하는 것은 허용되지 않는다고 본다. 가사대리권을 제한하고자 할 때에는 상대방배우자에 대한 의사표시로 해야 하며, 그 형식은 불요식으로서 아무런 방식을 요하지 않는다. 다만 제3자가 그 제한을 알지 못하는 선의인 경우에는 그 제한으로써 제3자에게 대항하지 못한다.

2. 혼인의 재산적 효과(부부재산제)

1) 부부재산제의 의의

혼인생활 중 부부의 재산관계는 부부 자신을 위해서는 물론이고 제3자를 보호하기 위해서도 확정해 둘 필요가 있다. 가령 부부가 각자 혼인전부터 소유하고 있던 재산은 혼인으로 인하여 그 귀속에 변동이 생기는가, 혼인중에 각자가 취득한 재산은 누구에게 귀속되는가, 각자의 재산관리는 누가 어떻게 하는가 등의 부부간에 여러 가지 이해관계가 얽히게 되며, 한편으론 외부에서 부부의 재산관계가 쉽게 판별되지 않는 경우가 많으므로 부부의 재산에 관하여 일정한 관계를 갖게 되는 선의의 제3자를 보호해 주지 않으면 안되는 것이다.

그러나 전통적인 가부장적 가족제도 하에서는 처가 부의 지배와 비호 아래에 있었고 사회경제적으로도 독립적인 지위를 갖지 못했으므로, 처를 위하여 특별한 소유를 인정하거나 부부재산관계를 정하는 것은 문제가 되지 않았다. 그 후 여자의 경제적 지위의 향상, 상속권의 취득 등의 이유로 처도 부에 못지않게 재산을 가지게 되고, 또 사상적으로도 처의 독립적 지위가 확인됨에 따라 부부 사이의 재산관계를 어떻게 규율할 것이냐가 특히 유럽대륙을 중심으로 하여 입법상 문제되었던 것이다. 다시 말해서 부부재산제도도 모든 다른 제도와 마찬가지로 혼인이 지니는 사회적·경제적 조건, 부부평등의 관념, 전통적인 제도들의 변천과 더불어 변화의 과정을 거치면서 오늘에 이른 것이다.

2) 부부재산제의 유형

① 부부재산계약제와 법정재산제

부부재산제란 한 마디로 말해서 부부생활에 필요한 비용의 부담문제, 부 또는 처의 개인재산인 특유재산의 귀속문제 그리고 부부재산의 관리·사용·수익·처분 및 채무부담 등의 문제를 다루는 부부간의 재산관계를 정하는 제도를 의미한다. 이에 관한 여러 나라의 입법은 각기 상이한 전통과 관습에 따라 매우 다양한 형태를 취해오고 있지만, 오늘날 각국이 채택하고 있는 부부재산제는 크게 두 가지로 구분할 수 있다. 즉 부부재산계약제와 법정재산제가 바로 그것인데, 우선 부부재산계약제란 혼인당사자인 부부가 계약으로 자유롭게 그들의 재산관계를 정하는 제도이고, 반면에 법정재산제는 부부간에 부부재산계약이 체결되지 않은 경우나 또는 그 부부재산계약이 불완전한 경우에 법률의 규정에 의해서 부부의 재산관계를 정하는 제도를 말한다. 따라서 부부재산계약제가 법정재산제에 우선하며, 법정재산제는 보충적인 의미가 있는 것이다.

② 별산제와 공유제

세계 각국에서 행해지고 있는 다양한 법정재산제의 유형을 나누어보면 ㉠ 부부가 제각기 재산을 소유하고 각자가 자기의 재산을 관리하는 **별산제**(別産制) ㉡ 부부의 재산을 공유로 하는 **공유제**(共有制) ㉢ 부부의 특유재산은 인정하나 부가 처의 재산을 관리하는 **관리공통제**(管理共通制) 등이 있다.

우선 부부별산제란 부부 각자의 고유재산은 혼인으로 인하여 영향받지 아니하고 자기 재산에 대한 소유권을 여전히 각자가 보유할 뿐만 아니라 그 관리·사용·수익 또는 처분권까지도 각자가 가지는 제도를 말한다. 본래 이 제도는 역사적인 등장배경에서 볼 때 전통적 사회기반이었던 가부장제 가족제도의 붕괴와 더불어 혼인으로 인한 처의 무능력제도가 폐지되면서 기존의 부권에 의해 뒷받침되어 온 부부재산제에 대항하여 출현한 제도로서 남녀평등사상에 기반을 둔 민주적 제도의 출발이라고 말할 수 있다. 따라서 부부별산제는 영미법계 국가들과 일본, 중국, 이탈리아, 불가리아, 구유고슬라비아 등 대다수의 국가에서 채택되고 있다. 그러나 부부별산제는 처의 독립된 재산권을 인정한 점에서는 이상적이고 공적이 크다고 말할 수 있지만, 실제 부부생활의 경제적인 측면에서 볼 때 과연 실질적인 남녀평등을 실현시킬 수 있는 제도인지는 의문의 여지가 있다. 왜냐하면 현실적으로 볼 때 대부분의 처는 가사노동에 종사하며 경제적 활동은 주로 부가 담당하고 있고, 설령 처가 경제활동을 한다고 해도 일반적으로 그 수입은 부에 비하여 현저히 차등이 생기게 되므로 처가 자신의 독립적인 재산을 취득하기란 극히 곤란하기 때문이다. 따라서 부부별산제는 피상적으로 보면 부부평등원리에 입각한 제도인 것 같으나 단지 형식적인 남녀평등의 선언에 불과하며, 결과적으로는 처에게 있어서 명목적인 재산권 보장의 구호에 그치고 만다. 즉 별산제는 처가 일단 재산을 소유한 후에 그 재산권을 보장받을 수 있는 정도의 제도에 불과한 것이다.

이러한 별산제에 대한 보완으로서 오늘날 공유제가 다시 의미를 갖게 된 것도 사실이다. 본래 공유제의 기초는 혼인을 경제적인 측면에서 조합적인 것으로 추정하고 혼인 중 부부의 노력에 의하여 취득한 재산은 부부 중 누가 취득하였는가를 묻지 않고 부부에게 공유로 귀속한다는 것으로 원래 유럽대륙제국에서 인정되었던 제도이며, 이러한 공유제 하에서의 부부재산은 이혼시 부부공동생활로 인한 채무를 청산한 후 잔여재산에 대하여 균등하게 배분하도록 한다. 그러나 오늘날의 공유제는 전통적인 공유제와는 달리 부부재산을 혼인전부터 소유한 것이든 혹은 혼인후에 취득한 것이든 불문하고 모두 공유로 하는 전통적인 제도는 채택되지 않고 있으며, 오늘날에는 부부가 혼인당시에 소유하고 있던 재산 및 혼인후에 상속이나 증여에 의하여 취득한 재산은 각자의 특유재산으로 하고 혼인후에 노동이나 절약에 의해 취득한 재산은 부부의 공유로 하는 제도로 나타나거나 또는 혼인중에는 부부가 각자 자기재산을 관리하는 별산제를 취하다가 혼인해소시에 부부의 재산을 통합·청산하여 분배하는 제도 등으로 나타나게 되었다. 즉 자본주의의 발달에 따라 생산수단을 소유하고 화폐가치로 환산되는 경제활동을 독점하는 부와 비생산적인 가사노동에만 전적으로 종사하는 처라는 역할분담에 따라 처는 실질적으로 재산을 소유할 수 있는 길이 막히게 되었고, 따라서 별산제에 대한 보완으로 공유제가 출현하게 된 것이다. 그렇지만 공유제의 경우에도 처의 경제적 지위를 향상·안정시킨다고 단언할 수는 없다. 그 이유는 가령 부부간의 채무도 공유가 되므로 오히려 그로 말미암아 처의 지위가 저하·불안정하게 될 수 있는 위험성이 있기 때문이다.

3) 부부재산제에 관한 민법규정

① 부부재산계약

☞ 민법 제829조【부부재산의 약정과 그 변경】

『① 부부가 혼인성립전에 그 재산에 관하여 따로 약정을 하지 아니한 때에는 그 재산관계는 본관(本款) 중 다음 각 조에 정하는 바에 의한다.

② 부부가 혼인성립전에 그 재산에 관하여 약정한 때에는 혼인중 이를 변경하지 못한다. 그러나 정당한 사유가 있는 때에는 법원의 허가를 얻어 변경할 수 있다.

③ 전항의 약정에 의하여 부부의 일방이 다른 일방의 재산을 관리하는 경우에 부적당한 관리로 인하여 그 재산을 위태하게 한 때에는 다른 일방은 자기가 관리할 것을 법원에 청구할 수 있고 그 재산이 부부의 공유인 때에는 그 분할을 청구할 수 있다.

④ 부부가 그 재산에 관하여 따로 약정을 한 때에는 혼인성립까지에 그 등기를 하지 아니하면 이로써 부부의 승계인 또는 제3자에게 대항하지 못한다.

⑤ 제2항, 제3항의 규정이나 약정에 의하여 관리자를 변경하거나 공유재산을 분할하였을 때에는 그 등기를 하지 아니하면 이로써 부부의 승계인 또는 제3자에게 대항하지 못한다.』

본래 부부재산계약제는 개인의사를 존중하고 사적자치원칙에 충실하다는 점에서 정당성이 인정되는 법제도라고 말할 수 있다. 그러나 지금까지 실제로 이 제도를 이용하는 사례는 거의 찾아볼 수 없었다. 그 이유는 장차 부부가 될 당사자가 혼인신고전에 재산계약을 체결해야 하고, 그 체결한 재산계약을 역시 혼인신고전까지 등기하여야만 부부의 승계인이나 제3자에게 대항할 수 있다고 되어 있는 민법규정의 비현실성 때문이었다. 따라서 사실상 모든 부부는 법정재산제에 의한다고 해도 과언이 아니다. 그렇지만 최근에는 젊은 신세대 부부를 중심으로 이에 대한 많은 관심을 갖게 되었으며, 진정한 남녀평등을 위해 아내의 가사와 육아를 돕거나 사회생활을 인정하는 데서 나아가 재산에 관한 권리도 나눠야 한다는 생각에서 부부재산계약제를 활용하려는 적극적인 움직임이 있다는 점은 주목해야 할 것이다.

② 법정재산제

☞ 민법 제830조【특유재산과 귀속불명재산】

『① 부부의 일방이 혼인전부터 가진 고유재산과 혼인중 자기의 명의로 취득한 재산은 그 특유재산으로 한다.
② 부부의 누구에게 속한 것인지 분명하지 아니한 재산은 부부의 공유로 추정한다.』

☞ 민법 제831조【특유재산의 관리 등】

『부부는 그 특유재산을 각자 관리, 사용, 수익한다.』

☞ 민법 제832조【가사로 인한 채무의 연대책임】

『부부의 일방이 일상의 가사에 관하여 제3자와 법률행위를 한 때에는 다른 일방은 이로 인한 채무에 대하여 연대책임이 있다. 그러나 이미 제3자에 대하여 다른 일방의 책임없음을 명시한 때에는 그러하지 아니하다.』

☞ 민법 제833조【생활비용】

『부부의 공동생활에 필요한 비용은 당사자간에 특별한 약정이 없으면 부부가 공동으로 부담한다.』

민법 제832조에서 말하는 일상가사(日常家事)란 부부가 혼인공동생활을 함에 있어서 통상 필요로 하는 모든 사무를 말하며, 가령 가족의 식료품・의류나 연료의 구입, 가옥의 임차, 세금의 납부, 가족의 보건・오락・교제, 자녀의 양육・교육 등이 이에 속한다. 구체적인 경우에 일상가사의 범위는 부부의 사회적 지위・직업・자산・수입 등을 고려해서 결정해야 함은 이미 설명한 바 있다. 이 때 연대책임이 있다는 것은 연대채무를 부담한다는 뜻이지만, 부부공동생활의 일체성에서 볼 때 보통의 연대채무보다도 더욱 밀접한 부담관계에 있다고 본다. 다만 이미 제3자에 대하여 다른 일방의 책임없음을 명시한 때에는 부부의 연대책임이 발생하지 않는다. 이 때 제3자란 일반불특정의 제3자가 아니라 부부의 일방과 일상가사에 관한 법률행위를 하는 개개의 상대방을 말한다. 부부의 공동생활에 필요한 비용은 당사자간에 특별한 약정이 없으면 부부가 공동으로 부담한다. 1990년의 민법의 일부개정 전에는 부부공동생활비용을 부가 부담한다고 규정하였으나, 남녀평등의 원칙상 타당성이 없을 뿐만 아니라 귀속불명재산의 부부공유추정이라든지 일상가사의 연대책임을 인정하고 있는 민법의 다른 규정들과 형평을 맞추기 위하여 개정되었다. 이 때 공동생활에 필요한 비용이란 의식주의 생활비·출산비·의료비·장례비·교제비뿐만 아니라 미성숙자녀의 교육비·양육비 등 혼인생활에 필요한 모든 비용을 뜻한다. 구체적인 부담내용은 부부가 협의하여 정하지만, 만일 협의가 이루어지지 않을 경우에는 가정법원의 조정과 심판에 의하여 결정한다.

▶ **관련판례**

1) 처가 당연히 부를 대리할 수 있는 일상가사의 범위는 일용품의 구입 등 가정생활상 상시 행하여지는 행위에 한한 것이고, 그 부동산을 처분하는 것과 같은 재산상 중요한 법률행위는 도저히 일상가사에 속한 행위라 할 수 없는 것이다[**대법원** 1957. 2. 23. 4289 민상 523].

2) 민법 제828조에서 혼인중이라 함은 단지 형식적으로 혼인관계가 계속되고 있는 상태를 가리켜 뜻하는 것이 아니라 형식적으로는 물론 실질적으로도 원만한 혼인관계가 계속되고 있는 상태를 가리켜 뜻한다고 풀이함이 상당하다고 할 것인 바, 따라서 혼인관계가 비록 형식적으로는 계속되고 있다고 하더라도 실질적으로는 파탄에 이른 상태에 있는 경우라면, 위 규정에 의한 부부간의 계약은 이를 취소할 수 없다고 해석함이 상당하다[**대법원** 1979. 10. 30. 79 다 1334].

3) 부부의 일방이 혼인중 그의 명의로 취득한 부동산은 그의 특유재산으로 추정되는 것으로서 그 부동산을 취득함에 있어 상대방의 협력이 있었다거나 혼인생활에 있어서 내조의 공이 있었다는 것만으로는 위 추정을 번복할 수 있는 사유가 되지 못하고, 그 부동산을 부부 각자의 대금의 일부씩을 분담하여 매수하였다거나 부부가 연대채무를 부담하여 배수하였다는 등의 실질적 사유가 주장·입증되는 경우에 한하여 위 추정을 번복하고 그 부동산을 부부의 공유로 인정할 수 있다[**대법원** 1986. 9. 9. 85. 다카 1337·1338].

4) 사실혼관계에 있는 부부의 일방이 사실혼 중에 자기 명의로 취득한 재산은 그 명의자의 특유재산으로 추정되나, 실질적으로 다른 일방 또는 쌍방이 그 재산의 대가를 부담하여 취득한 것이 증명된 때에는 특유재산의 추정은 번복되어 그 다른 일방의 소유이거나 쌍방의 공유라고 보아야 할 것이다[**대법원** 1994. 12. 22. 93 다 52068·52075].

5) 처 명의 부동산의 주된 매입 자금이 부의 수입이지만 처의 적극적인 재산증식 노력이 있었던 경우, 이를 부부공유재산으로 볼 여지가 있으므로 이를 처의 특유재산으로 인정한 원심판결을 파기한다[**대법원** 1995. 10. 12. 95 다

25695].

6) 민법 제832조에서 말하는 일상의 가사에 관한 법률행위라 함은 부부의 공동생활에서 필요로 하는 통상의 사무에 관한 법률행위를 말하는 것으로, 그 구체적인 범위는 부부공동체의 사회적 지위·직업·재산·수입능력 등 현실적 생활상태 뿐만 아니라 그 부부의 생활장소인 지역사회의 관습 등에 의하여 정하여지나, 당해 구체적인 법률행위가 일상의 가사에 관한 법률행위인지 여부를 판단함에 있어서는 그 법률행위를 한 부부공동체의 내부사정이나 그 행위의 개별적인 목적만을 중시할 것이 아니라 그 법률행위의 객관적인 종류나 성질 등도 충분히 고려하여 판단하여야 한다[**대법원** 1997. 11. 28. 97 다 31229].

7) 대리가 적법하게 성립하기 위하여는 대리행위를 한 자, 즉 대리인이 본인을 대리할 권한을 가지고 그 대리권의 범위내에서 법률행위를 하였음을 요하며, 부부의 경우에도 일상의 가사가 아닌 법률행위를 배우자를 대리하여 행함에 있어서는 별도로 대리권을 수여하는 수권행위가 필요한 것이지, 부부의 일방이 의식불명의 상태에 있어 사회통념상 대리관계를 인정할 필요가 있다는 사정만으로 그 배우자가 당연히 채무의 부담행위를 포함한 모든 법률행위에 관하여 대리권을 갖는다고 볼 것은 아니다[**대법원** 2000. 12. 8. 99 다 37856].

제5절 사실혼

1. 사실혼의 일반이론

1) 혼인법상 사실혼주의를 취하느냐 혹은 법률혼주의를 취하느냐 하는 입법주의의 문제는 오랫동안 논란의 대상이었다. 우리나라는 일제시대인 1922년에 제령 제13호(조선민사령 중 개정의 건)에 의해 종래부터 관습적으로 행해오던 사실혼주의(事實婚主義) 대신에 혼인의 성립에 관하여 일정한 법률적 절차(혼인신고)를 요구하는 법률혼주의(法律婚主義)를 채용하게 되었으며, 현행 민법 제812조 제1항도 「혼인은 호적법에 정한 바에 의하여 신고함으로써 그 효력이 생긴다」라고 규정하여 계속해서 법률혼주의를 취하고 있다.

2) 일반적으로 법률혼주의의 근거로는 혼인이란 인간의 가장 중요하고도 기본적인 신분관계로서 이를 형식적으로 획일화할 필요가 있으

며, 제3자와의 이해관계를 고려하여 그 성립을 공시할 필요가 있고, 가령 중혼이나 근친혼과 같은 불법적인 혼인에 대하여 국가가 제재를 가할 필요가 있다는 점 등을 들 수 있다. 그러나 현실적으로는 결혼식과 동시에 혼인신고를 하는 경우가 거의 드물고 대부분이 나중에 혼인신고를 하게 되므로 이 과정에서 필연적으로 사실혼상태가 발생하게 된다. 더구나 요즈음에는 혼인당사자들의 의사에 따라 실제로 더 살아보고 마음의 결정이 설 때까지는 혼인신고를 미루려는 경향이 나타나기도 한다. 예컨대 혼인신고를 하지 않은 채 공동생활을 영위하려는 이유로는 부부가 각자의 성(姓)을 그대로 유지하기 위하여 혹은 호적제도에 반대하므로 혹은 성관계는 프라이버시에 관한 문제로서 국가에 신고할 필요성을 느끼지 않으므로 혹은 성별역할분담으로부터의 해방을 위하여 혹은 언제라도 일방의사에 의해 관계를 해소시킬 수 있다는 점 등을 들고 있으며, 법률혼으로부터 사실혼 혹은 동거혼으로의 전환은 세계적 추세라고 본다.

3) 사실혼(事實婚)이란 양당사자간에 혼인의 의사가 있고 사실상 혼인생활을 영위하여 사회적으로 실질적인 혼인관계에 있다고 정당화되면서도 그 형식적인 요건인 혼인신고를 하지 않음으로써 법률상의 혼인으로 인정될 수 없는 부부관계를 말한다. 따라서 사실혼은 장래 부부가 되자는 합의만 있고 부부공동생활의 실체를 가지지 않는 약혼(約婚)과 다르며, 또 혼인의사를 가지지 않고 본처있는 남성이 다른 곳에 여성을 두고 경제적 원조를 하면서 성적 관계를 계속하는 첩관계(妾關係)와도 다르고, 부부공동생활의 실체가 없고 단지 은밀하게 정을 통하고 있는데 지나지 않는 사통관계(私通關係)와도 다르다. 또한 이혼의 의사를 가지고 별거를 하고 있어서 실질적으로는 부부가 아니지만 법률상 신고절차를 끝내지 않고 있기 때문에 여전히 법률상 부부로 다루어지는 사실상 이혼(事實上 離婚)과도 다르다.

4) 사실혼의 법률적 성질 내지 본질에 관하여 종래의 학설 및 판례는 사실혼관계를 혼인예약 즉 장차 적법한 혼인을 할 것을 약속하는 계약으로 보았으며, 이를 부당하게 파기한 자는 혼인예약의무불이행 즉 채무불이행으로 인한 손해배상의 책임을 지도록 하였다. 그러나 이러한 견해는 혼인의 실체를 이루는 사회적 사실을 너무나 무시하는 점에서 사회통념에 부적합할 뿐만 아니라 제3자와의 관계를 규율함에 있어서도 불합리한 결과를 가져오게 된다. 따라서 근래의 학설 및 판례

는 사실혼의 본질을 혼인에 준하는 특별관계 즉 준혼관계(準婚關係)로 이해하고 있다. 따라서 사실혼관계를 정당한 이유없이 파기하였을 경우에는 당사자 일방이 과실있는 상대방에게 채무불이행으로 인한 손해배상청구 및 불법행위로 인한 손해배상청구를 할 수 있다.

5) 사실혼의 성립요건으로는 크게 세 가지 요건, 즉 첫째 주관적 요건으로서 혼인의사의 합치가 있어야 하며, 둘째 객관적 요건으로서 사회관념상 부부공동생활을 인정할만한 혼인생활의 실체가 있어야 하고, 셋째 공서양속(公序良俗)에 반하지 않는 사회적 정당성의 요건을 갖추어야 한다.

① 사실혼이 성립되려면 우선 당사자 쌍방간에 사실상의 혼인의사가 있어야 한다. 이 때 혼인의 의사란 남녀가 일생 정신적·육체적으로 결합하여 사회적·경제적 생활공동체를 형성하고 혼인이라는 사회적 제도에 따른 제도적 효과 즉 권리와 의무를 취득하겠다는 의사를 말한다.

② 사실혼이 성립되려면 객관적으로 사회관념으로나 가족질서적인 면에서 부부공동생활을 인정할만한 혼인생활의 실체가 있어야 한다. 이러한 혼인생활실체의 유무를 판단하는 기준은 추상적이어서 구체적인 경우에 따라 판단이 용이하지 않을 수도 있다. 가령 법률상 혼인에 준하는 취급을 받기 위해서는 일반인이 객관적 관점에서 볼 때 혼인공동생활의 유지에 필요한 정도의 정서적 공감대, 경제적 공동체, 시간적 계속성, 장소적 특정성, 공동생활을 위한 도구 및 수단의 구비 등을 요한다.

③ 혼인의 의사로 결합하여 사실상의 혼인생활을 하고 있더라도 법의 목적에 비추어 선량한 풍속 기타 사회질서에 반하는 남녀의 결합관계에 대하여는 법률상 혼인에 준하는 보호를 할 수 없다. 이와 관련해서 참고로 살펴볼 문제가 동성혼(同性婚)에 관한 것이다. 즉 동성혼의 문제는 동성애자의 공동생활에 대하여 부부와 같은 법적 보호를 부여할 것인가의 여부문제이다. 가령 스웨덴에서는 『등록된 파트너쉽에 관한 법률』이 제정되어 1995년 1월부터 시행된 이래 내연으로조차 인정되지 않았던 동성혼이 정식으로 법률혼과 마찬가지의 대우를 받게 되었으며, 덴마크에서는 1989년부터 그리고 노르웨이에서는 1993년부터 각각 동성혼법에 의해 등록이라는 방법으로 동성애자의 혼인을 법적으로 인정하기에 이르렀다. 또한 미국의 경우 샌프란시스코시는 1989년 7월부터 동성커플이라도 35달러를 지급하고 당국에 등록하면

법제면에서 인지되어 부부와 마찬가지의 취급을 받게 되었으며, 같은 시기에 뉴욕주상소법원은 임대주택계약상 동성배우자를 가족으로 인정한 바 있다. 그러나 동성혼에 대한 세계 각국의 입장은 매우 다양하며, 특히 국제사법상 대부분의 국가들은 설령 외국에서 동성혼을 법률상 혼인으로서 인정하는 경우라도 법정지국인 자국의 예외적인 공서조항을 들어 이를 승인하지 않으려 하고 있다.

6) 사실혼이 성립되었다고 볼 수 있음에도 불구하고 당사자 일방이 혼인신고에 협력하지 않을 경우에는 사실상혼인관계존부확인청구제도를 통하여 가정법원의 조정 및 재판에 의해 혼인신고를 할 수 있다. 즉 사실상혼인관계존재확인의 청구를 위하여 가정법원에 조정을 신청할 수 있으며, 조정이 성립되면 조정을 신청한 자가 1개월 이내에 혼인신고를 해야 한다. 만일 조정이 성립되지 않으면 조정신청인은 제소를 할 수 있으며, 사실상혼인관계존재확인의 재판이 확정된 경우에는 재판청구자가 재판확정일로부터 1개월 이내에 재판서 등본과 확정증명서를 첨부하여 혼인신고를 해야 한다. 이와 같이 재판에 의해 법률상 혼인의 성립을 강제하는 것을 내용으로 하는 사실상혼인관계존재확인청구는 사실혼을 불안정한 사실혼관계로만 있게 하지 않고, 이를 완전한 법률혼으로 끌어올려 당사자 일방의 불이익을 구제하려는 데 그 제도적 의의가 있다고 본다.

7) 다만 중혼적 사실혼의 법적 보호에 관해서는 논란의 여지가 있다. 즉 중혼적 사실혼(重婚的 事實婚)이란 법률상 혼인관계에 있는 배우자 일방이 제3자와 사실상 혼인관계를 지속하는 경우의 당해 사실혼을 말한다. 이러한 중혼적 사실혼은 공서양속에 반하므로 어떠한 법적 효과도 부여할 필요가 없는 것이 원칙이지만, 현실적으로 만일 법률혼관계가 실체를 잃어 사실상 이혼상태에 빠져 있고 사실혼관계만이 당사자간의 유일한 결합관계로 남아 있다면 이를 무조건 무효라고 보기는 어렵다고 할 것이다. 물론 중혼적 사실혼의 경우에도 근친간의 사실혼처럼 선의의 당사자 또는 제3자는 보호되어야 한다고 보는 것이 통설적 견해이므로, 중혼적 사실혼관계를 모르고서 동거하고 있는 선의의 당사자는 사실혼으로서 법적 보호를 받을 수 있으며 재산적·정신적 손해배상청구를 할 수 있다고 본다. 그러나 판례는 중혼적 사실혼의 법적 보호에 관하여 일관되게 부정하고 있다.

2. 사실혼 부부의 법적 지위

1) 사실혼 부부의 신분법적 지위

사실혼 부부간에 동거·부양·협조·정조의 의무를 인정할 수 있고, 부부간의 계약은 혼인중 언제든지 부부의 일방이 취소할 수 있다는 부부간의 계약취소권도 원칙적으로 사실혼의 경우에 인정된다. 한편 혼인신고를 전제로 하는 효력은 사실혼에 대하여 인정할 수 없다. 따라서 사실혼 부부간에는 친족관계가 발생하지 않으며, 처가 남편의 호적에 입적해야 하는 호적의 변동문제도 발생하지 않고, 미성년자가 혼인을 한 때에는 성년자로 본다는 성년의제의 효력도 인정될 수 없다. 또한 사실혼관계에 있는 자가 혼인을 하더라도 중혼이 되지 않으며, 기혼자가 금치산 또는 한정치산의 선고를 받은 때에는 배우자가 후견인이 된다는 민법규정도 적용되지 않으므로 사실혼 부부는 서로 후견인이 될 권리와 의무가 없다.

2) 사실혼 부부의 재산법적 지위

사실혼 부부간에는 부부재산계약을 맺을 수 있다. 다만 민법은 부부재산계약제에 관해서 부부가 혼인성립전에 그 재산에 관하여 따로 약정을 해야 하며, 이는 정당한 사유가 있는 때에만 법원의 허가를 얻어 변경할 수 있을 뿐 원칙적으로는 혼인중 변경하지 못하고, 그 약정을 혼인성립까지 등기하지 않으면 이로써 부부의 승계인 또는 제3자에게 대항하지 못한다고 규정하고 있다. 따라서 실제로 사실혼 부부는 등기를 할 수 없으므로 제3자에게 대항할 수 없으며, 또한 현실적으로 볼 때 법률혼 부부라도 부부재산계약제도를 이용하는 사례는 거의 찾아볼 수 없으므로 사실혼의 경우에 이를 인정한다고 해도 별다른 실효성이 없다고 본다.

법정재산제에 관한 민법규정들은 원칙적으로 사실혼의 경우에도 적용된다. 따라서 사실혼 부부간에도 부부별산제가 적용되어 부부의 일방이 사실혼전부터 가진 고유재산과 사실혼중 자기의 명의로 취득한 특유재산은 각자 관리·사용·수익하며, 사실혼 부부의 누구에게 속한 것인지 불분명한 재산은 사실혼 부부의 공유로 추정한다. 사실혼 부부의 공동생활에 필요한 비용은 원칙적으로 사실혼 부부가 공동으로 부담해야 한다. 그리고 사실혼 부부는 일상의 가사에 관하여 서로 대리권이 있으며, 사실혼 부부의 일방이 일상의 가사에 관하여 제3자와 법률행위를 하여 채무를 진 때에는 원칙적으로 다른 일방도 연대책임이 있다. 다만 이 경우에 이미 제3자에 대하여 다른 일방의 책임없음을 명시한 때에는 예외적으로 연대책임을 면할 수 있게 된다.

3) 사실혼 부부의 사회입법 및 기타 법적 지위

① 사실혼 부부에 대하여는 여러 사회입법에서 법률혼 부부에 준하는 보호를 규정하고 있는 경우가 있다. 가령 공무원연금법, 근로기준법, 산업재해보상보험법, 사립학교교원연금법, 군인연금법, 선원법, 독립유공자예우에 관한 법률 등에서 사실상 혼인관계에 있는 자를 배우자에 포함시키고 있다.

② 형법의 간통죄의 경우에는 사실혼 배우자가 포함되지 않으므로, 사실혼관계에 있는 일방은 상대방이 다른 여자나 남자와 불륜관계를 맺고 있다는 이유로 형법상 간통죄로 고소할 수 없으며, 다만 민사상 사실혼관계의 불법침해로 인한 손해배상청구를 상대방 및 그 상간자에게 할 수 있을 뿐이다.

③ 가정폭력범죄의 처벌 등에 관한 특례법에 의하면 가정구성원 가운데 배우자 또는 배우자관계에 있었던 자가 해당되는데, 이 때 배우자는 사실상 혼인관계에 있는 자를 포함한다고 명시하고 있다.

④ 자동차종합보험과 관련해서 가령 '가족운전자 한정운전특약부 자동차종합보험'의 경우에 보험의 특별약관상 운전할 수 있는 자로서 기명피보험자・부모・배우자・자녀로 한정되어 있는데, 이 경우 배우자 중에 사실혼 배우자도 포함되는가의 여부에 관해서 판례는 이를 포함하지 않는다고 판시한 바 있으나, 모든 손해보험회사들은 위 특별약관상의 배우자 중에 사실혼 배우자가 포함되는 것으로 해석하고 있다.

4) 사실혼 부부간 자녀의 법적 지위

사실혼 부부간에 출생한 자녀는 혼인외의 자가 된다. 따라서 비록 그 자녀가 부모의 사실혼중에 포태되어 사실혼중에 출생하였다고 하더라도 부모가 법률혼을 하지 않는 한 그 자녀는 어쩔 수 없이 혼인외의 자가 된다. 또한 혼인외의 출생자의 경우에 그 부모와의 친자관계라고 하더라도, 법률상의 부자관계는 오로지 인지(認知)에 의해서만 생기게 되고, 모자관계는 해산(解産)에 의하여 당연히 생기므로 특별히 인지가 필요없다고 본다. 모(母)의 인지가 필요한 경우는 기아(棄兒)와 같은 예외적인 경우이며, 이때의 인지도 모자관계의 발생이라기보다는 그 확인이라고 보아야 할 것이다. 따라서 민법상 부(父)의 인지가 없으면 사실혼 부부 사이의 자녀는 모(母)에 대해서만 친자관계가 생기고 모의 친권에 복종하게 되며 모와 모의 혈족 사이에서만 친족관계·부양관계·상속관계가 생기게 된다. 반면에 부(父)가 인지하면 부자간에 법적 친자관계가 발생한다. 따라서 부가 인지한 혼인외의 출생자에게는 부모 쌍방에 대해서 친자관계·부양관계·상속관계·친족관계 및 기타 다른 법률관계가 인정되는 것이다. 그러나 현실적으로 끝까지 부가 사실혼관계에서 출생한 자녀를 인지하지 않는 경우에는 민법상 그 자녀가 부를 상대로 하여 인지청구(認知請求)의 소(訴)를 제기할 수 있다.

5) 사실혼의 해소시 법적 지위

사실혼의 해소라 함은 사실혼의 성립후에 어떠한 사유로 인하여 사실혼관계가 소멸하는 것을 말한다. 즉 사실혼은 혼인신고 또는 가정법원의 심판에 의하여 법률혼으로 발전하면서 해소되기도 하고 혹은 당사자 일방의 사망·사실상 이혼의 합의·당사자 일방의 파기 등에 의하여 해소되기도 한다. 특히 사실혼의 해소는 특별한 명시적인 의사표시에 의해서만 가능한 것이 아니므로 사실혼 부부 일방이 부부생활을 일방적으로 중단하는 행위도 해소에 해당한다. 또한 사실혼의 해소는 그 효과를 기왕에 소급시키지 않으므로 사실혼관계중 부부 사이에 행한 재산이전 등은 특별한 조건이 따르지 않는 한 그 효력이 변하지 않는다고 본다.

① 당사자 일방의 사망에 의한 사실혼의 해소

당사자 일방의 사망에 의한 사실혼의 해소의 경우에도 생존배우자에게는 종전의 법률관계의 존속이 일부 인정되어야 한다. 이 때 논의해야 할 문제로는 상속권의 인정여부·거주권의 보호·생명침해로 인한 손해배상청구권 등을 들 수 있다.

㉠ 상속권의 인정여부에 관해서 살펴보면 본래 상속이란 피상속인의 재산에 대한 권리와 의무를 포괄적으로 승계하는 것으로서 현실적으로 분쟁의 소지가 많으며 공익과도 관련이 있으므로 법적 안정성이 우선되어야 한다는 점에서 상속법상 배우자란 법률상의 부부만을 의미한다

고 보아야 하며 또한 호적의 기재에 의한 객관적·획일적 처리가 타당하다고 본다. 따라서 현행법상 사실혼 부부간에는 상속권이 인정되지 않는다고 보는 것이 통설이다. 그러나 이에 대하여는 입법론적으로 사실혼 부부를 보호하려는 추세에 비추어 볼 때 상속권을 인정해 주는 입법조치가 필요하다고 보는 견해도 있다.

㉡ 거주권의 보호문제에 관해서 살펴보면 임차인과 사실혼관계에 있는 자는 민법상 재산상속권이 없으므로 임차인이 상속권자 없이 사망한 경우에는 당해 주택임차권 및 보증금 등 반환청구권은 국가에 귀속되는 한편 상속권자가 있는 경우에는 그 상속권자가 동 권리들을 상속하게 된다. 따라서 사실혼관계에 있는 배우자는 임차인의 사망으로 인하여 그 임차주택에서 쫓겨나게 된다. 이러한 불합리를 제거하고 임차인과 사실상 혼인관계에 있는 배우자의 주거생활의 안정을 보장하기 위하여 사회적 보호의 필요성이 강하게 요청된다. 그러므로 주택의 임차권의 승계에 관한 주택임대차보호법 제9조에 의하면 『① 임차인이 상속권자 없이 사망한 경우에 그 주택에서 가정공동생활을 하던 사실상의 혼인관계에 있는 자는 임차인의 권리와 의무를 승계한다. ② 임차인이 사망한 경우에 사망당시 상속권자가 그 주택에서 가정공동생활을 하고 있지 아니한 때에는 그 주택에서 가정공동생활을 하던 사실상의 혼인관계에 있는 자와 2촌 이내의 친족은 공동으로 임차인의 권리와 의무를 승계한나. ③ 제1항 및 제2항의 경우에 임차인이 사망한 후 1월 이내에 임대인에 대하여 반대의사를 표시한 때에는 그러하지 아니하다. ④ 제1항 및 제2항의 경우에 임대차관계에서 생긴 채권·채무는 임차인의 권리의무를 승계한 자에게 귀속한다』라고 규정함으로써 일정한 요건 하에 사실혼 배우자와 그 근친들을 보호하고 있다.

㉢ 생명침해로 인한 손해배상청구권에 관하여 민법 제752조는 『타인의 생명을 해한 자는 피해자의 직계존속, 직계비속 및 배우자에 대하여는 재산상의 손해없는 경우에도 손해배상의 책임이 있다』라고 규정하고 있다. 따라서 제3자의 불법행위로 인해 사실혼 배우자 일방이 사망한 경우에는 타방 사실혼 배우자와 그 사이의 자녀들이 제3자를 상대로 물질적·정신적 손해배상청구를 할 수 있다.

② 사실상 이혼의 합의에 의한 사실혼의 해소

사실혼 부부가 사실상 이혼의 합의에 의해 사실혼을 해소하는 경우에는 법률상 아무런 제한이 없다. 이 때에는 사실혼 부부의 공유재산을 청산하는 방법도 당사자의 합의에 의한다. 다만 당사자 일방이 합의한 내용을 이행하지 아니할 경우에는 상대방이 그 이행을 청구할 수 있으며, 또한 일단 사실혼 해소의 합의를 하고서도 당사자 일방이 계속해서 공동생활을 하려고 하는 경우에는 사실상혼인관계부존재확인청구를 가정법원에 제기할 수 있다고 본다. 그리고 사실상 이혼의 합의에 의한 사실혼 해소의 경우에는 민법상 이혼의 효과로서 인정되고 있는 재산분할청구권에 관한 규정이 유추적용된다고 보아야 할 것이다. 즉 재산분할청구권은 이혼을 한 당사자 일방이 다른 일방에 대하여 재산분할을 청구하는 것으로서 부부의 재산형성에 협력했던 자기의 몫을 되돌려 받는 것이며 또한 이혼후 생활능력이 약한 배우자에 대한 부양료의 성격도 아울러 지니므로, 이는 유책배우자에 대한 손해배상청구권과는 별개로 인정되는 것이다. 이러한 제도적 입법취지를 고려할 때 법률상 이혼이나 사실상 이혼의 합의에 의한 사실혼 해소의 경우가 실제로 별다른 차이가 없으므로 양자 모두 재산분할청구권을 인정함이 타당하다고 본다.

③ 당사자 일방의 파기에 의한 사실혼의 해소

사실혼 당사자의 일방이 정당한 사유없이 사실혼관계를 파기함으로써 사실혼이 해소된 경우에는 타방 당사자가 손해배상을 청구할 수 있다. 이 경우 대개 유책당사자가 사실혼관계를 부당하게 파기하는 예가 많을 것이지만, 상대방의 부당한 행위로 말미암아 더 이상 사실혼관계를 계속할 의사가 없는 무책당사자도 사실혼을 해소하면서 손해배상을 청구할 수가 있다. 종래의 판례는 이러한 손해배상책임의 법적 성질에 관하여 혼인예약의무불이행 혹은 채무불이행의 책임으로 보았으나, 오늘날의 통설과 판례는 사실혼관계를 준혼관계로 보아 불법행위책임으로 파악하고 있다. 손해배상의 범위에 있어서는 재산적 손해는 물론 정신적 손해를 모두 포함하며, 특히 재산적 손해의 경우에는 사실혼관계의 성립유지와 상당인과관계가 있는 모든 손해를 포함한다. 이 때 사실혼의 부당파기에 가담한 자 역시 공동불법행위자로서의 책임을 부담해야 하고, 반면에 사실혼의 부당파기를 당한 자의 부모도 역시 정신적인 고통을 받았으므로 위자료를 청구할 수 있다고 본다.

④ 사실혼의 해소시 자녀의 법적 지위

사실혼이 해소되더라도 이로 인하여 사실혼 부부간에 출생한 자녀의 법적 지위에는 아무런 변동을 가져오지 아니한다. 따라서 사실혼관계가 계속되고 있는 경우와 마찬가지로 부의 인지가 없는 한 혼인외의 출생자로서의 신분을 그대로 유지하게 된다. 다만 여기서 논란의 여지가 있는 문제는 사실혼해소후의 자녀의 양육문제에 대하여 이혼시 인정되는 자녀의 양육책임에 관한 민법규정(제837조)이 유추적용될 수 있는가 하는 점이다. 생각컨대 사실혼관계에 있는 부부간에 출생한 자녀는 생부가 인지하지 않는 동안 그 부와 법률상의 부자관계가 발생하지 않으므로 위의 민법규정을 곧바로 유추적용할 수는 없고, 먼저 부가 인지하지 않으면 자녀가 부를 상대로 인지청구의 소를 제기하여 인용판결이 확정된 후에 법률상의 부자관계를 형성하고 자녀의 양육문제를 다룸으로써 그 부에게 당연히 양육비 지급의무를 발생케 하는 것이 타당하다고 본다.

▶ **관련판례**

1) 사실혼관계에 있는 남자가 다른 여자와 연애를 한 행위는 사실혼 부당파기에 해당하고, 시어머니가 혼인때 며느리에게 준 패물들을 빼앗고 그 의류들을 친가로 보낸 것은 시어머니로서 아들 내외간의 사실혼관계를 부당파기 시키는데 가담한 것이다[**대법원** 1965. 5. 31. 65 므 14].

2) 청구인이 피청구인 갑(남자)을 상대로 한 사실혼관계확인청구사건에서 피청구인이 승소하여 항소심에 계속 중, 피청구인 을(여자)이 청구인의 장래에 확정될 판결에 기하여 피청구인 갑과의 혼인신고를 방해할 목적으로 혼인신고를 하였더라도 당연 무효라 할 수 없다』라고 봄으로써 사실상혼인관계존재확인의 확정판결을 받았더라도 그에 기한 혼인신고를 하기에 앞서 상대방이 먼저 제3자와 혼인신고를 하여 버리면 그 제3자와의 혼인신고가 유효하다는 점을 판시하고 있다. 따라서 가령 실무상 혼인신고를 먼저 한 쪽이 법률상의 처가 되므로 다른 여자가 먼저 혼인신고를 하게 되면 오히려 사실혼관계에 있던 처가 불이익을 당하게 됨을 뜻한다[**대법원** 1973. 1. 16. 72 므 25].

3) 약혼을 부당히 파기한 약혼당사자뿐만 아니라 약혼당사자의 부모된 자가 부당파기에 가담한 경우에는 그들도 포함하여 가사심판법 소정의 절차에 따라 손해배상을 청구할 수 있고, 약혼을 부당히 파기당한 자뿐만 아니라 당연히 정신적 고통을 받게 되는 동인의 부모 또한 같은 법 소정의 절차에 따라 손해배상을 청구할 수 있다[**대법원** 1975. 1. 14. 74 므 11].

4) 사실혼관계에 있는 처가 그 부의 노모로부터 지나친 내핍생활과 모든 힘든 가사를 강요당하고, 이로 말미암아 내외 사이에 불화가 생겨 부로부터 구타당하고 별거하던 중 부가 그 거처하던 방과 결혼반지까지 처분하여 버렸다면,

처는 배우자 및 그 존속으로부터 기히 부당한 대우를 받은 것이라고 말할 수 있을 것이요, 이 사건 당사자들 사이의 사실혼관계의 파종원인은 부측에 그 책임이 있다고 보는 것이 상당하다[**대법원 1975. 7. 8. 75 므 20**].

5) 이혼경력이 있는 독신여자로서 미혼총각인 피청구인을 유혹하여 정교관계를 가진 후 주위의 이목을 피하여 간헐적인 정교관계를 맺어왔을 뿐이고 이와 같은 관계를 청구인이나 피청구인의 부모에게 알린다거나 결혼승낙도 받지 아니하고 더구나 결혼식을 올린 바 없다면, 비록 그들 사이에 자식이 태어났다 하더라도 서로 혼인의사의 합의가 있었다고 보여지지 아니할 뿐더러 혼인생활의 실체가 존재한다고도 보여지지 아니하여 사실상의 혼인관계가 성립되었다고 볼 수 없다[**대법원 1984. 8. 21. 84 므 45**].

6) 혼례식을 올리고 혼인신고는 하지 않은 채 사실상 부부로서 동거생활을 하다가 불과 2개월도 못된 상태에서 결혼생활이 파탄에 이른 경우에는 부부공동생활 즉 사실혼의 실태에 이르지 못한 것이다[**대법원 1984. 9. 25. 84 므 77**].

7) 사실혼관계의 존재를 확인하는 심판이 확정되더라도 이로써 그 일방 당사자가 호적법 제76조의 2의 규정에 의하여 단독으로 혼인신고를 할 수 있는 길이 열리는 것일 뿐이고, 그 심판확정으로 곧 그 당사자간에 법률상의 혼인관계가 형성되는 것은 아니며, 신고혼주의를 취하는 우리 법제 하에서는 혼인신고가 있어야만 비로소 법률상 혼인이 성립한다[**대법원 1991. 8. 13. 자 91 스 6 결정**].

8) 법률상의 혼인을 한 부부의 어느 한 쪽이 집을 나가 장기간 돌아오지 아니하고 있는 상태에서 부부의 다른 한 쪽이 제3자와 혼인의 의사로 실질적인 혼인생활을 하고 있다고 하더라도, 특별한 사정이 없는 한 이를 사실혼으로 인정하여 법률혼에 준하는 보호를 허여할 수는 없다. 남편 갑이 법률상의 처 을이 자식들을 두고 가출하여 행방불명이 된 채 계속 귀가하지 아니한 상태에서 조만간 을과의 혼인관계를 정리할 의도로 병과 동거생활을 시작하였으나, 그 후 갑의 부정행위 및 폭행으로 혼인생활이 파탄에 이르게 될 때까지도 갑과 을 사이의 혼인이 해소되지 아니하였다면, 갑과 병 사이에는 법률상 보호받을 수 있는 적법한 사실혼관계가 성립되었다고 볼 수는 없고, 따라서 병의 갑에 대한 사실혼관계해소에 따른 손해배상청구나 재산분할청구는 허용될 수 없다[**대법원 1996. 9. 20. 96 므 530**].

9) [1] 일반적으로 약혼은 특별한 형식을 거칠 필요 없이 장차 혼인을 체결하려는 당사자 사이에 합의가 있으면 성립하는 데 비하여, 사실혼은 주관적으로는 혼인의 의사가 있고, 또 객관적으로는 사회통념상 가족질서의 면에서 부부

공동생활을 인정할 만한 실체가 있는 경우에 성립한다.
[2] 일반적으로 결혼식(또는 혼례식)이라 함은 특별한 사정이 없는 한 혼인할 것을 전제로 한 남녀의 결합이 결혼으로서 사회적으로 공인되기 위하여 거치는 관습적인 의식이라고 할 것이므로, 당사자가 결혼식을 올린 후 신혼여행까지 다녀온 경우라면 단순히 장래에 결혼할 것을 약속한 정도인 약혼의 단계는 이미 지났다고 할 수 있으나, 이어 부부공동생활을 하기에까지 이르지 못하였다면 사실혼으로서도 아직 완성되지 않았다고 할 것이나, 이와 같이 사실혼으로 완성되지 못한 경우라고 하더라도 통상의 경우라면 부부공동생활로 이어지는 것이 보통이고, 또 그 단계에서의 남녀 간의 결합의 정도는 약혼 단계와는 확연히 구별되는 것으로서 사실혼에 이른 남녀 간의 결합과 크게 다를 바가 없다고 할 것이므로, 이러한 단계에서 일방 당사자에게 책임 있는 사유로 파탄에 이른 경우라면 다른 당사자는 사실혼의 부당 파기에 있어서와 마찬가지로 책임 있는 일방 당사자에 대하여 그로 인한 정신적인 손해의 배상을 구할 수 있다[**대법원 1998. 12. 8. 98 므 961**].

10) 사실혼이란 당사자 사이에 주관적으로 혼인의 의사가 있고, 객관적으로도 사회관념상 가족질서적인 면에서 부부공동생활을 인정할 만한 혼인생활의 실체가 있는 경우라야 하고, 법률상 혼인을 한 부부가 별거하고 있는 상태에서 그 다른 한쪽이 제3자와 혼인의 의사로 실질적인 부부생활을 하고 있다고 하더라도, 특별한 사정이 없는 한 이를 사실혼으로 인정하여 법률혼에 준하는 보호를 할 수는 없다』라고 판시함으로써 역시 중혼적 사실혼에 대한 법적 보호를 일관되게 부정하고 있다[**대법원 2001. 4. 13. 2000 다 52943**].

11) 법률혼주의 및 중혼금지 원칙을 대전제로 하고 있는 우리 가족법 체계를 고려하여 보면, 군인연금법 제3조 제1항 제4호가 '사실상 혼인관계에 있던 자'를 유족연금을 받을 수 있는 배우자에 포함하고 있는 취지는, 사실상 혼인생활을 하여 혼인의 실체는 갖추고 있으면서도 단지 혼인신고가 없기 때문에 법률상 혼인으로 인정되지 아니하는 경우에 그 사실상 배우자를 보호하려는 것이지, 법률혼 관계와 경합하고 있는 사실상의 동거관계를 보호하려는 것은 아니다. 만약 사실상 배우자 외에 법률상 배우자가 따로 있는 경우라면, 이혼의사의 합치가 있었는데도 형식상의 절차미비 등으로 법률혼이 남아 있는 등의 예외적인 경우를 제외하고는, 그 사실상 배우자와의 관계는 군인연금법상의 '사실혼'에 해당한다고 볼 수 없다[**대법원 2007. 2. 22. 2006 두 18584**].

民法概論

제4장 이혼제도

제1절 이혼의 의의

이혼(離婚)이란 부부쌍방의 생존 중에 혼인을 인위적으로 해소하는 것을 말한다. 따라서 부부 중 일방이 사망함으로써 혼인이 당연히 해소되는 것과는 근본적으로 구별된다. 본래 혼인이란 영속적 결합을 목적으로 하므로 혼인의 본질에서 본다면 이혼은 정상적이 아닌 것은 틀림없다. 그러나 사실상 아무리 유지하려 해도 곤란한 혼인관계를 억지로 법률상 유지시켜서 당사자를 구속하는 것은 오히려 이혼보다 더 큰 비극을 초래할 수도 있는 것이다. 그러므로 오늘날에는 모든 나라가 법률로써 일정한 형식의 이혼을 인정하고 있다.

근대적인 형태의 이혼이 제도화되기까지는 역사적으로 볼 때 많은 변천을 거듭하여 왔다. 즉 고대 가부장적 가족제도 하에서는 처의 의사는 전혀 고려됨이 없이 부의 일방적 의사에 의한 이혼만이 일반화되었으나, 그리스도교사상의 영향으로 이혼을 엄금하게 되었고, 10세기경에는 유럽 전역에 걸쳐 법률상 이혼이 금지되었다. 이처럼 로마교회가 아무리 이혼을 막으려 했어도 결국 실패로 돌아갔으며, 별거를 인정함으로써 형식적으로만 이혼을 피하고 사실상 이혼을 허용하게 되었다. 그 후 16세기에 들어와 종교개혁운동이 일어나면서 이혼절대금지에 대한 반대가 생겨났고, 자연법사상의 발생과 신교의 확대로 이혼법은 교회를 떠나서 국가기관인 법원의 관할로 옮겨지면서 이혼을 인정하게 되었다.

그러나 이혼을 인정함에 있어서도 처음에는 매우 소극적인 입장이었다. 즉 유책주의(有責主義)라고 하여 배우자 일방에게 혼인의무위반이 있을 경우에 한해서만 이혼을 인정하였을 뿐만 아니라, 제한적 열거주의(制限的 列擧主義)에 의해 법률에 규정된 사유 이외에는 일체 이혼을 인정하지 않았던 것이다. 그렇지만 혼인관계가 복잡화되면서 이러한 유책주의만으로는 더 이상 견디기 어렵게 되었으며, 혼인의 파탄이 당사자의 과실에 의해서만 생기는 것도 아니었다. 따라서 이혼원인을 확장할 필요성이 절실해졌으며, 유책적 원인은 물론이고 가령 불치의 정신병이나 행방불명 혹은 성적 불능과 같은 무책적 원인도 모두 이혼원인으로 인정하게 된 것이다. 드디어는 구체적 이혼원인의 열거를 체념하고 추상적·개괄적 이혼원인을 고려하게 되었다. 그러므로 오늘날 세계 각국은 대체로 이혼원인과 관련하여 파탄주의를 채택하고 있다. 즉 파탄주의(破綻主義)란 혼인관계가 회복될 수 없을 정도로 파괴되었을 때에는 그 원인이 유책적이든 혹은 무책적이든 불문하고 이혼을 허용하는 것을 내용으로 하며, 이혼의 사유를 법률상 제한적으로 열거하여 규정하는 유책주의와는 달리, 혼인의 파탄이라는 추상적인 이유만을 일반조항을 통해 법률상 규정하는 것을 말한다.

우리나라의 현행민법은 부부가 그 원인여하를 불문하고 협의에 의해 비교적 수월하게 이혼할 수 있을 뿐만 아니라, 법률상 정해진 이혼원인에 입각하여 부부의 일방이 재판상 이혼을 청구할 수도 있게 되어 있다. 또한 구민법에서는 이혼원인을 한정적으로 표시하였으나, 현행민법은 이른바 상대적 이혼원인주의를 채용하여 법률상 예시된 개별적 이혼원인 이외에도 '혼인을 계속하기 어려운 중대한 사유'가 있을 때에는 이혼을 인정함으로써 이혼원인에 탄력성을 가지게 하여 구체적 타당성을 꾀하고 있다.

제2절 협의상 이혼

1. 실질적 요건

① 당사자간에 이혼의사의 합치가 있을 것

민법상 이에 관한 명문의 규정은 없지만, 협의에 의해 이혼을 할 수 있다는 뜻은 곧 이혼에 관한 합의를 하라는 의미이며, 협의상 이혼을 하려면 우선 당사자간에 이혼의사의 합치가 이루어져야 가능한 것이다. 이 때 이혼의사의 내용은 부부로서의 결합을 영구적으로 해소하는 것으로서 무조건·무제한이어야 하며, 이혼신고를 한다는 의사만으로는 이혼의사라고 할 수 없으므로 가령 당사자가 혼인의 실체를 해소할 의사는 없으면서 이혼신고의 의사만으로 신고를 하더라도 효력을 발생하지 않는다. 이혼의사의 합치는 이혼신고서를 작성할 때만이 아니라 그것이 수리되는 때에도 존재해야 한다. 따라서 이혼신고서가 유효하게 작성되었다고 하더라도 수리되기 전에 이혼당사자중 일방이 호적공무원에 대해서 이혼의사를 철회한 경우에는 이혼에 관한 합의가 없는 것이 되므로 결국 무효가 된다. 이혼의사를 철회하고자 하는 경우에는 이혼신고가 접수되기 전에 본적지의 시·읍·면의 장에게 이혼의사철회서 및 이혼의사확인서등본을 첨부하여 제출하여야 한다.

② 금치산자는 부모 또는 후견인의 동의를 얻을 것

이혼의사의 합치에는 의사능력이 필요하며, 이러한 의사능력이 있으면 금치산자도 이혼에 관한 합의를 할 수 있다. 다만 금치산자의 경우에는 부모 또는 후견인의 동의를 얻어야 이혼을 할 수 있고, 부모 또는 후견인이 없거나 동의할 수 없을 때에는 친족회의 동의를 얻어야 이혼을 할 수 있다.

③ 기타의 요건

협의상 이혼의 경우에는 위에서 말한 실질적 요건 이외에도 미성년자인 혼인중의 출생자가 있을 때에는 부모의 협의로 친권자를 정하여 이혼신고서에 기재해야 한다.

2. 형식적 요건

협의상 이혼은 혼인과 마찬가지로 호적법의 정한 바에 따라 신고를 해야 성립된다. 즉 당사자간에 이혼합의가 있더라도 신고를 하여 그것이 수리되지 않는 한 이혼의 효력은 발생하지 않는다. 이혼신고의 성격 및 방식은 혼인신고의 경우와 같으며, 당사자쌍방과 성년자인 증인 2인이 연서한 서면으로 해야 한다. 다만 이혼신고의 경우에는 다른 신고의 경우와는 달리 가정법원의 확인을 받아야 한다. 즉 서면이나 구술로 본적지나 주소지를 관할하는 가정법원에 이혼의사의 확인을 신청하면, 가정법원으로서는 당사자쌍방을 출석시켜 그들이 본인인가의 여부를 확인할 뿐만 아니라, 이혼신고서가 진정으로 성립되었는지 여부를 확인해야 한다. 재외국민의 경우에는 그 지역을 관할하는 공관장에게 이혼확인신청을 할 수 있고, 신청을 받은 당해 공관장은 당사자쌍방으로부터 이혼의사의 존부를 확인한 후 그 요지를 기재한 서면을 작성하여 서명·날인한 후 신청서에 이를 첨부하여 지체없이 서울가정법원으로 송부해야 된다. 이러한 확인을 함에 있어서는 당사자간에 미성년자인 자녀가 있는지의 여부와 그 자녀에 대한 친권자의 지정여부를 확인해야 한다. 가정법원의 확인을 받으면 그 확인을 받은 날로부터 3개월 이내에 확인서의 등본을 첨부하여 이혼신고를 해야 하며, 그 기간이 경과한 때에는 가정법원의 확인은 효력을 상실하게 된다.

3. 협의이혼의 무효와 취소

1) 협의이혼의 무효

민법상 협의이혼의 무효에 관해서는 아무런 규정이 없으나, 가사소송법 제2조 제1항 가류사건 제2호가 이혼무효의 소에 대하여 규정하고 있다. 즉 협의이혼의 무효란 이혼신고가 수리되었으나, 당사자간에 이혼합의가 없는 경우를 말한다. 예컨대 부부공동생활을 해소할 의사없이 채권자의 집행을 면하거나 또는 혼인외의 출생자를 혼인중의 출생자로 하기 위한 방편으로 부부가 가장이혼을 합의하여 신고를 한 경우, 당사자의 일방 또는 쌍방이 모르는 사이에 누군가가 이혼신고를 한 경우, 유효하게 이혼신고서를 작성한 후에 그 접수 이전에 호적공무원에게 이혼의사를 철회한 경우, 심신상실자가 이혼신고시에 의사능력을 결여한 경우와 같은 때에는 원칙적으로 무효이다. 협의이혼의 무효도 혼인의 무효와 마찬가지로 당연무효이기 때문에 재판에 의한 무효의 선언에 의해서 소급적으로 무효가 되는 것은 아니다. 그러나 그 이혼의 무효에 관해서 다툼이 있는 경우에는 무효확인의 소를 가정법원에 제기해야 한다. 이혼의 무효가 판결에 의해 확정됨으로써 호적정정을 해야 하는 경우에는 소를 제기한 자가 판결의 확정일로부터 1개월 이내에 판결의 등본 및 그 확정증명서를 첨부하여 호적정정을 신청해야 한다.

2) 협의이혼의 취소

민법 제838조에 의하면 『사기 또는 강박으로 인하여 이혼의 의사표시를 한 자는 그 취소를 가정법원에 청구할 수 있다』라고 규정하고 있다. 이 때 사기(詐欺)란 이혼당사자중 일방이나 쌍방에게 이혼의사를 결정시킬 목적으로 허위의 사실을 고지하여 착오에 빠뜨림으로써 이혼의사를 결정시키는 것을 말하고, 강박(强迫)이란 역시 이혼의사를 결정시킬 목적으로 해악을 예고하여 공포에 몰아넣음으로써 이혼의사를 결정시키는 것을 말한다. 사기자 또는 강박자는 배우자이건 제3자이건 묻지 않는다. 그 취소는 사기 또는 강박을 당한 배우자만이 할 수 있고, 그 상대방은 다른 일방의 배우자이며, 사기나 강박에 의한 이혼취소의 경우에는 선의의 제3자에게 대항할 수 있다. 그런데 취소권은 당사자가 사기를 안 날 또는 강박을 면한 날로부터 3개월을 경과하면 소멸한다. 협의이혼을 취소하려면 우선 가정법원에 조정을 신청해야 하며, 만일 조정이 성립되지 않으면 제소신청을 할 수 있다. 이혼취소의 소는 형성의 소이므로, 이혼무효확인의 소와는 구별된다. 이혼의 취소가 판결로 확정된 경우에는 소를 제기한 자가 판결의 확정일로부터 1개월 이내에 판결의 등본 및 그 확정증명서를 첨부하여 그 취지를 신고해야 한다. 사기 또는 강박에 의한 이혼취소의 효과는 혼인취소의 경우와 달라서 특히 그 소급효가 인정되어야 하며, 『혼인의 취소의 효력은 기왕에 소급하지 아니한다』는 내용의 민법 제824조의 규정은 사기·강박에 의한 이혼취소의 경우에는 준용되지 않는다. 그리고 금치산자가 부모 또는 후견인의 동의를 얻지 않은 경우의 협의이혼에 대해서는 취소규정이 없으므로, 이혼신고가 수리된 이상 그 협의이혼은 계속해서 유효하다고 본다.

제3절 재판상 이혼

1. 재판상 이혼원인

재판상 이혼이란 배우자중 일방이 법정사유가 있는 경우에 가정법원에 이혼을 청구하여 그 판결에 따라 하는 이혼으로서, 배우자중 일방이 이혼에 합의를 하지 않거나 혹은 사실상 합의를 할 수 없는 경우에 행하게 되며, 재판상 이혼을 하려면 우선 조정이 선행되어야 한다. 민법 제840조에는 재판상 이혼원인에 관하여 규정하고 있는데, 제1호 내지 제5호는 절대적·구체적 이혼원인이라고 말할 수 있고, 제6호는 상대적·추상적 이혼원인이라고 말할 수 있다. 이 때 제1호 내지 제5호의 이혼원인과 제6호와의 관계를 살펴보면 제1호 내지 제5호의 이혼원인은 제6호에서 말하는 '혼인을 계속하기 어려운 중대한 사유'를 예시한 것으로 보아야 하며, 따라서 제1호 내지 제5호의 사유 중 어느 하나에 해당되면 '혼인을 계속하기 어려운 중대한 사유'가 있다고 할 수 있는 것이고, 또 제1호 내지 제5호에 직접 해당되지 않는 사유라도 '혼인을 계속하기 어려운 중대한 사유'가 있으면 제6호가 규정하는 이혼원인이 존재하는 것으로 볼 수 있다는 뜻으로 해석해야 할 것이다. 현행민법에 규정된 재판상 이혼원인은 다음과 같다.

1) 배우자의 부정한 행위

배우자의 부정(不貞)한 행위란 간통을 포함하는 보다 넓은 개념이며, 배우자로서 정조의무에 충실하지 못한 일체의 행위로서 내심의 자유로운 의사에 의한 행위를 말한다. 그 인정여부는 각각의 사안에 따라 구체적으로 그 정도와 상황을 참작하여 결정되어야 한다. 부정한 행위가 있는 경우는 배우자중 어느 쪽이나 평등하게 이혼을 청구할 수 있으며, 부정한 행위가 단지 일회뿐이든 혹은 계속적이든 묻지 않는다. 부정한 행위는 혼인후의 행위에 대하여 말하는 것이므로, 혼인전의 행위는 비록 그것이 약혼중의 행위라도 부정한 행위에 속하지 않는다. 또 배우자의 부정한 행위가 있었을 때라도 다른 일방이 사전동의나 사후용서를 한 경우에는 이혼을 청구할 수 없다. 이 때 사전동의(事前同意)란 상대방이 부정한 행위를 하더라도 이의가 없다는 의사상태의 표시를 사전에 명시적·묵시적 방법으로 하는 것을 말하며, 사후용서(事後容恕)란 부정한 행위가 있은 후에 그 부정한 행위에 대하여 상대방에게 문책하지 않겠다는 감정을 가지고 명시적·묵시적으로 그 의사상태를 적극적으로 표시하는 것을 말한다. 단순히 부정행위의 사실을 인식하고 이것을 간과하는 것만으로는 용서라고 볼 수 없다. 이러한 동의나 용서를 하였다는 사실은 이혼재판에 있어서 피청구인이 주장하고 입증할 일이지만, 법원이 이혼청구를 기각하기 위해서 직권으로 증거조사를 하여 당사자가 주장하지 않는 동의와 용서의 사실을 인정할 수도 있다. 그밖에도 민법은 배우자의 부정한 행위가 있음을 안 날로부터 6개월, 그 사유가 있은 날로부터 2년이 경과한 때에는 이혼을 청구하지 못하도록 규정하고 있다. 즉 위의 두 기간내에 이혼청구가 되지 않으면 그것으로써 이혼청구권은 소멸한다. 여기서 특히 문제가 되는 것은 축첩행위, 즉 계속적인 간통행위를 하는 경우이다. 가령 본처가 부의 계속되는 첩과의 생활을 안 후 6개월이 경과한 경우나 혹은 부가 첩과의 생활을 시작한지 이미 2년이 지난 후에 과연 본처가 이혼청구를 할 수 있느냐 하는 것이다. 이에 관해서는 부정행위인 축첩행위가 종료한 때부터 그 기간을 기산해야 하며, 그와 같이 축첩행위가 계속되는 한 부정행위를 이유로 하는 이혼청구권은 소멸하지 않는다고 보아야 한다.

2) 배우자의 악의의 유기

배우자의 악의의 유기란 정당한 이유없이 동거·부양·협조의 의무를 포기하고 이행하지 않는 것, 즉 고의로 상대방의 의사에 반하여 부부공동생활을 폐지하는 것을 말한다. 이 때 악의(惡意)란 단순히 어떤 사실을 알고 있다는 것보다는 좀 더 적극적인 의미로서 사회적으로 비난받을 만한 윤리적 요소를 포함한다. 즉 부부공동생활을 할 수 없게 되는 사실을 알고 있을 뿐만 아니라, 그 사실을 인용하는 의사를 수반해야 한다. 유기(遺棄)란 상대방을 내쫓거나 또는 두고 나가 버리든가, 그렇지 않으면 상대방으로 하여금 나가지 않을 수 없게 만든 다음에 돌아오지 못하게 함으로써 계속해서 동거에 응하지 않는 경우 등이 포함된다. 따라서 예컨대 직업상 필요에 의해 해외근무를 나가는 경우, 자녀의 교육상 필요에 의해 외지에 머무는 경우, 질병으로 인해서 요양차 별거하는 경우, 배우자중 일방이 징역이나 금고를 받고 있어서 거소를 떠나 있는 경우, 남편이 다른 여자와 동거생활을 함으로써 처가 집을 나가는 행위 등은 악의의 유기라고 말할 수 없다. 요컨대 부부생활을 계속할 의사가 없다는 것이 확실하게 판정되느냐가 결정적인 기준이 된다. 그렇다면 유기는 적어도 얼마동안 계속되어야 하는가. 유기의 기간에 관해서 민법은 아무런 규정을 두고 있지 않지만, 실제로는 상당한 기간동안 그러한 상태가 계속되어야 할 것이다.

3) 배우자 또는 그 직계존속에 의한 심히 부당한 대우

배우자중 일방이 상대방배우자로부터 심히 부당한 대우를 받았거나 또는 상대방배우자의 직계존속으로부터, 가령 며느리가 시부모로부터 또는 사위가 장인장모로부터 심히 부당한 대우를 받았을 때를 말한다. 이 때 '부당한 대우'란 상대방의 신체적·정신적 학대나 명예에 대한 모욕을 뜻하는 것이고, '심히'란 사회통념상으로 볼 때 그 정도가 지나친 것을 의미하며, 배우자중 일방이 그와 같은 상태 하에서는 부부생

활과 관련하여 고통을 느낄 정도면 심하다고 볼 수 있다. 요컨대 어느 정도가 '심히 부당한 대우'에 해당하느냐 하는 것은 사회통념과 당사자의 사회적 신분지위를 참작하여 각 사안마다 구체적으로 판단해야 할 것이다. 예컨대 남편이 처에게 구타를 크게 하는 경우, 배우자의 일방이 상대방배우자에 대하여 정신적 고통을 주는 저속적인 욕설과 함께 나가서 자는 경우 등은 이에 해당할 것이다. 배우자의 직계존속으로부터의 심히 부당한 대우의 정도에 대해서는 위에서 언급한 기준 이외에도 그 직계존속과 공동생활을 하고 있느냐의 여부를 고려하여 결정해야 할 것이다. 그러나 이러한 이혼사유는 다음 ④의 사유와 함께 혼인당사자인 부부간의 불화가 아니라 제3자인 배우자의 직계존속과의 불화를 이혼사유로 규정한 것으로서, 봉건적 가족제도의 유물이며 현대적 가족제도 하에서는 적합하지 않은 시대착오적인 규정이라고 비판받기도 한다.

4) 자기의 직계존속에 대한 배우자의 심히 부당한 대우

배우자중 일방이 상대방배우자의 직계존속에 대하여, 가령 며느리가 시부모에 대하여 또는 사위가 장인장모에 대하여 심히 부당한 행위를 한 경우를 말한다. 예컨대 배우자의 친생모의 뺨을 때리고 발로 차는 경우, 폭행사실이 없음에도 불구하고 사위가 장모를 상대로 폭행죄로 경찰서에 처벌을 요구하는 고소장을 제출한 경우 등은 이에 해당한다.

5) 배우자의 3년 이상의 생사불명

배우자중 일방이 3년 이상 생사불명인 경우에는 그 원인을 불문하고 상대방배우자는 이혼을 청구할 수 있다. 이 때 생사불명(生死不明)이란 실종선고의 경우와 같이 생존의 증명도 사망의 증명도 할 수 없는 것을 말한다. 만일 생존의 사실은 확인되고 있으나, 부재인 경우에는 악의의 유기에 관한 문제로 다루어야 할 것이다. 3년이란 기간의 기산점은 배우자중 잔류하고 있는 당사자에게 알려져 있는 본인의 최종적인 생존일자(生存日字)일 것이지만, 전투 기타 생명의 위험을 추측케 하는 위험을 당하여 생사불명이 된 자의 경우에는 그 위험이 종료된 때부터 기산해야 할 것이다. 이 경우의 이혼방법은 재판이혼에 의하는 것 이외에는 방법이 없으며, 이혼판결은 공시송달(公示送達)과 결석재판(缺席裁判)이라는 절차를 밟아서 행해진다. 그리고 여기서 말하는 배우자

의 생사가 3년 이상 불분명함을 이유로 하는 이혼은 실종선고에 의해서 혼인이 해소되는 경우와는 전혀 관계가 없는 것이다. 따라서 이혼판결이 확정된 후에 생사불명이었던 배우자가 생환하더라도 실종선고가 취소된 경우와는 달리 혼인이 당연히 부활되는 것은 아니다.

6) 기타 혼인을 계속하기 어려운 중대한 사유

'기타 혼인을 계속하기 어려운 중대한 사유'는 상대적·추상적 이혼원인으로서 무엇이 이에 해당하는가는 구체적인 경우에 법원이 판단하게 될 것이며, 당사자들의 여러 가지 여건을 참작하여 개별적인 경우마다 구체적으로 판단해야 할 것이고, 따라서 부부에 따라 각기 다르게 해석될 수도 있다. 요컨대 '기타 혼인을 계속하기 어려운 중대한 사유'란 반드시 배우자중 일방의 유책행위일 필요는 없지만, 부부생활공동체가 심각하게 파괴되었고, 회복될 가능성이 없으며, 그와 같은 경우에 혼인생활을 계속하도록 하면 배우자중 일방에게 참을 수 없는 고통이 되는 경우를 뜻한다고 말할 수 있다. 기타 혼인을 계속하기 어려운 중대한 사유의 구체적인 예를 들면 다음과 같다. 가령 선의의 중혼, 배우자의 범죄, 부당한 피임, 이유없는 성교거부, 성적 불능, 성병의 감염, 불치의 정신병, 부부간의 애정상실, 부부간의 격심한 성격불일치, 수년간 계속된 사실상의 별거, 혼인전 부정으로 인한 부부간의 갈등, 어린아이에 대한 정신적·육체적 모욕 또는 가해, 신앙의 차이, 과도한 신앙생활, 알콜중독, 마약중독, 지나친 사치와 낭비, 배우자의 방탕행위, 무리한 계의 실패로 인한 채무 및 가사에 대한 불성실, 상습적인 도박 등은 혼인을 계속하기 어려운 중대한 사유라고 볼 수 있다. 반면에 사소한 불화나 감정의 대립, 경미한 정신분열증, 무정자증으로 생식불능이고 성적 기능이 다소 원활하지 못한 경우, 임신불능 그 자체만으로는 혼인을 계속하기 어려운 중대한 사유라고 볼 수 없다. 민법 제842조에 의하면 『제840조 제6호의 사유(기타 혼인을 계속하기 어려운 중대한 사유)는 다른 일방이 이를 안 날로부터 6월, 그 사유가 있은 날로부터 2년을 경과하면 이혼을 청구하지 못한다』라고 규정하고 있다. 그러나 이와 같은 조문은 유책주의에는 적합할지 모르나, 부부관계가 회복할 수 없는 정도로 파탄된 경우에 이혼을 허용하기 위한 파탄주의와는 성격상 맞지 않는 규정이라고 본다.

2. 유책배우자의 이혼청구

부부관계 자체는 회복할 수 없는 정도로 파탄되었으나, 혼인의 파탄에 대하여 전적으로 또는 주로 책임을 질 배우자에 의한 이혼청구를 인정할 것이냐 하는 것이 문제된다. 외국의 입법례에 있어서는 유책배우자에게 이혼청구권을 인정하지 않는 경우가 적지 않다. 이에 대하여 대법원판례는 유책배우자의 이혼청구를 제한하는 입장에 서서 가정파탄의 원인이 청구인에게 있는 경우에는 이혼청구를 허용하지 않는 것을 원칙으로 하고 있다. 그러면서도 대법원은 예외적으로 유책배우자의 이혼청구를 인정하는 경우가 있다. 즉 피청구인에게도 이혼의사가 있는 경우에는 청구인이 유책배우자라고 해서 이혼청구를 못하도록 할 필요는 없다는 의견이다. 말하자면 피청구인에게도 이혼의사가 있고 그 이혼의사가 반소(反訴)로서 표시된 경우인데, 다만 보복적 감정에서 표면적으로 불응하고 있을 뿐이며 실제에 있어서는 혼인계속과는 도저히 양립할 수 없는 행위를 하는 등 이혼의 의사가 객관적으로 명백한 경우에는 역시 유책배우자의 이혼청구를 인정하고 있다. 또한 청구인의 유책성이 특히 문제되는 것은 청구인의 행위로 인해서 혼인을 계속할 수 없게 된 때에 한정되어야 한다는 것이 대법원 측의 의견이어서 다른 원인으로 인하여 이미 혼인이 더 이상 계속될 수 없게 되어 있는 경우에는 설령 청구인에게 유책적인 행위가 있더라도 그것을 이유로 이혼청구를 기각해서는 아니된다는 것이다. 생각컨대 부부관계가 이미 파탄되고 난 후에 이혼만을 못하게 한다고 해서 그 파탄된 부부관계가 다시 회복될 수는 없는 것이며, 따라서 유책배우자의 이혼청구권의 인정여부와 관련해서 볼 때 원칙적으로는 유책배우자의 이혼청구를 인정하지 않고, 다만 예외적으로 일정한 경우에 한해서 이를 허용하는 판례의 태도는 타당하다고 본다.

3. 재판상 이혼의 절차

가사소송법에 의하면 재판상 이혼의 경우에도 조정전치주의를 채용하고 있으므로, 재판상 이혼을 하고자 하는 자는 우선 가정법원에 조정을 신청해야 한다. 만약 이혼사건에 대하여 조정을 신청하지 아니하고 소를 제기한 경우에는 배우자의 생사가 분명하지 않은 것을 이혼원인으로 하는 경우와 같이 공시송달(公示送達)에 의하지 않고는, 당사자의 일방 또는 쌍방을 소환할 수 없는 경우나 조정에 회부되더라도 조정이 성립할 수 없다고 인정되는 경우를 제외하고는, 가정법원은 그 사건을 조정에 회부해야 한다. 그리하여 당사자간에 이혼의 합의가 성립되어 그것을 조서에 기재한 때에는 그 기재는 재판상 화해와 동일한 효력이 생기고, 혼인관계는 해소된다. 조정을 신청한 자는 조정성립일로부터 1개월 이내에 이혼신고를 해야 하는데, 이는 보고적 신고(報告的 申告)이다.

당사자간에 이혼의 합의가 이루어지지 않거나 법원의 결정에 의해 조정이 성립되지 않는 경우에는 당사자는 조서등본이 송달된 날로부터 2주일 이내나 조서송달전에 서면으로 제소신청을 할 수 있다. 소의 상대방은 다른 일방의 배우자이며, 상대방이 생사불명인 경우에는 공시송달절차에 의해 송달된다. 이 경우 당사자가 무능력자인 경우에는 문제가 있을 수 있다. 가령 미성년자인 경우에는 성년의제에 의해 단독으로 소를 제기할 수 있고, 한정치산자인 경우에는 신분행위에 관하여 행위능력을 가지므로 역시 단독으로 소를 제기할 수 있다는 점에서 문제가 없다. 그런데 금치산자의 경우에는 단독으로 소를 제기하지 못하고, 법정대리인이 대리하여야 한다. 이렇게 되면 금치산자는 이혼하기를 원할 경우에 협의상 이혼만을 할 수 있을 뿐이고 재판상 이혼은 할 수 없게 되며, 혹시 이혼을 원치 않는 경우에도 법정대리인이 임의로 이혼소송을 제기할 수도 있게 된다. 더욱이 이 때 금치산자의 법정대리인은 배우자가 되므로, 이혼소송의 제소자와 상대방이 동일인이 되어버린다. 이러한 경우에 특별대리인을 선임하는 것이 순리이겠지만 이에 관한 근거규정이 없으므로, 결국 금치산자는 재판상 이혼을 할 수 없는 결과가 되고 만다.

재판상 이혼은 이혼판결의 확정에 의해 그 효력이 생기는 것이며, 그 효력은 제3자에게도 미친다. 다만 재판이 확정되었을 때에는 소를 제기한 자가 판결확정일로부터 1개월 이내에 판결의 등본과 그 확정증명서를 첨부하여 이혼신고를 해야 하는데, 이는 보고적 신고이다. 이러한 신고와는 별도로 가정법원은 지체없이 사건본인의 본적지의 호적사무관장자에게 호적의 기재를 촉탁해야 한다.

▶ 관련판례

1) 혼인의 파탄이라는 사실도 없이 부부가 종전과 다름없이 동거생활을 계속하면서 통모하여 형식상으로만 협의이혼신고를 하고 있는 것이라면, 신분행위

의 의사주의적 성격에 비추어 이는 무효한 협의이혼이라 할 것이다[**대법원** 1967. 2. 7. 66 다 2542].

2) 혼인관계파탄에 이르게 한 것이 오로지 당사자 일방의 귀책사유에 기인하는 경우에, 그 귀책사유를 저지른 당사자가 혼인을 계속할 수 없는 중대한 사유가 있다 하여 이를 원인으로 재판상 이혼원인으로 주장할 수 있다면, 혼인관계를 고의로 파기한 불법을 행한 사람에게 이혼청구권을 인정하는 부당한 결과가 발생할 것이며, 그러한 사태를 법률이 용인한다면 헌법이 보장하는 혼인의 순결과 혼인당사자의 정절을 기대할 수 없는 결과가 될 것이다. 그러므로 혼인당사자 일방이 오로지 혼인생활의 파탄에 원인을 주어 그 파탄이 전혀 그 귀책사유에 기인하는 경우에는 상대방이 이를 원인으로 재판상 이혼청구를 하면 모르되, 귀책사유가 있는 당사자가 스스로 혼인을 계속할 수 없는 중대한 사유가 있다 하여 재판상 이혼을 청구할 수 없다고 해석하여야 할 것이다[**대법원** 1971. 3. 23. 70 므 41].

3) 피청구인이 유부녀 강간, 현금 강취라는 파렴치범죄로 징역 4년이라는 장기복역형을 선고받아 본건 이혼심판청구서가 제1심법원에 접수된 이후까지 복역하고 있었다면, 적어도 이 사유는 민법 제840조 제6호 소정의 혼인을 계속하기 어려운 중대한 사유가 있을 때에 해당한다[**대법원** 1974. 10. 22. 74 므 1].

4) 혼인신고를 하면서 자의 출생신고가 끝나면 이혼하기로 합의하였다 해도, 그 혼인은 유효하다[**대법원** 1975. 11. 25. 75 므 26].

5) 부정한 행위라고 함은 객관적으로 그것이 부정한 행위에 해당한다고 볼만한 사실이 있어야 하고, 또 이것이 내심의 자유로운 의사에 의하여 행해졌다는 두 가지 요소를 필요로 한다[**대법원** 1976. 12. 14. 76 므 10].

6) 처가 신앙생활에만 전념하면서 가사와 육아를 소홀히 한 탓에 혼인이 파탄에 이르게 되었다면 그 파탄의 주된 책임은 처에게 있다[**대법원** 1996. 11. 15. 96 므 851].

7) 협의상 이혼이 가장이혼으로서 무효로 인정되려면 누구나 납득할 만한 특별한 사정이 인정되어야 하고, 그렇지 않으면 이혼당사자간에 일시적으로나마 법률상 적법한 이혼을 할 의사가 있었다고 보는 것이 이혼신고의 법률상 및 사실상의 중대성에 비추어 상당하다[**대법원** 1997. 1. 24. 95 도 448].

8) 질환이 단순히 애정과 정성으로 간호되거나 예후가 예측될 수 있는 것이 아닌 경우, 남편에게 계속하여 배우자로서의 의무에 따라 한정없는 정신적·경

제적 희생을 감내한 채 처와의 혼인관계를 지속하고 살아가라고 하기에는 지나치게 가혹하다고 보아 민법 제840조 제6호 소정의 재판상 이혼사유에 해당한다[**대법원** 1997. 3. 28. 96 므 608·615].

9) 혼인생활의 파탄에 대하여 주된 책임이 있는 배우자는 그 파탄을 사유로 하여 이혼을 청구할 수 없는 것이 원칙이고, 다만 상대방도 그 파탄 이후 혼인을 계속할 의사가 없음이 객관적으로 명백하고, 다만 오기나 보복적 감정에서 이혼에 응하지 않고 있을 뿐이라는 등 특별한 사정이 있는 경우에만 예외적으로 유책배우자의 이혼청구권이 인정된다[**대법원** 1997. 5. 16. 97 므 155].

10) 소위 첩계약은 본처의 동의 유무를 불문하고 선량한 풍속에 반하는 사항을 내용으로 하는 법률행위로서 무효일 뿐만 아니라 위법한 행위이므로, 부첩관계에 있는 부 및 첩은 특별한 사정이 없는 한 그로 인하여 본처가 입은 정신상의 고통에 대하여 배상할 의무가 있고, 이러한 손해배상책임이 성립하기 위하여 반드시 부첩관계로 인해 혼인관계가 파탄에 이를 필요까지는 없고, 한편 본처가 장래의 부첩관계에 대하여 동의하는 것은 그 자체가 선량한 풍속에 반하는 것으로서 무효라고 할 것이나, 기왕의 부첩관계에 대하여 용서한 때에는 그것이 손해배상청구권의 포기라고 해석되는 한 그대로의 법적 효력이 인정될 수 있다.…민법 제840조 제2호 소정의 배우자가 악의로 다른 일방을 유기한 때라 함은 배우자가 정당한 이유없이 서로 동거·부양·협조하여야 할 부부로서의 의무를 포기하고 다른 일방을 버린 경우를 뜻한다.…악의의 유기를 원인으로 하는 재판상 이혼청구권이 법률상 그 행사기간의 제한이 없는 형성권으로서 10년의 제척기간에 걸린다고 하더라도, 피고가 부첩관계를 계속 유지함으로써 민법 제840조 제2호에 해당하는 배우자가 악의로 다른 일방을 유기하는 것이 이혼청구 당시까지 존속되고 있는 경우에는 기간 경과에 의하여 이혼청구권이 소멸할 여지는 없다[**대법원** 1998. 4. 10. 96 므 1434].

11) 민법 제840조 제3호 소정의 이혼사유인 '배우자로부터 심히 부당한 대우를 받았을 때'라고 함은 혼인 당사자의 일방이 배우자로부터 혼인관계의 지속을 강요하는 것이 가혹하다고 여겨질 정도의 폭행이나 학대 또는 중대한 모욕을 받았을 경우를 말하는 것이고, 같은 조 제6호 소정의 이혼사유인 '기타 혼인을 계속하기 어려운 중대한 사유가 있을 때'라 함은 부부간의 애정과 신뢰가 바탕이 되어야 할 혼인의 본질에 상응하는 부부공동생활관계가 회복할 수 없을 정도로 파탄되고, 그 혼인생활의 계속을 강제하는 것이 일방 배우자에게 참을 수 없는 고통이 되는 경우를 말하는 것이다[**대법원** 1999. 11. 26. 99 므 180].

12) 재판상 이혼사유에 관한 민법 제840조는 동조가 규정하고 있는 각 호 사

유마다 각 별개의 독립된 이혼사유를 구성하는 것이고, 이혼청구를 구하면서 위 각 호 소정의 수 개의 사유를 주장하는 경우, 법원은 그 중 어느 하나를 받아들여 청구를 인용할 수 있다[대법원 2000. 9. 5. 99 므 1886].

제4절 이혼의 효과

1. 이혼의 일반적 효과

이혼에 의하여 부부관계는 소멸하고, 부부간의 동거·부양·협조·정조의 의무나 부부재산관계 등 혼인에 의해 발생하였던 모든 권리의무는 소멸한다. 또한 혼인에 의해 배우자의 혈족간에 생긴 인척관계도 이혼으로 인해 소멸한다.

2. 자(子)에 대한 효과

1) 자의 양육문제

부모의 이혼으로 인해 부모와 자의 공동생활은 더 이상 할 수 없게 되고, 자에 대한 부모의 공동양육도 어렵게 된다. 특히 자의 복리와 관련해서 자의 양육문제는 매우 중대한 문제이다. 즉 이혼에 따른 자의 보호문제는 그 부모 자신들뿐만 아니라 사회적인 문제이기도 하므로, 자녀보호를 위한 특별대책이 마련될 필요가 있다. 민법 제837조에 의하면 『① 당사자는 그 자의 양육에 관한 사항을 협의에 의하여 정한다. ② 제1항의 양육에 관한 사항의 협의가 되지 아니하거나 협의할 수 없는 때에는 가정법원은 당사자의 청구에 의하여 그 자의 연령, 부모의 재산상황 기타 사정을 참작하여 양육에 필요한 사항을 정하며 언제든지 그 사항을 변경 또는 다른 적당한 처분을 할 수 있다. ③ 제2항의 규정은 양육에 관한 사항 외에는 부모의 권리의무에 변동을 가져오지 아니한다』라고 규정하고 있다.

가정법원에 의해 양육문제를 다루는 경우에는 우선 조정절차를 거쳐야 한다. 양육자를 정함에 있어서는 부와 모 중 어느 일방을 양육자로 정하는 것이 보통이지만, 부모가 원한다면 부모쌍방이 공동양육자가 되는 것도 가능하며, 부모 이외에 제3자를 양육자로 할 수도 있고, 자가 여러 명인 경우에는 양육자를 서로 달리 할 수도 있다. 또한 양육자를 결정한 후에 부모가 협의에 의해 이를 변경시킬 수도 있으며, 양육자의 결정시기는 이혼신고 후에도 가능하다. 그리고 협의에 의한 또는 가정법원이 정한 양육자 또는 양육방법 기타가 부적당하여 자의 이익을 해치는 경우에는 가정법원은 당사자의 청구에 의하여 언제든지 양육에 관한 사항을 변경하거나 또는 다른 적당한 처분을 할 수 있다.

양육권과 양육에 필요한 비용의 부담과는 별개의 문제이다. 즉 양육에 필요한 비용의 부담은 양육권에 포함되지 않는다. 따라서 양육자가 부모 중 일방일 때는 다른 일방에 대하여, 그리고 양육자가 제3자일 때는 부모쌍방에 대하여 양육자는 양육비를 청구할 수 있다. 그런데 교육은 양육과 밀접한 관계가 있으므로 양육의 내용에 교육이 포함된다고 보며, 양육자는 자를 교육하는데 필요한 범위내에서 거소지정을 하거나 혹은 부당하게 자녀를 억류하는 자에 대한 자녀의 인도청구 등을 할 수 있다. 그러나 양육에 관한 사항 이외의 부모의 권리의무에는 변경을 가져오지 않으므로, 가령 부모의 혼인동의권・부양의무・상속권 등에는 영향을 미치지 않는다. 따라서 부모 중 일방이 양육자인 경우에 자가 미성년자로서 혼인할 때에는 부모쌍방의 동의를 얻어야 하며, 부모쌍방과 자 사이의 부양의무나 상속권도 그대로 존속한다.

2) 자의 친권자결정

부모가 이혼을 하게 되면 자에 대한 공동양육이 어렵게 되므로, 자에 대한 공동친권은 단독친권으로 변하게 되는 것이 보통이다. 따라서 부모 중 어느 한 쪽을 친권자로 정하지 않으면 아니된다. 즉 부모가 이혼을 한 경우에는 부모의 협의로 친권을 행사할 자를 정하고, 협의를 할 수 없거나 협의가 이루어지지 않은 경우에는 당사자의 청구에 의하여 가정법원이 결정하게 된다. 부모의 협의로 친권을 행사할 자를 정할 경우에는 단독친권으로 하든 공동친권으로 하든 자유로이 결정할 수 있다. 그러나 부모가 협의를 하지 않았을 경우에는 공동친권으로 해석해야 한다. 협의이혼의 경우에는 이혼신고서에 친권을 행사할 자를 기재하도록 하며, 재판상 이혼의 경우에는 가정법원이 친권을 행사할 자에 관하여 부모에게 미리 협의하도록 권고해야 한다. 또한 친권자와 양육자를 각각 달리 할 수도 있다. 일단 친권자가 정해졌더라도 부적당한 사정이 생겨서 친권자를 변경할 필요가 있는 경우에는 가정법원의 조정 또는 심판에 의해 변경할 수 있다.

참고로 친권(親權)에 관한 민법규정을 간단히 살펴보면 다음과 같다. 우선 친권이란 부모가 미성년자인 자녀를 위하여 가지는 신분상·재산상의 보호·교양을 내용으로 하는 권리의무를 말한다. 친권자에 관한 2005년 개정민법 제909조에 의하면 『① 부모는 미성년자인 자의 친권자가 된다. 양자의 경우에는 양부모가 친권자가 된다. ② 친권은 부모가 혼인중인 때에는 부모가 공동으로 이를 행사한다. 그러나 부모의 의견이 일치하지 아니하는 경우에는 당사자의 청구에 의하여 가정법원이 이를 정한다. ③ 부모의 일방이 친권을 행사할 수 없을 때에는 다른 일방이 이를 행사한다. ④ 혼인외의 자가 인지된 경우와 부모가 이혼한 경우에는 부모의 협의로 친권자를 정하여야 하고, 협의할 수 없거나 협의가 이루어지지 아니하는 경우에는 당사자는 가정법원에 그 지정을 청구하여야 한다. ⑤ 가정법원은 혼인의 취소, 재판상 이혼 또는 인지청구의 소의 경우에는 직권으로 친권자를 정한다. ⑥ 가정법원은 자의 복리를 위하여 필요하다고 인정되는 경우에는 자의 4촌 이내의 친족의 청구에 의하여 정하여진 친권자를 다른 일방으로 변경할 수 있다』라고 규정하고 있다. 친권의 내용으로는 보호·교양의 권리의무, 거소지정권, 징계권, 영업허락권, 재산관리권과 대리권 등을 들 수 있다. 친권은 자의 복리를 지키기 위한 의무적 성격을 내용으로 하므로 친권자가 친권행사에 부적당하며 자의 이익을 해하는 경우에는 친권을 강제적으로 박탈할 수 있는데, 이를 친권상실제도(親權喪失制度)라고 한다. 친권상실의 선고에 관한 민법 제924조에 의하면 『부 또는 모가 친권을 남용하거나 현저한 비행 기타 친권을 행사시킬 수 없는 중대한 사유가 있는 때에는 법원은 제777조의 규정에 의한 자(子)의 친족 또는 검사의 청구에 의하여 그 친권의 상실을 선고할 수 있다』라고 규정하고 있다. 이 때 자녀 자신은 친권상실선고의 청구권자가 되지 못한다. 이러한 친권상실에 대하여 가정법원은 그 원인이 소멸한 때에 본인 또는 제777조의 규정에 의한 친족의 청구에 의하여 실권회복(失權回復)을 선고할 수 있다.

3) 면접교섭권

① 면접교섭권의 의의

면접교섭권(面接交涉權)이란 이혼 후에 친권자나 양육권자가 아니기 때문에 현실적으로 자녀를 보호·양육하고 있지 않은 부 또는 모가 그 자녀와 직접면접을 하거나 서신교환 또는 전화연락 등의 방법을 통해서 자녀와 접촉할 수 있는 권리를 말한다.

② 면접교섭권의 취지 및 필요성

심리학이나 정신분석학의 견지에서 보면 친권이나 양육권이 없는 부모에게 면접교섭권을 인정하는 것이 자녀에게 반드시 이로운 것만은 아니라고 주장되기도 한다. 즉 부정설에 의하면 자녀의 건전한 육성을 위해서는 친자의 애정관계가 안정된 계속성을 가지고 있을 필요가 있으며, 이혼 후에도 이러한 계속성이 파괴되지 않도록 노력해야 하는데, 면접교섭을 인정하게 되면 직접 양육하고 있지 않는 부 또는 모가 단편적이고 일시적으로 자녀와 접촉하게 됨으로써 계속성이 파괴되므로 바람직하지 않다고 주장한다. 그렇지만 친자간의 인간관계는 가장 자연적인 애정에 바탕을 두고 있으므로 부모로부터 자녀에 대한 접촉의 기회를 처음부터 일체 부정하는 것은 너무 가혹한 처사라고 할 수 있다. 그런데 현대 가족법상 자녀의 복리주의가 가장 핵심적인 원칙이므로 부모의 주관적인 주장만을 고집할 수는 없다. 따라서 면접교섭권의 문제를 생각할 때에는 자의 복리라는 관점을 먼저 고려하지 않으면 아니된다.

③ 면접교섭권의 법적 성질

면접교섭권의 법적 성질에 관해서는 여러 가지 견해가 있을 수 있지만, 본질상 부모에게 주어진 고유의 권리 즉 자연권으로서 부모에게 당연히 주어지는 권리라고 보아야 하며, 그 구체적 내용은 양육에 관련되는 권리로서 실현되는 것으로 보아야 한다. 그러나 면접교섭권은 자의 복리적인 측면에서 인정되어야 하므로 자의 권리를 위하여 필요한 경우에는 그 권리의 행사만이 제한받거나 배제될 수 있다고 본다.

④ 면접교섭권의 주체와 대상

면접교섭권은 자의 부 또는 모만이 가질 수 있으며, 다른 직계혈족이나 형제자매 등에게는 인정되지 않는다. 또한 면접교섭권은 양육·보호권의 일부라고 보아야 하기 때문에 친권상실사유에 해당하는 부 또는 모는 면접교섭권이 전면적으로 제한되거나 배제되어야 할 것이다. 한편 면접교섭권의 대상은 원래의 제도적 취지상 미성년자인 자이다. 이미 자가 성년에 달할 후에는 면접교섭과 관련하여 법이 개입해도 별다른 효과를 기대할 수 없다고 보기 때문이다.

⑤ 면접교섭권의 행사방법 및 범위

현행민법상 면접교섭권의 구체적인 행사방법이나 범위 등에 관해서는 아무런 명시적인 규정이 없다. 다만 2005년 개정민법 제837조의 2에 의하면 『① 자를 직접 양육하지 아니하는 부모 중 일방은 면접교섭권을 가진다. ② 가정법원은 자의 복리를 위하여 필요한 때에는 당사자의 청구 또는 직권에 의하여 면접교섭을 제한하거나 배제할 수 있다』라고 규정하고 있을 뿐이다. 따라서 해석상 면접교섭권의 행사방법과 범위에 관해서는 부모가 협의에 의해 정하여야 하고, 만일 협의가 되지 않거나 협의할 수 없는 때에는 가정법원이 당사자의 청구 또는 직권에 의해 결정하여야 할 것이다. 면접교섭권이 부모의 협의나 조정 또는 심판으로 인정된 경우에 그 내용은 구체적인 사정에 따라 다를 것이지만, 가령 그 자와의 면접·서신교환·전화·사진이나 선물교환 혹은 격주로 주말동안의 숙박이나 동계·하계방학 중 일정기간의 숙박 등을 생각할 수 있을 것이다.

그러나 현실적으로 면접교섭권을 행사함에 있어서는 여러 가지 해결해야 할 문제점들이 발생하게 된다. 예컨대 면접교섭권을 인정할 경우에 자에게 또는 자와 양육친과의 관계에 좋지 않은 영향을 끼칠 가능성이 있는 경우, 양육을 직접 하지 않는 부모가 자를 탈취할 가능성이 있는 경우, 이혼 후 오랫동안 자와 접촉이 없었던 비양육친이 느닷없이 면접교섭을 제안해온 경우, 자가 비양육친과의 면접교섭을 원하지 않는 경우, 비양육친이 부양능력이 있음에도 불구하고 부양의무를 이행하지 않으면서 면접교섭을 요구하는 경우 등 각각의 사안마다 신중하게 고려하여 면접교섭권의 인정여부를 결정해야 할 것이다.

구체적 권리로서 성립한 면접교섭권에는 그 법적 효과로서 이행의 확보가 필요하게 된다. 즉 가사소송법에 의하면 그 실행방법으로서 가정법원은 당사자의 신청에 의해 양육친에게 그 의무를 이행할 것을 명할 수 있고, 이에 위반한 경우에는 직권 또는 권리자의 신청에 의해 결정으로 100만원 이하의 과태료에 처할 수 있으며, 또한 권리자의 신청에 의해 결정으로 30일의 범위 내에서 그 의무이행이 있을 때까지 의무자를 감치(監置)에 처할 수도 있다.

⑥ 면접교섭권의 준용범위

면접교섭권에 관한 규정은 재판상 이혼의 경우에 준용되며, 혼인의 취소나 인지에 의하여 부모 중 일방이 친권자가 되는 경우에도 준용된다. 다만 사실혼해소의 경우에도 유추적용할 수 있는가의 여부에 관해서는 견해가 나뉘어져 있다.

4) 자의 신분관계

부모가 이혼을 하는 경우에 자의 신분관계는 아무런 영향을 받지 아니한다. 즉 자의 부계 및 모계와의 친족관계는 부모의 이혼으로 인해 아무런 변경이 없으며, 따라서 자의 성과 본이나 호적관계에도 변동이 없고, 혼인중에 포태한 자는 이혼후에 출생하더라도 역시 부모의 혼인중의 출생자가 된다.

3. 재산분할청구권

1) 재산분할청구권의 의의 및 취지

재산분할청구권에 관한 민법 제839조의 2에 의하면 『① 협의상 이혼한 자의 일방은 다른 일방에 대하여 재산분할을 청구할 수 있다. ② 제1항의 재산분할에 관하여 협의가 되지 아니하거나 협의할 수 없는 때에는 가정법원은 당사자의 청구에 의하여 당사자쌍방의 협력으로 이룩한 재산의 액수 기타 사정을 참작하여 분할의 액수와 방법을 정한다. ③ 제1항의 재산분할청구권은 이혼한 날부터 2년을 경과한 때에는 소멸한다』라고 규정하고 있다.

재산분할청구권이란 이혼을 한 당사자의 일방이 다른 일방에 대하여 재산분할을 청구하는 것을 말한다. 부부관계가 원만히 이루어지고 있는 경우에는 부부의 재산이 누구의 명의로 되어 있든지 별로 문제가 되지 않지만, 혼인관계가 해소된 때에는 부부의 재산관계를 일단 청산하고 정리해야 할 필요가 생기며, 이때에 이혼당사자의 일방이 상대방에 대하여 재산의 분할을 청구할 수 있도록 한 것이다. 즉 재산분할청구권은 그 내용이 결과적으로 이혼 후의 배우자의 생활을 보장하고 이혼의 자유를 확보하여 준다는 점에서 부양청구권이나 손해배상청구권과 기능면에서 유사성을 가지지만, 본래의 의의는 이혼자의 생활곤궁에 대한 은혜적 부조나 가해배우자에 대한 제재적 의미가 아닌 부부관계의 배우자에 대한 인격적 존엄의 보장이며, 부부재산제의 이념이 반영된 제도임에 그 특성이 있다.

특히 재산분할청구권제도를 인정하게 된 주된 이유는 이혼한 처를 보호하기 위함이다. 부부가 혼인생활을 하면서 서로 협력하여 이룩한 재산은 그 명의자만의 것이 아니라 부부공동의 소유라고 보아야 함에도 불구하고, 종래에는 혼인중에 취득한 재산은 그 재산의 명의에 따라 소유자가 정해졌으며, 대체로 부부의 재산은 남편의 명의로 해놓은 경우가 많았으므로 처의 기여가 전혀 반영되지 않았기 때문에 이혼을 하는 경우에 처는 매우 불리한 위치에 놓이게 되었던 것이다. 따라서 이 제도를 인정함으로써 부부 중 명의자가 아닌 일방의 잠재적 지분을 청산하려는 것이다. 또한 부부 중 생활능력이 약한 일방에 대하여는 이혼 후에도 생활능력이 있는 다른 일방이 부양의무를 지는 것이 옳다고 보며, 혼인생활에 있어서 인간의 존엄성을 토대로 하여 경제적 약자인 여자를 남자와 동등하게 인간으로 대우하고 남녀평등을 실현하기 위해서도 여자를 위해 이혼 후의 생활대책을 마련해 둘 필요가 있는 것이다.

이러한 재산분할청구권에 근거하여 이혼시 처는 부에게 그의 명의로 되어 있는 재산에 대해 자기의 협력으로 이룩한 몫을 청구할 수 있고, 반대로 재산이 처의 명의로 되어 있는 경우에는 부도 자기의 몫을 처에게 청구할 수 있다. 여기서 말하는 재산분할청구권은 재산형성에 협력한 자기의 몫을 되돌려 받는 것이며, 또 이혼 후의 부양료의 성격도 띠는 것이므로 이혼의 사유가 될 잘못을 저지른 유책배우자에 대한 손해배상청구권과는 구별되는 별개의 것이다. 따라서 재산분할과 이혼에 따른 손해배상(위자료)은 함께 청구하거나 혹은 한 가지만 청구하는 것도 가능하다.

2) 재산분할청구권의 법적 성질

재산분할청구권의 법적 성질에 관해서는 ① 혼인중 부부의 협력에 의하여 형성·유지된 재산 즉 실질적·잠재적 공유재산의 청산적 성질(淸算的 性質)을 가진다는 견해 ② 혼인중 부부가 서로 부양의무가 있는 것과 같이 혼인이 해소된 후에도 일방의 생활이 곤란할 염려가 있는 때에는 타방이 자기 재산상태가 허락하는 한 부양하는 것이 도덕관에도 합치된다는 데 근거하여 이혼 후의 부양적 성질(扶養的 性質)을 가진다는 견해 ③ 청산적 성질과 부양적 성질을 모두 포함하는 절충적 성질(折衷的 性質)을 가진다는 견해 등으로 나뉘어져 있다. 생각컨대 절충설의 입장에서 이해하는 것이 합리적이라고 본다. 대부분의 경우는 청산적 성질로 볼 것이고, 질병이나 신체적 불구 등으로 생활무능력인 경우는 부양적 성질로 해석하게 될 것이다.

3) 재산분할청구권의 행사와 관련문제

이혼후 재산분할을 청구할 것인가의 여부 및 그 액수와 방법은 당사자간의 협의나 또는 조정에 의해 결정되는데, 이 경우 그 액수와 방법에 대해서는 아무런 기준이 없다. 만일 이러한 협의가 이루어지지 않거나 협의를 할 수 없는 때에는 가정법원이 '당사자의 청구에 의하여 당사자쌍방의 협력으로 이룩한 재산의 액수 기타 사정을 참작하여 분할의 액수와 방법을 정한다'는 기준에 의하여 심판을 하게 된다. 재산분할청구권을 행사함에 있어서 발생하는 여러 가지 문제점들을 살펴보면 다음과 같다.

① 부부재산관계의 청산문제: 혼인재산은 부부 중 어느 한 쪽의 특유재산이든가 아니면 공유재산이 되는데, 이러한 재산 가운데 혼인전의 각자의 고유재산과 혼인후에 상속 또는 증여에 의하여 각자가 취득한 재산을 제외하고는 부부간의 협력에 의하여 이룩한 재산이 거의 대부분이라고 말할 수 있다. 따라서 보통은 혼인후 이혼하기까지의 재산이 바로 그러한 재산이므로, 경우에 따라서는 혼인전의 재산을 유지하는데 협력한 몫이나 장래의 퇴직금 기타의 수입도 가산하여 이를 분배하는 것이 부부재산관계의 적절한 청산이 될 것이다. 즉 '당사자쌍방의 협력으로 이룩한 재산'과 관련하여 광범위하게 해석할 필요성이 있다고 본다. 예컨대 부부가 공동으로 노력을 제공하면서 점포를 경영한다거나 또는 남편이 자금융자를 받도록 처가 알선을 하는 등 적극적으로 도와주는 경우는 물론이고, 처가 가사노동에 종사하는 가운데 부가 취득한 재산도 처의 내조가 없었더라면 이룩될 수 없었던 것으로 보아야 한다.

② 여성의 기여도에 따른 판례의 평가: 판례는 혼인해소시 재산상의 권리로서 재산분할제도를 인정함으로써 혼인중에는 인정하지 않았던 여성의 혼인중 가사노동을 포함하여 부부재산이 형성되고 유지되기까지의 여성노동의 가치를 적극적으로 해석하고 있다. 판례에 의하면 여성의 노동상황에 관계없이 부부재산의 형성・유지・증식에 대한 여성의 기여도의 평가는 3분의 1 이상이 많지만, 2분의 1을 넘지 않는 것이 대부분이다. ㉠ 판례가 여성노동의 기여도를 3분의 1 미만으로 평

가한 사례를 보면 분할대상이 된 재산이 남편의 특유재산을 기초로 형성된 경우이다. ㉡ 판례가 여성노동의 기여도를 3분의 1 이상이지만 2분의 1 미만으로 평가한 사례를 보면 그 내용은 다양하지만 여성들의 노동상황별로 볼 때 크게 두 가지로 나눌 수 있다. 즉 하나는 주부로서 가사노동에만 전념한 경우이고, 다른 하나는 혼인중에 어느 정도 직업에 종사한 경우이다. ㉢ 판례가 여성노동의 기여도를 2분의 1로 평가한 사례를 보면 여성의 가사노동보다는 여성의 사회적 노동으로 인한 수입이 재산형성에 기여한 점을 크게 중시하고 있다. 넷째, 판례가 여성노동의 기여도를 2분의 1이 훨씬 넘는 것으로 평가한 사례를 보면 분할대상이 된 공동재산이 여성의 특유재산에 기초하여 형성된 경우이다.

③ 재산분할산정의 시기와 방법: 재산분할에 있어서 지급방법은 구체적인 사정에 따라 금전급부일 수도 있고 현물급부일 수도 있으며, 금전급부를 일시급으로 할 것인가 혹은 분할급으로 할 것인가는 구체적인 사정에 따라 다를 수 있다. 재산분할산정의 시기는 최종사실심리가 끝날 당시의 당사자쌍방의 재산상태를 기준으로 하는 것이 원칙이지만, 예컨대 정기급으로 하는 경우에 의무자가 빈곤해진 반면 권리자는 여유가 생긴 경우와 같이 사정변경이 있는 때에는 이혼시의 협의나 심판의 변경·취소를 청구할 수 있다고 해석해야 할 것이다. 분할청구할 수 있는 재산이 현재에는 별로 없으나 장래 수입이 있을 것이 확실시되어 그 수입에 대해서 일시급이 아닌 분할급의 방법으로 재산분할을 인정할 필요가 있는 경우에는 기술상의 어려움이 있을 수 있다. 가령 의무자가 고정적인 수입을 가지는 봉급생활자인 경우에는 별다른 문제가 없을 것이지만, 자유업에 종사하는 자인 경우에는 수입을 일일이 입증하여 매번 재산분할액을 정해야 한다면 재산분할청구권의 실효성이 줄어들 것이기 때문이다. 이와 같은 경우에는 기준이 되는 수입액을 우선 정하여 놓고, 이를 기준으로 재산분할청구권을 실행하며, 상황에 따라 그 액수를 변경하여 청구할 수 있도록 해야 할 것이다.

재산분할을 정기급으로 하는 경우에 의무자가 이를 이행하지 않을 때의 이행강제방법이 문제될 수 있다. 민사소송법상의 강제집행 이외에도 가사소송법에 따라 먼저 당사자의 신청에 의해 가정법원이 의무자에게 일정한 기간내에 그 의무를 이행할 것을 명하고, 이 명령에 위반하면 과태료의 제재를 가할 뿐만 아니라, 이 명령을 받은 자가 정당한 이유없이 3기 이상의 의무를 이행하지 않은 때에는 권리자의 신청에 의해 가정법원이 결정으로 30일의 범위내에서 그 의무이행이 있을 때까지 의무자를 감치에 처함으로써 그 이행을 강제할 수 있다.

4) 재산분할청구권의 준용범위 및 소멸

재산분할청구권에 관한 규정은 재판상 이혼의 경우에도 적용되고, 혼인취소의 경우에도 준용되며, 그밖에 사실혼해소의 경우에도 유추적용되어야 할 것이다. 그런데 재산분할청구권은 이혼한 날로부터 2년을 경과하기 전에 행사하지 않으면 소멸한다.

4. 손해배상청구권

재판상 이혼의 경우에 이혼피해자가 과실있는 상대방에 대하여 재산상의 손해와 정신상의 고통에 대한 손해배상청구권을 행사할 수 있는 것은 약혼해제의 경우와 같다. 따라서 정신상 고통에 대한 손해배상청구권은 당사자간에 이미 그 배상에 관한 계약이 성립되었거나 또는 소송을 제기한 후가 아니면 타인에게 양도 또는 승계하지 못한다. 손해배상청구를 하기 위해서는 가정법원에 먼저 조정신청을 해야 한다.

▶ 관련판례

1) 불법행위를 원인으로 하는 위자료청구에 있어서 법원은 피해자에게 과실이 있는 때에 손해배상의 전액을 참작하여야 할 뿐 아니라, 피해자에게 중대한 과실이 있을 때에는 배상책임까지 면하게 할 수 있다고 할 것이며, 이는 재판상 이혼청구와 동시에 제기되는 위자료청구에 있어서도 같이 처리하여야 할 것이므로, 이혼청구가 인용되는 경우에 있어서도 청구인에게 중대한 과실이 있으면 법원은 위자료청구부분에 관하여서는 피청구인의 배상책임을 면하게 할 수 있다[**대법원** 1968. 3. 5. 68 므 5].

2) 배우자의 직계존속으로부터 심히 부당한 대우를 받은 것을 이유로 한 이혼판결이 없는 한, 단순히 그 직계존속으로부터 심히 부당한 대우를 받았다는 이유만으로는 위자료를 청구할 수 없다[**대법원** 1969. 8. 19. 69 므 17].

3) 아들의 출산 후부터 아내의 힘으로 양육해 왔고 아내는 이혼 후에도 재혼도 하지 않고 생계를 위하여 노력한 결과 생계를 유지하기에 넉넉하고, 남편

은 이혼한 후에 다른 여자와 재혼하고 생계 유지면에서도 아내만 못하다면, 위 아들은 그 생모와 같이 거주하며 그의 보호와 교양을 받고 자라게 하는 것이 합리적이라고 할 것이다[**대법원** 1970. 11. 30. 70 므 28].

4) 혼인외의 출생자에 대하여 생모가 친권자가 되는 경우에 그 생모는 혼인외의 출생자와 동일호적내에 있음을 요하지 아니한다[**대법원** 1981. 9. 8. 80 다 3271].

5) 모가 남편 및 그 시부모들과의 불화로 남편과 자식들을 남겨두고 집을 나가 별거한 이후에는 전혀 자녀들을 돌보지 않았을 뿐 아니라 남편이 교통사고로 사망하게 되었는데도 그 장례식에 참석하지도 않았고, 장례문제를 의논하러 자녀들이 찾아가도 만나주지도 않으면서 남편의 교통사고에 대한 보상금을 전부 수령하여 거의 다 소비하여 버리는 등 자녀들의 부양에 대하여는 전혀 노력하지 않고 있고, 자녀들도 동거시 자신들에게 가혹하게 대하였던 모를 불신하며 현재와 같이 할아버지 밑에서 보호·양육되기를 희망하고 있다면, 모에게 자식들에 대한 친권을 행사시킬 수 없는 중대한 사유가 있다[**대법원** 1991. 12. 10. 91 므 641].

6) 이혼의 당사자가 자의 양육에 관한 사항을 협의에 의하여 정하였더라도 필요한 경우 가정법원은 당사자의 청구에 의하여 언제든지 그 사항을 변경할 수 있는 것이며, 이는 당사자 사이의 협의가 재판상 화해에 의한 경우에도 마찬가지이다[**대법원** 1992. 12. 30. 92 스 17·18].

7) 이 사건 혼인의 파탄에는 원고와 피고 쌍방에게 각각 그 설시와 같은 귀책사유가 있고, 그 정도를 비교하여 볼 때 어느 쪽에게 더 무거운 책임이 있다고 하기 어려울 정도로 쌍방의 책임정도가 대등하다고 판단하여 피고의 위자료청구를 기각한 것은 정당한 것으로 수긍이 간다[**대법원** 1994. 4. 26. 93 므 1273·1280].

8) 부부재산의 청산의 의미를 갖는 재산분할에 관한 규정은 부부의 생활공동체라는 실질에 비추어 인정되는 것이므로 사실혼관계에도 준용 또는 유추적용할 수 있다[**대법원** 1995. 3. 10. 94 므 1379, 94 므 1386].

9) 처가 아파트 매수와 관련하여 부담한 시아버지에 대한 차용금채무를 일부 변제하게 하는 등 적극적으로 위 아파트의 유지에 협력하여 감소를 방지하였거나 증식에 협력하였다면 재산분할의 대상이 된다[**대법원** 1996. 2. 9. 94 므 635·642].

10) 혼인중에 금전문제로 불화가 있어 오다가 모든 재산을 배우자 일방의 소

유로 한다는 각서를 교부하고, 그 후에도 처분권을 위임하는 관련서류를 교부하였으나 그 각서 또는 관련서류 교부당시 이혼에 관한 언급은 없었고, 그 후로도 혼인관계가 계속된 점 등에 비추어 그 각서 또는 관련서류 교부로써 이혼을 전제로 한 재산분할에 관한 협의가 있었다고 볼 수 없다[**대법원** 1997. 7. 22. 96 므 318·325].

11) 부부 중 일방이 상속받은 재산이거나 이미 처분한 상속재산을 기초로 형성된 부동산이더라도, 이를 취득하고 유지함에 있어 상대방의 가사노동 등이 직·간접으로 기여한 것이라면 재산분할의 대상이 된다[**대법원** 1998. 4. 10. 96 므 1434].

12) 부부일방이 별거후 취득한 재산이라도 별거전 쌍방의 협력에 의해 형성된 재산은 재산분할의 대상이 되고, 부동산임대차보증금반환채무는 특별한 사정이 없는 한 혼인중 재산의 형성에 수반된 채무로서 청산대상이 된다[**대법원** 1999. 6. 11. 96 므 1397].

13) 이혼소송의 사실심 변론종결일 당시 직장에 근무하는 부부 일방의 퇴직과 퇴직금이 확정된 바 없으면 장래의 퇴직금을 분할의 대상이 되는 재산으로 삼을 수 없음이 원칙이지만, 그 뒤에 부부 일방이 퇴직하여 퇴직금을 수령하였고, 재산분할청구권의 행사기간이 경과하지 않았으면 수령한 퇴직금 중 혼인한 때로부터 위 기준일까지의 기간 중에 제공한 근로의 대가에 해당하는 퇴직금 부분은 분할의 대상인 재산이 된다[**대법원** 2000. 5. 2. 2000 스 13].

14) 이혼에 따른 재산분할은 혼인중 쌍방의 협력으로 형성된 공동재산의 청산이라는 성격에 상대방에 대한 부양적 성격이 가미된 제도임에 비추어, 이미 채무초과 상태에 있는 채무자가 이혼을 하면서 배우자에게 재산분할로 일정한 재산을 양도함으로써 결과적으로 일반 채권자에 대한 공동담보를 감소시키는 결과로 되어도, 그 재산분할이 민법 제839조의 2 제2항의 규정 취지에 따른 상당한 정도를 벗어나는 과대한 것이라고 인정할 만한 특별한 사정이 없는 한, 사해행위로서 취소되어야 할 것은 아니고, 다만 상당한 정도를 벗어나는 초과부분에 대하여는 적법한 재산분할이라고 할 수 없기 때문에 이는 사해행위에 해당하여 취소의 대상으로 될 수 있을 것이나, 이 경우에도 취소되는 범위는 그 상당한 정도를 초과하는 부분에 한정하여야 하고, 위와 같이 상당한 정도를 벗어나는 과대한 재산분할이라고 볼 만한 특별한 사정이 있다는 점에 관한 입증책임은 채권자에게 있다[**대법원** 2000. 9. 29. 2000 다 25569].

15) 이혼으로 인한 재산분할청구권은 이혼을 한 당사자의 일방이 다른 일방에 대하여 재산분할을 청구할 수 있는 권리로서 이혼이 성립한 때에 그 법적 효과로서 비로소 발생하는 것일 뿐만 아니라, 협의 또는 심판에 의하여 그 구체

적 내용이 형성되기까지는 그 범위 및 내용이 불명확·불확정하기 때문에 구체적으로 권리가 발생하였다고 할 수 없으므로, 당사자가 이혼이 성립하기 전에 이혼소송과 병합하여 재산분할의 청구를 하고 법원이 이혼과 동시에 재산분할로서 금전의 지급을 명하는 판결을 하는 경우, 그 금전지급채무에 관하여는 그 판결이 확정된 다음날부터 이행지체책임을 지게되고, 따라서 소송촉진 등에 관한 특례법 제3조 제1항 단서에 의하여 같은 조항 본문에 정한 이율이 적용되지 아니한다[**대법원 2001. 9. 25. 2001 므 725·732**].

16) 청구인과 상대방이 이혼하면서 사건 본인의 친권자 및 양육자를 상대방으로 지정하는 내용의 조정이 성립된 경우, 그 조정조항상의 양육방법이 그 후 다른 협정이나 재판에 의하여 변경되지 않는 한 청구인에게 자녀를 양육할 권리가 없고, 그럼에도 불구하고 청구인이 법원으로부터 위 조정조항을 임시로 변경하는 가사소송법 제62조 소정의 사전처분 등을 받지 아니한 채 임의로 자녀를 양육하였다면 이는 상대방에 대한 관계에서는 상대적으로 위법한 양육이라고 할 것이니, 이러한 청구인의 임의적 양육에 관하여 상대방이 청구인에게 양육비를 지급할 의무가 있다고 할 수는 없다[**대법원 2006. 4. 17. 자 2005 스 18·19**].

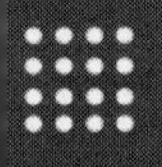

제5장 친자제도

제1절 친생자

1. 혼인중의 출생자(적출친자관계)

일반적으로 혼인중의 출생자(적출친자관계)란 법률혼관계에 있는 배우자인 남녀를 부모로 하여 출생한 자를 말한다. 우리 민법상에는 혼인중의 출생자의 의의에 관한 직접적인 규정은 없고, 다만 혼인중의 출생자로 추정되는 경우에 관한 규정만이 있을 뿐이다. 보통 혼인중의 출생자가 되기 위해서는 우선 부와 모가 혼인하였음을 요하고, 또 모가 부와의 성적 교섭에 의해 혼인중 또는 혼인전에 포태한 자임을 요한다. 다만 혼인선에 포태하여 혼인중 또는 혼인해소 후에 출생한 자는 혼인중의 출생자로 되기는 하나, 민법상 친생자추정을 받지는 못한다.

민법 제844조는 「① 처가 혼인중에 포태한 자는 부(夫)의 자(子)로 추정한다. ② 혼인성립의 날로부터 200일후 또는 혼인관계종료의 날로부터 300일내에 출생한 자는 혼인중에 포태한 것으로 추정한다」라고 하여 친생자추정(親生子推定)을 받기 위한 요건을 규정하고 있다. 이와 같은 친생자추정을 받은 혼인중의 출생자의 지위에 관하여 다투기 위해서는 친생자관계존부확인의 소에 의할 수는 없으며, 보다 요건이 엄격한 친생부인의 소에 의하여야 한다. 한편 혼인이 성립한 날로부터 200일이 되기 전에 출생한 부의 자는 친생자의 추정을 받지 못한다. 이 경우는 친생부인의 소에 의하지 아니하고 친생자관계존부확인의 소에 의하여 친생자임을 부인할 수 있는 혼인중의 출생자가 된다.

만일 처의 포태기간 중에 부가 실종되어 있었거나 혹은 부의 장기간의 해외출장으로 인해 동거하지 않았거나 혹은 객관적으로 명백한 별거상태나 사실상의 이혼상태가 오랫동안 계속되고 있을 때에 처가 자를 낳은 경우에는 이른바 「친생자의 추정이 미치지 않는 자」의 문제가 생기게 된다. 이와 같이 민법 제844조의 적용이 배제되는 '추정이 미치지 않는 자'의 영역에 관해서는 학설이 크게 세 가지로 구분되어 있다. 즉 ① 부의 부재나 사실상의 이혼 등 부부간 동거의 결여의 경우에만 적용배제를 한정하는 외관설(外觀說) ② 부자간 혈액형의 위배와 같이 과학적·객관적으로 부자관계의 부존재가 증명된 경우에도 널리 적용배제를 인정하는 혈연설(血緣說) ③ 가정평화와 혈연진실주의의 택일적 논리를 비판하고 구체적 사안에서 자의 모와 부와의 가정평화가 상실되고 있는 경우에는 적용이 배제된다고 보는 절충설(折衷說)이 있다.

친생부인(親生否認)의 소는 친생자추정을 소급적으로 소멸시키는 형성적 효력을 발생시킬 것을 목적으로 하는 형성소송(形成訴訟)으로서, 친생부인을 하기 위해서는 우선 가정법원에 조정을 신청하여야 하며 조정이 성립되지 않으면 판결로써 하게 된다(가사소송법 제2조 제1항 나류사건 제6호·49조·50조 및 민사조정법 제36조). 2005년 개정민법 제847조(친생부인의 소)에 의하면 「① 친생부인의 소는 부(夫) 또는 처(妻)가 다른 일방 또는 자(子)를 상대로 하여 그 사유가 있음을 안 날부터 2년내에 이를 제기하여야 한다. ② 제1항의 경우에 상대방이 될 자가 모두 사망한 때에는 그 사망을 안 날부터 2년내에 검사를 상대로 하여 친생부인의 소를 제기할 수 있다」라고 규정하고 있다. 만일 부(夫) 또는 처(妻)가 금치산자인 경우에는 그 후견인이 친족회의 동의를 얻어 친생부인의 소를 제기할 수 있고(제848조 제1항), 후견인이 친생부인의 소를 제기하지 아니한 때에는 금치산자는 금치산선고의 취소가 있은 날로부터 2년내에 친생부인의 소를 제기할 수 있다(제848조 제2항). 또한 자가 사망한 후에도 그 직계비속이 있는 때에는 그 모를 상대로, 그 모가 없으면 검사를 상대로 하여 친생부인의 소를 제기할 수 있다(제849조). 부 또는 처가 유언으로 부인의 의사를 표시한 경우에는 유언집행자는 부인의 소를 제기하여야 하며(제850조), 부(夫)가 자(子)의 출생전에 사망하거나 부 또는 처가 제847조 제1항의 기간내(그 사유가 있음을 안 날부터 2년내)에 사망한 때에는 부 또는 처의 직계존속이나 직계비속에 한하여 그 사망을 안 날로부터 2년내에 친생부인의 소를 제기할 수 있다(제851조). 그러나 자의 출생 후에 친생자임을 승인한 자는 다시 친생부인의 소를 제기하지 못한다(제852조). 다만 이 경우에도 제852조의 승인이 사기 또는 강박으로 인한 때에는 이를 취소할 수 있도록 규정하고 있다(제854조).

친생자관계존부확인(親生子關係存否確認)의 소는 특정인 사이의 기존의 친생자관계의 존부를 주장함에 대하여 이를 확인하려는 확인소송(確認訴訟)으로서, 기존의 친생자관계를 판결로써 소멸시키거나 또는 새로 친생자관계를 발생시키는 것을 목적으로 하는 형성의 소인 친생부인의 소와는 다르다. 따라서 호적의 기재여하에 상관없이 친생자관계의 존부를 주장할 수 있으며, 그 확인을 위해서는 우선 가정법원에 소를 제기하여야 하는데 이 경우에는 조정을 거칠 필요가 없을 뿐만 아니라(가사소송법 제2조 제1항 가류사건 제4호 · 제50조) 제소기간의 제한도 없다. 친생자관계존부확인의 소를 제기할 수 있는 원고적격자는 부(父)를 정하는 소, 친생부인의 소, 인지에 대한 이의의 소, 인지청구의 소의 규정에 의하여 소를 제기할 수 있는 자이므로(제865조 제1항), 부(夫) · 부의 후견인 · 부의 유언집행자 · 부의 직계존속 · 부의 직계비속 · 모(母) · 자(子) · 자의 법정대리인 · 자의 직계비속 및 기타의 이해관계인이 모두 원고가 될 수 있다. 피청구인이 될 수 있는 자는 소가 부모 또는 자로부터 제기된 때에는 그 상대방인 자 또는 부모이고, 제3자인 이해관계인으로부터 제기된 때에는 부모와 자 쌍방이다. 다만 친생자관계존부확인의 소를 제기할 경우에 당사자 일방이 사망한 때에는 그 사망을 안 날로부터 2년내에 검사를 상대로 하여 소를 제기할 수 있다(제865조 제2항).

2. 혼인외의 출생자(비적출친자관계)

일반적으로 혼인외의 출생자(비적출친자관계)란 법률상 부부가 아닌 남녀간에 출생한 자를 말한다. 따라서 이른바 사통관계 · 사실혼관계 · 첩관계 · 무효혼관계와 같은 법률상의 혼인이 아닌 남녀관계에서 출생한 자는 물론 처가 혼인중에 출생하였더라도 친생부인의 소에 의하여 그 적출성이 부인된 자도 혼인외의 출생자에 속한다. 그러나 취소혼의 경우에는 그 효과가 소급되지 않으므로 혼인관계 중에 출생한 子는 혼인중의 출생자로 된다.

혼인외의 출생자, 즉 비적출친자관계의 성립에 관한 제국의 실질법은 크게 두 가지 입장으로 나누어진다. 즉 출생의 사실 혹은 자연적 혈연에 의해 당연히 법률상의 비적출친자관계의 성립을 인정하려는 혈통주의(사실주의 · 객관주의 · 게르만주의)의 입장과 부모의 인지라는 형성적 의사표시에 의해 비로소 법률상의 비적출친자관계가 성립한다고 보는 인지주의(의사주의·주관주의·로마주의)의 입장이 있다. 전통적으로 혈통주의를 취하는 나라로는 독일, 중국, 필리핀 등이 있으며, 인지주의를 취하는 나라로는 프랑스, 일본, 한국 등이 있다. 그러나 독일은 1969년 비적출자의 법적 지위에 관한 법률(제1600a조)에 의해 혈통주의를 버리고 인지주의를 채용하게 되었으며, 그 영향으로 상당수의 나라들이 인지주의 방향으로 전환하게 되었다.

현행 우리 민법은 혼인외의 출생자의 법적 지위를 전보다 많이 향상시켰기 때문에 혼인중의 출생자와 비교해 볼 때 커다란 차이가 없다. 다만 부(父)가 인지한 혼인외의 출생자와 부가 인지하지 아니한 혼인외의 출생자 사이에는 법적 지위에 상당한 차이가 있다. 즉 우리 민법상 부가 인지한 혼인외의 출생자에게는 부모쌍방에 대해서 친자관계·부양관계·상속관계·친족관계 및 기타 다른 법률관계가 인정된다. 그러나 아직도 호주승계순위에 있어서는 혼인중의 출생자보다 후순위로 되고 있다. 한편 부가 인지하지 아니한 혼인외의 출생자는 모(母)에 대해서만 친자관계가 생기고 모의 성과 본을 따르며, 모와 모의 혈족 사이에서만 친족관계·부양관계·상속관계가 생기는 데 불과하다.

인지(認知)란 혼인외의 출생자를 그 생부 또는 생모가 자기의 자라고 인정하는 행위를 말하는데, 혼인외의 출생자의 경우에 그 부모와의 친자관계라고 하더라도, 법률상의 부자관계는 오로지 인지에 의해서만 생기게 되고, 모자관계는 해산에 의하여 당연히 생기므로 특별히 인지가 필요없다고 본다. 모의 인지가 필요한 경우는 기아(棄兒)와 같은 예외적인 경우이며, 이때의 인지도 모자관계의 발생이라기보다는 그 확인이라고 보아야 할 것이다[대법원 1967. 10. 4. 67 다 1791 판결; 대법원 1980. 9. 9. 80 도 1731 판결 등]. 인지에는 부 또는 모가 임의로 인지하는 임의인지(任意認知)가 있고, 또 이들이 임의로 인지하지 않을 경우 재판으로 인지를 강제하는 강제인지(强制認知)가 있다.

▶ 관련판례

1) 혼인외의 출생자와 생모 간에는 그 생모의 인지나 출생신고를 기다리지 않고 자의 출생으로 당연히 법률상의 친족관계가 생긴다고 해석하는 것이 타당하다[**대법원** 1967. 10. 4. 67 **다** 1791].

2) 민법 제844조는 부부가 동거하여 처가 부의 자를 포태할 수 있는 상태에서 자를 포태한 경우에 적용되는 것이고, 부부의 한쪽이 장기간에 걸쳐 해외에 나가 있거나 사실상의 이혼으로 부부가 별거하고 있는 경우 등 동서(同棲)의

결여로 처가 부의 자를 포태할 수 없는 것이 외관상 명백한 사정이 있는 경우에는 그 추정이 미치지 아니하므로, 친생부인의 소에 의하지 않고 친자관계부존재확인의 소를 제기할 수 있다[**대법원** 1983. 7. 12. 82 므 59].

3) 원고의 포태기간중 원고의 모와 피고가 성적 교섭을 가진 것, 원고와 피고사이에 혈액상의 배치가 없는 것, 원고의 출생당시 피고가 원고의 이름을 지어주며 해산비를 부담한 것과 같은 세 가지 증빙을 종합하여 피고가 생부인 것을 인정한다[**대법원** 1986. 7. 22. 86 므 63].

4) 신분관계소송에 있어서는 재산상의 분쟁의 경우와는 달리 위법한 신분관계가 존속함에도 그 상대방이 될 자가 사망하였고, 그 법률관계는 상속되지 않아 소송의 상대방이 될 자가 존재하지 않는 경우에는 관련된 다수 이해관계인들의 이익을 위하여 공익의 대표자인 검사를 소송의 상대방으로 하여 소송을 하는 방법으로 이를 바로잡는 방안이 마련되어 있는데, 이는 위법한 신분관계가 존재하는 경우에 이를 다툴 구체적 상대방이 없다는 이유로 방치하는 것은 공익에 반하므로 공익의 대표자인 검사를 상대로 하여 소송을 제기하게 하고자 함에 있는 것이다[**대법원** 1992. 5. 26. 90 므 1135].

5) 친생자가 아닌 자에 대하여 한 인지신고는 당연무효이며, 이런 인지는 무효를 확정하기 위한 판결 기타의 절차에 의하지 아니하고도, 또 누구에 의하여도 그 무효를 주장할 수 있는 것이다[**대법원** 1992. 10. 23. 92 다 29399].

6) 「원심은 원고의 혈액형(O형) 및 피고와 소외인(訴外人)들의 혈액형(각 A형) 사이에 친생자관계로서의 모순이 없음을 들어 이를 친생자관계인정의 한 근거로 삼고 있으나, 위와 같은 단순한 혈액형검사 외에도 보다 더 다양한 유형의 혈액형검사와 유전자형검사 및 조직적합성 항원형검사 등을 두루 시행하여 이들 검사에서도 소외인들과 피고 사이의 친생자관계를 인정하는데 모순이 없는지를 가려보지 아니하고서는 위의 혈액형검사 결과만으로써 친생자관계를 인정할 근거로 삼기에는 부족하다고 하지 않을 수 없다. 피고가 위의 다양한 검사를 위한 원심법원의 수검명령에 대하여 이를 거부하였음은 원심이 설시하고 있는 바와 같으나, 원심으로서는 그렇다고 하여 바로 감정결정을 취소할 것이 아니라 가사소송법 제67조 소정의 과태료 또는 감치 등의 제재를 과하여서라도 좀 더 위의 검사를 시도할 필요가 있었다고 할 것이다」라고 판시하여 결국 원심판결을 파기하고 사건을 원심법원으로 환송하였다[**대법원** 1995. 2. 28. 94 므 475].

7) 친생추정을 규정한 민법 제844조의 규정은 가정의 평화를 유지하기 위한 규정이므로 가정이 유지되고 있는 한 예외없이 적용되어야 하나, 당해 가정이 이미 파탄되어 위 규정의 목적기반이 상실된 경우라면 부부의 동서의 결여,

혈액형배치의 경우뿐만 아니라 나아가 유전자형배치의 경우에도 친생추정의 효력은 미치지 않는다[**대법원** 1995. 5. 30. 94 드 61780].

8) 민법 제844조 제1항의 친생추정은 다른 반증을 허용하지 않는 강한 추정이므로, 처가 혼인중에 포태한 이상 그 부부의 한쪽이 장기간에 걸쳐 해외에 나가 있거나 사실상의 이혼으로 부부가 별거하고 있는 경우 등 동서의 결여로 처가 부의 자를 포태할 수 없는 것이 외관상 명백한 사정이 있는 경우에만 그러한 추정이 미치지 않을 뿐이고, 이러한 예외적인 사유가 없는 한 아무도 그 자가 부의 친생자가 아님을 주장할 수 없는 것이어서, 이와 같은 추정을 번복하기 위하여는 부가 민법 제846조, 제847조에서 규정하는 친생부인의 소를 제기하여 그 확정판결을 받아야 하고, 이러한 친생부인의 소의 방법이 아닌 민법 제865조 소정의 친생자관계부존재확인의 소의 방법에 의하여 그 친생자관계의 부존재확인을 소구하는 것은 부적법하다[**대법원** 1997. 2. 25. 96 므 1663].

9) 1990. 1. 13. 법률 제4199호로 민법이 개정됨으로써 계모는 더 이상 법률상의 모는 아닌 것으로 되었으나, 피보험자의 계모가 부의 배우자로 실질적으로 가족의 구성원으로 가족공동체를 이루어 생계를 같이 하고 피보험자의 어머니의 역할을 하면서 피보험자동차를 이용하고 있다면, 위 특별약관조항을 둔 취지에 비추어 볼 때 이러한 경우의 계모는 자동차종합보험의 가족운전자한정운전 특별약관상의 모에 포함된다[**대법원** 1997. 2. 28. 96 다 53857].

10) 민법 제844조의 친생추정을 받는 자는 친생부인의 소에 의하여 그 친생추정을 깨뜨리지 않고서는 다른 사람을 상대로 인지청구를 할 수 없으나, 호적상의 부모의 혼인중의 자로 등재되어 있는 자라 하더라도 그의 생부모가 호적상의 부모와 다른 사실이 객관적으로 명백한 경우에는 그 친생추정이 미치지 아니하므로, 그와 같은 경우에는 곧바로 생부모를 상대로 인지청구를 할 수 있다[**대법원** 2000. 1. 28. 99 므 1817].

11) 인지소송은 부와 자 사이에 사실상의 친자관계의 존재를 확정하고 법률상의 친자관계를 창설함을 목적으로 하는 소송으로서 친족·상속법상 중대한 영향을 미치는 인륜의 근본에 관한 것이고 공익에도 관련되는 중요한 것이기 때문에 이 소송에서는 직권주의를 채용하고 있는 것이므로, 당사자의 입증이 충분하지 못할 때에는 가능한 한 직권으로도 사실조사 및 필요한 증거조사를 하여야 하고, 한편 혈연상의 친자관계라는 주요사실의 존재를 증명함에 있어서는 부와 친모 사이의 정교관계의 존재 여부, 다른 남자와의 정교의 가능성이 존재하는지 여부, 부가 자를 자기의 자로 믿은 것을 추측하게 하는 언동이 존재하는지 여부, 부와 자 사이에 인류학적 검사나 혈액형검사 또는 유전자검사를 한 결과 친자관계를 배제하거나 긍정하는 요소가 있는지 여부 등 주요사실의

존재나 부존재를 추인시키는 간접사실을 통하여 경험칙에 의한 사실상의 추정에 의하여 주요사실을 추인하는 간접증명의 방법에 의할 수밖에 없는데, 여기에서 혈액형검사나 유전자검사 등 과학적 증명방법이 그 전제로 하는 사실이 모두 진실임이 증명되고 그 추론의 방법이 과학적으로 정당하여 오류의 가능성이 전무하거나 무시할 정도로 극소한 것으로 인정되는 경우라면 그와 같은 증명방법은 가장 유력한 간접증명의 방법이 된다[**대법원** 2005. 6. 10. 2005므 365].

제2절 인공수정자

1. 인공수정의 의의 및 문제점

인공수정(Artificial Insemination)이란 남녀간의 자연적 성행위에 의하지 않고, 인공적인 특수한 방법에 의하여 여성의 임신을 가능케 하는 것을 말한다. 가령 인공적인 기구나 방법으로 남성의 정자를 여성의 자궁이나 난관에 주입하여 정자와 난자를 결합·수정시켜서 임신케 하는 것으로서, 이러한 방법으로 태어난 아기가 바로 인공수정자(人工受精子)이다. 인공수정의 역사는 200년을 넘고 있지만, 특히 1920년대에 산발적으로 실시되다가 제2차 세계대전 이후부터는 유럽을 비롯한 미국대륙에서 광범위하게 실시되었다. 우리나라에서도 인공수정에 의한 임신이 늘어나고 있지만, 대체로 서양에 비하여 이에 대한 거부감이 크다고 볼 수 있다. 이는 전통적 가족이데올로기에 입각한 비혈연자녀에 대한 심리적·사회적 거부감이 크게 자리잡고 있기 때문이다. 그러나 직업을 갖는 여성이 늘고 그에 따른 만혼의 추세, 환경오염이나 약물남용으로 인한 정자의 감소, 개방적 성생활로 성접촉성질환 및 임신중절수술이 증가하면서 불임부부가 크게 증가하고 있는 실정이며, 혼인한 부부중 약 15-20% 정도가 불임부부인 것으로 조사되고 있다.

그런데 인공수정에 관해서는 여러 측면에서 다각도로 해석되고 있다. 가령 인공수정행위에 대하여 종교적 관점 특히 기독교적 관점에서 보면 기본적으로 부정적이다. 즉 이는 신의 섭리·법칙·의지에 어긋나는 인간의 행위로서 생명현상은 오직 신만이 주재하는 것이고, 신이 예정하지 않은 생명을 인위적으로 창조하려는 것은 있을 수 없다고 보기 때문이다. 그런가 하면 심리학적인 측면에서 보면 인공수정 자체를 유익한 문화적 현상이라고 볼 수는 없으나, 그렇다고 해서 필연적으로 반윤리적인 것도 아니므로 사회조직의 파괴·도덕의 실추·가족의 불안정화를 초래하지 않는 한 허용될 수 있다고 보기도 한다. 또한 생명공학적 측면에서 보면 인공수정의 문제는 단지 불임부부의 고민을 해결하려는 차원을 넘어 유전자결합에 의한 새로운 생명체의 탄생에까지 이르고 있으며, 인간유전공학기술의 진보로 인해 특정인간집단의 특수이익이나 목적에 악용될 위험성이 있긴 하지만, 현실적으로 인공수정의 유용성에 대한 긍정적 측면을 강조하고 있다.

헌법적인 관점에서 인공수정을 보면 인간으로서의 존엄과 학문적 연구의 자유 및 영업의 자유와의 충돌문제로 요약될 수 있다. 즉 그동안 학문의 연구 및 영업의 자유만을 주로 부각시키면서 이루어져 왔던 인공수정과 유전공학적 성과에 대하여 오늘날에는 점차 헌법상의 최고가치인 인간존엄성과 상충된다는 비판이 제기되고 있는 것이다. 이밖에도 인공수정은 다음과 같은 몇 가지 문제점을 내포하고 있다. 즉 첫째, 우리 사회의 혈통주의를 더욱 강화하는 결과를 낳을 수 있다. 이는 혈통유지를 위해 여성의 몸이 인공수정을 통한 생산도구로 이용될 소지가 있기 때문이다. 둘째, 현재의 인공수정에 관한 법적 논쟁에서는 출산의 주체인 여성의 법적 권리가 제대로 논의되고 있지 않다. 셋째, 대리모계약에 의한 출산은 과거 양반가문의 혈통을 잇기 위하여 행해졌던 씨받이제도의 현대판이라고 비난받기도 한다. 넷째, 독신여성의 인공수정은 허용되지 않음으로써 현행법상 혼인외의 자를 탄생시킬 수밖에 없다.

2. 인공수정의 유형 및 법적 규제

① 배우자간 인공수정 (Artificial Insemination by Husband : AIH)

배우자간 인공수정은 정자의 자궁내 상승이 방해받거나 정액상태가 나빠서 부부의 자연적 성적 교섭에 의한 임신이 불가능한 경우에 남편의 정액을 추출하여 아내의 자궁에 수정·임신시키는 방법을 말한다. 이 방법은 불임의 원인이 주로 남편에게 있으나, 수정능력이 있는 경우에 이용된다. 배우자간 인공수정을 통하여 자녀가 혼인성립으로부터 200일후 또는 혼인해소후 300일내에 출생하면 민법 제844조에 의해 혼인중의 출생자로서 부자관계의 추정을 받으며, 동시에 친생자가 된다는 데에 어려움이 없다.

② 비배우자간 인공수정 (Artificial Insemination by Donor : AID)

비배우자간 인공수정은 남편이 수정능력조차 없이 완전히 임신불능인 경우에 제3자인 남성의 정액을 제공받아 아내에게 수정시켜 임신케 하는 방법을 말한다. 일반적으로 인공수정이 법률상 문제로 되는 것은 이러한 경우이며, 가령 비배우자간 인공수정을 실시하기 위하여 체결하는 계약이 유효한가 혹은 민법 제103조에 의한 선량한 풍속 기타 사회질서에 위반하여 무효인가 하는 계약법적 법률문제가 제기될 수 있다. 이에 대하여는 견해가 대립되고 있는데, 우선 비배우자간 인공수정은 헌법상 보장되는 인간존엄(제10조)이나 혼인과 가족생활의 보호(제36조)에 위반되므로 그 계약을 부정하는 견해와 비배우자간 인공수정이 자의 출산을 위한 '최후의 그리고 유일한 수단'으로 실시되는 한 인공수정계약은 유효하다고 인정하는 견해(다수설)가 있다. 비배우자간 인공수정자의 법적 지위에 관하여는 남편의 동의가 있는 경우와 남편의 동의가 없는 경우로 나누어 살펴보아야 한다.

우선 남편의 동의가 있는 경우를 살펴보면 이는 남편의 동의하에 아내가 제3자의 정액을 제공받아 출산한 것이므로, 이 때 인공수정자는 남편의 혼인중의 출생자로 보아야 할 것이다. 이는 자녀의 법적 보호를 위해서이다. 만일 인공수정 시술에 동의한 남편이 변심하여 친생자부인의 소를 제기한다면, 이는 우리 민법 제2조의 「권리의 행사와 의무의 이행은 신의에 좇아 성실하게 하여야 한다. 권리는 남용하지 못한다」라는 규정을 위반하는 것으로 보아야 할 것이다(반대설 있음). 법원도 변심한 남편이 제기한 친생자부인의 소를 기각한 바 있다. 다음으로 남편의 동의가 없는 경우를 살펴보면 이는 아내가 남편의 동의 없이 또는 남편의 동의서를 위조하여 임의로 제3자의 정액을 제공받아 인공수정하여 출산한 것이므로, 이 때 인공수정자는 남편의 혼인중의 출생자로 볼 수 없다. 따라서 남편은 이 아이에 대하여 친생자부인의 소를 제기할 수 있다. 하지만 아내의 임의에 의한 인공수정은 자연적인 성행위에 의한 것이 아니므로 이혼사유 중 '부정행위'에 해당된다고 해석할 수는 없으며, 단지 도덕적 비난의 대상이 되어 그로 인해 가정불화와 파탄에 이르렀다면 '혼인을 계속하기 어려운 중대한 사유'에 해당되어 이혼사유가 될 수는 있을 것이다.

③ 대리모에 의한 인공수정 (Artificial Insemination by Surrogate : AIS)

대리모(代理母, surrogate mother)란 일반적으로 타인을 위하여 자녀를 낳아주는 여자를 뜻한다. 즉 처가 불임인 부부에 있어서 유아인도와 보수지급 등의 일정한 조건하에 그 처를 대신하여 의뢰인의 정자를 가지고 인공수정으로 잉태한 후 아이를 낳아주는 여자를 말하는 것으로 AID와 반대의 경우로 이해할 수 있다. 그런데 AID는 남편이 불임인 경우에 다른 남자의 정자를 제공받아 처로 하여금 인공수정자를 출산하게 하는 것으로, 이렇게 출산한 인공수정자는 비록 그 부(父)와 자연적 혈족관계가 없다 하더라도 혼인중의 출생자로 친생자추정을 받기 때문에 자연스럽고 안정된 가정분위기에서 성장할 수 있는 반면에, 대리모에 의하여 출생한 자는 의뢰자의 생물학적인 자임에도 불구하고 친부인 의뢰인과는 부자관계가 부인되고 대리모의 남편의 친생자로 추정을 받기 때문에, 출생후 대리모의 남편의 친생부인 등의 조치와 의뢰인이 자를 인지해야 하는 등의 복잡한 법률관계로 인해 대리모출생자가 불안정하게 성장할 우려가 있다.

대리모계약은 대리모에 대한 보수지급, 대리모측의 출산아 인도의무, 대리모부부의 친권포기 내지 감호권의 양도, 의뢰인의 아내의 입양합의 등을 그 주요내용으로 하는데, 이에 대한 계약위반시 법적인 강제이행이 사실상 불가능한 이른바 신사협정(Gentleman's Agreement)으로서의 성질을 가진다. 따라서 가령 대리모가 출산후 아기의 인도를 거부하는 경우에는 아기의 인도를 법적으로 강제할 수는 없으며, '자녀의 최선의 이익'의 관점에서 양육자가 결정되어야 할 것이다. 반대로 의뢰했던 부부가 아기 출산후 그 아기가 기형아라는 이유로 아기의 인수를 거절하는 경우에도 역시 법적으로 이를 강제하기 어려울 것이므로, 대리모는 의뢰인 남편을 상대로 친자관계존재확인소송 등을 통하여 자녀의 양육비 기타 손해배상을 청구할 수 있을 뿐이다. 만약에 대리모가 금전만을 주목적으로 하고 임신을 일종의 고용행위로 보는 경우에는 가령 태아에게 해로운 음주나 흡연 등을 함으로써 태아의 건강을 해치고 기형아를 출산하게 될 우려가 있으며, 태아와 모와의 자연적인 관련을 통해서 형성되는 정신적인 밀접한 관계를 기대할 수 없게 된다. 따라서 대리모계약은 인간의 존엄성을 깨뜨리는 계약으로서 사회질서에 반하므로 아무런 법적 효력을 발생할 수 없다고 보는 입장이 지배적이다. 우리나라에서는 아직 대리모제도가 실제로 행해지는 경우가 드물긴 하지만, 대리모가 자녀를 출산하는 경우 인간의 존엄성과 자녀의 복지를 침해하는 한 이를 허용할 수 없다고 본다. 이에 반하여 영국에서는 1985년 『대리모계약법』을 제정할 정도로 대리모에 의한 출산의 문제는 사회적인 문제로 대두되었으며, 미국에서는 전문적으로 대리모를 소개시켜 주는 『대리모협회』도 양성적으로 활동하고 있다.

▶ **관련판례**

1) [Doris Del Zio v. Manhattan's Columbia Presbyterian Medical Center, (1978)]
본 사건은 미국에서 체외수정으로 인하여 시술의사에게 불법행위책임을 인정한 첫번째 판결로서 그 사안은 다음과 같다. 즉 나팔관의 염증으로 불임상태에 있던 Del Zio 부인은 남편의 정액으로 체외수정하기로 의사와 계약하였는데, 체외수정된 수정란은 체외이식이 이루어지기 전에 산부인과 의사에 의해 파기되었다. Del Zio 부인은 당해 의사가 체외수정의 기술이 부족하였고, 병원의 실험위원회도 시술에 찬성하지 않았다고 주장하였으며, 또한 자신의 동의없이 수정란을 파기한 것은 임신의 기회를 박탈한 것으로서 신체적 손상과 정신적 고통을 입었다고 주장하였다. 이에 대하여 의사들은 불완전하게 수정되었기 때문에 수정란이 성공적으로 체외이식이 되더라도 Del Zio 부인은 복막염으로 사망하였을 것이라고 주장하였다. 뉴욕주대법원은 Del Zio 부인의 주장을 받아들여 그녀의 남편이 주장한 손해배상액과 함께 그녀에게 정신적 고통에 대한 위자료 5만 달러를 지급하라는 원고승소판결을 내렸다. 이 판결에서 특히 주목해야 할 점은 미래의 인격체인 수정란의 파기로 인한 손해배상책임을 인정한 사실보다는 병원측의 부당한 수정란의 파기로 인한 일종의 재산적 손해와 임신의 기회를 잃게 되어 받은 정신적 고통에 대한 위자료로서의 배상책임을 인정한 사실이다.

2) [In re Baby M, 109 N. J. 396, 537 A. 2d 1227 (1988)]
처의 임신불능으로 아이를 가질 수 없는 X남은 대리모가 될 Y녀가 X남의 정자로 인공수정을 받고서 임신할 것과 출산한 아이를 출산직후 곧 X남에게 인도할 것 그리고 아이의 인도시에 1만불을 Y녀에게 지급하고 X남의 처가 그 아이를 입양한다는 내용의 대리모계약을 체결하였다. 그러나 Y녀가 여자아이 M을 출산하자 Y녀는 갑자기 심경의 변화를 일으켜 계약과는 달리 X남에게 아이의 인도를 거부하였고, 이에 대하여 X남은 뉴저지주법원에 소송을 제기함으로써 미국 및 전세계의 주목을 받는 사건이 되었다. 처음에 뉴저지주법원은 대리모계약의 유효성을 인정하고 Y녀의 친권을 종료시켜 X남에게 인도하여 그 부부가 아이를 기르는 것이 아이의 행복 내지 최선의 이익에 합치된다는 원고 X남의 승소판결을 하였다. 그러나 Y녀의 상소로 뉴저지주대법원은 대리모에게 금전을 지급하고 출생한 아이를 생리적인 부 및 그 처에게 영구적으로 인도할 것을 내용으로 하는 대리모계약은 제정법과 공서양속(public policy)에 반하여 무효이며 강제이행할 수 없고 대리모의 친권을 종료시킬 다른 근거가 없으나, 아이의 최선의 이익을 위하여 X남 부부에게 감호권을 줄 것이 요청된다고 판시하였다. 결국 X남 부부에게 여자아이 M을 인도하라는 결론을 내렸으며,

이 사건을 계기로 미국의 여러 주에서 대리모에 관한 입법을 마련하기 시작하였다.

제3절 양자

1. 보통양자

1) 양자제도의 의의

본래 **양자제도(養子制度)**란 서로 혈연관계가 없는 사람들끼리 인위적으로 법에 의하여 친자관계를 의제하는 **법정혈족제도(法定血族制度)**로서 인류의 제도상 매우 오랜 역사를 지니고 있을 뿐만 아니라 오늘날까지도 그 사회적 유용성은 대단한 것이라고 말할 수 있다. 물론 양자제도의 존재의의는 시대와 사회에 따라 각기 다르게 변천되어 왔지만, 대체로 '가본위(家本位)의 양자제도'에서 '부모본위(父母本位)의 양자제도'를 거쳐 '자본위(子本位)의 양자제도'로 전환되어 왔다. 우리나라의 경우도 가부장적 가족제도 하에서는 조상의 제사를 주재하고 가계의 혈통을 잇기 위한 '가본위의 양자제도'만을 인정하여 오다가, 점차 이러한 전통적·가부장적 사회가 붕괴되면서 양자의 입장을 고려하지 않고 오직 양자의 노동력을 얻거나 노후의 부양을 받기 위한 '부모본위의 양자제도'로 바뀌게 되었으며, 그 후 핵가족사회를 이루면서 미성숙한 자녀의 보호 및 양육에 초점을 맞추는 '자본위의 양자제도'를 채택하게 되었다.

이와 같이 현대의 양자제도가 오로지 '자(子)의 최선의 이익'을 추구하는 방향으로 나아가고 있음은 부인할 수 없는 사실이다. 그렇지만 현실적으로 자녀의 이익이나 복리만을 추구하는 완전한 '자본위의 양자제도'를 실현한다는 것은 매우 곤란한 일이다. 이는 양자제도가 양친·양자·친생부모를 기본적 구성요소로 하고 있으며, 이들은 각기 다른 다양한 이해관계에 기초하고 있기 때문이다. 우리나라도 그동안 입양정책에 있어서 부단히 노력해 왔으나 아직도 이에 관한 법제도적 보장이 미흡한 실정이며, 국내입양의 경우에 대부분의 양친이 출생신고가 되어 있지 아니한 미혼모의 아이만을 선호하거나 비밀리에 입양하기를 원하고 장애아동이나 나이가 많은 아동을 기피하는 현상이 두

드러진다는 점에서 여전히 불우한 아동을 위한 봉사보다도 입양아를 통한 가문의 계승이나 노후보장의 뜻이 저변에 깔려있음을 알 수 있다.

2) 입양의 성립요건

① 실질적 성립요건

㉠ 당사자간에 입양의 합의가 있을 것

입양의 의사란 진실로 부모와 자식간의 관계를 창설하려는 의사를 말하며, 당사자간에 자유롭게 결정되어야 하고, 조건부나 기한부는 허용되지 않는다. 입양의 의사는 신고서를 작성할 때와 신고가 수리될 때에 모두 존재할 필요가 있다.

㉡ 양친은 성년자일 것

기혼과 미혼, 남자와 여자, 자녀의 유무 등을 묻지 않고 성년자이면 누구든지 양친이 될 수 있다. 혼인에 의하여 성년으로 의제된 자도 양친이 될 수 있느냐에 관해서는 견해가 나뉘어져 있다.

㉢ 양자로 되는 자가 15세 미만인 경우에는 법정대리인이 승낙을 할 것

양자로 될 자가 15세 미만인 때에는 그 법정대리인이 그 양자로 될 자에 갈음하여(대신하여) 입양의 승낙을 해야 하는데, 이를 대낙입양(代諾入養)이라고 한다. 본래 입양은 신분행위이므로 대리를 인정할 수 없으며, 따라서 양자로 될 자가 의사능력이 있는 경우에 한하여 입양을 할 수 있다고 보아야 하지만, 실제로는 양자로 될 자가 의사능력이 없는 유아일 경우가 많으므로 예외적으로 법정대리인의 대낙규정을 둔 것이다. 그 법적 성질은 일종의 대리행위라고 볼 수 있다. 대낙권자는 법정대리인 즉 친권자 또는 후견인이며, 부모가 공동으로 친권을 행사하는 경우에는 공동으로 대낙하여야 한다. 만일 부모가 이혼하여 부모 중 일방만이 친권을 행사하는 경우나 또는 혼인외의 출생자가 부의 인지를 받은 후 부모 중 일방이 친권을 행사하는 경우에는 부모 중 친권행사에서 배제된 당사자의 의사는 전혀 도외시되고 친권을 행사하는 당사자의 일방적인 의사대로 자녀의 입양이 이루어진다는 문제점이 있다. 또한 후견인이 법정대리인으로서 대낙하는 경우에도 현행법상 친

족회의 동의조차 받을 필요없이 그대로 입양승낙을 할 수 있게 되어 있다는 문제점이 있다. 이는 자녀의 복지라는 관점에서 볼 때 중대한 문제라고 할 수 있다. 따라서 2005년 개정민법은 후견인이 입양을 승낙하는 경우에는 가정법원의 허가를 받도록 규정하고 있다(제869조 단서).

㉣ 성년양자는 부모 등의 동의를 얻을 것

양자로 될 자는 성년자라고 하더라도 부모의 동의를 얻어야 한다. 부모가 사망 그 밖의 사유로 인하여 동의를 할 수 없는 때에는 다른 직계존속이 있으면 그 동의를 얻어야 한다. 동의를 하는 직계존속이 수인인 때에는 최근존속(最近尊屬)을 선순위로 하고, 동순위가 수인인 때에는 연장자를 선순위로 한다.

㉤ 15세 이상인 미성년양자는 부모·후견인 등의 동의를 얻을 것

양자로 될 자가 15세 이상 20세 미만인 미성년자인 경우에는 부모 또는 다른 직계존속이 없으면 후견인의 동의를 얻어야 하며, 후견인이 동의를 함에 있어서는 가정법원의 허가를 얻어야 한다.

㉥ 피후견인을 입양할 때는 가정법원의 허가를 얻을 것

후견인이 피후견인을 양자로 할 때에는 가정법원의 허가를 얻어야 한다. 가령 후견인의 임무가 종료된 후라도 아직 후견의 관리계산이 끝나지 않았으면 역시 가정법원의 허가를 얻어야 할 것이다. 이는 후견인이 피후견인을 양자로 함으로써 재산관리에 관한 후견감독을 면하는 것을 방지하기 위한 것으로, 양자로 될 피후견인의 이익을 보호하려는 취지이다.

㉦ 금치산자는 후견인의 동의를 얻을 것

금치산자는 후견인의 동의를 얻어야만 양자를 할 수 있고 또 양자가 될 수 있다. 금치산자는 입양성립에 관하여 정상적인 판단을 하기 어렵기 때문이다.

㉧ 배우자 있는 자는 공동으로 양자를 하여야 하며, 양자가 될 때는 다른 일방의 동의를 얻을 것

배우자 있는 자가 양자를 함에 있어서는 배우자와 공동으로 하여야 하는데, 이를 부부공동입양제도(夫婦共同入養制度)라고 한다. 한편 양

자로 될 자가 부부인 경우에는 공동으로 할 필요는 없고, 다른 일방 배우자의 동의를 얻으면 된다. 그런데 배우자의 일방에게 양자를 할 때 공동으로 할 수 없거나 혹은 양자가 될 때에 동의를 할 수 없는 사정이 있을 경우에 다른 일방이 단독으로 양자를 하거나 다른 일방의 동의없이 양자가 될 수 있느냐 하는 것이 현행법상 논란이 되고 있다. 이에 관해서는 단독으로 양자를 할 수도 없고 다른 일방의 동의없이는 양자가 될 수도 없다는 의견과 양자를 할 수도 있고 양자가 될 수도 있다는 의견이 대립되고 있다.

㉆ 양자는 양친의 존속 또는 연장자가 아닐 것

양자는 양친의 직계존속 혹은 방계존속이 아니어야 하며 또 연장자가 아니어야 한다. 입양당사자가 부부인 경우에는 부부쌍방에 대하여 이 요건이 충족되어야 한다. 민법은 양자의 제한을 엄격하게 하지 않으므로 비교적 넓은 범위에서 양자가 인정된다. 따라서 가령 양자는 양친과 형제항렬에 있거나 혹은 자녀나 손자의 항렬에 있거나 불문하며, 동갑이라도 상관이 없다. 또한 미성년자뿐만 아니라 성년자도 양자가 될 수 있다. 다만 진실로 양친과 양자간에 부모와 자식간의 관계를 성립시키기 위해서는 일정한 연령차의 차이를 두는 것이 바람직할 것이다.

② 형식적 성립요건

입양은 혼인의 경우와 마찬가지로 호적법에 정한 바에 의하여 당사자쌍방과 성년자인 증인 2인이 연서한 서면으로 신고함으로써 효력이 생긴다. 대낙입양의 경우에는 양친이 될 자와 대낙한 자가 동일한 방식으로 신고해야 한다. 혼인과 입양은 신분행위로서 당사자의 의사의 합치를 핵심적인 요소로 하고 있으므로, 비록 그 내용은 다르다고 해도 입양신고의 형식과 절차는 혼인신고의 경우와 동일하다. 입양신고는 서명으로 하는 것이 원칙이지만, 구술로도 신고할 수 있다. 신고서의 제출은 다른 사람에게 위탁하거나 우송해도 상관없다. 위탁한 경우 신고서의 제출전에 입양의사를 철회할 수 있다. 우송한 경우 신고인의 생존중에 우송한 때에는 그 사망후라도 수리하여야 하며, 이때는 신고인의 사망시에 신고한 것으로 본다. 입양신고는 입양의 실질적 요건과 기타 법령에 위반함이 없는 때에는 이를 수리해야 한다. 외국에 있는 한국인 사이의 입양에 관해서는 그 외국에 주재하는 대사・공사・영사에게 신고할 수 있다.

3) 입양의 무효와 취소

① 입양의 무효

민법상 입양의 무효원인으로는 『① 당사자간에 입양의 합의가 없는 때 ② 15세 미만인 자가 양자가 될 때에 대낙권자의 승낙을 받지 않은 때 ③ 양자가 양친의 존속이거나 연장자일 때』를 규정하고 있다. 입양무효의 성질은 혼인의 무효와 동일하다. 즉 당연무효이며, 재판에 의해 비로소 무효가 되는 것이 아니다. 당사자와 제3자는 판결이 없더라도 다른 소에서 그 입양이 무효라고 주장하여 하나의 근거로 할 수 있으며, 또한 가정법원에 입양무효확인의 소를 제기할 수도 있고, 이에 기초한 판결의 효력은 제3자에게도 미친다.

② 입양의 취소

민법상 입양의 취소원인으로는 『① 미성년자가 양친이 되었을 때 ② 양자가 될 성년자가 부모 또는 기타 직계존속의 동의를 얻지 않았을 때 또는 동의권자의 순위에 위반하였을 때 ③ 15세 이상인 미성년자인 양자가 동의권자의 동의를 얻지 않았을 때 ④ 후견인이 가정법원의 허가를 얻지 않았을 때 ⑤ 금치산자가 동의를 얻지 않았을 때 ⑥ 배우자와 공동으로 하지 않고 단독으로 양자를 하였거나 혹은 배우자 있는 자가 다른 일방의 동의없이 양자가 된 때 ⑦ 입양당시에 양친자의 일방에게 악질 기타 중대사유가 있음을 알지 못한 때 ⑧ 사기 또는 강박으로 인하여 입양의 의사표시를 한 때』를 규정하고 있다. 입양의 취소는 가정법원에 소로써 할 수 있고, 법원의 청구에 앞서 먼저 조정을 신청해야 한다. 입양취소청구의 재판이 확정되면 소를 제기한 자는 재판의 확정일로부터 1개월 이내에 판결의 등본 및 확정증명서를 첨부하여 그 취지를 신고해야 한다(호적법 제71조, 제63조).

③ 입양의 무효와 취소의 효과

입양취소의 효력은 입양성립일에 소급하지 않고, 입양취소가 판결에 의해 확정된 때부터 생긴다. 입양으로 인하여 발생한 친족관계는 무효나 취소로 인하여 소멸하며, 입양이 무효 또는 취소된 경우에 당사자 일방은 과실있는 상대방에 대하여 재산상 손해 및 정신상 고통으로 인한 손해배상청구를 할 수 있다.

4) 입양의 효과

① 입양으로 인하여 양자와 양친 사이에는 법정혈족관계가 발생하고, 양자는 입양을 한 날로부터 양친의 혼인중의 출생자로서의 신분을 취득한다. 이에 따라 양자와 양부모 및 그 혈족·인척 사이의 친계(親系)와 촌수는 입양한 때로부터 혼인중의 출생자와 동일한 것으로 본다. 양자와 배우자, 직계비속과 그 배우자는 양자의 친계를 기준으로 하여 촌수를 정한다.

② 입양이 성립되면 호적관계에도 변동을 가져온다. 즉 양자는 원칙적으로 양가(養家)에 입적한다. 그러나 배우자나 직계비속이 있을 때에는 신호적을 편제한다.

③ 양자는 양부모 및 그 혈족 사이에 서로 상속관계·부양관계가 생긴다. 또한 친생부모와의 친자관계는 변경되지 않으므로 종래의 친족관계·상속관계·부양관계도 그대로 가진다.

④ 양자가 미성년자인 경우에는 친생부모의 친권을 따르지 않고, 양부모의 친권에 따른다.

⑤ 이성양자(異姓養子)의 경우에 양자는 양부(모)의 성을 따라야 하는가에 관해서 긍정설과 부정설이 대립되어 왔으나, 2005년 개정민법은 성의 변경을 청구하면 양친의 성을 따를 수 있게 되었다(제781조 제6항).

5) 파양

양친자관계는 파양(罷養)에 의해서만 해소된다. 즉 입양은 단지 당사자만의 관계가 아니고 양자와 양친 및 양친을 통하여 그 혈족 사이에 친족관계가 생기므로, 이러한 관계는 입양당사자의 사망만으로는 해소되지 않기 때문이다. 파양은 입양의 취소와는 달리 입양성립후에 생긴 사유를 원인으로 하여 양친자관계를 해소하는 것으로서, 이혼과 혼인의 취소가 서로 구별되는 것과 비교된다. 파양에는 협의상 파양과 재판상 파양이 있다.

① 협의상 파양

양친자는 협의에 의해 파양할 수 있으며, 실질적 요건으로는 ㉠ 당사자간에 파양의사의 합치가 있을 것 ㉡ 15세 미만의 양자는 법정대리인이 대낙할 것 ㉢ 15세 이상의 미성년자인 양자는 입양할 때의 동의권자의 동의를 얻을 것 ㉣ 금치산자는 후견인의 동의를 얻을 것을 요한다. 다만 ㉤ 양친이 부부인 경우에 공동으로 파양해야 하는가 혹은 양자에게 배우자가 있는 경우에 다른 일방의 동의가 필요한가에 대하여는 명문의 규정이 없으므로 해석상 문제된다. 생각컨대 원칙적으로 양친은 공동으로 파양을 해야 하며, 배우자의 동의가 필요하다고 본다. 협의상 파양도 호적법에 정한 바에 따라 신고함으로써 그 효력이 발생하며, 파양신고는 당사자쌍방과 성년자인 증인 2인의 연서로 된 서면에 의하거나 혹은 호적법에 따라 구술로도 할 수 있다. 그리고 협의상 파양의 무효와 취소의 이론은 혼인·협의이혼·입양 등의 경우와 동일하다. 즉 당사자간에 합의가 없는 파양은 무효가 되며, 그 성질상 당연무효이다. 또한 사기·강박으로 인한 파양은 그 사기를 안 날 혹은 강박을 면한 날로부터 3개월 이내에 가정법원에 파양의 취소를 청구할 수 있다. 이 때 취소의 효과는 소급한다.

② 재판상 파양

재판상 파양이란 법률에 정해진 파양원인에 의하여 재판상 양친자관계의 해소를 가정법원에 청구하는 것으로서, 민법은 파양원인에 관하여 이혼원인과 마찬가지로 상대적·추상적 파양원인을 채용하고 있다. 재판상 파양도 재판상 이혼의 경우와 같이 조정절차가 선행되며, 조정이 성립되면 파양의 효력이 생기고, 조정이 성립되지 않으면 제소신청을 하여 재판을 받은 후 그 판결에 의해 파양의 효력이 생긴다. 그런데 재판상 파양의 경우에 ㉠ 15세 미만의 양자는 입양을 대낙한 자가 파양의 소를 대신 제기할 수 있으며 ㉡ 15세 이상의 미성년자인 양자는 미성년자 자신이 입양동의권자의 동의를 얻어서 파양의 소를 제기할 수 있고 ㉢ 금치산자가 양친이나 양자인 경우에는 후견인의 동의를 얻어서 파양의 소를 제기할 수 있다. 민법 제905조는 재판상 파양원인에 관하여 『양친자의 일방은 다음 각 호의 사유가 있는 경우에는 가정법원에 파양을 청구할 수 있다. 1. 가족의 명예를 오독(汚瀆)하거나 재산을 경도(傾倒)한 중대한 과실이 있을 때 2. 다른 일방 또는 그 직계존속으로부터 심히 부당한 대우를 받았을 때 3. 자기의 직계존속이 다른 일방으로부터 심히 부당한 대우를 받았을 때 4. 양자의 생사가 3년 이상 분명하지 아니한 때 5. 기타 양친자관계를 계속하기 어려운 중대한 사유가 있을 때』라고 규정하고 있다. 여기서 4호를 제외한 1호・2호・3호・5호의 원인은 다른 일방이 이를 안 날로부터 6월, 그 사유가 있은 날로부터 3년을 경과하면 파양청구권이 소멸한다.

③ 파양의 효과

파양을 하면 입양으로 인한 친족관계는 소멸한다. 즉 양자와 양친 사이의 법정혈족관계뿐만 아니라, 양자와 양친의 혈족・인척간에 또는 양자의 배우자・직계비속・그 배우자와 양친・그 혈족・인척간에 법정 친족관계도 소멸한다. 따라서 그들 사이의 부양관계・상속관계・친족관계도 모두 소멸한다. 또한 양친의 일방이 사망하여 생존한 양친이 단독으로 양자를 파양하였을 경우에도 양친족관계는 전체적으로 소멸한다고 해석해야 할 것이다. 양자가 미성년자인 경우에는 다시 친생부모의 친권에 따르게 된다. 그리고 재판상 파양을 한 때에 당사자일방은 과실있는 상대방에 대하여 손해배상을 청구할 수 있으며, 이 경우 먼저 가정법원에 조정신청을 해야 한다. 이에 관해서는 약혼해제로 인한 손해배상청구에 관한 규정이 준용된다.

2. 친양자

1) 친양자제도의 의의

자의 복리를 구현하기 위하여 현대 양자법이 추구하는 새로운 두 가지 동향은 우선 입양의 성립요건에 있어서 이른바 **계약형양자**(契約型養子)에서 **선고형・허가형양자**(宣告型・許可型養子)로의 전환을 들 수 있으며, 또한 입양의 효력에 있어서 이른바 **불완전양자**(不完全養子)에서 **완전양자**(完全養子)로의 전환을 들 수 있다. 그런데 현행 민법상 양자제도는 우선 입양의 성립요건면에서 볼 때 이를 사적 신분계약으로 보는 이른바 계약형양자제도를 채택함으로써 국가기관의 관여없이 그 성립을 당사자들의 계약에 맡기고 있다. 또한 입양의 효력면에서 보면 이른바 불완전양자제도를 채택함으로써 입양된 후 양친의 호적에 친생자와 구별되어 양자로 기재될 뿐만 아니라 친생부모와의 친족관계를 계속 유지함으로써 호적에 입양사실은 물론 친생부모와 양친 모두를 기재하게 되고, 친생부모의 성과 본을 따르게 함으로써 가령 한 집에 사는 양부와 양자의 성이 서로 다른 현상이 생겨 입양 자체를 기피하게 만들거나 혹은 재혼가정의 경우에 친생부가 승낙한다고 해도 양부의 성을 따를 수 없어 성장기 아동들의 정서에 좋지 않은 영향을 미치는 등 폐해가 지적되기도 한다.

따라서 실제로는 민법상 입양을 하면서도 양자를 마치 자신의 친생자처럼 허위로 **친생자출생신고**(親生子出生申告)를 하는 경우가 대부분이며, 대법원은 부득이 이에 대하여 입양의 실질적 요건을 모두 갖추었다면 입양의 효력이 있다고 판시함으로써 호적의 공신력을 떨어뜨리고 위법행위를 조장하며 혈연관계의 혼란을 초래하고 있다. 이러한 판례의 태도에 대하여는 입양신고를 꺼리는 대신 친생자로 출생신고를 하는 우리 사회의 관행을 고려한 것으로서 혈연에 의해 형성된 관계는 아니지만 당사자의 의사에 기초하여 사실상의 가족관계가 성립·유지된 경우이므로 그 실질적 관계는 법의 보호를 받을 가치가 있다고 보는 견해도 있다. 하지만 이와 같은 양자제도는 '자본위의 양자제도'를 추구하기 위한 현대 양자법의 새로운 방향과도 모순될 뿐만 아니라 '자의 최선의 이익'을 도모하기 위한 국제적 노력에도 상반되는 면을 지니게 된다.

현대적 양자제도의 도입과 관련된 대표적인 국제협약으로는 우선 1967년의 「유럽아동입양협약」(European Convention on the Adoption of Children)을 들 수 있다. 동 협약 제4조에 의하면 입양은 권한있는 당국인 사법당국 또는 행정당국에 의하여 선고 또는 허가된 경우에 한하여 유효하도록 함으로써 선고형·허가형양자를 규정하고 있다. 또한 동 협약 제10조에 의하면 입양은 친생부모가 그 혼인중의 출생자에 대하여 가지는 모든 종류의 권리의무를 양친과 양자에게 준다고 함으로써 완전양자를 규정하고 있으며(제1항), 양자와 그 친생부모 사이에 존재하던 어떠한 권리의무도 소멸될 뿐만 아니라(제2항), 양자는 양친의 성을 취득할 수 있거나 양자의 성에 양친의 성을 부가시킬 수 있도록 규정하고 있다(제3항). 다음으로는 국제협약으로서 1989년의 「유엔아동권리협약」(UN Convention on the Rights of the Child)을 들 수 있다. 동 협약 제21조 (a)호에 의하면 입양제도는 아동의 최선의 이익을 우선적으로 고려하여야 하며, 권한있는 관계당국에 의해서만 입양이 허가되도록 보장할 것을 요구하고 있다.

결국 정부는 민법(가족법)중 개정법률안을 통하여 기본이 되는 양자제도를 현행 그대로 유지하면서도 위와 같은 입양현실을 반영하고 이를 개선하여 양자의 복리를 증진시키기 위하여 이른바 친양자제도(親養子制度)를 신설하고자 했다. 친양자제도는 1998년에 처음으로 입법예고되었다가 폐기되었으며, 2000년에도 친양자제도를 포함한 민법(가족법)중 개정법률안을 입법예고(법무부공고 제2000-25호)하여 이를 정부가 국회의 법제사법위원회에 2000년 10월 17일 회부하고 2001년 6월 26일 상정하였으나 오랫동안 의결되지 못한 채 표류하다가 드디어 2005년 개정민법에서 도입하게 되었다. 본래 친양자제도는 이미 영국·미국·프랑스·독일·스위스·일본 등 여러 선진외국에서 완전양자(完全養子) 또는 특별양자(特別養子)라고 하여 오래 전부터 정착된 제도인데, 굳이 개정안에서 '친양자(親養子)'라는 용어를 채택한 이유는 '친생자(親生子)처럼 취급되는 양자(養子)'라는 의미를 내포한 것이다. 즉 친양자제도란 입양된 후 양자는 친생부모 및 그 혈족과의 친족관계를 단절하고 법적으로나 실제적으로 양친의 친생자로서 양부의 성과 본을 따르며 호적에도 친생자로 기재되어 양가의 완전한 일원이 됨으로써 원칙적으로 파양도 인정하지 않는 제도를 말한다.

2) 친양자입양의 성립요건

☞ 민법 제908조의 2 (친양자입양의 요건 등)

『① 친양자를 하려는 자는 다음 각 호의 요건을 갖추어 가정법원에 친양자입양의 청구를 하여야 한다.

1. 3년 이상 혼인중인 부부로서 공동으로 입양할 것. 다만, 1년 이상 혼인중인 부부의 일방이 그 배우자의 친생자를 친양자로 하는 경우에는 그러하지 아니하다.
2. 친양자로 될 자가 15세 미만일 것
3. 친양자로 될 자의 친생부모가 친양자입양에 동의할 것. 다만, 부모의 친권이 상실되거나 사망 그 밖의 사유로 동의할 수 없는 경우에는 그러하지 아니하다.
4. 제869조의 규정에 의한 법정대리인의 입양승낙이 있을 것

② 가정법원은 친양자로 될 자의 복리를 위하여 그 양육상황, 친양자입양의 동기, 양친의 양육능력 그 밖의 사정을 고려하여 친양자입양이 적당하지 아니하다고 인정되는 경우에는 제1항의 청구를 기각할 수 있다.』

첫째, 법정요건을 갖추어 가정법원에 친양자입양의 심판을 청구해야 한다(심판에 의한 성립). 즉 친양자입양은 오직 자의 복리를 도모하기

위하여 친생부모와의 친족관계를 소멸시키는 제도이므로 상당히 엄격한 요건들이 요구되며 반드시 가정법원의 신중한 심리와 판단에 의해 성립되어야 한다. 다만 가정법원은 친양자로 될 자의 양육상황, 친양자입양의 동기, 양친의 양육능력 기타 사정을 고려하여 친양자입양이 적당하지 아니하다고 인정되는 경우에는 그 심판청구를 기각할 수 있다.

둘째, 양친에 관한 요건은 3년 이상 혼인중인 부부가 공동으로 입양해야 한다는 것이다(부부공동입양). 이는 본래 친양자제도가 자의 건전한 육성을 목적으로 하므로 부모를 모두 갖춘 가정에서 자라게 하는 것이 바람직하기 때문이다. 다만 예외적으로 부부의 일방이 배우자의 친생자, 즉 전혼인중의 출생자 또는 혼인외의 출생자를 친양자로 하는 경우에는 단독으로 입양할 수 있도록 규정함으로써 친양자입양의 성립요건에 있어서 이른바 배우자계자(配偶者繼子)의 경우를 배려하고 있다. 이처럼 예외적으로 인정되는 배우자계자의 경우에도 1년 이상 혼인중인 부부의 일방에게 인정하도록 규정하고 있다.

셋째, 양자에 관한 요건은 친양자로 될 자가 15세 미만이어야 한다는 것이다(양자의 연령제한).

넷째, 친생부모에 관한 요건은 친양자로 될 자의 친생부모가 친양자입양에 동의해야 한다는 것이다(친생부모의 동의). 이는 친양자입양이 성립되는 경우에 양자는 양친과의 친생자관계를 이루며 친생부모와는 모든 법률관계가 단절되므로 특히 그 친생부모의 동의가 중요한 의미를 갖기 때문이다. 다만 부모의 친권이 상실되거나 사망 그 밖의 사유로 동의할 수 없는 경우에는 친생부모의 동의를 요하지 않는다는 예외규정을 두고 있다. 그리고 15세 미만자의 입양승낙에 관한 민법 제869조의 규정을 적용함으로써 법정대리인의 입양승낙이 있을 것을 요한다.

3) 친양자입양의 효력

☞ 민법 제908조의 3 (친양자입양의 효력)

『① 친양자는 부부의 혼인중 출생자로 본다.

② 친양자의 입양전의 친족관계는 제908조의 2 제1항의 청구에 의한 친양자입양이 확정된 때에 종료한다. 다만, 부부의 일방이 그 배우자의 친생자를 단독으로 입양한 경우에 있어서의 배우자 및 그 친족과 친생자간의 친족관계는 그러하지 아니하다.』

첫째, 친양자입양의 일반적 효력으로는 민법개정안 제908조의 8 (준용규정)에 의해 『친양자에 관하여 이 법에 특별한 규정이 있는 경우를 제외하고는 그 성질에 반하지 아니하는 범위 안에서 양자에 관한 규정을 준용한다』는 점에 근거하여 보통양자입양의 일반적 효력이 그대로 발생한다. 따라서 친양자는 양친과의 사이에 법정혈족관계가 생기고 양친의 혈족·인척과도 법정친족관계가 생기므로 서로 부양관계와 상속관계가 발생하며, 또한 친양자는 양가에 입적하고 양친의 친권에 복종하게 된다.

둘째, 친양자입양의 특유의 효력으로는 우선 기존에는 이성양자(異姓養子)의 경우에 민법상 명시적 규정이 없으므로 성불변원칙에 따라 양자는 자기 본래의 성과 본을 고수하여 왔는데 비해, 비록 개정민법에서도 명문의 규정을 두지는 않았지만 친양자가 양부의 성과 본을 따르게 되는 것은 친양자입양의 당연한 효과라고 본다. 그리고 개정민법은 친양자입양전의 친족관계는 친양자입양 심판이 확정된 때에 종료한다고 규정함으로써 친양자와 친생부모 및 그 혈족·인척간의 친족관계의 단절은 친양자출생시로 소급하지 아니하고 심판확정시부터 종료한다. 이로 인해 친양자와 친생부모 및 그 혈족·인척간에는 서로 부양관계와 상속관계가 소멸되며, 민법이나 기타 법령의 적용상에도 친족관계가 없는 것으로 된다. 다만 개정민법은 예외적으로 부부의 일방이 그 배우자의 친생자를 단독입양하는 경우에는 배우자 및 그 친족과 친생자간의 친족관계는 종료하지 않는다고 규정함으로써 역시 친양자입양의 효력에 있어서도 배우자계자의 경우를 배려하고 있다.

4) 친양자입양의 취소 및 파양

☞ 민법 제908조의 4 (친양자입양의 취소 등)

『① 친양자로 될 자의 친생의 부 또는 모는 자신에게 책임이 없는 사유로 인하여 제908조의 2 제1항 제3호 단서의 규정에 의한 동의를 할 수 없었던 경우에는 친양자입양의 사실을 안 날부터 6월내에 가정법원에 친양자입양의 취소를 청구할 수 있다.

② 제883조 및 제884조의 규정은 친양자입양에 관하여 이를 적용하지 아니한다.』

개정민법은 친양자입양이 성립되려면 친양자로 될 자의 친생부모가 이에 동의해야 함에도 불구하고, 만일 그 친생부모의 책임이 없는 사유로 인하여 친양자입양의 동의를 할 수 없었던 때에는 가정법원에 친양자입양의 취소를 청구할 수 있도록 규정함으로써 친생부모의 동의요건을 보다 강화하고 이에 중요한 의미를 부여하고 있다. 그리고 친양자입양의 경우에는 보통양자입양의 무효원인(제883조) 및 취소원인(제884조)에 관한 규정을 적용하지 않도록 하고 있다.

☞ 민법 제908조의 5 (친양자의 파양)

『① 양친, 친양자, 친생의 부 또는 모나 검사는 다음 각 호의 어느 하나의 사유가 있는 경우에는 가정법원에 친양자의 파양을 청구할 수 있다.

1. 양친이 친양자를 학대 또는 유기하거나 그 밖에 친양자의 복리를 현저히 해하는 때
2. 친양자의 양친에 대한 패륜행위로 인하여 친양자관계를 유지시킬 수 없게 된 때

② 제898조 및 제905조의 규정은 친양자의 파양에 관하여 이를 적용하지 아니한다.』

개정민법에 의하면 친양자입양의 경우에 협의상 파양(제898조)은 인정하지 않으며, 일정한 사유가 있는 경우 가령 양친이 친양자를 학대·유기·기타 친양자의 복리를 현저히 해하는 때 혹은 친양자의 양친에 대한 패륜행위로 인하여 친양자관계를 유지시킬 수 없게 된 때에 한하여 재판상 파양을 허용하고 있다. 다만 이 경우 보통양자입양의 재판상 파양원인(제905조)에 관한 규정은 적용되지 않으며, 양친·친양자·친생부모·검사가 친양자의 파양청구권자가 된다. 특히 친양자입양에 대하여 재판상 파양을 인정하는 경우에는 그 파양사유를 엄격히 해석하여 제한적으로 인정해야 하며, 파양 후에 친생부모의 친양자에 대한 상당한 감호가능성을 충분히 고려하는 등 자의 복리실현에 각별히 염두를 두고 판단해야 할 것이다.

☞ 민법 제908조의 6 (준용규정)

『제908조의 2 제2항의 규정은 친양자입양의 취소 또는 제908조의 5 제1항 제2호의 규정에 의한 파양의 청구에 관하여 이를 준용한다.』

따라서 가정법원은 친양자로 될 자의 복리를 위하여 그 양육상황, 친양자입양의 동기, 양친의 양육능력 기타 사정을 고려하여 친양자입양의 취소나 파양이 적당하지 않다고 인정되는 경우에는 그 청구를 기각할 수 있다.

☞ 민법 제908조의 7 (친양자입양의 취소·파양의 효력)

『① 친양자입양이 취소되거나 파양된 때에는 친양자관계는 소멸하고 입양전의 친족관계는 부활한다.

② 제1항의 경우에 친양자입양의 취소의 효력은 소급하지 아니한다.』

친양자입양이 취소되거나 파양되면 친양자와 양친 및 그 혈족·인척간의 친족관계는 종료하고, 동시에 친양자와 친생부모 및 그 혈족·인척간의 친족관계가 부활하며, 친양자는 친생부모의 호적으로 복적하고, 다시 친생부모의 성과 본을 따르며, 친생부모의 친권에 복종하게 된다. 그리고 개정민법은 친양자입양을 취소하더라도 그 효력은 기왕에 소급되지 않음을 명시하고 있다.

▶ **관련판례**

1) 친생자 출생신고 당시 입양의 실질적 요건을 갖추지 못하여 입양신고로서의 효력이 생기지 아니하였더라도, 그 후에 입양의 실질적 요건을 갖추게 된 경우에는 무효인 친생자 출생신고는 소급적으로 입양신고로서의 효력을 갖게 된다고 할 것이나, 민법 제139조 본문이 무효인 법률행위는 추인하여도 그 효력이 생기지 않는다고 규정하고 있음에도 불구하고, 입양 등의 신분행위에 관하여 이 규정을 적용하지 아니하고, 추인에 의하여 소급적 효력을 인정하는 것은 무효인 신분행위 후 그 내용에 맞는 신분관계가 실질적으로 형성되어 쌍방 당사자가 이의없이 그 신분관계를 계속하여 왔다면, 그 신고가 부적법하다는 이유로 이미 형성되어 있는 신분관계의 효력을 부인하는 것은 당사자의 의사에 반하고 그 이익을 해칠 뿐만 아니라, 그 실질적 신분관계의 외형과 호적의 기재를 믿은 제3자의 이익도 침해할 우려가 있기 때문에, 추인에 의하여 소급적으로 신분행위의 효력을 인정함으로써 신분관계의 형성이라는 신분관계의 본질적 요소를 보호하는 것이 타당하다는 데에 그 근거가 있다고 할 것이므로, 당사자간에 무효인 신고행위에 상응하는 신분관계가 실질적으로 형성되어 있지 아니한 경우에는 무효인 신분행위에 대한 추인의 의사표시만으로 그 무효행위의 효력을 인정할 수 없다[**대법원** 2000. 6. 9. 99 므 1633·1640].

2) 민법 제776조는 "입양으로 인한 친족관계는 입양의 취소 또는 파양으로 인하여 종료한다"라고 규정하고 있을 뿐 '양부모의 이혼'을 입양으로 인한 친족관계의 종료사유로 들고 있지 않고, 구관습시대에는 오로지 가계계승을 위하여만 양자가 인정되었기 때문에 입양을 할 때 처는 전혀 입양당사자가 되지 못하였으므로 양부모가 이혼하여 양모가 부(夫)의 가(家)를 떠났을 때에는 입양당사자가 아니었던 양모와 양자의 친족관계가 소멸하는 것은 논리상 가능하였으나, 처를 부와 함께 입양당사자로 하는 현행 민법 아래에서는(1990. 1.

13. 개정 전 민법 제874조 제1항은 "처가 있는 자는 공동으로 함이 아니면 양자를 할 수 없고 양자가 되지 못한다" 고 규정하였고, 개정 후 현행 민법 제874조 제1항은 "배우자 있는 자가 양자를 할 때에는 배우자와 공동으로 하여야 한다" 고 규정하고 있다) 부부공동입양제가 되어 처도 부와 마찬가지로 입양당사자가 되기 때문에 양부모가 이혼하였다고 하여 양모를 양부와 다르게 취급하여 양모자관계만 소멸한다고 볼 수는 없는 것이다[**대법원** 2001. 5. 24. 2000 므 1493].

3) 처가 있는 자가 입양을 함에 있어서 혼자만의 의사로 부부 쌍방 명의의 입양신고를 하여 수리된 경우, 처와 양자가 될 자 사이에서는 입양의 일반요건 중 하나인 당사자간의 입양합의가 없으므로 입양이 무효가 되는 것이지만, 처가 있는 자와 양자가 될 자 사이에서는 입양의 일반 요건을 모두 갖추었어도 부부 공동입양의 요건을 갖추지 못하였으므로 처가 그 입양의 취소를 청구할 수 있으나, 그 취소가 이루어지지 않는 한 그들 사이의 입양은 유효하게 존속하는 것이고, 당사자가 양친자관계를 창설할 의사로 친생자출생신고를 하고, 거기에 입양의 실질적 요건이 모두 구비되어 있다면 그 형식에 다소 잘못이 있더라도 입양의 효력이 발생하고, 양친자관계는 파양에 의하여 해소될 수 있는 점을 제외하고는 법률적으로 친생자관계와 똑같은 내용을 갖게 되므로, 이 경우의 허위의 친생자출생신고는 법률상의 친자관계인 양친자관계를 공시하는 입양신고의 기능을 발휘하게 된다[**대법원** 2006. 1. 12. 2005 도 8427].

民法概論

제5편

상속법(相續法)

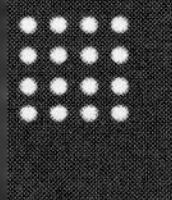

제1장 상속제도

제1절 상속제도의 변천

상속제도는 역사적 발전에 따라 대체로 제사상속·신분상속·재산상속의 순으로 옮겨져 왔다. 그러나 상속제도가 시대와 장소에 따라 여러 가지 모습으로 나타났다고 해도 언제나 재산의 승계는 필연적이었다. 본래 상속제도는 사적 소유에 영구성을 부여하는 것이다. 따라서 재산이 아직 씨족이나 가부장적 가족단체의 소유에 속하고 그 구성원이 생산과 소비를 공동으로 하고 있었던 시대에는 씨족장이나 가장이 사망하더라도 재산의 관리자로서의 지위의 승계가 있었을 뿐이고 재산의 이전이나 승계는 일어나지 않았다. 그 후 봉건적인 가족공동체가 생산적 기능을 잃고 주로 소비적 작용을 담당하게 되자, 가족단체는 해체되고 이와 더불어 가부장의 통제로부터 개인이 해방되었으며, 재산도 가족단체의 소유라는 관념으로부터 가족구성원 각자의 사적 지배에 속하게 되는 근대적 사유재산제도가 생겨나게 되었다. 그리하여 이 무렵부터는 상속제도도 일정한 혈연관계의 존재만을 전제로 하는 근대적인 재산상속이 행해지게 되었다.

근대적인 자유와 공평을 원칙으로 하는 상속제도도 20세기 이래 특히 제1차 대전 후에 커다란 변혁을 겪었다. 즉 첫째, 사유재산이란 개인적 성과가 아니고 사회적인 상호의존에 의거하는 것이므로 개인적 재산처분의 자유는 절대적인 것이 아니고 사회적인 제약을 감수해야 한다. 둘째, 친족 사이의 부양은 점차 사회에 전가되고 있으며 부양의 연장이라고도 볼 수 있는 상속도 적당한 범위 내에서 사회에 전가되어야 한다. 셋째, 출생이나 혈연 등에 의해 제한없이 상속을 허용하는 것은 빈곤층과의 현저한 불공평이 되므로 불합리하다는 비판이 가해지고 있다. 따라서 여러 나라의 상속법은 상속에 관한 인적 범위 즉 상속인을 되도록 생활을 함께 한 근친자에 국한하고, 또한 적극적으로 국가와 공공단체의 상속권을 확립하고자 상속의 물적 범위 즉 상속재산을 제한하기 위하여 상속의 최고한도를 한정하거나 고율의 누진상속세를 부과하고 있는 실정이다.

제2절 상속의 개시

상속(相續)이란 피상속인의 사망에 의하여 상속인이 피상속인에 속하였던 모든 재산상의 지위 또는 권리의무를 포괄적으로 승계하는 것을 말한다. 민법 제997조에 의하면 『상속은 사망으로 인하여 개시된다』라고 규정함으로써 재산상속의 경우 사망만을 상속의 개시원인으로 명시하고 있다. 이 때 사망(死亡)이란 일반적인 사실상의 사망만을 말하는 것이 아니라, 행방불명자의 경우 법원의 선고에 의해서 사망을 의제하는 실종선고(失踪宣告) 및 수난·화재 기타 사변으로 인하여 사망한 것이 확실한데 시체가 발견되지 않을 경우 이를 조사한 관공서가 사망지의 시·읍·면의 장에게 사망보고를 하여 호적상 사망의 기재를 하는 인정사망(認定死亡)도 포함한다.

상속개시의 시기를 구체적으로 구분해서 살펴보면 다음과 같다. ① 사실상 사망의 경우에는 현실로 사망이라는 사실이 발생한 때에 상속이 개시된다. 즉 피상속인의 호흡과 심장이 종지(終止)된 때에 상속이 개시되며, 호적상 사망신고를 한 때가 아니다. ② 실종선고의 경우에는 민법상 실종기간이 만료한 때(일반적인 실종의 경우는 5년, 전시·선박 및 항공기사고시·기타 위난으로 인한 실종의 경우는 1년)에 사망한 것으로 보므로 그 기간의 종료일에 상속이 개시된다. ③ 인정사망의 경우에는 조사할 권한이 있는 관공서가 그 사망시기를 인정하게 되므로 그 관공서의 보고시(報告時)에 상속이 개시되는 것으로 본다.

상속개시의 장소는 피상속인의 주소지이다. 이에 관한 입법론으로서는 본적지주의·주소지주의·사망지주의 등 여러 가지가 있지만, 우리 민법은 주소지주의를 취하고 있다. 이것은 주로 상속사건과 파산사건의 재판관할을 확정하는데 필요하며, 상속세의 부과 및 징수의 경우 상속재산의 가액을 평가하는 표준이 된다. 피상속인의 주소를 알 수 없는 때 또는 국내에 주소가 없는 때에는 거소를 주소로 보고, 거소도 알 수 없는 때에는 그 사망지를 상속개시의 장소로 볼 수밖에 없을 것이다.

상속에 관한 비용은 상속재산 중에서 지급하도록 한다. 상속재산, 즉 상속에 의하여 상속인이 승계할 재산에 관한 비용이란 조세 기타의 공과금・관리비용・청산비용・소송비용・재산목록작성비용・유언집행비용 등과 같이 상속재산과 관련되는 사람들을 보호하기 위하여 지출되는 비용들을 말한다. 장례비용은 상속에 관한 직접적인 비용은 아니더라도 피상속인을 위해서 지출되는 비용이므로 이에 포함시켜야 할 것이다. 그러나 아무리 상속에 관한 비용이라고 해도 상속인의 과실로 인하여 현저히 불필요한 소비를 하였을 경우에는 그 상속인이 그 초과부분을 부담해야 할 것이다.

제3절 상속회복청구권

1) 상속회복청구권의 의의 및 입법취지

상속은 피상속인이 사망하면 즉시 발생하기 때문에 경우에 따라서는 상속이 개시되었을 때 상속인은 자기가 상속하였다는 사실을 모르고 있을 수도 있고, 또 상속재산에 대해 실제적으로 지배하지 못하는 수도 있다. 이와 같은 경우에 상속권이 없는 자, 가령 상속인이 아닌 자나 혹은 상속인의 자격은 가지고 있으나 정당한 상속순위에 있지 않은 자가 고의로 상속재산을 점유하거나 호적상의 착오로 인하여 선의로 사실상의 상속을 하고 있는 경우가 발생하게 된다. 그러나 이러한 외관 때문에 정당한 상속인이 상속권을 박탈당하는 것은 아니며, 이 경우 진정한 상속인은 사실상 상속의 효과를 누리고 있는 진정하지 않은 상속인인 참칭상속인(僭稱相續人)에 대하여 상속회복청구를 할 수 있다. 이것이 바로 상속회복청구권(相續回復請求權)이며, 연혁적으로는 로마법에 그 연원을 가지고 있다. 우리 민법상으로는 제999조에서 『① 상속권이 참칭상속권자로 인하여 침해된 때에는 상속권자 또는 그 법정대리인은 상속회복의 소를 제기할 수 있다. ② 제1항의 상속회복청구권은 그 침해를 안 날부터 3년, 상속권의 침해행위가 있은 날부터 10년을 경과하면 소멸한다』라고 규정함으로써 상속회복청구권을 명시적으로 인정하고 있다.

상속회복청구권을 인정하는 이유로는 일반적으로 다음 세 가지를 들 수 있다. ① 포괄적인 청구가 가능하다는 점이다. 즉 진정상속인이 회복소송을 청구함에 있어서 침해된 상속재산의 내용을 정확하게 파악하는 것이 곤란한 경우가 있는데, 이 경우 회복하려는 목적재산을 일일이 열거할 필요가 없고 일괄하여 회복할 수 있다는 편리함이 있다. ② 입증책임이 경감된다는 점이다. 즉 진정상속인은 회복청구의 대상이 된 재산이 상속개시 당시에 피상속인의 점유에 속하고 있다는 사실만을 입증하면 충분하며, 그 권리가 피상속인에게 속하고 있었다는 권원(權原)을 소급해서 입증할 필요는 없는 것이다. ③ 권리관계의 조속한 안정을 꾀할 수 있다는 점이다. 즉 민법상 단기의 소멸기간을 인정함으로써 상속에 관한 분쟁을 조속히 매듭지어 거래의 안정을 보호할 수 있다.

2) 상속회복청구권의 당사자

① 상속회복청구권자

상속회복청구권자는 상속인 또는 그 법정대리인이다. 법정대리인이 회복청구를 하는 것은 자신의 권리로서가 아니라 상속인에 갈음하여 청구하는 것이다. 대체로 상속은 공동상속이므로 상속회복청구를 공동상속인전원이 하는 경우가 있을 것이지만, 전원이 반드시 공동으로 해야 하는 것은 아니다. 또한 진정상속인으로부터 상속분의 양도를 받은 자도 상속인에 준하여 상속회복청구권이 있다고 보아야 할 것이다.

② 상속회복청구권의 상대방

상속회복청구권의 상대방으로는 ㉠ 참칭상속인 ㉡ 다른 상속인의 상속분을 침해한 공동상속인 ㉢ 자기의 상속권을 주장하지 않는 상속재산의 점유자 ㉣ 참칭상속인으로부터 상속재산을 전득(轉得)한 제3자를 들 수 있으며, ㉤ 상속개시후에 인지된 혼인외의 출생자의 상속회복에 관한 특칙이 있다. 즉 상속이 개시된 후에 인지 또는 재판의 확정에 의하여 공동상속인이 된 혼인외의 출생자는 다른 상속인을 상대방으로 하여 상속회복청구를 할 수 있다. 그러나 상속재산이 이미 분할되었거나 혹은 처분이 되고 난 후에는 자기의 상속분에 상당한 가액(價額)의 지급을 청구할 권리를 가진다.

3) 상속회복청구권의 행사와 효과

상속회복청구권의 행사는 보통 소송에 의하지만 반드시 소송에 의할 필요는 없으며 재판외의 청구도 가능하다. 소송에 의하여 상속회복청구권을 행사하는 경우에는 민사소송법에 의한 소로써 한다. 소송을 제기하기 위하여 상속회복이라는 소송명을 꼭 사용할 필요는 없으며, 가령 소유물반환, 상속등기말소, 상속재산인도청구 등의 소송명이라도 상관없다. 그리고 상속회복청구를 하는 경우에 원고인 진정상속인은 자기의 상속순위와 상속개시시 피상속인이 상속재산을 점유하고 있었다는 점을 입증해야 한다. 즉 소유권이나 그 밖의 권리의 존재를 입증할 필요가 없으며, 점유의 입증만 있으면 충분하다는 점에서 원고의 입증책임이 경감되고 있음을 알 수 있다. 이에 대하여 상대방이 상속회복청구를 거절하려면 상속재산에 특정한 권원(權原)을 가지고 있다는 것을 입증해야만 한다.

4) 상속회복청구권의 소멸

본래 상속은 자유롭게 포기할 수 있으므로 상속회복청구권을 행사하느냐의 여부도 진정상속인의 자유이며 이를 얼마든지 포기할 수 있다고 본다. 다만 상속개시전에 상속회복청구권을 미리 포기할 수 있는가가 문제로 될 수 있으나, 상속개시전에는 상속포기나 유류분권의 포기가 인정되지 않는 점에서 미루어 볼 때, 상속개시전의 상속회복청구권의 포기는 인정되지 않는 것으로 해석해야 할 것이다. 상속회복청구권은 그 침해를 안 날부터 3년, 상속권의 침해행위가 있은 날부터 10년을 경과하면 소멸한다. 상속회복청구권이 소멸하면 진정상속인은 상속권을 상실하게 되고, 참칭상속인은 상속상의 정당한 권리를 취득하게 되며, 기존의 법률관계는 확정된다.

제4절 상속의 순위

☞ 민법 제1000조(상속의 순위)

『① 상속에 있어서는 다음 순위로 상속인이 된다.

1. 피상속인의 직계비속

2. 피상속인의 직계존속
3. 피상속인의 형제자매
4. 피상속인의 4촌 이내의 방계혈족

② 전항의 경우에 동순위의 상속인이 수인(數人)인 때에는 최근친(最近親)을 선순위로 하고 동친등(同親等)의 상속인이 수인인 때에는 공동상속인이 된다.
③ 태아는 상속순위에 관하여는 이미 출생한 것으로 본다.』

☞ 민법 제1003조(배우자의 상속순위)

『① 피상속인의 배우자는 제1000조 제1항 제1호와 제2호의 규정에 의한 상속인이 있는 경우에는 그 상속인과 동순위로 공동상속인이 되고 그 상속인이 없는 때에는 단독상속인이 된다.』

1) 제1순위자: 직계비속

제1순위자인 피상속인의 직계비속의 경우는 촌수가 같은 직계비속이 수인 있으면 동순위의 상속인이 되고, 촌수가 다르면 촌수가 가까운 직계비속이 먼저 상속인이 된다. 가령 자(子)가 수인인 경우는 이 자들이 동순위의 상속인이 되고, 직계비속으로서 자(子)와 손(孫)이 있을 때에는 자가 손보다 우선하여 상속인이 된다. 직계비속에 대해서는 자연혈족이든 법정혈족이든, 친생자이든 양자이든, 혼인중의 출생자이든 혼인외의 출생자이든, 남자이든 여자이든, 기혼이든 미혼이든, 같은 호적내에 있든 혼인·분가·입양 등에 의해 다른 호적에 있든, 그 상속순위에는 아무런 차별이 생기지 않는다. 이 때 태아는 상속순위에 관하여는 이미 출생한 것으로 본다.

2) 제2순위자: 직계존속

제2순위자인 피상속인의 직계존속의 경우도 직계비속의 경우와 마찬가지로 촌수가 같은 직계존속이 수인 있으면 동순위의 상속인이 되고, 촌수가 다르면 촌수가 가까운 직계존속이 먼저 상속인이 된다. 가령 부모와 조부모가 있으면 부모가 선순위가 된다. 또한 직계존속은 부계이든 모계이든, 양가이든 생가이든 묻지 않는다. 따라서 친생부모와 양부모가 있을 때에는 함께 동순위로 상속인이 된다. 또한 그 성별이나 호적의 이동(異同)에 아무런 차별이 없는 것도 직계비속의 경우와 같다.

3) 제3순위자: 형제자매

제3순위자인 피상속인의 형제자매의 경우는 종전의 판례에 의하면 부계의 형제자매를 의미한다고 보았으나, 최근의 판례에서는 부계 및 모계의 형제자매를 모두 포함한다고 보고 있다. 이 경우 형제자매는 남녀의 성별, 기혼・미혼의 차별, 호적의 이동, 자연혈족・법정혈족의 차별, 동복(同腹)・이복(異腹)의 차별을 묻지 않는다. 형제자매가 수인인 경우에는 동순위로 상속인이 된다.

4) 제4순위자: 4촌 이내의 방계혈족

제4순위자인 피상속인의 4촌 이내의 방계혈족의 경우는 피상속인의 3촌부터 4촌 이내의 방계혈족을 말한다. 가령 3촌이 되는 방계혈족으로는 백부・숙부・고모・외숙부・이모 등이 공동상속인이 되며, 4촌이 되는 방계혈족으로는 종형제자매・고종형제자매・외종형제자매・이종형제자매 등이 공공상속인이 된다. 이들은 피상속인의 직계비속・직계존속・배우자・형제자매가 없는 경우에만 상속인이 되고, 촌수가 다른 4촌 이내의 방계혈족이 있는 때에는 촌수가 가까운 자가 선순위로 상속인이 되며, 촌수가 같으면 공동상속인이 된다. 방계혈족이면 되는 것이고, 남녀의 성별, 기혼・미혼의 차별, 호적의 이동, 부계・모계의 차별 등을 묻지 않는다.

5) 배우자

배우자의 경우는 그 직계비속과 동순위(제1순위)로 공동상속인이 되고, 직계비속이 없는 경우에는 피상속인의 직계존속과 동순위로 공동상속인이 되며, 피상속인의 직계비속도 직계존속도 없는 경우에는 단독상속인이 된다. 가령 자녀가 없는 부부의 처가 사망한 경우에 남편은 단독상속을 하지 못하고, 장인・장모가 생존중이면 그들과 공동상속인이 되며, 장인・장모가 없을 때에 비로소 단독상속인이 된다. 여기서 배우자란 혼인신고를 한 법률상의 부(夫)와 처(妻)를 말하므로, 사실혼의 부부는 상속권이 인정되지 않는다. 다만 법률상의 배우자라 하더라도 사망한 배우자와의 혼인이 무효가 되거나 혹은 취소판결이 확정된 때에는 상속권을 잃는다. 혼인취소의 효력은 소급효가 없지만, 배우자일방이 사망한 후에 혼인이 취소된 경우에는 사망한 때에 혼인이 소멸하는 것으로 보아야 하므로, 상속권을 잃는다고 본다.

6) 상속인의 부존재

상속인의 부존재의 경우는 상속인의 존부가 분명하지 않은 상태로서 상속인이나 이와 동일시해야 될 포괄적 수증자(受贈者) 등이 존재하는지 여부 자체가 불분명한 경우를 말한다. 따라서 상속인이 있는 것은 분명하지만, 어디에 있는지 그 소재가 분명하지 않은 경우는 이에 해당되지 않는다. 다시 말해서 위에서 언급한 상속인이 될 수 있는 다섯 종류의 사람이 전혀 없는 경우에 상속인의 부존재 상태가 발생하며, 이러한 경우에 그 사망자의 유산을 금방 국가에 귀속시킬 수는 없다. 따라서 상속인을 수색하기 위하여 일정한 절차를 밟거나 혹은 상속재산이 최후로 귀속하게 될 국고(國庫)를 위해서도 또한 상속채권자와 유증을 받은 자의 이익을 보호하기 위해서도 상속재산에 대한 관리(管理)와 청산(淸算)을 할 필요가 있다. 그러므로 민법 제1053조 제1항은 『상속인의 존부가 분명하지 아니한 때에는 법원은 제777조의 규정에 의한 피상속인의 친족 기타 이해관계인 또는 검사의 청구에 의하여 상속재산관리인을 선임하고 지체없이 이를 공고하여야 한다』라고 규정하고 있다. 이 때 상속재산관리인은 상속채권자나 유증받은 자의 청구가 있으면 언제든지 상속재산의 목록을 제시하고 그 상황을 보고해야 한다. 만일 상속인의 존재가 분명해지면 상속재산관리인의 임무는 종료하지만, 상속인이 나타남으로써 바로 종료하는 것이 아니라 그 상속인이 상속의 승인을 한 때에 비로소 종료한다. 이는 상속인이 상속을 포기함으로써 다시 상속인의 부존재 상태가 일어나지 않도록 하기 위한 것이다. 상속인이 승인하면 재산관리인은 지체없이 그 상속인에 대하여 관리의 계산을 해야 한다.

가정법원이 상속재산관리인의 선임을 공고한 날로부터 3개월내에 상속인의 존부를 알 수 없는 때에는 관리인은 지체없이 일반상속채권자와 유증받은 자에 대하여 2개월 이상의 일정한 기간을 정하여 그 기간내에 채권 또는 수증을 신고할 것을 공고해야 한다. 그 공고기간이 경과하여도 상속인의 존부를 알 수 없는 때에는 가정법원은 관리인의 청구에 의해 2년 이상의 일정한 기간을 정하여 상속인이 있으면 그 기간내에 권리를 주장할 것을 공고해야 한다. 만일 그 공고기간내에도 상속권을 주장하는 자가 없는 때에는 가정법원은 피상속인과 생계를 같이 하고 있던 자, 피상속인의 요양간호를 한 자 기타 피상속인과 특별한 연고가 있던 자의 청구에 의하여 상속재산의 전부 또는 일부를 분여할 수 있다. 이와 같은 특별연고자에 대한 상속재산의 분여제도는 위의 공고기간이 만료된 후 2개월 이내에 하여야 한다. 가정법원에 의한 상속인수색의 공고에 정해진 기간내에 상속권을 주장하는 자가 없고, 상속인수색의 공고기간이 경과된 후 2개월이 지나도 특별연고자가 상속재산분여의 청구를 하지 않는 경우, 그리고 재산분여의 청구가 있었으나 각하 또는 일부분여를 인정하는 심판이 있은 경우에는 상속재산, 즉 청산종료후의 잔여재산은 국가에 귀속한다. 이 경우 재산관리인은 지체없이 관할국가기관에 대하여 관리의 계산을 해야 한다.

제5절 대습상속

☞ 민법 제1001조(대습상속)

『전조(제1000조) 제1항 제1호와 제3호의 규정에 의하여 상속인이 될 직계비속 또는 형제자매가 상속개시전에 사망하거나 결격자가 된 경우에 그 직계비속이 있는 때에는 그 직계비속이 사망하거나 결격된 자의 순위에 갈음하여 상속인이 된다.』

☞ 민법 제1003조(배우자의 상속순위)

『② 제1001조(대습상속)의 경우에 상속개시전에 사망 또는 결격된 자의 배우자는 동조의 규정에 의한 상속인과 동순위로 공동상속인이 되고 그 상속인이 없는 때에는 단독상속인이 된다.』

1) 대습상속의 의의

대습상속(代襲相續)이란 상속인이 될 직계비속 또는 형제자매가 상속개시전에 사망하거나 결격자가 된 경우에 그 직계비속이 있는 때에는 그 직계비속이 사망하거나 결격된 자의 순위에 갈음하여 상속인이 되며, 상속개시전에 사망 또는 결격된 자의 배우자도 그 직계비속과 함께 동순위로 공동상속인이 되고 그 상속인이 없는 때에는 단독상속인이 되는 것을 말한다. 예컨대 피상속인에게 장남(갑)·차남(을)·장녀(병)가 있는 경우에 상속개시전에 차남(을)이 사망하였고 그에게 두 자녀 A와 B가 있다면, A와 B는 백부(갑)·고모(병)와 동순위로 상속인이 된다. 이는 직계비속 사이에서는 촌수가 가까운 직계비속이 우선한다는 원칙에 대한 예외를 인정한 것이다. 대습상속제도는 로마법에서 오래전부터 인정되었던 것으로서 공평의 원칙에 그 근거를 두고 있다. 즉 본래 선순위로 상속권을 가져야 할 자가 사망 혹은 결격으로 인하여 상속권을 잃은 경우에 그 사람의 직계비속과 배우자로 하여금 그 사람에 갈음하여 동순위로 상속시키는 것이 공평의 이념에 합당하고, 직계비속과 배우자의 생활부양에도 도움이 되며, 재산을 혈통에게 승계하려는 상속의 본의에도 합치한다고 보기 때문이다.

2) 대습상속의 요건

① 상속인이 상속개시전에 사망하거나 결격자가 되어야 한다. 즉 상속인이 사망·실종선고·결격사유의 발생 등을 원인으로 하여 상속권을 상실한 경우라야 한다. 만일 피대습자가 피상속인의 상속에 관하여 상속포기를 한 경우에는 피대습자의 자손도 피상속인을 상속할 수 없다. 그리고 사망은 상속개시전에 있으면 충분하므로 피대습자와 피상속인이 동시에 사망한 경우에도 대습상속이 인정된다고 해석해야 할 것이며, 또한 피대습자가 상속개시후의 사유로 결격자가 되더라도 그 결격의 효과는 상속개시시로 소급하므로 대습자의 대습상속은 인정된다고 본다. 심지어 상속인이 고의로 피상속인을 침해한 경우에도 그 상속인의 직계비속이 대습상속을 할 수 있게 된다.

② 대습상속인은 피대습자의 직계비속이나 배우자이어야 한다. 만일 피상속인의 자가 양자이고 피상속인과 양친자관계가 성립되기 전에 이미 양자에게 자녀가 있었던 경우에는 그 양자의 자녀는 피상속인의 직계비속이 될 수 없으므로 피상속인을 대습상속할 수 없으나, 입양의 효력발생 후 출생한 양자의 자녀는 양친과 법정혈족관계가 성립되어 대습상속을 할 수 있다. 그리고 배우자는 법률상의 혼인을 한 배우자를 말하며, 배우자가 사망한 후 재혼한 자는 인척관계가 소멸하므로 대습상속권이 없다고 해석해야 할 것이다.

③ 대습상속인은 상속개시 당시에 존재하고 있어야 한다. 따라서 대습상속인은 대습의 원인발생 당시에, 즉 피대습자가 상속권을 상실한 때에 존재하고 있을 필요는 없다. 본래 대습상속인이 피대습자의 권

리를 승계하는 것이 아니라 자기 고유의 권리로서 상속하는 것이며, 또한 대습상속인을 보호하기 위한 제도가 바로 대습상속이기 때문이다. 한편 태아의 대습상속에 관해서는 민법상 명시적 규정을 두고 있지 않으나, 태아는 상속순위에 관하여 이미 출생한 것으로 보고 있으므로, 이를 유추적용하여 피대습자가 실권할 당시에 존재하는 태아는 물론이고, 실권 후 상속개시 당시에 포태되고 있는 태아에 대해서도 대습상속권을 인정할 수 있다고 해석해야 한다.

④ 대습상속인은 상속인으로서의 자격이 있어야 한다. 즉 대습상속인이 결격자인 경우에는 이미 상속의 기대가 없기 때문에 대습상속권이 인정되지 않는다.

3) 대습상속의 효과

대습상속인은 대습상속에 의하여 사망 또는 결격된 직계존속 또는 배우자에 갈음하여 피상속인의 재산에 관한 권리와 의무를 승계하며, 피대습자의 상속순위와 상속분에 따라 피상속인의 유산을 상속한다. 즉 대습상속인의 상속분은 피대습자인 직계존속이나 배우자가 받아야 할 상속분과 같다. 따라서 동순위의 대습상속인이 수인인 경우에는 공동대습상속을 하게 되고, 그 상속분은 균분으로 한다.

제6절 상속인의 자격

1) 상속능력

상속능력(相續能力)이란 상속인이 될 수 있는 자격을 말한다. 현행 민법상 상속은 순수한 재산상속이므로 원칙적으로 권리와 의무의 주체가 될 수 있는 능력, 즉 권리능력이 있는 자는 모두 상속능력이 인정된다. 다만 상속능력은 자연인에 대해서만 인정되며, 법인은 권리능력이 있더라도 상속능력은 없다. 그러나 법인은 유증(遺贈)에 의하여 재산을 취득할 수 있으므로 실질적으로는 상속과 동일한 결과를 가져올 수 있다. 한편 대한민국의 국적을 갖지 아니하는 외국인도 상속능력을 가진다. 상속능력과 관련하여 문제가 되는 것은 태아의 권리능력이다. 본래 상속은 '동시존재의 원칙' 혹은 '계속의 원칙'에 따라 상속이 개시될 때에 상속인은 권리능력자일 것을 요하나, 민법은 특별히 태아에 관해서는 이 원칙의 예외를 인정함으로써 태아는 상속순위에 관하여 이미 출생한 것으로 보고 있다. 물론 이러한 예외를 인정하는 이유는 태아를 보호하기 위함이다. 그런데 '이미 출생한 것으로 본다'는 규정의 성질에 관해서는 학설 및 판례가 나뉘어져 있는바, 판례는 정지조건설을 취하는 한편 학설의 다수설은 해제조건설을 취하는 점에 관해서는 이미 상세히 살펴본 바 있다(제3장 제2절 참조).

2) 상속의 결격

☞ 민법 제1004조(상속인의 결격사유)

『다음 각 호에 해당하는 자는 상속인이 되지 못한다.

1. 고의로 직계존속, 피상속인, 그 배우자 또는 상속의 선순위나 동순위에 있는 자를 살해하거나 살해하려 한 자
2. 고의로 직계존속, 피상속인과 그 배우자에게 상해를 가하여 사망에 이르게 한 자
3. 사기 또는 강박으로 피상속인의 양자 기타 상속에 관한 유언 또는 유언의 철회를 방해한 자
4. 사기 또는 강박으로 피상속인의 양자 기타 상속에 관한 유언을 하게 한 자
5. 피상속인의 양자 기타 상속에 관한 유언서를 위조·변조·파기 또는 은닉한 자』

상속결격(相續缺格)이란 상속인이 될 순위에 있음에도 불구하고 그 상속인에 대하여 법정사유가 발생하였을 경우에는 특별히 재판상의 선고를 기다리지 않고 법률상 당연히 상속인으로서의 자격을 상실하는 것을 말한다. 본래 상속은 피상속인과 일정한 신분관계에 있는 상속인간의 윤리적·경제적·협동체적 결합관계에 바탕을 두고 있으므로 이러한 관계를 깨뜨리는 비행을 저지르는 자에게는 상속권을 인정하지 않으려는 것이다. 위의 조문에서 보듯이 현행민법상 상속인의 결격사유는 피상속인에 대한 부덕행위(不德行爲, 제1-2호)와 피상속인의 상속에 관한 유언에 대한 부정행위(不正行爲, 제3-5호)로 나누어진다. 상속인의 결격사유가 발생하면 당연히 상속인은 상속할 자격을 상실한다. 상속개시전에 결격사유가 생기면 그 상속인은 나중에 상속이 개시되더라도 상속을 할 수 없으며, 상속개시후에 결격사유가 생기면 일단 유효하게 개시한 상속도 그 개시시에 소급하여 무효가

된다. 따라서 결격자가 상속재산을 선의·무과실의 제3자에게 양도한 경우에도 그 양도행위는 처음부터 당연무효이며, 선의취득의 요건을 갖추지 않는 한 제3자는 아무런 권리도 취득하지 못하므로 거래의 안전을 해칠 우려가 있다. 상속결격의 효과는 특정의 피상속인에 대한 관계에만 미치므로 다른 피상속인에 대한 상속자격과는 아무런 상관이 없으며, 또한 결격자의 일신에만 그치므로 그 직계비속과 배우자에게는 대습상속권이 인정된다.

제7절 상속의 일반적 효과

1) 포괄적 권리의무의 승계

민법 제1005조에 의하면 『상속인은 상속개시된 때로부터 피상속인의 재산에 관한 포괄적 권리의무를 승계한다. 그러나 피상속인의 일신에 전속한 것은 그러하지 아니하다』라고 규정하고 있다. 이와 같이 상속재산이라면 채무까지도 포함하여 전부가 포괄적으로 상속인에게 이전되도록 하는 포괄승계제도는 로마법에서부터 유래된 것이다. 즉 상속인은 피상속인의 사망이라는 자연적 사실을 원인으로 하여 당연히 피상속인의 모든 적극적·소극적 재산을 포괄적으로 상속하게 된다. 따라서 친권이나 부부간의 동거의무와 같이 순수한 가족상의 권리는 승계되지 않으며, 또한 재산적 권리라도 부양청구권과 같이 피상속인의 신분이나 인격과 불가분의 관계에 있는 이른바 귀속상(歸屬上)의 일신전속권(一身專屬權)은 승계되지 않는다. 이 때 상속인이 상속의 개시를 아는지 여부에 상관없이 상속은 행해지고, 상속인의 어떠한 의사표시도 요하지 않는다. 여기서 포괄적 권리의무란 현실의 권리의무에 한하지 않고, 가령 청약을 받은 지위나 매도인의 담보책임을 지는 지위와 같이 아직 구체적으로 권리의무가 발생하지 않은 법률관계도 포함되며, 점유와 같은 사실상의 관계도 포함된다.

2) 제사의 승계

민법 제1008조의 3에 의하면 『분묘에 속한 1정보 이내의 금양임야와 600평 이내의 묘토인 농지, 족보와 제구의 소유권은 제사를 주재하는 자가 이를 승계한다』라고 규정함으로써, 종전에 호주상속인이 이를 승계하는 것으로 되어 있던 것을 제사를 실제로 주재하는 자가 승계하도록 개정하여 조상에 대한 제사를 호주의 의무로 하지 않고 가족들 가운데 누구나 제사를 주재할 수 있도록 하였다. 여기서 금양임야(禁養林野)란 분묘가 소재하거나 세워질 예정으로 벌목을 금지하고 나무를 기르는 임야를 말하며, 묘토(墓土)란 제사 또는 이와 관련되는 여러 가지 일을 처리하기 위하여 설정된 토지를 말한다. 족보(族譜)란 일가의 역사를 표시하고 가계의 연속을 명확히 하는 책부(冊簿)를 말하며, 제구(祭具)란 조상의 제사에 사용되는 도구를 말한다. 또한 민법상 제사용 재산으로서의 금양임야와 묘토에는 각각 1정보(町步, 3000평)와 600평의 면적제한이 있다. 이러한 것들은 조상의 제사를 위하여 필요한 것으로서 일반상속재산과는 구별되며, 그 소유권은 상속재산으로서가 아니라 별도로 가(家)의 재산으로서 제사주재자가 승계하기로 한 것이다. 따라서 제사주재자는 보통의 소유권처럼 제사용 재산을 임의로 전면적인 사용·수익·처분할 수 없으며, 조상제사를 위해 일가를 대표하여 재산을 승계하고 그 관리를 위임받은 것에 불과한 것이다.

제8절 상속분

1) 상속분의 의의

상속분(相續分)이란 동순위의 상속인이 공동으로 유산을 상속하는 경우에 전체상속재산에 대한 상속인 각자의 배당분·지분을 말하는데, 가령 상속재산의 2분의 1이나 3분의 1과 같이 상속개시당시의 전체상속재산에 대한 수학적·계수적 비율로 표시된다. 각 공동상속인은 자기의 상속분에 따라 피상속인의 권리의무를 승계한다. 상속분에는 지정상속분과 법정상속분이 있다.

2) 상속분의 결정

① 지정상속분

피상속인은 유언으로 공동상속인의 상속분을 지정할 수 있는데, 이처럼 피상속인의 의사에 의하여 정해지는 상속분을 지정상속분(指定相續分)이라고 한다. 민법은 1977년의 일부개정이 있기 전까지는 유류분제도를 인정하지 않았으므로 피상속인은 유언에 의하여 유증받는 자로 하여금 법정상속분에 우선하여 일부 또는 전부의 상속재산에 대한 권리를 아무런 제한없이 취득할 수 있도록 하였다. 그러나 현행법상으로는 유류분에 반하는 지정을 할 수 없으며, 만일 피상속인이 유류분에 반하는 지정을 한 때에는 침해를 받은 유류분권리자는 반환을 청구할 수 있다. 그리고 유언에 의한 상속분의 지정은 유언의 효력이 발생한 때, 즉 상속개시시에 효력이 발생하므로 피상속인은 생전행위에 의하여 상속분을 지정할 수 없고 유언으로만 가능하다. 또한 민법은 상속분의 지정에 관하여 직접 명문의 규정을 두지 않고 일반적인 유증규정에 의하게 하므로 상속분의 지정은 제3자에게 위임할 수 없다고 해석된다.

② 법정상속분

피상속인이 유언에 의하여 상속분을 지정하지 않은 경우에 각 상속인의 상속분은 민법이 규정하는 일정한 비율에 의해 정해지는데, 이것을 법정상속분(法定相續分)이라고 한다. 우리나라에서는 피상속인이 상속분을 지정하는 경우가 거의 없기 때문에 상속분이라고 하면 보통 법정상속분을 말한다. 이를 구체적으로 살펴보면 ㉠ 동순위의 상속인이 수인인 때에는 그 상속분은 균분으로 한다. 즉 완전한 균분상속주의(均分相續主義)를 채택함으로써 호주승계인의 여부, 남녀차이, 기혼·미혼, 동일호적내의 존재여부, 연장자여부, 혼인중의 자·혼인외의 자 등에 따라 차별을 두지 않는다. ㉡ 피상속인의 배우자의 상속분은 직계비속과 공동으로 상속하는 경우에는 직계비속 상속분의 5할을 가산하고, 배우자의 직계존속과 공동으로 상속하는 경우에는 직계존속 상속분의 5할을 가산한다. 따라서 배우자의 상속분은 다른 공동상속인들의 상속분의 1.5배가 되며, 부부간에는 균등으로 한다. ㉢ 대습상속인의 상속분은 사망 또는 결격된 피대습상속인의 상속분에 의한다. 만일 피대습상속인의 직계비속이 수인인 때에는 피대습상속인의 상속분의 한도에서 법정상속분에 의해 그 상속분이 정해지며, 배우자가 대습상속을 하는 경우에도 동일하다. 법정상속분의 예를 들면 ⓐ 남편이 피상속인인 경우에는 처 : 장남 : 장녀 : 차남 : 차녀의 상속분은 1.5 : 1 : 1 : 1 : 1 이고, ⓑ 아버지가 피상속인인데 장남이 먼저 사망한 경우에는 어머니 : 장남(대습자; 처 : 자) : 장녀 : 차남 : 차녀의 상속분은 1.5 : 1(0.6 : 0.4) : 1 : 1 : 1 이다.

3) 특별수익자의 상속분

민법 제1008조에 의하면 『공동상속인 중에 피상속인으로부터 재산의 증여 또는 유증을 받은 자가 있는 경우에 그 수증재산이 자기의 상속분에 달하지 못한 때에는 그 부족한 부분의 한도에서 상속분이 있다』라고 규정하고 있다. 즉 피상속인으로부터 증여(贈與) 또는 유증(遺贈)을 받은 자가 있는 때에는 그 증여 또는 유증의 가액을 참작하지 않으면 불공평한 결과가 되므로 이를 상속분의 선급으로 보고 현실의 상속분 산정에서 참작하도록 한 것인데, 이것을 수증자 또는 수유자의 반환의무라고 한다. 가령 공동상속인 중에서 결혼자금이나 사업자금으로 생전증여나 피상속인으로부터 유증에 의해 특별한 이익을 받은 자가 있는 경우에 그 특별한 이익을 고려하지 않고 상속재산을 형식적·획일적으로 분할하게 되면 공동상속인들 사이에 공평성을 잃게 되므로, 상속분의 산정에 있어서 상속인이 피상속인으로부터 받은 증여 또는 유증을 법정상속분의 일부 또는 전부로 보고 구체적인 상속분의 산정에서 이를 참작하려는 것이다. 반환의무를 지는 수증자 또는 수유자는 상속을 승인한 공동상속인이다. 이때 단순승인이든 한정승인이든 묻지 않는다. 따라서 상속을 포기한 자는 반환의무를 부담하지 않고, 다른 공동상속인의 유류분을 해치지 않는 한 증여 또는 유증에 의해서 취득한 재산을 그대로 보유할 수 있게 된다. 또한 공동상속인인 이상 직계비속이든 배우자이든 묻지 않는다. 대습상속에 의하여 공동상속인이 된 자도 공동상속인간의 공평의 견지에서 반환의무를 진다고 해석된다. 현행법은 반환의 대상이 되는 증여의 범위에 관해서 아무런 규정을 두지 않았으나, 가령 혼인을 위하여 특별히 지출된 예물비용·지참금, 생계의 기초가 되는 주택구입자금·영업자금, 고등교육을 위한 유학경비·대학교육비, 생명보험금, 사망퇴직금 등과 같은 것은 특별수익의 범위에 포함된다고 본다.

4) 기여상속인의 상속분

기여분제도(寄與分制度)란 공동상속인 가운데 피상속인의 재산의 유지 또는 증가를 위하여 특별히 기여한 자가 있거나 피상속인을 특별히 부양한 자(기여자)가 있는 경우에 그 자가 기여 또는 부양한 만큼의 액(기여액)을 원래의 상속재산에서 공제하여 이것을 상속재산으로 보고 상속분을 산정한 다음에, 그 산정된 상속분에 기여분을 가산한 액을 기여상속인의 상속분으로 함으로써 공동상속인 사이의 실질적 공평을 꾀하려는 제도이다. 2005년 개정민법 제1008조의 2 제1항에 의하면 「공동상속인 중에 상당한 기간 동거·간호 그 밖의 방법으로 피상속인을 특별히 부양하거나 피상속인의 재산의 유지 또는 증가에 특별히 기여한 자가 있을 때에는 상속개시 당시의 피상속인의 재산가액에서 공동상속인의 협의로 정한 그 자의 기여분을 공제한 것을 상속재산으로 보고 제1009조(법정상속분) 및 제1010조(대습상속분)에 의하여 상정한 상속분에 기여분을 가산한 액으로써 그 자의 상속분으로 한다」라고 규정하고 있다. 기여분권리자, 즉 기여분을 청구할 수 있는 자는 공동상속인 중에서 피상속인의 재산의 유지 또는 증가를 위하여 특별한 기여를 한 자이거나 피상속인을 특별히 부양한 자이어야 한다. 따라서 단독상속인은 기여분을 청구할 수 없으며, 사실혼 부부도 상속권이 없으므로 기여분청구권이 없다. 그러나 직계존속이나 형제자매는 물론 대습상속인도 공동상속인인 이상 기여분을 청구할 수 있다. 다만 기여자가 어떠한 내용의 기여를 어느 정도 해야 하는가에 관해서는 현행법상 아무런 규정이 없으므로 구체적인 경우에 따라서 판단해야 할 것이지만, '특별히 기여한 자'라고 규정한 것으로 보아 그 정도가 통상의 것이 아니라 그 이상의 것이어야 할 것이다. 예컨대 피상속인의 사업에 대하여 무상의 노무를 제공하거나 혹은 피상속인의 사업상 빚을 변제해 줌으로써 재산유지나 증가에 공헌한 경우, 피상속인을 요양간호하며 장기간 치료비를 부담한 경우 등에는 특별한 기여가 있다고 볼 수 있다. 즉 특별한 기여라고 평가되기 위해서는 그 기여와 피상속인의 재산의 유지 또는 증가와의 사이에 인과관계가 존재할 필요가 있다.

5) 상속분의 양수

민법 제1011조에 의하면 『① 공동상속인중에 그 상속분을 제3자에게 양도한 자가 있는 때에는 다른 공동상속인은 그 가액과 양도비용을 상환하고 그 상속분을 양수할 수 있다. ② 전항의 권리는 그 사유를 안 날로부터 3월, 그 사유있은 날로부터 1년내에 행사하여야 한다』라고 규정하고 있다. 이것을 상속분의 양수(讓受)라고 하는데, 민법이 이처럼 공동상속분의 양수를 제도화하고 있는 취지는 공동상속인이 상속재산분할전 자기의 상속분을 타인에게 양도하는 것을 비록 허용한다고 해도 그것을 무조건 허용한다면 제3자가 상속재산의 분할에 참가하여 다른 공동상속인에게 영향을 미치고 상속관계를 복잡하게 할 우려가 있으므로 이를 방지하기 위한 것이다. 그러나 이 제도는 가(家)중심적인 가산(家産)옹호제도로서 비판을 많이 받고 있다. 상속분을 양수하기 위해서는 ① 상속분의 양도가 있어야 한다. 이 때 양도는 유상·무상, 전부양도·일부양도, 공동상속인의 동의여부 등을 묻지 않는다. ② 제3자에 대하여 상속분이 양도되어야 한다. 여기서 제3자란 공동상속인과 포괄적 수증자를 제외한 자를 말한다. ③ 상속분의 양도가 상속재산분할전에 있어야 한다. 상속재산분할후 공동상속인은 각자가 취득한 상속재산의 단독소유권을 얻어 자유로이 처분할 수 있으므로 상속분의 양수란 있을 수 없기 때문이다. 양수권을 행사함에 있어서 공동상속인은 상속분의 양수인 또는 전득자(轉得者)에 대하여 일방적으로 양수의 의사를 표시하면 되고, 제3자의 승낙이나 동의는 필요없다. 즉 양수권의 성질은 일종의 형성권(形成權)이다. 반드시 공동상속인 전원이 공동으로 행사할 필요는 없으며, 각자 단독으로 행사할 수도 있다. 다만 양수할 때에는 양도된 상속분의 가액, 즉 상속분을 양도할 당시의 시가와 양도받은 자가 지출한 비용을 상환해야 한다.

제9절 상속의 승인과 포기

1) 승인·포기의 의의

상속의 승인(承認)이란 상속개시에 의하여 피상속인에게 속하였던 재산상의 모든 권리의무가 상속인에게 승계되는 효과를 거부하지 않겠다고 선언하는 것을 말한다. 이 때 상속인이 피상속인의 권리의무를 전적으로 승인하면 단순승인이 되고, 상속인이 상속으로 인하여 취득한 한도내에서 피상속인의 채무와 유증을 변제할 것을 전제로 하여 승인을 하면 한정승인이 된다. 상속의 포기(抛棄)란 상속개시에 의하여 발생하는 효과를 상속개시 당시에 소급하여 소멸시킴으로써 상속인에게 승계되는 재산상의 권리의무를 거부하려는 의사표시를 말한다. 본래 상속개시에 의하여 피상속인의 재산상의 모든 권리의무는 일신전속적인 것을 제외하고 상속인의 의사와 관계없이 법률상 당연히 포괄적으로 상속인에게 승계되는데, 개인주의사회에서 개인의 의사를 무시한 채 권리의무의 승계를 강제할 수는 없는 것이며, 특히 상속재산에 채무가 많은 경우에는 상속인에게 부담이 되므로 민법은 상속의 승인 및 포기제도를 마련하여 상속인의 보호를 꾀하고자 한 것이다. 다만 이와 같이 상속인이 재산상속에 관하여 선택의 자유를 갖게 되면, 상속인이 어떠한 결정을 하지 않는 한 상속관계가 확정되지 않으므로 상속채권자 등의 이해관계인들이 곤란하게 된다. 그러므로 민법은 상속인이 상속개시가 있음을 안 날로부터 원칙적으로 3개월 이내에 승인이나 포기를 하도록 규정하고 있다.

2) 승인·포기의 기간

민법 제1019조에 의하면 『① 상속인은 상속개시 있음을 안 날로부터 3월내에 단순승인이나 한정승인 또는 포기를 할 수 있다. 그러나 그 기간은 이해관계인 또는 검사의 청구에 의하여 가정법원이 이를 연장할 수 있다. ② 상속인은 제1항의 승인 또는 포기를 하기 전에 상속재산을 조사할 수 있다. ③ 제1항의 규정에 불구하고 상속인은 상속채무가 상속재산을 초과하는 사실을 중대한 과실없이 제1항의 기간내에 알지 못하고 단순승인(제1026조 제1호 및 제2호의 규정에 의하여 단순승인한 것으로 보는 경우를 포함한다)을 한 경우에는 그 사실을 안 날부터 3월내에 한정승인을 할 수 있다』라고 규정하고 있다. 즉 상속의 승인·포기는 상속인이 상속개시가 있음을 안 날로부터 3개월 이내에 해야 하는데, 이 기간을 고려기간(考慮期間) 혹은 숙려기간(熟慮期間)이라 한다. 다만 상속재산조사의 필요성 혹은 해외체류 등 기타 다른 사유로 인해 3개월내에 승인·포기를 결정할 수 없는 경우에는 이해관계인 또는 검사의 청구에 의하여 가정법원이 그 고려기간을 연장할 수 있다. 만일 고려기간 중 천재 기타 불가항력의 사유로 인해 기간연장의 청구를 할 수 없는 경우에는 그 사유가 그친 후 2주일내에 한하여 연장청구를 할 수 있다.

3) 단순승인

단순승인(單純承認)이란 피상속인의 권리의무를 무제한·무조건으로 승계하는 상속형태를 말한다. 상속인이 단순승인을 하면 상속의 효력을 전면적으로 승인하게 되므로 피상속인의 상속채무를 상속재산으로 변제할 수 없는 경우에는 자기의 고유재산으로 변제해야 한다. 민법 제1026조에 의하면 『다음 각 호의 사유가 있는 경우에는 상속인이 단순승인을 한 것으로 본다. 1. 상속인이 상속재산에 대한 처분행위를 한 때 2. 상속인이 제1019조 제1항의 기간내에 한정승인 또는 포기를 하지 아니한 때(※위헌판결: 관련판례13 참조) 3. 상속인이 한정승인 또는 포기를 한 후에 상속재산을 은닉하거나 부정소비하거나 고의로 재산목록에 기입하지 아니한 때』라고 하여 법정단순승인에 관하여 규정하고 있다. 즉 상속인이 상속재산을 자기의 고유재산과 혼합하거나 상속재산을 처분한 후 한정승인이나 포기를 하게 되면 상속채권자와 후순위상속인에게 손해를 입힐 염려가 있으므로, 이러한 경우에 상속인이 한정승인이나 포기를 못하게 함으로써 당연히 단순승인을 한 것으로 보는 것을 법정단순승인(法定單純承認) 또는 의제단순승인(擬制單純承認)이라고 한다.

4) 한정승인

한정승인(限定承認)이란 상속인이 취득하는 상속재산의 한도내에서 피상속인의 채무와 유증을 변제할 것을 조건으로 상속을 승인하는 것을 말한다. 원래 민법은 단순승인을 원칙으로 하고 있으나, 피상속인의 채무가 상속재산보다 훨씬 많은 경우에는 상속인에게 너무 가혹하기 때문에 상속인을 보호할 목적으로 한정승인제도를 마련한 것이다. 물론 한정승인의 경우에도 피상속인의 채무와 유증을 변제한 후 상속재산이 남으면 그 재산은 상속인에게 귀속된다. 반면에 한정승인을 한 상속인이 초과부분을 임의로 변제한 때에는 채무자의 변제로서 유효하며 비채변제(非債辨濟)가 되지 않는다. 한정승인을 한 경우에 상속인은 그 고유재산에 대한 것과 동일한 주의로 상속재산을 관리해야 하며, 한정승인자가 수인인 경우에는 가정법원은 각 상속인 기타 이해관계인의 청구에 의하여 공동상속인 중에서 상속재산관리인을 선임할 수 있다. 이 때 가정법원에 의해 선임된 관리인은 공동상속인을 대표하여 상속재산의 관리와 채무의 변제에 관한 모든 행위를 할 권리의무가 있다.

5) 상속의 포기

상속의 포기란 상속재산에 대한 모든 권리의무의 승계, 즉 상속개시로 인하여 발생한 상속의 효력을 거부함으로써 처음부터 상속인이 아니었던 것으로 하려는 단독의 의사표시를 말한다. 즉 상속포기제도는 개인책임의 원칙과 개인의사의 존중이라는 근대법의 정신에 그 근거를 두고 있다. 따라서 상속인의 입장에서는 상속재산중 소극적 재산이 더 많으면 포기하면 될 것이고, 적극적 재산이 더 많으면 포기할 필요가 없으며, 어떠한 재산이 더 많은지 아직 불분명하면 한정승인을 하면 될 것이다. 상속인이 상속을 포기하려면 3개월의 고려기간내에 가정법원에 포기의 신고를 해야 하며, 공동상속의 경우에도 각 상속인은 단독으로 포기할 수 있다. 즉 민법은 상속포기에 관하여 요식주의를 취하고 있으며, 반드시 가정법원에 대한 신고로써 하여야 하고, 사인(私人)에 대하여 하는 포기는 무효이다. 이 때 포기의 이유는 표시할 필요가 없으며, 포기신고는 보고적 신고가 아니라 창설적 신고이고, 상속개시전의 포기는 인정되지 않는다. 또한 포기는 신고의 수리라는 심판에 의하여 성립되며, 가정법원은 신고서의 형식적 요건 및 포기의 진의여부를 확인하기 위한 심사를 할 필요가 있다. 상속의 포기는 상속이 개시된 때에 소급하여 그 효력이 발생한다. 즉 상속을 포기한 자는 처음부터 상속인이 아니었던 것으로 되므로 적극적·소극적 상속재산은 모두 승계하지 않았던 것으로 된다. 공동상속인인 경우 어느 상속인이 상속을 포기한 때에는 그 상속분은 다른 상속인의 상속분의 비율로 그 상속인에게 귀속된다. 이러한 상속분의 귀속은 법률상 당연히 행해지는 것이므로 귀속을 받는 상속인이 이를 거절할 수 없다.

▶ **관련판례**

1) 상속회복청구권이 제척기간의 경과로 소멸하게 되면 상속인은 상속인으로서의 지위, 즉 상속에 따라 승계한 개개의 권리의무도 또한 총괄적으로 상실하게 되고, 그 반사적 효과로서 참칭상속인의 지위는 확정되어 참칭상속인이 상속개시의 시로부터 소급하여 상속인으로서의 지위를 취득한 것으로 봄이 상당하다[**대법원** 1994. 3. 25. 93 다 57155].

2) 채무자인 피상속인이 그의 처와 동시에 사망하고 제1순위 상속인인 자 전원이 상속을 포기한 경우, 상속을 포기한 자는 상속 개시시부터 상속인이 아니었던 것과 같은 지위에 놓이게 되므로 같은 순위의 다른 상속인이 없어 그 다음 근친 직계비속인 피상속인의 손들이 차순위의 본위 상속인으로서 피상속인의 채무를 상속하게 된다[**대법원** 1995. 9. 26. 95 다 27769].

3) 상속의 포기는 상속인이 법원에 대하여 하는 단독의 의사표시로서 포괄적·무조건적으로 하여야 하므로, 상속포기는 재산목록을 첨부하거나 특정할 필요가 없다고 할 것이고, 상속포기서에 상속재산의 목록을 첨부했다 하더라도, 그 목록에 기재된 부동산 및 누락된 부동산의 수효 등과 제반 사정에 비추어 상속재산을 참고자료로 예시한 것에 불과하다고 보여지는 이상, 포기 당시 첨부된 재산목록에 포함되어 있지 않은 재산의 경우에도 상속포기의 효력은 미친다[**대법원** 1995. 11. 14. 95 다 27554].

4) 상속재산을 공동상속인 1인에게 상속시킬 방편으로 나머지 상속인들이 한 상속포기 신고가 민법 제1019조 제1항 소정의 기간을 경과한 후에 신고된 것이어서 상속포기로서의 효력이 없다고 하더라도, 공동상속인들 사이에서는 1인이 고유의 상속분을 초과하여 상속재산 전부를 취득하고, 나머지 상속인들은 이를 전혀 취득하지 않기로 하는 내용의 상속재산에 관한 협의분할이 이루어진 것으로 보아야 한다[**대법원** 1996. 3. 26. 95 다 45545·45552·45569].

5) 상속회복청구의 상대방이 되는 참칭상속인이라 함은 정당한 상속권이 없음에도 재산상속인임을 신뢰케 하는 외관을 갖추고 있는 자나 상속인이라고 참칭하여 상속재산의 전부 또는 일부를 점유하고 있는 자를 가리키는 것으로서, 상속재산인 부동산에 관하여 공동상속인 중 1인 명의로 소유권이전등기가 경료된 경우, 그 등기가 상속을 원인으로 경료된 것이라면 등기명의인의 의사와 무관하게 경료된 것이라는 등의 특별한 사정이 없는 한, 그 등기명의인은 재산상속인임을 신뢰케 하는 외관을 갖추고 있는 자로서 참칭상속인에 해당된다[**대법원** 1997. 1. 21. 96 다 4688].

6) 공동상속인 중에 피상속인으로부터 재산의 증여 또는 유증 등의 특별수익을 받은 자가 있는 경우에는 이러한 특별수익을 고려하여 상속인별로 고유의 법정상속분을 수정하여 구체적인 상속분을 산정하게 되는데, 이러한 구체적 상속분을 산정함에 있어서는 상속개시시를 기준으로 상속재산과 특별수익재산을 평가하여 이를 기초로 하여야 할 것이고, 다만 법원이 실제로 상속재산 분할을 함에 있어 분할의 대상이 된 상속재산 중 특정의 재산을 1인 및 수인의 상속인의 소유로 하고, 그의 상속분과 그 특정의 재산의 가액과의 차액을 현금으로 정산할 것을 명하는 방법(소위 대상분할의 방법)을 취하는 경우에는 분할의 대상이 되는 재산을 그 분할시를 기준으로 하여 재평가하여 그 평

가액에 의하여 정산을 하여야 한다[**대법원** 1997. 3. 21. 96 스 62].

7) 상속에 관한 비용이라 함은 상속재산의 관리 및 청산에 필요한 비용을 의미한다고 할 것인바, 장례비용은 피상속인이나 상속인의 사회적 지위와 그 지역의 풍속 등에 비추어 합리적인 금액의 범위내라면 이를 상속비용으로 보는 것이 옳고, 묘지구입비는 장례비용의 일부라고 볼 것이며, 상속재산의 관리·보존을 위한 소송비용도 상속에 관한 비용에 포함된다[**대법원** 1997. 4. 25. 97 다 3996].

8) 유증받은 재산에 대하여 상속재산분할청구가 제기되어 있다는 사정을 매수인에게 고지하지 아니하고 수증재산을 매매한 경우, 매도인에게 편취의 범의가 있다고 하려면, 그가 단순히 다른 공동상속인에 의하여 상속재산분할청구가 제기되어 있다는 사실을 알았다는 것만으로는 부족하고, 적어도 그가 그 토지를 유증에 의하여 전부 취득하게 되는 것이 아니라 민법상 유류분제도에 따라 다른 공동상속인들이 유류분반환청구권을 행사하는 경우에는 유류분 침해의 한도에서 그 토지를 취득할 수 없게 된다는 사실을 알고 있었다는 것이 전제되어야 한다[**대법원** 1997. 7. 8. 97 도 472].

9) 상속인이 2인 이상인 경우에 그 중의 한 사람이 피상속인의 재산을 실질적으로 단독 상속하였다고 하더라도, 그 상속인에게 승계되는 피상속인의 국세 등에 관한 납부의무는 민법 제1009조, 제1010조 및 제1012조 등의 규정에 의한 자기의 상속분에 따라 안분계산한 금액 범위에 한정된다[**대법원** 1997. 10. 24. 96 누 9973].

10) 어느 토지가 민법 제1008조의 3 소정의 금양임야(禁養林野)이거나 묘토(墓土)인 농지에 해당한다면, 그 규정에 정한 범위내의 토지는 제사주재자가 단독으로 그 소유권을 승계할 것이고, 이때의 제사주재자는 종손이 있는 경우라면 그에게 제사를 주재하는 자의 지위를 유지할 수 없는 특별한 사정이 있는 경우를 제외하고는 그가 된다 할 것이며, 그 경우 다른 상속인 등의 명의로 소유권이전등기가 경료되었다 하여도 그 부분에 관한 한은 무효의 등기에 불과하므로, 그 소유권이전등기로써 제사주재자가 승계할 금양임야가 일반상속재산으로 돌아가는 것은 아니다[**대법원** 1997. 11. 28. 96 누 18069].

11) 민법 제1000조 제1항 제3호 소정의 '피상속인의 형제자매'라 함은 민법 개정시 친족의 범위에서 부계와 모계의 차별을 없애고, 상속의 순위나 상속분에 관하여도 남녀간 또는 부계와 모계간의 차별을 없앤 점 등에 비추어 볼 때, 부계 및 모계의 형제자매를 모두 포함하는 것으로 해석하는 것이 상당하다[**대법원** 1997. 11. 28. 96 다 5421].

12) 무주(無主)의 토지는 민법 제252조 제2항에 의하여 국유로 되는 것이고, 토지 소유자가 존재하였으나 그의 상속인의 존부가 분명하지 아니한 경우에 적용되는 민법 제1053조 내지 제1058조 소정의 절차를 밟아야만 국유로 되는 것은 아니므로, 무주의 토지라고 인정을 한 이상 그 토지를 국유라고 하기 위하여 상속인 부존재의 경우에 필요한 절차를 밟았는지를 별도로 심리할 필요는 없다[**대법원** 1997. 11. 28. 96 다 30199].

13) 상속인이 귀책사유 없이 상속채무가 적극재산을 초과하는 사실을 알지 못하여 상속개시 있음을 안 날로부터 3월내에 한정승인 또는 포기를 하지 못한 경우에도 단순승인을 한 것으로 보는 민법 제1026조 제2호는 기본권제한의 입법한계를 일탈한 것으로 재산권을 보장한 헌법 제23조 제1항, 사적자치권을 보장한 헌법 제10조 제1항에 위반된다[**헌법재판소** 1998. 8. 27. 96 헌가 22 등(병합)].

14) 성년인 자가 부양의무의 존부나 그 순위에 구애됨이 없이 스스로 장기간 그 부모와 동거하면서 생계유지의 수준을 넘는 부양자 자신과 같은 생활수준을 유지하는 부양을 한 경우에는 부양의 시기·방법 및 정도의 면에서 각기 특별한 부양이 된다고 보아 각 공동상속인간의 공평을 도모한다는 측면에서 그 부모의 상속재산에 대하여 기여분을 인정함이 상당하다[**대법원** 1998. 12. 8. 97 므 513·520, 97 스 12].

15) 기여분은 상속재산분할의 전제문제로서의 성격을 갖는 것이므로, 상속재산분할의 청구나 조정신청이 있는 경우에 한하여 기여분결정청구를 할 수 있고, 다만 예외적으로 상속재산분할 후에라도 피인지자나 재판의 확정에 의하여 공동상속인이 된 자의 상속분에 상당한 가액의 지급청구가 있는 경우에는 기여분의 결정청구를 할 수 있다고 해석되며, 상속재산분할의 심판청구가 없음에도 단지 유류분반환청구가 있다는 사유만으로는 기여분결정청구가 허용된다고 볼 것은 아니다[**대법원** 1999. 8. 24. 99 스 28].

16) (가) 우리나라에서는 전통적으로 오랫동안 며느리의 대습상속이 인정되어 왔고, 1958. 2. 22. 제정된 민법에서도 며느리의 대습상속을 인정하였으며, 1990. 1. 13. 개정된 민법에서 며느리에게만 대습상속을 인정하는 것은 남녀평등·부부평등에 반한다는 것을 근거로 하여 사위에게도 대습상속을 인정하는 것으로 개정한 점 (나) 헌법 제11조 제1항이 누구든지 성별에 의하여 정치적·경제적·사회적·문화적 생활의 모든 영역에 있어서 차별을 받지 아니한다고 규정하고 있고, 헌법 제36조 제1항이 혼인과 가족생활은 양성의 평등을 기초로 성립되고 유지되어야 하며 국가는 이를 보장한다고 규정하고 있는 점 (다) 현대사회에서는 딸이나 사위가 친정부모 내지 장인장모를 봉양·간호하거나 경제적으로 지원하는 경우가 드물지 아니한 점 (라) 배우자의 대습상속은

혈족상속과 배우자상속이 충돌하는 부분인데, 이와 관련한 상속순위와 상속분은 입법자가 입법정책적으로 결정할 사항으로서 원칙적으로 입법자의 입법형성의 재량에 속한다고 할 것인 점 (마) 상속순위와 상속분은 그 나라 고유의 전통과 문화에 따라 결정될 사항이지 다른 나라의 입법례에 크게 좌우될 것은 아닌 점 (바) 피상속인의 방계혈족에 불과한 피상속인의 형제자매가 피상속인의 재산을 상속받을 것을 기대하는 지위는 피상속인의 직계혈족의 그러한 지위만큼 입법적으로 보호하여야 할 당위성이 강하지 않은 점 등을 종합하여 볼 때, 외국에서 사위의 대습상속권을 인정한 입법례를 찾기 어렵고, 피상속인의 사위가 피상속인의 형제자매보다 우선하여 단독으로 대습상속하는 것이 반드시 공평한 것인지 의문을 가져볼 수는 있다 하더라도, 이를 이유로 곧바로 피상속인의 사위가 피상속인의 형제자매보다 우선하여 단독으로 대습상속할 수 있음이 규정된 민법 제1003조 제2항이 입법형성의 재량의 범위를 일탈하여 행복추구권이나 재산권보장 등에 관한 헌법규정에 위배되는 것이라고 할 수 없다[**대법원** 2001. 3. 9. 99 다 13157].

17) 상속세 및 증여세법(이하 '법' 이라 한다) 제13조 제1항은, 상속세과세가액은 상속재산의 가액에서 법 제14조의 규정에 의한 공과금, 장례비용, 채무(이하 '채무 등' 이라 한다)를 차감한 후 피상속인이 상속개시일 전 10년 이내에 상속인에게 증여한 재산가액과 상속개시일 전 5년 이내에 상속인이 아닌 자에게 증여한 재산가액(이하 '생전 증여재산가액' 이라 한다)을 가산한 금액으로 한다고 규정함으로써 상속세의 부과대상이 될 재산을 미리 증여의 형태로 이전하여 상속재산을 분산·은닉시키는 방법으로 고율의 누진세율에 의한 상속세 부담을 회피하거나 감소시키는 행위를 방지하고 이를 통해 조세부담의 공평을 도모하고 있다. 이와 같이 생전 증여재산가액을 상속세과세가액에 산입하는 입법 취지와 위 규정에서 상속재산의 가액에서 채무 등을 차감한 후 생전 증여재산가액을 가산하도록 규정하고 있을 뿐, 상속재산가액에서 채무 등을 차감한 결과 그 가액이 부수(負數, 음수)인 경우에는 '0' 으로 본다는 등의 별도의 규정을 두고 있지 않은 점, 상속재산가액에서 채무 등을 차감한 가액이 부수(-)인 경우 이를 '0' 으로 보고 상속세과세가액을 산정하게 되면, 생전 증여재산을 포함한 상속세 과세대상이 되는 전체재산이 같은 액수임에도 상속채무 등이 상속재산보다 많은 경우를 그렇지 않은 경우에 비하여, 또한 상속채무 등이 상속재산을 초과하는 경우에도 초과되는 상속채무의 액수가 큰 경우를 그렇지 않은 경우에 비하여 상대적으로 합리적 근거 없이 불리하게 차별하는 것이 되는 점 등을 종합하면, 상속세과세가액을 산정함에 있어 상속재산의 가액에서 채무 등을 차감한 가액이 부수(-)인 경우 그 부(-)의 차감잔액을 기초로 생전 증여재산가액을 가산함이 상당하다. 그럼에도 불구하고, 원심은 이 사건 상속재산가액에서 채무 등을 차감하면 부(-)의 차감잔액이 발생하는 사실을 인정하면서도 그 차감잔액이 없는 것으로 보아 생전 증여재산가액 전액이 상속세과세가액이 된다고 판단하였는

바, 이러한 원심의 판단에는 과세요건을 법률로 명확히 규정하여 국민의 재산권 및 국민생활의 법적안정성과 예측가능성의 보장을 그 이념으로 하는 조세법률주의 및 법 제13조 제1항의 상속세과세가액 산정에 관한 법리를 오해하여 판결 결과에 영향을 미친 위법이 있다고 할 것이므로, 이 점을 지적하는 원고의 상고이유 주장은 이유 있다[**대법원** 2006. 9. 22. 2006 두 9207].

18) 부동산취득세는 재화의 이전이라는 사실 자체를 포착하여 거기에 담세력을 인정하고 부과하는 유통세의 일종으로서 부동산의 취득자가 그 부동산을 사용·수익·처분함으로써 얻어질 이익을 포착하여 부과하는 것이 아니므로, 지방세법 제105조 제1항의 '부동산취득'이란 부동산 취득자가 실질적으로 완전한 내용의 소유권을 취득하는지 여부와 관계없이 소유권이전의 형식에 의한 부동산취득의 모든 경우를 포함하는 것으로 해석된다[**대법원** 2007. 4. 12. 2005 두 9491].

제2장 유언제도

제1절 유언의 의의

유언(遺言)이란 유언자의 사망과 동시에 일정한 법률효과를 발생시키는 것을 목적으로 일정한 방식에 따라 행하는 상대방 없는 단독행위를 말한다. 유언의 효력은 유언자의 사후에 발생하지만, 유언이 법률행위로서 성립하는 것은 다른 일반의 단독행위와 마찬가지로 그 표시행위가 완료되었을 때이다. 그런데 가령 유훈(遺訓)과 같이 사망한 자가 임종 직전에 최후로 남긴 말은 법률상의 유언에 속하지 않는다. 본래 사람은 그의 사후에 발생할 신분상 및 재산상의 문제에 관하여 어떠한 뜻을 남기기를 원하며, 유족들은 그러한 고인의 유지를 존중하고 실현하고자 한다. 따라서 유언은 이러한 인간본성과 도의적 요청에 바탕을 둔 관습과 풍속에서 기인한 것이라고 볼 수 있다. 그렇다면 왜 유언을 법률상 제도화하고 있는 것일까? 그 이유로는 여러 가지가 있을 수 있지만, 일반적으로 유언을 법률제도로서 인정하게 된 이유는 ① 사유재산제도의 관철이라는 재산적인 측면 ② 사망한 자의 의사존중이라는 정신적인 측면 ③ 소유권의 사회성과 관련하여 사회복리의 실현이라는 사회적인 측면 등에서 찾아볼 수 있다. 한 마디로 말해서 사망한 자의 최종적인 의사존중 특히 재산에 관한 그의 최종적인 의사를 존중하기 위한 것으로 재산권을 가진 권리자에게 사후에까지 자기 재산의 처분을 인정하려는 것이다.

그러나 유언이 일정한 법적 보호를 받는 하나의 법률제도로서 확립된 데에는 나라마다 각기 다른 역사를 지닌다. 유언은 비교적 고대부터 행해진 제도이나, 사유재산제도가 상당히 발달한 사회에서 비롯되었다고 볼 수 있다. 가령 고대사회 가운데 로마는 사유재산제도의 발달과 더불어 유언상속이 원칙이었으나 오늘날과는 매우 달랐으며, 게르만법에서는 엄격한 혈통주의에 입각한 법정상속주의를 고수하였으므로 유언제도를 인정하지 않았다. 그 후 중세사회 초기까지만 해도 유언에 관한 법규가 그다지 분명하지는 않았으나, 12세기 이후에는 유럽 각 국에서 유언제도가 일반적으로 나타나게 되었다. 우리나라의 경우도 일찍부터 유언제도가 있었으며, 조선시대의 여러 법전에는 이에 관한 규정들이 산재해 있었다. 그리고 유언은 문서에 의한 요식행위였으며, 유언이 신분에 관한 법규에 위배된 경우는 그 효력을 인정하지 않았다. 즉 조선시대에는 원칙적으로 유언의 자유가 인정되었으나, 집안의 재산을 혈족간에 유지하려는 사상으로 인해 유언의 자유에 커다란 제한이 가해졌다고 볼 수 있다. 그 후 일제시대의 구민법하에서는 유언에 관하여 관습에 의하도록 하였으며, 유언의 방식과 관련해서는 불요식주의를 취하였고, 구술에 의한 유언의 효력도 인정하였으며, 유언의 자유에 대한 제한인 유류분제도도 인정하지 않았다. 그러나 1960년에 발효된 신민법에서는 일제시대의 관습을 버리고 유언의 방식과 관련해서 요식주의를 채택하였으며, 1977년의 민법 일부개정을 통하여 유류분제도가 신설되기에 이르렀다.

결국 오늘날에 있어서 유언의 자유는 계약자유와 소유권절대의 원칙을 바탕으로 한 근대사회의 소산이며 상속법에 있어서 개인주의적 법원리의 한 표현인데 반해, 유류분제도는 이러한 유언자유의 원칙을 제한함으로써 공평한 유족보호 및 가족공동생활의 안정을 꾀하고자 하는 것이다. 그런데 실제로는 대부분의 상속이 유언상속이 아니라 법정상속으로 행해지고 있는 실정이며, 유언의 법률상 요건 또한 매우 엄격하므로 유언소송의 대다수가 특히 유언방식의 불비에 관하여 다투고 있다.

제2절 유언의 법적 성질

첫째, 유언은 상대방 없는 단독행위이다. 본래 상대방 없는 단독행위라 함은 의사표시를 수령할 사람이 특정되어 있지 않고, 그 의사표시가 있으면 곧 효력이 발생하는 법률행위를 말한다. 따라서 유언은 유언자의 일방적인 의사표시로써 성립되며, 그 의사표시가 반드시 상대방에게 도달할 필요도 없고, 상대방의 승낙을 요하지도 않는다. 다만 유증을 받을 상대방은 유언자의 사망 후에 언제든지 유증을 승인 또는 포기할 수 있을 뿐이다.

둘째, 유언은 요식행위이다. 따라서 유언은 법률에서 정한 방식에 따라 행해져야 하며, 그 방식에 위반된 유언은 무효이다. 이는 유언이 과연 유언자의 최종적인 진의인지를 확인하고 유언자로 하여금 의사표시를 신중하게 하며 또한 타인의 위조·변조를 막기 위한 것이다.

셋째, 유언은 독립행위이다. 즉 유언은 유언자 본인의 독립된 의사에 의하여 행해져야 하므로 대리인에 의한 유언은 허용되지 않으며, 비록 무능력자의 유언일지라도 법정대리인의 동의를 필요로 하지 않는다.

넷째, 유언은 사후행위이다. 본래 사후행위라 함은 생전행위와는 달리 표의자가 사망한 후에 그 효력을 발생하는 법률행위를 말한다. 따라서 유언은 유언자의 사망으로 효력을 발생하며, 유언의 효력이 발생할 때까지는 유언으로 이익을 받을 자는 법률상 아무런 권리도 취득하지 못한다. 가령 유언자가 유증의 목적인 부동산을 유증을 받을 자 이외의 사람에게 매각하거나 저당권을 설정한 경우에도 유증을 받을 자는 그 매매나 저당권설정에 대하여 무효확인이나 등기말소를 청구하지 못한다.

다섯째, 유언은 그 철회가 자유로운 행위이다. 즉 유언자는 언제든지 유언을 철회할 수 있도록 유언철회의 자유를 인정함으로써 유언자의 최종적 의사표시를 확보하고 이를 존중하고자 한다.

여섯째, 유언의 내용은 법정사항이다. 본래 단독행위는 표의자의 일방적 의사표시로 성립되는 것이므로 그 성질상 무제한으로 허용할 수 없는 것과 마찬가지로 유언의 경우도 독립행위이므로 유언의 자유를 무조건 허용하면 폐해가 많을 것이기 때문에, 유언은 법정사항에 한해서만 할 수 있으며 그 이외의 사항에 관한 유언은 무효가 된다. 민법이 인정하는 유언사항에는 『① 재단법인의 설립 ② 친생부인 ③ 인지 ④ 후견인지정 ⑤ 상속재산분할방법의 지정 또는 위탁 ⑥ 상속재산분할금지 ⑦ 유언집행자의 지정 또는 위탁 ⑧ 유증 ⑨ 신탁』이 속한다.

제3절 유언능력 및 유언증인자격

유언도 일종의 의사표시이므로 의사능력이 없는 자가 행한 유언은 비록 형식을 갖추었다고 해도 무효가 될 것이다. 그러나 유언의 효력이 발생할 때에는 이미 유언자는 사망하였으므로 본래 행위자 자신을 보호하려는 것이 주된 목적인 무능력자제도를 유언에까지 엄격하게 적용할 필요는 없게 된다. 오히려 무능력자제도를 완화하여 적용함으로써 유언자 본인의 최종의사를 존중하려는 유언 본래의 목적에 충실하는 것이 더욱 타당할 것이다. 예컨대 무능력자제도를 엄격히 적용하여 법정대리인에 의한 유언을 인정하거나 혹은 유언의 효력이 발생한 후에 상속인 또는 법정대리인에게 취소권을 인정한다면, 이는 유언제도의 취지에 어긋나기 때문이다. 그러므로 민법은 유언에 관하여 무능력자제도를 완화하는 특칙을 두고 있다. 즉 민법 제1062조는 유언능력과 관련하여 미성년자에 관한 제5조, 한정치산자에 관한 제10조, 금치산자에 관한 제13조의 규정을 적용하지 않는다고 명시하고 있다. 다만 유언도 효력이 인정되기 위해서는 본인의 정상적인 의사에 기초할 필요성이 있으므로 민법은 미성년자의 경우에 만17세에 달하지 못한 자는 유언을 하지 못하도록 규정하고 있으며(제1061조), 금치산자의 경우는 그 의사능력이 회복된 때에 한하여 유언을 할 수 있으므로 이를 위하여 의사가 심신회복의 상태를 유언서에 부기하고 서명·날인하도록 규정하고 있다(제1063조).

유언의 방식 가운데 자필증서에 의한 유언의 경우를 제외하고는 민법상 유효하게 유언이 성립되기 위해서는 1인 또는 2인 이상의 증인의 참여를 필요로 한다. 이러한 유언의 증인은 유언성립의 진실성과 방식준수의 확실성을 입증하는 자로서 유언의 내용을 알게 되고 또한 증인의 서명·기명날인·구술은 직접 유언의 유효성 여부를 판단하는 자료가 된다는 점에서 매우 중요한 의미가 있으므로 아무나 증인이 될 수는 없다. 따라서 민법 제1072조(증인의 결격사유)는 『① 미성년자 ② 금치산자와 한정치산자 ③ 유언에 의하여 이익을 받을 자 및 그 배우자와 직계혈족 ④ 공정증서에 의한 유언의 경우에는 공증인법에 의한 결격자(※ 공증인법 제33조 제3항에 의하면 「㉠ 미성년자 ㉡ 서명할 수 없는 자 ㉢ 촉탁사항에 관하여 이해관계가 있는 자 ㉣ 촉탁사항에 관하여 대리인 또는 보조인이거나 대리인 또는 보조인이었던 자 ㉤ 공증인이나 촉탁인 또는 그 대리인의 배우자, 친족, 동거의 호주 또는 가족, 법정대리인, 피용자 또는 동거인 ㉥ 공증인의 보조자」를 결격자로 규정하고 있다)』를 증인결격자로 규정하고 있다. 이들 결격자의 열거는 한정적 열거이므로 이에 해당하지 않는 자는 누구라도 유언의 증인이 될 자격이 있다.

만일 결격사유를 가진 증인이 참여한 유언의 경우에는 그 유언 전체가 무효라고 보아야 할 것이다. 그렇다면 증인결격자가 한 사람이라도 참여한 경우에는 반드시 유언을 무효로 보아야 하는가 혹은 증인결격자를 제외하더라도 소정의 증인수에 달하고 있으면 유언의 효력을 인정해야 하는가가 의문스럽다. 이에 대하여 너무 엄격하게 해석하면 오히려 유언자의 최종의사를 존중하지 않는 결과를 초래할 수도 있다는 점에서 볼 때 후자의 입장이 타당하다고 본다.

제4절 유언의 방식

민법 제1060조(유언의 요식성)는 『유언은 본 법의 정한 방식에 의하지 아니하면 효력이 생기지 아니한다』라고 규정함으로써 유언에 관하여 대다수 국가들이 취하고 있는 요식주의 혹은 형식주의를 채택하고 있으며, 이러한 법정방식에 따르지 않는 유언은 무효로 함으로써 유언자의 최종적인 진의를 확실히 보장하고, 유언서의 위조나 변조를 방지하여 사후에 야기될 분쟁과 혼란을 미연에 예방하기 위하여 엄격한 형식을 요구하고 있음은 이미 언급한 바 있다. 우리 민법은 유언의 방식에 관하여 자필증서・녹음・공정증서・비밀증서・구수증서의 5종을 규정하고 있는데(제1065조), 특히 질병이나 기타 급박한 사유의 경우에는 구수증서에 의한 유언을 인정하고 있으며, 보통의 경우에는 자필증서・녹음・공정증서・비밀증서에 의한 유언 가운데 유언자가 자유의사에 따라 선택한 방식에 의하도록 되어 있다.

1) 자필증서에 의한 유언

자필증서에 의한 유언을 하려면 유언자는 그 전문과 연월일・주소・성명을 자서하고 날인하여야 하며, 그 증서에 문자의 삽입・삭제・변경을 하는 경우에도 유언자가 이를 자서하고 날인하여야 한다(제1066조). 자필증서에 의한 유언은 장소여하를 불문하고 혼자서도 비용을 들이지 않고 비교적 간편하게 작성할 수 있으며 유언증서의 존재나 내용도 비밀로 할 수 있다는 장점이 있지만, 문자를 쓸 줄 모르는 사람은 이 방식을 이용할 수 없으며 법률을 잘 모르는 경우에는 방식의 불비나 내용의 불명확을 초래하여 유언의 효력에 대해 다툼이 발생할 우려가 있고 또한 유언증서의 분실・은닉・위조・변조의 위험이 많다는 단점이 있다.

2) 녹음에 의한 유언

녹음에 의한 유언을 하려면 유언자는 유언의 취지·성명·연월일을 구술하고 이에 참여한 증인이 유언의 정확함과 그 성명을 구술해야 한다(제1067조). 만일 금치산자가 의사능력이 회복되어 녹음에 의한 유언을 하는 경우에는 그의 심신회복의 상태를 의사가 녹음기에 구술해야 할 것이다. 녹음에 의한 유언은 과학발달로 인하여 발명된 문명의 이기인 녹음기를 사용하는 유언의 방식으로서 실제로 녹음기는 널리 보급되어 있을 뿐만 아니라 녹음기만 있으면 복잡한 유언의 내용까지도 간편하게 표시할 수 있으며 유언자의 생존당시의 육성을 사후에도 그대로 보존할 수 있다는 장점이 있긴 하지만, 녹음된 것이 분실·은닉·파기·위조·변조·소음 등으로 잘못될 위험성이 있으며 또한 녹음된 유언자의 음성으로 그의 동일성을 확인하는데 어려움이 따를 수 있다는 단점이 있다.

3) 공정증서에 의한 유언

공정증서에 의한 유언을 하려면 유언자는 증인 2인이 참여한 공증인의 면전에서 유언의 취지를 구수하고 공증인이 이를 필기·낭독하여 유언자와 증인이 그 정확함을 승인한 후 각자 서명 또는 기명날인해야 한다(제1068조). 공정증서에 의한 유언은 문자를 알 수 없는 자라도 구수할 수 있는 한 이 방식을 취할 수 있고 공증인이 관여하므로 방식의 불비도 생기지 않으며 공정증서의 보관도 공증인이 하게 되므로 분실·은닉·변조·위조될 염려가 없다는 장점이 있으나, 방식이 매우 엄격하고 비용을 필요로 하며 유언내용이 타인에게 누설되기 쉽다는 단점이 있다.

4) 비밀증서에 의한 유언

비밀증서에 의한 유언을 하려면 유언자는 필자의 성명을 기입한 증서를 엄봉·날인하고 이를 2인 이상의 증인의 면전에 제출하여 자기의 유언서임을 표시한 후 그 봉서표면에 제출연월일을 기재하고 유언자와 증인이 각자 서명 또는 기명날인해야 한다. 이 방식에 의한 유언봉서는 그 표면에 기재된 날로부터 5일내에 공증인 또는 법원서기에게 제출하여 그 봉인상에 확정일자인을 받아야 한다(제1069조). 만일 비밀증서에 의한 유언이 그 방식에 흠결이 있는 경우에 그 증서가 자필증서의 방식에 적합한 때에는 자필증서에 의한 유언으로 보도록 규정하고 있다(제1071조). 따라서 무효가 된 비밀증서에 의한 유언이 자필증서에 의한 유언으로 전환되려면 유언전문과 연월일·주소·성명의 자서와 날인이 있어야 한다. 비밀증서에 의한 유언은 자필증서에 의한 유언과 공정증서에 의한 유언을 절충한 유언방식으로서 다른 사람이 쓴 것도 상관없으므로 유언자가 문자를 쓸 수는 없으나 읽을 수만 있다든지 혹은 자기의 성명을 자서할 정도만 되면 할 수 있고 유언내용의 비밀유지 및 누설방지가 가능하다는 장점이 있는 반면에, 유언의 내용에 관해서 다툼이 일어날 우려가 있으며 분실·훼손의 염려가 있고 번거로운 검인절차를 요하는 단점이 있다.

5) 구수증서에 의한 유언

구수증서에 의한 유언을 하려면 질병 기타 급박한 사유로 인하여 자필증서·녹음·공정증서·비밀증서에 의한 유언을 할 수 없는 경우에 유언자가 2인 이상의 증인의 참여로 그 1인에게 유언의 취지를 구수하고 그 구수를 받은 자가 이를 필기·낭독하여 유언자와 증인이 그 정확함을 승인한 후 각자 서명 또는 기명날인해야 한다. 이 방식에 의한 유언의 경우 증인 또는 이해관계인은 급박한 사유가 종료한 날로부터 7일내에 법원에 그 검인을 신청해야 한다. 만일 금치산자가 구수증서에 의한 유언을 하려면 의사능력이 회복되어 있어야 하지만, 실제로 구수증서에 의한 유언은 급박한 사유로 인한 것이므로 의사의 참여가 거의 불가능한 경우가 많을 것이다. 따라서 민법은 구수증서에 의한 유언의 경우에는 의사가 금치산자의 심신회복의 상태를 유언서에 부기하고 서명·날인할 필요가 없도록 규정하고 있다(제1070조). 구수증서에 의한 유언은 급박한 경우에 간단한 형식으로 행할 수 있다는 장점이 있으나, 법원의 검인절차를 반드시 밟아야 하는 번거로움이 있으며 유언의 검인신청기간을 도과하여 부적법하게 될 우려도 있다는 단점이 있다.

제5절 유언의 효력

1. 유언의 일반적 효력

유언은 사후행위이므로 유언자가 사망한 때로부터 그 효력이 생긴다(제1073조 제1항). 즉 유언 그 자체의 성립은 유언을 하였을 때이지만 그 효력은 유언자가 사망한 때로부터 발생하므로 유언에 의하여 이익을 받을 자도 유언의 효력이 발생하기까지는 아무런 법률상의 권리를 취득하지 못한다. 그렇다면 만일 유언에 조건이 있는 경우에는 어느 때부터 유언의 효력이 생긴다고 보아야 할까? 민법 제1073조 제2항(유언의 효력발생시기)은 『유언에 정지조건이 있는 경우에 그 조건이 유언자의 사망후에 성취한 때에는 그 조건성취한 때로부터 유언의 효력이 생긴다』라고 규정함으로써, 가령 '만약 수증자인 A가 B와 혼인을 하면 B에게 특정의 부동산을 주겠다'는 식의 정지조건이 있는 유언을 한 경우에 유언자가 사망한 후 혼인을 하면 그 때부터 특정의 부동산 소유권이 수증자에게 이전되는 것이다. 이는 동조 제1항의 예외규정이 아니며, 유언은 유언자가 사망한 때로부터 이미 그 효력이 발생하고 있지만, 그 유언의 내용에 의해 정지조건이 있는 유증이 발생하였고, 이 때문에 소유권의 이전시기가 연기되고 있을 뿐이다. 따라서 수증자는 조건이 성취될 때까지 완전한 소유권을 취득할 수는 없으나, 그 유증의 목적물에 관한 일체의 보존행위는 할 수 있다고 보아야 한다. 한편 유언에 부가된 정지조건이 유언자가 사망하기 전에 이미 성취되면, 그 유언은 무조건의 유언이 되어 유언자가 사망한 때로부터 효력이 생기게 된다.

2. 유언의 철회·무효·취소

유언의 철회란 일단 유효하게 성립된 유언에 대하여 유언자가 일정한 법정원인에 의하지 않고 자유로이 유언의 효력이 발생하기 전에 그 효력발생을 저지시킬 것을 목적으로 하는 행위를 말한다. 이는 유언 자체가 사람의 최종의사를 존중하는 제도임에 그 근거를 두고 있다. 따라서 민법은 유언자가 언제든지 유언 또는 생전행위로써 유언의 전부나 일부를 철회할 수 있도록 하고 있으며, 또한 유언자는 그 유언을 철회할 권리를 포기하지 못하도록 규정하고 있다(제1108조). 이와 같이 유언의 경우에는 특히 그 철회의 자유를 강조하고 있으므로 가령 유언자가 유언을 철회하지 않겠다는 계약을 체결하더라도 그 계약은 무효가 된다. 유언철회의 방식에는 임의철회와 법정철회가 있는데, 전자는 유언자가 유언을 철회하겠다는 의사표시를 임의로 하는 경우를 말하고, 후자는 유언서 작성 후 다음과 같은 일정한 요건에서 법률상 유언의 철회가 있는 것으로 보는 경우를 말한다. 즉 민법은 전후의 유언이 저촉되는 경우 혹은 유언후의 생전행위가 유언과 저촉되는 경우에는 그 저촉된 부분의 전유언을 철회한 것으로 보며(제1109조), 유언자가 고의로 유언증서 또는 유증의 목적물을 파훼한 때에는 그 파훼한 부분에 관한 유언을 철회한 것으로 본다(제1110조). 유언이 철회되면 그 유언은 처음부터 존재하지 않았던 것이 되므로 유언자가 사망하더라도 유언은 아무런 효력을 발생하지 않는다.

유언의 무효란 유언의 내용상 또는 형식상 요건의 흠결로 인하여 처음부터 유언으로서의 효력이 발생할 수 없도록 확정되어 있는 경우를 말하며, 유언의 취소란 유언자의 사망후 사기·강박 등 일정한 원인으로 인하여 상속인·유언집행자 기타 이해관계인이 유언의 효력발생을 방지하는 행위를 말한다. 그런데 유언자는 생존중에 언제든지 유언을 철회할 수 있으므로 유인의 무효·취소가 문제로 되는 경우는 주로 유언자가 사망한 후가 될 것이다. 일반적으로 유언 가운데 가족법적 의사표시를 요소로 하는 경우는 민법총칙의 규정이 적용되지 않지만, 재산법적 의사표시를 요소로 하는 경우는 민법총칙의 규정이 적용된다고 본다. 예컨대 유언의 무효원인으로는 ㉠ 유언방식의 흠결 ㉡ 만17세 미달자인 유언무능력자와 의사무능력자의 유언 ㉢ 수증결격자에 대한 유언 ㉣ 공서양속에 반하는 유언 ㉤ 강행법규에 반하는 유언 ㉥ 법정사항 이외의 유언 ㉦ 유언자의 생전행위로 이미 실현된 내용의 유언 등을 들 수 있으며, 유언의 취소원인에는 민법총칙상의 착오·사기·강박에 의한 취소규정이 적용된다.

3. 유증

유증(遺贈)이란 유언에 의하여 재산상의 이익을 무상으로 증여하는 것을 말한다. 이 때 재산상의 이익에는 동산·부동산·채권 등의 적극재산은 물론 수증자의 채무면제도 포함되며, 반드시 상속재산에 관해서만 유증을 해야 하는 것도 아니다. 즉 민법상 유증의 목적인 권리는 유증자에게 속하는 재산이어야 하지만, 예외적으로 상속재산에 속하지 않는 권리라도 유증할 의사를 표시한 때에는 유효한 유증이 된다(제1087조).) 다만 유언자가 처분할 수 없는 재산을 대상으로 한 유증이나 혹은 유증의 내용을 확정할 수 없는 경우는 무효로 보아야 할 것이다. 이러한 유증은 상속재산의 자유처분을 인정하는 것이기 때문에 결국 유언의 자유란 곧 유증의 자유를 뜻한다. 그러나 오늘날 피상속인의 무제한적인 상속재산의 처분은 유류분제도를 통하여 제한되고 있음을 유념해야 한다. 유증의 종류에는 포괄적 유증과 특정적 유증이 있다. 포괄적 유증이란 적극재산·소극재산을 포괄하는 상속재산의 전부 또는 일부를 일정 비율에 따라 하는 유증을 말하며, 가령 '상속재산의 2분의 1을 준다'는 식으로 하는 유증이다. 특정적 유증이란 구체적으로 지정된 특정의 재산을 목적으로 하는 유증을 말하며, 가령 '몇 번지의 토지나 건물을 준다'는 식으로 하는 유증이다. 양자를 구별하는 이유는 그 효력면에서 차이가 있기 때문이다. 즉 포괄적 유증의 경우는 상속인·유언집행자 등 유증의무자에 의한 유증의 이행을 필요로 하지 않는 물권적 효력이 생기는데 반해, 특정적 유증의 경우는 가령 수증자가 유증으로 인해 소유권이전등기청구권을 취득하는 등 채권적 효력이 생긴다.

한편 부담있는 유증이란 유언자가 유언증서 중에서 수증자에게 자기, 그 상속인 또는 제3자를 위하여 일정한 의무이행의 부담을 과한 유증을 말한다. 가령 '상속재산을 주겠으니 자녀인 A가 대학을 졸업할 때까지 학비를 부담하라'는 식으로 하는 유증이다. 이 때 부담의 내용은 반드시 금전적 가치가 있어야만 되는 것은 아니고, 또 유언자 자신을 위한 것이든 타인을 위한 것이든 상관없으며, 부담있는 유증은 포괄적 유증이든 특정적 유증이든 구별없이 인정된다. 만일 부담이 실현불능이라든지 혹은 공서양속에 위반된 내용인 경우에는 그 부담을 무효로 보아야 할 것이다. 부담있는 유증을 받은 자는 유증의 목적의 가액을 초과하지 않는 한도에서 부담한 의무를 이행할 책임이 있는데(제1088조), 그 부담의무를 이행하지 않는 경우에는 상속인·유언집행자가 상당한 기간을 정하여 이행할 것을 최고하고 그 기간내에 이행하지 않으면 법원에 유언의 취소를 청구할 수 있다(제1111조).

제6절 유언의 집행

유언의 집행이란 유언의 효력이 발생한 후 유언에 표시된 유언자의 의사를 실현하는 행위 또는 절차를 말한다. 그런데 모든 유언의 경우에 그 집행절차를 필요로 하는 것이 아니다. 예컨대 친생부인・인지・유증・재단법인의 설립행위 등과 같이 유언의 효력이 발생하여도 그 내용이 당연히 실현되지 않고 특별한 절차를 필요로 하는 경우가 이에 해당한다. 우선 유언집행의 준비절차로서 유언의 검인과 개봉이 요구된다. 민법은 자필증서・비밀증서・녹음을 보관하는 자나 그것을 발견한 자는 유언자가 사망한 후 지체없이 그 증서나 녹음을 법원에 제출하여 검인을 청구하도록 규정하고 있으며, 다만 공정증서・구수증서에 의한 유언에는 이러한 규정을 적용하지 않고 있다(제1091조). 이 때 검인이란 유언이 유언자의 진의에 의한 것인지 혹은 적법한 것인지의 여부를 심사하는 것이 아니며 또한 유언의 유효여부를 판단하는 심판도 아니다. 따라서 검인은 유언의 집행전에 유언증서나 녹음의 상태를 확증하고 후일에 그것을 위조・변조하는 것을 미리 방지하여 확실히 보존하려는 것으로서 유언의 유효・무효와는 아무런 관련이 없다. 그리고 봉인없는 유언증서를 개봉하는 경우에는 특별한 절차를 요하지 않지만, 봉인된 유언증서를 가정법원이 개봉하는 경우에는 유언자의 상속인, 그 대리인 기타 이해관계인의 참여가 있어야 한다(제1092조).

유언의 집행절차를 담당하는 자가 유언집행자이다. 즉 유언집행자는 유언자에 갈음하여 유언의 내용을 실현시키는 자로서, 이에는 지정유언집행자・법정유인집행자・선정유언집행자가 있다. 지정유언집행자는 유언자 또는 유언자의 위탁을 받은 제3자의 지정에 의한 자를 말하고, 법정유언집행자는 지정유언집행자가 없는 경우에 상속인을 말하며, 선정유언집행자는 유언집행자가 없거나 사망, 결격 기타 사유로 인하여 없게 된 때에 이해관계인의 청구에 의하여 법원이 선임한 자를 말한다. 민법은 유언집행자의 결격사유로서 무능력자(미성년자・한정치산자・금치산자)와 파산자를 들고 있으며 이들은 유언집행자가 되지 못한다고 규정하고 있다(제1098조). 또한 지정유언집행자나 선정유언집행자는 상속인의 대리인으로 보고 있다(제1103조 제1항). 유언집행자가 그 취임을 승낙한 때에는 지체없이 그 임무를 이행해야 하며, 유언이 재산에 관한 경우 재산목록을 작성하여 상속인에게 교부하고, 유증의 목적인 재산의 관리 기타 유언의 집행에 필요한 행위를 할 권리·의무를 지닌다. 만일 유언자가 유언으로 유언집행자의 보수를 정하지 않은 경우에는 법원이 상속재산의 상황 기타 사정을 참작하여 보수를 정할 수 있으며, 유언의 집행에 관한 비용도 상속재산 중에서 지급하게 된다. 유언집행자의 임무종료는 유언집행사무의 완료로 인해 절대적으로 종료되는 경우가 있고, 또 유언집행자의 사망·결격사유발생·사퇴·해임 등으로 인해 상대적으로 종료되는 경우가 있다.

▶ 관련판례

1) 구수증서에 의한 유언은 민법상 유언의 보통방식의 하나로 규정되어 있으나 그 실질에 있어서는 다른 방식의 유언과는 다르므로 유언요건을 완화하여 해석해야 한다[**대법원 1977. 11. 8. 76 므 15**].

2) 공정증서에 의한 유언은 유언자가 공증인의 면전에서 유언의 취지를 구수하여 작성되어야 하는 것이므로 뇌혈전증으로 병원에 입원치료 중인 유언자가 불완전한 의식상태와 언어장애 때문에 말을 못하고 고개만 끄덕거리면서 반응을 할 수 있을 뿐인 의학상 소위 가면성 정신상태 하에서 공증인이 유언내용의 취지를 유언자에게 말하여 주고 '그렇소?' 하고 물으면 유언자는 말은 하지 않고 고개만 끄덕거리면 공증인의 사무원이 그 내용을 필기하고 이를 공증인이 낭독하는 방법으로 유언서가 작성되었다면 이는 유언자가 구수한 것이라고 할 수 없으므로 무효이다[**대법원 1980. 12. 23. 80 므 18; 서울지법 1990. 5. 25. 89 가합 21833; 대법원 1993. 6. 8. 92 다 8750; 대법원 1996. 4. 23. 95 다 34514 등**].

3) 구수증서에 의한 유언의 검인신청기간에 관해서는 특별한 사정이 없는 한 유언이 있은 날에 급박한 사유가 종료하였다고 할 것이므로 유언이 있은 날로부터 7일 이내에 법원에 그 검인을 신청하여야 할 것이고 그 기간을 도과한 검인신청은 부적법하다[**대법원 1986. 10. 11. 자 86 스 18; 대법원 1989. 12. 13. 자 89 스 11; 대법원 1992. 7. 14. 91 다 39719; 대법원 1994. 11. 3. 자 94 스 16 등**].

4) 토지에 대한 증여는 증여자의 의사에 기하여 수증자에게 소유권이전등기가 경료됨으로써 이행이 완료되므로, 증여자가 그 이행 후 증여계약을 해제하였다 하더라도 증여계약이나 그에 의한 소유권이전등기의 효력에 아무런

영향을 받지 아니한다[**대법원** 1991. 8. 13. 90 다 6729].

5) 다른 요건을 모두 갖추고 단지 주소의 기재만을 빠뜨린 경우에는 유언방식의 엄격성을 요구하는 법의 취지는 달성되었다고 보아야 하므로 유언의 효력을 부정할 수 없다[**인천지법** 1992. 10. 9. 91 가합 17999].

6) 유언장에 대하여 공증사무실에서 인증을 받았으나 이에 증인 2명의 참여가 없다면 공정증서에 의한 유언으로서의 효력을 발생할 수 없다[**대법원** 1994. 12. 22. 94 다 13695].

7) 민법 제1096조에 의한 법원의 유언집행자 선임은 유언집행자가 전혀 없게 된 경우뿐만 아니라 유언집행자의 사망·사임·해임 등의 사유로 공동유언집행자에게 결원이 생긴 경우와 나아가 결원이 없어도 법원이 유언집행자의 추가 선임이 필요하다고 판단한 경우에 이를 할 수 있는 것이고, 이 때 누구를 유언집행자로 선임하느냐는 문제는 민법 제1098조 소정의 유언집행자의 결격사유에 해당하지 않는 한 당해 법원의 재량에 속하는 것이다[**대법원** 1995. 12. 4. 자 95 스 32].

8) 유언자가 유언을 철회한 것으로 볼 수 없는 이상, 유언증서가 그 성립 후에 멸실되거나 분실되었다는 사유만으로 유언이 실효되는 것은 아니고, 이해관계인은 유언증서의 내용을 입증하여 유언의 유효를 주장할 수 있다[**대법원** 1996. 9. 20. 96 다 21119].

9) 자필증서에 의한 유언방식에 있어서 유언자의 날인에는 무인도 포함된다[**전주지법** 1997. 11. 12. 95 느 127].

10) 유언자의 주소는 반드시 유언전문과 동일한 지편에 기재하여야 하는 것은 아니고 유언증서로서 일체성이 인정되는 이상 그 전문을 담은 봉투에 기재하더라도 무방하며, 증서의 기재 자체로 보아 명백한 오기를 정정함에 지나지 아니하는 경우에는 그 정정 부분에 날인을 하지 않았다고 하더라도 그 효력에는 영향이 없다[**대법원** 1998. 5. 29. 97 다 38503].

11) 자필증서에 의한 유언은 유언자가 그 전문과 연월일·주소·성명을 자서하는 것이 절대적 요건이므로 전자복사기를 이용하여 작성한 복사본은 이에 해당하지 아니한다[**대법원** 1998. 6. 12. 97 다 38510].

12) 연월일과 주소가 기재되어 있지 않은 자필유언장은 효력이 없다[**서울고법** 1999. 3. 9. 97 나 56848, 56855].

13) 자필증서·녹음·공정증서·비밀증서의 방식에 의한 유언이 객관적으로 가능한 경우까지 구수증서에 의한 유언을 허용해야 하는 것은 아니다[**대법원** 1999. 9. 3. 98 다 17800].

14) 공정증서에 의한 유언에 있어서는 2인 이상의 증인이 참여하여야 하는데, 유언에 참여할 수 없는 증인결격자의 하나로 민법 제1072조 제1항 제3호가 규정하고 있는 '유언에 의하여 이익을 받을 자'라 함은 유언자의 상속인으로 될 자 또는 유증을 받게 될 수증자 등을 말하는 것이므로, 유언집행자는 증인결격자에 해당한다고 볼 수 없다.…유언의 집행을 위하여 지정 또는 선임된 유언집행자는 유증의 목적인 재산의 관리 기타 유언의 집행에 필요한 행위를 할 권리의무가 있으므로, 유언의 집행에 방해가 되는 유증 목적물에 경료된 상속등기 등의 말소청구소송 또는 유언을 집행하기 위한 유증목적물에 관한 소유권이전등기 청구소송에 있어서 유언집행자는 이른바 법정소송담당으로서 원고적격을 가진다고 봄이 상당하다[**대법원** 1999. 11. 26. 97 다 57733].

15) 민법 제1103조 제1항은 유언집행자의 행위의 효과가 상속인에게 귀속함을 규정한 것이지, 유언집행자의 소송수행권과 별도로 상속인 본인의 소송수행권도 언제나 병존함을 규정한 것은 아니다[**대법원** 2001. 3. 27. 2000 다 26920].

16) 민법 제1065조 내지 제1070조가 유언의 방식을 엄격하게 규정한 것은 유언자의 진의를 명확히 하고 그로 인한 법적 분쟁과 혼란을 예방하기 위한 것이므로, 법정된 요건과 방식에 어긋난 유언은 그것이 유언자의 진정한 의사에 합치하더라도 무효라고 하지 않을 수 없고, 민법 제1066조 제1항은 "자필증서에 의한 유언은 유언자가 그 전문과 연월일, 주소, 성명을 자서하고 날인하여야 한다."고 규정하고 있으므로, 유언자의 날인이 없는 유언장은 자필증서에 의한 유언으로서의 효력이 없다고 할 것이다[**대법원** 2006. 9. 8. 2006 다 25103·25110].

제3장 유류분제도

제1절 유류분의 의의

1977년 12월 민법중 일부개정안에 의해 유류분제도가 도입되었으며, 현행 민법은 제1112조부터 제1118조까지의 7개 조문에 유류분제도를 규정하고 있다. 유류분제도는 각국의 입법례에 따라 다소 그 개념적 차이는 있으나, 대체로 유류분(遺留分)이란 피상속인의 입장에서 보면 피상속인이 상속에 있어서 상속인을 위하여 그의 몫으로 반드시 남겨 두어야 할 일정한 재산을 말하는 것이고, 한편 상속인의 입장에서 보면 상속인에게 법률상 그 취득이 보장되어 있는 피상속인의 재산의 일정액이라고 말할 수 있다. 본래 사유재산제도 하에서는 자기의 재산을 자기의 의사대로 처분할 수 있는 자유를 갖는 것이 원칙이므로 유언의 자유를 인정함으로써 이를 실현할 수 있도록 하고 있으나, 반면에 유언자유의 원칙을 관철하는 경우에 여러 가지 폐단이 생길 수도 있기 때문에 현대 민법들은 유언자유의 절대성을 조정하는 규정들을 두고 있다. 그 대표적인 예가 유류분제도이며, 이는 피상속인에 의한 재산처분의 절대적 자유를 제한하려는 것이다.

유류분제도는 연혁적으로 볼 때 독일과 프랑스를 비롯한 대륙법계에서 유래한 것으로서 피상속인의 재산처분자유의 원칙과 거래의 안전, 그리고 법정상속인이나 근친자의 생활안정과 권리이익의 공평한 분배 등 여러 가지 복잡한 이념들의 조정과 타협의 산물이라고 말할 수 있다. 즉 유류분제도의 근본적인 취지는 피상속인의 유언자유의 원칙에 따른 증여 등의 무분별한 재산처분행위로부터 유족들의 생존권을 보호하고, 법정상속분의 일정비율에 상당하는 부분을 유류분으로 산정하여 상속인이 상속재산에 대하여 갖게 되는 기대권을 보장받음으로써 가정평화와 친족상조의 건전한 공동생활유지를 도모하고자 함이며, 남존여비사상이 강한 우리의 전통으로부터 여성의 상속권을 일정한 한도나마 보장해준다는 부대적 성격도 갖게 된다.

☞ 민법 제1112조 (유류분의 권리자와 유류분)

『상속인의 유류분은 다음 각 호에 의한다.

1. 피상속인의 직계비속은 그 법정상속분의 2분의 1
2. 피상속인의 배우자는 그 법정상속분의 2분의 1
3. 피상속인의 직계존속은 그 법정상속분의 3분의 1
4. 피상속인의 형제자매는 그 법정상속분의 3분의 1』

☞ 민법 제1113조 (유류분의 산정)

『① 유류분은 피상속인의 상속개시시에 있어서 가진 재산의 가액(價額)에 증여재산의 가액을 가산하고 채무의 전액을 공제하여 이를 산정한다.

② 조건부의 권리 또는 존속기간이 불확정한 권리는 가정법원이 선임한 감정인의 평가에 의하여 그 가격을 정한다.』

☞ 민법 제1114조 (산입될 증여)

『증여는 상속개시전의 1년간에 행한 것에 한하여 제1113조의 규정에 의하여 그 가액을 산정한다. 당사자쌍방이 유류분권리자에 손해를 가할 것을 알고 증여를 한 때에는 1년 전에 한 것도 같다.』

☞ 민법 제1117조(소멸시효)

『반환의 청구권은 유류분권리자가 상속의 개시와 반환하여야 할 증여 또는 유증을 한 사실을 안 때로부터 1년 내에 하지 아니하면 시효에 의하여 소멸한다. 상속이 개시한 때로부터 10년을 경과한 때도 같다.』

제2절 유류분의 법적 성질

① 유류분권리자는 상속인이어야 한다. 즉 현행 민법은 유언에 의한 상속인의 창설을 허용하지 않으며, 법정상속인만이 상속인이다. 다만 유류분은 태아에 대해서 인정되며, 대습상속인도 피대습자의 상속분의 범위내에서 유류분을 가진다.

② 상속개시 이전에는 유류분권이 없다. 즉 생전의 피상속인의 재산처분으로 인해 유류분을 침해하는 것이 분명하더라도 유류분을 가지는 추정상속인(推定相續人)은 상속개시 이전에 이를 제한할 수 없고, 또한 그 유류분을 미리 보전할 수도 없다.

③ 상속이 개시되더라도 유류분을 침해하는 피상속인의 처분이 당연히 무효로 되는 것은 아니고, 상속인이 자기의 유류분을 요구할 때 그 반환청구권을 행사할 수 있을 뿐이다.

④ 피상속인은 증여 또는 유증을 통하여 자유로이 자기재산을 처분할 수 있고, 이에 대하여 유류분권리자가 유류분의 침해부분만큼 유류분반환청구권을 행사할 때에 비로소 일정한 비율액의 유류분이 산정되는 것이다. 이러한 유류분반환청구권의 행사는 어디까지나 청구권자 자신의 자유의사에 달려 있는 것이지 반드시 이를 행사해야 하는 것은 아니다.

⑤ 유류분권을 행사할 수 있는 자는 재산상속의 순위상 상속권이 있는 자이어야 한다. 즉 가령 제1순위 상속인인 직계비속이 있는 경우에는 제2순위 상속인인 직계존속에 대해서는 유류분권이 인정되지 않는다.

▶ **관련판례**

1) 공동상속인 중에 피상속인으로부터 재산의 증여에 의하여 특별수익을 한 자가 있는 경우에는 민법 제1114조의 규정은 그 적용이 배제되고, 따라서 그 증여는 상속개시 전의 1년간에 행한 것인지 여부에 관계없이 유류분산정을 위한 기초재산에 산입된다[**대법원** 1995. 6. 30. 93 다 11715].

2) 유류분반환청구의 의사표시는 침해를 받은 유증 또는 증여행위를 지정하여 이에 대한 반환청구의 의사를 표시하면 그것으로 족하고, 그로 인하여 생긴 목적물의 이전등기청구권이나 인도청구권 등을 행사하는 것과는 달리 그 목적물을 구체적으로 특정하여야 하는 것은 아니며, 민법 제1117조 소정의 소멸시효의 진행도 위와 같은 의사표시로 중단된다[**대법원** 2001. 9. 14. 2000 다 66430·66447].

3) [1] 유류분권리자가 유류분반환청구를 함에 있어 증여 또는 유증을 받은 다른 공동상속인이 수인일 때에는 각자 증여 또는 유증을 받은 재산 등의 가액이 자기 고유의 유류분액을 초과하는 상속인에 대하여 그 유류분액을 초과한 가액의 비율에 따라서 반환을 청구할 수 있고, 공동상속인과 공동상속인 아닌 제3자가 있는 경우에는 그 제3자에게는 유류분이 없으므로 공동상속인에 대하여는 자기 고유의 유류분액을 초과한 가액을 기준으로 하여, 제3자에 대하여는 그 증여 또는 유증받은 재산의 가액을 기준으로 하여 그 각 가액의 비율에 따라 반환청구를 할 수 있다.
[2] 민법 제1117조가 규정하는 유류분반환청구권의 단기소멸시효기간의 기산

점인 '유류분권리자가 상속의 개시와 반환하여야 할 증여 또는 유증을 한 사실을 안 때'는 유류분권리자가 상속이 개시되었다는 사실과 증여 또는 유증이 있었다는 사실 및 그것이 반환하여야 할 것임을 안 때를 뜻한다.
[3] 해외에 거주하다가 피상속인의 사망사실을 뒤늦게 알게 된 상속인이 유증사실 등을 제대로 알 수 없는 상태에서 다른 공동상속인이 교부한 피상속인의 자필유언증서 사본을 보았다는 사정만으로는 자기의 유류분을 침해하는 유증이 있었음을 알았다고 볼 수 없고, 그 후 유언의 검인을 받으면서 자필유언증서의 원본을 확인한 시점에 그러한 유증이 있었음을 알았다고 본다[**대법원 2006.11.10. 2006 다 46346**].

民法槪論

부록-민법

민 법

(1958. 2. 22. 법률 제471호 제정)
(2005.12.29. 법률 제7765호 일부개정)

제1편 총칙

제1장 통칙

제1조 (법원) 민사에 관하여 법률에 규정이 없으면 관습법에 의하고 관습법이 없으면 조리에 의한다.
제2조 (신의성실) ①권리의 행사와 의무의 이행은 신의에 좇아 성실히 하여야 한다.
②권리는 남용하지 못한다.

제2장 인

제1절 능력

제3조 (권리능력의 존속기간) 사람은 생존한 동안 권리와 의무의 주체가 된다.
제4조 (성년기) 만20세로 성년이 된다.
제5조 (미성년자의 능력) ①미성년자가 법률행위를 함에는 법정대리인의 동의를 얻어야 한다. 그러나 권리만을 얻거나 의무만을 면하는 행위는 그러하지 아니하다.
②전항의 규정에 위반한 행위는 취소할 수 있다.
제6조 (처분을 허락한 재산) 법정대리인이 범위를 정하여 처분을 허락한 재산은 미성년자가 임의로 처분할 수 있다.
제7조 (동의와 허락의 취소) 법정대리인은 미성년자가 아직 법률행위를 하기 전에는 전2조의 동의와 허락을 취소할 수 있다.
제8조 (영업의 허락) ①미성년자가 법정대리인으로부터 허락을 얻은 특정한 영업에 관하여는 성년자와 동일한 행위능력이 있다.
②법정대리인은 전항의 허락을 취소 또는 제한할 수 있다. 그러나 선의의 제삼자에게 대항하지 못한다.
제9조 (한정치산의 선고) 심신이 박약하거나 재산의 낭비로 자기나 가족의 생활을 궁박하게 할 염려가 있는 자에 대하여는 법원은 본인, 배우자, 4촌 이내의 친족, 후견인 또는 검사의 청구에 의하여 한정치산을 선고하여야 한다.
제10조 (한정치산자의 능력) 제5조 내지 제8조의 규정은 한정치산자에 준용한다.
제11조 (한정치산선고의 취소) 한정치산의 원인이 소멸한 때에는 법원은 제9조에 규정한 자의 청구에 의하여 그 선고를 취소하여야 한다.
제12조 (금치산의 선고) 심신상실의 상태에 있는 자에 대하여는 법원은 제9조에 규정한 자의 청구에 의하여 금치산을 선고하여야 한다.
제13조 (금치산자의 능력) 금치산자의 법률행위는 취소할 수 있다.
제14조 (금치산선고의 취소) 제11조의 규정은 금치산자에 준용한다.
제15조 (무능력자의 상대방의 최고권) ①무능력자의 상대방은 무능력자가 능력자가 된 후에 이에 대하여 1월 이상의 기간을 정하여 그 취소할 수 있는 행위의 추인여부의 확답을 최고할 수 있다. 능력자로 된 자가 그 기간 내에 확답을 발하지 아니한 때에는 그 행위를 추인한 것으로 본다.
②무능력자가 아직 능력자가 되지 못한 때에는 그 법정대리인에 대하여 전항의 최고를 할 수 있고 법정대리인이 그 기간 내에 확답을 발하지 아니한 때에는 그 행위를 추인한 것으로 본다.
③특별한 절차를 요하는 행위에 관하여는 그 기간 내에 그 절차를 밟은 확답을 발하지 아니하면 취소한 것으로 본다.
제16조 (무능력자의 상대방의 철회권과 거절권) ①무능력자의 계약은 추인 있을 때까지 상대방이 그 의사표시를 철회할 수 있다. 그러나 상대방이 계약당시에 무능력자임을 알았을 때에는 그러하지 아니하다.
②무능력자의 단독행위는 추인 있을 때까지 상대방이 거절할 수 있다.
③전2항의 철회나 거절의 의사표시는 무능력자에 대하여도 할 수 있다.
제17조 (무능력자의 사술) ①무능력자가 사술로써 능력자로 믿게 한 때에는 그 행위를 취소하지 못한다.
②미성년자나 한정치산자가 사술로써 법정대리인의 동의 있는 것으로 믿게 한 때에도 전항과 같다.

제2절 주소

제18조 (주소) ①생활의 근거되는 곳을 주소로 한다.
②주소는 동시에 두 곳 이상 있을 수 있다.
제19조 (거소) 주소를 알 수 없으면 거소를 주소로 본다.
제20조 (거소) 국내에 주소 없는 자에 대하여는 국내에 있는 거소를 주소로 본다.
제21조 (가주소) 어느 행위에 있어서 가주소를 정한 때에는 그 행위에 관하여는 이를 주소로 본다.

제3절 부재와 실종

제22조 (부재자의 재산의 관리) ①종래의 주소나 거소를 떠난 자가 재산관리인을 정하지 아니한 때에는 법원은 이해관계인이나 검사의 청구에 의하여 재산관리에 관하여 필요한 처분을 명하여야 한다. 본인의 부재중 재산관리인의 권한이 소멸한 때에도 같다.
②본인이 그 후에 재산관리인을 정한 때에는 법원은 본인, 재산관리인, 이해관계인 또는 검사의 청구에 의하여 전항의 명령을 취소하여야 한다.
제23조 (관리인의 개임) 부재자가 재산관리인을 정한 경우에 부재자의 생사가 분명하지 아니한 때에는 법원은 재산관리인, 이해관계인 또는 검사의 청구에 의하여 재산관리인을 개임할 수 있다.
제24조 (관리인의 직무) ①법원이 선임한 재산관리인은 관리할 재산목록을 작성하여야 한다.
②법원은 그 선임한 재산관리인에 대하여 부재자의 재산을 보존하기 위하여 필요한 처분을 명할 수 있다.
③부재자의 생사가 분명하지 아니한 경우에 이해관계인이나 검사의 청구가 있는 때에는 법원은 부재자가 정한 재산관리인에게 전2항의 처분을 명할 수 있다.
④전3항의 경우에 그 비용은 부재자의 재산으로써 지급한다.

제25조 (관리인의 권한) 법원이 선임한 재산관리인이 제118조에 규정한 권한을 넘는 행위를 함에는 법원의 허가를 얻어야 한다. 부재자의 생사가 분명하지 아니한 경우에 부재자가 정한 재산관리인이 권한을 넘는 행위를 할 때에도 같다.
제26조 (관리인의 담보제공, 보수) ①법원은 그 선임한 재산관리인으로 하여금 재산의 관리 및 반환에 관하여 상당한 담보를 제공하게 할 수 있다.
②법원은 그 선임한 재산관리인에 대하여 부재자의 재산으로 상당한 보수를 지급할 수 있다.
③전2항의 규정은 부재자의 생사가 분명하지 아니한 경우에 부재자가 정한 재산관리인에 준용한다.
제27조 (실종의 선고) ①부재자의 생사가 5년간 분명하지 아니한 때에는 법원은 이해관계인이나 검사의 청구에 의하여 실종선고를 하여야 한다.
②전지에 임한 자, 침몰한 선박 중에 있던 자, 추락한 항공기 중에 있던 자 기타 사망의 원인이 될 위난을 당한 자의 생사가 전쟁종지 후 또는 선박의 침몰, 항공기의 추락 기타 위난이 종료한 후 1년간 분명하지 아니한 때에도 제1항과 같다.
제28조 (실종선고의 효과) 실종선고를 받은 자는 전조의 기간이 만료한 때에 사망한 것으로 본다.
제29조 (실종선고의 취소) ①실종자의 생존한 사실 또는 전조의 규정과 상이한 때에 사망한 사실의 증명이 있으면 법원은 본인, 이해관계인 또는 검사의 청구에 의하여 실종선고를 취소하여야 한다. 그러나 실종선고 후 그 취소 전에 선의로 한 행위의 효력에 영향을 미치지 아니한다.
②실종선고의 취소가 있을 때에 실종의 선고를 직접원인으로 하여 재산을 취득한 자가 선의인 경우에는 그 받은 이익이 현존하는 한도에서 반환할 의무가 있고 악의인 경우에는 그 받은 이익에 이자를 붙여서 반환하고 손해가 있으면 이를 배상하여야 한다.
제30조 (동시사망) 2인 이상이 동일한 위난으로 사망한 경우에는 동시에 사망한 것으로 추정한다.

제3장 법인

제1절 총칙

제31조 (법인성립의 준칙) 법인은 법률의 규정에 의함이 아니면 성립하지 못한다.
제32조 (비영리법인의 설립과 허가) 학술, 종교, 자선, 기예, 사교 기타 영리 아닌 사업을 목적으로 하는 사단 또는 재단은 주무관청의 허가를 얻어 이를 법인으로 할 수 있다.
제33조 (법인설립의 등기) 법인은 그 주된 사무소의 소재지에서 설립등기를 함으로써 성립한다.
제34조 (법인의 권리능력) 법인은 법률의 규정에 좇아 정관으로 정한 목적의 범위 내에서 권리와 의무의 주체가 된다.
제35조 (법인의 불법행위능력) ①법인은 이사 기타 대표자가 그 직무에 관하여 타인에게 가한 손해를 배상할 책임이 있다. 이사 기타 대표자는 이로 인하여 자기의 손해배상책임을 면하지 못한다.
②법인의 목적범위외의 행위로 인하여 타인에게 손해를 가한 때에는 그 사항의 의결에 찬성하거나 그 의결을 집행한 사원, 이사 및 기타 대표자가 연대하여 배상하여야 한다.
제36조 (법인의 주소) 법인의 주소는 그 주된 사무소의 소재지에 있는 것으로 한다.
제37조 (법인의 사무의 검사, 감독) 법인의 사무는 주무관청이 검사, 감독한다.
제38조 (법인의 설립허가의 취소) 법인이 목적이외의 사업을 하거나 설립허가의 조건에 위반하거나 기타 공익을 해하는 행위를 한 때에는 주무관청은 그 허가를 취소할 수 있다.
제39조 (영리법인) ①영리를 목적으로 하는 사단은 상사회사설립의 조건에 좇아 이를 법인으로 할 수 있다.
②전항의 사단법인에는 모두 상사회사에 관한 규정을 준용한다.

제2절 설립

제40조 (사단법인의 정관) 사단법인의 설립자는 다음 각호의 사항을 기재한 정관을 작성하여 기명날인하여야 한다.
1. 목적 2. 명칭 3. 사무소의 소재지 4. 자산에 관한 규정 5. 이사의 임면에 관한 규정 6. 사원자격의 득실에 관한 규정 7. 존립시기나 해산사유를 정하는 때에는 그 시기 또는 사유
제41조 (이사의 대표권에 대한 제한) 이사의 대표권에 대한 제한은 이를 정관에 기재하지 아니하면 그 효력이 없다.
제42조 (사단법인의 정관의 변경) ①사단법인의 정관은 총사원 3분의 2 이상의 동의가 있는 때에 한하여 이를 변경할 수 있다. 그러나 정수에 관하여 정관에 다른 규정이 있는 때에는 그 규정에 의한다.
②정관의 변경은 주무관청의 허가를 얻지 아니하면 그 효력이 없다.
제43조 (재단법인의 정관) 재단법인의 설립자는 일정한 재산을 출연하고 제40조 제1호 내지 제5호의 사항을 기재한 정관을 작성하여 기명날인하여야 한다.
제44조 (재단법인의 정관의 보충) 재단법인의 설립자가 그 명칭, 사무소 소재지 또는 이사 임면의 방법을 정하지 아니하고 사망한 때에는 이해관계인 또는 검사의 청구에 의하여 법원이 이를 정한다.
제45조 (재단법인의 정관변경) ①재단법인의 정관은 그 변경방법을 정관에 정한 때에 한하여 변경할 수 있다.
②재단법인의 목적달성 또는 그 재산의 보전을 위하여 적당한 때에는 전항의 규정에 불구하고 명칭 또는 사무소의 소재지를 변경할 수 있다.
③제42조제2항의 규정은 전2항의 경우에 준용한다.
제46조 (재단법인의 목적 기타의 변경) 재단법인의 목적을 달성할 수 없는 때에는 설립자나 이사는 주무관청의 허가를 얻어 설립의 취지를 참작하여 그 목적 기타 정관의 규정을 변경할 수 있다.
제47조 (증여, 유증에 관한 규정의 준용) ①생전처분으로 재단법인을 설립하는 때에는 증여에 관한 규정을 준용한다.
②유언으로 재단법인을 설립하는 때에는 유증에 관한 규정을 준용한다.
제48조 (출연재산의 귀속시기) ①생전처분으로 재단법인을 설립하는 때에는 출연재산은 법인이 성립된 때로부터 법인의 재산이 된다.
②유언으로 재단법인을 설립하는 때에는 출연재산은 유언의 효력이 발생한 때로부터 법인에 귀속한 것으로 본다.
제49조 (법인의 등기사항) ①법인설립의 허가가 있는 때에는 3주간 내에 주된 사무소 소재지에서 설립등기를 하여야 한다.
②전항의 등기사항은 다음과 같다.
1. 목적 2. 명칭 3. 사무소 4. 설립허가의 연월일 5. 존립시기나 해산사유를 정한 때에는 그 시기 또는 사유 6. 자산의 총액 7. 출자의 방법을 정한 때에는 그 방법 8. 이사의 성명, 주소 9. 이사의 대표권을 제한한 때에는 그 제한
제50조 (분사무소설치의 등기) ①법인이 분사무소를 설치한 때에는 주사무소 소재지에서는 3주간 내에 분사무소를 설치한 것을 등기하고 그 분사무소 소재지에서는 동 기간 내에 전조 제2항의 사항을 등기하고 다른 분사무소 소재지에서는 동 기간 내에 그 분사무소를 설치한 것을 등기하여야 한다.

②주사무소 또는 분사무소의 소재지를 관할하는 등기소의 관할구역 내에 분사무소를 설치한 때에는 전항의 기간 내에 그 사무소를 설치한 것을 등기하면 된다.
제51조 (사무소이전의 등기) ①법인이 그 사무소를 이전하는 때에는 구소재지에서는 3주간 내에 이전등기를 하고 신소재지에서는 동 기간 내에 제49조 제2항에 게기한 사항을 등기하여야 한다.
②동일한 등기소의 관할구역 내에서 사무소를 이전한 때에는 그 이전한 것을 등기하면 된다.
제52조 (변경등기) 제49조 제2항의 사항 중에 변경이 있는 때에는 3주간 내에 변경등기를 하여야 한다.
제52조의 2 (직무집행정지 등 가처분의 등기) 이사의 직무집행을 정지하거나 직무대행자를 선임하는 가처분을 하거나 그 가처분을 변경·취소하는 경우에는 주사무소와 분사무소가 있는 곳의 등기소에서 이를 등기하여야 한다.
제53조 (등기기간의 기산) 전3조의 규정에 의하여 등기할 사항으로 관청의 허가를 요하는 것은 그 허가서가 도착한 날로부터 등기의 기간을 기산한다.
제54조 (설립등기이외의 등기의 효력과 등기사항의 공고) ①설립등기 이외의 본절의 등기사항은 그 등기 후가 아니면 제삼자에게 대항하지 못한다.
②등기한 사항은 법원이 지체없이 공고하여야 한다.
제55조 (재산목록과 사원명부) ①법인은 성립한 때 및 매년 3월내에 재산목록을 작성하여 사무소에 비치하여야 한다. 사업연도를 정한 법인은 성립한 때 및 그 연도 말에 이를 작성하여야 한다.
②사단법인은 사원명부를 비치하고 사원의 변경이 있는 때에는 이를 기재하여야 한다.
제56조 (사원권의 양도, 상속금지) 사단법인의 사원의 지위는 양도 또는 상속할 수 없다.

제3절 기관

제57조 (이사) 법인은 이사를 두어야 한다.
제58조 (이사의 사무집행) ①이사는 법인의 사무를 집행한다.
②이사가 수인인 경우에는 정관에 다른 규정이 없으면 법인의 사무집행은 이사의 과반수로써 결정한다.
제59조 (이사의 대표권) ①이사는 법인의 사무에 관하여 각자 법인을 대표한다. 그러나 정관에 규정한 취지에 위반할 수 없고 특히 사단법인은 총회의 의결에 의하여야 한다.
②법인의 대표에 관하여는 대리에 관한 규정을 준용한다.
제60조 (이사의 대표권에 대한 제한의 대항요건) 이사의 대표권에 대한 제한은 등기하지 아니하면 제3자에게 대항하지 못한다.
제60조의 2 (직무대행자의 권한) ①제52조의 2의 직무대행자는 가처분명령에 다른 정함이 있는 경우 외에는 법인의 통상사무에 속하지 아니한 행위를 하지 못한다. 다만, 법원의 허가를 얻은 경우에는 그러하지 아니하다.
②직무대행자가 제1항의 규정에 위반한 행위를 한 경우에도 법인은 선의의 제3자에 대하여 책임을 진다.
제61조 (이사의 주의의무) 이사는 선량한 관리자의 주의로 그 직무를 행하여야 한다.
제62조 (이사의 대리인 선임) 이사는 정관 또는 총회의 결의로 금지하지 아니한 사항에 한하여 타인으로 하여금 특정한 행위를 대리하게 할 수 있다.
제63조 (임시이사의 선임) 이사가 없거나 결원이 있는 경우에 이로 인하여 손해가 생길 염려 있는 때에는 법원은 이해관계인이나 검사의 청구에 의하여 임시이사를 선임하여야 한다.
제64조 (특별대리인의 선임) 법인과 이사의 이익이 상반하는 사항에 관하여는 이사는 대표권이 없다. 이 경우에는 전조의 규정에 의하여 특별대리인을 선임하여야 한다.
제65조 (이사의 임무해태) 이사가 그 임무를 해태한 때에는 그 이사는 법인에 대하여 연대하여 손해배상의 책임이 있다.
제66조 (감사) 법인은 정관 또는 총회의 결의로 감사를 둘 수 있다.
제67조 (감사의 직무) 감사의 직무는 다음과 같다.
1. 법인의 재산상황을 감사하는 일
2. 이사의 업무집행의 상황을 감사하는 일
3. 재산상황 또는 업무집행에 관하여 부정, 불비한 것이 있음을 발견한 때에는 이를 총회 또는 주무관청에 보고하는 일
4. 전호의 보고를 하기 위하여 필요 있는 때에는 총회를 소집하는 일

제68조 (총회의 권한) 사단법인의 사무는 정관으로 이사 또는 기타 임원에게 위임한 사항 외에는 총회의 결의에 의하여야 한다.
제69조 (통상총회) 사단법인의 이사는 매년 1회 이상 통상총회를 소집하여야 한다.
제70조 (임시총회) ①사단법인의 이사는 필요하다고 인정한 때에는 임시총회를 소집할 수 있다.
②총사원의 5분의 1이상으로부터 회의의 목적사항을 제시하여 청구한 때에는 이사는 임시총회를 소집하여야 한다. 이 정수는 정관으로 증감할 수 있다.
③전항의 청구 있는 후 2주간 내에 이사가 총회소집의 절차를 밟지 아니한 때에는 청구한 사원은 법원의 허가를 얻어 이를 소집할 수 있다.
제71조 (총회의 소집) 총회의 소집은 1주간 전에 그 회의의 목적사항을 기재한 통지를 발하고 기타 정관에 정한 방법에 의하여야 한다.
제72조 (총회의 결의사항) 총회는 전조의 규정에 의하여 통지한 사항에 관하여서만 결의할 수 있다. 그러나 정관에 다른 규정이 있는 때에는 그 규정에 의한다.
제73조 (사원의 결의권) ①각사원의 결의권은 평등으로 한다.
②사원은 서면이나 대리인으로 결의권을 행사할 수 있다.
③전2항의 규정은 정관에 다른 규정이 있는 때에는 적용하지 아니한다.
제74조 (사원이 결의권 없는 경우) 사단법인과 어느 사원과의 관계사항을 의결하는 경우에는 그 사원은 결의권이 없다.
제75조 (총회의 결의방법) ①총회의 결의는 본법 또는 정관에 다른 규정이 없으면 사원 과반수의 출석과 출석사원의 결의권의 과반수로써 한다.
②제73조 제2항의 경우에는 당해 사원은 출석한 것으로 한다.
제76조 (총회의 의사록) ①총회의 의사에 관하여는 의사록을 작성하여야 한다.
②의사록에는 의사의 경과, 요령 및 결과를 기재하고 의장 및 출석한 이사가 기명날인하여야 한다.
③이사는 의사록을 주된 사무소에 비치하여야 한다.

제4절 해산

제77조 (해산사유) ①법인은 존립기간의 만료, 법인의 목적의 달성 또는 달성의 불능 기타 정관에 정한 해산사유의 발생, 파산 또는 설립허가의 취소로 해산한다.
②사단법인은 사원이 없게 되거나 총회의 결의로도 해산한다.
제78조 (사단법인의 해산결의) 사단법인은 총사원 4분의 3이상의 동의가 없으면 해산을 결의하지 못한다. 그러

나 정관에 다른 규정이 있는 때에는 그 규정에 의한다.
제79조 (파산신청) 법인이 채무를 완제하지 못하게 된 때에는 이사는 지체 없이 파산신청을 하여야 한다.
제80조 (잔여재산의 귀속) ①해산한 법인의 재산은 정관으로 지정한 자에게 귀속한다.
②정관으로 귀속권리자를 지정하지 아니하거나 이를 지정하는 방법을 정하지 아니한 때에는 이사 또는 청산인은 주무관청의 허가를 얻어 그 법인의 목적에 유사한 목적을 위하여 그 재산을 처분할 수 있다. 그러나 사단법인에 있어서는 총회의 결의가 있어야 한다.
③전2항의 규정에 의하여 처분되지 아니한 재산은 국고에 귀속한다.
제81조 (청산법인) 해산한 법인은 청산의 목적범위 내에서만 권리가 있고 의무를 부담한다.
제82조 (청산인) 법인이 해산한 때에는 파산의 경우를 제하고는 이사가 청산인이 된다. 그러나 정관 또는 총회의 결의로 달리 정한 바가 있으면 그에 의한다.
제83조 (법원에 의한 청산인의 선임) 전조의 규정에 의하여 청산인이 될 자가 없거나 청산인의 결원으로 인하여 손해가 생길 염려 있는 때에는 법원은 직권 또는 이해관계인이나 검사의 청구에 의하여 청산인을 선임할 수 있다.
제84조 (법원에 의한 청산인의 해임) 중요한 사유가 있는 때에는 법원은 직권 또는 이해관계인이나 검사의 청구에 의하여 청산인을 해임할 수 있다.
제85조 (해산등기) ①청산인은 파산의 경우를 제하고는 그 취임 후 3주간 내에 해산의 사유 및 년월일, 청산인의 성명 및 주소와 청산인의 대표권을 제한한 때에는 그 제한을 주된 사무소 및 분사무소 소재지에서 등기하여야 한다.
②제52조의 규정은 전항의 등기에 준용한다.
제86조 (해산신고) ①청산인은 파산의 경우를 제하고는 그 취임 후 3주간 내에 전조 제1항의 사항을 주무관청에 신고하여야 한다.
②청산중에 취임한 청산인은 그 성명 및 주소를 신고하면 된다.
제87조 (청산인의 직무) ①청산인의 직무는 다음과 같다.
1. 현존사무의 종결
2. 채권의 추심 및 채무의 변제
3. 잔여재산의 인도
②청산인은 전항의 직무를 행하기 위하여 필요한 모든 행위를 할 수 있다.
제88조 (채권신고의 공고) ①청산인은 취임한 날로부터 2월내에 3회 이상의 공고로 채권자에 대하여 일정한 기간 내에 그 채권을 신고할 것을 최고하여야 한다. 그 기간은 2월 이상이어야 한다.
②전항의 공고에는 채권자가 기간 내에 신고하지 아니하면 청산으로부터 제외될 것을 표시하여야 한다.
③제1항의 공고는 법원의 등기사항의 공고와 동일한 방법으로 하여야 한다.
제89조 (채권신고의 최고) 청산인은 알고 있는 채권자에게 대하여는 각각 그 채권신고를 최고하여야 한다. 알고 있는 채권자는 청산으로부터 제외하지 못한다.
제90조 (채권신고기간내의 변제금지) 청산인은 제88조 제1항의 채권신고 기간 내에는 채권자에 대하여 변제하지 못한다. 그러나 법인은 채권자에 대한 지연손해배상의 의무를 면하지 못한다.
제91조 (채권변제의 특례) ①청산중의 법인은 변제기에 이르지 아니한 채권에 대하여도 변제할 수 있다.
②전항의 경우에는 조건 있는 채권, 존속기간의 불확정한 채권 기타 가액의 불확정한 채권에 관하여는 법원이 선임한 감정인의 평가에 의하여 변제하여야 한다.
제92조 (청산으로부터 제외된 채권) 청산으로부터 제외된 채권자는 법인의 채무를 완제한 후 귀속권리자에게 인도하지 아니한 재산에 대하여서만 변제를 청구할 수 있다.
제93조 (청산중의 파산) ①청산 중 법인의 재산이 그 채무를 완제하기에 부족한 것이 분명하게 된 때에는 청산인은 지체 없이 파산선고를 신청하고 이를 공고하여야 한다.
②청산인은 파산관재인에게 그 사무를 인계함으로써 그 임무가 종료한다.
③제88조 제3항의 규정은 제1항의 공고에 준용한다.
제94조 (청산종결의 등기와 신고) 청산이 종결한 때에는 청산인은 3주간 내에 이를 등기하고 주무관청에 신고하여야 한다.
제95조 (해산, 청산의 검사, 감독) 법인의 해산 및 청산은 법원이 검사, 감독한다.
제96조 (준용규정) 제58조 제2항, 제59조 내지 제62조, 제64조, 제65조 및 제70조의 규정은 청산인에 이를 준용한다.

제5절 벌칙

제97조 (벌칙) 법인의 이사, 감사 또는 청산인은 다음 각호의 경우에는 5만환(※500만원) 이하의 과태료에 처한다.
1. 본장에 규정한 등기를 해태한 때
2. 제55조의 규정에 위반하거나 재산목록 또는 사원명부에 부정기재를 한 때
3. 제37조, 제95조에 규정한 검사, 감독을 방해한 때
4. 주무관청 또는 총회에 대하여 사실 아닌 신고를 하거나 사실을 은폐한 때
5. 제76조와 제90조의 규정에 위반한 때
6. 제79조, 제93조의 규정에 위반하여 파산선고의 신청을 해태한 때
7. 제88조, 제93조에 정한 공고를 해태하거나 부정한 공고를 한 때

제4장 물건

제98조 (물건의 정의) 본법에서 물건이라 함은 유체물 및 전기 기타 관리할 수 있는 자연력을 말한다.
제99조 (부동산, 동산) ①토지 및 그 정착물은 부동산이다.
②부동산이외의 물건은 동산이다.
제100조 (주물, 종물) ①물건의 소유자가 그 물건의 상용에 공하기 위하여 자기소유인 다른 물건을 이에 부속하게 한 때에는 그 부속물은 종물이다.
②종물은 주물의 처분에 따른다.
제101조 (천연과실, 법정과실) ①물건의 용법에 의하여 수취하는 산출물은 천연과실이다.
②물건의 사용대가로 받는 금전 기타의 물건은 법정과실로 한다.
제102조 (과실의 취득) ①천연과실은 그 원물로부터 분리하는 때에 이를 수취할 권리자에게 속한다.
②법정과실은 수취할 권리의 존속기간일수의 비율로 취득한다.

제5장 법률행위

제1절 총칙

제103조 (반사회질서의 법률행위) 선량한 풍속 기타 사회질서에 위반한 사항을 내용으로 하는 법률행위는 무효로 한다.
제104조 (불공정한 법률행위) 당사자의 궁박, 경솔 또는 무경험으로 인하여 현저하게 공정을 잃은 법률행위는 무효로 한다.
제105조 (임의규정) 법률행위의 당사자가 법령중의 선량한 풍속 기타 사회질서에 관계없는 규정과 다른 의사를 표시한 때에는 그 의사에 의한다.
제106조 (사실인 관습) 법령중의 선량한 풍속 기타 사회질서에 관계없는 규정과 다른 관습이 있는 경우에 당사자의 의사가 명확하지 아니한 때에는 그 관습에 의한다.

제2절 의사표시

제107조 (진의 아닌 의사표시) ①의사표시는 표의자가 진의 아님을 알고한 것이라도 그 효력이 있다. 그러나 상대방이 표의자의 진의 아님을 알았거나 이를 알 수 있었을 경우에는 무효로 한다.
②전항의 의사표시의 무효는 선의의 제3자에게 대항하지 못한다.
제108조 (통정한 허위의 의사표시) ①상대방과 통정한 허위의 의사표시는 무효로 한다.
②전항의 의사표시의 무효는 선의의 제3자에게 대항하지 못한다.
제109조 (착오로 인한 의사표시) ①의사표시는 법률행위의 내용의 중요부분에 착오가 있는 때에는 취소할 수 있다. 그러나 그 착오가 표의자의 중대한 과실로 인한 때에는 취소하지 못한다.
②전항의 의사표시의 취소는 선의의 제3자에게 대항하지 못한다.
제110조 (사기, 강박에 의한 의사표시) ①사기나 강박에 의한 의사표시는 취소할 수 있다.
②상대방 있는 의사표시에 관하여 제삼자가 사기나 강박을 행한 경우에는 상대방이 그 사실을 알았거나 알 수 있었을 경우에 한하여 그 의사표시를 취소할 수 있다.
③전2항의 의사표시의 취소는 선의의 제3자에게 대항하지 못한다.
제111조 (의사표시의 효력발생시기) ①상대방 있는 의사표시는 그 통지가 상대방에 도달한 때로부터 그 효력이 생긴다.
②표의자가 그 통지를 발한 후 사망하거나 행위능력을 상실하여도 의사표시의 효력에 영향을 미치지 아니한다.
제112조 (의사표시의 수령능력) 의사표시의 상대방이 이를 받은 때에 무능력자인 경우에는 그 의사표시로써 대항하지 못한다. 그러나 법정대리인이 그 도달을 안 후에는 그러하지 아니하다.
제113조 (의사표시의 공시송달) 표의자가 과실 없이 상대방을 알지 못하거나 상대방의 소재를 알지 못하는 경우에는 의사표시는 민사소송법공시송달의 규정에 의하여 송달할 수 있다.

제3절 대리

제114조 (대리행위의 효력) ①대리인이 그 권한 내에서 본인을 위한 것임을 표시한 의사표시는 직접본인에게 대하여 효력이 생긴다.
②전항의 규정은 대리인에게 대한 제삼자의 의사표시에 준용한다.
제115조 (본인을 위한 것임을 표시하지 아니한 행위) 대리인이 본인을 위한 것임을 표시하지 아니한 때에는 그 의사표시는 자기를 위한 것으로 본다. 그러나 상대방이 대리인으로서 한 것임을 알았거나 알 수 있었을 때에는 전조 제1항의 규정을 준용한다.
제116조 (대리행위의 하자) ①의사표시의 효력이 의사의 흠결, 사기, 강박 또는 어느 사정을 알았거나 과실로 알지 못한 것으로 인하여 영향을 받을 경우에 그 사실의 유무는 대리인을 표준하여 결정한다.
②특정한 법률행위를 위임한 경우에 대리인이 본인의 지시에 좇아 그 행위를 한 때에는 본인은 자기가 안 사정 또는 과실로 인하여 알지 못한 사정에 관하여 대리인의 부지를 주장하지 못한다.
제117조 (대리인의 행위능력) 대리인은 행위능력자임을 요하지 아니한다.
제118조 (대리권의 범위) 권한을 정하지 아니한 대리인은 다음 각호의 행위만을 할 수 있다.
1. 보존행위
2. 대리의 목적인 물건이나 권리의 성질을 변하지 아니하는 범위에서 그 이용 또는 개량하는 행위
제119조 (각자대리) 대리인이 수인인 때에는 각자가 본인을 대리한다. 그러나 법률 또는 수권행위에 다른 정한 바가 있는 때에는 그러하지 아니하다.
제120조 (임의대리인의 복임권) 대리권이 법률행위에 의하여 부여된 경우에는 대리인은 본인의 승낙이 있거나 부득이한 사유 있는 때가 아니면 복대리인을 선임하지 못한다.
제121조 (임의대리인의 복대리인 선임의 책임) ①전조의 규정에 의하여 대리인이 복대리인을 선임한 때에는 본인에게 대하여 그 선임감독에 관한 책임이 있다.
②대리인이 본인의 지명에 의하여 복대리인을 선임한 경우에는 그 부적임 또는 불성실함을 알고 본인에게 대한 통지나 그 해임을 태만한 때가 아니면 책임이 없다.
제122조 (법정대리인의 복임권과 그 책임) 법정대리인은 그 책임으로 복대리인을 선임할 수 있다 그러나 부득이한 사유로 인한 때에는 전조 제1항에 정한 책임만이 있다.
제123조 (복대리인의 권한) ①복대리인은 그 권한 내에서 본인을 대리한다.
②복대리인은 본인이나 제3자에 대하여 대리인과 동일한 권리의무가 있다.
제124조 (자기계약, 쌍방대리) 대리인은 본인의 허락이 없으면 본인을 위하여 자기와 법률행위를 하거나 동일한 법률행위에 관하여 당사자쌍방을 대리하지 못한다. 그러나 채무의 이행은 할 수 있다.
제125조 (대리권수여의 표시에 의한 표현대리) 제3자에 대하여 타인에게 대리권을 수여함을 표시한 자는 그 대리권의 범위 내에서 행한 그 타인과 그 제3자간의 법률행위에 대하여 책임이 있다. 그러나 제3자가 대리권 없음을 알았거나 알 수 있었을 때에는 그러하지 아니하다.
제126조 (권한을 넘은 표현대리) 대리인이 그 권한 외의 법률행위를 한 경우에 제3자가 그 권한이 있다고 믿을 만한 정당한 이유가 있는 때에는 본인은 그 행위에 대하여 책임이 있다.
제127조 (대리권의 소멸사유) 대리권은 다음 각호의 사유로 소멸한다.
1. 본인의 사망
2. 대리인의 사망, 금치산 또는 파산
제128조 (임의대리의 종료) 법률행위에 의하여 수여된 대리권은 전조의 경우 외에 그 원인된 법률관계의 종료에 의하여 소멸한다. 법률관계의 종료 전에 본인이 수권행위를 철회한 경우에도 같다.
제129조 (대리권소멸후의 표현대리) 대리권의 소멸은 선의의 제3자에게 대항하지 못한다. 그러나 제3자가 과실로 인하여 그 사실을 알지 못한 때에는 그러하지 아니하다.
제130조 (무권대리) 대리권 없는 자가 타인의 대리인으로 한 계약은 본인이 이를 추인하지 아니하면 본인에 대

하여 효력이 없다.
제131조 (상대방의 최고권) 대리권 없는 자가 타인의 대리인으로 계약을 한 경우에 상대방은 상당한 기간을 정하여 본인에게 그 추인여부의 확답을 최고할 수 있다. 본인이 그 기간 내에 확답을 발하지 아니한 때에는 추인을 거절한 것으로 본다.
제132조 (추인, 거절의 상대방) 추인 또는 거절의 의사표시는 상대방에 대하여 하지 아니하면 그 상대방에 대항하지 못한다. 그러나 상대방이 그 사실을 안 때에는 그러하지 아니하다.
제133조 (추인의 효력) 추인은 다른 의사표시가 없는 때에는 계약시에 소급하여 그 효력이 생긴다. 그러나 제3자의 권리를 해하지 못한다.
제134조 (상대방의 철회권) 대리권 없는 자가 한 계약은 본인의 추인이 있을 때까지 상대방은 본인이나 그 대리인에 대하여 이를 철회할 수 있다. 그러나 계약당시에 상대방이 대리권 없음을 안 때에는 그러하지 아니하다.
제135조 (무권대리인의 상대방에 대한 책임) ①타인의 대리인으로 계약을 한 자가 그 대리권을 증명하지 못하고 또 본인의 추인을 얻지 못한 때에는 상대방의 선택에 좇아 계약의 이행 또는 손해배상의 책임이 있다.
②상대방이 대리권 없음을 알았거나 알 수 있었을 때 또는 대리인으로 계약한 자가 행위능력이 없는 때에는 전항의 규정을 적용하지 아니한다.
제136조 (단독행위와 무권대리) 단독행위에는 그 행위당시에 상대방이 대리인이라 칭하는 자의 대리권 없는 행위에 동의하거나 그 대리권을 다투지 아니한 때에 한하여 전6조의 규정을 준용한다. 대리권 없는 자에 대하여 그 동의를 얻어 단독행위를 한 때에도 같다.

제4절 무효와 취소

제137조 (법률행위의 일부무효) 법률행위의 일부분이 무효인 때에는 그 전부를 무효로 한다. 그러나 그 무효부분이 없더라도 법률행위를 하였을 것이라고 인정될 때에는 나머지 부분은 무효가 되지 아니한다.
제138조 (무효행위의 전환) 무효인 법률행위가 다른 법률행위의 요건을 구비하고 당사자가 그 무효를 알았더라면 다른 법률행위를 하는 것을 의욕하였으리라고 인정될 때에는 다른 법률행위로서 효력을 가진다.
제139조 (무효행위의 추인) 무효인 법률행위는 추인하여도 그 효력이 생기지 아니한다. 그러나 당사자가 그 무효임을 알고 추인한 때에는 새로운 법률행위로 본다.
제140조 (법률행위의 취소권자) 취소할 수 있는 법률행위는 무능력자, 하자있는 의사표시를 한 자, 그 대리인 또는 승계인에 한하여 취소할 수 있다.
제141조 (취소의 효과) 취소한 법률행위는 처음부터 무효인 것으로 본다. 그러나 무능력자는 그 행위로 인하여 받은 이익이 현존하는 한도에서 상환할 책임이 있다.
제142조 (취소의 상대방) 취소할 수 있는 법률행위의 상대방이 확정한 경우에는 그 취소는 그 상대방에 대한 의사표시로 하여야 한다.
제143조 (추인의 방법, 효과) ①취소할 수 있는 법률행위는 제140조에 규정한 자가 추인할 수 있고 추인 후에는 취소하지 못한다.
②전조의 규정은 전항의 경우에 준용한다.
제144조 (추인의 요건) ①추인은 취소의 원인이 종료한 후에 하지 아니하면 효력이 없다.
②전항의 규정은 법정대리인이 추인하는 경우에는 적용하지 아니한다.
제145조 (법정추인) 취소할 수 있는 법률행위에 관하여 전조의 규정에 의하여 추인할 수 있는 후에 다음 각호의 사유가 있으면 추인한 것으로 본다. 그러나 이의를 보류한 때에는 그러하지 아니하다.
1. 전부나 일부의 이행 2. 이행의 청구 3. 경개 4. 담보의 제공 5. 취소할 수 있는 행위로 취득한 권리의 전부나 일부의 양도 6. 강제집행
제146조 (취소권의 소멸) 취소권은 추인할 수 있는 날로부터 3년 내에 법률행위를 한 날로부터 10년 내에 행사하여야 한다.

제5절 조건과 기한

제147조 (조건성취의 효과) ①정지조건 있는 법률행위는 조건이 성취한 때로부터 그 효력이 생긴다.
②해제조건 있는 법률행위는 조건이 성취한 때로부터 그 효력을 잃는다.
③당사자가 조건성취의 효력을 그 성취 전에 소급하게 할 의사를 표시한 때에는 그 의사에 의한다.
제148조 (조건부권리의 침해금지) 조건 있는 법률행위의 당사자는 조건의 성부가 미정한 동안에 조건의 성취로 인하여 생길 상대방의 이익을 해하지 못한다.
제149조 (조건부권리의 처분 등) 조건의 성취가 미정한 권리의무는 일반규정에 의하여 처분, 상속, 보존 또는 담보로 할 수 있다.
제150조 (조건성취, 불성취에 대한 반신의행위) ①조건의 성취로 인하여 불이익을 받을 당사자가 신의성실에 반하여 조건의 성취를 방해한 때에는 상대방은 그 조건이 성취한 것으로 주장할 수 있다.
②조건의 성취로 인하여 이익을 받을 당사자가 신의성실에 반하여 조건을 성취시킨 때에는 상대방은 그 조건이 성취하지 아니한 것으로 주장할 수 있다.
제151조 (불법조건, 기성조건) ①조건이 선량한 풍속 기타 사회질서에 위반한 것인 때에는 그 법률행위는 무효로 한다.
②조건이 법률행위의 당시 이미 성취한 것인 경우에는 그 조건이 정지조건이면 조건 없는 법률행위로 하고 해제조건이면 그 법률행위는 무효로 한다.
③조건이 법률행위의 당시에 이미 성취할 수 없는 것인 경우에는 그 조건이 해제조건이면 조건 없는 법률행위로 하고 정지조건이면 그 법률행위는 무효로 한다.
제152조 (기한도래의 효과) ①시기 있는 법률행위는 기한이 도래한 때로부터 그 효력이 생긴다.
②종기 있는 법률행위는 기한이 도래한 때로부터 그 효력을 잃는다.
제153조 (기한의 이익과 그 포기) ①기한은 채무자의 이익을 위한 것으로 추정한다.
②기한의 이익은 이를 포기할 수 있다. 그러나 상대방의 이익을 해하지 못한다.
제154조 (기한부권리와 준용규정) 제148조와 제149조의 규정은 기한 있는 법률행위에 준용한다.

제6장 기간

제155조 (본장의 적용범위) 기간의 계산은 법령, 재판상의 처분 또는 법률행위에 다른 정한 바가 없으면 본장의 규정에 의한다.
제156조 (기간의 기산점) 기간을 시, 분, 초로 정한 때에는 즉시로부터 기산한다.
제157조 (기간의 기산점) 기간을 일, 주, 월 또는 연으로 정한 때에는 기간의 초일은 산입하지 아니한다. 그러나 그 기간이 오전영시로부터 시작하는 때에는 그러하지 아니하다.
제158조 (연령의 기산점) 연령계산에는 출생일을 산입한다.
제159조 (기간의 만료점) 기간을 일, 주, 월 또는 연으로 정한 때에는 기간 말일의 종료로 기간이 만료한다.

제160조 (력에 의한 계산) ①기간을 주, 월 또는 연으로 정한 때에는 력에 의하여 계산한다.
②주, 월 또는 연의 처음으로부터 기간을 기산하지 아니하는 때에는 최후의 주, 월 또는 연에서 그 기산일에 해당한 날의 전일로 기간이 만료한다.
③월 또는 연으로 정한 경우에 최종의 월에 해당일이 없는 때에는 그 월의 말일로 기간이 만료한다.
제161조 (공휴일과 기간의 만료점) 기간의 말일이 공휴일에 해당한 때에는 기간은 그 익일로 만료한다.

제7장 소멸시효

제162조 (채권, 재산권의 소멸시효) ①채권은 10년간 행사하지 아니하면 소멸시효가 완성한다.
②채권 및 소유권 이외의 재산권은 20년간 행사하지 아니하면 소멸시효가 완성한다.
제163조 (3년의 단기소멸시효) 다음 각호의 채권은 3년간 행사하지 아니하면 소멸시효가 완성한다.
1. 이자, 부양료, 급료, 사용료 기타 1년 이내의 기간으로 정한 금전 또는 물건의 지급을 목적으로 한 채권
2. 의사, 조산사, 간호사 및 약사의 치료, 근로 및 조제에 관한 채권
3. 도급받은 자, 기사 기타 공사의 설계 또는 감독에 종사하는 자의 공사에 관한 채권
4. 변호사, 변리사, 공증인, 공인회계사 및 법무사에 대한 직무상 보관한 서류의 반환을 청구하는 채권
5. 변호사, 변리사, 공증인, 공인회계사 및 법무사의 직무에 관한 채권
6. 생산자 및 상인이 판매한 생산물 및 상품의 대가
7. 수공업자 및 제조자의 업무에 관한 채권
제164조 (1년의 단기소멸시효) 다음 각호의 채권은 1년간 행사하지 아니하면 소멸시효가 완성한다.
1. 여관, 음식점, 대석, 오락장의 숙박료, 음식료, 대석료, 입장료, 소비물의 대가 및 체당금의 채권
2. 의복, 침구, 장구 기타 동산의 사용료의 채권
3. 노역인, 연예인의 임금 및 그에 공급한 물건의 대금채권
4. 학생 및 수업자의 교육, 의식 및 유숙에 관한 교주, 숙주, 교사의 채권
제165조 (판결 등에 의하여 확정된 채권의 소멸시효) ①판결에 의하여 확정된 채권은 단기의 소멸시효에 해당한 것이라도 그 소멸시효는 10년으로 한다.
②파산절차에 의하여 확정된 채권 및 재판상의 화해, 조정 기타 판결과 동일한 효력이 있는 것에 의하여 확정된 채권도 전항과 같다.
③전2항의 규정은 판결확정당시에 변제기가 도래하지 아니한 채권에 적용하지 아니한다.
제166조 (소멸시효의 기산점) ①소멸시효는 권리를 행사할 수 있는 때로부터 진행한다.
②부작위를 목적으로 하는 채권의 소멸시효는 위반행위를 한 때로부터 진행한다.
제167조 (소멸시효의 소급효) 소멸시효는 그 기산일에 소급하여 효력이 생긴다.
제168조 (소멸시효의 중단사유) 소멸시효는 다음 각호의 사유로 인하여 중단된다.
1. 청구 2. 압류 또는 가압류, 가처분 3. 승인
제169조 (시효중단의 효력) 시효의 중단은 당사자 및 그 승계인간에만 효력이 있다.
제170조 (재판상의 청구와 시효중단) ①재판상의 청구는 소송의 각하, 기각 또는 취하의 경우에는 시효중단의 효력이 없다.
②전항의 경우에 6월내에 재판상의 청구, 파산절차참가, 압류 또는 가압류, 가처분을 한 때에는 시효는 최초의 재판상청구로 인하여 중단된 것으로 본다.
제171조 (파산절차참가와 시효중단) 파산절차참가는 채권자가 이를 취소하거나 그 청구가 각하된 때에는 시효중단의 효력이 없다.
제172조 (지급명령과 시효중단) 지급명령은 채권자가 법정기간 내에 가집행신청을 하지 아니함으로 인하여 그 효력을 잃은 때에는 시효중단의 효력이 없다.
제173조 (화해를 위한 소환, 임의출석과 시효중단) 화해를 위한 소환은 상대방이 출석하지 아니 하거나 화해가 성립되지 아니한 때에는 1월내에 소를 제기하지 아니하면 시효중단의 효력이 없다. 임의출석의 경우에 화해가 성립되지 아니한 때에도 그러하다.
제174조 (최고와 시효중단) 최고는 6월내에 재판상의 청구, 파산절차참가, 화해를 위한 소환, 임의출석, 압류 또는 가압류, 가처분을 하지 아니하면 시효중단의 효력이 없다.
제175조 (압류, 가압류, 가처분과 시효중단) 압류, 가압류 및 가처분은 권리자의 청구에 의하여 또는 법률의 규정에 따르지 아니함으로 인하여 취소된 때에는 시효중단의 효력이 없다.
제176조 (압류, 가압류, 가처분과 시효중단) 압류, 가압류 및 가처분은 시효의 이익을 받은 자에 대하여 하지 아니한 때에는 이를 그에게 통지한 후가 아니면 시효중단의 효력이 없다.
제177조 (승인과 시효중단) 시효중단의 효력 있는 승인에는 상대방의 권리에 관한 처분의 능력이나 권한 있음을 요하지 아니한다.
제178조 (중단 후에 시효진행) ①시효가 중단된 때에는 중단까지에 경과한 시효기간은 이를 산입하지 아니하고 중단사유가 종료한 때로부터 새로이 진행한다.
②재판상의 청구로 인하여 중단한 시효는 전항의 규정에 의하여 재판이 확정된 때로부터 새로이 진행한다.
제179조 (무능력자와 시효정지) 소멸시효의 기간만료 전 6월내에 무능력자의 법정대리인이 없는 때에는 그가 능력자가 되거나 법정대리인이 취임한 때로부터 6월내에는 시효가 완성하지 아니한다.
제180조 (재산관리자에 대한 무능력자의 권리, 부부간의 권리와 시효정지) ①재산을 관리하는 부, 모 또는 후견인에 대한 무능력자의 권리는 그가 능력자가 되거나 후임의 법정대리인이 취임한 때로부터 6월내에는 소멸시효가 완성하지 아니한다.
②부부의 일방의 타방에 대한 권리는 혼인관계의 종료한 때로부터 6월내에는 소멸시효가 완성하지 아니한다.
제181조 (상속재산에 관한 권리와 시효정지) 상속재산에 속한 권리나 상속재산에 대한 권리는 상속인의 확정, 관리인의 선임 또는 파산선고가 있는 때로부터 6월내에는 소멸시효가 완성하지 아니한다.
제182조 (천재 기타 사변과 시효정지) 천재 기타 사변으로 인하여 소멸시효를 중단할 수 없을 때에는 그 사유가 종료한 때로부터 1월내에는 시효가 완성하지 아니한다.
제183조 (종속된 권리에 대한 소멸시효의 효력) 주된 권리의 소멸시효가 완성한 때에는 종속된 권리에 그 효력이 미친다.
제184조 (시효의 이익의 포기 기타) ①소멸시효의 이익은 미리 포기하지 못한다.
②소멸시효는 법률행위에 의하여 이를 배제, 연장 또는 가중할 수 없으나 이를 단축 또는 경감할 수 있다.

제2편 물권

제1장 총칙

제185조 (물권의 종류) 물권은 법률 또는 관습법에 의하는 외에는 임의로 창설하지 못한다.
제186조 (부동산물권변동의 효력) 부동산에 관한 법률행위로 인한 물권의 득실변경은 등기하여야 그 효력이 생긴다.

제187조 (등기를 요하지 아니하는 부동산물권취득) 상속, 공용징수, 판결, 경매 기타 법률의 규정에 의한 부동산에 관한 물권의 취득은 등기를 요하지 아니한다. 그러나 등기를 하지 아니하면 이를 처분하지 못한다.
제188조 (동산물권양도의 효력, 간이인도) ①동산에 관한 물권의 양도는 그 동산을 인도하여야 효력이 생긴다.
②양수인이 이미 그 동산을 점유한 때에는 당사자의 의사표시만으로 그 효력이 생긴다.
제189조 (점유개정) 동산에 관한 물권을 양도하는 경우에 당사자의 계약으로 양도인이 그 동산의 점유를 계속하는 때에는 양수인이 인도받은 것으로 본다.
제190조 (목적물반환청구권의 양도) 제3자가 점유하고 있는 동산에 관한 물권을 양도하는 경우에는 양도인이 그 제3자에 대한 반환청구권을 양수인에게 양도함으로써 동산을 인도한 것으로 본다.
제191조 (혼동으로 인한 물권의 소멸) ①동일한 물건에 대한 소유권과 다른 물권이 동일한 사람에게 귀속한 때에는 다른 물권은 소멸한다. 그러나 그 물권이 제3자의 권리의 목적이 된 때에는 소멸하지 아니한다.
②전항의 규정은 소유권이외의 물권과 그를 목적으로 하는 다른 권리가 동일한 사람에게 귀속한 경우에 준용한다.
③점유권에 관하여는 전2항의 규정을 적용하지 아니한다.

제2장 점유권

제192조 (점유권의 취득과 소멸) ①물건을 사실상 지배하는 자는 점유권이 있다.
②점유자가 물건에 대한 사실상의 지배를 상실한 때에는 점유권이 소멸한다. 그러나 제204조의 규정에 의하여 점유를 회수한 때에는 그러하지 아니하다.
제193조 (상속으로 인한 점유권의 이전) 점유권은 상속인에 이전한다.
제194조 (간접점유) 지상권, 전세권, 질권, 사용대차, 임대차, 임치 기타의 관계로 타인으로 하여금 물건을 점유하게 한 자는 간접으로 점유권이 있다.
제195조 (점유보조자) 가사상, 영업상 기타 유사한 관계에 의하여 타인의 지시를 받아 물건에 대한 사실상의 지배를 하는 때에는 그 타인만을 점유자로 한다.
제196조 (점유권의 양도) ①점유권의 양도는 점유물의 인도로 그 효력이 생긴다.
②전항의 점유권의 양도에는 제188조 제2항, 제189조, 제190조의 규정을 준용한다.
제197조 (점유의 태양) ①점유자는 소유의 의사로 선의, 평온 및 공연하게 점유한 것으로 추정한다.
②선의의 점유자라도 본권에 관한 소에 패소한 때에는 그 소가 제기된 때로부터 악의의 점유자로 본다.
제198조 (점유계속의 추정) 전후 양시에 점유한 사실이 있는 때에는 그 점유는 계속한 것으로 추정한다.
제199조 (점유의 승계의 주장과 그 효과) ①점유자의 승계인은 자기의 점유만을 주장하거나 자기의 점유와 전점유자의 점유를 아울러 주장할 수 있다.
②전점유자의 점유를 아울러 주장하는 경우에는 그 하자도 계승한다.
제200조 (권리의 적법의 추정) 점유자가 점유물에 대하여 행사하는 권리는 적법하게 보유한 것으로 추정한다.
제201조 (점유자와 과실) ①선의의 점유자는 점유물의 과실을 취득한다.
②악의의 점유자는 수취한 과실을 반환하여야 하며 소비하였거나 과실로 인하여 훼손 또는 수취하지 못한 경우에는 그 과실의 대가를 보상하여야 한다.
③전항의 규정은 폭력 또는 은비에 의한 점유자에 준용한다.
제202조 (점유자의 회복자에 대한 책임) 점유물이 점유자의 책임 있는 사유로 인하여 멸실 또는 훼손한 때에는 악의의 점유자는 그 손해의 전부를 배상하여야 하며 선의의 점유자는 이익이 현존하는 한도에서 배상하여야 한다. 소유의 의사가 없는 점유자는 선의인 경우에도 손해의 전부를 배상하여야 한다.
제203조 (점유자의 상환청구권) ①점유자가 점유물을 반환할 때에는 회복자에 대하여 점유물을 보존하기 위하여 지출한 금액 기타 필요비의 상환을 청구할 수 있다. 그러나 점유자가 과실을 취득한 경우에는 통상의 필요비는 청구하지 못한다.
②점유자가 점유물을 개량하기 위하여 지출한 금액 기타 유익비에 관하여는 그 가액의 증가가 현존한 경우에 한하여 회복자의 선택에 좇아 그 지출금액이나 증가액의 상환을 청구할 수 있다.
③전항의 경우에 법원은 회복자의 청구에 의하여 상당한 상환기간을 허여할 수 있다.
제204조 (점유의 회수) ①점유자가 점유의 침탈을 당한 때에는 그 물건의 반환 및 손해의 배상을 청구할 수 있다.
②전항의 청구권은 침탈자의 특별승계인에 대하여는 행사하지 못한다. 그러나 승계인이 악의인 때에는 그러하지 아니하다.
③제1항의 청구권은 침탈을 당한 날로부터 1년 내에 행사하여야 한다.
제205조 (점유의 보유) ①점유자가 점유의 방해를 받은 때에는 그 방해의 제거 및 손해의 배상을 청구할 수 있다.
②전항의 청구권은 방해가 종료한 날로부터 1년내에 행사하여야 한다.
③공사로 인하여 점유의 방해를 받은 경우에는 공사착수 후 1년을 경과하거나 그 공사가 완성한 때에는 방해의 제거를 청구하지 못한다.
제206조 (점유의 보전) ①점유자가 점유의 방해를 받을 염려가 있는 때에는 그 방해의 예방 또는 손해배상의 담보를 청구할 수 있다.
②공사로 인하여 점유의 방해를 받을 염려가 있는 경우에는 전조 제3항의 규정을 준용한다.
제207조 (간접점유의 보호) ①전3조의 청구권은 제194조의 규정에 의한 간접점유자도 이를 행사할 수 있다.
②점유자가 점유의 침탈을 당한 경우에 간접점유자는 그 물건을 점유자에게 반환할 것을 청구할 수 있고 점유자가 그 물건의 반환을 받을 수 없거나 이를 원하지 아니하는 때에는 자기에게 반환할 것을 청구할 수 있다.
제208조 (점유의 소와 본권의 소와의 관계) ①점유권에 기인한 소와 본권에 기인한 소는 서로 영향을 미치지 아니한다.
②점유권에 기인한 소는 본권에 관한 이유로 재판하지 못한다.
제209조 (자력구제) ①점유자는 그 점유를 부정히 침탈 또는 방해하는 행위에 대하여 자력으로써 이를 방위할 수 있다.
②점유물이 침탈되었을 경우에 부동산일 때에는 점유자는 침탈 후 직시 가해자를 배제하여 이를 탈환할 수 있고 동산일 때에는 점유자는 현장에서 또는 추적하여 가해자로부터 이를 탈환할 수 있다.
제210조 (준점유) 본장의 규정은 재산권을 사실상 행사하는 경우에 준용한다.

제3장 소유권

제1절 소유권의 한계

제211조 (소유권의 내용) 소유자는 법률의 범위 내에서 그 소유물을 사용, 수익, 처분할 권리가 있다.
제212조 (토지소유권의 범위) 토지의 소유권은 정당한 이익 있는 범위 내에서 토지의 상하에 미친다.
제213조 (소유물반환청구권) 소유자는 그 소유에 속한 물건을 점유한 자에 대하여 반환을 청구할 수 있다. 그러나

점유자가 그 물건을 점유할 권리가 있는 때에는 반환을 거부할 수 있다.
제214조 (소유물방해제거, 방해예방청구권) 소유자는 소유권을 방해하는 자에 대하여 방해의 제거를 청구할 수 있고 소유권을 방해할 염려 있는 행위를 하는 자에 대하여 그 예방이나 손해배상의 담보를 청구할 수 있다.
제215조 (건물의 구분소유) ①수인이 한 채의 건물을 구분하여 각각 그 일부분을 소유한 때에는 건물과 그 부속물중 공용하는 부분은 그의 공유로 추정한다.
②공용부분의 보존에 관한 비용 기타의 부담은 각자의 소유부분의 가액에 비례하여 분담한다.
제216조 (인지사용청구권) ①토지소유자는 경계나 그 근방에서 담 또는 건물을 축조하거나 수선하기 위하여 필요한 범위 내에서 이웃토지의 사용을 청구할 수 있다. 그러나 이웃사람의 승낙이 없으면 그 주거에 들어가지 못한다.
②전항의 경우에 이웃사람이 손해를 받은 때에는 보상을 청구할 수 있다.
제217조 (매연 등에 의한 인지에 대한 방해금지) ①토지소유자는 매연, 열기체, 액체, 음향, 진동 기타 이에 유사한 것으로 이웃토지의 사용을 방해하거나 이웃거주자의 생활에 고통을 주지 아니하도록 적당한 조처를 할 의무가 있다.
②이웃거주자는 전항의 사태가 이웃 토지의 통상의 용도에 적당한 것인 때에는 이를 인용할 의무가 있다.
제218조 (수도 등 시설권) ①토지소유자는 타인의 토지를 통과하지 아니하면 필요한 수도, 소수관, 까스관, 전선 등을 시설할 수 없거나 과다한 비용을 요하는 경우에는 타인의 토지를 통과하여 이를 시설할 수 있다. 그러나 이로 인한 손해가 가장 적은 장소와 방법을 선택하여 이를 시설할 것이며 타토지의 소유자의 청구에 의하여 손해를 보상하여야 한다.
②전항에 의한 시설을 한 후 사정의 변경이 있는 때에는 타토지의 소유자는 그 시설의 변경을 청구할 수 있다. 시설변경의 비용은 토지소유자가 부담한다.
제219조 (주위토지통행권) ①어느 토지와 공로사이에 그 토지의 용도에 필요한 통로가 없는 경우에 그 토지소유자는 주위의 토지를 통행 또는 통로로 하지 아니하면 공로에 출입할 수 없거나 과다한 비용을 요하는 때에는 그 주위의 토지를 통행할 수 있고 필요한 경우에는 통로를 개설할 수 있다. 그러나 이로 인한 손해가 가장 적은 장소와 방법을 선택하여야 한다.
②전항의 통행권자는 통행지 소유자의 손해를 보상하여야 한다.
제220조 (분할, 일부양도와 주위통행권) ①분할로 인하여 공로에 통하지 못하는 토지가 있는 때에는 그 토지소유자는 공로에 출입하기 위하여 다른 분할자의 토지를 통행할 수 있다. 이 경우에는 보상의 의무가 없다.
②전항의 규정은 토지소유자가 그 토지의 일부를 양도한 경우에 준용한다.
제221조 (자연유수의 승수의무와 권리) ①토지소유자는 이웃토지로부터 자연히 흘러오는 물을 막지 못한다.
②고지소유자는 이웃저지에 자연히 흘러내리는 이웃저지에서 필요한 물을 자기의 정당한 사용범위를 넘어서 이를 막지 못한다.
제222조 (소통공사권) 흐르는 물이 저지에서 폐색된 때에는 고지소유자는 자비로 소통에 필요한 공사를 할 수 있다.
제223조 (저수, 배수, 인수를 위한 공작물에 대한 공사청구권) 토지소유자가 저수, 배수 또는 인수하기 위하여 공작물을 설치한 경우에 공작물의 파손 또는 폐색으로 타인의 토지에 손해를 가하거나 가할 염려가 있는 때에는 타인은 그 공작물의 보수, 폐색의 소통 또는 예방에 필요한 청구를 할 수 있다.
제224조 (관습에 의한 비용부담) 전2조의 경우에 비용부담에 관한 관습이 있으면 그 관습에 의한다.
제225조 (처마물에 대한 시설의무) 토지소유자는 처마물이 이웃에 직접 낙하하지 아니하도록 적당한 시설을 하여야 한다.
제226조 (여수소통권) ①고지소유자는 침수지를 건조하기 위하여 또는 가용이나 농, 공업용의 여수를 소통하기 위하여 공로, 공류 또는 하수도에 달하기까지 저지에 물을 통과하게 할 수 있다.
②전항의 경우에는 저지의 손해가 가장 적은 장소와 방법을 선택하여야 하며 손해를 보상하여야 한다.
제227조 (유수용공작물의 사용권) ①토지소유자는 그 소유지의 물을 소통하기 위하여 이웃토지소유자의 시설한 공작물을 사용할 수 있다.
②전항의 공작물을 사용하는 자는 그 이익을 받는 비율로 공작물의 설치와 보존의 비용을 분담하여야 한다.
제228조 (여수급여청구권) 토지소유자는 과다한 비용이나 노력을 요하지 아니하고는 가용이나 토지이용에 필요한 물을 얻기 곤란한 때에는 이웃토지소유자에게 보상하고 여수의 급여를 청구할 수 있다.
제229조 (수류의 변경) ①구거 기타 수류지의 소유자는 대안의 토지가 타인의 소유인 때에는 그 수로나 수류의 폭을 변경하지 못한다.
②양안의 토지가 수류지소유자의 소유인 때에는 소유자는 수로와 수류의 폭을 변경할 수 있다. 그러나 하류는 자연의 수로와 일치하도록 하여야 한다.
③전2항의 규정은 다른 관습이 있으면 그 관습에 의한다.
제230조 (언의 설치, 이용권) ①수류지의 소유자가 언을 설치할 필요가 있는 때에는 그 언을 대안에 접촉하게 할 수 있다. 그러나 이로 인한 손해를 보상하여야 한다.
②대안(對岸)의 소유자는 수류지의 일부가 자기소유인 때에는 그 언을 사용할 수 있다. 그러나 그 이익을 받는 비율로 언의 설치, 보존의 비용을 분담하여야 한다.
제231조 (공유하천용수권) ①공유하천의 연안에서 농, 공업을 경영하는 자는 이에 이용하기 위하여 타인의 용수를 방해하지 아니하는 범위 내에서 필요한 인수를 할 수 있다.
②전항의 인수를 하기 위하여 필요한 공작물을 설치할 수 있다.
제232조 (하류연안의 용수권보호) 전조의 인수나 공작물로 인하여 하류연안의 용수권을 방해하는 때에는 그 용수권자는 방해의 제거 및 손해의 배상을 청구할 수 있다.
제233조 (용수권의 승계) 농, 공업의 경영에 이용하는 수로 기타 공작물의 소유자나 몽리자의 특별승계인은 그 용수에 관한 전소유자나 몽리자의 권리의무를 승계한다.
제234조 (용수권에 관한 다른 관습) 전3조의 규정은 다른 관습이 있으면 그 관습에 의한다.
제235조 (공용수의 용수권) 상린자는 그 공용에 속하는 원천이나 수도를 각수요의 정도에 응하여 타인의 용수를 방해하지 아니하는 범위 내에서 각각 용수할 권리가 있다.
제236조 (용수장해의 공사와 손해배상, 원상회복) ①필요한 용도나 수익이 있는 원천이나 수도가 타인의 건축 기타 공사로 인하여 단수, 감수 기타 용도에 장해가 생긴 때에는 용수권자는 손해배상을 청구할 수 있다.
②전항의 공사로 인하여 음료수 기타 생활상 필요한 용수에 장해가 있을 때에는 원상회복을 청구할 수 있다.
제237조 (경계표, 담의 설치권) ①인접하여 토지를 소유한 자는 공동비용으로 통상의 경계표나 담을 설치할 수 있다.
②전항의 비용은 쌍방이 절반하여 부담한다. 그러나 측량비용은 토지의 면적에 비례하여 부담한다.
③전2항의 규정은 다른 관습이 있으면 그 관습에 의한다.
제238조 (담의 특수시설권) 인지소유자는 자기의 비용으로 담의 재료를 통상보다 양호한 것으로 할 수 있으며 그 높이를 통상 보다 높게 할 수 있고 또는 방화벽 기타 특수시설을 할 수 있다.
제239조 (경계표 등의 공유추정) 경계에 설치된 경계표, 담, 구거 등은 상린자의 공유로 추정한다. 그러나 경계표, 담, 구거 등이 상린자일방의 단독비용으로 설치되었거나 담이 건물의 일부인 경우에는 그러하지 아니하다.
제240조 (수지, 목근의 제거권) ①인접지의 수목가지가 경계를 넘은 때에는 그 소유자에 대하여 가지의 제거를

청구할 수 있다.
②전항의 청구에 응하지 아니한 때에는 청구자가 그 가지를 제거할 수 있다.
③인접지의 수목 뿌리가 경계를 넘은 때에는 임의로 제거할 수 있다.
제241조 (토지의 심굴금지) 토지소유자는 인접지의 지반이 붕괴할 정도로 자기의 토지를 심굴하지 못한다. 그러나 충분한 방어공사를 한 때에는 그러하지 아니하다.
제242조 (경계선부근의 건축) ①건물을 축조함에는 특별한 관습이 없으면 경계로부터 반 미터 이상의 거리를 두어야 한다.
②인접지소유자는 전항의 규정에 위반한 자에 대하여 건물의 변경이나 철거를 청구할 수 있다. 그러나 건축에 착수한 후 1년을 경과하거나 건물이 완성된 후에는 손해배상만을 청구할 수 있다.
제243조 (차면시설의무) 경계로부터 2미터 이내의 거리에서 이웃 주택의 내부를 관망할 수 있는 창이나 마루를 설치하는 경우에는 적당한 차면시설을 하여야 한다.
제244조 (지하시설 등에 대한 제한) ①우물을 파거나 용수, 하수 또는 오물 등을 저치할 지하시설을 하는 때에는 경계로부터 2미터 이상의 거리를 두어야 하며 저수지, 구거 또는 지하실공사에는 경계로부터 그 깊이의 반 이상의 거리를 두어야 한다.
②전항의 공사를 함에는 토사가 붕괴하거나 하수 또는 오액이 이웃에 흐르지 아니하도록 적당한 조처를 하여야 한다.

제2절 소유권의 취득

제245조 (점유로 인한 부동산소유권의 취득기간) ①20년간 소유의 의사로 평온, 공연하게 부동산을 점유하는 자는 등기함으로써 그 소유권을 취득한다.
②부동산의 소유자로 등기한 자가 10년간 소유의 의사로 평온, 공연하게 선의이며 과실 없이 그 부동산을 점유한 때에는 소유권을 취득한다.
제246조 (점유로 인한 동산소유권의 취득기간) ①10년간 소유의 의사로 평온, 공연하게 동산을 점유한 자는 그 소유권을 취득한다.
②전항의 점유가 선의이며 과실 없이 개시된 경우에는 5년을 경과함으로써 그 소유권을 취득한다.
제247조 (소유권취득의 소급효, 중단사유) ①전2조의 규정에 의한 소유권취득의 효력은 점유를 개시한 때에 소급한다.
②소멸시효의 중단에 관한 규정은 전2조의 소유권취득기간에 준용한다.
제248조 (소유권이외의 재산권의 취득시효) 전3조의 규정은 소유권이외의 재산권의 취득에 준용한다.
제249조 (선의취득) 평온, 공연하게 동산을 양수한 자가 선의이며 과실 없이 그 동산을 점유한 경우에는 양도인이 정당한 소유자가 아닌 때에도 즉시 그 동산의 소유권을 취득한다.
제250조 (도품, 유실물에 대한 특례) 전조의 경우에 그 동산이 도품이나 유실물인 때에는 피해자 또는 유실자는 도난 또는 유실한 날로부터 2년 내에 그 물건의 반환을 청구할 수 있다. 그러나 도품이나 유실물이 금전인 때에는 그러하지 아니하다.
제251조 (도품, 유실물에 대한 특례) 양수인이 도품 또는 유실물을 경매나 공개시장에서 또는 동 종류의 물건을 판매하는 상인에게서 선의로 매수한 때에는 피해자 또는 유실자는 양수인이 지급한 대가를 변상하고 그 물건의 반환을 청구할 수 있다.
제252조 (무주물의 귀속) ①무주의 동산을 소유의 의사로 점유한 자는 그 소유권을 취득한다.
②무주의 부동산은 국유로 한다.
③야생하는 동물은 무주물로 하고 사양하는 야생동물도 다시 야생상태로 돌아가면 무주물로 한다.
제253조 (유실물의 소유권취득) 유실물은 법률에 정한 바에 의하여 공고한 후 1년 내에 그 소유자가 권리를 주장하지 아니하면 습득자가 그 소유권을 취득한다.
제254조 (매장물의 소유권취득) 매장물은 법률에 정한 바에 의하여 공고한 후 1년 내에 그 소유자가 권리를 주장하지 아니하면 발견자가 그 소유권을 취득한다. 그러나 타인의 토지 기타 물건으로부터 발견한 매장물은 그 토지 기타 물건의 소유자와 발견자가 절반하여 취득한다.
제255조 (문화재의 국유) ①학술, 기예 또는 고고의 중요한 재료가 되는 물건에 대하여는 제252조 제1항 및 전2조의 규정에 의하지 아니하고 국유로 한다.
②전항의 경우에 습득자, 발견자 및 매장물이 발견된 토지 기타 물건의 소유자는 국가에 대하여 적당한 보상을 청구할 수 있다.
제256조 (부동산에의 부합) 부동산의 소유자는 그 부동산에 부합한 물건의 소유권을 취득한다. 그러나 타인의 권원에 의하여 부속된 것은 그러하지 아니하다.
제257조 (동산간의 부합) 동산과 동산이 부합하여 훼손하지 아니하면 분리할 수 없거나 그 분리에 과다한 비용을 요할 경우에는 그 합성물의 소유권은 주된 동산의 소유자에게 속한다. 부합한 동산의 주종을 구별할 수 없는 때에는 동산의 소유자는 부합당시의 가액의 비율로 합성물을 공유한다.
제258조 (혼화) 전조의 규정은 동산과 동산이 혼화(混和)하여 식별할 수 없는 경우에 준용한다.
제259조 (가공) ①타인의 동산에 가공한 때에는 그 물건의 소유권은 원재료의 소유자에게 속한다. 그러나 가공으로 인한 가액의 증가가 원재료의 가액보다 현저히 다액인 때에는 가공자의 소유로 한다.
②가공자가 재료의 일부를 제공하였을 때에는 그 가액은 전항의 증가액에 가산한다.
제260조 (첨부의 효과) ①전4조의 규정에 의하여 동산의 소유권이 소멸한 때에는 그 동산을 목적으로 한 다른 권리도 소멸한다.
②동산의 소유자가 합성물, 혼화물 또는 가공물의 단독소유자가 된 때에는 전항의 권리는 합성물, 혼화물 또는 가공물에 존속하고 그 공유자가 된 때에는 그 지분에 존속한다.
제261조 (첨부로 인한 구상권) 전5조의 경우에 손해를 받은 자는 부당이득에 관한 규정에 의하여 보상을 청구할 수 있다.

제3절 공동소유

제262조 (물건의 공유) ①물건이 지분에 의하여 수인의 소유로 된 때에는 공유로 한다.
②공유자의 지분은 균등한 것으로 추정한다.
제263조 (공유지분의 처분과 공유물의 사용, 수익) 공유자는 그 지분을 처분할 수 있고 공유물 전부를 지분의 비율로 사용, 수익할 수 있다.
제264조 (공유물의 처분, 변경) 공유자는 다른 공유자의 동의 없이 공유물을 처분하거나 변경하지 못한다.
제265조 (공유물의 관리, 보존) 공유물의 관리에 관한 사항은 공유자의 지분의 과반수로써 결정한다. 그러나 보존행위는 각자가 할 수 있다.
제266조 (공유물의 부담) ①공유자는 그 지분의 비율로 공유물의 관리비용 기타 의무를 부담한다.
②공유자가 1년 이상 전항의 의무이행을 지체한 때에는 다른 공유자는 상당한 가액으로 지분을 매수할 수 있다.
제267조 (지분포기 등의 경우의 귀속) 공유자가 그 지분을 포기하거나 상속인 없이 사망한 때에는 그 지분은 다

른 공유자에게 각지분의 비율로 귀속한다.
제268조 (공유물의 분할청구) ①공유자는 공유물의 분할을 청구할 수 있다. 그러나 5년내의 기간으로 분할하지 아니할 것을 약정할 수 있다.
②전항의 계약을 갱신한 때에는 그 기간은 갱신한 날로부터 5년을 넘지 못한다.
③전2항의 규정은 제215조, 제239조의 공유물에는 적용하지 아니한다.
제269조 (분할의 방법) ①분할의 방법에 관하여 협의가 성립되지 아니한 때에는 공유자는 법원에 그 분할을 청구할 수 있다.
②현물로 분할할 수 없거나 분할로 인하여 현저히 그 가액이 감손될 염려가 있는 때에는 법원은 물건의 경매를 명할 수 있다.
제270조 (분할로 인한 담보책임) 공유자는 다른 공유자가 분할로 인하여 취득한 물건에 대하여 그 지분의 비율로 매도인과 동일한 담보책임이 있다.
제271조 (물건의 합유) ①법률의 규정 또는 계약에 의하여 수인의 조합체로서 물건을 소유하는 때에는 합유로 한다. 합유자의 권리는 합유물 전부에 미친다.
②합유에 관하여는 전항의 규정 또는 계약에 의하는 외에 다음 3조의 규정에 의한다.
제272조 (합유물의 처분, 변경과 보존) 합유물을 처분 또는 변경함에는 합유자 전원의 동의가 있어야 한다. 그러나 보존행위는 각자가 할 수 있다.
제273조 (합유지분의 처분과 합유물의 분할금지) ①합유자는 전원의 동의 없이 합유물에 대한 지분을 처분하지 못한다.
②합유자는 합유물의 분할을 청구하지 못한다.
제274조 (합유의 종료) ①합유는 조합체의 해산 또는 합유물의 양도로 인하여 종료한다.
②전항의 경우에 합유물의 분할에 관하여는 공유물의 분할에 관한 규정을 준용한다.
제275조 (물건의 총유) ①법인이 아닌 사단의 사원이 집합체로서 물건을 소유할 때에는 총유로 한다.
②총유에 관하여는 사단의 정관 기타 계약에 의하는 외에 다음 2조의 규정에 의한다.
제276조 (총유물의 관리, 처분과 사용, 수익) ①총유물의 관리 및 처분은 사원총회의 결의에 의한다.
②각 사원은 정관 기타의 규약에 좇아 총유물을 사용, 수익할 수 있다.
제277조 (총유물에 관한 권리의무의 득상) 총유물에 관한 사원의 권리의무는 사원의 지위를 취득·상실함으로써 취득·상실된다.
제278조 (준공동소유) 본절의 규정은 소유권이외의 재산권에 준용한다. 그러나 다른 법률에 특별한 규정이 있으면 그에 의한다.

제4장 지상권

제279조 (지상권의 내용) 지상권자는 타인의 토지에 건물 기타 공작물이나 수목을 소유하기 위하여 그 토지를 사용하는 권리가 있다.
제280조 (존속기간을 약정한 지상권) ①계약으로 지상권의 존속기간을 정하는 경우에는 그 기간은 다음 연한보다 단축하지 못한다.
1. 석조, 석회조, 연와조 또는 이와 유사한 견고한 건물이나 수목의 소유를 목적으로 하는 때에는 30년
2. 전호이외의 건물의 소유를 목적으로 하는 때에는 15년
3. 건물이외의 공작물의 소유를 목적으로 하는 때에는 5년
②전항의 기간보다 단축한 기간을 정한 때에는 전항의 기간까지 연장한다.
제281조 (존속기간을 약정하지 아니한 지상권) ①계약으로 지상권의 존속기간을 정하지 아니한 때에는 그 기간은 전조의 최단존속기간으로 한다.
②지상권설정당시에 공작물의 종류와 구조를 정하지 아니한 때에는 지상권은 전조 제2호의 건물의 소유를 목적으로 한 것으로 본다.
제282조 (지상권의 양도, 임대) 지상권자는 타인에게 그 권리를 양도하거나 그 권리의 존속기간 내에서 그 토지를 임대할 수 있다.
제283조 (지상권자의 갱신청구권, 매수청구권) ①지상권이 소멸한 경우에 건물 기타 공작물이나 수목이 현존한 때에는 지상권자는 계약의 갱신을 청구할 수 있다.
②지상권설정자가 계약의 갱신을 원하지 아니하는 때에는 지상권자는 상당한 가액으로 전항의 공작물이나 수목의 매수를 청구할 수 있다.
제284조 (갱신과 존속기간) 당사자가 계약을 갱신하는 경우에는 지상권의 존속기간은 갱신한 날로부터 제280조의 최단존속기간보다 단축하지 못한다. 그러나 당사자는 이보다 장기의 기간을 정할 수 있다.
제285조 (수거의무, 매수청구권) ①지상권이 소멸한 때에는 지상권자는 건물 기타 공작물이나 수목을 수거하여 토지를 원상에 회복하여야 한다.
②전항의 경우에 지상권설정자가 상당한 가액을 제공하여 그 공작물이나 수목의 매수를 청구한 때에는 지상권자는 정당한 이유 없이 이를 거절하지 못한다.
제286조 (지료증감청구권) 지료가 토지에 관한 조세 기타 부담의 증감이나 지가의 변동으로 인하여 상당하지 아니하게 된 때에는 당사자는 그 증감을 청구할 수 있다.
제287조 (지상권소멸청구권) 지상권자가 2년 이상의 지료를 지급하지 아니한 때에는 지상권설정자는 지상권의 소멸을 청구할 수 있다.
제288조 (지상권소멸청구와 저당권자에 대한 통지) 지상권이 저당권의 목적인 때 또는 그 토지에 있는 건물, 수목이 저당권의 목적이 된 때에는 전조의 청구는 저당권자에게 통지한 후 상당한 기간이 경과함으로써 그 효력이 생긴다.
제289조 (강행규정) 제280조 내지 제287조의 규정에 위반되는 계약으로 지상권자에게 불리한 것은 그 효력이 없다.
제289조의 2 (구분지상권) ①지하 또는 지상의 공간은 상하의 범위를 정하여 건물 기타 공작물을 소유하기 위한 지상권의 목적으로 할 수 있다. 이 경우 설정행위로써 지상권의 행사를 위하여 토지의 사용을 제한할 수 있다.
②제1항의 규정에 의한 구분지상권은 제3자가 토지를 사용·수익할 권리를 가진 때에도 그 권리자 및 그 권리를 목적으로 하는 권리를 가진 자 전원의 승낙이 있으면 이를 설정할 수 있다. 이 경우 토지를 사용 · 수익할 권리를 가진 제3자는 그 지상권의 행사를 방해하여서는 아니된다.
제290조 (준용규정) ①제213조, 제214조, 제216조 내지 제244조의 규정은 지상권자간 또는 지상권자와 인지소유자간에 이를 준용한다.
②제280조 내지 제289조 및 제1항의 규정은 제289조의 2의 규정에 의한 구분지상권에 관하여 이를 준용한다.

제5장 지역권

제291조 (지역권의 내용) 지역권자는 일정한 목적을 위하여 타인의 토지를 자기토지의 편익에 이용하는 권리가 있다.
제292조 (부종성) ①지역권은 요역지소유권에 부종하여 이전하며 또는 요역지에 대한 소유권이외의 권리의 목적

이 된다. 그러나 다른 약정이 있는 때에는 그 약정에 의한다.
②지역권은 요역지와 분리하여 양도하거나 다른 권리의 목적으로 하지 못한다.
제293조 (공유관계, 일부양도와 불가분성) ①토지공유자의 1인은 지분에 관하여 그 토지를 위한 지역권 또는 그 토지가 부담한 지역권을 소멸하게 하지 못한다.
②토지의 분할이나 토지의 일부양도의 경우에는 지역권은 요역지의 각 부분을 위하여 또는 그 승역지의 각 부분에 존속한다. 그러나 지역권이 토지의 일부분에만 관한 것인 때에는 다른 부분에 대하여는 그러하지 아니하다.
제294조 (지역권취득기간) 지역권은 계속되고 표현된 것에 한하여 제245조의 규정을 준용한다.
제295조 (취득과 불가분성) ①공유자의 1인이 지역권을 취득한 때에는 다른 공유자도 이를 취득한다.
②점유로 인한 지역권취득기간의 중단은 지역권을 행사하는 모든 공유자에 대한 사유가 아니면 그 효력이 없다.
제296조 (소멸시효의 중단, 정지와 불가분성) 요역지가 수인의 공유인 경우에 그 1인에 의한 지역권소멸시효의 중단 또는 정지는 다른 공유자를 위하여 효력이 있다.
제297조 (용수지역권) ①용수승역지의 수량이 요역지 및 승역지의 수요에 부족한 때에는 그 수요정도에 의하여 먼저 가용에 공급하고 다른 용도에 공급하여야 한다. 그러나 설정행위에 다른 약정이 있는 때에는 그 약정에 의한다.
②승역지에 수개의 용수지역권이 설정된 때에는 후순위의 지역권자는 선순위의 지역권자의 용수를 방해하지 못한다.
제298조 (승역지 소유자의 의무와 승계) 계약에 의하여 승역지 소유자가 자기의 비용으로 지역권의 행사를 위하여 공작물의 설치 또는 수선의 의무를 부담한 때에는 승역지 소유자의 특별승계인도 그 의무를 부담한다.
제299조 (위기에 의한 부담면제) 승역지의 소유자는 지역권에 필요한 부분의 토지소유권을 지역권자에게 위기하여 전조의 부담을 면할 수 있다.
제300조 (공작물의 공동사용) ①승역지의 소유자는 지역권의 행사를 방해하지 아니하는 범위 내에서 지역권자가 지역권의 행사를 위하여 승역지에 설치한 공작물을 사용할 수 있다.
②전항의 경우에 승역지의 소유자는 수익정도의 비율로 공작물의 설치, 보존의 비용을 분담하여야 한다.
제301조 (준용규정) 제214조의 규정은 지역권에 준용한다.
제302조 (특수지역권) 어느 지역의 주민이 집합체의 관계로 각자가 타인의 토지에서 초목, 야생물 및 토사의 채취, 방목 기타의 수익을 하는 권리가 있는 경우에는 관습에 의하는 외에 본장의 규정을 준용한다.

제6장 전세권

제303조 (전세권의 내용) ①전세권자는 전세금을 지급하고 타인의 부동산을 점유하여 그 부동산의 용도에 좇아 사용·수익하며, 그 부동산 전부에 대하여 후순위권리자 기타 채권자보다 전세금의 우선변제를 받을 권리가 있다.
②농경지는 전세권의 목적으로 하지 못한다.
제304조 (건물의 전세권, 지상권, 임차권에 대한 효력) ①타인의 토지에 있는 건물에 전세권을 설정한 때에는 전세권의 효력은 그 건물의 소유를 목적으로 한 지상권 또는 임차권에 미친다.
②전항의 경우에 전세권설정자는 전세권자의 동의 없이 지상권 또는 임차권을 소멸하게 하는 행위를 하지 못한다.
제305조 (건물의 전세권과 법정지상권) ①대지와 건물이 동일한 소유자에 속한 경우에 건물에 전세권을 설정한 때에는 그 대지소유권의 특별승계인은 전세권설정자에 대하여 지상권을 설정한 것으로 본다. 그러나 지료는 당사자의 청구에 의하여 법원이 이를 정한다.
②전항의 경우에 대지소유자는 타인에게 그 대지를 임대하거나 이를 목적으로 한 지상권 또는 전세권을 설정하지 못한다.
제306조 (전세권의 양도, 임대 등) 전세권자는 전세권을 타인에게 양도 또는 담보로 제공할 수 있고 그 존속기간 내에서 그 목적물을 타인에게 전전세 또는 임대할 수 있다. 그러나 설정행위로 이를 금지한 때에는 그러하지 아니하다.
제307조 (전세권양도의 효력) 전세권양수인은 전세권설정자에 대하여 전세권양도인과 동일한 권리의무가 있다.
제308조 (전전세 등의 경우의 책임) 전세권의 목적물을 전전세 또는 임대한 경우에는 전세권자는 전전세 또는 임대하지 아니하였으면 면할 수 있는 불가항력으로 인한 손해에 대하여 그 책임을 부담한다.
제309조 (전세권자의 유지, 수선의무) 전세권자는 목적물의 현상을 유지하고 그 통상의 관리에 속한 수선을 하여야 한다.
제310조 (전세권자의 상환청구권) ①전세권자가 목적물을 개량하기 위하여 지출한 금액 기타 유익비에 관하여는 그 가액의 증가가 현존한 경우에 한하여 소유자의 선택에 좇아 그 지출액이나 증가액의 상환을 청구할 수 있다.
②전항의 경우에 법원은 소유자의 청구에 의하여 상당한 상환기간을 허여할 수 있다.
제311조 (전세권의 소멸청구) ①전세권자가 전세권설정계약 또는 그 목적물의 성질에 의하여 정하여진 용법으로 이를 사용, 수익하지 아니한 경우에는 전세권설정자는 전세권의 소멸을 청구할 수 있다.
②전항의 경우에는 전세권설정자는 전세권자에 대하여 원상회복 또는 손해배상을 청구할 수 있다.
제312조 (전세권의 존속기간) ①전세권의 존속기간은 10년을 넘지 못한다. 당사자의 약정기간이 10년을 넘는 때에는 이를 10년으로 단축한다.
②건물에 대한 전세권의 존속기간을 1년 미만으로 정한 때에는 이를 1년으로 한다.
③전세권의 설정은 이를 갱신할 수 있다. 그 기간은 갱신한 날로부터 10년을 넘지 못한다.
④건물의 전세권설정자가 전세권의 존속기간 만료 전 6월부터 1월까지 사이에 전세권자에 대하여 갱신거절의 통지 또는 조건을 변경하지 아니하면 갱신하지 아니한다는 뜻의 통지를 하지 아니한 경우에는 그 기간이 만료된 때에 전전세권과 동일한 조건으로 다시 전세권을 설정한 것으로 본다. 이 경우 전세권의 존속기간은 그 정함이 없는 것으로 본다.
제312조의 2 (전세금 증감청구권) 전세금이 목적 부동산에 관한 조세·공과금 기타 부담의 증감이나 경제사정의 변동으로 인하여 상당하지 아니하게 된 때에는 당사자는 장래에 대하여 그 증감을 청구할 수 있다. 그러나 증액의 경우에는 대통령령이 정하는 기준에 따른 비율을 초과하지 못한다.
제313조 (전세권의 소멸통고) 전세권의 존속기간을 약정하지 아니한 때에는 각 당사자는 언제든지 상대방에 대하여 전세권의 소멸을 통고할 수 있고 상대방이 이 통고를 받은 날로부터 6월이 경과하면 전세권은 소멸한다.
제314조 (불가항력으로 인한 멸실) ①전세권의 목적물의 전부 또는 일부가 불가항력으로 인하여 멸실된 때에는 그 멸실된 부분의 전세권은 소멸한다.
②전항의 일부멸실의 경우에 전세권자가 그 잔존부분으로 전세권의 목적을 달성할 수 없는 때에는 전세권설정자에 대하여 전세권 전부의 소멸을 통고하고 전세금의 반환을 청구할 수 있다.
제315조 (전세권자의 손해배상책임) ①전세권의 목적물의 전부 또는 일부가 전세권자에 책임있는 사유로 인하여 멸실된 때에는 전세권자는 손해를 배상할 책임이 있다.
②전항의 경우에 전세권설정자는 전세권이 소멸된 후 전세금으로써 손해의 배상에 충당하고 잉여가 있으면 반환하여야 하며 부족이 있으면 다시 청구할 수 있다.
제316조 (원상회복의무, 매수청구권) ①전세권이 그 존속기간의 만료로 인하여 소멸한 때에는 전세권자는 그 목적물을 원상에 회복하여야 하며 그 목적물에 부속시킨 물건은 수거할 수 있다. 그러나 전세권설정자가 그 부속물건의 매수를 청구한 때에는 전세권자는 정당한 이유 없이 거절하지 못한다.

②전항의 경우에 그 부속물건이 전세권설정자의 동의를 얻어 부속시킨 것인 때에는 전세권자는 전세권설정자에 대하여 그 부속물건의 매수를 청구할 수 있다. 그 부속물건이 전세권설정자로부터 매수한 것인 때에도 같다.
제317조 (전세권의 소멸과 동시이행) 전세권이 소멸한 때에는 전세권설정자는 전세권자로부터 그 목적물의 인도 및 전세권설정등기의 말소등기에 필요한 서류의 교부를 받는 동시에 전세금을 반환하여야 한다.
제318조 (전세권자의 경매청구권) 전세권설정자가 전세금의 반환을 지체한 때에는 전세권자는 민사집행법의 정한 바에 의하여 전세권의 목적물의 경매를 청구할 수 있다.
제319조 (준용규정) 제213조, 제214조, 제216조 내지 제244조의 규정은 전세권자간 또는 전세권자와 인지소유자 및 지상권자간에 이를 준용한다.

제7장 유치권

제320조 (유치권의 내용) ①타인의 물건 또는 유가증권을 점유한 자는 그 물건이나 유가증권에 관하여 생긴 채권이 변제기에 있는 경우에는 변제를 받을 때까지 그 물건 또는 유가증권을 유치할 권리가 있다.
②전항의 규정은 그 점유가 불법행위로 인한 경우에 적용하지 아니한다.
제321조 (유치권의 불가분성) 유치권자는 채권전부의 변제를 받을 때까지 유치물 전부에 대하여 그 권리를 행사할 수 있다.
제322조 (경매, 간이변제충당) ①유치권자는 채권의 변제를 받기 위하여 유치물을 경매할 수 있다.
②정당한 이유 있는 때에는 유치권자는 감정인의 평가에 의하여 유치물로 직접변제에 충당할 것을 법원에 청구할 수 있다. 이 경우에는 유치권자는 미리 채무자에게 통지하여야 한다.
제323조 (과실수취권) ①유치권자는 유치물의 과실을 수취하여 다른 채권보다 먼저 그 채권의 변제에 충당할 수 있다. 그러나 과실이 금전이 아닌 때에는 경매하여야 한다.
②과실은 먼저 채권의 이자에 충당하고 그 잉여가 있으면 원본에 충당한다.
제324조 (유치권자의 선관의무) ①유치권자는 선량한 관리자의 주의로 유치물을 점유하여야 한다.
②유치권자는 채무자의 승낙 없이 유치물의 사용, 대여 또는 담보제공을 하지 못한다. 그러나 유치물의 보존에 필요한 사용은 그러하지 아니하다.
③유치권자가 전2항의 규정에 위반한 때에는 채무자는 유치권의 소멸을 청구할 수 있다.
제325조 (유치권자의 상환청구권)①유치권자가 유치물에 관하여 필요비를 지출한 때에는 소유자에게 그 상환을 청구할 수 있다.
②유치권자가 유치물에 관하여 유익비를 지출한 때에는 그 가액의 증가가 현존한 경우에 한하여 소유자의 선택에 좇아 그 지출한 금액이나 증가액의 상환을 청구할 수 있다. 그러나 법원은 소유자의 청구에 의하여 상당한 상환기간을 허여할 수 있다.
제326조 (피담보채권의 소멸시효) 유치권의 행사는 채권의 소멸시효의 진행에 영향을 미치지 아니한다.
제327조 (타담보제공과 유치권소멸) 채무자는 상당한 담보를 제공하고 유치권의 소멸을 청구할 수 있다.
제328조 (점유상실과 유치권소멸) 유치권은 점유의 상실로 인하여 소멸한다.

제8장 질권

제1절 동산질권

제329조 (동산질권의 내용) 동산질권자는 채권의 담보로 채무자 또는 제3자가 제공한 동산을 점유하고 그 동산에 대하여 다른 채권자보다 자기채권의 우선변제를 받을 권리가 있다.
제330조 (설정계약의 요물성) 질권의 설정은 질권자에게 목적물을 인도함으로써 그 효력이 생긴다.
제331조 (질권의 목적물) 질권은 양도할 수 없는 물건을 목적으로 하지 못한다.
제332조 (설정자에 의한 대리점유의 금지) 질권자는 설정자로 하여금 질물의 점유를 하게 하지 못한다.
제333조 (동산질권의 순위) 수개의 채권을 담보하기 위하여 동일한 동산에 수개의 질권을 설정한 때에는 그 순위는 설정의 선후에 의한다.
제334조 (피담보채권의 범위) 질권은 원본, 이자, 위약금, 질권실행의 비용, 질물보존의 비용 및 채무불이행 또는 질물의 하자로 인한 손해배상의 채권을 담보한다. 그러나 다른 약정이 있는 때에는 그 약정에 의한다.
제335조 (유치적 효력) 질권자는 전조의 채권의 변제를 받을 때까지 질물을 유치할 수 있다. 그러나 자기보다 우선권이 있는 채권자에게 대항하지 못한다.
제336조 (전질권) 질권자는 그 권리의 범위 내에서 자기의 책임으로 질물을 전질할 수 있다. 이 경우에는 전질을 하지 아니하였으면 면할 수 있는 불가항력으로 인한 손해에 대하여도 책임을 부담한다.
제337조 (전질의 대항요건) ①전조의 경우에 질권자가 채무자에게 전질의 사실을 통지하거나 채무자가 이를 승낙함이 아니면 전질로써 채무자, 보증인, 질권설정자 및 그 승계인에게 대항하지 못한다.
②채무자가 전항의 통지를 받거나 승낙을 한 때에는 전질권자의 동의 없이 질권자에게 채무를 변제하여도 이로써 전질권자에게 대항하지 못한다.
제338조 (경매, 간이변제충당) ①질권자는 채권의 변제를 받기 위하여 질물을 경매할 수 있다.
②정당한 이유 있는 때에는 질권자는 감정자의 평가에 의하여 질물로 직접변제에 충당할 것을 법원에 청구할 수 있다. 이 경우에는 질권자는 미리 채무자 및 질권설정자에게 통지하여야 한다.
제339조 (유질계약의 금지) 질권설정자는 채무변제기전의 계약으로 질권자에게 변제에 갈음하여 질물의 소유권을 취득하게 하거나 법률에 정한 방법에 의하지 아니하고 질물을 처분할 것을 약정하지 못한다.
제340조 (질물 이외의 재산으로부터의 변제) ①질권자는 질물에 의하여 변제를 받지 못한 부분의 채권에 한하여 채무자의 다른 재산으로부터 변제를 받을 수 있다.
②전항의 규정은 질물보다 먼저 다른 재산에 관한 배당을 실시하는 경우에는 적용하지 아니한다. 그러나 다른 채권자는 질권자에게 그 배당금액의 공탁을 청구할 수 있다.
제341조 (물상보증인의 구상권) 타인의 채무를 담보하기 위한 질권설정자가 그 채무를 변제하거나 질권의 실행으로 인하여 질물의 소유권을 잃은 때에는 보증채무에 관한 규정에 의하여 채무자에 대한 구상권이 있다.
제342조 (물상대위) 질권은 질물의 멸실, 훼손 또는 공용징수로 인하여 질권설정자가 받을 금전 기타 물건에 대하여도 이를 행사할 수 있다. 이 경우에는 그 지급 또는 인도전에 압류하여야 한다.
제343조 (준용규정) 제249조 내지 제251조, 제321조 내지 제325조의 규정은 동산질권에 준용한다.
제344조 (타법률에 의한 질권) 본절의 규정은 다른 법률의 규정에 의하여 설정된 질권에 준용한다.

제2절 권리질권

제345조 (권리질권의 목적) 질권은 재산권을 그 목적으로 할 수 있다. 그러나 부동산의 사용, 수익을 목적으로 하는 권리는 그러하지 아니하다.
제346조 (권리질권의 설정방법) 권리질권의 설정은 법률에 다른 규정이 없으면 그 권리의 양도에 관한 방법에 의하여야 한다.

제347조 (설정계약의 요물성) 채권을 질권의 목적으로 하는 경우에 채권증서가 있는 때에는 질권의 설정은 그 증서를 질권자에게 교부함으로써 그 효력이 생긴다.
제348조 (저당채권에 대한 질권과 부기등기) 저당권으로 담보한 채권을 질권의 목적으로 한 때에는 그 저당권등기에 질권의 부기등기를 하여야 그 효력이 저당권에 미친다.
제349조 (지명채권에 대한 질권의 대항요건) ①지명채권을 목적으로 한 질권의 설정은 설정자가 제450조의 규정에 의하여 제삼채무자에게 질권설정의 사실을 통지하거나 제삼채무자가 이를 승낙함이 아니면 이로써 제삼채무자 기타 제3자에게 대항하지 못한다.
②제451조의 규정은 전항의 경우에 준용한다.
제350조 (지시채권에 대한 질권의 설정방법) 지시채권을 질권의 목적으로 한 질권의 설정은 증서에 배서하여 질권자에게 교부함으로써 그 효력이 생긴다.
제351조 (무기명채권에 대한 질권의 설정방법) 무기명채권을 목적으로 한 질권의 설정은 증서를 질권자에게 교부함으로써 그 효력이 생긴다.
제352조 (질권설정자의 권리처분제한) 질권설정자는 질권자의 동의 없이 질권의 목적된 권리를 소멸하게 하거나 질권자의 이익을 해하는 변경을 할 수 없다.
제353조 (질권의 목적이 된 채권의 실행방법) ①질권자는 질권의 목적이 된 채권을 직접 청구할 수 있다.
②채권의 목적물이 금전인 때에는 질권자는 자기채권의 한도에서 직접 청구할 수 있다.
③전항의 채권의 변제기가 질권자의 채권의 변제기보다 먼저 도래한 때에는 질권자는 제삼채무자에 대하여 그 변제금액의 공탁을 청구할 수 있다. 이 경우에 질권은 그 공탁금에 존재한다.
④채권의 목적물이 금전이외의 물건인 때에는 질권자는 그 변제를 받은 물건에 대하여 질권을 행사할 수 있다.
제354조 (동전) 질권자는 전조의 규정에 의하는 외에 민사집행법에 정한 집행방법에 의하여 질권을 실행할 수 있다.
제355조 (준용규정) 권리질권에는 본절의 규정 외에 동산질권에 관한 규정을 준용한다.

제9장 저당권

제356조 (저당권의 내용) 저당권자는 채무자 또는 제삼자가 점유를 이전하지 아니하고 채무의 담보로 제공한 부동산에 대하여 다른 채권자보다 자기채권의 우선변제를 받을 권리가 있다.
제357조 (근저당) ①저당권은 그 담보할 채무의 최고액만을 정하고 채무의 확정을 장래에 보류하여 이를 설정할 수 있다. 이 경우에는 그 확정될 때까지의 채무의 소멸 또는 이전은 저당권에 영향을 미치지 아니한다.
②전항의 경우에는 채무의 이자는 최고액 중에 산입한 것으로 본다.
제358조 (저당권의 효력의 범위) 저당권의 효력은 저당부동산에 부합된 물건과 종물에 미친다. 그러나 법률에 특별한 규정 또는 설정행위에 다른 약정이 있으면 그러하지 아니하다.
제359조 (과실에 대한 효력) 저당권의 효력은 저당부동산에 대한 압류가 있은 후에 저당권설정자가 그 부동산으로부터 수취한 과실 또는 수취할 수 있는 과실에 미친다. 그러나 저당권자가 그 부동산에 대한 소유권, 지상권 또는 전세권을 취득한 제삼자에 대하여는 압류한 사실을 통지한 후가 아니면 이로써 대항하지 못한다.
제360조 (피담보채권의 범위) 저당권은 원본, 이자, 위약금, 채무불이행으로 인한 손해배상 및 저당권의 실행비용을 담보한다. 그러나 지연배상에 대하여는 원본의 이행기일을 경과한 후의 1년분에 한하여 저당권을 행사할 수 있다.
제361조 (저당권의 처분제한) 저당권은 그 담보한 채권과 분리하여 타인에게 양도하거나 다른 채권의 담보로 하지 못한다.
제362조 (저당물의 보충) 저당권설정자의 책임 있는 사유로 인하여 저당물의 가액이 현저히 감소된 때에는 저당권자는 저당권설정자에 대하여 그 원상회복 또는 상당한 담보제공을 청구할 수 있다.
제363조 (저당권자의 경매청구권, 경매인) ①저당권자는 그 채권의 변제를 받기 위하여 저당물의 경매를 청구할 수 있다.
②저당물의 소유권을 취득한 제3자도 경매인이 될 수 있다.
제364조 (제삼취득자의 변제) 저당부동산에 대하여 소유권, 지상권 또는 전세권을 취득한 제삼자는 저당권자에게 그 부동산으로 담보된 채권을 변제하고 저당권의 소멸을 청구할 수 있다.
제365조 (저당지상의 건물에 대한 경매청구권) 토지를 목적으로 저당권을 설정한 후 그 설정자가 그 토지에 건물을 축조한 때에는 저당권자는 토지와 함께 그 건물에 대하여도 경매를 청구할 수 있다. 그러나 그 건물의 경매대가에 대하여는 우선변제를 받을 권리가 없다.
제366조 (법정지상권) 저당물의 경매로 인하여 토지와 그 지상건물이 다른 소유자에 속한 경우에는 토지소유자는 건물소유자에 대하여 지상권을 설정한 것으로 본다. 그러나 지료는 당사자의 청구에 의하여 법원이 이를 정한다.
제367조 (제삼취득자의 비용상환청구권) 저당물의 제3취득자가 그 부동산의 보존, 개량을 위하여 필요비 또는 유익비를 지출한 때에는 제203조 제1항, 제2항의 규정에 의하여 저당물의 경매대가에서 우선상환을 받을 수 있다.
제368조 (공동저당과 대가의 배당, 차순위자의 대위) ①동일한 채권의 담보로 수개의 부동산에 저당권을 설정한 경우에 그 부동산의 경매대가를 동시에 배당하는 때에는 각부동산의 경매대가에 비례하여 그 채권의 분담을 정한다.
②전항의 저당부동산중 일부의 경매대가를 먼저 배당하는 경우에는 그 대가에서 그 채권전부의 변제를 받을 수 있다. 이 경우에 그 경매한 부동산의 차순위 저당권자는 선순위저당권자가 전항의 규정에 의하여 다른 부동산의 경매대가에서 변제를 받을 수 있는 금액의 한도에서 선순위자를 대위하여 저당권을 행사할 수 있다.
제369조 (부종성) 저당권으로 담보한 채권이 시효의 완성 기타 사유로 인하여 소멸한 때에는 저당권도 소멸한다.
제370조 (준용규정) 제214조, 제321조, 제333조, 제340조, 제341조 및 제342조의 규정은 저당권에 준용한다.
제371조 (지상권, 전세권을 목적으로 하는 저당권) ①본장의 규정은 지상권 또는 전세권을 저당권의 목적으로 한 경우에 준용한다.
②지상권 또는 전세권을 목적으로 저당권을 설정한 자는 저당권자의 동의 없이 지상권 또는 전세권을 소멸하게 하는 행위를 하지 못한다.
제372조 (타법률에 의한 저당권) 본장의 규정은 다른 법률에 의하여 설정된 저당권에 준용한다.

제3편 채권

제1장 총칙

제1절 채권의 목적

제373조 (채권의 목적) 금전으로 가액을 산정할 수 없는 것이라도 채권의 목적으로 할 수 있다.

제374조 (특정물인도채무자의 선관의무) 특정물의 인도가 채권의 목적인 때에는 채무자는 그 물건을 인도하기까지 선량한 관리자의 주의로 보존하여야 한다.
제375조 (종류채권) ①채권의 목적을 종류로만 지정한 경우에 법률행위의 성질이나 당사자의 의사에 의하여 품질을 정할 수 없는 때에는 채무자는 중등품질의 물건으로 이행하여야 한다.
②전항의 경우에 채무자가 이행에 필요한 행위를 완료하거나 채권자의 동의를 얻어 이행할 물건을 지정한 때에는 그때로부터 그 물건을 채권의 목적물로 한다.
제376조 (금전채권) 채권의 목적이 어느 종류의 통화로 지급할 것인 경우에 그 통화가 변제기에 강제통용력을 잃은 때에는 채무자는 다른 통화로 변제하여야 한다.
제377조 (외화채권) ①채권의 목적이 다른 나라 통화로 지급할 것인 경우에는 채무자는 자기가 선택한 그 나라의 각 종류의 통화로 변제할 수 있다.
②채권의 목적이 어느 종류의 다른 나라 통화로 지급할 것인 경우에 그 통화가 변제기에 강제통용력을 잃은 때에는 그 나라의 다른 통화로 변제하여야 한다.
제378조 (동전) 채권액이 다른 나라 통화로 지정된 때에는 채무자는 지급할 때에 있어서의 이행지의 환금시가에 의하여 우리나라 통화로 변제할 수 있다.
제379조 (법정이율) 이자있는 채권의 이율은 다른 법률의 규정이나 당사자의 약정이 없으면 연 5분(分)으로 한다.
제380조 (선택채권) 채권의 목적이 수개의 행위 중에서 선택에 좇아 확정될 경우에 다른 법률의 규정이나 당사자의 약정이 없으면 선택권은 채무자에게 있다.
제381조 (선택권의 이전) ①선택권행사의 기간이 있는 경우에 선택권자가 그 기간 내에 선택권을 행사하지 아니하는 때에는 상대방은 상당한 기간을 정하여 그 선택을 최고할 수 있고 선택권자가 그 기간 내에 선택하지 아니하면 선택권은 상대방에게 있다.
②선택권행사의 기간이 없는 경우에 채권의 기한이 도래한 후 상대방이 상당한 기간을 정하여 그 선택을 최고하여도 선택권자가 그 기간 내에 선택하지 아니할 때에도 전항과 같다.
제382조 (당사자의 선택권의 행사) ①채권자나 채무자가 선택하는 경우에는 그 선택은 상대방에 대한 의사표시로 한다.
②전항의 의사표시는 상대방의 동의가 없으면 철회하지 못한다.
제383조 (제삼자의 선택권의 행사) ①제3자가 선택하는 경우에는 그 선택은 채무자 및 채권자에 대한 의사표시로 한다.
②전항의 의사표시는 채권자 및 채무자의 동의가 없으면 철회하지 못한다.
제384조 (제삼자의 선택권의 이전) ①선택할 제3자가 선택할 수 없는 경우에는 선택권은 채무자에게 있다.
②제3자가 선택하지 아니하는 경우에는 채권자나 채무자는 상당한 기간을 정하여 그 선택을 최고할 수 있고 제3자가 그 기간 내에 선택하지 아니하면 선택권은 채무자에게 있다.
제385조 (불능으로 인한 선택채권의 특정) ①채권의 목적으로 선택할 수개의 행위 중에 처음부터 불능한 것이나 또는 후에 이행불능하게 된 것이 있으면 채권의 목적은 잔존한 것에 존재한다.
②선택권 없는 당사자의 과실로 인하여 이행불능이 된 때에는 전항의 규정을 적용하지 아니한다.
제386조 (선택의 소급효) 선택의 효력은 그 채권이 발생한 때에 소급한다. 그러나 제3자의 권리를 해하지 못한다.

제2절 채권의 효력

제387조 (이행기와 이행지체) ①채무이행의 확정한 기한이 있는 경우에는 채무자는 기한이 도래한 때로부터 지체책임이 있다. 채무이행의 불확정한 기한이 있는 경우에는 채무자는 기한이 도래함을 안 때로부터 지체책임이 있다.
②채무이행의 기한이 없는 경우에는 채무자는 이행청구를 받은 때로부터 지체책임이 있다.
제388조 (기한의 이익의 상실) 채무자는 다음 각호의 경우에는 기한의 이익을 주장하지 못한다.
1. 채무자가 담보를 손상, 감소 또는 멸실하게 한 때
2. 채무자가 담보제공의 의무를 이행하지 아니한 때
제389조 (강제이행) ①채무자가 임의로 채무를 이행하지 아니한 때에는 채권자는 그 강제이행을 법원에 청구할 수 있다. 그러나 채무의 성질이 강제이행을 하지 못할 것인 때에는 그러하지 아니하다.
②전항의 채무가 법률행위를 목적으로 한 때에는 채무자의 의사표시에 가름할 재판을 청구할 수 있고 채무자의 일신에 전속하지 아니한 작위를 목적으로 한 때에는 채무자의 비용으로 제3자에게 이를 하게 할 것을 법원에 청구할 수 있다.
③그 채무가 부작위를 목적으로 한 경우에 채무자가 이에 위반한 때에는 채무자의 비용으로써 그 위반한 것을 제각하고 장래에 대한 적당한 처분을 법원에 청구할 수 있다.
④전3항의 규정은 손해배상의 청구에 영향을 미치지 아니한다.
제390조 (채무불이행과 손해배상) 채무자가 채무의 내용에 좇은 이행을 하지 아니한 때에는 채권자는 손해배상을 청구할 수 있다. 그러나 채무자의 고의나 과실 없이 이행할 수 없게 된 때에는 그러하지 아니하다.
제391조 (이행보조자의 고의, 과실) 채무자의 법정대리인이 채무자를 위하여 이행하거나 채무자가 타인을 사용하여 이행하는 경우에는 법정대리인 또는 피용자의 고의나 과실은 채무자의 고의나 과실로 본다.
제392조 (이행지체중의 손해배상) 채무자는 자기에게 과실이 없는 경우에도 그 이행지체 중에 생긴 손해를 배상하여야 한다. 그러나 채무자가 이행기에 이행하여도 손해를 면할 수 없는 경우에는 그러하지 아니하다.
제393조 (손해배상의 범위) ①채무불이행으로 인한 손해배상은 통상의 손해를 그 한도로 한다.
②특별한 사정으로 인한 손해는 채무자가 그 사정을 알았거나 알 수 있었을 때에 한하여 배상의 책임이 있다.
제394조 (손해배상의 방법) 다른 의사표시가 없으면 손해는 금전으로 배상한다.
제395조 (이행지체와 전보배상) 채무자가 채무의 이행을 지체한 경우에 채권자가 상당한 기간을 정하여 이행을 최고하여도 그 기간 내에 이행하지 아니하거나 지체 후의 이행이 채권자에게 이익이 없는 때에는 채권자는 수령을 거절하고 이행에 가름한 손해배상을 청구할 수 있다.
제396조 (과실상계) 채무불이행에 관하여 채권자에게 과실이 있는 때에는 법원은 손해배상의 책임 및 그 금액을 정함에 이를 참작하여야 한다.
제397조 (금전채무불이행에 대한 특칙) ①금전채무불이행의 손해배상액은 법정이율에 의한다. 그러나 법령의 제한에 위반하지 아니한 약정이율이 있으면 그 이율에 의한다.
②전항의 손해배상에 관하여는 채권자는 손해의 증명을 요하지 아니하고 채무자는 과실 없음을 항변하지 못한다.
제398조 (배상액의 예정) ①당사자는 채무불이행에 관한 손해배상액을 예정할 수 있다.
②손해배상의 예정액이 부당히 과다한 경우에는 법원은 적당히 감액할 수 있다.
③손해배상액의 예정은 이행의 청구나 계약의 해제에 영향을 미치지 아니한다.
④위약금의 약정은 손해배상액의 예정으로 추정한다.
⑤당사자가 금전이 아닌 것으로써 손해의 배상에 충당할 것을 예정한 경우에도 전4항의 규정을 준용한다.
제399조 (손해배상자의 대위) 채권자가 그 채권의 목적인 물건 또는 권리의 가액전부를 손해배상으로 받은 때에는 채무자는 그 물건 또는 권리에 관하여 당연히 채권자를 대위한다.

제400조 (채권자지체) 채권자가 이행을 받을 수 없거나 받지 아니한 때에는 이행의 제공 있는 때로부터 지체책임이 있다.
제401조 (채권자지체와 채무자의 책임) 채권자지체 중에는 채무자는 고의 또는 중대한 과실이 없으면 불이행으로 인한 모든 책임이 없다.
제402조 (동전) 채권자지체 중에는 이자있는 채권이라도 채무자는 이자를 지급할 의무가 없다.
제403조 (채권자지체와 채권자의 책임) 채권자지체로 인하여 그 목적물의 보관 또는 변제의 비용이 증가된 때에는 그 증가액은 채권자의 부담으로 한다.
제404조 (채권자대위권) ①채권자는 자기의 채권을 보전하기 위하여 채무자의 권리를 행사할 수 있다. 그러나 일신에 전속한 권리는 그러하지 아니하다.
②채권자는 그 채권의 기한이 도래하기 전에는 법원의 허가 없이 전항의 권리를 행사하지 못한다. 그러나 보전행위는 그러하지 아니하다.
제405조 (채권자대위권행사의 통지) ①채권자가 전조 제1항의 규정에 의하여 보전행위이외의 권리를 행사한 때에는 채무자에게 통지하여야 한다.
②채무자가 전항의 통지를 받은 후에는 그 권리를 처분하여도 이로써 채권자에게 대항하지 못한다.
제406조 (채권자취소권) ①채무자가 채권자를 해함을 알고 재산권을 목적으로 한 법률행위를 한 때에는 채권자는 그 취소 및 원상회복을 법원에 청구할 수 있다. 그러나 그 행위로 인하여 이익을 받은 자나 전득한 자가 그 행위 또는 전득당시에 채권자를 해함을 알지 못한 경우에는 그러하지 아니하다.
②전항의 소는 채권자가 취소원인을 안 날로부터 1년, 법률행위 있은 날로부터 5년 내에 제기하여야 한다.
제407조 (채권자취소의 효력) 전조의 규정에 의한 취소와 원상회복은 모든 채권자의 이익을 위하여 효력이 있다.

제3절 수인의 채권자 및 채무자

제1관 총칙

제408조 (분할채권관계) 채권자나 채무자가 수인인 경우에 특별한 의사표시가 없으면 각 채권자 또는 각 채무자는 균등한 비율로 권리가 있고 의무를 부담한다.

제2관 불가분채권과 불가분채무

제409조 (불가분채권) 채권의 목적이 그 성질 또는 당사자의 의사표시에 의하여 불가분인 경우에 채권자가 수인인 때에는 각 채권자는 모든 채권자를 위하여 이행을 청구할 수 있고 채무자는 모든 채권자를 위하여 각 채권자에게 이행할 수 있다.
제410조 (1인의 채권자에 생긴 사항의 효력) ①전조의 규정에 의하여 모든 채권자에게 효력이 있는 사항을 제외하고는 불가분채권자중 1인의 행위나 1인에 관한 사항은 다른 채권자에게 효력이 없다.
②불가분채권자중의 1인과 채무자간에 경개나 면제 있는 경우에 채무전부의 이행을 받은 다른 채권자는 그 1인이 권리를 잃지 아니하였으면 그에게 분급할 이익을 채무자에게 상환하여야 한다.
제411조 (불가분채무와 준용규정) 수인이 불가분채무를 부담한 경우에는 제413조 내지 제415조, 제422조, 제424조 내지 제427조 및 전조의 규정을 준용한다.
제412조 (가분채권, 가분채무에의 변경) 불가분채권이나 불가분채무가 가분채권 또는 가분채무로 변경된 때에는 각 채권자는 자기부분만의 이행을 청구할 권리가 있고 각 채무자는 자기부담부분만을 이행할 의무가 있다.

제3관 연대채무

제413조 (연대채무의 내용) 수인의 채무자가 채무 전부를 각자 이행할 의무가 있고 채무자1인의 이행으로 다른 채무자도 그 의무를 면하게 되는 때에는 그 채무는 연대채무로 한다.
제414조 (각 연대채무자에 대한 이행청구) 채권자는 어느 연대채무자에 대하여 또는 동시나 순차로 모든 연대채무자에 대하여 채무의 전부나 일부의 이행을 청구할 수 있다.
제415조 (채무자에 생긴 무효, 취소) 어느 연대채무자에 대한 법률행위의 무효나 취소의 원인은 다른 연대채무자의 채무에 영향을 미치지 아니한다.
제416조 (이행청구의 절대적 효력) 어느 연대채무자에 대한 이행청구는 다른 연대채무자에게도 효력이 있다.
제417조 (경개의 절대적 효력) 어느 연대채무자와 채권자간에 채무의 경개가 있는 때에는 채권은 모든 연대채무자의 이익을 위하여 소멸한다.
제418조 (상계의 절대적 효력) ①어느 연대채무자가 채권자에 대하여 채권이 있는 경우에 그 채무자가 상계한 때에는 채권은 모든 연대채무자의 이익을 위하여 소멸한다.
②상계할 채권이 있는 연대채무자가 상계하지 아니한 때에는 그 채무자의 부담부분에 한하여 다른 연대채무자가 상계할 수 있다.
제419조 (면제의 절대적 효력) 어느 연대채무자에 대한 채무면제는 그 채무자의 부담부분에 한하여 다른 연대채무자의 이익을 위하여 효력이 있다.
제420조 (혼동의 절대적 효력) 어느 연대채무자와 채권자간에 혼동이 있는 때에는 그 채무자의 부담부분에 한하여 다른 연대채무자도 의무를 면한다.
제421조 (소멸시효의 절대적 효력) 어느 연대채무자에 대하여 소멸시효가 완성한 때에는 그 부담부분에 한하여 다른 연대채무자도 의무를 면한다.
제422조 (채권자지체의 절대적 효력) 어느 연대채무자에 대한 채권자의 지체는 다른 연대채무자에게도 효력이 있다.
제423조 (효력의 상대성의 원칙) 전7조의 사항 외에는 어느 연대채무자에 관한 사항은 다른 연대채무자에게 효력이 없다.
제424조 (부담부분의 균등) 연대채무자의 부담부분은 균등한 것으로 추정한다.
제425조 (출재채무자의 구상권) ①어느 연대채무자가 변제 기타 자기의 출재로 공동면책이 된 때에는 다른 연대채무자의 부담부분에 대하여 구상권을 행사할 수 있다.
②전항의 구상권은 면책된 날 이후의 법정이자 및 피할 수 없는 비용 기타 손해배상을 포함한다.
제426조 (구상요건으로서의 통지) ①어느 연대채무자가 다른 연대채무자에게 통지하지 아니하고 변제 기타 자기의 출재로 공동면책이 된 경우에 다른 연대채무자가 채권자에게 대항할 수 있는 사유가 있었을 때에는 그 부담부분에 한하여 이 사유로 면책행위를 한 연대채무자에게 대항할 수 있고 그 대항사유가 상계인 때에는 상계로 소멸할 채권은 그 연대채무자에게 이전된다.
②어느 연대채무자가 변제 기타 자기의 출재로 공동 면책되었음을 다른 연대채무자에게 통지하지 아니한 경우에 다른 연대채무자가 선의로 채권자에게 변제 기타 유상의 면책행위를 한 때에는 그 연대채무자는 자기의 면책행위의 유효를 주장할 수 있다.

제427조 (상환무자력자의 부담부분) ①연대채무자중에 상환할 자력이 없는 자가 있는 때에는 그 채무자의 부담부분은 구상권자 및 다른 자력이 있는 채무자가 그 부담부분에 비례하여 분담한다. 그러나 구상권자에게 과실이 있는 때에는 다른 연대채무자에 대하여 분담을 청구하지 못한다.
②전항의 경우에 상환할 자력이 없는 채무자의 부담부분을 분담할 다른 채무자가 채권자로부터 연대의 면제를 받은 때에는 그 채무자의 분담할 부분은 채권자의 부담으로 한다.

제4관 보증채무

제428조 (보증채무의 내용) ①보증인은 주채무자가 이행하지 아니하는 채무를 이행할 의무가 있다.
②보증은 장래의 채무에 대하여도 할 수 있다.
제429조 (보증채무의 범위) ①보증채무는 주채무의 이자, 위약금, 손해배상 기타 주채무에 종속한 채무를 포함한다.
②보증인은 그 보증채무에 관한 위약금 기타 손해배상액을 예정할 수 있다.
제430조 (목적, 형태상의 부종성) 보증인의 부담이 주채무의 목적이나 형태보다 중한 때에는 주채무의 한도로 감축한다.
제431조 (보증인의 조건) ①채무자가 보증인을 세울 의무가 있는 경우에는 그 보증인은 행위능력 및 변제자력이 있는 자로 하여야 한다.
②보증인이 변제자력이 없게 된 때에는 채권자는 보증인의 변경을 청구할 수 있다.
③채권자가 보증인을 지명한 경우에는 전2항의 규정을 적용하지 아니한다.
제432조 (타담보의 제공) 채무자는 다른 상당한 담보를 제공함으로써 보증인을 세울 의무를 면할 수 있다.
제433조 (보증인과 주채무자 항변권) ①보증인은 주채무자의 항변으로 채권자에게 대항할 수 있다.
②주채무자의 항변포기는 보증인에게 효력이 없다.
제434조 (보증인과 주채무자 상계권) 보증인은 주채무자의 채권에 의한 상계로 채권자에게 대항할 수 있다.
제435조 (보증인과 주채무자의 취소권 등) 주채무자가 채권자에 대하여 취소권 또는 해제권이나 해지권이 있는 동안은 보증인은 채권자에 대하여 채무의 이행을 거절할 수 있다.
제436조 (취소할 수 있는 채무의 보증) 취소의 원인 있는 채무를 보증한 자가 보증계약당시에 그 원인 있음을 안 경우에 주채무의 불이행 또는 취소가 있는 때에는 주채무와 동일한 목적의 독립채무를 부담한 것으로 본다.
제437조 (보증인의 최고, 검색의 항변) 채권자가 보증인에게 채무의 이행을 청구한 때에는 보증인은 주채무자의 변제자력이 있는 사실 및 그 집행이 용이할 것을 증명하여 먼저 주채무자에게 청구할 것과 그 재산에 대하여 집행할 것을 항변할 수 있다. 그러나 보증인이 주채무자와 연대하여 채무를 부담한 때에는 그러하지 아니하다.
제438조 (최고, 검색의 해태의 효과) 전조의 규정에 의한 보증인의 항변에 불구하고 채권자의 해태로 인하여 채무자로부터 전부나 일부의 변제를 받지 못한 경우에는 채권자가 해태하지 아니하였으면 변제받았을 한도에서 보증인은 그 의무를 면한다.
제439조 (공동보증의 분별의 이익) 수인의 보증인이 각자의 행위로 보증채무를 부담한 경우에도 제408조의 규정을 적용한다.
제440조 (시효중단의 보증인에 대한 효력) 주채무자에 대한 시효의 중단은 보증인에 대하여 그 효력이 있다.
제441조 (수탁보증인의 구상권) ①주채무자의 부탁으로 보증인이 된 자가 과실 없이 변제 기타의 출재로 주채무를 소멸하게 한 때에는 주채무자에 대하여 구상권이 있다.
②제425조 제2항의 규정은 전항의 경우에 준용한다.
제442조 (수탁보증인의 사전구상권) ①주채무자의 부탁으로 보증인이 된 자는 다음 각호의 경우에 주채무자에 대하여 미리 구상권을 행사할 수 있다.
1. 보증인이 과실 없이 채권자에게 변제할 재판을 받은 때
2. 주채무자가 파산선고를 받은 경우에 채권자가 파산재단에 가입하지 아니한 때
3. 채무의 이행기가 확정되지 아니하고 그 최장기도 확정할 수 없는 경우에 보증계약 후 5년을 경과한 때
4. 채무의 이행기가 도래한 때
②전항 제4호의 경우에는 보증계약 후에 채권자가 주채무자에게 허여한 기한으로 보증인에게 대항하지 못한다.
제443조 (주채무자의 면책청구) 전조의 규정에 의하여 주채무자가 보증인에게 배상하는 경우에 주채무자는 자기를 면책하게 하거나 자기에게 담보를 제공할 것을 보증인에게 청구할 수 있고 또는 배상할 금액을 공탁하거나 담보를 제공하거나 보증인을 면책하게 함으로써 그 배상의무를 면할 수 있다.
제444조 (부탁 없는 보증인의 구상권) ①주채무자의 부탁 없이 보증인이 된 자가 변제 기타 자기의 출재로 주채무를 소멸하게 한 때에는 주채무자는 그 당시에 이익을 받은 한도에서 배상하여야 한다.
②주채무자의 의사에 반하여 보증인이 된 자가 변제 기타 자기의 출재로 주채무를 소멸하게 한 때에는 주채무자는 현존 이익의 한도에서 배상하여야 한다.
③전항의 경우에 주채무자가 구상한 날 이전에 상계원인이 있음을 주장한 때에는 그 상계로 소멸할 채권은 보증인에게 이전된다.
제445조 (구상요건으로서의 통지) ①보증인이 주채무자에게 통지하지 아니하고 변제 기타 자기의 출재로 주채무를 소멸하게 한 경우에 주채무자가 채권자에게 대항할 수 있는 사유가 있었을 때에는 이 사유로 보증인에게 대항할 수 있고 그 대항사유가 상계인 때에는 상계로 소멸할 채권은 보증인에게 이전된다.
②보증인이 변제 기타 자기의 출재로 면책되었음을 주채무자에게 통지하지 아니한 경우에 주채무자가 선의로 채권자에게 변제 기타 유상의 면책행위를 한 때에는 주채무자는 자기의 면책행위의 유효를 주장할 수 있다.
제446조 (주채무자의 보증인에 대한 면책통지의무) 주채무자가 자기의 행위로 면책하였음을 그 부탁으로 보증인이 된 자에게 통지하지 아니한 경우에 보증인이 선의로 채권자에게 변제 기타 유상의 면책행위를 한 때에는 보증인은 자기의 면책행위의 유효를 주장할 수 있다.
제447조 (연대, 불가분채무의 보증인의 구상권) 어느 연대채무자나 어느 불가분채무자를 위하여 보증인이 된 자는 다른 연대채무자나 다른 불가분채무자에 대하여 그 부담부분에 한하여 구상권이 있다.
제448조 (공동보증인간의 구상권) ①수인의 보증인이 있는 경우에 어느 보증인이 자기의 부담부분을 넘은 변제를 한 때에는 제444조의 규정을 준용한다.
②주채무가 불가분이거나 각보증인이 상호연대로 또는 주채무자와 연대로 채무를 부담한 경우에 어느 보증인이 자기의 부담부분을 넘은 변제를 한 때에는 제425조 내지 제427조의 규정을 준용한다.

제4절 채권의 양도

제449조 (채권의 양도성) ①채권은 양도할 수 있다. 그러나 채권의 성질이 양도를 허용하지 아니하는 때에는 그러하지 아니하다.
②채권은 당사자가 반대의 의사를 표시한 경우에는 양도하지 못한다. 그러나 그 의사표시로써 선의의 제3자에게 대항하지 못한다.
제450조 (지명채권양도의 대항요건) ①지명채권의 양도는 양도인이 채무자에게 통지하거나 채무자가 승낙하지 아니하면 채무자 기타 제3자에게 대항하지 못한다.

②전항의 통지나 승낙은 확정일자 있는 증서에 의하지 아니하면 채무자이외의 제3자에게 대항하지 못한다.
제451조 (승낙, 통지의 효과) ①채무자가 이의를 보류하지 아니하고 전조의 승낙을 한 때에는 양도인에게 대항할 수 있는 사유로써 양수인에게 대항하지 못한다. 그러나 채무자가 채무를 소멸하게 하기 위하여 양도인에게 급여한 것이 있으면 이를 회수할 수 있고 양도인에 대하여 부담한 채무가 있으면 그 성립되지 아니함을 주장할 수 있다.
②양도인이 양도통지만을 한 때에는 채무자는 그 통지를 받은 때까지 양도인에 대하여 생긴 사유로써 양수인에게 대항할 수 있다.
제452조 (양도통지와 금반언) ①양도인이 채무자에게 채권양도를 통지한 때에는 아직 양도하지 아니하였거나 그 양도가 무효인 경우에도 선의인 채무자는 양수인에게 대항할 수 있는 사유로 양도인에게 대항할 수 있다.
②전항의 통지는 양수인의 동의가 없으면 철회하지 못한다.

제5절 채무의 인수

제453조 (채권자와의 계약에 의한 채무인수) ①제3자는 채권자와의 계약으로 채무를 인수하여 채무자의 채무를 면하게 할 수 있다. 그러나 채무의 성질이 인수를 허용하지 아니하는 때에는 그러하지 아니하다.
②이해관계 없는 제삼자는 채무자의 의사에 반하여 채무를 인수하지 못한다.
제454조 (채무자와의 계약에 의한 채무인수) ①제3자가 채무자와의 계약으로 채무를 인수한 경우에는 채권자의 승낙에 의하여 그 효력이 생긴다.
②채권자의 승낙 또는 거절의 상대방은 채무자나 제3자이다.
제455조 (승낙여부의 최고) ①전조의 경우에 제3자나 채무자는 상당한 기간을 정하여 승낙여부의 확답을 채권자에게 최고할 수 있다.
②채권자가 그 기간 내에 확답을 발송하지 아니한 때에는 거절한 것으로 본다.
제456조 (채무인수의 철회, 변경) 제3자와 채무자간의 계약에 의한 채무인수는 채권자의 승낙이 있을 때까지 당사자는 이를 철회하거나 변경할 수 있다.
제457조 (채무인수의 소급효) 채권자의 채무인수에 대한 승낙은 다른 의사표시가 없으면 채무를 인수한 때에 소급하여 그 효력이 생긴다. 그러나 제3자의 권리를 침해하지 못한다.
제458조 (전채무자의 항변사유) 인수인은 전채무자의 항변할 수 있는 사유로 채권자에게 대항할 수 있다.
제459조 (채무인수와 보증, 담보의 소멸) 전채무자의 채무에 대한 보증이나 제3자가 제공한 담보는 채무인수로 인하여 소멸한다. 그러나 보증인이나 제3자가 채무인수에 동의한 경우에는 그러하지 아니하다.

제6절 채권의 소멸

제1관 변제

제460조 (변제제공의 방법) 변제는 채무내용에 좇은 현실제공으로 이를 하여야 한다. 그러나 채권자가 미리 변제 받기를 거절하거나 채무의 이행에 채권자의 행위를 요하는 경우에는 변제준비의 완료를 통지하고 그 수령을 최고하면 된다.
제461조 (변제제공의 효과) 변제의 제공은 그 때로부터 채무불이행의 책임을 면하게 한다.
제462조 (특정물의 현상인도) 특정물의 인도가 채권의 목적인 때에는 채무자는 이행기의 현상대로 그 물건을 인도하여야 한다.
제463조 (변제로서의 타인의 물건의 인도) 채무의 변제로 타인의 물건을 인도한 채무자는 다시 유효한 변제를 하지 아니하면 그 물건의 반환을 청구하지 못한다.
제464조 (양도능력 없는 소유자의 물건인도) 양도할 능력 없는 소유자가 채무의 변제로 물건을 인도한 경우에는 그 변제가 취소된 때에도 다시 유효한 변제를 하지 아니하면 그 물건의 반환을 청구하지 못한다.
제465조 (채권자의 선의소비, 양도와 구상권) ①전2조의 경우에 채권자가 변제로 받은 물건을 선의로 소비하거나 타인에게 양도한 때에는 그 변제는 효력이 있다.
②전항의 경우에 채권자가 제3자로부터 배상의 청구를 받은 때에는 채무자에 대하여 구상권을 행사할 수 있다.
제466조 (대물변제) 채무자가 채권자의 승낙을 얻어 본래의 채무이행에 가름하여 다른 급여를 한 때에는 변제와 같은 효력이 있다.
제467조 (변제의 장소) ①채무의 성질 또는 당사자의 의사표시로 변제장소를 정하지 아니한 때에는 특정물의 인도는 채권성립당시에 그 물건이 있던 장소에서 하여야 한다.
②전항의 경우에 특정물인도 이외의 채무변제는 채권자의 현주소에서 하여야 한다. 그러나 영업에 관한 채무의 변제는 채권자의 현영업소에서 하여야 한다.
제468조 (변제기전의 변제) 당사자의 특별한 의사표시가 없으면 변제기전이라도 채무자는 변제할 수 있다. 그러나 상대방의 손해는 배상하여야 한다.
제469조 (제삼자의 변제) ①채무의 변제는 제삼자도 할 수 있다. 그러나 채무의 성질 또는 당사자의 의사표시로 제3자의 변제를 허용하지 아니하는 때에는 그러하지 아니하다.
②이해관계 없는 제3자는 채무자의 의사에 반하여 변제하지 못한다.
제470조 (채권의 준점유자에 대한 변제) 채권의 준점유자에 대한 변제는 변제자가 선의이며 과실 없는 때에 한하여 효력이 있다.
제471조 (영수증소지자에 대한 변제) 영수증을 소지한 자에 대한 변제는 그 소지자가 변제를 받을 권한이 없는 경우에도 효력이 있다. 그러나 변제자가 그 권한 없음을 알았거나 알 수 있었을 경우에는 그러하지 아니하다.
제472조 (권한 없는 자에 대한 변제) 전2조의 경우 외에 변제받을 권한 없는 자에 대한 변제는 채권자가 이익을 받은 한도에서 효력이 있다.
제473조 (변제비용의 부담) 변제비용은 다른 의사표시가 없으면 채무자의 부담으로 한다. 그러나 채권자의 주소이전 기타의 행위로 인하여 변제비용이 증가된 때에는 그 증가액은 채권자의 부담으로 한다.
제474조 (영수증청구권) 변제자는 변제를 받는 자에게 영수증을 청구할 수 있다.
제475조 (채권증서반환청구권) 채권증서가 있는 경우에 변제자가 채무전부를 변제한 때에는 채권증서의 반환을 청구할 수 있다. 채권이 변제이외의 사유로 전부소멸한 때에도 같다.
제476조 (지정변제충당) ①채무자가 동일한 채권자에 대하여 같은 종류를 목적으로 한 수개의 채무를 부담한 경우에 변제의 제공이 그 채무전부를 소멸하게 하지 못하는 때에는 변제자는 그 당시 어느 채무를 지정하여 그 변제에 충당할 수 있다.
②변제자가 전항의 지정을 하지 아니할 때에는 변제받는 자는 그 당시 어느 채무를 지정하여 변제에 충당할 수 있다. 그러나 변제자가 그 충당에 대하여 즉시 이의를 한 때에는 그러하지 아니하다.
③전2항의 변제충당은 상대방에 대한 의사표시로써 한다.
제477조 (법정변제충당) 당사자가 변제에 충당할 채무를 지정하지 아니한 때에는 다음 각호의 규정에 의한다.
1. 채무 중에 이행기가 도래한 것과 도래하지 아니한 것이 있으면 이행기가 도래한 채무의 변제에 충당한다.
2. 채무전부의 이행기가 도래하였거나 도래하지 아니한 때에는 채무자에게 변제이익이 많은 채무의 변제에 충당한

다.
3. 채무자에게 변제이익이 같으면 이행기가 먼저 도래한 채무나 먼저 도래할 채무의 변제에 충당한다.
4. 전2호의 사항이 같은 때에는 그 채무액에 비례하여 각 채무의 변제에 충당한다.
제478조 (부족변제의 충당) 1개의 채무에 수개의 급여를 요할 경우에 변제자가 그 채무전부를 소멸하게 하지 못한 급여를 한 때에는 전2조의 규정을 준용한다.
제479조 (비용, 이자, 원본에 대한 변제충당의 순서) ①채무자가 1개 또는 수개의 채무의 비용 및 이자를 지급할 경우에 변제자가 그 전부를 소멸하게 하지 못한 급여를 한 때에는 비용, 이자, 원본의 순서로 변제에 충당하여야 한다.
②전항의 경우에 제477조의 규정을 준용한다.
제480조 (변제자의 임의대위) ①채무자를 위하여 변제한 자는 변제와 동시에 채권자의 승낙을 얻어 채권자를 대위할 수 있다.
②전항의 경우에 제450조 내지 제452조의 규정을 준용한다.
제481조 (변제자의 법정대위) 변제할 정당한 이익이 있는 자는 변제로 당연히 채권자를 대위한다.
제482조 (변제자대위의 효과, 대위자간의 관계) ①전2조의 규정에 의하여 채권자를 대위한 자는 자기의 권리에 의하여 구상할 수 있는 범위에서 채권 및 그 담보에 관한 권리를 행사할 수 있다.
②전항의 권리행사는 다음 각호의 규정에 의하여야 한다.
1. 보증인은 미리 전세권이나 저당권의 등기에 그 대위를 부기하지 아니하면 전세물이나 저당물에 권리를 취득한 제3자에 대하여 채권자를 대위하지 못한다.
2. 제3취득자는 보증인에 대하여 채권자를 대위하지 못한다.
3. 제3취득자 중의 1인은 각 부동산의 가액에 비례하여 다른 제3취득자에 대하여 채권자를 대위한다.
4. 자기의 재산을 타인의 채무의 담보로 제공한 자가 수인인 경우에는 전호의 규정을 준용한다.
5. 자기의 재산을 타인의 채무의 담보로 제공한 자와 보증인간에는 그 인원수에 비례하여 채권자를 대위한다. 그러나 자기의 재산을 타인의 채무의 담보로 제공한 자가 수인인 때에는 보증인의 부담부분을 제외하고 그 잔액에 대하여 각 재산의 가액에 비례하여 대위한다. 이 경우에 그 재산이 부동산인 때에는 제1호의 규정을 준용한다.
제483조 (일부의 대위) ①채권의 일부에 대하여 대위변제가 있는 때에는 대위자는 그 변제한 가액에 비례하여 채권자와 함께 그 권리를 행사한다.
②전항의 경우에 채무불이행을 원인으로 하는 계약의 해지 또는 해제는 채권자만이 할 수 있고 채권자는 대위자에게 그 변제한 가액과 이자를 상환하여야 한다.
제484조 (대위변제와 채권증서, 담보물) ①채권전부의 대위변제를 받은 채권자는 그 채권에 관한 증서 및 점유한 담보물을 대위자에게 교부하여야 한다.
②채권의 일부에 대한 대위변제가 있는 때에는 채권자는 채권증서에 그 대위를 기입하고 자기가 점유한 담보물의 보존에 관하여 대위자의 감독을 받아야 한다.
제485조 (채권자의 담보상실, 감소행위와 법정대위자의 면책) 제481조의 규정에 의하여 대위할 자가 있는 경우에 채권자의 고의나 과실로 담보가 상실되거나 감소된 때에는 대위할 자는 그 상실 또는 감소로 인하여 상환을 받을 수 없는 한도에서 그 책임을 면한다.
제486조 (변제이외의 방법에 의한 채무소멸과 대위) 제삼자가 공탁 기타 자기의 출재로 채무자의 채무를 면하게 한 경우에도 전6조의 규정을 준용한다.

제2관 공탁

제487조 (변제공탁의 요건, 효과) 채권자가 변제를 받지 아니하거나 받을 수 없는 때에는 변제자는 채권자를 위하여 변제의 목적물을 공탁하여 그 채무를 면할 수 있다. 변제자가 과실 없이 채권자를 알 수 없는 경우에도 같다.
제488조 (공탁의 방법) ①공탁은 채무이행지의 공탁소에 하여야 한다.
②공탁소에 관하여 법률에 특별한 규정이 없으면 법원은 변제자의 청구에 의하여 공탁소를 지정하고 공탁물보관자를 선임하여야 한다.
③공탁자는 지체 없이 채권자에게 공탁통지를 하여야 한다.
제489조 (공탁물의 회수) ①채권자가 공탁을 승인하거나 공탁소에 대하여 공탁물을 받기를 통고하거나 공탁유효의 판결이 확정되기까지는 변제자는 공탁물을 회수할 수 있다. 이 경우에는 공탁하지 아니한 것으로 본다.
②전항의 규정은 질권 또는 저당권이 공탁으로 인하여 소멸한 때에는 적용하지 아니한다.
제490조 (자조매각금의 공탁) 변제의 목적물이 공탁에 적당하지 아니하거나 멸실 또는 훼손될 염려가 있거나 공탁에 과다한 비용을 요하는 경우에는 변제자는 법원의 허가를 얻어 그 물건을 경매하거나 시가로 방매하여 대금을 공탁할 수 있다.
제491조 (공탁물수령과 상대의무이행) 채무자가 채권자의 상대의무이행과 동시에 변제할 경우에는 채권자는 그 의무이행을 하지 아니하면 공탁물을 수령하지 못한다.

제3관 상계

제492조 (상계의 요건) ①쌍방이 서로 같은 종류를 목적으로 한 채무를 부담한 경우에 그 쌍방의 채무의 이행기가 도래한 때에는 각 채무자는 대등액에 관하여 상계할 수 있다. 그러나 채무의 성질이 상계를 허용하지 아니할 때에는 그러하지 아니하다.
②전항의 규정은 당사자가 다른 의사를 표시한 경우에는 적용하지 아니한다. 그러나 그 의사표시로써 선의의 제3자에게 대항하지 못한다.
제493조 (상계의 방법, 효과) ①상계는 상대방에 대한 의사표시로 한다. 이 의사표시에는 조건 또는 기한을 붙이지 못한다.
②상계의 의사표시는 각 채무가 상계할 수 있는 때에 대등액에 관하여 소멸한 것으로 본다.
제494조 (이행지를 달리하는 채무의 상계) 각 채무의 이행지가 다른 경우에도 상계할 수 있다. 그러나 상계하는 당사자는 상대방에게 상계로 인한 손해를 배상하여야 한다.
제495조 (소멸시효 완성된 채권에 의한 상계) 소멸시효가 완성된 채권이 그 완성 전에 상계할 수 있었던 것이면 그 채권자는 상계할 수 있다.
제496조 (불법행위채권을 수동채권으로 하는 상계의 금지) 채무가 고의의 불법행위로 인한 것인 때에는 그 채무자는 상계로 채권자에게 대항하지 못한다.
제497조 (압류금지채권을 수동채권으로 하는 상계의 금지) 채권이 압류하지 못할 것인 때에는 그 채무자는 상계로 채권자에게 대항하지 못한다.
제498조 (지급금지채권을 수동채권으로 하는 상계의 금지) 지급을 금지하는 명령을 받은 제삼채무자는 그 후에 취득한 채권에 의한 상계로 그 명령을 신청한 채권자에게 대항하지 못한다.
제499조 (준용규정) 제476조 내지 제479조의 규정은 상계에 준용한다.

제4관 경개

제500조 (경개의 요건, 효과) 당사자가 채무의 중요한 부분을 변경하는 계약을 한 때에는 구채무는 경개로 인하여 소멸한다.
제501조 (채무자변경으로 인한 경개) 채무자의 변경으로 인한 경개는 채권자와 신채무자간의 계약으로 이를 할 수 있다. 그러나 구채무자의 의사에 반하여 이를 하지 못한다.
제502조 (채권자변경으로 인한 경개) 채권자의 변경으로 인한 경개는 확정일자 있는 증서로 하지 아니하면 이로써 제3자에게 대항하지 못한다.
제503조 (채권자변경의 경개와 채무자승낙의 효과) 제451조 제1항의 규정은 채권자의 변경으로 인한 경개에 준용한다.
제504조 (구채무불소멸의 경우) 경개로 인한 신채무가 원인의 불법 또는 당사자가 알지 못한 사유로 인하여 성립되지 아니하거나 취소된 때에는 구채무는 소멸되지 아니한다.
제505조 (신채무에의 담보이전) 경개의 당사자는 구채무의 담보를 그 목적의 한도에서 신채무의 담보로 할 수 있다. 그러나 제3자가 제공한 담보는 그 승낙을 얻어야 한다.

제5관 면제

제506조 (면제의 요건, 효과) 채권자가 채무자에게 채무를 면제하는 의사를 표시한 때에는 채권은 소멸한다. 그러나 면제로써 정당한 이익을 가진 제3자에게 대항하지 못한다.

제6관 혼동

제507조 (혼동의 요건, 효과) 채권과 채무가 동일한 주체에 귀속한 때에는 채권은 소멸한다. 그러나 그 채권이 제3자의 권리의 목적인 때에는 그러하지 아니하다.

제7절 지시채권

제508조 (지시채권의 양도방식) 지시채권은 그 증서에 배서하여 양수인에게 교부하는 방식으로 양도할 수 있다.
제509조 (환배서) ①지시채권은 그 채무자에 대하여도 배서하여 양도할 수 있다.
②배서로 지시채권을 양수한 채무자는 다시 배서하여 이를 양도할 수 있다.
제510조 (배서의 방식) ①배서는 증서 또는 그 보충지에 그 뜻을 기재하고 배서인이 서명 또는 기명날인함으로써 이를 한다.
②배서는 피배서인을 지정하지 아니하고 할 수 있으며 또 배서인의 서명 또는 기명날인만으로 할 수 있다.
제511조 (약식배서의 처리방식) 배서가 전조 제2항의 약식에 의한 때에는 소지인은 다음 각호의 방식으로 처리할 수 있다.
1. 자기나 타인의 명칭을 피배서인으로 기재할 수 있다.
2. 약식으로 또는 타인을 피배서인으로 표시하여 다시 증서에 배서할 수 있다.
3. 피배서인을 기재하지 아니하고 배서 없이 증서를 제3자에게 교부하여 양도할 수 있다.
제512조 (소지인출급배서의 효력) 소지인출급의 배서는 약식배서와 같은 효력이 있다.
제513조 (배서의 자격수여력) ①증서의 점유자가 배서의 연속으로 그 권리를 증명하는 때에는 적법한 소지인으로 본다. 최후의 배서가 약식인 경우에도 같다.
②약식배서 다음에 다른 배서가 있으면 그 배서인은 약식배서로 증서를 취득한 것으로 본다.
③말소된 배서는 배서의 연속에 관하여 그 기재가 없는 것으로 본다.
제514조 (동전-선의취득) 누구든지 증서의 적법한 소지인에 대하여 그 반환을 청구하지 못한다. 그러나 소지인이 취득한 때에 양도인이 권리 없음을 알았거나 중대한 과실로 알지 못한 때에는 그러하지 아니하다.
제515조 (이전배서와 인적항변) 지시채권의 채무자는 소지인의 전자에 대한 인적관계의 항변으로 소지인에게 대항하지 못한다. 그러나 소지인이 그 채무자를 해함을 알고 지시채권을 취득한 때에는 그러하지 아니하다.
제516조 (변제의 장소) 증서에 변제장소를 정하지 아니한 때에는 채무자의 현영업소를 변제장소로 한다. 영업소가 없는 때에는 현주소를 변제장소로 한다.
제517조 (증서의 제시와 이행지체) 증서에 변제기한이 있는 경우에도 그 기한이 도래한 후에 소지인이 증서를 제시하여 이행을 청구한 때로부터 채무자는 지체책임이 있다.
제518조 (채무자의 조사권리의무) 채무자는 배서의 연속여부를 조사할 의무가 있으며 배서인의 서명 또는 날인의 진위나 소지인의 진위를 조사할 권리는 있으나 의무는 없다. 그러나 채무자가 변제하는 때에 소지인이 권리자 아님을 알았거나 중대한 과실로 알지 못한 때에는 그 변제는 무효로 한다.
제519조 (변제와 증서교부) 채무자는 증서와 교환하여서만 변제할 의무가 있다.
제520조 (영수의 기입청구권) ①채무자는 변제하는 때에 소지인에 대하여 증서에 영수를 증명하는 기재를 할 것을 청구할 수 있다.
②일부변제의 경우에 채무자의 청구가 있으면 채권자는 증서에 그 뜻을 기재하여야 한다.
제521조 (공시최고절차에 의한 증서의 실효) 멸실한 증서나 소지인의 점유를 이탈한 증서는 공시최고의 절차에 의하여 무효로 할 수 있다.
제522조 (공시최고절차에 의한 공탁, 변제) 공시최고의 신청이 있는 때에는 채무자로 하여금 채무의 목적물을 공탁하게 할 수 있고 소지인이 상당한 담보를 제공하면 변제하게 할 수 있다.

제8절 무기명채권

제523조 (무기명채권의 양도방식) 무기명채권은 양수인에게 그 증서를 교부함으로써 양도의 효력이 있다.
제524조 (준용규정) 제514조 내지 제522조의 규정은 무기명채권에 준용한다.
제525조 (지명소지인출급채권) 채권자를 지정하고 소지인에게도 변제할 것을 부기한 증서는 무기명채권과 같은 효력이 있다.
제526조 (면책증서) 제516조, 제517조 및 제520조의 규정은 채무자가 증서소지인에게 변제하여 그 책임을 면할 목적으로 발행한 증서에 준용한다.

제2장 계약

제1절 총칙

제1관 계약의 성립

제527조 (계약의 청약의 구속력) 계약의 청약은 이를 철회하지 못한다.
제528조 (승낙기간을 정한 계약의 청약) ①승낙의 기간을 정한 계약의 청약은 청약자가 그 기간 내에 승낙의 통지를 받지 못한 때에는 그 효력을 잃는다.
②승낙의 통지가 전항의 기간 후에 도달한 경우에 보통 그 기간 내에 도달할 수 있는 발송인 때에는 청약자는 지체 없이 상대방에게 그 연착의 통지를 하여야 한다. 그러나 그 도달 전에 지연의 통지를 발송한 때에는 그러하지 아니하다.
③청약자가 전항의 통지를 하지 아니한 때에는 승낙의 통지는 연착되지 아니한 것으로 본다.
제529조 (승낙기간을 정하지 아니한 계약의 청약) 승낙의 기간을 정하지 아니한 계약의 청약은 청약자가 상당한 기간 내에 승낙의 통지를 받지 못한 때에는 그 효력을 잃는다.
제530조 (연착된 승낙의 효력) 전2조의 경우에 연착된 승낙은 청약자가 이를 새 청약으로 볼 수 있다.
제531조 (격지자간의 계약성립시기) 격지자간의 계약은 승낙의 통지를 발송한 때에 성립한다.
제532조 (의사실현에 의한 계약성립) 청약자의 의사표시나 관습에 의하여 승낙의 통지가 필요하지 아니한 경우에는 계약은 승낙의 의사표시로 인정되는 사실이 있는 때에 성립한다.
제533조 (교차청약) 당사자간에 동일한 내용의 청약이 상호교차된 경우에는 양청약이 상대방에게 도달한 때에 계약이 성립한다.
제534조 (변경을 가한 승낙) 승낙자가 청약에 대하여 조건을 붙이거나 변경을 가하여 승낙한 때에는 그 청약의 거절과 동시에 새로 청약한 것으로 본다.
제535조 (계약체결상의 과실) ①목적이 불능한 계약을 체결할 때에 그 불능을 알았거나 알 수 있었을 자는 상대방이 그 계약의 유효를 믿었음으로 인하여 받은 손해를 배상하여야 한다. 그러나 그 배상액은 계약이 유효함으로 인하여 생길 이익액을 넘지 못한다.
②전항의 규정은 상대방이 그 불능을 알았거나 알 수 있었을 경우에는 적용하지 아니한다.

제2관 계약의 효력

제536조 (동시이행의 항변권) ①쌍무계약의 당사자일방은 상대방이 그 채무이행을 제공할 때까지 자기의 채무이행을 거절할 수 있다. 그러나 상대방의 채무가 변제기에 있지 아니하는 때에는 그러하지 아니하다.
②당사자일방이 상대방에게 먼저 이행하여야 할 경우에 상대방의 이행이 곤란할 현저한 사유가 있는 때에는 전항 본문과 같다.
제537조 (채무자위험부담주의) 쌍무계약의 당사자일방의 채무가 당사자쌍방의 책임 없는 사유로 이행할 수 없게 된 때에는 채무자는 상대방의 이행을 청구하지 못한다.
제538조 (채권자귀책사유로 인한 이행불능) ①쌍무계약의 당사자일방의 채무가 채권자의 책임 있는 사유로 이행할 수 없게 된 때에는 채무자는 상대방의 이행을 청구할 수 있다. 채권자의 수령지체 중에 당사자 쌍방의 책임 없는 사유로 이행할 수 없게 된 때에도 같다.
②전항의 경우에 채무자는 자기의 채무를 면함으로써 이익을 얻은 때에는 이를 채권자에게 상환하여야 한다.
제539조 (제삼자를 위한 계약) ①계약에 의하여 당사자일방이 제3자에게 이행할 것을 약정한 때에는 그 제3자는 채무자에게 직접 그 이행을 청구할 수 있다.
②전항의 경우에 제3자의 권리는 그 제3자가 채무자에 대하여 계약의 이익을 받을 의사를 표시한 때에 생긴다.
제540조 (채무자의 제삼자에 대한 최고권) 전조의 경우에 채무자는 상당한 기간을 정하여 계약의 이익의 향수여부의 확답을 제삼자에게 최고할 수 있다. 채무자가 그 기간 내에 확답을 받지 못한 때에는 제3자가 계약의 이익을 받을 것을 거절한 것으로 본다.
제541조 (제3자의 권리의 확정) 제539조의 규정에 의하여 제3자의 권리가 생긴 후에는 당사자는 이를 변경 또는 소멸 시키지 못한다.
제542조 (채무자의 항변권) 채무자는 제539조의 계약에 기한 항변으로 그 계약의 이익을 받을 제3자에게 대항할 수 있다.

제3관 계약의 해지, 해제

제543조 (해지, 해제권) ①계약 또는 법률의 규정에 의하여 당사자의 일방이나 쌍방이 해지 또는 해제의 권리가 있는 때에는 그 해지 또는 해제는 상대방에 대한 의사표시로 한다.
②전항의 의사표시는 철회하지 못한다.
제544조 (이행지체와 해제) 당사자일방이 그 채무를 이행하지 아니하는 때에는 상대방은 상당한 기간을 정하여 그 이행을 최고하고 그 기간 내에 이행하지 아니한 때에는 계약을 해제할 수 있다. 그러나 채무자가 미리 이행하지 아니할 의사를 표시한 경우에는 최고를 요하지 아니한다.
제545조 (정기행위와 해제) 계약의 성질 또는 당사자의 의사표시에 의하여 일정한 시일 또는 일정한 기간 내에 이행하지 아니하면 계약의 목적을 달성할 수 없을 경우에 당사자일방이 그 시기에 이행하지 아니한 때에는 상대방은 전조의 최고를 하지 아니하고 계약을 해제할 수 있다.
제546조 (이행불능과 해제) 채무자의 책임 있는 사유로 이행이 불능하게 된 때에는 채권자는 계약을 해제할 수 있다.
제547조 (해지, 해제권의 불가분성) ①당사자의 일방 또는 쌍방이 수인인 경우에는 계약의 해지나 해제는 그 전원으로부터 또는 전원에 대하여 하여야 한다.
②전항의 경우에 해지나 해제의 권리가 당사자 1인에 대하여 소멸한 때에는 다른 당사자에 대하여도 소멸한다.
제548조 (해제의 효과, 원상회복의무) ①당사자일방이 계약을 해제한 때에는 각 당사자는 그 상대방에 대하여 원상회복의 의무가 있다. 그러나 제3자의 권리를 해하지 못한다.
②전항의 경우에 반환할 금전에는 그 받은 날로부터 이자를 가하여야 한다.
제549조 (원상회복의무와 동시이행) 제536조의 규정은 전조의 경우에 준용한다.
제550조 (해지의 효과) 당사자일방이 계약을 해지한 때에는 계약은 장래에 대하여 그 효력을 잃는다.
제551조 (해지, 해제와 손해배상) 계약의 해지 또는 해제는 손해배상의 청구에 영향을 미치지 아니한다.
제552조 (해제권행사 여부의 최고권) ①해제권의 행사의 기간을 정하지 아니한 때에는 상대방은 상당한 기간을 정하여 해제권행사여부의 확답을 해제권자에게 최고할 수 있다.
②전항의 기간 내에 해제의 통지를 받지 못한 때에는 해제권은 소멸한다.
제553조 (훼손 등으로 인한 해제권의 소멸) 해제권자의 고의나 과실로 인하여 계약의 목적물이 현저히 훼손되거나 이를 반환할 수 없게 된 때 또는 가공이나 개조로 인하여 다른 종류의 물건으로 변경된 때에는 해제권은 소

멸한다.

제2절 증여

제554조 (증여의 의의) 증여는 당사자일방이 무상으로 재산을 상대방에 수여하는 의사를 표시하고 상대방이 이를 승낙함으로써 그 효력이 생긴다.
제555조 (서면에 의하지 아니한 증여와 해제) 증여의 의사가 서면으로 표시되지 아니한 경우에는 각 당사자는 이를 해제할 수 있다.
제556조 (수증자의 행위와 증여의 해제) ①수증자가 증여자에 대하여 다음 각호의 사유가 있는 때에는 증여자는 그 증여를 해제할 수 있다.
1. 증여자 또는 그 배우자나 직계혈족에 대한 범죄행위가 있는 때
2. 증여자에 대하여 부양의무 있는 경우에 이를 이행하지 아니하는 때
②전항의 해제권은 해제원인 있음을 안 날로부터 6월을 경과하거나 증여자가 수증자에 대하여 용서의 의사를 표시한 때에는 소멸한다.
제557조 (증여자의 재산상태변경과 증여의 해제) 증여 계약 후에 증여자의 재산상태가 현저히 변경되고 그 이행으로 인하여 생계에 중대한 영향을 미칠 경우에는 증여자는 증여를 해제할 수 있다.
제558조 (해제와 이행완료부분) 전3조의 규정에 의한 계약의 해제는 이미 이행한 부분에 대하여는 영향을 미치지 아니한다.
제559조 (증여자의 담보책임) ①증여자는 증여의 목적인 물건 또는 권리의 하자나 흠결에 대하여 책임을 지지 아니한다. 그러나 증여자가 그 하자나 흠결을 알고 수증자에게 고지하지 아니한 때에는 그러하지 아니하다.
②상대 부담 있는 증여에 대하여는 증여자는 그 부담의 한도에서 매도인과 같은 담보의 책임이 있다.
제560조 (정기증여와 사망으로 인한 실효) 정기의 급여를 목적으로 한 증여는 증여자 또는 수증자의 사망으로 인하여 그 효력을 잃는다.
제561조 (부담부증여) 상대부담 있는 증여에 대하여는 본절의 규정 외에 쌍무계약에 관한 규정을 적용한다.
제562조 (사인증여) 증여자의 사망으로 인하여 효력이 생길 증여에는 유증에 관한 규정을 준용한다.

제3절 매매

제1관 총칙

제563조 (매매의 의의) 매매는 당사자일방이 재산권을 상대방에게 이전할 것을 약정하고 상대방이 그 대금을 지급할 것을 약정함으로써 그 효력이 생긴다.
제564조 (매매의 일방예약) ①매매의 일방예약은 상대방이 매매를 완결할 의사를 표시하는 때에 매매의 효력이 생긴다.
②전항의 의사표시의 기간을 정하지 아니한 때에는 예약자는 상당한 기간을 정하여 매매완결여부의 확답을 상대방에게 최고할 수 있다.
③예약자가 전항의 기간 내에 확답을 받지 못한 때에는 예약은 그 효력을 잃는다.
제565조 (해약금) ①매매의 당사자일방이 계약당시에 금전 기타 물건을 계약금, 보증금등의 명목으로 상대방에게 교부한 때에는 당사자간에 다른 약정이 없는 한 당사자의 일방이 이행에 착수할 때까지 교부자는 이를 포기하고 수령자는 그 배액을 상환하여 매매계약을 해제할 수 있다.
②제551조의 규정은 전항의 경우에 이를 적용하지 아니한다.
제566조 (매매계약의 비용의 부담) 매매계약에 관한 비용은 당사자쌍방이 균분하여 부담한다.
제567조 (유상계약에의 준용) 본절의 규정은 매매이외의 유상계약에 준용한다. 그러나 그 계약의 성질이 이를 허용하지 아니하는 때에는 그러하지 아니하다.

제2관 매매의 효력

제568조 (매매의 효력) ①매도인은 매수인에 대하여 매매의 목적이 된 권리를 이전하여야 하며 매수인은 매도인에게 그 대금을 지급하여야 한다.
②전항의 쌍방의무는 특별한 약정이나 관습이 없으면 동시에 이행하여야 한다.
제569조 (타인의 권리의 매매) 매매의 목적이 된 권리가 타인에게 속한 경우에는 매도인은 그 권리를 취득하여 매수인에게 이전하여야 한다.
제570조 (동전-매도인의 담보책임) 전조의 경우에 매도인이 그 권리를 취득하여 매수인에게 이전할 수 없는 때에는 매수인은 계약을 해제할 수 있다. 그러나 매수인이 계약당시 그 권리가 매도인에게 속하지 아니함을 안 때에는 손해배상을 청구하지 못한다.
제571조 (동전-선의의 매도인의 담보책임) ①매도인이 계약당시에 매매의 목적이 된 권리가 자기에게 속하지 아니함을 알지 못한 경우에 그 권리를 취득하여 매수인에게 이전할 수 없는 때에는 매도인은 손해를 배상하고 계약을 해제할 수 있다.
②전항의 경우에 매수인이 계약당시 그 권리가 매도인에게 속하지 아니함을 안 때에는 매도인은 매수인에 대하여 그 권리를 이전할 수 없음을 통지하고 계약을 해제할 수 있다.
제572조 (권리의 일부가 타인에게 속한 경우와 매도인의 담보책임) ①매매의 목적이 된 권리의 일부가 타인에게 속함으로 인하여 매도인이 그 권리를 취득하여 매수인에게 이전할 수 없는 때에는 매수인은 그 부분의 비율로 대금의 감액을 청구할 수 있다.
②전항의 경우에 잔존한 부분만이면 매수인이 이를 매수하지 아니하였을 때에는 선의의 매수인은 계약전부를 해제할 수 있다.
③선의의 매수인은 감액청구 또는 계약해제 외에 손해배상을 청구할 수 있다.
제573조 (전조의 권리행사의 기간) 전조의 권리는 매수인이 선의인 경우에는 사실을 안 날로부터, 악의인 경우에는 계약한 날로부터 1년 내에 행사하여야 한다.
제574조 (수량부족, 일부멸실의 경우와 매도인의 담보책임) 전2조의 규정은 수량을 지정한 매매의 목적물이 부족되는 경우와 매매목적물의 일부가 계약당시에 이미 멸실된 경우에 매수인이 그 부족 또는 멸실을 알지 못한 때에 준용한다.
제575조 (제한물권 있는 경우와 매도인의 담보책임) ①매매의 목적물이 지상권, 지역권, 전세권, 질권 또는 유치권의 목적이 된 경우에 매수인이 이를 알지 못한 때에는 이로 인하여 계약의 목적을 달성할 수 없는 경우에 한하여 매수인은 계약을 해제할 수 있다. 기타의 경우에는 손해배상만을 청구할 수 있다.
②전항의 규정은 매매의 목적이 된 부동산을 위하여 존재할 지역권이 없거나 그 부동산에 등기된 임대차계약이 있는 경우에 준용한다.
③전2항의 권리는 매수인이 그 사실을 안 날로부터 1년 내에 행사하여야 한다.
제576조 (저당권, 전세권의 행사와 매도인의 담보책임) ①매매의 목적이 된 부동산에 설정된 저당권 또는 전세

권의 행사로 인하여 매수인이 그 소유권을 취득할 수 없거나 취득한 소유권을 잃은 때에는 매수인은 계약을 해제할 수 있다.
②전항의 경우에 매수인의 출재로 그 소유권을 보존한 때에는 매도인에 대하여 그 상환을 청구할 수 있다.
③전2항의 경우에 매수인이 손해를 받은 때에는 그 배상을 청구할 수 있다.
제577조 (저당권의 목적이 된 지상권, 전세권의 매매와 매도인의 담보책임) 전조의 규정은 저당권의 목적이 된 지상권 또는 전세권이 매매의 목적이 된 경우에 준용한다.
제578조 (경매와 매도인의 담보책임) ①경매의 경우에는 경락인은 전8조의 규정에 의하여 채무자에게 계약의 해제 또는 대금감액의 청구를 할 수 있다.
②전항의 경우에 채무자가 자력이 없는 때에는 경락인은 대금의 배당을 받은 채권자에 대하여 그 대금전부나 일부의 반환을 청구할 수 있다.
③전2항의 경우에 채무자가 물건 또는 권리의 흠결을 알고 고지하지 아니하거나 채권자가 이를 알고 경매를 청구한 때에는 경락인은 그 흠결을 안 채무자나 채권자에 대하여 손해배상을 청구할 수 있다.
제579조 (채권매매와 매도인의 담보책임) ①채권의 매도인이 채무자의 자력을 담보한 때에는 매매계약 당시의 자력을 담보한 것으로 추정한다.
②변제기에 도달하지 아니한 채권의 매도인이 채무자의 자력을 담보한 때에는 변제기의 자력을 담보한 것으로 추정한다.
제580조 (매도인의 하자담보책임) ①매매의 목적물에 하자가 있는 때에는 제575조 제1항의 규정을 준용한다. 그러나 매수인이 하자있는 것을 알았거나 과실로 인하여 이를 알지 못한 때에는 그러하지 아니하다.
②전항의 규정은 경매의 경우에 적용하지 아니한다.
제581조 (종류매매와 매도인의 담보책임) ①매매의 목적물을 종류로 지정한 경우에도 그 후 특정된 목적물에 하자가 있는 때에는 전조의 규정을 준용한다.
②전항의 경우에 매수인은 계약의 해제 또는 손해배상의 청구를 하지 아니하고 하자 없는 물건을 청구할 수 있다.
제582조 (전2조의 권리행사기간) 전2조에 의한 권리는 매수인이 그 사실을 안 날로부터 6월내에 행사하여야 한다.
제583조 (담보책임과 동시이행) 제536조의 규정은 제572조 내지 제575조, 제580조 및 제581조의 경우에 준용한다.
제584조 (담보책임면제의 특약) 매도인은 전15조에 의한 담보책임을 면하는 특약을 한 경우에도 매도인이 알고 고지하지 아니한 사실 및 제3자에게 권리를 설정 또는 양도한 행위에 대하여는 책임을 면하지 못한다.
제585조 (동일기한의 추정) 매매의 당사자일방에 대한 의무이행의 기한이 있는 때에는 상대방의 의무이행에 대하여도 동일한 기한이 있는 것으로 추정한다.
제586조 (대금지급장소) 매매의 목적물의 인도와 동시에 대금을 지급할 경우에는 그 인도장소에서 이를 지급하여야 한다.
제587조 (과실의 귀속, 대금의 이자) 매매계약 있은 후에도 인도하지 아니한 목적물로부터 생긴 과실은 매도인에게 속한다. 매수인은 목적물의 인도를 받은 날로부터 대금의 이자를 지급하여야 한다. 그러나 대금의 지급에 대하여 기한이 있는 때에는 그러하지 아니하다.
제588조 (권리주장자가 있는 경우와 대금지급거절권) 매매의 목적물에 대하여 권리를 주장하는 자가 있는 경우에 매수인이 매수한 권리의 전부나 일부를 잃을 염려가 있는 때에는 매수인은 그 위험의 한도에서 대금의 전부나 일부의 지급을 거절할 수 있다. 그러나 매도인이 상당한 담보를 제공한 때에는 그러하지 아니하다.
제589조 (대금공탁청구권) 전조의 경우에 매도인은 매수인에 대하여 대금의 공탁을 청구할 수 있다.

제3관 환매

제590조 (환매의 의의) ①매도인이 매매계약과 동시에 환매할 권리를 보유한 때에는 그 영수한 대금 및 매수인이 부담한 매매비용을 반환하고 그 목적물을 환매할 수 있다.
②전항의 환매대금에 관하여 특별한 약정이 있으면 그 약정에 의한다.
③전2항의 경우에 목적물의 과실과 대금의 이자는 특별한 약정이 없으면 이를 상계한 것으로 본다.
제591조 (환매기간) ①환매기간은 부동산은 5년, 동산은 3년을 넘지 못한다. 약정기간이 이를 넘는 때에는 부동산은 5년, 동산은 3년으로 단축한다.
②환매기간을 정한 때에는 다시 이를 연장하지 못한다.
③환매기간을 정하지 아니한 때에는 그 기간은 부동산은 5년, 동산은 3년으로 한다.
제592조 (환매등기) 매매의 목적물이 부동산인 경우에 매매등기와 동시에 환매권의 보류를 등기한 때에는 제삼자에 대하여 그 효력이 있다.
제593조 (환매권의 대위행사와 매수인의 권리) 매도인의 채권자가 매도인을 대위하여 환매하고자 하는 때에는 매수인은 법원이 선정한 감정인의 평가액에서 매도인이 반환할 금액을 공제한 잔액으로 매도인의 채무를 변제하고 잉여액이 있으면 이를 매도인에게 지급하여 환매권을 소멸시킬 수 있다.
제594조 (환매의 실행) ①매도인은 기간 내에 대금과 매매비용을 매수인에게 제공하지 아니하면 환매할 권리를 잃는다.
②매수인이나 전득자가 목적물에 대하여 비용을 지출한 때에는 매도인은 제203조의 규정에 의하여 이를 상환하여야 한다. 그러나 유익비에 대하여는 법원은 매도인의 청구에 의하여 상당한 상환기간을 허여할 수 있다.
제595조 (공유지분의 환매) 공유자의 1인이 환매할 권리를 보류하고 그 지분을 매도한 후 그 목적물의 분할이나 경매가 있는 때에는 매도인은 매수인이 받은 또는 받을 부분이나 대금에 대하여 환매권을 행사할 수 있다. 그러나 매도인에게 통지하지 아니한 매수인은 그 분할이나 경매로써 매도인에게 대항하지 못한다.

제4절 교환

제596조 (교환의 의의) 교환은 당사자쌍방이 금전 이외의 재산권을 상호 이전할 것을 약정함으로써 그 효력이 생긴다.
제597조 (금전의 보충지급의 경우) 당사자일방이 전조의 재산권이전과 금전의 보충지급을 약정한 때에는 그 금전에 대하여는 매매대금에 관한 규정을 준용한다.

제5절 소비대차

제598조 (소비대차의 의의) 소비대차는 당사자일방이 금전 기타 대체물의 소유권을 상대방에게 이전할 것을 약정하고 상대방은 그와 같은 종류, 품질 및 수량으로 반환할 것을 약정함으로써 그 효력이 생긴다.
제599조 (파산과 소비대차의 실효) 대주가 목적물을 차주에게 인도하기 전에 당사자일방이 파산선고를 받은 때에는 소비대차는 그 효력을 잃는다.
제600조 (이자계산의 시기) 이자있는 소비대차는 차주가 목적물의 인도를 받은 때로부터 이자를 계산하여야 하

며 차주가 그 책임 있는 사유로 수령을 지체할 때에는 대주가 이행을 제공한 때로부터 이자를 계산하여야 한다.
제601조 (무이자소비대차와 해제권) 이자 없는 소비대차의 당사자는 목적물의 인도전에는 언제든지 계약을 해제할 수 있다. 그러나 상대방에게 생긴 손해가 있는 때에는 이를 배상하여야 한다.
제602조 (대주의 담보책임) ①이자 있는 소비대차의 목적물에 하자가 있는 경우에는 제580조 내지 제582조의 규정을 준용한다.
②이자 없는 소비대차의 경우에는 차주는 하자 있는 물건의 가액으로 반환할 수 있다. 그러나 대주가 그 하자를 알고 차주에게 고지하지 아니한 때에는 전항과 같다.
제603조 (반환시기) ①차주는 약정시기에 차용물과 같은 종류, 품질 및 수량의 물건을 반환하여야 한다.
②반환시기의 약정이 없는 때에는 대주는 상당한 기간을 정하여 반환을 최고하여야 한다. 그러나 차주는 언제든지 반환할 수 있다.
제604조 (반환불능으로 인한 시가상환) 차주가 차용물과 같은 종류, 품질 및 수량의 물건을 반환할 수 없는 때에는 그 때의 시가로 상환하여야 한다. 그러나 제376조 및 제377조 제2항의 경우에는 그러하지 아니하다.
제605조 (준소비대차) 당사자쌍방이 소비대차에 의하지 아니하고 금전 기타의 대체물을 지급할 의무가 있는 경우에 당사자가 그 목적물을 소비대차의 목적으로 할 것을 약정한 때에는 소비대차의 효력이 생긴다.
제606조 (대물대차) 금전대차의 경우에 차주가 금전에 갈음하여 유가증권 기타 물건의 인도를 받은 때에는 그 인도시의 가액으로써 차용액으로 한다.
제607조 (대물반환의 예약) 차용물의 반환에 관하여 차주가 차용물에 갈음하여 다른 재산권을 이전할 것을 예약한 경우에는 그 재산의 예약당시의 가액이 차용액 및 이에 붙인 이자의 합산액을 넘지 못한다.
제608조 (차주에 불이익한 약정의 금지) 전2조의 규정에 위반한 당사자의 약정으로서 차주에 불리한 것은 환매 기타 여하한 명목이라도 그 효력이 없다.

제6절 사용대차

제609조 (사용대차의 의의) 사용대차는 당사자일방이 상대방에게 무상으로 사용, 수익하게 하기 위하여 목적물을 인도할 것을 약정하고 상대방은 이를 사용, 수익한 후 그 물건을 반환할 것을 약정함으로써 그 효력이 생긴다.
제610조 (차주의 사용, 수익권) ①차주는 계약 또는 그 목적물의 성질에 의하여 정하여진 용법으로 이를 사용, 수익하여야 한다.
②차주는 대주의 승낙이 없으면 제3자에게 차용물을 사용, 수익하게 하지 못한다.
③차주가 전2항의 규정에 위반한 때에는 대주는 계약을 해지할 수 있다.
제611조 (비용의 부담) ①차주는 차용물의 통상의 필요비를 부담한다.
②기타의 비용에 대하여는 제594조 제2항의 규정을 준용한다.
제612조 (준용규정) 제559조, 제601조의 규정은 사용대차에 준용한다.
제613조 (차용물의 반환시기) ①차주는 약정시기에 차용물을 반환하여야 한다.
②시기의 약정이 없는 경우에는 차주는 계약 또는 목적물의 성질에 의한 사용, 수익이 종료한 때에 반환하여야 한다. 그러나 사용, 수익에 족한 기간이 경과한 때에는 대주는 언제든지 계약을 해지할 수 있다.
제614조 (차주의 사망, 파산과 해지) 차주가 사망하거나 파산선고를 받은 때에는 대주는 계약을 해지할 수 있다.
제615조 (차주의 원상회복의무와 철거권) 차주가 차용물을 반환하는 때에는 이를 원상에 회복하여야 한다. 이에 부속시킨 물건은 철거할 수 있다.
제616조 (공동차주의 연대의무) 수인이 공동하여 물건을 차용한 때에는 연대하여 그 의무를 부담한다.
제617조 (손해배상, 비용상환청구의 기간) 계약 또는 목적물의 성질에 위반한 사용, 수익으로 인하여 생긴 손해배상의 청구와 차주가 지출한 비용의 상환청구는 대주가 물건의 반환을 받은 날로부터 6월내에 하여야 한다.

제7절 임대차

제618조 (임대차의 의의) 임대차는 당사자일방이 상대방에게 목적물을 사용, 수익하게 할 것을 약정하고 상대방이 이에 대하여 차임을 지급할 것을 약정함으로써 그 효력이 생긴다.
제619조 (처분능력, 권한 없는 자의 할 수 있는 단기임대차) 처분의 능력 또는 권한 없는 자가 임대차를 하는 경우에는 그 임대차는 다음 각호의 기간을 넘지 못한다.
1. 식목, 채염 또는 석조, 석회조, 연와조 및 이와 유사한 건축을 목적으로 한 토지의 임대차는 10년
2. 기타 토지의 임대차는 5년
3. 건물 기타 공작물의 임대차는 3년
4. 동산의 임대차는 6월
제620조 (단기임대차의 갱신) 전조의 기간은 갱신할 수 있다. 그러나 그 기간만료 전 토지에 대하여는 1년, 건물 기타 공작물에 대하여는 3월, 동산에 대하여는 1월내에 갱신하여야 한다.
제621조 (임대차의 등기) ①부동산임차인은 당사자간에 반대 약정이 없으면 임대인에 대하여 그 임대차등기절차에 협력할 것을 청구할 수 있다.
②부동산임대차를 등기한 때에는 그때부터 제3자에 대하여 효력이 생긴다.
제622조 (건물등기 있는 차지권의 대항력) ①건물의 소유를 목적으로 한 토지임대차는 이를 등기하지 아니한 경우에도 임차인이 그 지상건물을 등기한 때에는 제3자에 대하여 임대차의 효력이 생긴다.
②건물이 임대차기간 만료 전에 멸실 또는 후폐한 때에는 전항의 효력을 잃는다.
제623조 (임대인의 의무) 임대인은 목적물을 임차인에게 인도하고 계약존속 중 그 사용, 수익에 필요한 상태를 유지하게 할 의무를 부담한다.
제624조 (임대인의 보존행위, 인용의무) 임대인이 임대물의 보존에 필요한 행위를 하는 때에는 임차인은 이를 거절하지 못한다.
제625조 (임차인의 의사에 반하는 보존행위와 해지권) 임대인이 임차인의 의사에 반하여 보존행위를 하는 경우에 임차인이 이로 인하여 임차의 목적을 달성할 수 없는 때에는 계약을 해지할 수 있다.
제626조 (임차인의 상환청구권) ①임차인이 임차물의 보존에 관한 필요비를 지출한 때에는 임대인에 대하여 그 상환을 청구할 수 있다.
②임차인이 유익비를 지출한 경우에는 임대인은 임대차 종료시에 그 가액의 증가가 현존한 때에 한하여 임차인의 지출한 금액이나 그 증가액을 상환하여야 한다. 이 경우에 법원은 임대인의 청구에 의하여 상당한 상환기간을 허여할 수 있다.
제627조 (일부멸실 등과 감액청구, 해지권) ①임차물의 일부가 임차인의 과실 없이 멸실 기타 사유로 인하여 사용, 수익할 수 없는 때에는 임차인은 그 부분의 비율에 의한 차임의 감액을 청구할 수 있다.
②전항의 경우에 그 잔존부분으로 임차의 목적을 달성할 수 없는 때에는 임차인은 계약을 해지할 수 있다.
제628조 (차임증감청구권) 임대물에 대한 공과부담의 증감 기타 경제사정의 변동으로 인하여 약정한 차임이 상당하지 아니하게 된 때에는 당사자는 장래에 대한 차임의 증감을 청구할 수 있다.

제629조 (임차권의 양도, 전대의 제한) ①임차인은 임대인의 동의 없이 그 권리를 양도하거나 임차물을 전대하지 못한다.
②임차인이 전항의 규정에 위반한 때에는 임대인은 계약을 해지할 수 있다.
제630조 (전대의 효과) ①임차인이 임대인의 동의를 얻어 임차물을 전대한 때에는 전차인은 직접 임대인에 대하여 의무를 부담한다. 이 경우에 전차인은 전대인에 대한 차임의 지급으로써 임대인에게 대항하지 못한다.
②전항의 규정은 임대인의 임차인에 대한 권리행사에 영향을 미치지 아니한다.
제631조 (전차인의 권리의 확정) 임차인이 임대인의 동의를 얻어 임차물을 전대한 경우에는 임대인과 임차인의 합의로 계약을 종료한 때에도 전차인의 권리는 소멸하지 아니한다.
제632조 (임차건물의 소부분을 타인에게 사용케 하는 경우) 전3조의 규정은 건물의 임차인이 그 건물의 소부분을 타인에게 사용하게 하는 경우에 적용하지 아니한다.
제633조 (차임지급의 시기) 차임은 동산, 건물이나 대지에 대하여는 매월 말에, 기타 토지에 대하여는 매년 말에 지급하여야 한다. 그러나 수확기 있는 것에 대하여는 그 수확 후 지체 없이 지급하여야 한다.
제634조 (임차인의 통지의무) 임차물의 수리를 요하거나 임차물에 대하여 권리를 주장하는 자가 있는 때에는 임차인은 지체 없이 임대인에게 이를 통지하여야 한다. 그러나 임대인이 이미 이를 안 때에는 그러하지 아니하다.
제635조 (기간의 약정 없는 임대차의 해지통고) ①임대차기간의 약정이 없는 때에는 당사자는 언제든지 계약해지의 통고를 할 수 있다.
②상대방이 전항의 통고를 받은 날로부터 다음 각호의 기간이 경과하면 해지의 효력이 생긴다.
1. 토지, 건물 기타 공작물에 대하여는 임대인이 해지를 통고한 경우에는 6월, 임차인이 해지를 통고한 경우에는 1월
2. 동산에 대하여는 5일
제636조 (기간의 약정 있는 임대차의 해지통고) 임대차기간의 약정이 있는 경우에도 당사자일방 또는 쌍방이 그 기간 내에 해지할 권리를 보류한 때에는 전조의 규정을 준용한다.
제637조 (임차인의 파산과 해지통고) ①임차인이 파산선고를 받은 경우에는 임대차기간의 약정이 있는 때에도 임대인 또는 파산관재인은 제635조의 규정에 의하여 계약해지의 통고를 할 수 있다.
②전항의 경우에 각 당사자는 상대방에 대하여 계약해지로 인하여 생긴 손해의 배상을 청구하지 못한다.
제638조 (해지통고의 전차인에 대한 통지) ①임대차계약이 해지의 통고로 인하여 종료된 경우에 그 임대물이 적법하게 전대되었을 때에는 임대인은 전차인에 대하여 그 사유를 통지하지 아니하면 해지로써 전차인에게 대항하지 못한다.
②전차인이 전항의 통지를 받은 때에는 제635조 제2항의 규정을 준용한다.
제639조 (묵시의 갱신) ①임대차기간이 만료한 후 임차인이 임차물의 사용, 수익을 계속하는 경우에 임대인이 상당한 기간 내에 이의를 하지 아니한 때에는 전임대차와 동일한 조건으로 다시 임대차한 것으로 본다. 그러나 당사자는 제635조의 규정에 의하여 해지의 통고를 할 수 있다.
②전항의 경우에 전임대차에 대하여 제3자가 제공한 담보는 기간의 만료로 인하여 소멸한다.
제640조 (차임연체와 해지) 건물 기타 공작물의 임대차에는 임차인의 차임연체액이 2기의 차임액에 달하는 때에는 임대인은 계약을 해지할 수 있다.
제641조 (동전) 건물 기타 공작물의 소유 또는 식목, 채염, 목축을 목적으로 한 토지임대차의 경우에도 전조의 규정을 준용한다.
제642조 (토지임대차의 해지와 지상건물 등에 대한 담보물권자에의 통지) 전조의 경우에 그 지상에 있는 건물 기타 공작물이 담보물권의 목적이 된 때에는 제288조의 규정을 준용한다.
제643조 (임차인의 갱신청구권, 매수청구권) 건물 기타 공작물의 소유 또는 식목, 채염, 목축을 목적으로 한 토지임대차의 기간이 만료한 경우에 건물, 수목 기타 지상시설이 현존한 때에는 제283조의 규정을 준용한다.
제644조 (전차인의 임대청구권, 매수청구권) ①건물 기타 공작물의 소유 또는 식목, 채염, 목축을 목적으로 한 토지임차인이 적법하게 그 토지를 전대한 경우에 임대차 및 전대차의 기간이 동시에 만료되고 건물, 수목 기타 지상시설이 현존한 때에는 전차인은 임대인에 대하여 전전대차와 동일한 조건으로 임대할 것을 청구할 수 있다.
②전항의 경우에 임대인이 임대할 것을 원하지 아니하는 때에는 제283조 제2항의 규정을 준용한다.
제645조 (지상권목적토지의 임차인의 임대청구권, 매수청구권) 전조의 규정은 지상권자가 그 토지를 임대한 경우에 준용한다.
제646조 (임차인의 부속물매수청구권) ①건물 기타 공작물의 임차인이 그 사용의 편익을 위하여 임대인의 동의를 얻어 이에 부속한 물건이 있는 때에는 임대차의 종료시에 임대인에 대하여 그 부속물의 매수를 청구할 수 있다.
②임대인으로부터 매수한 부속물에 대하여도 전항과 같다.
제647조 (전차인의 부속물매수청구권) ①건물 기타 공작물의 임차인이 적법하게 전대한 경우에 전차인이 그 사용의 편익을 위하여 임대인의 동의를 얻어 이에 부속한 물건이 있는 때에는 전대차의 종료시에 임대인에 대하여 그 부속물의 매수를 청구할 수 있다.
②임대인으로부터 매수하였거나 그 동의를 얻어 임차인으로부터 매수한 부속물에 대하여도 전항과 같다.
제648조 (임차지의 부속물, 과실 등에 대한 법정질권) 토지임대인이 임대차에 관한 채권에 의하여 임차지에 부속 또는 그 사용의 편익에 공용한 임차인의 소유동산 및 그 토지의 과실을 압류한 때에는 질권과 동일한 효력이 있다.
제649조 (임차지상의 건물에 대한 법정저당권) 토지임대인이 변제기를 경과한 최후 2년의 차임채권에 의하여 그 지상에 있는 임차인소유의 건물을 압류한 때에는 저당권과 동일한 효력이 있다.
제650조 (임차건물 등의 부속물에 대한 법정질권) 건물 기타 공작물의 임대인이 임대차에 관한 채권에 의하여 그 건물 기타 공작물에 부속한 임차인소유의 동산을 압류한 때에는 질권과 동일한 효력이 있다.
제651조 (임대차존속기간) ①석조, 석회조, 연와조 또는 이와 유사한 견고한 건물 기타 공작물의 소유를 목적으로 하는 토지임대차나 식목, 채염을 목적으로 하는 토지임대차의 경우를 제한 외에는 임대차의 존속기간은 20년을 넘지 못한다. 당사자의 약정기간이 20년을 넘는 때에는 이를 20년으로 단축한다.
②전항의 기간은 이를 갱신할 수 있다. 그 기간은 갱신한 날로부터 10년을 넘지 못한다.
제652조 (강행규정) 제627조, 제628조, 제631조, 제635조, 제638조, 제640조, 제641조, 제643조 내지 제647조의 규정에 위반하는 약정으로 임차인이나 전차인에게 불리한 것은 그 효력이 없다.
제653조 (일시사용을 위한 임대차의 특례) 제628조, 제638조, 제640조, 제646조 내지 제648조, 제650조 및 전조의 규정은 일시사용하기 위한 임대차 또는 전대차인 것이 명백한 경우에는 적용하지 아니한다.
제654조 (준용규정) 제610조 제1항, 제615조 내지 제617조의 규정은 임대차에 이를 준용한다.

제8절 고용

제655조 (고용의 의의) 고용은 당사자일방이 상대방에 대하여 노무를 제공할 것을 약정하고 상대방이 이에 대하여 보수를 지급할 것을 약정함으로써 그 효력이 생긴다.
제656조 (보수액과 그 지급시기) ①보수 또는 보수액의 약정이 없는 때에는 관습에 의하여 지급하여야 한다.
②보수는 약정한 시기에 지급하여야 하며 시기의 약정이 없으면 관습에 의하고 관습이 없으면 약정한 노무를 종

료한 후 지체 없이 지급하여야 한다.
제657조 (권리의무의 전속성) ①사용자는 노무자의 동의 없이 그 권리를 제3자에게 양도하지 못한다.
②노무자는 사용자의 동의 없이 제3자로 하여금 자기에 가름하여 노무를 제공하게 하지 못한다.
③당사자일방이 전2항의 규정에 위반한 때에는 상대방은 계약을 해지할 수 있다.
제658조 (노무의 내용과 해지권) ①사용자가 노무자에 대하여 약정하지 아니한 노무의 제공을 요구한 때에는 노무자는 계약을 해지할 수 있다.
②약정한 노무가 특수한 기능을 요하는 경우에 노무자가 그 기능이 없는 때에는 사용자는 계약을 해지할 수 있다.
제659조 (3년 이상의 경과와 해지통고권) ①고용의 약정기간이 3년을 넘거나 당사자의 일방 또는 제삼자의 종신까지로 된 때에는 각 당사자는 3년을 경과한 후 언제든지 계약해지의 통고를 할 수 있다.
②전항의 경우에는 상대방이 해지의 통고를 받은 날로부터 3월이 경과하면 해지의 효력이 생긴다.
제660조 (기간의 약정이 없는 고용의 해지통고) ①고용기간의 약정이 없는 때에는 당사자는 언제든지 계약해지의 통고를 할 수 있다.
②전항의 경우에는 상대방이 해지의 통고를 받은 날로부터 1월이 경과하면 해지의 효력이 생긴다.
③기간으로 보수를 정한 때에는 상대방이 해지의 통고를 받은 당기후의 일기를 경과함으로써 해지의 효력이 생긴다.
제661조 (부득이한 사유와 해지권) 고용기간의 약정이 있는 경우에도 부득이한 사유 있는 때에는 각 당사자는 계약을 해지할 수 있다. 그러나 그 사유가 당사자일방의 과실로 인하여 생긴 때에는 상대방에 대하여 손해를 배상하여야 한다.
제662조 (묵시의 갱신) ①고용기간이 만료한 후 노무자가 계속하여 그 노무를 제공하는 경우에 사용자가 상당한 기간 내에 이의를 하지 아니한 때에는 전고용과 동일한 조건으로 다시 고용한 것으로 본다. 그러나 당사자는 제660조의 규정에 의하여 해지의 통고를 할 수 있다.
②전항의 경우에는 전고용에 대하여 제3자가 제공한 담보는 기간의 만료로 인하여 소멸한다.
제663조 (사용자파산과 해지통고) ①사용자가 파산선고를 받은 경우에는 고용기간의 약정이 있는 때에도 노무자 또는 파산관재인은 계약을 해지할 수 있다.
②전항의 경우에는 각 당사자는 계약해지로 인한 손해의 배상을 청구하지 못한다.

제9절 도급

제664조 (도급의 의의) 도급은 당사자일방이 어느 일을 완성할 것을 약정하고 상대방이 그 일의 결과에 대하여 보수를 지급할 것을 약정함으로써 그 효력이 생긴다.
제665조 (보수의 지급시기) ①보수는 그 완성된 목적물의 인도와 동시에 지급하여야 한다. 그러나 목적물의 인도를 요하지 아니하는 경우에는 그 일을 완성한 후 지체 없이 지급하여야 한다.
②전항의 보수에 관하여는 제656조 제2항의 규정을 준용한다.
제666조 (수급인의 목적 부동산에 대한 저당권설정청구권) 부동산공사의 수급인은 전조의 보수에 관한 채권을 담보하기 위하여 그 부동산을 목적으로 한 저당권의 설정을 청구할 수 있다.
제667조 (수급인의 담보책임) ①완성된 목적물 또는 완성 전의 성취된 부분에 하자가 있는 때에는 도급인은 수급인에 대하여 상당한 기간을 정하여 그 하자의 보수를 청구할 수 있다. 그러나 하자가 중요하지 아니한 경우에 그 보수에 과다한 비용을 요할 때에는 그러하지 아니하다.
②도급인은 하자의 보수에 갈음하여 또는 보수와 함께 손해배상을 청구할 수 있다.
③전항의 경우에는 제536조의 규정을 준용한다.
제668조 (동전-도급인의 해제권) 도급인이 완성된 목적물의 하자로 인하여 계약의 목적을 달성할 수 없는 때에는 계약을 해제할 수 있다. 그러나 건물 기타 토지의 공작물에 대하여는 그러하지 아니하다.
제669조 (동전-하자가 도급인의 제공한 재료 또는 지시에 기인한 경우의 면책) 전2조의 규정은 목적물의 하자가 도급인이 제공한 재료의 성질 또는 도급인의 지시에 기인한 때에는 적용하지 아니한다. 그러나 수급인이 그 재료 또는 지시의 부적당함을 알고 도급인에게 고지하지 아니한 때에는 그러하지 아니하다.
제670조 (담보책임의 존속기간) ①전3조의 규정에 의한 하자의 보수, 손해배상의 청구 및 계약의 해제는 목적물의 인도를 받은 날로부터 1년 내에 하여야 한다.
②목적물의 인도를 요하지 아니하는 경우에는 전항의 기간은 일의 종료한 날로부터 기산한다.
제671조 (수급인의 담보책임-토지, 건물 등에 대한 특칙) ①토지, 건물 기타 공작물의 수급인은 목적물 또는 지반공사의 하자에 대하여 인도 후 5년간 담보의 책임이 있다. 그러나 목적물이 석조, 석회조, 연와조, 금속 기타 이와 유사한 재료로 조성된 것인 때에는 그 기간을 10년으로 한다.
②전항의 하자로 인하여 목적물이 멸실 또는 훼손된 때에는 도급인은 그 멸실 또는 훼손된 날로부터 1년 내에 제667조의 권리를 행사하여야 한다.
제672조 (담보책임면제의 특약) 수급인은 제667조, 제668조의 담보책임이 없음을 약정한 경우에도 알고 고지하지 아니한 사실에 대하여는 그 책임을 면하지 못한다.
제673조 (완성전의 도급인의 해제권) 수급인이 일을 완성하기 전에는 도급인은 손해를 배상하고 계약을 해제할 수 있다.
제674조 (도급인의 파산과 해제권) ①도급인이 파산선고를 받은 때에는 수급인 또는 파산관재인은 계약을 해제할 수 있다. 이 경우에는 수급인은 일의 완성된 부분에 대한 보수 및 보수에 포함되지 아니한 비용에 대하여 파산재단의 배당에 가입할 수 있다.
②전항의 경우에는 각 당사자는 상대방에 대하여 계약해제로 인한 손해의 배상을 청구하지 못한다.

제10절 현상광고

제675조 (현상광고의 의의) 현상광고는 광고자가 어느 행위를 한 자에게 일정한 보수를 지급할 의사를 표시하고 이에 응한 자가 그 광고에 정한 행위를 완료함으로써 그 효력이 생긴다.
제676조 (보수수령권자) ①광고에 정한 행위를 완료한 자가 수인인 경우에는 먼저 그 행위를 완료한 자가 보수를 받을 권리가 있다.
②수인이 동시에 완료한 경우에는 각각 균등한 비율로 보수를 받을 권리가 있다. 그러나 보수가 그 성질상 분할할 수 없거나 광고에 1인만이 보수를 받을 것으로 정한 때에는 추첨에 의하여 결정한다.
제677조 (광고부지의 행위) 전조의 규정은 광고 있음을 알지 못하고 광고에 정한 행위를 완료한 경우에 준용한다.
제678조 (우수현상광고) ①광고에 정한 행위를 완료한 자가 수인인 경우에 그 우수한 자에 한하여 보수를 지급할 것을 정하는 때에는 그 광고에 응모기간을 정한 때에 한하여 그 효력이 생긴다.
②전항의 경우에 우수의 판정은 광고 중에 정한 자가 한다. 광고 중에 판정자를 정하지 아니한 때에는 광고자가 판정한다.
③우수한 자 없다는 판정은 이를 할 수 없다. 그러나 광고 중에 다른 의사표시가 있거나 광고의 성질상 판정의 표

준이 정하여져 있는 때에는 그러하지 아니하다.
④응모자는 전2항의 판정에 대하여 이의를 하지 못한다.
⑤수인의 행위가 동등으로 판정된 때에는 제676조 제2항의 규정을 준용한다.
제679조 (현상광고의 철회) ①광고에 그 지정한 행위의 완료기간을 정한 때에는 그 기간만료 전에 광고를 철회하지 못한다.
②광고에 행위의 완료기간을 정하지 아니한 때에는 그 행위를 완료한 자 있기 전에는 그 광고와 동일한 방법으로 광고를 철회할 수 있다.
③전광고와 동일한 방법으로 철회할 수 없는 때에는 그와 유사한 방법으로 철회할 수 있다. 이 철회는 철회한 것을 안 자에 대하여만 그 효력이 있다.

제11절 위임

제680조 (위임의 의의) 위임은 당사자일방이 상대방에 대하여 사무의 처리를 위탁하고 상대방이 이를 승낙함으로써 그 효력이 생긴다.
제681조 (수임인의 선관의무) 수임인은 위임의 본지에 따라 선량한 관리자의 주의로써 위임사무를 처리하여야 한다.
제682조 (복임권의 제한) ①수임인은 위임인의 승낙이나 부득이한 사유 없이 제3자로 하여금 자기에 갈음하여 위임사무를 처리하게 하지 못한다.
②수임인이 전항의 규정에 의하여 제3자에게 위임사무를 처리하게 한 경우에는 제121조, 제123조의 규정을 준용한다.
제683조 (수임인의 보고의무) 수임인은 위임인의 청구가 있는 때에는 위임사무의 처리상황을 보고하고 위임이 종료한 때에는 지체 없이 그 전말을 보고하여야 한다.
제684조 (수임인의 취득물 등의 인도, 이전의무) ①수임인은 위임사무의 처리로 인하여 받은 금전 기타의 물건 및 그 수취한 과실을 위임인에게 인도하여야 한다.
②수임인이 위임인을 위하여 자기의 명의로 취득한 권리는 위임인에게 이전하여야 한다.
제685조 (수임인의 금전소비의 책임) 수임인이 위임인에게 인도할 금전 또는 위임인의 이익을 위하여 사용할 금전을 자기를 위하여 소비한 때에는 소비한 날 이후의 이자를 지급하여야 하며 그 외의 손해가 있으면 배상하여야 한다.
제686조 (수임인의 보수청구권) ①수임인은 특별한 약정이 없으면 위임인에 대하여 보수를 청구하지 못한다.
②수임인이 보수를 받을 경우에는 위임사무를 완료한 후가 아니면 이를 청구하지 못한다. 그러나 기간으로 보수를 정한 때에는 그 기간이 경과한 후에 이를 청구할 수 있다.
③수임인이 위임사무를 처리하는 중에 수임인의 책임 없는 사유로 인하여 위임이 종료된 때에는 수임인은 이미 처리한 사무의 비율에 따른 보수를 청구할 수 있다.
제687조 (수임인의 비용선급청구권) 위임사무의 처리에 비용을 요하는 때에는 위임인은 수임인의 청구에 의하여 이를 선급하여야 한다.
제688조 (수임인의 비용상환청구권 등) ①수임인이 위임사무의 처리에 관하여 필요비를 지출한 때에는 위임인에 대하여 지출한 날 이후의 이자를 청구할 수 있다.
②수임인이 위임사무의 처리에 필요한 채무를 부담한 때에는 위임인에게 자기에 갈음하여 이를 변제하게 할 수 있고 그 채무가 변제기에 있지 아니한 때에는 상당한 담보를 제공하게 할 수 있다.
③수임인이 위임사무의 처리를 위하여 과실 없이 손해를 받은 때에는 위임인에 대하여 그 배상을 청구할 수 있다.
제689조 (위임의 상호해지의 자유) ①위임계약은 각 당사자가 언제든지 해지할 수 있다.
②당사자일방이 부득이한 사유 없이 상대방의 불리한 시기에 계약을 해지한 때에는 그 손해를 배상하여야 한다.
제690조 (사망, 파산 등과 위임의 종료) 위임은 당사자일방의 사망 또는 파산으로 인하여 종료한다. 수임인이 금치산선고를 받은 때에도 같다.
제691조 (위임종료시의 긴급처리) 위임종료의 경우에 급박한 사정이 있는 때에는 수임인, 그 상속인이나 법정대리인은 위임인, 그 상속인이나 법정대리인이 위임사무를 처리할 수 있을 때까지 그 사무의 처리를 계속하여야 한다. 이 경우에는 위임의 존속과 동일한 효력이 있다.
제692조 (위임종료의 대항요건) 위임종료의 사유는 이를 상대방에게 통지하거나 상대방이 이를 안 때가 아니면 이로써 상대방에게 대항하지 못한다.

제12절 임치

제693조 (임치의 의의) 임치는 당사자일방이 상대방에 대하여 금전이나 유가증권 기타 물건의 보관을 위탁하고 상대방이 이를 승낙함으로써 효력이 생긴다.
제694조 (수치인의 임치물 사용금지) 수치인은 임치인의 동의 없이 임치물을 사용하지 못한다.
제695조 (무상수치인의 주의의무) 보수 없이 임치를 받은 자는 임치물을 자기재산과 동일한 주의로 보관하여야 한다.
제696조 (수치인의 통지의무) 임치물에 대한 권리를 주장하는 제삼자가 수치인에 대하여 소를 제기하거나 압류한 때에는 수치인은 지체 없이 임치인에게 이를 통지하여야 한다.
제697조 (임치물의 성질, 하자로 인한 임치인의 손해배상의무) 임치인은 임치물의 성질 또는 하자로 인하여 생긴 손해를 수치인에게 배상하여야 한다. 그러나 수치인이 그 성질 또는 하자를 안 때에는 그러하지 아니하다.
제698조 (기간의 약정 있는 임치의 해지) 임치기간의 약정이 있는 때에는 수치인은 부득이한 사유 없이 그 기간만료 전에 계약을 해지하지 못한다. 그러나 임치인은 언제든지 계약을 해지할 수 있다.
제699조 (기간의 약정 없는 임치의 해지) 임치기간의 약정이 없는 때에는 각 당사자는 언제든지 계약을 해지할 수 있다.
제700조 (임치물의 반환장소) 임치물은 그 보관한 장소에서 반환하여야 한다. 그러나 수치인이 정당한 사유로 인하여 그 물건을 전치한 때에는 현존하는 장소에서 반환할 수 있다.
제701조 (준용규정) 제682조, 제684조 내지 제687조 및 제688조 제1항, 제2항의 규정은 임치에 준용한다.
제702조 (소비임치) 수치인이 계약에 의하여 임치물을 소비할 수 있는 경우에는 소비대차에 관한 규정을 준용한다. 그러나 반환시기의 약정이 없는 때에는 임치인은 언제든지 그 반환을 청구할 수 있다.

제13절 조합

제703조 (조합의 의의)①조합은 2인 이상이 상호 출자하여 공동사업을 경영할 것을 약정함으로써 그 효력이 생긴다.
②전항의 출자는 금전 기타 재산 또는 노무로 할 수 있다.
제704조 (조합재산의 합유) 조합원의 출자 기타 조합재산은 조합원의 합유로 한다.

제705조 (금전출자지체의 책임) 금전을 출자의 목적으로 한 조합원이 출자시기를 지체한 때에는 연체이자를 지급하는 외에 손해를 배상하여야 한다.
제706조 (사무집행의 방법) ①조합계약으로 업무집행자를 정하지 아니한 경우에는 조합원의 3분의 2 이상의 찬성으로써 이를 선임한다.
②조합의 업무집행은 조합원의 과반수로써 결정한다. 업무집행자수인인 때에는 그 과반수로써 결정한다.
③조합의 통상사무는 전항의 규정에 불구하고 각 조합원 또는 각 업무집행자가 전행할 수 있다. 그러나 그 사무의 완료 전에 다른 조합원 또는 다른 업무집행자의 이의가 있는 때에는 즉시 중지하여야 한다.
제707조 (준용규정) 조합업무를 집행하는 조합원에는 제681조 내지 제688조의 규정을 준용한다.
제708조 (업무집행자의 사임, 해임) 업무집행자인 조합원은 정당한 사유 없이 사임하지 못하며 다른 조합원의 일치가 아니면 해임하지 못한다.
제709조 (업무집행자의 대리권추정) 조합의 업무를 집행하는 조합원은 그 업무집행의 대리권 있는 것으로 추정한다.
제710조 (조합원의 업무, 재산상태 검사권) 각 조합원은 언제든지 조합의 업무 및 재산상태를 검사할 수 있다.
제711조 (손익분배의 비율) ①당사자가 손익분배의 비율을 정하지 아니한 때에는 각 조합원의 출자가액에 비례하여 이를 정한다.
②이익 또는 손실에 대하여 분배의 비율을 정한 때에는 그 비율은 이익과 손실에 공통된 것으로 추정한다.
제712조 (조합원에 대한 채권자의 권리행사) 조합채권자는 그 채권발생당시에 조합원의 손실부담의 비율을 알지 못한 때에는 각 조합원에게 균분하여 그 권리를 행사할 수 있다.
제713조 (무자력조합원의 채무와 타조합원의 변제책임) 조합원 중에 변제할 자력 없는 자가 있는 때에는 그 변제할 수 없는 부분은 다른 조합원이 균분하여 변제할 책임이 있다.
제714조 (지분에 대한 압류의 효력) 조합원의 지분에 대한 압류는 그 조합원의 장래의 이익배당 및 지분의 반환을 받을 권리에 대하여 효력이 있다.
제715조 (조합채무자의 상계의 금지) 조합의 채무자는 그 채무와 조합원에 대한 채권으로 상계하지 못한다.
제716조 (임의탈퇴) ①조합계약으로 조합의 존속기간을 정하지 아니하거나 조합원의 종신까지 존속할 것을 정한 때에는 각 조합원은 언제든지 탈퇴할 수 있다. 그러나 부득이한 사유 없이 조합의 불리한 시기에 탈퇴하지 못한다.
②조합의 존속기간을 정한 때에도 조합원은 부득이한 사유가 있으면 탈퇴할 수 있다.
제717조 (비임의탈퇴) 전조의 경우 외에 조합원은 다음 각호의 사유로 인하여 탈퇴된다.
1. 사망 2. 파산 3. 금치산 4. 제명
제718조 (제명) ①조합원의 제명은 정당한 사유 있는 때에 한하여 다른 조합원의 일치로써 이를 결정한다.
②전항의 제명결정은 제명된 조합원에게 통지하지 아니하면 그 조합원에게 대항하지 못한다.
제719조 (탈퇴조합원의 지분의 계산) ①탈퇴한 조합원과 다른 조합원간의 계산은 탈퇴당시의 조합재산상태에 의하여 한다.
②탈퇴한 조합원의 지분은 그 출자의 종류여하에 불구하고 금전으로 반환할 수 있다.
③탈퇴당시에 완결되지 아니한 사항에 대하여는 완결 후에 계산할 수 있다.
제720조 (부득이한 사유로 인한 해산청구) 부득이한 사유가 있는 때에는 각 조합원은 조합의 해산을 청구할 수 있다.
제721조 (청산인) ①조합이 해산한 때에는 청산은 총조합원 공동으로 또는 그들이 선임한 자가 그 사무를 집행한다.
②전항의 청산인의 선임은 조합원의 과반수로써 결정한다.
제722조 (청산인의 업무집행방법) 청산인이 수인인 때에는 제706조 제2항 후단의 규정을 준용한다.
제723조 (조합원인 청산인의 사임, 해임) 조합원 중에서 청산인을 정한 때에는 제708조의 규정을 준용한다.
제724조 (청산인의 직무, 권한과 잔여재산의 분배) ①청산인의 직무 및 권한에 관하여는 제87조의 규정을 준용한다.
②잔여재산은 각 조합원의 출자가액에 비례하여 이를 분배한다.

제14절 종신정기금

제725조 (종신정기금계약의 의의) 종신정기금계약은 당사자일방이 자기, 상대방 또는 제3자의 종신까지 정기로 금전 기타의 물건을 상대방 또는 제3자에게 지급할 것을 약정함으로써 그 효력이 생긴다.
제726조 (종신정기금의 계산) 종신정기금은 일수로 계산한다.
제727조 (종신정기금계약의 해제) ①정기금채무자가 정기금채무의 원본을 받은 경우에 그 정기금채무의 지급을 해태하거나 기타 의무를 이행하지 아니한 때에는 정기금채권자는 원본의 반환을 청구할 수 있다. 그러나 이미 지급을 받은 채무액에서 그 원본의 이자를 공제한 잔액을 정기금채무자에게 반환하여야 한다.
②전항의 규정은 손해배상의 청구에 영향을 미치지 아니한다.
제728조 (해제와 동시이행) 제536조의 규정은 전조의 경우에 준용한다.
제729조 (채무자귀책사유로 인한 사망과 채권존속선고) ①사망이 정기금채무자의 책임 있는 사유로 인한 때에는 법원은 정기금채권자 또는 그 상속인의 청구에 의하여 상당한 기간 채권의 존속을 선고할 수 있다.
②전항의 경우에도 제727조의 권리를 행사할 수 있다.
제730조 (유증에 의한 종신정기금) 본절의 규정은 유증에 의한 종신정기금채권에 준용한다.

제15절 화해

제731조 (화해의 의의) 화해는 당사자가 상호 양보하여 당사자간의 분쟁을 종지할 것을 약정함으로써 그 효력이 생긴다.
제732조 (화해의 창설적 효력) 화해계약은 당사자일방이 양보한 권리가 소멸되고 상대방이 화해로 인하여 그 권리를 취득하는 효력이 있다.
제733조 (화해의 효력과 착오) 화해계약은 착오를 이유로 하여 취소하지 못한다. 그러나 화해당사자의 자격 또는 화해의 목적인 분쟁 이외의 사항에 착오가 있는 때에는 그러하지 아니하다.

제3장 사무관리

제734조 (사무관리의 내용) ①의무 없이 타인을 위하여 사무를 관리하는 자는 그 사무의 성질에 좇아 가장 본인에게 이익 되는 방법으로 이를 관리하여야 한다.
②관리자가 본인의 의사를 알거나 알 수 있는 때에는 그 의사에 적합하도록 관리하여야 한다.
③관리자가 전2항의 규정에 위반하여 사무를 관리한 경우에는 과실 없는 때에도 이로 인한 손해를 배상할 책임이 있다. 그러나 그 관리행위가 공공의 이익에 적합한 때에는 중대한 과실이 없으면 배상할 책임이 없다.
제735조 (긴급사무관리) 관리자가 타인의 생명, 신체, 명예 또는 재산에 대한 급박한 위해를 면하게 하기 위하

여 그 사무를 관리한 때에는 고의나 중대한 과실이 없으면 이로 인한 손해를 배상할 책임이 없다.
제736조 (관리자의 통지의무) 관리자가 관리를 개시한 때에는 지체 없이 본인에게 통지하여야 한다. 그러나 본인이 이미 이를 안 때에는 그러하지 아니하다.
제737조 (관리자의 관리계속의무) 관리자는 본인, 그 상속인이나 법정대리인이 그 사무를 관리하는 때까지 관리를 계속하여야 한다. 그러나 관리의 계속이 본인의 의사에 반하거나 본인에게 불리함이 명백한 때에는 그러하지 아니하다.
제738조 (준용규정) 제683조 내지 제685조의 규정은 사무관리에 준용한다.
제739조 (관리자의 비용상환청구권) ①관리자가 본인을 위하여 필요비 또는 유익비를 지출한 때에는 본인에 대하여 그 상환을 청구할 수 있다.
②관리자가 본인을 위하여 필요 또는 유익한 채무를 부담한 때에는 제688조 제2항의 규정을 준용한다.
③관리자가 본인의 의사에 반하여 관리한 때에는 본인의 현존이익의 한도에서 전2항의 규정을 준용한다.
제740조 (관리자의 무과실손해보상청구권) 관리자가 사무관리를 함에 있어서 과실 없이 손해를 받은 때에는 본인의 현존이익의 한도에서 그 손해의 보상을 청구할 수 있다.

제4장 부당이득

제741조 (부당이득의 내용) 법률상 원인 없이 타인의 재산 또는 노무로 인하여 이익을 얻고 이로 인하여 타인에게 손해를 가한 자는 그 이익을 반환하여야 한다.
제742조 (비채변제) 채무 없음을 알고 이를 변제한 때에는 그 반환을 청구하지 못한다.
제743조 (기한전의 변제) 변제기에 있지 아니한 채무를 변제한 때에는 그 반환을 청구하지 못한다. 그러나 채무자가 착오로 인하여 변제한 때에는 채권자는 이로 인하여 얻은 이익을 반환하여야 한다.
제744조 (도의관념에 적합한 비채변제) 채무 없는 자가 착오로 인하여 변제한 경우에 그 변제가 도의관념에 적합한 때에는 그 반환을 청구하지 못한다.
제745조 (타인의 채무의 변제) ①채무자 아닌 자가 착오로 인하여 타인의 채무를 변제한 경우에 채권자가 선의로 증서를 훼멸하거나 담보를 포기하거나 시효로 인하여 그 채권을 잃은 때에는 변제자는 그 반환을 청구하지 못한다.
②전항의 경우에 변제자는 채무자에 대하여 구상권을 행사할 수 있다.
제746조 (불법원인급여) 불법의 원인으로 인하여 재산을 급여하거나 노무를 제공한 때에는 그 이익의 반환을 청구하지 못한다. 그러나 그 불법원인이 수익자에게만 있는 때에는 그러하지 아니하다.
제747조 (원물반환불능한 경우와 가액반환, 전득자의 책임) ①수익자가 그 받은 목적물을 반환할 수 없는 때에는 그 가액을 반환하여야 한다.
②수익자가 그 이익을 반환할 수 없는 경우에는 수익자로부터 무상으로 그 이익의 목적물을 양수한 악의의 제삼자는 전항의 규정에 의하여 반환할 책임이 있다.
제748조 (수익자의 반환범위) ①선의의 수익자는 그 받은 이익이 현존한 한도에서 전조의 책임이 있다.
②악의의 수익자는 그 받은 이익에 이자를 붙여 반환하고 손해가 있으면 이를 배상하여야 한다.
제749조 (수익자의 악의인정) ①수익자가 이익을 받은 후 법률상 원인 없음을 안 때에는 그때부터 악의의 수익자로서 이익반환의 책임이 있다.
②선의의 수익자가 패소한 때에는 그 소를 제기한 때부터 악의의 수익자로 본다.

제5장 불법행위

제750조 (불법행위의 내용) 고의 또는 과실로 인한 위법행위로 타인에게 손해를 가한 자는 그 손해를 배상할 책임이 있다.
제751조 (재산이외의 손해의 배상) ①타인의 신체, 자유 또는 명예를 해하거나 기타 정신상 고통을 가한 자는 재산 이외의 손해에 대하여도 배상할 책임이 있다.
②법원은 전항의 손해배상을 정기금채무로 지급할 것을 명할 수 있고 그 이행을 확보하기 위하여 상당한 담보의 제공을 명할 수 있다.
제752조 (생명침해로 인한 위자료) 타인의 생명을 해한 자는 피해자의 직계존속, 직계비속 및 배우자에 대하여는 재산상의 손해 없는 경우에도 손해배상의 책임이 있다.
제753조 (미성년자의 책임능력) 미성년자가 타인에게 손해를 가한 경우에 그 행위의 책임을 변식할 지능이 없는 때에는 배상의 책임이 없다.
제754조 (심신상실자의 책임능력) 심신상실 중에 타인에게 손해를 가한 자는 배상의 책임이 없다. 그러나 고의 또는 과실로 인하여 심신상실을 초래한 때에는 그러하지 아니하다.
제755조 (책임무능력자의 감독자의 책임) ①전2조의 규정에 의하여 무능력자에게 책임 없는 경우에는 이를 감독할 법정의무 있는 자가 그 무능력자의 제3자에게 가한 손해를 배상할 책임이 있다. 그러나 감독의무를 해태하지 아니한 때에는 그러하지 아니하다.
②감독의무자에 가름하여 무능력자를 감독하는 자도 전항의 책임이 있다.
제756조 (사용자의 배상책임) ①타인을 사용하여 어느 사무에 종사하게 한 자는 피용자가 그 사무집행에 관하여 제3자에게 가한 손해를 배상할 책임이 있다. 그러나 사용자가 피용자의 선임 및 그 사무감독에 상당한 주의를 한 때 또는 상당한 주의를 하여도 손해가 있을 경우에는 그러하지 아니하다.
②사용자에 가름하여 그 사무를 감독하는 자도 전항의 책임이 있다.
③전2항의 경우에 사용자 또는 감독자는 피용자에 대하여 구상권을 행사할 수 있다.
제757조 (도급인의 책임) 도급인은 수급인이 그 일에 관하여 제3자에게 가한 손해를 배상할 책임이 없다. 그러나 도급 또는 지시에 관하여 도급인에게 중대한 과실이 있는 때에는 그러하지 아니하다.
제758조 (공작물 등의 점유자, 소유자의 책임) ①공작물의 설치 또는 보존의 하자로 인하여 타인에게 손해를 가한 때에는 공작물점유자가 손해를 배상할 책임이 있다. 그러나 점유자가 손해의 방지에 필요한 주의를 해태하지 아니한 때에는 그 소유자가 손해를 배상할 책임이 있다.
②전항의 규정은 수목의 재식 또는 보존에 하자 있는 경우에 준용한다.
③제2항의 경우에 점유자 또는 소유자는 그 손해의 원인에 대한 책임 있는 자에 대하여 구상권을 행사할 수 있다.
제759조 (동물의 점유자의 책임) ①동물의 점유자는 그 동물이 타인에게 가한 손해를 배상할 책임이 있다. 그러나 동물의 종류와 성질에 따라 그 보관에 상당한 주의를 해태하지 아니한 때에는 그러하지 아니하다.
②점유자에 갈음하여 동물을 보관한 자도 전항의 책임이 있다.
제760조 (공동불법행위자의 책임) ①수인이 공동의 불법행위로 타인에게 손해를 가한 때에는 연대하여 그 손해를 배상할 책임이 있다.
②공동 아닌 수인의 행위 중 어느 자의 행위가 그 손해를 가한 것인지를 알 수 없는 때에도 전항과 같다.
③교사자나 방조자는 공동행위자로 본다.
제761조 (정당방위, 긴급피난) ①타인의 불법행위에 대하여 자기 또는 제3자의 이익을 방위하기 위하여 부득이

타인에게 손해를 가한 자는 배상할 책임이 없다. 그러나 피해자는 불법행위에 대하여 손해의 배상을 청구할 수 있다.
②전항의 규정은 급박한 위난을 피하기 위하여 부득이 타인에게 손해를 가한 경우에 준용한다.
제762조 (손해배상청구권에 있어서의 태아의 지위) 태아는 손해배상의 청구권에 관하여는 이미 출생한 것으로 본다.
제763조 (준용규정) 제393조, 제394조, 제396조, 제399조의 규정은 불법행위로 인한 손해배상에 준용한다.
제764조 (명예훼손의 경우의 특칙) 타인의 명예를 훼손한 자에 대하여는 법원은 피해자의 청구에 의하여 손해배상에 갈음하거나 손해배상과 함께 명예회복에 적당한 처분을 명할 수 있다.
제765조 (배상액의 경감청구) ①본장의 규정에 의한 배상의무자는 그 손해가 고의 또는 중대한 과실에 의한 것이 아니고 그 배상으로 인하여 배상자의 생계에 중대한 영향을 미치게 될 경우에는 법원에 그 배상액의 경감을 청구할 수 있다.
②법원은 전항의 청구가 있는 때에는 채권자 및 채무자의 경제상태와 손해의 원인 등을 참작하여 배상액을 경감할 수 있다.
제766조 (손해배상청구권의 소멸시효) ①불법행위로 인한 손해배상의 청구권은 피해자나 그 법정대리인이 그 손해 및 가해자를 안 날로부터 3년간 이를 행사하지 아니하면 시효로 인하여 소멸한다.
②불법행위를 한 날로부터 10년을 경과한 때에도 전항과 같다.

제4편 친족

제1장 총칙

제767조 (친족의 정의) 배우자, 혈족 및 인척을 친족으로 한다.
제768조 (혈족의 정의) 자기의 직계존속과 직계비속을 직계혈족이라 하고 자기의 형제자매와 형제자매의 직계비속, 직계존속의 형제자매 및 그 형제자매의 직계비속을 방계혈족이라 한다.
제769조 (인척의 계원) 혈족의 배우자, 배우자의 혈족, 배우자의 혈족의 배우자를 인척으로 한다.
제770조 (혈족의 촌수의 계산) ①직계혈족은 자기로부터 직계존속에 이르고 자기로부터 직계비속에 이르러 그 세수를 정한다.
②방계혈족은 자기로부터 동원의 직계존속에 이르는 세수와 그 동원의 직계존속으로부터 그 직계비속에 이르는 세수를 통산하여 그 촌수를 정한다.
제771조 (인척의 촌수의 계산) 인척은 배우자의 혈족에 대하여는 배우자의 그 혈족에 대한 촌수에 따르고, 혈족의 배우자에 대하여는 그 혈족에 대한 촌수에 따른다.
제772조 (양자와의 친계와 촌수) ①양자와 양부모 및 그 혈족, 인척 사이의 친계와 촌수는 입양한 때로부터 혼인중의 출생자와 동일한 것으로 본다.
②양자의 배우자, 직계비속과 그 배우자는 전항의 양자의 친계를 기준으로 하여 촌수를 정한다.
제773조 삭제 <1990.1.13>
제774조 삭제 <1990.1.13>
제775조 (인척관계 등의 소멸) ①인척관계는 혼인의 취소 또는 이혼으로 인하여 종료한다.
②부부의 일방이 사망한 경우 생존배우자가 재혼한 때에도 제1항과 같다.
제776조 (입양으로 인한 친족관계의 소멸) 입양으로 인한 친족관계는 입양의 취소 또는 파양으로 인하여 종료한다.
제777조 (친족의 범위) 친족관계로 인한 법률상 효력은 이 법 또는 다른 법률에 특별한 규정이 없는 한 다음 각 호에 해당하는 자에 미친다.
1. 8촌 이내의 혈족
2. 4촌 이내의 인척
3. 배우자

제2장 가족의 범위와 자의 성과 본

제778조 삭제 <2005.3.31>
제779조 (가족의 범위) ①다음의 자는 가족으로 한다.
1. 배우자, 직계혈족 및 형제자매
2. 직계혈족의 배우자, 배우자의 직계혈족 및 배우자의 형제자매
②제1항 제2호의 경우에는 생계를 같이 하는 경우에 한한다.
제780조 삭제 <2005.3.31>
제781조 (자의 성과 본) ①자는 부의 성과 본을 따른다. 다만, 부모가 혼인신고시 모의 성과 본을 따르기로 협의한 경우에는 모의 성과 본을 따른다.
②부가 외국인인 경우에는 자는 모의 성과 본을 따를 수 있다.
③부를 알 수 없는 자는 모의 성과 본을 따른다.
④부모를 알 수 없는 자는 법원의 허가를 받아 성과 본을 창설한다. 다만, 성과 본을 창설한 후 부 또는 모를 알게 된 때에는 부 또는 모의 성과 본을 따를 수 있다.
⑤혼인 외의 출생자가 인지된 경우 자는 부모의 협의에 따라 종전의 성과 본을 계속 사용할 수 있다. 다만, 부모가 협의할 수 없거나 협의가 이루어지지 아니한 경우에는 자는 법원의 허가를 받아 종전의 성과 본을 계속 사용할 수 있다.
⑥자의 복리를 위하여 자의 성과 본을 변경할 필요가 있을 때에는 부, 모 또는 자의 청구에 의하여 법원의 허가를 받아 이를 변경할 수 있다. 다만, 자가 미성년자이고 법정대리인이 청구할 수 없는 경우에는 제777조의 규정에 따른 친족 또는 검사가 청구할 수 있다.
제782조 삭제 <2005.3.31>
제783조 삭제 <2005.3.31>
제784조 삭제 <2005.3.31>
제785조 삭제 <2005.3.31>
제786조 삭제 <2005.3.31>
제787조 삭제 <2005.3.31>
제788조 삭제 <2005.3.31>
제789조 삭제 <2005.3.31>
제790조 삭제 <1990.1.13>
제791조 삭제 <2005.3.31>
제792조 삭제 <1990.1.13>
제793조 삭제 <2005.3.31>

제794조 삭제 <2005.3.31>
제795조 삭제 <2005.3.31>
제796조 삭제 <2005.3.31>
제797조 삭제 <1990.1.13>
제798조 삭제 <1990.1.13>
제799조 삭제 <1990.1.13>

제3장 혼인

제1절 약혼

제800조 (약혼의 자유) 성년에 달한 자는 자유로 약혼할 수 있다.
제801조 (약혼연령) 남자 만18세, 여자 만16세에 달한 자는 부모 또는 후견인의 동의를 얻어 약혼할 수 있다. 이 경우에는 제808조의 규정을 준용한다.
제802조 (금치산자의 약혼) 금치산자는 부모 또는 후견인의 동의를 얻어 약혼할 수 있다. 이 경우에는 제808조의 규정을 준용한다.
제803조 (약혼의 강제이행금지) 약혼은 강제이행을 청구하지 못한다.
제804조 (약혼해제의 사유) 당사자의 일방에 다음 각호의 사유가 있는 때에는 상대방은 약혼을 해제할 수 있다.
1. 약혼 후 자격정지이상의 형의 선고를 받은 때
2. 약혼 후 금치산 또는 한정치산의 선고를 받은 때
3. 성병, 불치의 정신병 기타 불치의 악질이 있는 때
4. 약혼 후 타인과 약혼 또는 혼인을 한 때
5. 약혼 후 타인과 간음한 때
6. 약혼 후 1년 이상 그 생사가 불명한 때
7. 정당한 이유 없이 혼인을 거절하거나 그 시기를 지연하는 때
8. 기타 중대한 사유가 있는 때
제805조 (약혼해제의 방법) 약혼의 해제는 상대방에 대한 의사표시로 한다. 그러나 상대방에 대하여 의사표시를 할 수 없는 때에는 그 해제의 원인 있음을 안 때에 해제된 것으로 본다.
제806조 (약혼해제와 손해배상청구권) ①약혼을 해제한 때에는 당사자일방은 과실 있는 상대방에 대하여 이로 인한 손해의 배상을 청구할 수 있다.
②전항의 경우에는 재산상 손해 외에 정신상 고통에 대하여도 손해배상의 책임이 있다.
③정신상 고통에 대한 배상청구권은 양도 또는 승계하지 못한다. 그러나 당사자간에 이미 그 배상에 관한 계약이 성립되거나 소를 제기한 후에는 그러하지 아니하다.

제2절 혼인의 성립

제807조 (혼인적령) 남자 만18세, 여자 만16세에 달한 때에는 혼인할 수 있다.
제808조 (동의를 요하는 혼인) ①미성년자가 혼인을 할 때에는 부모의 동의를 얻어야 하며, 부모 중 일방이 동의권을 행사할 수 없는 때에는 다른 일방의 동의를 얻어야 하고, 부모가 모두 동의권을 행사할 수 없는 때에는 후견인의 동의를 얻어야 한다.
②금치산자는 부모 또는 후견인의 동의를 얻어 혼인할 수 있다.
③제1항 및 제2항의 경우에 부모 또는 후견인이 없거나 또는 동의할 수 없는 때에는 친족회의 동의를 얻어 혼인할 수 있다.
제809조 (근친혼 등의 금지) ①8촌 이내의 혈족(친양자의 입양 전의 혈족을 포함한다) 사이에서는 혼인하지 못한다.
②6촌 이내의 혈족의 배우자, 배우자의 6촌 이내의 혈족, 배우자의 4촌 이내의 혈족의 배우자인 인척이거나 이러한 인척이었던 자 사이에서는 혼인하지 못한다.
③6촌 이내의 양부모계의 혈족이었던 자와 4촌 이내의 양부모계의 인척이었던 자 사이에서는 혼인하지 못한다.
제810조 (중혼의 금지) 배우자있는 자는 다시 혼인하지 못한다.
제811조 삭제 <2005.3.31>
제812조 (혼인의 성립)
①혼인은 호적법에 정한 바에 의하여 신고함으로써 그 효력이 생긴다.
②전항의 신고는 당사자쌍방과 성년자인 증인 2인의 연서한 서면으로 하여야 한다.
제813조 (혼인신고의 심사) 혼인의 신고는 그 혼인이 제807조 내지 제810조 및 제812조 제2항의 규정 기타 법령에 위반함이 없는 때에는 이를 수리하여야 한다.
제814조 (외국에서의 혼인신고) ①외국에 있는 본국민사이의 혼인은 그 외국에 주재하는 대사, 공사 또는 영사에게 신고할 수 있다.
②제1항의 신고를 수리한 대사, 공사 또는 영사는 지체 없이 그 신고서류를 본국의 본적지를 관할하는 호적관서에 송부하여야 한다. <개정 2005.3.31>

제3절 혼인의 무효와 취소

제815조 (혼인의 무효) 혼인은 다음 각호의 어느 하나의 경우에는 무효로 한다.
1. 당사자간에 혼인의 합의가 없는 때
2. 혼인이 제809조 제1항의 규정을 위반한 때
3. 당사자간에 직계인척관계가 있거나 있었던 때
4. 당사자간에 양부모계의 직계혈족관계가 있었던 때
제816조 (혼인취소의 사유) 혼인은 다음 각호의 어느 하나의 경우에는 법원에 그 취소를 청구할 수 있다.
1. 혼인이 제807조 내지 제809조(제815조의 규정에 의하여 혼인의 무효사유에 해당하는 경우를 제외한다. 이하 제817조 및 제820조에서 같다) 또는 제810조의 규정에 위반한 때
2. 혼인당시 당사자일방에 부부생활을 계속할 수 없는 악질 기타 중대한 사유 있음을 알지 못한 때
3. 사기 또는 강박으로 인하여 혼인의 의사표시를 한 때
제817조 (연령위반혼인 등의 취소청구권자) 혼인이 제807조, 제808조의 규정에 위반한 때에는 당사자 또는 그 법정대리인이 그 취소를 청구할 수 있고 제809조의 규정에 위반한 때에는 당사자, 그 직계존속 또는 4촌 이내의 방계혈족이 그 취소를 청구할 수 있다.
제818조 (중혼의 취소청구권자) 혼인이 제810조의 규정을 위반한 때에는 당사자 및 그 배우자, 직계존속, 4촌 이내의 방계혈족 또는 검사가 그 취소를 청구할 수 있다.
제819조 (동의 없는 혼인의 취소청구권의 소멸) 제808조의 규정에 위반한 혼인은 그 당사자가 20세에 달한 후

또는 금치산선고의 취소 있은 후 3월을 경과하거나 혼인 중 포태한 때에는 그 취소를 청구하지 못한다.
제820조 (근친혼 등의 취소청구권의 소멸) 제809조의 규정에 위반한 혼인은 그 당사자간에 혼인 중 포태한 때에는 그 취소를 청구하지 못한다.
제821조 삭제 <2005.3.31>
제822조 (악질 등 사유에 의한 혼인취소청구권의 소멸) 제816조제2호의 규정에 해당하는 사유 있는 혼인은 상대방이 그 사유 있음을 안 날로부터 6월을 경과한 때에는 그 취소를 청구하지 못한다.
제823조 (사기, 강박으로 인한 혼인취소청구권의 소멸) 사기 또는 강박으로 인한 혼인은 사기를 안 날 또는 강박을 면한 날로부터 3월을 경과한 때에는 그 취소를 청구하지 못한다.
제824조 (혼인취소의 효력) 혼인의 취소의 효력은 기왕에 소급하지 아니한다.
제824조의 2 (혼인의 취소와 자의 양육 등) 제837조 및 제837조의 2의 규정은 혼인의 취소의 경우에 자의 양육책임과 면접교섭권에 관하여 이를 준용한다.
제825조 (혼인취소와 손해배상청구권) 제806조의 규정은 혼인의 무효 또는 취소의 경우에 준용한다.

제4절 혼인의 효력

제1관 일반적 효력

제826조 (부부간의 의무)
①부부는 동거하며 서로 부양하고 협조하여야 한다. 그러나 정당한 이유로 일시적으로 동거하지 아니하는 경우에는 서로 인용하여야 한다.
②부부의 동거장소는 부부의 협의에 따라 정한다. 그러나 협의가 이루어지지 아니하는 경우에는 당사자의 청구에 의하여 가정법원이 이를 정한다.
제826조의 2 (성년의제) 미성년자가 혼인을 한 때에는 성년자로 본다.
제827조 (부부간의 가사대리권) ①부부는 일상의 가사에 관하여 서로 대리권이 있다.
②전항의 대리권에 가한 제한은 선의의 제3자에게 대항하지 못한다.
제828조 (부부간의 계약의 취소) 부부간의 계약은 혼인 중 언제든지 부부의 일방이 이를 취소할 수 있다. 그러나 제3자의 권리를 해하지 못한다.

제2관 재산상 효력

제829조 (부부재산의 약정과 그 변경) ①부부가 혼인성립 전에 그 재산에 관하여 따로 약정을 하지 아니한 때에는 그 재산관계는 본관 중 다음 각조에 정하는 바에 의한다.
②부부가 혼인성립 전에 그 재산에 관하여 약정한 때에는 혼인중 이를 변경하지 못한다. 그러나 정당한 사유가 있는 때에는 법원의 허가를 얻어 변경할 수 있다.
③전항의 약정에 의하여 부부의 일방이 다른 일방의 재산을 관리하는 경우에 부적당한 관리로 인하여 그 재산을 위태하게 한 때에는 다른 일방은 자기가 관리할 것을 법원에 청구할 수 있고 그 재산이 부부의 공유인 때에는 그 분할을 청구할 수 있다.
④부부가 그 재산에 관하여 따로 약정을 한 때에는 혼인성립까지에 그 등기를 하지 아니하면 이로써 부부의 승계인 또는 제3자에게 대항하지 못한다.
⑤제2항, 제3항의 규정이나 약정에 의하여 관리자를 변경하거나 공유재산을 분할하였을 때에는 그 등기를 하지 아니하면 이로써 부부의 승계인 또는 제3자에게 대항하지 못한다.
제830조 (특유재산과 귀속불명재산) ①부부의 일방이 혼인 전부터 가진 고유재산과 혼인 중 자기의 명의로 취득한 재산은 그 특유재산으로 한다.
②부부의 누구에게 속한 것인지 분명하지 아니한 재산은 부부의 공유로 추정한다.
제831조 (특유재산의 관리 등) 부부는 그 특유재산을 각자 관리, 사용, 수익한다.
제832조 (가사로 인한 채무의 연대책임) 부부의 일방이 일상의 가사에 관하여 제3자와 법률행위를 한 때에는 다른 일방은 이로 인한 채무에 대하여 연대책임이 있다. 그러나 이미 제3자에 대하여 다른 일방의 책임 없음을 명시한 때에는 그러하지 아니하다.
제833조 (생활비용) 부부의 공동생활에 필요한 비용은 당사자간에 특별한 약정이 없으면 부부가 공동으로 부담한다.

제5절 이혼

제1관 협의상 이혼

제834조 (협의상 이혼) 부부는 협의에 의하여 이혼할 수 있다.
제835조 (금치산자의 협의상 이혼) 제808조 제2항 및 제3항의 규정은 금치산자의 협의상 이혼에 이를 준용한다.
제836조 (이혼의 성립과 신고방식) ①협의상 이혼은 가정법원의 확인을 받아 「가족관계의 등록 등에 관한 법률」의 정한 바에 의하여 신고함으로써 그 효력이 생긴다.
②전항의 신고는 당사자쌍방과 성년자인 증인 2인의 연서한 서면으로 하여야 한다.
제837조 (이혼과 자의 양육책임) ①당사자는 그 자의 양육에 관한 사항을 협의에 의하여 정한다.
②제1항의 양육에 관한 사항의 협의가 되지 아니하거나 협의할 수 없는 때에는 가정법원은 당사자의 청구 또는 직권에 의하여 그 자의 연령, 부모의 재산상황 기타 사정을 참작하여 양육에 필요한 사항을 정하며 언제든지 그 사항을 변경 또는 다른 적당한 처분을 할 수 있다.
③제2항의 규정은 양육에 관한 사항 외에는 부모의 권리의무에 변경을 가져오지 아니한다.
제837조의 2 (면접교섭권) ①자를 직접 양육하지 아니하는 부모 중 일방은 면접교섭권을 가진다.
②가정법원은 자의 복리를 위하여 필요한 때에는 당사자의 청구 또는 직권에 의하여 면접교섭을 제한하거나 배제할 수 있다.
제838조 (사기, 강박으로 인한 이혼의 취소청구권) 사기 또는 강박으로 인하여 이혼의 의사표시를 한 자는 그 취소를 가정법원에 청구할 수 있다.
제839조 (준용규정) 제823조의 규정은 협의상 이혼에 준용한다.
제839조의 2 (재산분할청구권) ①협의상 이혼한 자의 일방은 다른 일방에 대하여 재산분할을 청구할 수 있다.
②제1항의 재산분할에 관하여 협의가 되지 아니하거나 협의할 수 없는 때에는 가정법원은 당사자의 청구에 의하여 당사자 쌍방의 협력으로 이룩한 재산의 액수 기타 사정을 참작하여 분할의 액수와 방법을 정한다.
③제1항의 재산분할청구권은 이혼한 날부터 2년을 경과한 때에는 소멸한다.

제2관 재판상 이혼

제840조 (재판상 이혼원인) 부부의 일방은 다음 각호의 사유가 있는 경우에는 가정법원에 이혼을 청구할 수 있다.
1. 배우자에 부정한 행위가 있었을 때
2. 배우자가 악의로 다른 일방을 유기한 때
3. 배우자 또는 그 직계존속으로부터 심히 부당한 대우를 받았을 때
4. 자기의 직계존속이 배우자로부터 심히 부당한 대우를 받았을 때
5. 배우자의 생사가 3년 이상 분명하지 아니한 때
6. 기타 혼인을 계속하기 어려운 중대한 사유가 있을 때

제841조 (부정으로 인한 이혼청구권의 소멸) 전조 제1호의 사유는 다른 일방이 사전동의나 사후용서를 한 때 또는 이를 안 날로부터 6월, 그 사유 있은 날로부터 2년을 경과한 때에는 이혼을 청구하지 못한다.
제842조 (기타 원인으로 인한 이혼청구권의 소멸) 제840조 제6호의 사유는 다른 일방이 이를 안 날로부터 6월, 그 사유 있은 날로부터 2년을 경과하면 이혼을 청구하지 못한다.
제843조 (준용규정) 제806조, 제837조, 제837조의 2 및 제839조의 2의 규정은 재판상 이혼의 경우에 준용한다.

제4장 부모와 자

제1절 친생자

제844조 (부의 친생자의 추정) ①처가 혼인 중에 포태한 자는 부의 자로 추정한다.
②혼인성립의 날로부터 200일 후 또는 혼인관계 종료의 날로부터 300일 내에 출생한 자는 혼인 중에 포태한 것으로 추정한다.
제845조 (법원에 의한 부의 결정) 재혼한 여자가 해산한 경우에 제844조의 규정에 의하여 그 자의 부를 정할 수 없는 때에는 법원이 당사자의 청구에 의하여 이를 정한다.
제846조 (자의 친생부인) 부부의 일방은 제844조의 경우에 그 자가 친생자임을 부인하는 소를 제기할 수 있다.
제847조 (친생부인의 소) ①친생부인의 소는 부 또는 처가 다른 일방 또는 자를 상대로 하여 그 사유가 있음을 안 날부터 2년내에 이를 제기하여야 한다.
②제1항의 경우에 상대방이 될 자가 모두 사망한 때에는 그 사망을 안 날부터 2년내에 검사를 상대로 하여 친생부인의 소를 제기할 수 있다.
제848조 (금치산자의 친생부인의 소) ①부 또는 처가 금치산자인 때에는 그 후견인은 친족회의 동의를 얻어 친생부인의 소를 제기할 수 있다.
②제1항의 경우에 후견인이 친생부인의 소를 제기하지 아니한 때에는 금치산자는 금치산선고의 취소 있은 날로부터 2년 내에 친생부인의 소를 제기할 수 있다.
제849조 (자 사망 후의 친생부인) 자가 사망한 후에도 그 직계비속이 있는 때에는 그 모를 상대로, 모가 없으면 검사를 상대로 하여 부인의 소를 제기할 수 있다.
제850조 (유언에 의한 친생부인) 부 또는 처가 유언으로 부인의 의사를 표시한 때에는 유언집행자는 친생부인의 소를 제기하여야 한다.
제851조 (부의 자 출생 전 사망 등과 친생부인) 부가 자의 출생 전에 사망하거나 부 또는 처가 제847조 제1항의 기간 내에 사망한 때에는 부 또는 처의 직계존속이나 직계비속에 한하여 그 사망을 안 날부터 2년 내에 친생부인의 소를 제기할 수 있다.
제852조 (친생부인권의 소멸) 자의 출생 후에 친생자임을 승인한 자는 다시 친생부인의 소를 제기하지 못한다.
제853조 삭제 <2005.3.31>
제854조 (사기, 강박으로 인한 승인의 취소) 제852조의 승인이 사기 또는 강박으로 인한 때에는 이를 취소할 수 있다.
제855조 (인지) ①혼인 외의 출생자는 그 생부나 생모가 이를 인지할 수 있다. 부모의 혼인이 무효인 때에는 출생자는 혼인 외의 출생자로 본다.
②혼인 외의 출생자는 그 부모가 혼인한 때에는 그때로부터 혼인 중의 출생자로 본다.
제856조 (금치산자의 인지) 부가 금치산자인 때에는 후견인의 동의를 얻어 인지할 수 있다.
제857조 (사망자의 인지) 자가 사망한 후에도 그 직계비속이 있는 때에는 이를 인지할 수 있다.
제858조 (포태 중인 자의 인지) 부는 포태 중에 있는 자에 대하여도 이를 인지할 수 있다.
제859조 (인지의 효력발생) ①인지는 호적법의 정하는 바에 의하여 신고함으로써 그 효력이 생긴다.
②인지는 유언으로도 이를 할 수 있다. 이 경우에는 유언집행자가 이를 신고하여야 한다.
제860조 (인지의 소급효) 인지는 그 자의 출생시에 소급하여 효력이 생긴다. 그러나 제3자의 취득한 권리를 해하지 못한다.
제861조 (인지의 취소) 사기, 강박 또는 중대한 착오로 인하여 인지를 한 때에는 사기나 착오를 안 날 또는 강박을 면한 날로부터 6월내에 가정법원에 그 취소를 청구할 수 있다.
제862조 (인지에 대한 이의의 소) 자 기타 이해관계인은 인지의 신고 있음을 안 날로부터 1년 내에 인지에 대한 이의의 소를 제기할 수 있다.
제863조 (인지청구의 소) 자와 그 직계비속 또는 그 법정대리인은 부 또는 모를 상대로 하여 인지청구의 소를 제기할 수 있다.
제864조 (부모의 사망과 인지청구의 소) 제862조 및 제863조의 경우에 부 또는 모가 사망한 때에는 그 사망을 안 날로부터 2년 내에 검사를 상대로 하여 인지에 대한 이의 또는 인지청구의 소를 제기할 수 있다.
제864조의 2 (인지와 자의 양육책임 등) 제837조 및 제837조의 2의 규정은 자가 인지된 경우에 자의 양육책임과 면접교섭권에 관하여 이를 준용한다.
제865조 (다른 사유를 원인으로 하는 친생자관계존부확인의 소) ①제845조, 제846조, 제848조, 제850조, 제851조, 제862조와 제863조의 규정에 의하여 소를 제기할 수 있는 자는 다른 사유를 원인으로 하여 친생자관계존부의 확인의 소를 제기할 수 있다.
②제1항의 경우에 당사자일방이 사망한 때에는 그 사망을 안 날로부터 2년 내에 검사를 상대로 하여 소를 제기할 수 있다.

제2절 양자

제1관 입양의 요건

제866조 (양자를 할 능력) 성년에 달한 자는 양자를 할 수 있다.
제867조 삭제 <1990.1.13>
제868조 삭제 <1990.1.13>
제869조 (15세 미만자의 입양승낙) 양자가 될 자가 15세 미만인 때에는 법정대리인이 그에 갈음하여 입양의 승낙을 한다. 다만, 후견인이 입양을 승낙하는 경우에는 가정법원의 허가를 받아야 한다.
제870조 (입양의 동의) ①양자가 될 자는 부모의 동의를 얻어야 하며 부모가 사망 기타 사유로 인하여 동의를 할 수 없는 경우에 다른 직계존속이 있으면 그 동의를 얻어야 한다.
②제1항의 경우에 직계존속이 수인인 때에는 최근존속을 선순위로 하고, 동순위자가 수인인 때에는 연장자를 선순위로 한다.
제871조 (미성년자입양의 동의) 양자가 될 자가 성년에 달하지 못한 경우에 부모 또는 다른 직계존속이 없으면 후견인의 동의를 얻어야 한다. 그러나 후견인이 동의를 함에 있어서는 가정법원의 허가를 얻어야 한다.
제872조 (후견인과 피후견인간의 입양) 후견인이 피후견인을 양자로 하는 경우에는 가정법원의 허가를 얻어야 한다.
제873조 (금치산자의 입양) 금치산자는 후견인의 동의를 얻어 양자를 할 수 있고 양자가 될 수 있다.
제874조 (부부의 공동입양) ①배우자있는 자가 양자를 할 때에는 배우자와 공동으로 하여야 한다.
②배우자있는 자가 양자가 될 때에는 다른 일방의 동의를 얻어야 한다.
제875조 삭제 <1990.1.13>
제876조 삭제 <1990.1.13>
제877조 (양자의 금지) ①존속 또는 연장자는 이를 양자로 하지 못한다.
제878조 (입양의 효력발생) ①입양은 호적법에 정한 바에 의하여 신고함으로써 그 효력이 생긴다.
②전항의 신고는 당사자쌍방과 성년자인 증인 2인의 연서한 서면으로 하여야 한다.
제879조 삭제 <1990.1.13>
제880조 삭제 <1990.1.13>
제881조 (입양신고의 심사) 입양신고는 그 입양이 제866조 내지 제877조, 제878조 제2항의 규정 기타 법령에 위반함이 없는 때에는 이를 수리하여야 한다.
제882조 (외국에서의 입양신고) 제814조의 규정은 입양의 경우에 준용한다.

제2관 입양의 무효와 취소

제883조 (입양무효의 원인) 입양은 다음 각호의 경우에는 무효로 한다.
1. 당사자간에 입양의 합의가 없는 때
2. 제869조, 제877조 제1항의 규정에 위반한 때
제884조 (입양취소의 원인) 입양은 다음 각호의 경우에는 가정법원에 그 취소를 청구할 수 있다.
1. 입양이 제866조 및 제870조 내지 제874조의 규정에 위반한 때
2. 입양 당시 양친자의 일방에게 악질 기타 중대한 사유가 있음을 알지 못한 때
3. 사기 또는 강박으로 인하여 입양의 의사표시를 한 때
제885조 (입양취소청구권자) 입양이 제866조의 규정에 위반한 때에는 양부모, 양자와 그 법정대리인 또는 직계혈족이 그 취소를 청구할 수 있다.
제886조 (동전) 입양이 제870조의 규정에 위반한 때에는 동의권자가 그 취소를 청구할 수 있고 제871조의 규정에 위반한 때에는 그 양자 또는 동의권자가 그 취소를 청구할 수 있다.
제887조 (동전) 입양이 제872조의 규정에 위반한 때에는 피후견인 또는 친족회원이 그 취소를 청구할 수 있고 제873조의 규정에 위반한 때에는 금치산자 또는 후견인이 그 취소를 청구할 수 있다.
제888조 (동전) 입양이 제874조의 규정에 위반한 때에는 배우자가 그 취소를 청구할 수 있다.
제889조 (입양취소청구권의 소멸) 제866조의 규정에 위반한 입양은 양친이 성년에 달한 후에는 그 취소를 청구하지 못한다.
제890조 삭제 <1990.1.13>
제891조 (동전) 제871조의 규정에 위반한 입양은 양자가 성년에 달한 후 3월을 경과하거나 사망한 때에는 그 취소를 청구하지 못한다.
제892조 (동전) 제872조의 규정에 위반한 입양은 후견의 종료로 인한 관리계산의 종료 후 6월을 경과하면 그 취소를 청구하지 못한다.
제893조 (동전) 제873조의 규정에 위반한 입양은 금치산선고의 취소 있은 후 3월을 경과한 때에는 그 취소를 청구하지 못한다.
제894조 (동전) 제870조, 제874조의 규정에 위반한 입양은 그 사유 있음을 안 날로부터 6월, 그 사유 있은 날로부터 1년을 경과하면 그 취소를 청구하지 못한다.
제895조 삭제 <1990.1.13>
제896조 (동전) 제884조 제2호의 규정에 해당한 사유 있는 입양은 양친자의 일방이 그 사유 있음을 안 날로부터 6월을 경과하면 취소를 청구하지 못한다.
제897조 (준용규정) 제823조, 제824조의 규정은 입양의 취소에 준용하고 제806조의 규정은 입양의 무효 또는 취소에 준용한다.

제3관 파양

제1항 협의상 파양

제898조 (협의상 파양) ①양친자는 협의에 의하여 파양할 수 있다.
제899조 (15세미만자의 협의상 파양) ①양자가 15세미만인 때에는 제869조의 규정에 의하여 입양을 승낙한 자가 이에 갈음하여 파양의 협의를 하여야 한다. 그러나 입양을 승낙한 자가 사망 기타 사유로 협의를 할 수 없는 때에는 생가의 다른 직계존속이 이를 하여야 한다.
②제1항의 규정에 의한 협의를 후견인 또는 생가의 다른 직계존속이 하는 때에는 가정법원의 허가를 받아야 한다.
제900조 (미성년자의 협의상 파양) 양자가 미성년자인 때에는 제871조의 규정에 의한 동의권자의 동의를 얻어 파양의 협의를 할 수 있다.
제901조 (준용규정) 제899조 및 제900조의 경우 직계존속이 수인인 때에는 제870조 제2항을 준용한다.
제902조 (금치산자의 협의상 파양) 양친이나 양자가 금치산자인 때에는 후견인의 동의를 얻어 파양의 협의를 할

수 있다.
제903조 (파양신고의 심사) 파양의 신고는 그 파양이 제878조 제2항, 제898조 내지 전조의 규정 기타 법령에 위반함이 없으면 이를 수리하여야 한다.
제904조 (준용규정) 제823조와 제878조의 규정은 협의상 파양에 준용한다.

제2항 재판상 파양

제905조 (재판상 파양원인) 양친자의 일방은 다음 각호의 사유가 있는 경우에는 가정법원에 파양을 청구할 수 있다.
1. 가족의 명예를 오독하거나 재산을 경도한 중대한 과실이 있을 때
2. 다른 일방 또는 그 직계존속으로부터 심히 부당한 대우를 받았을 때
3. 자기의 직계존속이 다른 일방으로부터 심히 부당한 대우를 받았을 때
4. 양자의 생사가 3년 이상 분명하지 아니한 때
5. 기타 양친자관계를 계속하기 어려운 중대한 사유가 있을 때
제906조 (준용규정) 제899조 내지 제902조의 규정은 재판상 파양의 청구에 준용한다.
제907조 (파양청구권의 소멸) 제905조 제1호 내지 제3호와 제5호의 사유는 다른 일방이 이를 안 날로부터 6월, 그 사유 있은 날로부터 3년을 경과하면 파양을 청구하지 못한다.
제908조 (파양과 손해배상청구권) 제806조의 규정은 재판상 파양에 준용한다.

제4관 친양자

제908조의 2 (친양자 입양의 요건 등) ①친양자를 하려는 자는 다음 각호의 요건을 갖추어 가정법원에 친양자 입양의 청구를 하여야 한다.
1. 3년 이상 혼인 중인 부부로서 공동으로 입양할 것. 다만, 1년 이상 혼인 중인 부부의 일방이 그 배우자의 친생자를 친양자로 하는 경우에는 그러하지 아니하다.
2. 친양자로 될 자가 15세 미만일 것
3. 친양자로 될 자의 친생부모가 친양자 입양에 동의할 것. 다만, 부모의 친권이 상실되거나 사망 그 밖의 사유로 동의할 수 없는 경우에는 그러하지 아니하다.
4. 제869조의 규정에 의한 법정대리인의 입양승낙이 있을 것
②가정법원은 친양자로 될 자의 복리를 위하여 그 양육상황, 친양자 입양의 동기, 양친의 양육능력 그 밖의 사정을 고려하여 친양자 입양이 적당하지 아니하다고 인정되는 경우에는 제1항의 청구를 기각할 수 있다.
제908조의 3 (친양자 입양의 효력) ①친양자는 부부의 혼인 중 출생자로 본다.
②친양자의 입양 전의 친족관계는 제908조의 2 제1항의 청구에 의한 친양자 입양이 확정된 때에 종료한다. 다만, 부부의 일방이 그 배우자의 친생자를 단독으로 입양한 경우에 있어서의 배우자 및 그 친족과 친생자간의 친족관계는 그러하지 아니하다.
제908조의 4 (친양자 입양의 취소 등) ①친양자로 될 자의 친생의 부 또는 모는 자신에게 책임이 없는 사유로 인하여 제908조의 2 제1항 제3호 단서의 규정에 의한 동의를 할 수 없었던 경우에는 친양자 입양의 사실을 안 날부터 6월내에 가정법원에 친양자 입양의 취소를 청구할 수 있다.
②제883조 및 제884조의 규정은 친양자 입양에 관하여 이를 적용하지 아니한다.
제908조의 5 (친양자의 파양) ①양친, 친양자, 친생의 부 또는 모나 검사는 다음 각호의 어느 하나의 사유가 있는 경우에는 가정법원에 친양자의 파양을 청구할 수 있다.
1. 양친이 친양자를 학대 또는 유기하거나 그 밖에 친양자의 복리를 현저히 해하는 때
2. 친양자의 양친에 대한 패륜행위로 인하여 친양자관계를 유지시킬 수 없게 된 때
②제898조 및 제905조의 규정은 친양자의 파양에 관하여 이를 적용하지 아니한다.
제908조의 6 (준용규정) 제908조의 2 제2항의 규정은 친양자 입양의 취소 또는 제908조의 5 제1항 제2호의 규정에 의한 파양의 청구에 관하여 이를 준용한다.
제908조의 7 (친양자 입양의 취소·파양의 효력) ①친양자 입양이 취소되거나 파양된 때에는 친양자관계는 소멸하고 입양 전의 친족관계는 부활한다.
②제1항의 경우에 친양자 입양의 취소의 효력은 소급하지 아니한다.
제908조의 8 (준용규정) 친양자에 관하여 이 관에 특별한 규정이 있는 경우를 제외하고는 그 성질에 반하지 아니하는 범위 안에서 양자에 관한 규정을 준용한다.

제3절 친권

제1관 총칙

제909조 (친권자) ①부모는 미성년자인 자의 친권자가 된다. 양자의 경우에는 양부모가 친권자가 된다.
②친권은 부모가 혼인중인 때에는 부모가 공동으로 이를 행사한다. 그러나 부모의 의견이 일치하지 아니하는 경우에는 당사자의 청구에 의하여 가정법원이 이를 정한다.
③부모의 일방이 친권을 행사할 수 없을 때에는 다른 일방이 이를 행사한다.
④혼인 외의 자가 인지된 경우와 부모가 이혼한 경우에는 부모의 협의로 친권자를 정하여야 하고, 협의할 수 없거나 협의가 이루어지지 아니하는 경우에는 당사자는 가정법원에 그 지정을 청구하여야 한다.
⑤가정법원은 혼인의 취소, 재판상 이혼 또는 인지청구의 소의 경우에는 직권으로 친권자를 정한다.
⑥가정법원은 자의 복리를 위하여 필요하다고 인정되는 경우에는 자의 4촌 이내의 친족의 청구에 의하여 정하여진 친권자를 다른 일방으로 변경할 수 있다.
제910조 (자의 친권의 대행) 친권자는 그 친권에 따르는 자에 갈음하여 그 자에 대한 친권을 행사한다.
제911조 (미성년자인 자의 법정대리인) 친권을 행사하는 부 또는 모는 미성년자인 자의 법정대리인이 된다.
제912조 (친권행사의 기준) 친권을 행사함에 있어서는 자의 복리를 우선적으로 고려하여야 한다.

제2관 친권의 효력

제913조 (보호, 교양의 권리의무) 친권자는 자를 보호하고 교양할 권리의무가 있다.
제914조 (거소지정권) 자는 친권자의 지정한 장소에 거주하여야 한다.
제915조 (징계권) 친권자는 그 자를 보호 또는 교양하기 위하여 필요한 징계를 할 수 있고 법원의 허가를 얻어 감화 또는 교정기관에 위탁할 수 있다.
제916조 (자의 특유재산과 그 관리) 자가 자기의 명의로 취득한 재산은 그 특유재산으로 하고 법정대리인인 친권자가 이를 관리한다.
제917조 삭제 <1990.1.13>

제918조 (제3자가 무상으로 자에게 수여한 재산의 관리) ①무상으로 자에게 재산을 수여한 제3자가 친권자의 관리에 반대하는 의사를 표시한 때에는 친권자는 그 재산을 관리하지 못한다.
②전항의 경우에 제3자가 그 재산관리인을 지정하지 아니한 때에는 법원은 재산의 수여를 받은 자 또는 제777조의 규정에 의한 친족의 청구에 의하여 관리인을 선임한다.
③제3자의 지정한 관리인의 권한이 소멸하거나 관리인을 개임할 필요 있는 경우에 제3자가 다시 관리인을 지정하지 아니한 때에도 전항과 같다.
④제24조 제1항, 제2항, 제4항, 제25조 전단 및 제26조 제1항, 제2항의 규정은 전2항의 경우에 준용한다.
제919조 (위임에 관한 규정의 준용) 제691조, 제692조의 규정은 전3조의 재산관리에 준용한다.
제920조 (자의 재산에 관한 친권자의 대리권) 법정대리인인 친권자는 자의 재산에 관한 법률행위에 대하여 그 자를 대리한다. 그러나 그 자의 행위를 목적으로 하는 채무를 부담할 경우에는 본인의 동의를 얻어야 한다.
제920조의 2 (공동친권자의 일방이 공동명의로 한 행위의 효력) 부모가 공동으로 친권을 행사하는 경우 부모의 일방이 공동명의로 자를 대리하거나 자의 법률행위에 동의한 때에는 다른 일방의 의사에 반하는 때에도 그 효력이 있다. 그러나 상대방이 악의인 때에는 그러하지 아니한다.
제921조 (친권자와 그 자간 또는 수인의 자간의 이해상반행위) ①법정대리인인 친권자와 그 자 사이에 이해상반되는 행위를 함에는 친권자는 법원에 그 자의 특별대리인의 선임을 청구하여야 한다.
②법정대리인인 친권자가 그 친권에 따르는 수인의 자 사이에 이해상반 되는 행위를 함에는 법원에 그 자 일방의 특별대리인의 선임을 청구하여야 한다.
제922조 (친권자의 주의의무) 친권자가 그 자에 대한 법률행위의 대리권 또는 재산관리권을 행사함에는 자기의 재산에 관한 행위와 동일한 주의를 하여야 한다.
제923조 (재산관리의 계산) ①법정대리인인 친권자의 권한이 소멸한 때에는 그 자의 재산에 대한 관리의 계산을 하여야 한다.
②전항의 경우에 그 자의 재산으로부터 수취한 과실은 그 자의 양육, 재산관리의 비용과 상계한 것으로 본다. 그러나 무상으로 자에게 재산을 수여한 제3자가 반대의 의사를 표시한 때에는 그 재산에 관하여는 그러하지 아니하다.

제3관 친권의 상실

제924조 (친권상실의 선고) 부 또는 모가 친권을 남용하거나 현저한 비행 기타 친권을 행사시킬 수 없는 중대한 사유가 있는 때에는 법원은 제777조의 규정에 의한 자의 친족 또는 검사의 청구에 의하여 그 친권의 상실을 선고할 수 있다.
제925조 (대리권, 관리권상실의 선고) 법정대리인인 친권자가 부적당한 관리로 인하여 자의 재산을 위태하게 한 때에는 법원은 제777조의 규정에 의한 자의 친족의 청구에 의하여 그 법률행위의 대리권과 재산관리권의 상실을 선고할 수 있다.
제926조 (실권회복의 선고) 전2조의 원인이 소멸한 때에는 법원은 본인 또는 제777조의 규정에 의한 친족의 청구에 의하여 실권의 회복을 선고할 수 있다.
제927조 (대리권, 관리권의 사퇴와 회복) ①법정대리인인 친권자는 정당한 사유가 있는 때에는 법원의 허가를 얻어 그 법률행위의 대리권과 재산관리권을 사퇴할 수 있다.
②전항의 사유가 소멸한 때에는 그 친권자는 법원의 허가를 얻어 사퇴한 권리를 회복할 수 있다.

제5장 후견

제1절 후견인

제928조 (미성년자에 대한 후견의 개시) 미성년자에 대하여 친권자가 없거나 친권자가 법률행위의 대리권 및 재산관리권을 행사할 수 없는 때에는 그 후견인을 두어야 한다.
제929조 (금치산자 등에 대한 후견의 개시) 금치산 또는 한정치산의 선고가 있는 때에는 그 선고를 받은 자의 후견인을 두어야 한다.
제930조 (후견인의 수) 후견인은 1인으로 한다.
제931조 (유언에 의한 후견인의 지정) 미성년자에 대하여 친권을 행사하는 부모는 유언으로 미성년자의 후견인을 지정할 수 있다. 그러나 법률행위의 대리권과 재산관리권 없는 친권자는 이를 지정하지 못한다.
제932조 (미성년자의 후견인의 순위) 제931조의 규정에 의한 후견인의 지정이 없는 때에는 미성년자의 직계혈족, 3촌 이내의 방계혈족의 순위로 후견인이 된다.
제933조 (금치산 등의 후견인의 순위) 금치산 또는 한정치산의 선고가 있는 때에는 그 선고를 받은 자의 직계혈족, 3촌 이내의 방계혈족의 순위로 후견인이 된다.
제934조 (기혼자의 후견인의 순위) 기혼자가 금치산 또는 한정치산의 선고를 받은 때에는 배우자가 후견인이 된다. 그러나 배우자도 금치산 또는 한정치산의 선고를 받은 때에는 제933조의 순위에 따른다.
제935조 (후견인의 순위) ①제932조 내지 제934조의 규정에 의한 직계혈족 또는 방계혈족이 수인인 때에는 최근친을 선순위로 하고, 동순위자가 수인인 때에는 연장자를 선순위로 한다.
②제1항의 규정에 불구하고 양자의 친생부모와 양부모가 구존(俱存)한 때에는 양부모를 선순위로, 기타 생가혈족과 양가혈족의 촌수가 동순위인 때에는 양가혈족을 선순위로 한다.
제936조 (법원에 의한 후견인의 선임) ①전4조의 규정에 의하여 후견인이 될 자가 없는 경우에는 법원은 제777조의 규정에 의한 피후견인의 친족 기타 이해관계인의 청구에 의하여 후견인을 선임하여야 한다.
②후견인이 사망, 결격 기타 사유로 인하여 결격된 때에 전4조의 규정에 의하여 후견인이 될 자가 없는 경우에도 전항과 같다.
제937조 (후견인의 결격사유) 다음 각호에 해당한 자는 후견인이 되지 못한다.
1. 미성년자
2. 금치산자, 한정치산자
3. 파산선고를 받은 자
4. 자격정지 이상의 형의 선고를 받고 그 형기 중에 있는 자
5. 법원에서 해임된 법정대리인 또는 친족회원
6. 행방이 불명한 자
7. 피후견인에 대하여 소송을 하였거나 하고 있는 자 또는 그 배우자와 직계혈족

제938조 (후견인의 대리권) 후견인은 피후견인의 법정대리인이 된다.
제939조 (후견인의 사퇴) 후견인은 정당한 사유 있는 때에는 법원의 허가를 얻어 이를 사퇴할 수 있다.
제940조 (후견인의 변경) ①가정법원은 피후견인의 복리를 위하여 후견인을 변경할 필요가 있다고 인정되는 경우에는 피후견인의 친족이나 검사의 청구 또는 직권에 의하여 후견인을 변경할 수 있다.
②제1항의 경우에는 제932조 내지 제935조에 규정된 후견인의 순위에 불구하고 4촌 이내의 친족 그 밖에 적합한 자를 후견인으로 정할 수 있다.

제2절 후견인의 임무

제941조 (재산조사와 목록작성) ①후견인은 지체 없이 피후견인의 재산을 조사하여 2월내에 그 목록을 작성하여야 한다. 그러나 정당한 사유 있는 때에는 법원의 허가를 얻어 그 기간을 연장할 수 있다.
②전항의 재산조사와 목록작성은 친족회가 지정한 회원의 참여가 없으면 효력이 없다.
제942조 (후견인의 채권, 채무의 제시) ①후견인과 피후견인 사이에 채권, 채무의 관계가 있는 때에는 후견인은 재산목록의 작성을 완료하기 전에 그 내용을 친족회 또는 친족회의 지정한 회원에게 제시하여야 한다.
②후견인이 피후견인에 대한 채권 있음을 알고 전항의 제시를 해태한 때에는 그 채권을 포기한 것으로 본다.
제943조 (목록작성 전의 권한) 후견인은 재산조사와 목록작성을 완료하기까지는 긴급 필요한 경우가 아니면 그 재산에 관한 권한을 행사하지 못한다. 그러나 이로써 선의의 제3자에게 대항하지 못한다.
제944조 (피후견인이 취득한 포괄적 재산의 조사 등) 전3조의 규정은 후견인의 취임 후에 피후견인이 포괄적 재산을 취득한 경우에 준용한다.
제945조 (미성년자의 신분에 관한 후견인의 권리의무) 미성년자의 후견인은 제913조 내지 제915조에 규정한 사항에 관하여는 친권자와 동일한 권리의무가 있다. 그러나 친권자가 정한 교양방법 또는 거소를 변경하거나 피후견인을 감화 또는 교정기관에 위탁하거나 친권자가 허락한 영업을 취소 또는 제한함에는 친족회의 동의를 얻어야 한다.
제946조 (재산관리에 한한 후견) 친권자가 법률행위의 대리권과 재산관리권에 한하여 친권을 행사할 수 없는 경우에는 후견인의 임무는 미성년자의 재산에 관한 행위에 한한다.
제947조 (금치산자의 요양, 감호) ①금치산자의 후견인은 금치산자의 요양, 감호에 일상의 주의를 해태하지 아니하여야 한다.
②후견인이 금치산자를 사택에 감금하거나 정신병원 기타 다른 장소에 감금 치료함에는 법원의 허가를 얻어야 한다. 그러나 긴급을 요할 상태인 때에는 사후에 허가를 청구할 수 있다.
제948조 (미성년자의 친권의 대행) ①후견인은 피후견인에 갈음하여 그 자에 대한 친권을 행사한다.
②전항의 친권행사에는 후견인의 임무에 관한 규정을 준용한다.
제949조 (재산관리권과 대리권) ①후견인은 피후견인의 재산을 관리하고 그 재산에 관한 법률행위에 대하여 피후견인을 대리한다.
②제920조 단서의 규정은 전항의 법률행위에 준용한다.
제950조 (법정대리권과 동의권의 제한) ①후견인이 피후견인에 갈음하여 다음 각호의 행위를 하거나 미성년자 또는 한정치산자의 다음 각호의 행위에 동의를 함에는 친족회의 동의를 얻어야 한다.
1. 영업을 하는 일
2. 차재 또는 보증을 하는 일
3. 부동산 또는 중요한 재산에 관한 권리의 득실변경을 목적으로 하는 행위를 하는 일
4. 소송행위를 하는 일
②전항의 규정에 위반한 행위는 피후견인 또는 친족회가 이를 취소할 수 있다.
제951조 (피후견인에 대한 권리의 양수) ①후견인이 피후견인에 대한 제3자의 권리를 양수함에는 친족회의 동의를 얻어야 한다.
②전항의 규정에 위반한 행위는 피후견인 또는 친족회가 이를 취소할 수 있다.
제952조 (상대방의 추인여부 최고) 제15조의 규정은 전2조의 경우에 상대방의 친족회에 대한 추인여부의 최고에 준용한다.
제953조 (친족회의 후견사무의 감독) 친족회는 언제든지 후견인에 대하여 그 임무수행에 관한 보고와 재산목록의 제출을 요구할 수 있고 피후견인의 재산상황을 조사할 수 있다.
제954조 (법원의 후견사무에 관한 처분) 법원은 피후견인 또는 제777조의 규정에 의한 친족 기타 이해관계인의 청구에 의하여 피후견인의 재산상황을 조사하고 그 재산관리 기타 후견임무수행에 관하여 필요한 처분을 명할 수 있다.
제955조 (후견인에 대한 보수) 법원은 후견인의 청구에 의하여 피후견인의 재산상태 기타 사정을 참작하여 피후견인의 재산 중에서 상당한 보수를 후견인에게 수여할 수 있다.
제956조 (위임과 친권의 규정의 준용) 제681조 및 제918조의 규정은 후견인에게 이를 준용한다.

제3절 후견의 종료

제957조 (후견사무의 종료와 관리의 계산) ①후견인의 임무가 종료한 때에는 후견인 또는 그 상속인은 1월 내에 피후견인의 재산에 관한 계산을 하여야 한다. 그러나 정당한 사유 있는 때에는 법원의 허가를 얻어 그 기간을 연장할 수 있다.
②전항의 계산은 친족회가 지정한 회원의 참여가 없으면 효력이 없다.
제958조 (이자의 부가와 금전소비에 대한 책임) ①후견인이 피후견인에게 지급할 금액이나 피후견인이 후견인에게 지급할 금액에는 계산종료의 날로부터 이자를 부가하여야 한다.
②후견인이 자기를 위하여 피후견인의 금전을 소비한 때에는 그 소비한 날로부터 이자를 부가하고 피후견인에게 손해가 있으면 이를 배상하여야 한다.
제959조 (위임규정의 준용) 제691조, 제692조의 규정은 후견의 종료에 이를 준용한다.

제6장 친족회

제960조 (친족회의 조직) 본법 기타 법률의 규정에 의하여 친족회의 결의를 요할 사유가 있는 때에는 친족회를 조직한다.
제961조 (친족회원의 수) ①친족회원은 3인 이상 10인 이하로 한다.
②친족회에 대표자 1인을 두고 친족회원 중에서 호선한다.
③전항의 대표자는 소송행위 기타 외부에 대한 행위에 있어서 친족회를 대표한다.
제962조 (친권자의 친족회원 지정) 후견인을 지정할 수 있는 친권자는 미성년자의 친족회원을 지정할 수 있다.
제963조 (친족회원의 선임) ①친족회원은 본인, 그 법정대리인 또는 제777조의 규정에 의한 친족이나 이해관계인의 청구에 의하여 법원이 제777조의 규정에 의한 그 친족 또는 본인과 특별한 연고가 있는 자 중에서 이를 선임한다. 그러나 전조의 규정에 의하여 친족회원이 지정된 때에는 그러하지 아니하다.
②전항의 규정에 의한 청구를 할 수 있는 자는 친족회의 원수와 그 선임에 관하여 법원에 의견서를 제출할 수 있다.
제964조 (친족회원의 결격사유) ①후견인은 후견의 계산을 완료한 후가 아니면 피후견인의 친족회원이 되지 못한다.
②제937조의 규정은 친족회원에 준용한다.
제965조 (무능력자를 위한 상설친족회) ①미성년자, 금치산자 또는 한정치산자를 위한 친족회는 그 무능력의 사

유가 종료할 때까지 계속한다.
②전항의 친족회에 결원이 생한 때에는 법원은 직권 또는 청구에 의하여 이를 보충하여야 한다.
제966조 (친족회의 소집) 친족회는 본인, 그 법정대리인, 배우자, 직계혈족, 회원, 이해관계인 또는 검사의 청구에 의하여 가정법원이 이를 소집한다.
제967조 (친족회의 결의방법) ①친족회의 의사는 회원 과반수의 찬성으로 결정한다.
②전항의 의사에 관하여 이해관계 있는 회원은 그 결의에 참가하지 못한다.
③친족회원 과반수의 찬성으로 행한 서면결의로써 친족회의 결의에 갈음한 경우에는 전조의 규정에 의하여 친족회의 소집을 청구할 수 있는 자는 2월내에 그 취소를 법원에 청구할 수 있다.
제968조 (친족회에서의 의견개진) 본인, 그 법정대리인, 배우자, 직계혈족, 4촌 이내의 방계혈족은 친족회에 출석하여 의견을 개진할 수 있다.
제969조 (친족회의 결의에 갈음할 재판) 친족회가 결의를 할 수 없거나 결의를 하지 아니하는 때에는 친족회의 소집을 청구할 수 있는 자는 그 결의에 갈음할 재판을 법원에 청구할 수 있다.
제970조 (친족회원의 사퇴) 친족회원은 정당한 사유 있는 때에는 법원의 허가를 얻어 이를 사퇴할 수 있다.
제971조 (친족회원의 해임) ①친족회원이 그 임무에 관하여 부정행위 기타 적당하지 아니한 사유가 있는 때에는 법원은 직권 또는 본인, 그 법정대리인, 제777조의 규정에 의한 본인의 친족이나 이해관계인의 청구에 의하여 그 친족회원을 개임 또는 해임할 수 있다.
②법원은 적당하다고 인정할 때에는 직권 또는 본인, 그 법정대리인, 제777조의 규정에 의한 본인의 친족이나 이해관계인의 청구에 의하여 친족회원을 증원 선임할 수 있다.
제972조 (친족회의 결의와 이의의 소) 친족회의 소집을 청구할 수 있는 자는 친족회의 결의에 대하여 2월내에 이의의 소를 제기할 수 있다.
제973조 (친족회원의 선관의무) 제681조의 규정은 친족회원에 준용한다.

제7장 부양

제974조 (부양의무) 다음 각호의 친족은 서로 부양의 의무가 있다.
1. 직계혈족 및 그 배우자간
2. 삭제 <1990.1.13>
3. 기타 친족간(생계를 같이 하는 경우에 한한다.)
제975조 (부양의무와 생활능력) 부양의 의무는 부양을 받을 자가 자기의 자력 또는 근로에 의하여 생활을 유지할 수 없는 경우에 한하여 이를 이행할 책임이 있다.
제976조 (부양의 순위) ①부양의 의무 있는 자가 수인인 경우에 부양을 할 자의 순위에 관하여 당사자간에 협정이 없는 때에는 법원은 당사자의 청구에 의하여 이를 정한다. 부양을 받을 권리자가 수인인 경우에 부양의무자의 자력이 그 전원을 부양할 수 없는 때에도 같다.
②전항의 경우에 법원은 수인의 부양의무자 또는 권리자를 선정할 수 있다.
제977조 (부양의 정도, 방법) 부양의 정도 또는 방법에 관하여 당사자간에 협정이 없는 때에는 법원은 당사자의 청구에 의하여 부양을 받을 자의 생활정도와 부양의무자의 자력 기타 제반사정을 참작하여 이를 정한다.
제978조 (부양관계의 변경 또는 취소) 부양을 할 자 또는 부양을 받을 자의 순위, 부양의 정도 또는 방법에 관한 당사자의 협정이나 법원의 판결이 있은 후 이에 관한 사정변경이 있는 때에는 법원은 당사자의 청구에 의하여 그 협정이나 판결을 취소 또는 변경할 수 있다.
제979조 (부양청구권처분의 금지) 부양을 받을 권리는 이를 처분하지 못한다.

제8장 삭제 <2005.3.31>

제1절 삭제 <2005.3.31>
제980조 삭제 <2005.3.31>
제981조 삭제 <2005.3.31>
제982조 삭제 <2005.3.31>
제983조 삭제 <1990.1.13>
제2절 삭제 <2005.3.31>
제984조 삭제 <2005.3.31>
제985조 삭제 <2005.3.31>
제986조 삭제 <2005.3.31>
제987조 삭제 <2005.3.31>
제988조 삭제 <1990.1.13>
제989조 삭제 <2005.3.31>
제990조 삭제 <1990.1.13>
제991조 삭제 <2005.3.31>
제992조 삭제 <2005.3.31>
제993조 삭제 <2005.3.31>
제994조 삭제 <2005.3.31>
제3절 삭제 <2005.3.31>
제995조 삭제 <2005.3.31>
제996조 삭제 <1990.1.13>

제5편 상속

제1장 상속

제1절 총칙

제997조 (상속개시의 원인) 상속은 사망으로 인하여 개시된다.
제998조 (상속개시의 장소) 상속은 피상속인의 주소지에서 개시한다.
제998조의 2 (상속비용) 상속에 관한 비용은 상속재산 중에서 지급한다.
제999조 (상속회복청구권) ①상속권이 참칭상속권자로 인하여 침해된 때에는 상속권자 또는 그 법정대리인은 상속회복의 소를 제기할 수 있다.
②제1항의 상속회복청구권은 그 침해를 안 날부터 3년, 상속권의 침해행위가 있은 날부터 10년을 경과하면 소멸된다.

제2절 상속인

제1000조 (상속의 순위) ①상속에 있어서는 다음 순위로 상속인이 된다.
1. 피상속인의 직계비속
2. 피상속인의 직계존속
3. 피상속인의 형제자매
4. 피상속인의 4촌 이내의 방계혈족

②전항의 경우에 동순위의 상속인이 수인인 때에는 최근친을 선순위로 하고 동친등의 상속인이 수인인 때에는 공동상속인이 된다.
③태아는 상속순위에 관하여는 이미 출생한 것으로 본다.
제1001조 (대습상속) 전조 제1항 제1호와 제3호의 규정에 의하여 상속인이 될 직계비속 또는 형제자매가 상속개시 전에 사망하거나 결격자가 된 경우에 그 직계비속이 있는 때에는 그 직계비속이 사망하거나 결격된 자의 순위에 갈음하여 상속인이 된다.
제1002조 삭제 <1990.1.13>
제1003조 (배우자의 상속순위) ①피상속인의 배우자는 제1000조 제1항 제1호와 제2호의 규정에 의한 상속인이 있는 경우에는 그 상속인과 동순위로 공동상속인이 되고 그 상속인이 없는 때에는 단독상속인이 된다.
②제1001조의 경우에 상속개시 전에 사망 또는 결격된 자의 배우자는 동조의 규정에 의한 상속인과 동순위로 공동상속인이 되고 그 상속인이 없는 때에는 단독상속인이 된다.
제1004조 (상속인의 결격사유) 다음 각호의 어느 하나에 해당한 자는 상속인이 되지 못한다.
1. 고의로 직계존속, 피상속인, 그 배우자 또는 상속의 선순위나 동순위에 있는 자를 살해하거나 살해하려한 자
2. 고의로 직계존속, 피상속인과 그 배우자에게 상해를 가하여 사망에 이르게 한 자
3. 사기 또는 강박으로 피상속인의 상속에 관한 유언 또는 유언의 철회를 방해한 자
4. 사기 또는 강박으로 피상속인의 상속에 관한 유언을 하게 한 자
5. 피상속인의 상속에 관한 유언서를 위조·변조·파기 또는 은닉한 자

제3절 상속의 효력

제1관 일반적 효력

제1005조 (상속과 포괄적 권리의무의 승계) 상속인은 상속개시된 때로부터 피상속인의 재산에 관한 포괄적 권리의무를 승계한다. 그러나 피상속인의 일신에 전속한 것은 그러하지 아니하다.
제1006조 (공동상속과 재산의 공유) 상속인이 수인인 때에는 상속재산은 그 공유로 한다.
제1007조 (공동상속인의 권리의무 승계) 공동상속인은 각자의 상속분에 응하여 피상속인의 권리의무를 승계한다.
제1008조 (특별수익자의 상속분) 공동상속인 중에 피상속인으로부터 재산의 증여 또는 유증을 받은 자가 있는 경우에 그 수증재산이 자기의 상속분에 달하지 못한 때에는 그 부족한 부분의 한도에서 상속분이 있다.
제1008조의 2 (기여분) ①공동상속인 중에 상당한 기간 동거·간호 그 밖의 방법으로 피상속인을 특별히 부양하거나 피상속인의 재산의 유지 또는 증가에 특별히 기여한 자가 있을 때에는 상속개시 당시의 피상속인의 재산가액에서 공동상속인의 협의로 정한 그 자의 기여분을 공제한 것을 상속재산으로 보고 제1009조 및 제1010조에 의하여 산정한 상속분에 기여분을 가산한 액으로써 그 자의 상속분으로 한다.
②제1항의 협의가 되지 아니하거나 협의할 수 없는 때에는 가정법원은 제1항에 규정된 기여자의 청구에 의하여 기여의 시기·방법 및 정도와 상속재산의 액 기타의 사정을 참작하여 기여분을 정한다.
③기여분은 상속이 개시된 때의 피상속인의 재산가액에서 유증의 가액을 공제한 액을 넘지 못한다.
④제2항의 규정에 의한 청구는 제1013조 제2항의 규정에 의한 청구가 있을 경우 또는 제1014조에 규정하는 경우에 할 수 있다.
제1008조의 3 (분묘 등의 승계) 분묘에 속한 1정보 이내의 금양임야와 600평 이내의 묘토인 농지, 족보와 제구의 소유권은 제사를 주재하는 자가 이를 승계한다.

제2관 상속분

제1009조 (법정상속분) ①동순위의 상속인이 수인인 때에는 그 상속분은 균분으로 한다.
②피상속인의 배우자의 상속분은 직계비속과 공동으로 상속하는 때에는 직계비속의 상속분의 5할을 가산하고, 직계존속과 공동으로 상속하는 때에는 직계존속의 상속분의 5할을 가산한다.
제1010조 (대습상속분) ①제1001조의 규정에 의하여 사망 또는 결격된 자에 갈음하여 상속인이 된 자의 상속분은 사망 또는 결격된 자의 상속분에 의한다.
②전항의 경우에 사망 또는 결격된 자의 직계비속이 수인인 때에는 그 상속분은 사망 또는 결격된 자의 상속분의 한도에서 제1009조의 규정에 의하여 이를 정한다. 제1003조 제2항의 경우에도 또한 같다.
제1011조 (공동상속분의 양수) ①공동상속인 중에 그 상속분을 제3자에게 양도한 자가 있는 때에는 다른 공동상속인은 그 가액과 양도비용을 상환하고 그 상속분을 양수할 수 있다.
②전항의 권리는 그 사유를 안 날로부터 3월, 그 사유 있은 날로부터 1년 내에 행사하여야 한다.

제3관 상속재산의 분할

제1012조 (유언에 의한 분할방법의 지정, 분할금지) 피상속인은 유언으로 상속재산의 분할방법을 정하거나 이를 정할 것을 제3자에게 위탁할 수 있고 상속개시의 날로부터 5년을 초과하지 아니하는 기간 내의 그 분할을 금지할 수 있다.
제1013조 (협의에 의한 분할) ①전조의 경우 외에는 공동상속인은 언제든지 그 협의에 의하여 상속재산을 분할할 수 있다.
②제269조의 규정은 전항의 상속재산의 분할에 준용한다.
제1014조 (분할 후의 피인지자 등의 청구권) 상속개시후의 인지 또는 재판의 확정에 의하여 공동상속인이 된 자가 상속재산의 분할을 청구할 경우에 다른 공동상속인이 이미 분할 기타 처분을 한 때에는 그 상속분에 상당한 가액의 지급을 청구할 권리가 있다.
제1015조 (분할의 소급효) 상속재산의 분할은 상속개시된 때에 소급하여 그 효력이 있다. 그러나 제3자의 권리를 해하지 못한다.
제1016조 (공동상속인의 담보책임) 공동상속인은 다른 공동상속인이 분할로 인하여 취득한 재산에 대하여 그 상속분에 응하여 매도인과 같은 담보책임이 있다.
제1017조 (상속채무자의 자력에 대한 담보책임) ①공동상속인은 다른 상속인이 분할로 인하여 취득한 채권에 대하여 분할당시의 채무자의 자력을 담보한다.

②변제기에 달하지 아니한 채권이나 정지조건 있는 채권에 대하여는 변제를 청구할 수 있는 때의 채무자의 자력을 담보한다.
제1018조 (무자력공동상속인의 담보책임의 분담) 담보책임 있는 공동상속인 중에 상환의 자력이 없는 자가 있는 때에는 그 부담부분은 구상권자와 자력 있는 다른 공동상속인이 그 상속분에 응하여 분담한다. 그러나 구상권자의 과실로 인하여 상환을 받지 못한 때에는 다른 공동상속인에게 분담을 청구하지 못한다.

제4절 상속의 승인 및 포기

제1관 총칙

제1019조 (승인, 포기의 기간) ①상속인은 상속개시 있음을 안 날로부터 3월내에 단순승인이나 한정승인 또는 포기를 할 수 있다. 그러나 그 기간은 이해관계인 또는 검사의 청구에 의하여 가정법원이 이를 연장할 수 있다.
②상속인은 제1항의 승인 또는 포기를 하기 전에 상속재산을 조사할 수 있다.
③제1항의 규정에 불구하고 상속인은 상속채무가 상속재산을 초과하는 사실을 중대한 과실 없이 제1항의 기간내에 알지 못하고 단순승인(제1026조제1호 및 제2호의 규정에 의하여 단순승인한 것으로 보는 경우를 포함한다)을 한 경우에는 그 사실을 안 날부터 3월내에 한정승인을 할 수 있다.
제1020조 (무능력자의 승인, 포기의 기간) 상속인이 무능력자인 때에는 전조 제1항의 기간은 그 법정대리인이 상속개시 있음을 안 날로부터 기산한다.
제1021조 (승인, 포기기간의 계산에 관한 특칙) 상속인이 승인이나 포기를 하지 아니하고 제1019조 제1항의 기간내에 사망한 때에는 그의 상속인이 그 자기의 상속개시 있음을 안 날로부터 제1019조 제1항의 기간을 기산한다.
제1022조 (상속재산의 관리) 상속인은 그 고유재산에 대하는 것과 동일한 주의로 상속재산을 관리하여야 한다. 그러나 단순승인 또는 포기한 때에는 그러하지 아니하다.
제1023조 (상속재산보존에 필요한 처분) ①법원은 이해관계인 또는 검사의 청구에 의하여 상속재산의 보존에 필요한 처분을 명할 수 있다.
②법원이 재산관리인을 선임한 경우에는 제24조 내지 제26조의 규정을 준용한다.
제1024조 (승인, 포기의 취소금지) ①상속의 승인이나 포기는 제1019조 제1항의 기간 내에도 이를 취소하지 못한다.
②전항의 규정은 총칙편의 규정에 의한 취소에 영향을 미치지 아니한다. 그러나 그 취소권은 추인할 수 있는 날로부터 3월, 승인 또는 포기한 날로부터 1년내에 행사하지 아니하면 시효로 인하여 소멸된다.

제2관 단순승인

제1025조 (단순승인의 효과) 상속인이 단순승인을 한 때에는 제한 없이 피상속인의 권리의무를 승계한다.
제1026조 (법정단순승인) 다음 각호의 사유가 있는 경우에는 상속인이 단순승인을 한 것으로 본다.
1. 상속인이 상속재산에 대한 처분행위를 한 때
2. 상속인이 제1019조 제1항의 기간 내에 한정승인 또는 포기를 하지 아니한 때
3. 상속인이 한정승인 또는 포기를 한 후에 상속재산을 은닉하거나 부정소비하거나 고의로 재산목록에 기입하지 아니한 때
[96헌가22, 97헌가2·3·9, 96헌바81, 98헌바24·25(병합) 1998.8.27]
1. 민법 제1026조 제2호(1958.2.22. 법률 제471호)는 헌법에 합치되지 아니한다.
2. 위 법률조항은 입법자가 1999.12.31까지 개정하지 아니하면 2000.1.1부터 그 효력을 상실한다. 법원 기타 국가기관 및 지방자치단체는 입법자가 개정할 때까지 위 법률조항의 적용을 중지하여야 한다.
제1027조 (법정단순승인의 예외) 상속인이 상속을 포기함으로 인하여 차순위 상속인이 상속을 승인한 때에는 전조 제3호의 사유는 상속의 승인으로 보지 아니한다.

제3관 한정승인

제1028조 (한정승인의 효과) 상속인은 상속으로 인하여 취득할 재산의 한도에서 피상속인의 채무와 유증을 변제할 것을 조건으로 상속을 승인할 수 있다.
제1029조 (공동상속인의 한정승인) 상속인이 수인인 때에는 각 상속인은 그 상속분에 응하여 취득할 재산의 한도에서 그 상속분에 의한 피상속인의 채무와 유증을 변제할 것을 조건으로 상속을 승인할 수 있다.
제1030조 (한정승인의 방식) ①상속인이 한정승인을 함에는 제1019조 제1항 또는 제3항의 기간 내에 상속재산의 목록을 첨부하여 법원에 한정승인의 신고를 하여야 한다.
②제1019조 제3항의 규정에 의하여 한정승인을 한 경우 상속재산 중 이미 처분한 재산이 있는 때에는 그 목록과 가액을 함께 제출하여야 한다.
제1031조 (한정승인과 재산상 권리의무의 불소멸) 상속인이 한정승인을 한 때에는 피상속인에 대한 상속인의 재산상 권리의무는 소멸하지 아니한다.
제1032조 (채권자에 대한 공고, 최고) ①한정승인자는 한정승인을 한 날로부터 5일내에 일반상속채권자와 유증받은 자에 대하여 한정승인의 사실과 일정한 기간 내에 그 채권 또는 수증을 신고할 것을 공고하여야 한다. 그 기간은 2월 이상이어야 한다.
②제88조 제2항, 제3항과 제89조의 규정은 전항의 경우에 준용한다.
제1033조 (최고기간 중의 변제거절) 한정승인자는 전조 제1항의 기간만료 전에는 상속채권의 변제를 거절할 수 있다.
제1034조 (배당변제) ①한정승인자는 제1032조 제1항의 기간만료 후에 상속재산으로서 그 기간 내에 신고한 채권자와 한정승인자가 알고 있는 채권자에 대하여 각 채권액의 비율로 변제하여야 한다. 그러나 우선권 있는 채권자의 권리를 해하지 못한다.
②제1019조 제3항의 규정에 의하여 한정승인을 한 경우에는 그 상속인은 상속재산 중에서 남아있는 상속재산과 함께 이미 처분한 재산의 가액을 합하여 제1항의 변제를 하여야 한다. 다만, 한정승인을 하기 전에 상속채권자나 유증 받은 자에 대하여 변제한 가액은 이미 처분한 재산의 가액에서 제외한다.
제1035조 (변제기전의 채무 등의 변제) ①한정승인자는 변제기에 이르지 아니한 채권에 대하여도 전조의 규정에 의하여 변제하여야 한다.
②조건 있는 채권이나 존속기간의 불확정한 채권은 법원의 선임한 감정인의 평가에 의하여 변제하여야 한다.
제1036조 (수증자에의 변제) 한정승인자는 전2조의 규정에 의하여 상속채권자에 대한 변제를 완료한 후가 아니면 유증 받은 자에게 변제하지 못한다.
제1037조 (상속재산의 경매) 전3조의 규정에 의한 변제를 하기 위하여 상속재산의 전부나 일부를 매각할 필요가 있는 때에는 민사집행법에 의하여 경매하여야 한다.
제1038조 (부당변제 등으로 인한 책임) ①한정승인자가 제1032조의 규정에 의한 공고나 최고를 해태하거나 제

1033조 내지 제1036조의 규정에 위반하여 어느 상속채권자나 유증 받은 자에게 변제함으로 인하여 다른 상속채권자나 유증 받은 자에 대하여 변제할 수 없게 된 때에는 한정승인자는 그 손해를 배상하여야 한다. 제1019조 제3항의 규정에 의하여 한정승인을 한 경우 그 이전에 상속채무가 상속재산을 초과함을 알지 못한 데 과실이 있는 상속인이 상속채권자나 유증 받은 자에게 변제한 때에도 또한 같다.
②제1항 전단의 경우에 변제를 받지 못한 상속채권자나 유증 받은 자는 그 사정을 알고 변제를 받은 상속채권자나 유증 받은 자에 대하여 구상권을 행사할 수 있다. 제1019조 제3항의 규정에 의하여 한정승인을 한 경우 그 이전에 상속채무가 상속재산을 초과함을 알고 변제받은 상속채권자나 유증 받은 자가 있는 때에도 또한 같다.
③제766조의 규정은 제1항 및 제2항의 경우에 준용한다.
제1039조 (신고하지 않은 채권자 등) 제1032조 제1항의 기간 내에 신고하지 아니한 상속채권자 및 유증 받은 자로서 한정승인자가 알지 못한 자는 상속재산의 잔여가 있는 경우에 한하여 그 변제를 받을 수 있다. 그러나 상속재산에 대하여 특별담보권 있는 때에는 그러하지 아니하다.
제1040조 (공동상속재산과 그 관리인의 선임) ①상속인이 수인인 경우에는 법원은 각 상속인 기타 이해관계인의 청구에 의하여 공동상속인 중에서 상속재산관리인을 선임할 수 있다.
②법원이 선임한 관리인은 공동상속인을 대표하여 상속재산의 관리와 채무의 변제에 관한 모든 행위를 할 권리의무가 있다.
③제1022조, 제1032조 내지 전조의 규정은 전항의 관리인에 준용한다. 그러나 제1032조의 규정에 의하여 공고할 5일의 기간은 관리인이 그 선임을 안 날로부터 기산한다.

제4관 포기

제1041조 (포기의 방식) 상속인이 상속을 포기할 때에는 제1019조 제1항의 기간 내에 가정법원에 포기의 신고를 하여야 한다.
제1042조 (포기의 소급효) 상속의 포기는 상속개시된 때에 소급하여 그 효력이 있다.
제1043조 (포기한 상속재산의 귀속) 상속인이 수인인 경우에 어느 상속인이 상속을 포기한 때에는 그 상속분은 다른 상속인의 상속분의 비율로 그 상속인에게 귀속된다.
제1044조 (포기한 상속재산의 관리계속의무) ①상속을 포기한 자는 그 포기로 인하여 상속인이 된 자가 상속재산을 관리할 수 있을 때까지 그 재산의 관리를 계속하여야 한다.
②제1022조와 제1023조의 규정은 전항의 재산관리에 준용한다.

제5절 재산의 분리

제1045조 (상속재산의 분리청구권) ①상속채권자나 유증 받은 자 또는 상속인의 채권자는 상속개시된 날로부터 3월내에 상속재산과 상속인의 고유재산의 분리를 법원에 청구할 수 있다.
②상속인이 상속의 승인이나 포기를 하지 아니한 동안은 전항의 기간경과 후에도 재산의 분리를 청구할 수 있다.
제1046조 (분리명령과 채권자 등에 대한 공고, 최고) ①법원이 전조의 청구에 의하여 재산의 분리를 명한 때에는 그 청구자는 5일 내에 일반상속채권자와 유증 받은 자에 대하여 재산분리의 명령 있은 사실과 일정한 기간 내에 그 채권 또는 수증을 신고할 것을 공고하여야 한다. 그 기간은 2월 이상이어야 한다.
②제88조 제2항, 제3항과 제89조의 규정은 전항의 경우에 준용한다.
제1047조 (분리 후의 상속재산의 관리) ①법원이 재산의 분리를 명한 때에는 상속재산의 관리에 관하여 필요한 처분을 명할 수 있다.
②법원이 재산관리인을 선임한 경우에는 제24조 내지 제26조의 규정을 준용한다.
제1048조 (분리 후의 상속인의 관리의무) ①상속인이 단순승인을 한 후에도 재산분리의 명령이 있는 때에는 상속재산에 대하여 자기의 고유재산과 동일한 주의로 관리하여야 한다.
②제683조 내지 제685조 및 제688조 제1항, 제2항의 규정은 전항의 재산관리에 준용한다.
제1049조 (재산분리의 대항요건) 재산의 분리는 상속재산인 부동산에 관하여는 이를 등기하지 아니하면 제3자에게 대항하지 못한다.
제1050조 (재산분리와 권리의무의 불소멸) 재산분리의 명령이 있는 때에는 피상속인에 대한 상속인의 재산상 권리의무는 소멸하지 아니한다.
제1051조 (변제의 거절과 배당변제) ①상속인은 제1045조 및 제1046조의 기간만료 전에는 상속채권자와 유증 받은 자에 대하여 변제를 거절할 수 있다.
②전항의 기간만료 후에 상속인은 상속재산으로써 재산분리의 청구 또는 그 기간 내에 신고한 상속채권자, 유증받은 자와 상속인이 알고 있는 상속채권자, 유증 받은 자에 대하여 각 채권액 또는 수증액의 비율로 변제하여야 한다. 그러나 우선권 있는 채권자의 권리를 해하지 못한다.
③제1035조 내지 제1038조의 규정은 전항의 경우에 준용한다.
제1052조 (고유재산으로부터의 변제) ①전조의 규정에 의한 상속채권자와 유증 받은 자는 상속재산으로써 전액의 변제를 받을 수 없는 경우에 한하여 상속인의 고유재산으로부터 그 변제를 받을 수 있다.
②전항의 경우에 상속인의 채권자는 상속인의 고유재산으로부터 우선변제를 받을 권리가 있다.

제6절 상속인의 부존재

제1053조 (상속인 없는 재산의 관리인) ①상속인의 존부가 분명하지 아니한 때에는 법원은 제777조의 규정에 의한 피상속인의 친족 기타 이해관계인 또는 검사의 청구에 의하여 상속재산관리인을 선임하고 지체 없이 이를 공고하여야 한다.
②제24조 내지 제26조의 규정은 전항의 재산관리인에 준용한다.
제1054조 (재산목록 제시와 상황보고) 관리인은 상속채권자나 유증 받은 자의 청구가 있는 때에는 언제든지 상속재산의 목록을 제시하고 그 상황을 보고하여야 한다.
제1055조 (상속인의 존재가 분명하여진 경우) ①관리인의 임무는 그 상속인이 상속의 승인을 한 때에 종료한다.
②전항의 경우에는 관리인은 지체 없이 그 상속인에 대하여 관리의 계산을 하여야 한다.
제1056조 (상속인 없는 재산의 청산) ①제1053조 제1항의 공고 있은 날로부터 3월내에 상속인의 존부를 알 수 없는 때에는 관리인은 지체 없이 일반상속채권자와 유증 받은 자에 대하여 일정한 기간 내에 그 채권 또는 수증을 신고할 것을 공고하여야 한다. 그 기간은 2월 이상이어야 한다.
②제88조 제2항, 제3항, 제89조, 제1033조 내지 제1039조의 규정은 전항의 경우에 준용한다.
제1057조 (상속인수색의 공고) 제1056조 제1항의 기간이 경과하여도 상속인의 존부를 알 수 없는 때에는 법원은 관리인의 청구에 의하여 상속인이 있으면 일정한 기간 내에 그 권리를 주장할 것을 공고하여야 한다. 그 기간은 1년 이상이어야 한다. <개정 2005.3.31>
제1057조의 2 (특별연고자에 대한 분여) ①제1057조의 기간 내에 상속권을 주장하는 자가 없는 때에는 가정법원은 피상속인과 생계를 같이 하고 있던 자, 피상속인의 요양간호를 한 자 기타 피상속인과 특별한 연고가 있던

자의 청구에 의하여 상속재산의 전부 또는 일부를 분여할 수 있다.
②제1항의 청구는 제1057조의 기간의 만료 후 2월 이내에 하여야 한다.
제1058조 (상속재산의 국가귀속) ①제1057조의 2의 규정에 의하여 분여되지 아니한 때에는 상속재산은 국가에 귀속한다.
②제1055조 제2항의 규정은 제1항의 경우에 준용한다.
제1059조 (국가귀속재산에 대한 변제청구의 금지) 전조 제1항의 경우에는 상속재산으로 변제를 받지 못한 상속채권자나 유증을 받은 자가 있는 때에도 국가에 대하여 그 변제를 청구하지 못한다.

제2장 유언

제1절 총칙

제1060조 (유언의 요식성) 유언은 본법의 정한 방식에 의하지 아니하면 효력이 생하지 아니한다.
제1061조 (유언적령) 만17세에 달하지 못한 자는 유언을 하지 못한다.
제1062조 (무능력자와 유언) 제5조, 제10조와 제13조의 규정은 유언에 관하여는 이를 적용하지 아니한다.
제1063조 (금치산자의 유언능력) ①금치산자는 그 의사능력이 회복된 때에 한하여 유언을 할 수 있다.
②전항의 경우에는 의사가 심신회복의 상태를 유언서에 부기하고 서명날인하여야 한다.
제1064조 (유언과 태아, 상속결격자) 제1000조 제3항, 제1004조의 규정은 수증자에 준용한다.

제2절 유언의 방식

제1065조 (유언의 보통방식) 유언의 방식은 자필증서, 녹음, 공정증서, 비밀증서와 구수증서의 5종으로 한다.
제1066조 (자필증서에 의한 유언) ①자필증서에 의한 유언은 유언자가 그 전문과 년월일, 주소, 성명을 자서하고 날인하여야 한다.
②전항의 증서에 문자의 삽입, 삭제 또는 변경을 함에는 유언자가 이를 자서하고 날인하여야 한다.
제1067조 (녹음에 의한 유언) 녹음에 의한 유언은 유언자가 유언의 취지, 그 성명과 년월일을 구술하고 이에 참여한 증인이 유언의 정확함과 그 성명을 구술하여야 한다.
제1068조 (공정증서에 의한 유언) 공정증서에 의한 유언은 유언자가 증인 2인이 참여한 공증인의 면전에서 유언의 취지를 구수하고 공증인이 이를 필기낭독하여 유언자와 증인이 그 정확함을 승인한 후 각자 서명 또는 기명날인 하여야 한다.
제1069조 (비밀증서에 의한 유언) ①비밀증서에 의한 유언은 유언자가 필자의 성명을 기입한 증서를 엄봉날인하고 이를 2인 이상의 증인의 면전에 제출하여 자기의 유언서임을 표시한 후 그 봉서표면에 제출 년월일을 기재하고 유언자와 증인이 각자 서명 또는 기명날인 하여야 한다.
②전항의 방식에 의한 유언봉서는 그 표면에 기재된 날로부터 5일내에 공증인 또는 법원서기에게 제출하여 그 봉인상에 확정일자인을 받아야 한다.
제1070조 (구수증서에 의한 유언) ①구수증서에 의한 유언은 질병 기타 급박한 사유로 인하여 전4조의 방식에 의할 수 없는 경우에 유언자가 2인 이상의 증인의 참여로 그 1인에게 유언의 취지를 구수하고 그 구수를 받은 자가 이를 필기낭독하여 유언자의 증인이 그 정확함을 승인한 후 각자 서명 또는 기명날인하여야 한다.
②전항의 방식에 의한 유언은 그 증인 또는 이해관계인이 급박한 사유의 종료한 날로부터 7일내에 법원에 그 검인을 신청하여야 한다.
③제1063조 제2항의 규정은 구수증서에 의한 유언에 적용하지 아니한다.
제1071조 (비밀증서에 의한 유언의 전환) 비밀증서에 의한 유언이 그 방식에 흠결이 있는 경우에 그 증서가 자필증서의 방식에 적합한 때에는 자필증서에 의한 유언으로 본다.
제1072조 (증인의 결격사유) ①다음 각호의 사항에 해당하는 자는 유언에 참여하는 증인이 되지 못한다.
1. 미성년자
2. 금치산자와 한정치산자
3. 유언에 의하여 이익을 받을 자, 그 배우자와 직계혈족
②공정증서에 의한 유언에는 공증인법에 의한 결격자는 증인이 되지 못한다.

제3절 유언의 효력

제1073조 (유언의 효력발생 시기) ①유언은 유언자가 사망한 때로부터 그 효력이 생긴다.
②유언에 정지조건이 있는 경우에 그 조건이 유언자의 사망 후에 성취한 때에는 그 조건성취한 때로부터 유언의 효력이 생긴다.
제1074조 (유증의 승인, 포기) ①유증을 받을 자는 유언자의 사망 후에 언제든지 유증을 승인 또는 포기할 수 있다.
②전항의 승인이나 포기는 유언자의 사망한 때에 소급하여 그 효력이 있다.
제1075조 (유증의 승인, 포기의 취소금지) ①유증의 승인이나 포기는 취소하지 못한다.
②제1024조 제2항의 규정은 유증의 승인과 포기에 준용한다.
제1076조 (수증자의 상속인의 승인, 포기) 수증자가 승인이나 포기를 하지 아니하고 사망한 때에는 그 상속인은 상속분의 한도에서 승인 또는 포기할 수 있다. 그러나 유언자가 유언으로 다른 의사를 표시한 때에는 그 의사에 의한다.
제1077조 (유증의무자의 최고권) ①유증의무자나 이해관계인은 상당한 기간을 정하여 그 기간 내에 승인 또는 포기를 확답할 것을 수증자 또는 그 상속인에게 최고할 수 있다.
②전항의 기간 내에 수증자 또는 상속인이 유증의무자에 대하여 최고에 대한 확답을 하지 아니한 때에는 유증을 승인한 것으로 본다.
제1078조 (포괄적 수증자의 권리의무) 포괄적 유증을 받은 자는 상속인과 동일한 권리의무가 있다.
제1079조 (수증자의 과실취득권) 수증자는 유증의 이행을 청구할 수 있는 때로부터 그 목적물의 과실을 취득한다. 그러나 유언자가 유언으로 다른 의사를 표시한 때에는 그 의사에 의한다.
제1080조 (과실수취비용의 상환청구권) 유증의무자가 유언자의 사망 후에 그 목적물의 과실을 취득하기 위하여 필요비를 지출한 때에는 그 과실의 가액의 한도에서 과실을 취득한 수증자에게 상환을 청구할 수 있다.
제1081조 (유증의무자의 비용상환청구권) 유증의무자가 유증자의 사망 후에 그 목적물에 대하여 비용을 지출한 때에는 제325조의 규정을 준용한다.
제1082조 (불특정물 유증의무자의 담보책임) ①불특정물을 유증의 목적으로 한 경우에는 유증의무자는 그 목적물에 대하여 매도인과 같은 담보책임이 있다.
②전항의 경우에 목적물에 하자가 있는 때에는 유증의무자는 하자 없는 물건으로 인도하여야 한다.
제1083조 (유증의 물상대위성) 유증자가 유증목적물의 멸실, 훼손 또는 점유의 침해로 인하여 제3자에게 손해배상을 청구할 권리가 있는 때에는 그 권리를 유증의 목적으로 한 것으로 본다.
제1084조 (채권의 유증의 물상대위성) ①채권을 유증의 목적으로 한 경우에 유언자가 그 변제를 받은 물건이 상

속재산 중에 있는 때에는 그 물건을 유증의 목적으로 한 것으로 본다.
②전항의 채권이 금전을 목적으로 한 경우에는 그 변제받은 채권액에 상당한 금전이 상속재산 중에 없는 때에도 그 금액을 유증의 목적으로 한 것으로 본다.
제1085조 (제3자의 권리의 목적인 물건 또는 권리의 유증) 유증의 목적인 물건이나 권리가 유언자의 사망당시에 제3자의 권리의 목적인 경우에는 수증자는 유증의무자에 대하여 그 제3자의 권리를 소멸시킬 것을 청구하지 못한다.
제1086조 (유언자가 다른 의사표시를 한 경우) 전3조의 경우에 유언자가 유언으로 다른 의사를 표시한 때에는 그 의사에 의한다.
제1087조 (상속재산에 속하지 아니한 권리의 유증) ①유언의 목적이 된 권리가 유언자의 사망당시에 상속재산에 속하지 아니한 때에는 유언은 그 효력이 없다. 그러나 유언자가 자기의 사망당시에 그 목적물이 상속재산에 속하지 아니한 경우에도 유언의 효력이 있게 할 의사인 때에는 유증의무자는 그 권리를 취득하여 수증자에게 이전할 의무가 있다.
②전항 단서의 경우에 그 권리를 취득할 수 없거나 그 취득에 과다한 비용을 요할 때에는 그 가액으로 변상할 수 있다.
제1088조 (부담 있는 유증과 수증자의 책임) ①부담 있는 유증을 받은 자는 유증의 목적의 가액을 초과하지 아니한 한도에서 부담한 의무를 이행할 책임이 있다.
②유증의 목적의 가액이 한정승인 또는 재산분리로 인하여 감소된 때에는 수증자는 그 감소된 한도에서 부담할 의무를 면한다.
제1089조 (유증효력발생 전의 수증자의 사망) ①유증은 유언자의 사망 전에 수증자가 사망한 때에는 그 효력이 생기지 아니한다.
②정지조건 있는 유증은 수증자가 그 조건성취 전에 사망한 때에는 그 효력이 생기지 아니한다.
제1090조 (유증의 무효, 실효의 경우와 목적재산의 귀속) 유증이 그 효력이 생기지 아니하거나 수증자가 이를 포기한 때에는 유증의 목적인 재산은 상속인에게 귀속한다. 그러나 유언자가 유언으로 다른 의사를 표시한 때에는 그 의사에 의한다.

제4절 유언의 집행

제1091조 (유언증서, 녹음의 검인) ①유언의 증서나 녹음을 보관한 자 또는 이를 발견한 자는 유언자의 사망 후 지체 없이 법원에 제출하여 그 검인을 청구하여야 한다.
②전항의 규정은 공정증서나 구수증서에 의한 유언에 적용하지 아니한다.
제1092조 (유언증서의 개봉) 법원이 봉인된 유언증서를 개봉할 때에는 유언자의 상속인, 그 대리인 기타 이해관계인의 참여가 있어야 한다.
제1093조 (유언집행자의 지정) 유언자는 유언으로 유언집행자를 지정할 수 있고 그 지정을 제3자에게 위탁할 수 있다.
제1094조 (위탁에 의한 유언집행자의 지정) ①전조의 위탁을 받은 제3자는 그 위탁 있음을 안 후 지체 없이 유언집행자를 지정하여 상속인에게 통지하여야 하며 그 위탁을 사퇴할 때에는 이를 상속인에게 통지하여야 한다.
②상속인 기타 이해관계인은 상당한 기간을 정하여 그 기간 내에 유언집행자를 지정할 것을 위탁 받은 자에게 최고할 수 있다. 그 기간내에 지정의 통지를 받지 못한 때에는 그 지정의 위탁을 사퇴한 것으로 본다.
제1095조 (지정유언집행자가 없는 경우) 전2조의 규정에 의하여 지정된 유언집행자가 없는 때에는 상속인이 유언집행자가 된다.
제1096조 (법원에 의한 유언집행자의 선임) ①유언집행자가 없거나 사망, 결격 기타 사유로 인하여 없게 된 때에는 법원은 이해관계인의 청구에 의하여 유언집행자를 선임하여야 한다.
②법원이 유언집행자를 선임한 경우에는 그 임무에 관하여 필요한 처분을 명할 수 있다.
제1097조 (유언집행자의 승낙, 사퇴) ①지정에 의한 유언집행자는 유언자의 사망 후 지체 없이 이를 승낙하거나 사퇴할 것을 상속인에게 통지하여야 한다.
②선임에 의한 유언집행자는 선임의 통지를 받은 후 지체 없이 이를 승낙하거나 사퇴할 것을 법원에 통지하여야 한다.
③상속인 기타 이해관계인은 상당한 기간을 정하여 그 기간 내에 승낙여부를 확답할 것을 지정 또는 선임에 의한 유언집행자에게 최고할 수 있다. 그 기간 내에 최고에 대한 확답을 받지 못한 때에는 유언집행자가 그 취임을 승낙한 것으로 본다.
제1098조 (유언집행자의 결격사유) 무능력자와 파산선고를 받은 자는 유언집행자가 되지 못한다.
제1099조 (유언집행자의 임무착수) 유언집행자가 그 취임을 승낙한 때에는 지체 없이 그 임무를 이행하여야 한다.
제1100조 (재산목록작성) ①유언이 재산에 관한 것인 때에는 지정 또는 선임에 의한 유언집행자는 지체없이 그 재산목록을 작성하여 상속인에게 교부하여야 한다.
②상속인의 청구가 있는 때에는 전항의 재산목록작성에 상속인을 참여하게 하여야 한다.
제1101조 (유언집행자의 권리의무) 유언집행자는 유증의 목적인 재산의 관리 기타 유언의 집행에 필요한 행위를 할 권리의무가 있다.
제1102조 (공동유언집행) 유언집행자가 수인인 경우에는 임무의 집행은 그 과반수의 찬성으로써 결정한다. 그러나 보존행위는 각자가 이를 할 수 있다.
제1103조 (유언집행자의 지위) ①지정 또는 선임에 의한 유언집행자는 상속인의 대리인으로 본다.
②제681조 내지 제685조, 제687조, 제691조와 제692조의 규정은 유언집행자에 준용한다.
제1104조 (유언집행자의 보수) ①유언자가 유언으로 그 집행자의 보수를 정하지 아니한 경우에는 법원은 상속재산의 상황 기타 사정을 참작하여 지정 또는 선임에 의한 유언집행자의 보수를 정할 수 있다.
②유언집행자가 보수를 받는 경우에는 제686조 제2항, 제3항의 규정을 준용한다.
제1105조 (유언집행자의 사퇴) 지정 또는 선임에 의한 유언집행자는 정당한 사유 있는 때에는 법원의 허가를 얻어 그 임무를 사퇴할 수 있다.
제1106조 (유언집행자의 해임) 지정 또는 선임에 의한 유언집행자에 그 임무를 해태하거나 적당하지 아니한 사유가 있는 때에는 법원은 상속인 기타 이해관계인의 청구에 의하여 유언집행자를 해임할 수 있다.
제1107조 (유언집행의 비용) 유언의 집행에 관한 비용은 상속재산 중에서 이를 지급한다.

제5절 유언의 철회

제1108조 (유언의 철회) ①유언자는 언제든지 유언 또는 생전행위로써 유언의 전부나 일부를 철회할 수 있다.
②유언자는 그 유언을 철회할 권리를 포기하지 못한다.
제1109조 (유언의 저촉) 전후의 유언이 저촉되거나 유언후의 생전행위가 유언과 저촉되는 경우에는 그 저촉된 부분의 전유언은 이를 철회한 것으로 본다.
제1110조 (파훼로 인한 유언의 철회) 유언자가 고의로 유언증서 또는 유증의 목적물을 파훼한 때에는 그 파훼한

부분에 관한 유언은 이를 철회한 것으로 본다.
제1111조 (부담 있는 유언의 취소) 부담 있는 유증을 받은 자가 그 부담의무를 이행하지 아니한 때에는 상속인 또는 유언집행자는 상당한 기간을 정하여 이행할 것을 최고하고 그 기간 내에 이행하지 아니한 때에는 법원에 유언의 취소를 청구할 수 있다. 그러나 제3자의 이익을 해하지 못한다.

제3장 유류분

제1112조 (유류분의 권리자와 유류분) 상속인의 유류분은 다음 각호에 의한다.
1. 피상속인의 직계비속은 그 법정상속분의 2분의 1
2. 피상속인의 배우자는 그 법정상속분의 2분의 1
3. 피상속인의 직계존속은 그 법정상속분의 3분의 1
4. 피상속인의 형제자매는 그 법정상속분의 3분의 1

제1113조 (유류분의 산정) ①유류분은 피상속인의 상속개시시에 있어서 가진 재산의 가액에 증여재산의 가액을 가산하고 채무의 전액을 공제하여 이를 산정한다.
②조건부의 권리 또는 존속기간이 불확정한 권리는 가정법원이 선임한 감정인의 평가에 의하여 그 가격을 정한다.
제1114조 (산입될 증여) 증여는 상속개시전의 1년간에 행한 것에 한하여 제1113조의 규정에 의하여 그 가액을 산정한다. 당사자쌍방이 유류분권리자에 손해를 가할 것을 알고 증여를 한 때에는 1년 전에 한 것도 같다.
제1115조 (유류분의 보전) ①유류분권리자가 피상속인의 제1114조에 규정된 증여 및 유증으로 인하여 그 유류분에 부족이 생긴 때에는 부족한 한도에서 그 재산의 반환을 청구할 수 있다.
②제1항의 경우에 증여 및 유증을 받은 자가 수인인 때에는 각자가 얻은 유증가액의 비례로 반환하여야 한다.
제1116조 (반환의 순서) 증여에 대하여는 유증을 반환받은 후가 아니면 이것을 청구할 수 없다.
제1117조 (소멸시효) 반환의 청구권은 유류분권리자가 상속의 개시와 반환하여야 할 증여 또는 유증을 한 사실을 안 때로부터 1년 내에 하지 아니하면 시효에 의하여 소멸한다. 상속이 개시한 때로부터 10년을 경과한 때도 같다.
제1118조 (준용규정) 제1001조, 제1008조, 제1010조의 규정은 유류분에 이를 준용한다.

부칙 (생략)

찾아보기

[ㄱ]

[ㄴ]

[ㄷ]

[ㄹ]

[ㅇ]

[ㅈ]

[ㅊ]

[ㅌ]

[ㅍ]

[ㅎ]

저자약력

이화여자대학교 법학과 및 동 대학원(법학박사)
이화여대, 명지대, 국민대, 동덕여대, 고려대 강사역임
현재 동덕여자대학교 교양교직학부 부교수

주요 저서 및 논문

현대법학개론, 법여성학, 대학가족법특강, 여성과 문화, 현대생활과 법, 여성과 법률, 생활과 법률, 국제이혼에 관한 연구, 섭외불법행위에 관한 연구, Law Applicable to Contracts between States and Foreign Private Persons, 미국 루이지애나주의 국제사법에 관한 소고, 국제부부재산제와 처의 지위, 섭외혼인의 준거법 결정과 양성평등, 유엔여성차별철폐협약의 국내적 실시에 관한 연구, 국제친자법에 관한 연구, 친생자관계와 DNA감정, 사실혼 부부의 법적 지위, 국제법상 국가승인과 국제사법상 본국법, 아동권리협약의 국내적 이행, 친양자제도의 도입에 따른 주요문제에 관한 고찰, 국내외법상 외국인의 인권, 국제입양에 관한 비교법적 고찰, 입양아동의 국제적 보호, 유언에 관한 법적 고찰 및 여대생들의 의식조사, 국제제조물책임법에 관한 연구, 헤이그 국제아동탈취협약의 국내적 이행의 가능성에 관한 연구, 무력분쟁시 아동의 국제법적 보호, 일본법상의 제조물책임 소송과 우리의 대응, 국제사회에 있어서 NGO의 지위와 역할, 국제적 상속문제에 관한 저촉법적 고찰, 국제적 공서문제에 관한 연구, WTO협정의 국내적 실시에 있어서 자기집행성의 한계, 낙태에 관한 법적 고찰 및 여대생들의 의식조사, 성년후견제도의 도입에 따른 국제후견법의 재고찰, 법률관계성질결정에 관한 국제사법적 고찰, 부부재산계약의 이론과 실제, 가족법 분야의 헤이그국제사법회의 협약, 포괄적핵실험금지조약의 유효성과 한계, 영국의 아동부양법에 관한 고찰 등 논문다수